JN274923

ローマ政治家伝

I
カエサル

マティアス・ゲルツァー【著】
Matthias Gelzer

長谷川博隆【訳】

Caesar

名古屋大学出版会

ローマ政治家伝Ⅰ　カエサル——目　次

凡例

一、本書は、Matthias Gelzer, Caesar, 6Aufl. München 1960 の日本語訳である。

二、原文の（ ）はそのまま活かした。〈 〉と［ ］は訳者による補遺だが、前者〈 〉は文章上の付加、後者［ ］は単なる言い換えや訳注を含む。

三、「 」は史料からの引用であるが、引用箇所はできるかぎり原文に遡って訳した。訳文がゲルツァーの解釈と異なる場合は［ ］で明記した。

四、『 』は著書・作品名を示す。

五、固有名詞の長母音は、慣例を除きすべて短母音として表記した。ギリシア語の Ph の音は、パ行の音でなく、ファ行の音を採用した。

六、地名の呼称は、原則として東方世界はギリシア語、西方世界はラテン語での呼称に従ったが、慣用に従った地名もある（本文中のアレクサンドリア、地図のアレクサンドレイアなど）。

七、底本についての詳細や訳語の選択、注の表記に関しては、訳者あとがきを参照。

はしがき

偉大な人物になるためには、自分の運命を十二分に利用することができなくてはならない。

——ラ＝ロシュフコー『格言集』三四三

この本の初版は、ドイツ出版協会から一九二一年に出版されたものである。私が勇気を奮い起こして執筆・公刊を引き受けたのは、エーリッヒ・マルクスとカール・アレクサンダー・フォン・ミュラーが、〝偉大な政治家〟というタイトルで専門研究書の叢書を出版する計画を立てたのを知った一九一七年のことであった。カエサルについての巻を引き受けたいという私の申し出を彼らが受け入れてくれたので、それを一九一八—二〇年に書き下ろした。しかし、世界大戦のため、このシリーズは、元来そのねらいとしていた範囲では実現されず、それに代わって、〝偉大な政治家・世界史上の人物像〟という叢書が一九二一年に公刊された（一九二三年に第二版、全三巻）ので、私の本をその別冊として刊行することに出版社が同意したのである。その序言で書いたように、私は、「史料の語るところに虚心に耳を傾けて、教養人の広い層に向かい、過去の偉大な大政治家の一人が生涯を賭けて成就した政治上の全業績を生き生きと描き出そう」とした。歴史叙述の目的とは、過去から学ぶのに役立つことであるという考えから出発したのである。さらに序言を次のように続けた。すなわち「政治上の事件についてのイメージや評価は、その原因と結果を広い政治的な文脈のなかで見渡すことによって作られる。そういったわけで、いかなることもできるかぎり詳細に書き記すということに重きをおいている」と。一九四〇年には、D・W・コルウェイ書店から、新版を出すように求められた。この形をとった書物は、一九四三年に出された第五版が最後のものとなった。この書物は長らく絶版になったままで、問い合わせがしばしばあっても、要望を満たすことができなかったところ、フランツ・シュタイナー社から、第六版を公刊する用意のあるという、まことにありがたい申し出を受けたのである。その際、同社からの自発的な申し出によって、今回は、注を加えることで叙述を学問的に基礎付け、立証することができたことを、心から感謝している。

ところで、私は絶えず共和政末期ローマの歴史にかかわる史料に取り組んできたのであるが、まもなくここに、はや半世紀の時が流れようとしている。カエサルと並んで、彼の相手役たるキケロ、ポンペイウス、カトー、ブルトゥスをも、同じように研究の対象としてきた。とりわけ、彼らがその政治的役割を果たした社会の仕組みを理解することに関心があった。この点についての私の考えが初めて展開されたのは、一九一二年に出版された『ローマ共和政期の名門貴族』という小さな著書のなかにおいてである。過ぐる数十年のぞっとするような体験により、人の見方も変転かつ深化した。カエサルについて書かれたものものすこぶる多いが、まったくさまざまな色合いをもつ専制支配者たちの出現は、カエサルに関して正しい判断を下すのに必ずしも役立ったとはいえなかった。私自身、あらためて史料を精読してみて、全体として自分の捉え方の正しさを確認した。そこで私としては、新しい研究が、事実についての訂正を促していると思われる場合に限って、叙述を変えたにすぎない。したがって、注に関して文献的な完璧さを求められないようにお願いしたい。注は、史料をどう解釈しているかを示すことになるはずである。その点に関して、先学および同学の諸氏からいかに多くを負っているかは、ほかならぬ筆者が一番よく知っているところである。

フランクフルト・アム・マイン　一九五九年一〇月

マティアス・ゲルツァー

第1章　政治的背景

共同体国家ローマの社会構成

政治家を政治家たらしめるものとして、二種類の資質がある。一つは、直面する状況をすばやく見渡して、時宜を得た把握をした上で、現在の滔々たる流れを冷静に計算しながら時の要求に応えるという才能である。今一つは、より高度なもので、政治的創造力というべきものであり、同時代の人々を新しい軌道に乗せ、新しい状態すらも創り出すものである。

カエサルには、この二つの能力が備わっていた。しかしなんといっても、彼の生きた時代が、その能力を必要としていたと言わねばなるまい。というのは、紀元前一〇〇年［以下年号はすべて紀元前］七月一三日[1]、カエサルが生まれたとき、共和政ローマは深刻な危機に見舞われており、その屋台骨はずっと以前から揺り動かされていたのである。すでに対症療法では間に合わなくなっており、問題はただ、拡がりきった病巣を取り除く手段があるかどうかというところまできていた。われわれとしては、まず、いったいどうしてそれほどの状態にまでなってしまったのかを、振り返ってみなければならない。

王政の転覆以来、国家統治の権限は、政務官［公職者と訳されることも多い］、とりわけ二人の執政官《コンスル》［共和政期ローマの最高政務官。任期一年、定員二名］によって行使されてきた。全国民が毎年、この政務官職を、ある一定の選挙手続きを踏んで選んだのであるが、その際、有産の中流階層が優位を占めていた。したがって、予想されるところでは、この階級が自分たちで官職［役職者のポスト］をも満たしていくことになったはずである。それにもかかわらず実際は、選挙の結果は、原則として貴族政というべきものを生んだ。一世紀の間は、パトリキ［血統貴族。良き父から出た名門の意。ローマ社会における特権的な身分］だけしか選ばれなかった。しかしたしかに、このパトリキ貴族はすばらしい政治的な天性を持っていたのであり、それが、実はその後もローマの貴族政治を特徴づけるのであった。つまり、彼らは頑固に自分たちの地位を守るために抵抗したものの、それでも適切な瞬間に必要な譲歩をしたり、あるいはその権力を守り抜くすべを知っていた。かくして彼らは、平民《プレブス》〔政治的な権利の点ではパトリキ貴族とは区別されていた劣格身分。一般市民大衆を指す呼称でもある〕のなかの上流層が、前四世紀初頭以降は執政官職権をもった役職に、さらに前四世紀の中葉以降は執政官職にまでも到達できるようにした。ところで、このことは決して政務官職の民主化を意味したのではなく、これまでの支配者階層が、ずっと広い範囲に拡がったことを意味したにすぎない。

すでにパトリキ貴族の間で、かつて執政官に任ぜられた人を祖先にもつ家族が、上流階層、すなわち名門貴族《ノビリタス》〔官職貴族とも訳す〕を形成していた[2]。今や、パトリキ系の名門《ノビレス》と並んで、平民《プレブス》系の名門《ノビレス》が現われ、名門《ノビレス》一般、つまり執政官格〔格は、かつてその職を占めたことがある人物を指す〕の人物の後裔が、以後ローマの最上層貴族を構成した。これらの家に所属する人たちが、もっとも頻繁に執政官職を勝ち取ることができ、そうすることによって、ローマの国政において常に主導権を握り続けたことをわれわれは知っている。

集会〔市民集会、広い意味での民会〕では、中産市民層が優位を占めているのに、その集会が、とくに好んで貴顕の諸士を指導者として選んだというきわめて注目すべき現象がみられるが、その理由は、ローマの社会には強者と弱者との間の忠誠関係が存在していたという点にある。古い時代には、パトリキ貴族が完全市民であった。ローマの町およびそれに付属する田園地域の住民で、パトリキ以外の連中は、パトリキ貴族に庇護民《クリエンテス》として相対していたのであり、彼らは自分たちの保護者《パトロン》の庇護の下にあった。パトロンとクリエンテスは、相互の忠誠関係によって結ばれていた。しかしながら、共同体国家ローマが成長してゆくにつれて、その間に、パトリキ貴族と並んで、私法的には同権だが政治的には劣格の権利しか持たない市民、すなわち平民《プレブス》の力が発展してくることになった。身を安全に保ちつつ生きていくために、平民もクリエンテスとしてパトリキ貴族にその身を委ねたが、その場合には、もはや隷属関係という問題は存在しなかった。古い型のクリエンテスも、歴史時代に入ると自由な平民《プレブス》のなかに解消してしまっていたのである。この住民層のなかでは、富裕な権力者たちが増え続けてゆくが、これらの人々は、パトリキ貴族から成るパトロンをもはや必要とせず、むしろ完全市民〔つまりパトリキ貴族〕との政治的同権を要求することになった。とりわけそれを求めたのは、よその共同体からローマに移り住んだ貴族たちであった。闘争が長く続く間に、彼らは国家の諸官職および大部分の神官職の地位に就くことも許されたばかりか、それ以上に平民としての特権も認められることになった。つまり平民から成る役職者が国家の政務官となり、平民会〔平民だけの集会〕の議決が国民全体の決議と同等のものとみなされるようになったのである。

それにもかかわらず、上述のように、こういった彼らの政治的努力の成果としてとりわけ重要だったのは、有力な平民が統治能力のある一族の階層のなかに入っていったということである。そのための主要な手段は、経済的に幾重にも彼らに従属している、より弱い同身分層の関心事を、自分たちが平民系のパトロンとして引き受けて、選挙のために必要な従属者を獲得するというやり方であった。一旦その目的を達するや、彼らは、今や統治にあたって権力の座にあることを利用して、パトロンとしてそのクリエンテスを援助し続けることになる。他ならぬ保護被保護関係《クリエンテラ》の保持こそ、なによりも、彼らを社会的にパトリキ貴族と同等の存在たらしめたのであり、そして、実はその上にまさしく名門貴族《ノビリタス》の権力が支えられていたのである。というのも、忠誠関係の目的は双方を発展させるところにあったからである。パトロンは、自分のクリエンテスを法廷で弁護し、政務官としてはその便宜を取り計らい、元老院議員としてはその利害のために闘った。一方、クリエンテスは、とくに選挙の際にはパトロンのために働き、一般に投票にあたってはその指示に従うという義務があった。一人のパトロンがクリエンテスを多く支配すればするほど、その人は政治家として有力になった。また他のパトロンと結託することによって政治的な駆け引きが行なわれた。この関係は、〝友好関係《アミキティア》〟と呼ばれた。それは、政敵との抗争のためのものであったが、それに対応するものとして〝敵対関係《イニミキティアエ》〟、すなわちフェーデ状態が生まれた。このような関係をはっきり理解できた人ならば、名門貴族《ノビリタス》が選挙にあたって常に主導権を握り、したがって、原則としてただ名門貴族だけ、あるいは影響力のある名門貴族グループによく思われた人だけしか選ばれなかったのはなぜか、ということも理解できるであろう。

名門貴族《ノビリタス》の支配

しかしその際、名門貴族《ノビリタス》は、とりわけ元老院統治の形を通して支配したのである。元老院は元来、経験を積んだ人々の集まりであり、その勧告に拘束力はなかったにせよ、古くは王が、後には政務官がそれを傾聴していた。当然、はるか昔から最上流層の人々が元老院を構成していたと考えられる。共和政期には、元老院のリストを監察官《ケンソル》［戸口総監。定員二名。五年ごとに戸口調査を行なう。元老院名簿の作成、風紀取締の役にあたる。命令権《インペリウム》をもたない高級政務官］が提示する際、その都度、まず第一に元政務官が考慮されるという慣習が作られていった。元老院は、諮問されたときにのみ、意見を表明するだけでよかった。この諮問にあたっては、職にある人は厳しく位階順に取り扱われた。つまり、執政官格、法務官《プラエトル》［執政官に次ぐ職で、同じく命令権《インペリウム》を有するポスト］格、按察官《アエディリス》［造営官とも訳される。造営やローマの町の警察業務、市場の監督を果たす］格、護民官［平民から選ばれ、平民の利益を代表する役職で、身体は神聖不可侵、拒否権の発動が認められる］格、財務官《クアエストル》［主に財務を担当］格の順である。そして最後に、票決に基づいて成立したのが元老院決議《セナトゥス・コンスルトゥム》であった。当然、キャスティングボートを握るのは、原則として、執政官格の人、それも国家の指導者（市民団の第一人者《プリンキペス・キウィタティス》）として公認の特別な地位を占めている人ということになった。いかにして執政官職が占められるかについてすでに詳しく述べたように、この場合にもやはり、決定的な発言権は名門貴族《ノビリタス》にあった。大抵は、権威をもった領袖［第一人者たち」との友好関係または敵対関係に従って、残りの元老院議員たちの去就が決められたのである。

共同体国家ローマがますます広い領域を併合していくにつれて、元老院の持つ意義がきわめて大きくなっていった。というのは、全イタリアを包含する領域支配の政治は、やがて全地中海世界を考慮の対象としなければならなくなったのであるが、そのような支配圏［＝帝国］統治は、年々交替する二人の執政官の手だけでは運営不可能となったからである。前三世紀以来、元々それ自体拘束力のない元老院の勧告が、ますます護民官をも含めた政務官のための決定的な指針となってきたので、元老院は実質上の統治機関となり、政務官がその意志を執行しなければならないようになった。なるほど、政務官は国法上それを無視することもできたが、そのようなことをした者は、任期満了後に入る元老院においてどのような立場に立たされるであろうか？　もし護民官によって民会裁判［民衆（国民）法廷］に弁明のためにひっぱりだされた場合、一体だれが、そのような人を助けるであろうか？

このようなわけで、ローマ市民団の有する選挙権および投票権が中庸を得た民主的なものだったにもかかわらず、ローマの統治組織ははっきりした寡頭政であった。支配層は元老院身分、すなわち社会的にみると大土地所有者層から成っていた。貴族政的な考え方に照らせば、共和政期のローマ人にとって、国事に対する有給奉仕など無縁なものであった。政務官や元老院議員たりうるのは、自分の財産からの収益が十分にあり、それでやっていける人だけであった。すでに二二〇年頃、元老院議員とその子息は、自らの資本を土地に投下することしか許されないとの明文の規定が生まれた。この法は、政治活動と経済活動との混和を禁じようとしたのであるが、一方このことは、同じく元老院身分を社会的に特殊な階層とするのに寄与した。なお、このような人たちの間でも、名門貴族《ノビリタス》が絶対的な指導権をもっていた。

このような寡頭政体制をもって、ローマ人は自分たちの帝国［＝支配圏］を勝ち取り、きわめて困難な戦乱を乗り越えていった。二八七年、平民《プレブス》の特権が最終的に政府当局によって認められて以来、たとえ当局が、厳しい戦争の時代にも最大の働きを彼らに期待したとはいえ、ローマ国民［民衆］の方も、断固として当局に対する忠誠心を保持したのである。票決の際、政治家が当てにしなければならぬ国民［民衆］とは、ローマの農民であり、彼らは元老院議員と共通の経済的利害によって結ばれていた。イタリアを統治領域とする帝国の確立とは、ローマ市民にとっては土地獲得を意味し、そしてその際、この新しく獲得した地域を役立たせるためにはさまざまな方法があった。その方法とは、移住地または植民市の設立、あるいは国有地の購入または賃借という形であり、貴賤を問わず、すべての人を満足させるものである。寡頭政体制の内部では内政上の抗争が展開し、領袖の個人的対立からさまざまな緊張が生じたが、常に政治的なものが人間的な問題と混ざり合っていった。なお元老院議員は、単純素朴に自明のこととして支配者としての自分の地位を私的な、また身分的な利益のために利用し尽くしたという点で、やはり真正のローマ人であった。しかし他方、ローマ国民を特色づける政治的才能が、貴顕の集まり［すなわち元老院］において、世界支配のための国政運営術へと成長していった。

　しかしながら、前二世紀が経過する間に、ローマは、外面的には海外属州を一歩一歩併合していくことによってますます強大になるように見えたので、寡頭政支配という形では、帝国［＝支配圏］統治の諸課題に対応するのに不十分なことがはっきりしてきた。当時の国制がいかにプリミティヴな状態にあったかを想起すべきであろう！　政務官には毎年、執政官が二人、法務官が六人、按察官が四人、財務官が八人、護民官が一〇人選ばれた。そのうちの法務官二人、財務官二人、按察官および護民官の全員が、ローマの町における政務に必要とされた。したがって、軍事や属州統治に充当された政務官はたったの一二人［原著は一〇人。英訳に従う］にすぎず、任期を何年も延長することによって切り抜けねばならないことが、実にしばしばみられた。都市ローマやイタリア、そして属州における行政上の措置においても、またはローマの外の諸国家、つまり同盟や従属関係にある諸共同体との交渉においても、政治的決定のすべてが元老院でのまわりくどい審議を経て取り決められていたのである。

　名門貴族《ノビリタス》が、このように国政の糸をいかに意のままに操っていたかは見事なばかりであり、どこかでその支配を脅かそうとする動きがあっても、常に警戒を怠らぬ彼らの猜疑心はほとんどそれを見逃さなかった。しかし、古くからのしきたりでは、元老院は自分たちに提出された問題にしか携われず、したがって伝統的な仕組みを根本から新しく形成し直すような機関となることはできなかった。むしろ、そのような作業にふさわしい強力な個人の台頭を阻止するというのが、寡頭政の本質であった。大スキピオ・アフリカヌス［第二次ポエニ戦争に終止符を打ったローマの政治家、将軍］の一八四年の失脚事件は、この点についてのもっとも明確な警告である。かくして、属州の支配は武力による秩序保持の段階にとどまったままであり、それは、外圧として住民の上にのしかかったため、彼らには、以前所有していた自由の掠奪としかみなされなかった。たしかにローマ人は、さまざまな処置を使い分けることによって、服属者を分割し、総蜂起を回避したという点では名人の域にあった。しかしかれこれするうちに、前二世紀の中葉以降、洞察力ある元老院議員には、帝国［＝支配圏］に危機が忍び寄ってきたことがはっきり分かってきた。カルタゴ、コリントス、そしてヌマンティア［スペイン北東部。ケルト・イベロ人のローマに対する蜂起の拠点］の破壊は、恐怖の気持ちを広げたことであろう。しかも九〇年以降、イタリアがすさまじい内乱に襲われていたとき、東方にはポントスの王、ミトラダテス王が現われた。彼は、ローマがその地でしっかり握っていたものすべてを、今一度ゆさぶることになった大指導者である。そして、一〇年間、兄弟殺戮という血で血を洗う状態が続いたのち、イタリアに平穏が立ち戻ったように見えたとき、今度は、スペインで再び戦いの火の手があがった。カエサルが成長していったのは、このような政治世界のなかにおいてであった。

　まさにカエサルの後半生に目を向ければ、次のことが強調されるべきであろう。危機の根源が世界帝国の成立およびそれに結びついた政治的な諸課題の増大のうちにあったこと、しかも国家ローマの構造が、本来、こういったことを解決するために役立つようには作られていなかったということである。ローマの偉大な業績は、前三世紀半ばに実現されたイタリアの政治的一体化であった。国法的にみれば、それは一つのまとまった組織であり、「ローマ人とその同盟者」と呼ばれて、そのなかには、領域的に、また人口の点で、イタリア最大の共同体国家ローマ（ローマ国民の国家《レス・プブリカ・ポプリ・ロマニ》）と約一五〇個の同じような制度・組織をもっていた共同体が相対していたのである。後者は、外部に対してはローマの指図に従い、条約によって軍隊の提供が義務づけられていたが、内部の問題に関しては自治が行なわれていた。ローマ人自身は、ラテン人を他の同盟諸市の人々より上においていた。それは元々、ティブルやプラエネステのように、かつては言語的に共通のものを持つという点で、ローマにもっとも近かったラティウムの共同体であった。しかし、それに加えてさらに、はるかに重要なものとして「ラテン植民市」があった。この型の共同体は、ローマ人が戦いに勝利を収めた後、イタリアのあらゆる地方に、その地域を支配するための拠点として新たに設けられたものであり、ローマ市民のみならず忠実な同盟市の人々をも入植させて作ったものである。このように単純な制度、しかも揺るぎなく堅実に運営された制度によって、彼らローマ人は、ひとたび戦争が起こった場合には、全イタリアの武力を投入することができ、それ以外の点では、伝統的な枠のなかで固有の政治組織を保持することができたのである。

カルタゴに対する戦争と東方ヘレニズム世界の諸王

　それでもやはり強国が形成されてゆく場合はいつも、その本質上、より古い大強国との対立が生じるものである。西地中海領域では、ローマより前にカルタゴが、幾多のフェニキア人の諸都市をその指導の下に統一しており、イタリアの前面に位置する大きな島々は、大部分がすでにカルタゴの支配圏に繰り入れられていた。シキリアでは東部が服属を免れていたにすぎず、この地方では、南イタリアに対する橋頭堡メッサナにもカルタゴが地歩を占めることが認められるか否かが、ローマにとって今や焦眉の急を要する問題になっていた。この要求が拒否されたため、第一次ポエニ戦争の火蓋が切られ、二三年にわたって波瀾万丈の戦いが繰り広げられた挙句、カルタゴは三つの島嶼（シキリア、サルディニア、コルシカ）を失い、ローマはその最初の海外「諸属州」を獲得した。これが最初の属州となったのは、次のような事情による。実は、イタリアとは異なり、そこではローマ国民はカルタゴの権利継承者であると自認し、したがってシキリア、サルディニア（コルシカを含む）の諸共同体の統治が、このの ち毎年、そのために任命される政務官に委ねられたからである。属州の訳語が当てられるプロヴィンキアとは、ローマの政務官が命令権《インペリウム》を行使できる職務領域を意味しており、それは軍事領域から司法および行政まで同じように拡がるものである。このようなローマにとっての新しい支配形態は、とりわけ次のような意図にも適うものであった。すなわち、大変な財力や人命の犠牲を払った挙句に獲得した広大な地域を、各種各様の税を徴収することによって経済的に多大な利益を上げられるようなものにするという狙いが、それである。

しかしながらカルタゴは、いまだ大強国としての地位と決別するつもりはなかった。そこで、失ったものの償いとなるものをスペインで作り出そうと試み、しかもそのために、ハンニバルという天才的な指導者が天から授けられた。将軍としても、政治家としても偉大であったハンニバルには、あえて新たな決戦を挑もうとする意欲があった。戦争を見事にスペインからイタリアまで持ち込んでゆき、三回の殲滅戦でローマ人を打ち破ることができたときには、ハンニバルは実際にその目的を達したかのように見えた。しかしローマ人は、防衛に追い立てられて生死の関頭に追い詰められたときになって初めて、名門貴族《ノビリタス》の指導の下で強靭な抵抗力のすべてを振り絞ったのである。そのような力を奮い立たせることができたのも、堅実で磐石な政治組織があればこそであった。敵がイタリア本土にいる間も、ローマ人は毅然としてスペインでもシキリアでも同じように闘い続けた。それに加えて、マケドニア王フィリッポス五世までもがハンニバル側につき、闘争が、スケールの点でますます古代における世界大戦の様相を呈してきたとき、東方で獲得できた同盟諸国の援助によって新しい敵［フィリッポス五世］を追い詰めるのに成功し、二〇五年、満足のいく形での単独講和条約を結ぶことができた。またその間に、ローマ人のなかからハンニバルと肩を並べられる将軍、プブリウス・コルネリウス・スキピオ［いわゆる大スキピオ］が立ち現われ、カルタゴ軍をスペインから追い払って、アフリカに渡り、結局はハンニバルをも打ち破ったのである。そして、勝利の成果として、二〇一年の講和条約でスペインがローマ人の手に入った。

今度こそ、カルタゴの屈服は決定的であった。今やとにかく、西方におけるローマの優位が争う余地のないものになったとすれば、ローマ人自身十分にそれを自覚することはなくとも、このことはただちに東方にも影響を及ぼすことになった。たしかにマケドニア戦争を通じて、すでにローマ人が東方の政治に巻き込まれていただけに、このことは一層著しいものになった。早速二〇〇年に、フィリッポスとの新たな武力衝突が、自明のことのように引き続き起こったとしても、実は彼らローマ人は、ペルガモンの王や自由な都市国家ロドスからの救援要請によって戦いに誘い込まれたのであり、こういった連中が、エーゲ海一帯でのアンティゴノス家［マケドニアを支配した王家］の勢力拡張に対抗するためにローマ人の助けを求めたわけである。その一方で、ローマ人はこのチャンスを利用して、さきの戦争における陰険な奇襲の復讐をしようとしたのであった。それにもかかわらず、フィリッポスの敗北に続いてすぐに、セレウコス家［シリアを支配した王家］のアンティオコス三世、つまり東方領域へのローマの進出を食い止めようとする、このアジアの支配者との衝突が起こった。この戦いで、ローマ人は早くも小アジアにまで進出した。そして、一八九年、マグネシアにおけるローマの勝利によって、この敵も、ローマに対抗する大強国のリストから取り除かれた。かくしてローマは、全地中海世界の主導権を今ここに手に入れたのである。

かつての古代の世界帝国は、偉大な支配者個人の創造物であった。それに対して、ローマの元老院がハンニバルと戦うべく意を決したときには、その決定が一体いかに途方もない結果を引き起こすかは、予想されていなかったのである。とりわけ、カルタゴの敗北に続いて、それほどただちにヘレニズム世界の二大強国が崩壊するとは、誰一人として予見できなかった。かくしてローマの政治は、突如まったく新たな課題に直面することになったのである。今や、スペインからシリアに至る広大な領域に絶えず目を向けていなければならなくなった。その際、スペインは〈真の意味ではいまだ征服されきっておらず〉今ようやく真に平定しなければならないというところであったし、また北イタリアのケルト人の地方を最終的に屈服させるまでには、なおも大いに戦争遂行に骨を折らねばならなかったのである。そこで元老院は、東方では、なんとかある一つの政治的仕組みを援用して、国家ローマに属州の増大による重荷がかからないようにしようとした。それは、ギリシアの諸都市や同盟諸国および小アジアの諸王国など、大国の圧迫から解放されたヘレニズム世界の諸国家の地域を、そのまま放任するというやり方である。もちろんそれは、決してローマを脅かすような優勢な力にならないように配慮された、ローマの定めた勢力分割の原則に基づくものであった。

しかしながらこの方式は、長く続けば役に立たないことが証明された。というのは、これにはローマの絶えざる介入が必要であったが、そのようなことは、介入される側にとっては、自分たち自身の政治生活の展開が阻止されることを意味し、したがって不満を醸成するからであった。このような状況からローマとしては、二〇年後にマケドニア王国を完全に片付けてしまい、一四六年には結局、ギリシアとともにマケドニアを属州として領有するようになったのも、やはりやむを得ないことと考えたのである。同じ一四六年にカルタゴも破壊され、その領域は属州アフリカとなっている。

ローマの属州統治のさまざまな欠陥

元老院が属州帝国への道を進んでいったのがためらいながらであったとすれば、それは結局、それまで保ってきた「公共体としての国家《レス・プブリカ》」の枠を越えることになるという正確な認識が元老院にあったからである。それは、今までの政務官では数が不十分となり、しかもはるか遠くまで拡がった属州での彼らの職務活動を監視するのが難しくなったからということもあるが、それだけでなく、とくに属州の保護と支配のために、恒常的に軍隊を武装して保持することが必須となったためでもある。ところでそれまでは、ローマの軍隊とは戦時にのみ動員される市民軍であった。またローマの兵士は自分の費用で装備を整えねばならなかったので、彼らは農地に定住している市民、すなわち大部分が〈中小〉農民からなっていた。その農民が長年にわたり〈小〉農場経営から引き離されれば、損害を受けないはずはなかった。とくに、遠く隔たったスペインの地での戦争が長引いたので、すでに前二世紀中葉には、兵士の徴集もときには反対に遭うほど深刻な事態となっていた。そのとき、このローマを脅かす苦境打開の道を見出したのが、他ならぬガイウス・マリウスであった。[3] 彼は一〇七年、執政官としてヌミディア王ユグルタに対する戦争を続行する使命を帯びて以来、自分の軍隊の不備を補充するために、土地を手放し職を失った市民大衆からの自発的な志願兵を充てた。そしてその後、勝利を得て帰還したのちは、キンブリ、テウトニ族［ゲルマン人の二部族］の侵入からイタリアを救うために、一〇四年から一〇〇年にかけて繰り返し執政官に選ばれ続けたのだが、そのときようやく、新しい軍事組織を大規模に作り上げるためのチャンスが彼に与えられた。たしかにローマ市民の古い軍事義務はなお生きていたが、属州においては、それまでの屯田兵組織に取って代わったのは、徴募形式による職業軍人の常備軍であった。[4] これは一つの革新であり、広大な社会的・政治的な影響を引き起こすものであった。というのは、継続的に戦争に従事することを義務づけられるような兵士の出現は、ただちに国家を古参兵のための配慮という問題に直面させることになったからである。[5] そのために、ローマ的な考え方では、なによりも第一に土地の所有が考えられた。その際、将軍には、この要求を代弁してやるという義務が生じてきた。だが同時に、新しい広大な形の庇護関係《クリエンテラ》が獲得でき、その結果として、武勲赫々たる大将軍《インペラトル》［命令権《インペリウム》を持つ将軍、大司令官。戦勝将軍に軍隊または元老院から付与される名誉称号］の姿も、いまだかつてない政治的な重みをもつことになったのである。そしてこれ以降、個々人が自分の権力を上昇させることが可能になったが、そこに寡頭政にとって最大の危険があったというのは明らかであろう。

　ローマ内部の権力の基盤がこのようにずれてきたことがいかに決定的な意義をもつかは、もちろんこの時代に生きていた人々の目には少しずつ姿を見せてきたにすぎなかった。それは、ここに忍び寄ってきた危機が、革命そして内乱へと移っていったときに初めて完全に認められるからである。しかし、事態がこのような展開を示すのに、そう長くはかからなかった。ひとたび元老院が逡巡するのをやめたが最後、属州帝国は一層拡大することになったのである。一三三年にはペルガモンの最後の王［アッタロス三世］が自分の王国をローマ国民に遺贈したので、以後それは属州アシアとなり、一方、アルプスの彼方のケルト人との戦争が繰り返された挙句、一一八年頃にはガッリア・ウルテリオル［アルプスの彼方の属州ガッリア］の創設によって、〈ローマの領域は〉スペインと地続きになった。また海賊を討ってその跳梁を抑えようとして、一〇三年にはキリキアの地にローマが確固たる地歩を占めた。それぞれすべての属州には、一人の政務官、すなわち法務官、執政官代理《プロコンスル》、法務官代理《プロプラエトル》のいずれかが送られたが、彼らは一人で軍事上の指揮官、最高の裁判官、行政上の長を兼ねていた。ところが通常は、原則として毎年新任の者が送られ、属州の服属民は、このような支配者の前に無防備に近い状態で投げ出されていた。なによりも、しばしば恥知らずなまでに膨らむ貨殖の欲望の前に曝け出されていたのである。すでに一四九年、一人の善意をもった護民官によって、独特なやり方でローマに特別法廷が設けられ、不法な要求で取り上げられた金銭の返却を求めて、〈属州民が〉総督を訴えることができるよう法的に保証することになった。それにもかかわらず、ローマの属州統治はやがて悪評嘖々たるものになり、しかもローマ人の治める諸地方の経済的衰退がそれを裏書きした。一定額の貢税支払いの他に十分の一税や関税も取り立てられたが、このような、収益の変動する歳入［税］の取り立ては、国家事業請負人組合に請け負わされた。彼らの事業の儲けは、事実上、国庫に収めるべく引き受けた額以上のものを取り立てることによって成り立っていた。(6) それゆえ、彼らはできるかぎりの策を弄して、可能なかぎりのものを絞り取ったのである。総督は大抵それを、なすがままにしておいた。というのも彼らは、自らはそのような仕事に直接の利害関係はなかったとしても、選挙において多大な影響力をもつ財界の人——とりわけ今や、このはなはだ儲かる仕事に専心していたのは騎士身分であった——の機嫌を損ないたくなかったからである。一二二年以降、罪を犯した総督に最終判決を下すための前述の法廷が、騎士身分からなる審判人［ドイツ語では陪審員］に独占されたので、〈属州民の〉一種の依存関係がなお一層強く現われることになった。このようにしてローマの属州統治は憎まれるだけのものになり、革命の発火材を積み上げることになった。次いで、イタリアの内乱がこのなかに松明を投げ込んだのである。

社会的危機

新しい帝国主義的な政策によって、イタリアの社会では反動的に解体作用が進んでいったが、他ならぬこのことによってもっとも大きな被害を蒙ったのは国家ローマ自体であった。東方での戦争は、戦利品と有無をいわさぬ賠償金の支払いをもたらし、さらにその上、属州からの収益があがってきたので、巨額の富がローマに流れ込んだ。それに加えて、安価な労働力として、数万人もの戦争捕虜が奴隷市場を満たしたのである。これまでローマの経済生活は純粋に農業的なものであったが、このような状態の下では、それが急速に、すこぶる資本主義的な様相を呈することになった。まず、富裕者や有能な事業家が新しい可能性を利用するすべを知ったのだが、要するにそういった人々とは、元老院議員およびそれと並んで騎士身分に他ならなかったのである。後者は、富裕な土地所有者のなかの広い層を占め、戦争に騎馬の士として奉仕することによって、この騎士という名称の下に他の市民層から抜け出て伸張してきたのである。土地をまとめて買い占める人が現われ、やがてイタリアのあらゆる地方に大農場経営が生まれた。それは、奴隷の大群で占められ、オリーヴ、葡萄、果樹の栽培を営んだ。そのような経営に適しない別の土地は、牧草地として家畜の飼育に充てられ、そのために幾多の小農園が消えていった。土地を失った人たちは、都市、とりわけローマ自体に流れ込み、そこで不定期労働［日雇い］や庇護民《クリエンテス》としての働きによってなんとか生計を立てようとした。その上、小農民層は、すでにハンニバル戦争においてひどく減少しており、その後も打ち続く戦乱の矢面に立たねばならなかったのである。たとえ元老院が植民政策を盛んに展開して援助の手を差し伸べようと努めても、やはり一方では大土地所有の拡大が容赦なく進んでいくので、そのような方策による成果は相殺されただけのことであった。貧富の格差は急激に拡大した。すでに注目したように、騎士層は、最高の利潤を目指す土地経営と並んで、さらに国家事業請負まで引き受けることで、きわめて実り多い自らの活動領域を見出した。一方、名門貴族《ノビリタス》支配もまた同じく、全くの金権政治へと移り変わり、今や選挙や投票において、とりわけ、絶え間なく増大しつつある貧民化した都市成員のことを見込んでおかねばならなくなった。そういったわけで、古い庇護関係《クリエンテラ》が、みるみるうちに堕落していったのもやむを得ないことであった。総じて、政治および経済状態が変化し、その結果として、ヘレニズム文明が貪欲に吸収されることにより、不安の念がかきたてられるまでに古ローマ的な道徳が乱れていったのである。

政治的にみれば、とくに国防力の衰退が目立ってきた。新たに獲得した「ローマ国民の支配権《インペリウム・ポプリ・ロマニ》」［命令権＝支配権の及ぶ範囲、主権］を属州において保持することが、直接脅かされたからである。屯田兵組織を確保しようとするかぎり、これに対する救済手段は一つしかなかった。農民層の復興、これである。この層が尽きることなく存在することによって、共和政国家ローマはこれまで勝利を獲得してきたのである。しかし、農民層の復興という目的を達成するためには、イタリアのなかに入植地が必要であった。イタリアにおける支配的地位を得ようとして戦った時代、国家ローマが相手方の広大な領土を割譲させることによって、征服した敵を罰するのが習いであったときには、決してそのような土地が不足することはなかった。ところが今は、まさに前に述べたような経済的発展の結果として、意のままになる土地は全く存在しなかった。そこで、以上のような計画も、要するに現存の土地の所有状態を侵害することなしには遂行できないものとなった。もちろんそういうことは、現在の金権政治的な傾向にただちに逆行するものであり、それを現実化しようとする試みがすぐに示す通り、たちまち興奮をかきたてて、革命の爆発にまで至らせるのであった。

ティベリウス・グラックス

このような危険を予感しながらも逡巡していた人々のなかに

あって、一三三年に、ティベリウス・センプロニウス・グラックス——当時もっとも著名な名門貴族《ノビリタス》の家の出身で、スキピオ・アフリカヌスの孫にあたる［母がスキピオの娘］——が、雄大な構想に支えられた危難除去の法案をひっさげ、護民官としてあえてデビューしたのである。その法案では、植民者のための土地としては、占有されていた〝国有地《アゲル・プブリクス》〟があらかじめ考慮されていた。公有地すなわち国の所有地の領域では、それまで占有が自由に認められていたのである。このことによって彼は、大土地所有［厳密には占有］者の利害にこの上なく手厳しく触れたので、すぐに、元老院の大多数の者はこの法案に賛成できない、ということが明らかになった。それでも彼は、寡頭政体制に対して闘った。武器は、護民官としての拒否権であり、この権利の助けを借りて国政全体を麻痺させてしまった。同僚の護民官オクタウィウスが、土地所有者層［占有者層］の希望に基づいて法に対する拒否権を発動したとき、ティベリウスは平民会によってオクタウィウスをその官職から引きずりおろして、当面の問題を自分の勝利に導いた。ひとたびこのような暴力行為を働いた後は、もはやティベリウスに後退はありえなかった。彼は、これまた国制に反した形で、翌年再び護民官に選ばれることを望み、新しい法によって、一般民衆、それに騎士身分をも元老院の寡頭政グループから分離させようと目論んだ。ところが、選挙の当日、彼は扇動者として反対派の人に打ち殺されてしまった。このような高邁な人物が倒れたことは、国家ローマがいかなる事態に立ち至っているかを、恐ろしいほど明らかに示すものであった。ローマの支配階層の人たちは、その重要性および緊急性についてはだれも疑いを差し挟めないような一つの課題を、うまく解決できなかったのである。さらにその際、そこで殺戮された敵こそ自分たちの仲間の最善の人の一人であったというわけで、われとわが身にきわめて重い傷さえ負わせたのである。官職を求めて立身出世を望む闘争は、はるか以前から熱を帯びていたが、そのいずれにしても、そのときこの護民官の向こうみずな行為が出会った憎悪の激しさとは比べようもなかった。元老院議員を血なまぐさい闘争に誘い込んだのは、血の繋がった従兄弟、すなわち神祇官長のプブリウス・スキピオ・ナシカであったし、また打ち殺されたティベリウスに判決を下した人のなかでは、義兄弟のプブリウス・スキピオ・アエミリアヌス、すなわち小アフリカヌス［小スキピオ］ほどに厳しい意見を述べた人はいなかった。国民の集会［民会］の認可した〝国有地《アゲル・プブリクス》〟の返還請求が、国家や社会についての聖なる法秩序に対するきわめてひどい陰謀と彼らに思われたことからも、以上の件の説明はつくだろう。それにもかかわらず、このような全くの否定的な態度では、緊急事態を乗り越えることはできなかった。そこで、ひとたび水門が開かれた今となっては、もはや革命的な動きの流れを食い止めることはできなかったのである。

ガイウス・グラックス、閥族派と民衆派

ティベリウス・グラックスの政治思想は彼とともに消えたの

ではなく、その友人仲間のなかに生き続けた。とりわけ彼の弟ガイウスがただちに、より優れた継承者になった。古い型の元老院の政治家に対して、今や新しい見解をもった政治家が台頭してきた。それでもやはり、彼らもまた元老院に属していたのである――ローマ的な理解の仕方では、それ以外には決して考えられなかった。しかし、身分的偏見にとらわれた元老院の政治に対して、これらの人々は国民の福祉のために尽くし、民会にアピールし続けることによって、時勢に適った革新の能力もない元老院統治を打ち破ろうとした。そのために彼らは、「民衆派《ポプラレス》」という名前を得た。反対者は、伝統的な貴族支配と固く保持されてきた財産の擁護者として、「善良《ボニ》な者」または「閥族派《オプティマテス》」（最善者）と自称した。この二通りの呼び名は、政治家だけに適用され、民会での投票争いに駆り出される彼らの従属者たちには向けられなかったということは、ローマ世界における特徴であろう。[7] そして、ローマにおいて今後二つの党派という風に言われる場合に問題となるのは、政策決定がこれまでのように元老院で為されるべきか、それとも、国法的には常に可能であったように、広い範囲にわたって民衆の集会［国民集会、民会］に委ねられるべきかということであった。したがって、「民衆派《ポプラレス》」とは「扇動政治家《デマゴゴス》」と翻訳するのが、もっとも適切であるといえよう。

　民衆派《ポプラレス》がその目的を達するためには、すでにティベリウス・グラックスが計画したように、集会で投票する民衆［国民］の大多数を、従来の支配者に対抗して動かさなければならなかった。かくして彼らは、一二五年、イタリアの全同盟市にローマ市民権を付与しようとするアジテーションを行なった。次いでガイウス・グラックスは、天才的なやり方で、あらゆる不満の根源に火を点けることができた。兄の農地法を復活し、新しい植民市を求め、国防の義務の厳しさを和らげ、虐待されていた同盟市を引き受け、ローマの都市住民に安い穀物を供給し、騎士身分を裁判に関与させ、新たに勝ち得た属州アシアにおける徴税請負の仕事を彼らに委ねたのである。しかし、元老院にとって、ここに登場するマニウス・アキリウス・グラブリオの法[8]ほどに厳しい一撃はなかった。この法は、審判人［陪審員］としてローマの政務官の不当利得返還［取締り］に関する刑事裁判の法廷に入れるのは、元老院議員に代わって騎士だけであると定めたのである。これが厳しい一撃となったのは、このように決めることによって、騎士身分が政治上の権力を構成する一要素となり、彼らは、元老院に対してすこぶる有効な圧迫手段を掌中にし、自分たちの経済的な利益になるように、その手段をやはりほしいままに利用したからである。罪を犯した政務官に対して、彼らと同じ身分の人たちが極端に穏和な判定を下さないようにするところに、この法案の本来の狙いがあったのだが、それが、たしかに党派性によって反対の意味で歪められることもまことにしばしばあった。ただしこのことによって、元老院身分、騎士身分という両上層身分の間の対立が促進されたので、新秩序の創始者にとっては歓迎されないものではなかった。

かくして民衆派は、自ら民会での多数派を手に入れようとし、その多数派に支えられて、元老院に代わり中央広場《フォルム》から帝国［＝支配、統治圏］を支配しようと考えた。形式的には政務官は、今やもはや元老院から指示を受けるのではなく、主権者たる国民の奉仕者でなければならなくなった。しかし事実としては、この理念を用いて偽りの演技が行なわれたのである。というのは、民衆派は、ローマにおけるローマ民衆［ローマ国民］の投票にことを委ねていたのであるが、その投票たるや原則として、全イタリア、そして帝国［＝支配圏］に拡がっているローマ市民のうちの、ほんの一握りの人たちの意志を表わしているにすぎなかったからである。その上、当時すでにローマの町で生活している市民が主として当てにされたのである。たしかにそのときすでに、それは零落した連中、つまり富裕者の寛大さを頼りにしている「都市無産大衆《プレブス・ウルバナ》」を意味したのであった。そういうわけで民衆派は、やはりはじめから民衆［国民］の意志によって統御されることを目指したのでは毛頭なく、民衆の方が扇動者の政策の正当性が認められることを狙っていたのである。ガイウス・グラックスのシステムは、最初から内部的な矛盾という悩みを抱えていた。つまり彼は、領域的に限定された共同体国家［英訳では都市国家（a city state）］の事情に適合した形で帝国［＝支配圏］を統治しようとしたが、同時に、ローマ市民権を全イタリアに拡げ、さらにはイタリアを越えて植民市を建設することによって、属州にも市民権を拡大しようと考えていたのである。彼の企ては失敗に終わったが、その直接の原因は、彼が寡頭政的な統治に対する闘争を喚起した多種多様な利害関係者が、すっかり割れて対立し合ったことにあった。土地を失った者と資本家、市民と非市民が一緒になって、ずっと彼の政治的なお先棒を担ぐという具合にはいかなかったのである。とくに、ガイウスが元老院的な資本主義と騎士層の資本主義との間に打ち込もうとした楔は役に立たなかった。彼が公然たる革命への歩みを進めようとしても、元老院議員と騎士は一致して政府当局の背後に回り、この動きをも圧迫したのである。

しかしこのようにして、これまで争われてきた重大な政治的諸課題が取り除かれたわけではなかった。民衆派《ポプラレス》的な立場の政治家にとってもことは同様だった。寡頭政の誤謬や悪習が日々繰り返され、それが政敵に反対のための糧を十分に与え、元老院議員と騎士を再び分離させてしまったのである。

ガイウス・マリウス

一〇三年に再び、護民官ルキウス・アップレイウス・サトゥルニヌスに率いられて、民衆派《ポプラレス》の大きな嵐が吹き荒れた。サトゥルニヌスが勇将マリウスと結ぶことによって、ことが成就する見通しが生まれた。従来いかなる人もなし得なかった名門貴族《ノビリタス》の権利を平然とまたぎ越えることを果たしたのが、このマリウスなのである。彼は自治市の騎士の家（ローマの田園領域内の都市、アルピヌムの土地所有者の家門）の出身で、その家系のなかで初めて元老院に入った者として、元老院議員仲間の間で使われた表現では、「新人《ホモ・ノウス》」と呼ばれた。卓越した才能と上流階層との結びつきによって、マリウスは法務官職にまで達し、カエサルの父の姉ユリアと結婚することにより貴族と親戚関係に入った。ところで、この程度の人物でさらにこのとき執政官になろうとまで望んだのは、名門貴族《ノビリタス》の概念からすれば前例のないことであった。この最高の官職〈つまり執政官〉は、元老院議員の息子たち、できれば名門貴族のためにだけ取っておかれるものとされていた。それにもかかわらずマリウスは、反対を乗り越えて、一〇七年、主としてかつての同身分、すなわち騎士身分の助けによって執政官に選ばれた。深刻な戦争という難局に際しては、民衆の特別な信頼を勝ち得た人物として選ばれ、続いてその後一〇四年以降、五回も執政官のポストについた。そして彼がこのように軍指揮権を長く握っている間に、ローマの兵制にいかに重大な変化を加えたかは、すでに記したところである。

その才能からすれば、マリウスは政治家であるよりはるかに軍人であった。しかし、テウトニ、キンブリの二部族に対して輝かしい勝利を収めたのち、土地を持たない者を軍務に駆り立てるために行なった自分の約束を果たすことが必要となった。そこで一〇三年にはすでに、有能なデマゴーグ［アップレイウス］が援助者として迎え入れられ、植民法によってマリウスに助けを買って出た。一〇〇年には、アップレイウスは、はるかに広範に及ぶ法律を通過させた。すべての持てる層と、都市無産市民までもが一致して反対したのに対しては、もっぱら暴力的に対応したのである。一二月の執政官選挙において、一層ひどい暴力行為がみられたが、それは今や、元老院統治に武力干渉するための好都合な口実を与えることになった。この場合にも、普段から強い敵愾心を燃やしていた騎士身分が、それに加わった。同じく執政官のマリウスはといえば、自分にとって、民衆派《ポプラレス》の専断的な行動があまりにも行き過ぎていると見えたので、執政官としての自分の義務を回避することなく、革命の鎮圧のためにあらゆることをやってのけた。その際、民衆派《ポプラレス》的な立場に立つ彼の友人たちが殺されたが、これはもちろん彼の意図したところではなかった。しかし、その結果、マリウスは当分の間あらゆる政治的威信を失い、もはや古参兵のための法律も、はじめに目論んだ範囲では施行されなかった。

同盟市戦争、ルキウス・スッラ

いつもそうであるように、この場合の閥族《オプティマテス》派の勝利も、やはり民衆派《ポプラレス》的な改革運動に伴う良い面の展開を妨げた。その代わりに、元老院議員と騎士との争いが、昔よりも憎悪の念に満ちて再び甦った。騎士は、あの重大な審判人裁判法廷の単独支配権を、ますます恥知らずに、私欲のために利用し尽くしたのである。属州総督として、ローマの大金持ちに自由勝手な活躍を許さない元老院議員はすべて、後にローマで告訴されて必ず有罪が宣告されることを計算に入れておかなければならなかった。しかしこの状況でもっとも大きな危害を蒙ったのは、搾取された属州であった。とはいえこのような被害も、絶えず増大する危険に脅かされていた同盟市の問題の前には、ひとまず後回しとなった。同盟関係にあるイタリアの共同体は、グラックス時代以来ずっと、指導国家ローマとの政治的同権を認めてもらいたいという要求を抱えていたが、それは民衆派《ポプラレス》の側から熱烈に支持されるとともに、閥族派《オプティマテス》の側からは激しく拒否されていた。ところで、元老院は今回も譲歩の時期を誤ったので、九〇年にすさまじい同盟市戦争が起こった。そこでローマは、ポー河の南の全共同体にローマ市民権を分け与えることを余儀なくされた。これによって、これらの都市は国法的には自治市《ムニキピウム》となり、共同体国家ローマの領域は、このようにして半島全体を蔽うことになった。全市民団が国政に関与するといっても、国政参与は、ただローマにおける民会でしか行なわれなかったので、国制から予見されたように、それはますます欺瞞的なものとなった。

　しかしながら、この同盟市戦争の危険が取り除かれるや否や、民衆派《ポプラレス》の傑物の一人、八八年の護民官プブリウス・スルピキウス・ルフスが、再び名門貴族《ノビリタス》の寡頭政に対して新たに激しく攻撃を加えはじめた。元老院は、騎士身分の人たちから成員が補充されることによって、復元されなければならなかった。新市民たちが現行の選挙手続きのもとでは決して力を得られないように、彼らを三五の選挙区［市民総会とも言うべき民会、その一つ区民会の構成単位］のうちの八つのみに割り振るという了見の狭い規定を廃棄し、また同じく、四つの都市選挙区だけに被解放者を限定するという古い規定を取り消すことによって、スルピキウスは、自分を支持してくれるのに必要な力を勝ち得ようとした。そして結局、彼は、元老院からすでに執政官のスッラに委ねられていたミトラダテス戦争の軍指揮権を、民会議決によってマリウスに与える約束をすることにより、老マリウスの名声をも利用できたのである。

　以上の案件に関する諸法案は、票決によってやはり通過した。ところがスッラは、自分の軍隊を率いてあえてローマに進軍した。マリウスとスルピキウスを追放して、新しい諸法を無効であると言明し、その代わりに寡頭政体制を守るために、別の立法を行なったのである。その法のなかでもっとも重要なのは、前もって元老院の許可を得ることなくしては、護民官が平民会に法の提議をするのを禁じたものであった。それにもかかわらず、民衆派《ポプラレス》に属するパトリキ貴族のルキウス・コルネリウス・キンナが、八七年、スッラの後継者となって執政官のポストにつき、殺害されたスルピキウスの諸計画を再び採用するのを、元老院は阻止できなかった。スッラはその軍勢を率いてミトラダテス戦争に出陣していたので、法的訴追を免れた。ローマでは、キンナの同僚グナエウス・オクタウィウスが、昔ながらの［守旧派］市民層の首領として、武力をもって民衆派《ポプラレス》の暴力に対抗したが、それが効を奏したため、結局キンナは、執政官職および市民権の剝奪の宣告を受けた。それにもかかわらずキンナは逃れ、今やイタリアで、いたるところからときの政権担当者に反対する力［すなわち軍隊］を動かすことができた。つまり彼は、蜂起したイタリア人に対抗するためにまだ戦場にあったローマの軍隊の一つを手に入れたのであり、なお新しく市民権を与えられた自治市からの援兵により、そしてまた奴隷解放によって、急速に強力となった。そこでマリウスが彼のもとに急行して義勇軍を集めた。ローマは包囲された。キンナは、元老院がなおも許そうとはしていなかった条件つき講和を最後のサムニウム人と結んだ。政府が打ったローマ救援の試みはことごとく失敗し、政府も降伏を余儀なくされた。

民衆派《ポプラレス》の勝利

血なまぐさい闘争の挙句に、ようやく初めて民衆派《ポプラレス》に勝利が転がりこんだ。そこで彼らにも、元来自分たちが何を欲し、何ができるかを示す番がやってきた。マリウスにとっては、個人的な仇敵への復讐が主要関心事であったのは疑いないところだったとしても、ローマで始まった殺人と強奪による狂乱は、避けがたい随伴現象だとして堪え忍ぶこともできたであろう。スッラのきわめて厳しい法が再び廃止されたのは当然のことである。しかし、民衆派《ポプラレス》の統治は八二年まで続いたが、国制の領域では、これはと言えるような積極的な仕事は何も示せなかった。キンナがまず、民会に諮ることなく自分とマリウスを八六年まで執政官であると宣言し、マリウスの死後は、ルキウス・ウァレリウス・フラックスを同僚にして、八六年末には同じく国制に反したやり方で、自分およびグナエウス・パピリウス・カルボを引き続き二年間の執政官とした。このことはなんといっても、重大な意味をもつ手始めの出来事であった。というのは、これによって、宿命的な年々の役職者の交替を回避して、永続的で、しかもより強力な統治権力に通じている道を彼が歩んでゆくことになったからである。この方向をとる革新者には、すでにグナエウス・ポンペイウス・ストラボがいた。つまり八九年の執政官で、のちに彼より著名になった息子、大ポンペイウスの父親である。ポンペイウス・ストラボは、アスクルム占領後も元老院の意向に反してその軍隊の長の地位にとどまり、八七年には、翌八六年の執政官職を脅しとるために、正統の政府当局の逼迫状態を利用しようと考えていたほどであるが、悪疫の犠牲になって急死した。このポンペイウス・ストラボの試みは一エピソードにとどまったが、キンナによる模倣が示したように、それは民衆派《ポプラレス》の企てが失敗したのちの、新しい革命の時代を告げるものであった。革命の指導者たちは、不確実な選挙の従属者ではもう満足せず、将軍から戦利品および十分な扶養を期待する常勝の兵士たちを、政治権力を求める闘争に投入したのである。そうすることにより、当然ながら今後は、党派の争いがいつでも内乱へ移行し得ることになってしまった。そのうえ革命での勝利は、とりもなおさず、元老院におけるこれまでの名門貴族《ノビリタス》支配の否定を意味した。たしかに、キンナ、フラックス、カルボ、それから八三年の執政官ルキウス・コルネリウス・スキピオ・アシアティクス（アシアゲヌス）や、またときの護民官マルクス・ユニウス・ブルトゥスなど、彼ら自身はみな名門貴族に属していた。しかし、だれが執政官に選ばれたらよいかを、名門の人たちが独占的に取り決めようとしたこれまでの組織は粉砕された。年取った領袖《プリンキペス》のうちで、命からがら逃げだした人たちは亡命生活に入らねばならなかった。元老院の議場は、騎士身分からの「新人」によって占められた。統治組織の改良が必要だったにもかかわらず、それは問題とならず、かえって新しい層が元老院へと押しあいへしあいして、彼らは在来のやり方で帝国［＝支配圏］統治による実益を享受するのを望んだ。たしかにクィントゥス・セルトリウス［マリウス派に属し、スペインで反ローマ闘争を展開する］のような人物でも、責任の重い役職を勝ち取ることができたのである。しかし一般には、これらの新人も——ガイウス・ウェッレス［シキリアの総督としての苛斂誅求のため、七〇年にキケロに告発された］もその一人であるが——好ましいどころではない。ローマ人の、あのよく知られた貪欲さは、名門貴族層《ノビリタス》よりも、資本家的市民層である騎士身分においてはるかに著しく現われた。それゆえ、スッラがその政友とともに、名門貴族層《ノビリタス》の古い権力の座を再建したことは、地方では、いたるところで救済と受け取られたほどであった。

カエサルの家族関係

伯父のガイウス・マリウスが、八七年末、キンナ側についてローマに入ったとき、ガイウス・ユリウス・カエサルは一三歳になっていた。そして、親戚関係のため、すぐさま様々な事件の渦中に巻き込まれた。

ユリウス氏はパトリキ古貴族に属する氏族であったが、これまで歴史にはあまり立ち現われてこなかった。一五七年の執政官には、わがカエサルの祖先は入っていない。カエサルの父は、おそらく九二年に法務官、その後アシアの執政官代理＝属州総督となり、八五年にピサエで没しているが、執政官のポストには達していない。(9) 九一年の執政官で九〇年に死去したセクストゥス・カエサルは、おそらくその兄弟であろう。祖父については、マルキウス・レクス家［氏］の出のマルキアと結婚したことしか分からない。(10) カエサルの母アウレリアも平民系の名門貴族《ノビリタス》の出身である。この人物は、七五年、七四年、さらには六五年の執政官たち、アウレリウス・コッタという名前の三人兄弟と血縁関係——おそらく従兄弟の間柄——であったらしい。三人のうち最年長のガイウス・アウレリウス・コッタは当代きっての雄弁家であり、スッラによって再び政治生活に呼び戻されている。息子を立派に教育したという点で、アウレリアは、グラックス兄弟の母親コルネリアと並び称されるのが伝統となっている。彼女は五四年まで生きた。(11) だがさしあたりもっとも重要なのは、マリウスがカエサルの父の姉妹と結婚したことである。

名誉ある「ユピテル祭司《フラメン・ディアリス》」ルキウス・コルネリウス・メルラは、向こうみずにも、キンナが退けられたあと空席になった執政官のポストについたが、革命の犠牲となった。この神官職を担当するものには、市民法上および神法上、特別に強く求められていたことがある。つまり、なによりもパトリキ貴族であることが要求された。そこで、このために、勝利者たちが〈マリウスの妻〉ユリアの甥〈カエサル〉に目を付けたのである。マリウスは八六年一月一三日に没したのであるから、彼らは明らかにそのポスト獲得を非常に急いでいた。おそらく宗教的な理由からであろう。というのも、メルラは民衆法廷［民会裁判］における死刑の判決を待たずに、カピトルの丘のユピテル神殿に神官の帽子をあずけ、キンナをその子分ともども呪ったのち、自分で血管を開いて自殺しているからである。[12] このようにお膳立てされても、子供では、もちろん官職につくことはできなかった。そこで、八四年になって初めて、おそらく「成人した男子の市民服《トガ・ウィリリス》」の授与と関連して、一歩進められることになったのであろう。ユピテル祭司《フラメン・ディアリス》に選ばれた人は、パトリキ貴族の家の出の女性と結婚しなければならなかったため、カエサルは富裕な騎士の家の出の娘との婚約を解消し、執政官のキンナの娘、コルネリアと結婚するように促された。[13] たとえその年の終わりに、舅のキンナが暴動を起こした兵士に殺害されたとしても[14]、やはり私は次のように思う。すなわち、カエサルをして、後にあのように決然として民衆派《ポプラレス》的な方向をとらせるように駆り立てた推進力が、この結びつきによって著しく強められたのである、と。閥族派《オプティマテス》的な色合いの濃い史料は、キンナにはっきりとタイラント［僭主よりは専制支配者］のレッテルを貼っている。[15] しかし元々キンナは、新市民のためにスルピキウス・ルフスの政策を再び採ったのである。[16] したがって、われわれは彼を民衆派《ポプラレス》に入れることができる。つまり、時代が何を要求しているかという点に関する閥族派《オプティマテス》の無理解さに対して立ち上がった民衆派《ポプラレス》のなかにである。八三年、スッラの帰還後に新たに火をふいた内乱には、カエサルは関与していない。一方、小マリウス［カエサルの従兄弟にあたる］[17]は、母ユリア［カエサルの伯母］も同意しなかったにもかかわらず、法に反したやり方で八二年に執政官に選ばれている。[18]

スッラの勝利と独裁官職、カエサルの助命

ところで、スッラが八二年一一月一日、ローマ城門前の戦闘で決定的な勝利を収め、その結果としてそれまでの革命的な政府の全規定を無効なものとして廃棄したとき、カエサルも、自分が名誉ある高官の地位に就けるという期待はもてなくなった。それでも彼の身にはそれ以上何も起こらなかった。スッラの望んだのは、ただカエサルがキンナの娘と別れることだけであった。おそらくポンペイウスのように[19]、独裁官スッラの望んだような結婚をすべきだったのであろう。しかしカエサルは、こういった好意の証《あかし》を毅然として拒絶した。たとえ妻が、嫁資と、実家から彼女のものとして得るはずの相続財産の請求権を失ったとしても――[20]。もちろん、このような勇敢さは全く危険なものであった。したがって、より賢明なこととしてカエサルがただちにとった手は、サビニ人のなかに身を隠すことであった。それにもかかわらず、やはりスッラ派のパトロール隊の目を逃れることはできず、その指揮官を一万二〇〇〇デナリウスで買収して命を助けてもらわねばならなかった。このように惨めな、しかもマラリヤでなお一層ひどくなった逃亡生活か

らカエサルを解放したのは、実は、絶対的な力をもった独裁官スッラの下にいた貴族の親戚によるとりなしであった。ウェスタ女神に仕える斎女の他に、マメルクス［マルクスの古形、オスキ系］・アエミリウス・レピドゥス、すなわち後の七七年の執政官と、彼の母の従兄弟にあたるガイウス・アウレリウス・コッタ、すなわち後の七五年の執政官が、彼のために仲介に立ったのである。スッラは、彼らのこの願いを叶えてやって、次のような冗談を言っている。あのだらしなく帯を締めた若者をこそ警戒すべきである、あのなかには、多数のマリウスが潜んでいるのだ、と。[21]

あの名誉ある神官職をあまりにも早く勝ち得たこと［正式には就任していない］に、年端のゆかないカエサル自身がどの程度まで関与していたかを見抜くことはできない。というのは、このポストは古風な義務を負わされており、その義務たるや、彼に堂々たる政治生活への道を閉ざす類いのものであったからである。なにしろユピテル祭司は、馬に乗ることも、武装している軍隊をその目で見ることも、またローマの町の外で二晩以上過ごすことも許されなかったのである。[22]カエサルはおそらく、はじめはこのことを何ら気にしなかったであろう。そしてやがて、そういった問題を乗り越える道を見つけたに違いない。彼独自の姿勢は、もちろんスッラの要求に対して示したあの思い切った抵抗のうちに見出される。コルネリアは、六九年に没するまでカエサルの妻であり、七六年頃には彼との間に娘ユリアをもうけている。[23]

最初の軍務と精神的・知的な面での陶冶

カエサルは、決定的に向きを変えて、ローマを去り軍人となった。もちろん、元老院議員の息子として、ただちに士官となり、アシアの法務官代理＝総督、マルクス・ミヌキウス・テルムスの幕僚の一員となった。このテルムスは、まさしくミュティレネ、すなわちミトラダテスがいまだ放棄しようとしなかったギリシア人最後の国家を屈服させるために懸命になっていたのである。カエサルに委ねられた任務は、ビテュニアの王、ニコメデス四世の船隊を引き連れてくることであったが、王は、大変な敬意を払ってカエサルを受け入れ、彼の名は、王の客友として全土に知れ渡った。同時にカエサルは、自分の解放奴隷の一人の商取引にも利益を計ってやった。[24]かれこれする間に、八〇年、ミュティレネ攻撃が成功を収めた際、カエサルはこれに参加し、そこで示した勇敢さによって、指揮官から〈戦争でローマ市民の命を救った人に与えられる〉市民冠［オークの葉の冠］を受けた。[25]その後、七八年に執政官代理＝総督のプブリウス・セルウィリウス・ウァティアが、キリキアの海賊に対する戦争をはじめたとき、カエサルは、その陣営で軍事上の修業を続けた。[26]だがしかしその間も、ローマにおける政治を決して蔑ろにしなかった。スッラの引退後、民衆派《ポプラレス》の何人かが新たに蜂起を企てていたのを知っていたからである。そこで七八年、権力者のスッラが死去したという報告を受けるや、ただちに帰国の途についた。これまでスッラ派に属していたマルクス・アエミリウス・レピドゥスがそのときの執政官であったが、この反抗の動きの首領として執拗にカエサルをこの運動に関与させようとしたものの、カエサルに何ら信頼の念を起こさせなかった。そういうわけで、完全に失敗に終わったこの企てに、カエサルは関与せずにすんだのであった。[27]

　むしろ今やカエサルは、スッラ派に属する傑出した人物で八一年の元執政官のグナエウス・コルネリウス・ドラベッラが、七八年にマケドニアから凱旋将軍として帰還してきたのに対して、苛斂誅求の廉［不当利得返還訴訟］で七七年にこれを告訴して、半世紀以来ますます通常のこととなっていたやり方で政治家としての経歴を踏み出した。カエサルは、家庭教師たる解放奴隷のマルクス・アントニウス・グニッポからすばらしい教育を授けられていたので、告訴のための準備も十分にできていた。グニッポは、アレクサンドリアで教育され、ギリシア修辞学もラテン修辞学も同じようにマスターしていたのである。[28] ドラベッラは、もちろん、当時のもっとも著名な法廷弁護人、[29] ガイウス・コッタ（カエサルの親戚）とクィントゥス・ホルテンシウスにうまく弁護してもらい、無罪となった。[30] ところがカエサルは、その弁舌を堂々たる作品にまで磨きあげた。この作品は、それ以来文学作品として生き続け、〈法廷での〉敗北にもかかわらず、著者にローマ第一等の雄弁家の一人であるという名声をもたらすことになった。[31] なおギリシア人の庇護者たち《クリエンテス》［被弁護人を含意］も、引き続き彼に信頼の念を抱き続け、翌年、スッラ派に属する悪評高い人物ガイウス・アントニウスの告訴を彼に委ねた。アントニウスは、ミトラダテス戦争のとき、副司令《レガトゥス》として、ヘラスの地で恥知らずの掠奪を行なったのである。この案件へのカエサルの取り組みが巧妙を極めたので、アントニウスは告訴に対して護民官の保護を求め、まことに恥知らずの話だが、その助けを得たのであった。[32]

　七五年、カエサルは再び東方に赴いたが、今回は弁論術の完成のためロドスで、さらに修辞学者アポッロニオス・モロンの講筵に列するためであった。[33] その際、ミレトス南方のファルマクッサという小島の付近で、キリキアの海賊の手に落ちた。セルウィリウス・イサウリクスの遠征は、災厄の禍根までは捕捉できてはいなかったのである。スペインでのセルトリウス戦争が頂点に達していた時期にあたっており、血なまぐさいイタリアの内乱によって力の衰えていたローマ帝国には、十分な施策をとろうとするにも、その力が欠けていた。海賊が、この高貴なローマ人捕虜のため五〇タラントン［タレント］（三〇万デナリウス）の身代金を要求したとき、カエサルは、わが身の不運の責任は、小アジアの海岸の諸共同体における海岸警察力の欠如にあるとして、[34] その代償としてこれらの諸共同体から身代金の総額を調達させた。カエサルが、金を支払う際、海賊を促して将来悪事を働かないように、彼らに人質を差し出すようにすすめたことについては、少なくとも諸共同体としてはカエサルに感謝しなければならないであろう。とはいえ解放されるや、彼はただちに海上警察の仕事［海賊掃討事業］を引き受けた。すなわち諸共同体が集めた一つの船隊の先頭に立って海賊と一戦交え、沢山の軍艦を奪い、数多くの人を捕虜とした。処刑判決のため、カエサルは私的にアシアの総督、マルクス・ユンクスのもとに赴いた。この人物は当時、最後の王［ニコメデス四世］の遺言でローマの手に帰したビテュニアを属州として整えていた。それにもかかわらずユンクスは、捕虜を処刑せよとの命令を下さず、国庫のためになるよう、これを売却しようと望んだので、カエサルは、すばやくペルガモンにとってかえした。捕虜はその地に拘禁されていたが、カエサルはこれを自分の手で磔刑に処した。[35]

ニコメデス四世の〈国土をローマに遺贈するという〉遺言をミトラダテスは認めず、七四年、セルトリウスが支持してくれることを確信して、ローマ人に対する三度目の戦いの火蓋を切った。王の一部隊が属州アシアに侵入したというのを耳にしたとき、カエサルはロドスに到着したところであったが、すぐさま大陸に渡り、地区駐屯軍に対する指揮権を得て、敵を撃退した。[36] われわれの史料で強調されているのは、カエサルが海賊に対して断固として全く独力で立ち向かったことであり、また同じく執政官代理＝総督に対して独断的な態度を取った点である。[37] すべてを確信する大胆さは確実に立証されるが、それが当時の属州統治に異様な印象を与えたことも確かである。とはいえ、キケロがその作品『国家論』において、〝ローマ市民の自由〟が問題となるときに、このような自力救済策をとったのを至当としているのを思い出さねばならない。[38]「市民冠《コロナ・キウィカ》」保持者としては、ミトラダテス戦争勃発にあたり、カエサルのように振る舞ったのはごく自然なことであった。

副司令と神祇官のポスト

七四年に元老院は、再び海賊の災厄に対してなんらかの対策を取ることを決め、法務官のマルクス・アントニウスに地中海掃討の任務を与えた。[39] カエサルは、この人物に付けられて派遣されたらしい。というのは、ラコニアの港町ギュテイオンの碑文に、他の下級指揮官と並んで、副司令《レガトゥス》ガイウス・ユリウスの名も見えており、七三年頃には、そこに住んでいた二人のローマ市民が彼に宿舎を提供した、とあるからである。[40] ここに滞在したことは、他の報告とも符合する。それによれば、七三年にカエサルが、亡き縁者（母の従兄弟）で執政官格の人物ガイウス・コッタに代わって、「神祇官団《ポンティフィケス》」の一員に選ばれ、この知らせを受けてロドスからの帰路についているという。海賊に目を付けられないように小さな船に乗って、ただ二人の友人と一〇人の奴隷のみを連れて、アドリア海を渡ったのであろう。[41]

特別にわれわれの注意を引くのは、神祇官団の欠員補充選出である。この場合、カエサルがガイウス・コッタに代わったとすれば、母のアウレリア［コッタの従姉妹］がそこに関与していたと推定することができよう。この提案は、マメルクス・アエミリウス・レピドゥス・リウィアヌスによってなされたのであろう。彼は、すでに八一年の恩赦のときに協力していた。明らかにセルウィリウス・イサウリクス、クィントゥス・ルタティウス・カトゥルス、マルクス・テレンティウス・ルクッルスのような、同僚であって、しかも閥族派《オプティマテス》に属する他の残りの人たちの間では、何ら反対に出会わなかった。

神祇官長《ポンティフェクス・マクシムス》クィントゥス・メテッルス・ピウスは、スペインでセルトリウスに対する戦争に従事していた。われわれの見るところでは、カエサルのドラベッラ攻撃が何ら重要な意味をもたなかったことについて、次のように想像することができよう。すなわちセルウィリウス・イサウリクスが、カエサルのかつての将校としての戦場での行動を嘉《よみ》したのである、と。このようにして名門貴族《ノビリタス》は、カエサルを自分たちの仲間のうちに数えたのである。[42]

ここで、カエサルのこれまでの生涯を回顧してみると、彼がすでに今や、自分の才幹を活用することを心得ていたのに気づくであろう。革命で利益を受ける側に立って、頭角を現わしていくという希望が満たされなかったとしても、それでもカエサルは、困難な時期に、このように所与の政治的な立場を守るすべを心得ており、そのためにいつも民衆派《ポプラレス》の力を当てにすることができた。一方、高貴な出自から生ずるあらゆる利点が、彼の役に立った。とはいっても同時代人の目に、その将来の偉大さが輝き映じていたと考えてはなるまい。同じようなタイプの青年、すなわち野心をもち、そして享楽的な、だがしかし軍務にも有能であり、元老院議員にとって欠くべからざる雄弁の腕を磨こうと熱心に努めている――このような若者は、名門貴族《ノビリタス》層にはあまりにも沢山いたのである。とにかく、この若い神祇官はもはや名だたる弁論家であり、果敢な将校として勇敢さを示しただけではなく、将来、腐敗した属州行政に介入することになる兆しをも見せていたのである。

第2章　政治世界への登場と栄達

スッラの国家秩序に対する民衆派的な政策

スッラは、将校あるいは外交官としてだけではなく、将軍および大政治家としても優れた才能をもっていたとはいえ、自分に与えられた独裁官の職を一生堅持するには、やはり享楽主義者でありすぎた。「法の起草と国家に秩序を与えるための独裁官職」の諸権限が彼に委ねられたのであるが、すでにそのとき権限自体の示しているところでは、スッラは右の課題を全く考えてもいなかったのである。自分の勝利が、名門貴族の先頭に立って闘う者として勝ち得たものであるということは、スッラ自身もよく知っていた。ギリシアにあった彼の陣営は、亡命・移住者の避難場となっており、したがって、庇護者（共同体全体にまで及ぶあらゆる類いのクリエンテス）に対する名門貴族《ノビリタス》の保護・忠誠関係のうちに潜む力が、イタリア上陸後にすべて彼のもとに流れ込んできたのである。このようにしてスッラは、自分の古参兵の他に、北方で三個の軍隊をグナエウス・ポンペイウス、クィントゥス・メテッルス・ピウスおよびマルクス・ルクッルスの指揮下で進軍させることができた。なお、そのためにスッラは自分の無制限の力を利用し、革命が起こるまでは慣習法的に支配し得る寡頭政を、国制にしたがって確立しようとした。ローマの国制は、個々の点についてだけしか法によって成文化されていなかったので、組織的な統一性はなかった。とくに、元来革命的な護民官職の諸機能を、他の諸権威に対してはっきりと限定することはなおざりにされていた。それが何を意味することになるかを明らかにしたのは、なによりもまず民衆派《ポプラレス》の政略・活動であった。本来統治権がだれに属するかは、国法的にははっきりしていなかったのである。すでに執政官としてのスッラ［独裁官に就任する前でもある］がこういった不確かさに終止符を打ったのは、護民官の提議に元老院の同意を必要とするとして、両者を結びつけたからである。この鎖を、彼は今や、より一層の諸規定によって強めた。そのうちの一つとして、かつて護民官であった人は決して特別な椅子に座る高官のポスト［象牙をはめこんだ特別の椅子に座れる官職。執政官、法務官と按察官の一部」には選ばれないということ、したがって将来、法務官にも執政官にもなれないという規定があったことだけをここで述べておくことにしよう。

内乱において、民衆派《ポプラレス》の中核部隊を構成したのは、騎士層であった。彼らは、財産没収・追放によってひどく弱体化しただけではなく、刑事裁判法廷の、審判人［裁き手］になれるという非常に重要な政治的特権も奪われてしまった。今や再び、審判人［陪審人］には元老院身分の者しかなれなくなったのである。しかしスッラは同時に、このような法廷をさらに拡大することによって、民衆［国民］の古くからの裁判権を一掃し、この領域でも熱心に元老院統治の実現をはかった。全市民団の国政への参与の道など、すでに永らく閉ざされていたにもかかわらず、共同体国家の形式は国制上は相変わらずしっかり保たれていた。このことが、たしかに、なんといっても国制の最大の欠陥の一つであった。スッラはなるほど民会を存続させた。しかし実際は、民会はたしかに一度たりとも国民の代表機関とみなされたことはなかったのであり、そのような民会では、決してもう元老院に相反する政策などとることはできなかった。

役職者としての昇進コースと行政の領域とを、イタリアの内外で十分に規制することによって、スッラは、すべての元老院議員に可能なかぎりの平等性を回復し、元老院を統治能力のある一つの機関にしようと考えた。しかし他ならぬこの期待は、幻想の最[1]たるものであることが分かった。ちょうど成員六〇〇人の集まりでは、帝国［＝支配圏］統治の課題に応えることなどできなかった。一方では、自分以外のだれにもより大きな利得が及ばないように、他方では、自分自身が利益を見逃さないようにと、すべての人が注意をこらす点に、とりわけ元老院での平等というものの意義があったのである。昔以上に、政策は忙しい党派活動のなかへと再び解体していった。自分の所有しているものに安んじているお歴々の我欲のために、帝国［＝支配圏］の全事態についての責任感は、十分には生じてこなかったのである。

並みの人物が満足するよりも一段高い目標を目指して努力する者はみな、普通の人とは異なった道を捜さねばならなかった。属州行政の組織は全く整っていなかった。双方の黙許というシステムによって、属州行政は、執政官代理や法務官代理にとって、一般には、以前よりはるかに、富を獲得し回復するためのいわゆる合法的な機会とみなされた。しかるに他方では、これらの人たちの一人に大きな権力を認めることを寡頭政が憚ったため、大規模に国益をはかることが常に困難となっていた。その結果、帝国［＝支配圏］がいかに混乱した状態を呈していたか、そのことを充分に明らかにしたのが、前述のカエサルの体験なのである。

民衆派的な行動のさまざま

このような諸欠陥は、まずスッラの体制の働きを麻痺させ、やがてそもそも国家ローマが一層発展してゆくことまで制約したのである。カエサルが七三年に政治生活に戻ったとき、このような事態に直面した彼の立場は、まず民衆派《ポプラレス》の影響を受けたものであったが、それ以上にやはり自分の能力によって生み出されたものであった。というのは、われわれがすでに気づいている通り、もしカエサルが通常の閥族派《オプティマテス》的なやり方をとったとしても、彼の政治家としての道を妨げるものは何もなかったであろう。ところがそれとは逆に、寡頭政グループによる活動範囲の縮小に対抗して、政治活動のための自由な道を切り開くことが問題となっているあらゆるところには、今やカエサルの姿が見られたのである。このような考え方の人間がすぐ次の目標として狙うのは、当然、かつての護民官制の復活であった。すでに七五年、カエサルの親戚［母の従兄弟］ガイウス・コッタが、執政官として法を提出したが、それによれば、かつて護民官だった者も再び上級貴族の特別椅子に座れる高官のポストに立候補できるとされていた。七三年には、護民官ガイウス・リキニウス・マケルが闘争を続け、カエサルはこれを熱心に支持した。[2] この年にカエサルも、翌七二年の高級将校《トリブヌス・ミリトゥム》［＝軍団将校］の二四のポストのうちの一つを得た。それは、毎年の民会での投票によって与えられるポストであり、この地位についたのは、民衆［民会］によって授けられる最初の官職であったからだ、としか史料には述べられていないようである。[3] 高級将校として対奴隷戦争［スパルタクスの乱］に従軍しなければならなかったかどうか、という点も一応問うことができるが、このことについて何の回答も得られないのは、多分、特記すべきことがなかったからであろう。もっとも、後にカエサル自身は、スパルタクスに対する勝利をローマの「確固不動さ」の結果であると称讃している。[4]

マルクス・ユンクスに対する裁判、つまりビテュニア人の持ち出した不当利得返還裁判に際してカエサルが行なった演説は、たしかにこの時代のものである。一断片から読み取れることは、カエサルが、この告訴を、かつての客友ニコメデスおよびその地の自分の庇護者《クリエンテス》に対する義務とみなしたことである。しかし、彼自身が、この執政官代理［ユンクス］に味わわされた経験からすれば、カエサルはおそらく喜んで好機を利用したのであろう。[5] われわれの知っている限りでは、彼が次に関与した事件は七〇年に起こっている。それは、執政官のポンペイウスとクラッススが、護民官職に加えられていた制限をことごとく取り除いたときのことである。ポンペイウスの意図を汲んで、そのとき護民官プラウティウスは、レピドゥスやセルトリウスの味方に完全な恩赦を与えるという民会議決を採決に持ち込んだ。カエサルは推薦演説を行ない、この演説は、文字にまでなって拡まっている。義理の兄弟［妻の兄弟］ルキウス・キンナの帰還のために尽くすことが、[6] 自分にとくに課せられた義務である、と再び強調したのである。

浪費生活

さりとてカエサルは、この数年ただ単に政治的功名心でいっぱいだった、と考えるべきではない。カエサルは、むしろ愚かな濫費癖をもっており、出費のかさむ愛の火遊びに耽り、それは彼の資産の枠をはるかに越えるものであった、と同時代人は見ていた。負債は、すでに八〇〇〇万デナリウスにも達しているという噂が立った。閥族派《オプティマテス》仲間では、ひどい結末になるだろう、との予想がたてられていた。決して彼を、重大な政治的対立者とはみなさなかったのである！　ネミ湖畔に贅美を尽くした別荘を建てたが、完全には自分の趣味とあわなかったので、すぐさま壊させたことについては、その詳細にわたって分かっている。それにカエサルは、熱心な美術品蒐集家であり、また選り抜きの奴隷の購入のために投じた金銭は未曽有の額に上った。結局、上流社会の「スキャンダル記録」は、色好みの情事について数多く報告できるのだが、その代償は決して少なくない。なにしろ彼は五九年にも、後の暗殺者ブルトゥスの母親セルウィリアに、一五〇万デナリウスの値打ちの真珠を買ってやった、という噂さえ乱れ飛んだほどであった。[7]

　その頃のローマの政治の重心は、属州にあった。元老院は、その原則に反して、幾度も特別な命令権［非常大権、異例の命令権］を与えざるを得ない有様だったのである。すでに七八年にレピドゥスに立ち向かうために行なわれたように、七七年には、セルトリウスに対する執政官代理の命令権［＝軍指揮権］が二九歳のグナエウス・ポンペイウスに与えられた。この命令権は、彼方のスペイン（ヒスパニア・ウルテリオル）の正規の執政官代理、クィントゥス・メテッルス・ピウスと同じ地位にポンペイウスを据えることになった。ポンペイウスは、全スッラ派の仲間のなかでもっとも成功を収めた人物であった。独裁官スッラは、ポンペイウスがようやく騎士になったにすぎなかったのに、彼に大将軍《インペラトル》（勝利を収めた将軍の尊称）、そしてマグヌス（〝偉大な者〟の意）の名称を与えて、恭しく迎え、後には凱旋式まで行なわせたのである。そしてポンペイウスは自分の父の例に倣って、元老院が彼の特別な地位を引き続き認めねばならないということを全く隠しはしなかった。七四年には法務官マルクス・アントニウスが、海賊に対する戦争のため、地中海の全海岸に対する全権を得、それにすぐ続いて、執政官のルキウス・リキニウス・ルクッルスがキリキア・アシア両属州に対する「命令権《インペリウム》」（政務官の命令権）付きの対ミトラダテス戦争の軍指揮権を獲得した。そして結局、法務官格（かつて法務官職に就いたことのある元老院議員）のマルクス・クラッススにも、イタリアで蜂起した奴隷を鎮圧するための執政官代理の「命令権《インペリウム》」が与えられなければならなかった。

　このような軍事上の地位にある者が、政治的に思い切った行動に出た場合どんなことになるかをスッラが示してからというもの、頑固な寡頭政体制の番人が、憂慮の気持ちを抱いてこのような歩みのすべてを見ていたのももっともなことである。たしかに七一年にも、クラッススとポンペイウスは、勝利を博した軍隊の先頭に立って、翌年の執政官職をゆすり取ったのであった。執政官に選ばれたのち、かつてのスッラ派に属したこの両名は護民官の権限を昔の範囲にまで回復し、同年、法務官のマルクス・アウレリウス・コッタ（やはりカエサルの母の従兄弟）が、審判人［陪審員］裁判法廷の構成についての新しい法を通した。それによれば、裁き手［審判人］は、元老院議員、騎士、準騎士（騎士身分に対して、財産資格は低い。最低一〇万デナリウス以下）それぞれ三分の一ずつから成った。かくしてスッラの国制のうち、二つのもっとも重要な支柱が崩れ去り、そのために、悪質な、無政府状態の混乱の時代があらわれた。というわけで、民衆派《ポプラレス》的な立場の伝統的な筋書きのうち、次のようなスローガンが残ったにすぎない。すなわち、国民の自決権というのは、閥族派《オプティマテス》的寡頭政を転覆させるまで、その体制の反対者すべてによって動かし続けられる大きな機械の一つの輪にすぎない、と。

財務官職と元老院議員としての最初の活動

カエサルは、もちろん、こういった局面の転換を歓迎した。しかし、まだ元老院議員ではなかったので、そのような意義深い企てにあたっても、ほんの従属的な役割を演じたにすぎなかった。スッラの秩序規定によれば、財務官職に選ばれることによって元老院に入れたのであるが、この官職にカエサルは六九年に就いている。[8] 就任後すぐに、マリウスの未亡人のための追悼演説を行ない、彼女の父方および母方の家系について長広舌を揮った際、自分の抱いている貴族としての誇りのすべてを吐露している。

　私の父の姉ユリア［マリウスの未亡人］の母方の祖先は王から出ており、父方のそれは不死の神々と結びついております。と申しますのは、母の氏の名でありますマルキウス・レクスはアンクス・マルキウス王に由来しており、わが家の属します氏族ユリウス氏は、ウェヌスに由来しています。したがって、伯母は、その家系の点、人間のなかで最高の権力を有する王たちの高潔さと、この王たち自身をすらその権力の下におく神々の神聖さとを、合わせもっていたのです。

　しかるに葬送行列では、スッラの禁止令にもかかわらず、マリウス父子の像を運んだので、群衆は狂喜して迎えた。だが、その後すぐカエサル夫人コルネリアも亡くなった。若い婦人を公式の演説で称賛することは、これまでの慣習ではありえなかったが、カエサルは革新を憚らず、あえてそれを行なったのである。感動的な言辞が大変な喝采を博することを分かっていたのである。[9] 今に残っている彼の発言には、その生涯の最後の年のことを予告しているように感じさせるものがある。同じ身分の人たちの耳には、確かに大ボラを吹いているように聞こえ、また彼の他の突飛な行動と同じように響いたことであろう。しかし、ローマの〝民衆〟には、確かに受け止められたのである。

　カエサルが、〈副官《クアエストル》としての〉職務遂行のために配属されたのは、「彼方のスペイン」（ヒスパニア・ウルテリオル）の法務官代理＝属州総督のもとであった。[10] この総督の代理として、カエサルは、司法担当地区の一部において属州総督の司法権を行使し、属州民が彼に何かと義理を感ずるようになる機会を数多く見つけた。ところが突如、急速におどり出ようという名誉心がカエサルを包んだ。六八年、カエサルは、総督のもとを離れて属州を立ち去り、「ポー河の彼方のガッリア」に赴いた。九〇年と八九年の法によりイタリアの同盟市にローマ市民権が付与されたが、それはポー河までしか拡がっていなかった。河の北の方では、ただ二つのラテン植民市クレモナとアクィレイアが含まれていただけである。これに対して、八九年、執政官のグナエウス・ポンペイウス・ストラボ［大ポンペイウスの父親］によって、その他のガッリアの集落は、ある程度の数の都市地域に統括された。そして、こういった公共体は、そのときかつてのラテン植民市の権利を得たのだが、この権利のうちもっとも重要なのは、共同体の役人に就任すればローマ市民権を獲得できるということであった。[11] 過去数十年の間にこの地方ではローマ化が進み、ポー河の南側の隣接地区の人たちと比べると、ひどく冷遇されていると感じられてきた。それでも、寡頭政ローマは、市民権のさらなる拡大には反対した。そのためにこの地が騒々しくなり、人心が動揺しはじめたので、カエサルはまさしく伝統的な民衆派《ポプラレス》の考え方に則って急ぎ機会を摑もうとして、これらの諸共同体を旅行し、武装蜂起の期待を抱いた。このとき元老院は、当時キリキアに（つまり対ミトラダテス戦争に）向けることになっていた二個軍団を自由にできたが、北方に再び平和が戻るまで、これをイタリアにとどめおいた。[12] このカエサルの攻撃は失敗に終わったが、思い切った勝負師としての三二歳のカエサル、そして即座に身のほど知らずにも大金を賭けた人物としてのカエサルを、われわれは知ることができる。いずれにせよカエサルは、「ポー河の彼方の人」に対する熱心で好意的な態度によって、すこぶる大きな効果を生むに違いないパトロン関係の基礎を据えたのである。

スペインから帰還後、カエサルはローマでポンペイアと結婚した。彼女の父は、八八年の執政官クィントゥス・ポンペイウス・ルフスの息子であり、母はスッラの娘であったから、この女性はまた、八八年に護民官の権限を厳しく制限した二人の執政官の孫娘にも当たっていたわけである。[13] このようなことが想起されても、それはカエサルにはさほど問題とならなかった。財務官格の議員としては、彼は六七年以降、元老院の議事に参与した。海賊活動は、アントニウスがその対策に失敗したため、特別な軍事力を傾注することによってしか止められないほどにとめどなく拡がっていた。ちょうどそのとき、護民官アウルス・ガビニウスが、ローマ史においては前代未聞の全権を有する特別な軍指揮権［異例の命令権］を新たに創造することを提議したのである。それが、ポンペイウスのために作られているということは、だれにでも分かることであった。全元老院が閥族派《オプティマテス》の尊敬すべき領袖クィントゥス・カトゥルスに従い、この案を斥けた。ただ、元老院議員の序列では最低のクラスのなかからカエサルが、大胆にも賛成演説をしただけであった。ポンペイウスの権力・地位が新たに高まるのは、彼にとってはあまり快いものではなかったが、もし民衆派《ポプラリス》として自分の道をとろうとすれば、他の方法を選びとるわけにもいかなかったからである。[14] 次いでカエサルはアッピウス街道の管理官《クラトル》に選ばれた。このポストは、うまく仕事をすれば、容易に多方面からの感謝を勝ち得るものであった。そこで、負債がとうてい回復できないほど巨額になっていたにもかかわらず、彼は、自分の懐から多額の金をはたき出して、ますます民衆の間で人気を確立した。[15]

ポンペイウスの大命令権

かれこれする間に、国の大政策にも重大な変化が起こった。すでにポンペイウスが［海賊討伐の大権をもった軍指揮官に］選ばれる前に、ルキウス・ルクッルスは、その業績の偉大さにもかかわらず、ガビニウスによって軍指揮権を奪われていた。ローマの金融資本家による、属州アシアでの言語を絶するような金銭欲による搾取に終止符を打ったために、ルクッルスは騎士層の憎悪の的になり、止むことなく扇動が続けられた末に、ついにこの名門貴族《ノビリタス》の輝ける星も失脚の憂き目をみるに至ったのである。ローマとしては、セルトリウス戦争の鎮圧はポンペイウスよりもメテッルス・ピウスに負うところ大であったが、そのピウスと同様にルクッルスは、閥族派《オプティマテス》寡頭政のスッラ的なシステムに誠心誠意身を捧げていたのである。しかし、この統治形式のもつ悲劇的な欠陥は、それが卓越した人物を支え切ることができなかったという点にある。徒党というのは、活動好きで、偉ぶりたい人たちが牛耳るものであるが、それが、名門貴族《ノビリタス》体制においてもっとも重要なこの人物を失脚させたのであった。実は彼は、民衆派《ポプラレス》に与することなどはねのけていた人だったのである。失脚の狙いは、ミトラダテス戦争を正規の執政官代理たちの手で終わりにするということにあった。しかし、六六年に入るまで、彼らは自分たちの課題を相変わらずしっかりと摑んでいなかったので、かれこれする間に、主導権は元老院の領袖たちの手から滑り落ちていた。[16]

海賊掃討戦争は、ポンペイウスの才幹を白日の下に輝かすことになった。彼は、圧倒的に優った兵力を集中し、よく考え抜かれた組織によって殲滅的な打撃を与えることができた。六七年末には、海賊が地中海から消え失せていたばかりか、この不穏な連中の大部分が、入植者として荒廃に帰したギリシアの諸都市に配置され、真っ当な市民生活をはじめたらしい。ポンペイウスが熱烈に望んでいたように、ポンペイウスをルクッルスの適切な後継者として認めるということに関しては、すべての情況が一致していた。ローマの一般大衆は、自分たちに日々のパンを確保してくれる英雄に熱狂した。資本家階層が危惧しながら見ていたのは、ルクッルスが無力になって以降、戦争が再びローマの属州に持ち込まれ、そして彼らの法外な国家事業請負の仕事がすべて再び危殆に瀕しているということであった。ポンペイウス自身は、新たに委任された課題を思いのままに果たしうる状態にあった。

六六年はじめ、護民官ガイウス・マニリウスは、ポンペイウスの軍指揮権を対ミトラダテス戦争の指揮にまで拡げて、宣戦を布告し、和平や条約を結べる権利を彼に与えるべく提議した。一言で言えば、全東方問題解決の鍵が、ポンペイウスの手に握られたのである。護民官職の力の回復以来、このような動きがもたらす強圧に対して、元老院はもはや抵抗できなかった。指導者カトゥルスとホルテンシウスは、見込みのないことのために戦っている有様であった。自分たちの信念に沿って行動していた四人の執政官格の人々も――そのなかにプブリウス・セルウィリウス・イサウリクスや、ガイウス・スクリボニウス・クリオのような著名な人もいたが――、今回は時流に乗って泳いでいたのである。

今や、国家の方から、さまざまな政治的可能性がポンペイウスの懐に転がりこんできた。それはスッラが、内乱において法律保護停止・追放の主導者として闘いとったのと同じ類いのものである。新しい秩序の到来が予測できる場合、そのことによって零落の憂き目になど遭いたくない者は、将来の権力者の気に入るように振る舞わなければならなかった。カエサルにとってもそれは、まことに辛いがやむを得ないことであった。しかし、そうしなければならないからには、単に人の尻馬につくという役割では満足せず、法の熱心な弁護者となった[17]。彼と同じ姿勢を示したのは、この年の法務官マルクス・トゥッリウス・キケロだけであった。もっとも、騎士生まれの人ながらキケロも、その雄弁の力によっていつの日か執政官職を勝ち取るという一生の望みが果たされるのをみたいとの思いを抱いており、したがってやはりそうせずにはいられなかったのである。キケロは、名門貴族支配《ノビリタス》の輝かしい過去について、本当に深い感銘を受けていたとはいうものの、当時の元老院統治体制のもとでは、「新人《ホモ・ノウス》」としての彼には、執政官は簡単に望みうるポストではなかった。強大な権力をもった貴顕の人々は、キケロとしては自分が法務官職にまで昇らせてもらったことを、わが身の幸運として喜べばよいのだと見ていたのである。

六二年までに、ポンペイウスは、自分の上にかけられた軍事面および組織面についての期待を完全に満たした。ポンペイウスが自分の立場からどのような政治的結果を引き出そうと目論んでいるかについては、六一年はじめに彼が〈東方から〉帰還するまで、ローマでは単なる噂が流れるにとどまっていた[18]。したがって、政治の世界は恐るべき緊張感で重苦しい状況にあった。ローマの政治家で、他ならぬ自分こそ大きな役割を果たすべき運命を担っていると信じていた人はだれでも、より強力な人が自分から自由を奪い取る前に行動しなければならなかった。表面的にはことは通常の流れで進行していたが、消息通は、自分たちが火山の上で生きているのであって、火山の爆発が測り知れないような破壊を引き起こすものであることを知っていた。事態は、重苦しいものがあった。

政治生活の腐敗

ローマ国民が当時道徳的にいかに頽廃していたかについては、どれほど暗く想像しても十分とはいえないであろう。古ローマ的な道義性とは、古宗教のように武骨で、しかも詰屈なものであった。しかし、正義の感覚が、ローマ人の国民性、つまり粗野な我欲[19]を和らげていた。ローマがその最高の力を引き出した固い土壌を掘り崩したのが、世界支配であった。とりわけギリシア的なるものが滔々として浸透して、分解現象を進めるばかりだったのである。というのは、高邁な志をもった人たちおよび独立不羈の考え方をもった者は、どの社会においてもほんの一握りにすぎず、このわずかな人たちだけしか、ヘレネス風の精神生活の不朽の財産を自分のなかに取り入れることができなかったからである。重厚なローマ的感性に、一つの爛熟した文化のほかのさまざまな側面、つまり豊穣さと贅沢さ、享楽性と背徳性とが容易に入り込んだ。東方で、ギリシア人の政治的腐敗と良心に悖《もと》るような彼らの金儲けの術とに馴れ親しんでしまったローマ人、また、そのギリシア人が荒っぽいやり方できわめて手軽に、しかもすこぶる儲けを生む存在として取り扱われているのを毎日みていたローマ人たちにとっては、公明正大さという古来の考え方に混乱が生じたに違いなかった。ギリシアの雄弁・修辞術は、広場《フォルム》での裁判や政治上の弁論を病毒でいっぱいにした。閥族派と民衆派とが、ローマの市民大衆を買収しようと張り合った。前二世紀の終わりには、昔からすでにギリシアでみられたように、ローマでも、貴賤を問わずだれでもすべてが金の力で獲得できるという有様であった[20]。力を握っている人は、それを容赦なくぎりぎりまで使い果たした。属州を統治する有力者だけではなく、徴税請負組合およびその使用人たちを先頭とする商人たちも、やることなすことはすべて、同様にあくどかった。忠実さや信念は、ただそれが自分に役立つかぎりで値打ちがあるにすぎなかった。家庭生活は、あらゆるところで破壊されてしまっていた。キケロの法廷弁論はわれわれに、ローマだけではなく、地方の自治市でもひどい様相を呈していたことを明らかにしてくれる。それと同じく、保護・被保護関係とか政治的友好関係のような、社会的に重要な忠誠の諸関係が、ますます単なる商取引の関係になっていった。ローマに流れ込んできた莫大な富は、絶えず贅沢心をあおり立てて新たな放蕩に向かわせた。こういった生活を営むのが、上品とされたのである。短い青春時代に莫大な財産が浪費された。しかし、負債がいかに大きくなっても、政治が利子つきですべてを返済してくれるという考えを抱いて、元老院議員の子息は安心しきっていた。

九〇年以降、経済的な大変動が矢継ぎ早にこのような腐敗した世界を襲った。同盟市戦争は、イタリアの経済界を突如引き裂き、経済活動を停滞させ[21]、八八年には、小アジアにおいてミトラダテスの命令でイタリア人が殺害され、八万人の人命のみならず巨大な資本も失われた[22]。それに引き続き展開する革命の時代には、勝利を得た騎士連中が〝守銭奴〟というあだ名を頂戴することになった[23]。有利になった局面を彼らがいかに利用し尽くしたか、そのことに対する解答が、スッラの財産没収で犠牲になった一六〇〇人のローマ騎士である[24]。再び所有関係の完全な変化が始まった。スッラ派は、没収した財産を二束三文の安値で買い取り、それに加えて、一二万の古参兵がイタリアの諸共同体に移住させられた[25]。一方で巨大な富の獲得がみられるのに対して、他方では流民の悲惨さとか貧困が相対して存在した。突然富裕となった成金の大部分が、その財宝を蕩尽するのもまた速やかであった。悲惨な変転がこのように連続して起こったため、そのことから教訓としてはっきり分かったのは、貧困に落ち込んだ人や負債に苦しむあらゆる人に、今はまだ深淵の只中で呻吟していても、すぐさま運命の輪が再び回転して、表面に浮かび出ることができるという希望を抱かせたことである[26]。このように、当時、ローマの道徳的な雰囲気のなかには、不誠実ないかがわしさから完全な放埒にいたるまでのさまざまな不純な要素が、窒息しそうなほどに重苦しく拡がっていた。とくに、こういった類いのものと不断に接触してきた世界、つまり政界においては、あらゆる汚濁から自由だったのはほんの一握りの人たちにすぎなかった。こののち幾年かの事態の進展に対して、誤った判断に陥ることのないように、すべてを肝に銘じておかなければならない。

按察官カエサル

カエサルは六五年の高等按察官〔平民《プレブス》按察官に対して、執政官、法務官と同じく高官の特別な椅子に座れる高級按察官〕に選ばれた。按察官職は、純粋に都市ローマにかかわる役職であり、管轄分野は、市場流通についての警察的立場からの監視と、一般に神殿および公共建築物をも含めた道路や広場などの公共秩序の取締りであり、過失を罰金の形で処罰する権限と結びついていた[27]。しかし、元老院議員が段階を踏んで政治的に昇進する踏み台として、このポストが望ましく思われたのは、国家の祝祭日に開催される奉祝行事を取り仕切るのが、按察官に特別に負わされた義務だったからである。そのためには、国庫からの費用の支出が認められていた[28]。しかし、自分の財産でもって行事の華麗さを高めるように取り計るとすれば、より上の役職の候補者にとっては、このポストをうまく利用するのが、すでにずっと以前から、選挙人に気に入られるための最善の手段とみなされていた。いかにカエサルがこの機会を利用したかは十分察しがつくところである。高等按察官――なお、別の催し物開催の義務をもった平民の按察官が二人いた――は、四月には七日間、神々の母キュベレのためのお祭り（メガラ祭）[29]を、そして九月には一五日間、ローマ大祭（カピトルのユピテルのために）を執り行なわねばならなかった[30]。

カエサルの同僚は、マルクス・カルプルニウス・ビブルスであった。廉直の士だったが、閥族派的な制度組織に忠実に身を捧げており、のちに五九年、その執政官職の際〔執政官職においても同僚〕、なお一層の苦い目にあわされることになる人物で、カエサルには太刀打ちできるような人物ではなかった。当時、ビブルスは機知に富んだ言葉を吐いている。

按察官としては、自分は丁度ポッルクス〔双子神の一人〕のようであった。ひとが中央広場《フォルム》にあるディオスクロイ〔カストルとポッルクス〕神殿をただカストル神殿と呼んでいるのと同じように、自分とカエサル、この二人の気前の良さを、カエサル一人のものとしているのである。

カエサルは、特別な添え物によって、自分だけが評判になるようにさせるのに成功したのである。カエサルは、その負債にもかかわらず、二〇年前に死去していた父親の追善供養のために前代未聞のすばらしい剣闘士競技を催すことまでして、自分の任期をうまく利用したから、ますますビブルスを日陰者にしてしまうことになった。剣闘士競技——死者の名誉を讃えるにあたってのこの慣習は、エトルリア人に由来する。剣闘士奴隷たちは、独自の兵舎で訓練を受けた。スパルタクスが、このような訓練所の一つから脱出したのは、それほど昔のことではなかった[31]。カエサルによる競技の準備が知らされたとき、元老院が大騒ぎになったということもよく理解できよう。闘う組の最大数は定まっていたとしても、登場した三二〇組の甲冑と武器は銀できらめいていた[32]。しかも、それでも足れりとはせず、カエサルは、一晩のうちにフォルム［カピトル説もある］に、スッラによって取り除かれたマリウスの勝利の記念碑までも再建させた。市井の徒は熱狂した。しかし、閥族派の伝統の護持者たちは、この扇動が危険なものになりはじめたのを見て取った。そこで、その指導者ルタティウス・カトゥルスは元老院で次のような言葉を吐いた。「カエサルは、もはや坑道などという代物ではなく、破城槌でもって国家に攻めかかっているのだ」と。

もっとも弾劾された者の方は、嵐が再び収まるようにするためには、いかに答えるべきかを知っていた[33]。カエサルが何と言ったかは残念ながら報告されていないが、思うに、古い敵対関係を葬り去り、偉大な勇将の不滅の業績を再び認めるべきときは今である、という見解を披瀝したことであろう。カエサルには、自分の政敵を、理不尽な狂信者として悪者にしてしまうという特別な才能があることに、再び気づかされる。ところで当時、確固たるスッラ派というのは、もはやほんの限られた範囲のものになっていたという事実を見逃してはなるまい[34]。また、カエサルは名門貴族《ノビリタス》のなかで孤立していたのではないか、と想像すべきではなかろう[35]。

デマゴーグ的な企て、クラッススとの結びつき

それはそうと、按察官としてのカエサルの行動は、決してこの年［六五年］のもっとも人騒がせな事件というわけではなかった。この年は、すぐさま不成功に終わった暴動の企てで幕を開けたのである。六五年の執政官に選ばれたプブリウス・アウトロニウスとプブリウス・スッラ（独裁官スッラの親戚）が、選挙民買収の廉で有罪判決を下されたので、彼らに代わったのが、〈告発に〉勝利を収めた対立候補者で告訴者のルキウス・アウレリウス・コッタ（カエサルの母の従兄弟）とルキウス・マンリウス・トルクァトゥスであった。有罪判決を受けた人たちは、今やルキウス・セルギウス・カティリナと結んで、競争相手の屍を踏みこえても執政官たらんとした。しかし、一月一日に計画された策謀は失敗し、それを二月五日に繰り返そうと

する試みも同じくうまくいかなかった。執政官たちは、策動を抑えつけるための元老院決議の通過を望んだが、護民官の一人の拒否権が審議を無効にした。[36] そういうわけでキケロは六二年に、自分はその当時陰謀を全く関知していなかった、と言い張ることができた。[37]

詳しい記録をとどめた伝承資料には、[38] カエサルもこの「陰謀」に関わっていたこと、それも混乱のなかでクラッススが独裁官職を奪取し、カエサルがその独裁官副官＝騎兵長官《マギステル・エクイトゥム》となることが、実際には問題になっていたと報告されているので、われわれもこの疑わしい事件を検討してみなければならない。カエサルに関しては、上掲の証拠によって次のことが明らかになる。つまりこの非難は、まず五九年——カエサルの執政官職の年——の、どのような中傷でもやりかねない［英訳は、全くの憎悪の念からものされた、とする］〈あの政治的な〉公表文のなかに明確に現われているのである。それがビブルスの布告、および執政官格の人ガイウス・スクリボニウス・クリオの演説である。ところで、そこには的確な反証が一つみられる。それは、キケロがその当時作成し、彼の指令によって死後初めて公刊された文章「わが計画（政策決定）について」［秘史となる］のなかで、六五年の企てに関してはクラッススだけにしか触れていないということである。[39] 実際、カエサルが母の従兄弟、コッタの暗殺を目的とする計画に力を貸したことなど、全くありそうにない話である。したがって、独裁官副官＝騎兵長官《マギステル・エクイトゥム》というのはたちの悪い虚構であるが、それと同様にクラッススの独裁官職もまた作り話といえよう。ただ、クラッススの挙動が、当時の不穏さを助長したのであろうことは推論できる。[40]

かつてスッラ派に属したポンペイウスのように、クラッスも、閥族派寡頭政から独立した一つの権力の座を作り上げようという野心をもっていた。巧妙に、またしばしば徳義に欠けたやり方で財産を増大することによって、クラッススはローマ最大の富豪となっていた。[41] その収入が一軍を扶養するのに足りなければ、指導的な大政治家になることはできない、というようなことを彼が言っていたとの話である。[42] スパルタクスに対する勝利にもかかわらず、クラッススは軍事的名声ではもちろん、あのポンペイウスの将軍としての威名には、はるかに及ばなかった。しかも今はさらに、海賊やミトラダテスに対する戦いの武勲までもがポンペイウスの手に帰していたからである。しかし、クラッススはいかなる犠牲を払っても、やはり優越した位置を占めたいと願った。見事この年、六五年に監察官《ケンソル》に選ばれ、この役職によって大きな希望を抱いた。まず彼は、市民リストを提出する際、「ポー河の彼方の人たち」をそれに繰り入れようとし（これは彼に新しい大きな人的地盤《クリエンテラ》をもたらすことになるはずであった）、さらにそれ以上に大きなこととして、スッラによって八〇年に王位につけられ、一九日目に殺されたエジプト王プトレマイオス十一世アレクサンドロス二世のいわゆる遺言状を盾にとって、エジプトを属州にする目論見の実現を約束した。しかし、同僚〈監察官〉のカトゥルスがこの二つの計画にきっぱりと反対したために、通常の戸口調査《ケンスス》事務が停止してしまったほどだった。クラッススは、自分たち二人が退官する道を選んだ。そして、六四年に就任するものとして選ばれた後任の一人が、ルキウス・コッタであった。だが彼の職務の遂行も、護民官の手で麻痺させられてしまった[43]。

　しかしまた、われわれがやはり知っているところでは、カエサルはエジプト王の遺産相続争いにあたって、翌年、民会議決によって、遺言の執行のための「特別大権」［非常大権、異例の命令権］を得たいと希望していたのである[44]。それにもかかわらず、閥族派が、この遺言状を使っての駆け引きを挫折させたので、それはなんの役にも立たなかった。だからといって、カエサルの一生からこの挿話を払いのけるべきだという理由は、何もないだろう[45]。カエサルがその当時クラッススと結んでいたとの見方を支持するものとして、とりわけポー河の彼方の住民についての計画がある。彼らが共通の政敵カトゥルスに対して結束していなかったとすれば、それこそまさしく奇妙なことだったといえよう[46]。その際、もちろんカエサルは、すでに元老院での勝利でもって優位に立っていることを示していた。特別大権［異例の命令権］のことを考えたのは、たしかに大胆なことであったが、二度もポンペイウスにこのような全権を与えるために尽力したカエサルにとっては、驚くべきほどのことでもなかった。そのときのカエサルの演説がわれわれには分からないのは、残念なことである。だがそれでも、彼が演説を行なった事実がすでに、いかにこの問題に力を傾注して取り組んだかを示してくれるものなのである。またセルトリウス戦争のために、あのような命令権《インペリウム》を二九歳で獲得したポンペイウスのように、カエサルもすこぶる強い自信をもっていたことは、われわれとしても疑いの容れようなどないであろう。

カティリナとの関係

　翌年［六四年］も、大層荒れ模様の年になりそうだった。セルギウス・カティリナが六三年の執政官職に立候補し、クラッススがこの企ての財政上の面倒をみた。したがって、キケロが確信していたように[47]、カエサルとは了解がついていたのである。彼らが報償を期待していたのは、当然のことであった。クラッススは、常にポンペイウスを注視していた。カエサルがクラッススと提携したとしても、それは、彼が一方的に結びつきたかったからだ、という風に想像する必要はないであろう。むしろ、彼はこのような連携のうちに自分にとっての大いなる将来のための可能性を読み取っていたのだ、と考えられよう。このために、卑劣漢ガイウス・アントニウスがカティリナの仲間であることを、カエサルも耐え忍んだのである。それにもかかわらず、彼らがあまりにもひどい買収の手に出たので、閥族派《オプティマテス》が奮起して、カティリナに対して「新人《ホモ・ノウス》」キケロに手を差し伸べて、これを勝たせることになった。キケロは、選挙の少し前に、元老院での見事な演説において、二人の対立候補者の犯罪者的な過去に烙印を捺していたのである[48]。

　しかし、なおも辛辣な余波が続いてみられた。この年、六四年には[49]、有名な「ケンソリウス」［いわゆる大カトー］の曾孫で、その上、自身も志操の強固さとストア哲学の徹底的な研究によってすでに高名を馳せていた人、マルクス・ポルキウス・カトーが財務官を務めていた。このポストは、官職歴梯コースを決めるものであったから、この官職を引き受けて政界での第一歩を踏みだす人は、職務遂行にあたって属僚を頼りにするのが通例であった。それに対してカトーは、良心的に自分で準備を進め、この慣行にまさに雷の一撃を加えたのである。[50] スッラは、追放者の財産の売却にあたって、自分のお気に入りには代金の支払いを免除していたが、その金を取り立てるべきであるとした法律が、すでに七二年以降存在していた。それなのに何の措置も取られなかったので、[51] カトーが財政上のこの無秩序を一掃することになった。[52] しかしさらに、彼はこの法律を殺人の報奨金（一万二〇〇〇デナリウス）の受領者〔追放者を殺した人々〕に対しても適用し、彼らを犯罪者として取り扱った。その結果として、彼らをやはり殺人罪の廉で法廷に提訴する企てもみられた。[53] スッラの規定によれば、さまざまな犯罪のための常設の審判人裁判〔陪審裁判〕法廷が七つあった。[54] 法廷の指揮者としては、法務官が職務を遂行したが、殺人裁判が多くなったため、とくにこの法廷のために按察官格の人をもまた議長にせざるを得なくなった。[55] この年のカエサルは、このような審問人《クアエシトル》〔査問人とも〕あるいは審問審判人《ユデックス・クアエスティオニス》〔査問所の裁判指揮者〕の一人であった。[56] スッラは財産没収・追放令を出すにあたって、没収・追放公示者を殺害しても、それを無罪としたから、右のような告訴が〈法的に〉許されたかどうかは疑問であった。カエサルは——恐怖時代のカエサル自身の経験から明らかなように——これを認めるのに賛成したが、それによって著名なスッラ派の人たちまでもが多数、有罪判決を下された。そのなかには、一〇〇〇万セステルティウスを所有していたといわれるかつての百人隊長ルキウス・ルスキウスや、カティリナの伯父ルキウス・ベッリエヌスがいた。しかし、その後、ポンペイウスに近い法務官格の人物で、著名な雄弁家のルキウス・ルッケイウスが、ほかならぬ落選した執政官職立候補者のカティリナその人を訴えたときには、恥ずべき行為をあからさまに自慢するのを常としていたこのカティリナが、無罪とされた。[57]

法廷の指揮者は、審判人の判決には関与しなかった。しかし、カティリナに政治生活を続けさせるように、有力な筋から圧力を受けたことは明らかであった。カティリナは再び執政官職に立候補した。また、ポンペイウスが東方から大成功を収めたことを伝えてきた。将来何が起こるかという疑問は、あらゆる人の心を揺り動かしていた。執政官のキケロは、すこぶる騒然とした年に立ち向かうことになったのである。

執政官キケロ、ルッルスの植民法を阻止する

六四年一二月一〇日、新任の護民官がその職についたとき、そのなかの一人、プブリウス・セルウィリウス・ルッルスが、広範囲に及ぶ農地法を提出した。それは実は、きわめて異例な特別の権力を勝ち得ようとするクラッススとカエサルの、新し

い大規模な企ての一つに他ならなかった。[58] この提案は、先見の明に富んだ社会政策的な狙いを、極度に権力政治的なものに結びつけたものであった。

〈この提案によれば〉都市ローマは、極端に数の多い都市無産大衆の手から解放されることになっていた。この連中は、貴顕の士［すなわち有力者］たちの政策的意図で与えられていたパン屑によって、怠惰な生活をして露命をつないでいたのである。[59] 幾千人もの人が、イタリアのすばらしい耕地に移住させられることになった。その地域としては、とりわけカンパニアの国有地が目論見のなかに入っていた。この土地は、過去数十年にわたる移民・土地分割以降も、まだ国家の所有地として残っていた最後の農耕地であって、そこからの確実な上がりは、国家財政上の基金になっていたのである。[60] しかし、それではまだまだ不十分であり、さらにそれ以上の土地を購入しなければならなかった。それにもかかわらず、自由意志に基づく土地売却しか行なわれるべきでないということが決められていたのである。また、スッラによって移住させられた人々を安心させるため、彼らの占有地ははっきりと保証されていた。[61] したがって、高度な国家的利害に関わる社会問題を平和的に解決するための路線が敷かれたようにみえた。

ところで、こういった規定の実施面は、十人委員会の手に託された。彼らの全権は、これまで存在したものすべてを越えるものだった。この職にある人は、五年間、完全に責任を追求されずに法務官の権限をもつことができた。委員それぞれに、二〇人の騎士の幕僚と大勢の事務職員が割り当てられた。[62] 土地購入に必要な金子の調達については、国有地の売却あるいは国有地からの収益の増加によってそれが可能であると想定されていた。イタリアでは、ほんのわずかしか検討の対象にならなかったが、属州では途方もない地域が、この取り決めの適用を受けた。[63] それに加えて十人委員は、どの土地が国有地であるか、私有地であるかを、判決で決定できる全権を得た。したがって、あの有名な遺言状に基づいて、エジプトが含まれるべきかどうかまで、全く彼らの裁定に委ねられていた。明言されてはいないが、法は、このように解釈することができたのである。なお、ミトラダテスの王国は、ポンペイウスによってようやく占領されたばかりであったが、その王領地についてまで、すでに言及されていた。[64] 今一つの条項は、戦争を遂行する政務官たちの得た、戦利品としての金子に関連したものであった。とくに、未払金は委員に任された。これは、とりわけファウストゥス・スッラ、すなわち独裁官スッラの息子に向けられたものであり、前述したスッラ派に対する刑事訴訟という趨勢に呼応していた。ポンペイウスはといえば、とくに彼は除外された。古参兵に土地を給付するのを止めさせることができたので、ポンペイウスに対しては、それで全く十分だったのである。イタリアの地で計画された植民は、とりわけ軍政的意味を有した。植民された人たちの存立が農地法に基づいていたので、彼らは、一旦緩急あれば、帰還してくる大将軍《インペラトル》に立ち向かって、軍隊を作り上げることができたからである。[65]

委員の任命に関する規定があからさまに意図していたのは、できるかぎり確実に特定の人々を選び出すことであった。つまり「神祇官長《ポンティフェクス・マクシムス》」の選挙において普通行なわれる手続きが予定されていたということである。つまり、宗教儀式上の理由で三五投票区のうちの一七地区だけしか選挙を行なわないので、九地区をとるだけで過半数を制することができたのである。現実の政治生活にこれを移してみると、このことは、候補者はただ九地区《トリブス》の投票だけを顧慮すれば良いということを意味していた(66)。

この法案が通過していたならば、クラッススとカエサルは、すばらしい権力の座を勝ち得たことであろう。しかも、それは、有効に使用することによって元老院の力を排除し、たしかにポンペイウスに対抗できる重みを提供できることになっていた(67)。しかし実は、執政官キケロの最初の業績は、この意図を暴き出すものであり、六三年のはじめ、同僚ガイウス・アントニウスの反対にもかかわらず、これまでの国家の基盤に向けた攻撃を防ぐのに成功した。民衆派の両人にとっては、この新たなる敗北はまことに悲痛なものであったろう。しかし、彼らは今回も薄暗がりのなかに隠れて身を保ったので、打撃の重みが全面的にのしかかったわけではなかった。休む間もなくカエサルは活動していた。証人としてのカエサルは、ガッリアの前執政官代理ガイウス・カルプルニウス・ピソ（六七年の執政官［六六―六五年の執政官代理］）、すなわちもっとも峻厳な閥族派の一人を、不当利得返還訴訟（ローマの政務官が、服属民から強奪した金銭の返却を求められる裁判）において、ポー河の彼方の人を一人不法に処刑した廉で、非常に鋭く攻撃した。この執政官格の人物は、キケロの雄弁のおかげで無罪になり、彼に感謝せねばならなかったが、それ以上に、カエサルの弁舌に対する燃えるような憎しみの感情が残った(68)。その後、同じように激しく、カエサルは一人のヌミディア人貴族を弁護した。王ヒエンプサルが、この人物は貢税義務のある服属者であると主張していたのである。灼熱した弁論戦のなかで、カエサルは、父ヒエンプサルの代理たる王子ユバの髭に摑みかからんばかりに攻撃した。訴訟には敗れたが、カエサルは、このヌミディア人貴族を家にかくまい、六一年にはスペインへの旅にあたって、ローマから自分の輿に乗せて連れ去ることにより、自分のクリエンテス［弁護依頼人］たるこの人を、敗訴の結果起こることから護った(69)。以上二つの事件において、カエサルが模範的な弁護人［いわゆるパトロヌス］であることが証明された。つまり大胆不敵に、忠誠関係の義務を献身的に果たしたのである。実はこの点こそが、ローマ人の政治的名声にとって大いに意義のあることだった。政策上必要となるやすぐさま、確固たる、しかも道徳的な感情をカエサルが持ったことは、幾度となく認めることができよう。

執政官キケロに対する民衆派的政策

ルッルスは別として、カエサルとともに働いたのは、主に護民官ティトゥス・ラビエヌスであった。彼はピケヌム地方の出身であったが、この地は、すでにポンペイウスが父譲りの大きな庇護関係網《クリエンテラ》を擁していた地方である。[70] カエサルはおそらく、セルウィリウス・イサウリクスのもとで一緒に軍務に服したときから、ラビエヌスとは面識があったことであろう。また、クラッススのあの反ポンペイウス的な方針に、カエサルが決して深く関わり合わなかったことは、注意するべきであろう。スッラの寡頭政体制に反対する闘争を続行するにあたって、彼ら［ラビエヌスとカエサル］は、当時、年老いた節操ある閥族派の友人、元老院議員のガイウス・ラビリウスに狙いをつけた。かつて執政官マリウスは、共同体［すなわち国家ローマ］のために、自分がサトゥルニヌスを保護すると約束していたのに、その後、一〇〇年にラビリウスが神聖不可侵の護民官サトゥルニヌスを殺したことがあり、その件で〈三十数年たった今〉国事犯として告発されたのである。ところで、告訴はスッラの定めた通常の法廷には持ち出されず、民衆派としての二人は、全く廃れてしまっていた訴訟手続きに立ち戻ったのである。そのやり方は、次の通りである。まず、国家反逆罪《ペルドゥエッリオ》のために、とくに任命された二人の役人によって判決が下されることになっており、それによって有罪判決を受けた者は、引き続いて民会に上訴《プロウォカティオ》することができた。カエサル自身は、一法務官によって――決して民衆派的な人ではなかったが――この裁き手［審判人］の一人に任命されており、彼が判決を下すべく、くじで決められていた。死刑が告げられた。だが、マルスの原での民会における〈上訴の〉結果は不確かであった。そこで、法務官でしかも卜鳥官であったクィントゥス・メテッルス・ケレルが、一計を案じてラビリウスを救った。そのような策略への手がかりは、あらゆる旧習を几帳面すぎるほどに保持している国法がいくらでも与えてくれたのである。メテッルスは、ヤニクルムの丘の旗を引きおろさせた。これは何を意味したかといえば、ローマが近隣の敵に周辺を囲まれていた古い時代には、このことにより哨兵が動かされるため、集会は安全でなくなり、したがってこれは集会中止の信号となったのである。かくして、今回もやはり民会は中止された。そこで、元老院は執政官キケロの指揮のもと、被告訴者の利益になるように干渉した。護民官によって平民の前に持ち出される国家反逆罪裁判の形で訴訟を再び取り上げ、極刑に脅かされていたのにそれを軽減して、罰金刑にすることをラビエヌスは承諾した。今回は、ホルテンシウスとキケロが弁護した。サトゥルニヌス殺害のため褒賞として自由を得た奴隷の名前が知られていたから、何ら難しいことはなく、ラビリウスは無罪の判決を受けた。[71] 元老院支配の強大な時代に、その一部を貶めるという政治的な目的から、老人の生命を弄んで、まことにいかがわしい芝居が演ぜられたのである。これと同じような政策的傾向が、財産を没収されて追放された人の子息に、国家の官職に立候補できる権利を回復してやる、という護民官提案を認めることになったと考えられる。もちろん、これをカエサルは支持した。しかし、それもキケロによって打ち砕かれた。実際、元老院統治の立場からみて、このような復讐心の強い要素を承認したならば、事態をますます悪くするだけだったであろう。[72]

その一方でラビエヌスは、同僚ティトゥス・アンピウスとともに一つの法を通した。それは、ポンペイウスの卓越した業績を認めて、祝祭の場合には特別な名誉ある衣装を着けるのを認めることで彼を表彰するというものであった。ポンペイウスは、このような名誉を受けても、後にはほとんどそれを使用しなかった。ちょうどまだルッルス［農地法案提出者］の後押しをしていたカエサルが、非常に熱烈にこの法のために尽くしているのは、彼らしいことであった。ラビエヌスの次の法は、補充選挙のために都合が良くなるようにと、スッラが廃止した神官選挙（神祇官団や卜鳥官、犠牲式担当の神事［＝祭祀］十五人委員仲間のための）の再施行に関するものであった。[73]

神祇官長

カエサルは、前述のような法規の成立にも大きく貢献し、自分の神祇官長《ポンティフェクス・マクシムス》選挙に好都合となる人気を獲得した。この国家ローマ最高の宗教上の栄誉は、これまでは、常にもっとも名望のある執政官格の人に与えられていたのである。そういったわけで、たとえばやはり前任者クィントゥス・メテッルス・ピウスも、スッラ派でもっとも高貴な一人であった。ようやく初めて法務官職に立候補したばかりのカエサルが、今や敢然としてこのように高く手を差し伸ばしたのは、一体何を意味するのかを推測することは可能であろう。彼の対立候補者は、貴顕の「第一人者《プリンキペス》」、クィントゥス・ルタティウス・カトゥルスとプブリウス・セルウィリウス・イサウリクスであった。カトゥルスは、その地位全体からみて、もっとも有力な候補者であった。それでもカエサルも、選挙人買収のために法外な支出をしていたので、同じように当選の見込みは高かったが、カエサルは巨額の負債の重荷を背負っていたため、カトゥルスは、多額の金銭を提供することで彼を自発的に辞退させようと試みた。しかしカエサルは、新たに借金をして金を調達し、一層多額の選挙費用［投票者買収の金］を投じた。選挙の日に彼は母に向かって、なにしろ次のように言ったのである。「今や私が家に帰って来られるのは、ただ勝利者としてだけです。さもなくば、再び帰ることはありません」と。

やがてカエサルは、競争相手たち自身の地区《トリブス》からでさえも、彼らが一七地区全部から得た票をすべて合わせたよりも多くの票を得たほどの、輝かしい勝利を収めたのであった。[74]

カティリナの陰謀

その間に、カティリナが執政官職に立候補した。はじめはさほど不利でもないという見込みだった。執政官の一人ガイウス・アントニウスが彼に味方し、また全く彼の思い通りに、すでに数人の護民官が負債解消のために働いており、[75]もちろんクラッススやカエサルともこの人は接触していたのである。しかし、すでに繰り返し述べたように、このような危険は、持てる者、まず第一に元老院身分と騎士身分とを連携させることになった。もっとも、この〝両身分の和合〟は、秩序保持派の領袖、執政官のキケロには、生涯を通じて大きな誇りとなっていた。[76] カティリナは、このような抵抗に直面しては、正常な手段でその目標に達しうるという希望をもはや持てなかったので、執政官のポストを力ずくで占領しようと、戦闘準備を整えた。

このような企ての拠って立つ基盤は、六五年一月一日のあの同じような企てとは比較を絶するほどに広大なものであった。カティリナが、この度は、ポンペイウスがそれを阻止するより前に、大変革事業を遂行しようと考えたからである。[77] 破産か否かの関頭にある元老院議員のかなりの数のお歴々や、財産を〈賭けで〉失ってしまったり、使い果たしてしまった人々がカティリナと同盟を結んだ。このような人たちを革命の士官とすれば、それと並んでその軍隊を構成したのは、一方では、スッラによって全財産を失った不幸な人々、またそのもう一方では、その〈スッラの没収した〉土地財産の継承者で、その財産を再び蕩尽してしまった、決して幸福になったとはいえないスッラ派の人たちであった。[78] こういった類いの連中は、とりわけエトルリアに多かったが、ブルッティウム、アプリア、ピケヌム、ガッリアにもその姿が多くみられた。[79] だが結局は、常にローマの賤民を勘定に入れることができた。強力でしかも尖鋭な革命運動は、当然、クラッススの政治目標にはもはや全く適合しないものになっていたのである。[80]

陰謀が大きく拡がれば、それとともに、裏切者が出ないはずはなかったし、キケロはこのことについて、かなり前から間断なく情報を提供されていた。[81] しかし、元老院には多くの同調者が存在していたので、断固たる決断を下すことができなかった。だれもが公然とキケロの暴露に驚愕した顔を見せたとしても、「そんなことを信頼してはならない」とか、あるいは「迷った人たちを友情をもって迎え入れることによって転向させなければならない」と主張する一連の元老院議員たちもいた。[82] このような発言をする人々のなかに、カエサルも入っていたと推定することができよう。それでも、そういった困難にもかかわらず、キケロは秩序を正しく保つことができ、カティリナの代わりにデキムス・シラヌスとルキウス・ムレナが執政官に選ばれた。一方それに対して、その官職累進コースにおいていつもそうであったように、カエサルが容易に法務官職を勝ち得た。キケロは、武装した子分・支持者たちの強力な一団を召集することにより、カティリナの計画を画餅に帰せしめた。[83]

さりとてカティリナも、今は、矛を収めて退散しようとは夢にも思わず、義勇軍を募集しはじめた。そのような革命軍組織の準備は、一〇月末まで続いた。二七日にはエトルリアで戦端が開かれ、二八日にはローマでの放火によって市民を狼狽させ、国家の要人たち［高貴な人たち］を殺害する手筈になっていた。[84] しかしすでに、一〇月二〇日から二一日にかけての夜のうちに、クラッススがキケロにその目論見を洩らす匿名の手紙を出したので、翌日、執政官は元老院でこのことやその他の情報について報告した。そこで、今こそ元老院は、独裁官的全権を執政官たちに与えて、国家救済のためローマおよびイタリアにおいてあらゆる適切な措置をとれるようにした。[85] 一〇月二七日、エトルリアで蜂起が勃発したが、それに対して二八日になっても暗殺の企ては遂行されず、三〇日には元老院は戦争状態を宣言した。(86) カティリナは、これに対して新たに命令を下し、一一月七日早朝に、(87) 今一度キケロ暗殺が企てられた。キケロはただちに元老院を招集したが、まだここでもカティリナは、かなりの数の人にかばわれた。したがってキケロは、その第一回カティリナ演説によって、危険な敵をローマの町から離れさせることで一応足れりとした。カティリナがエトルリアの自分の軍隊のもとに赴いたことが、一一月一五日頃に確かになった後、カティリナは元老院から国家の公敵と宣言され、執政官たちはさらに軍隊召集の厳命までも受けた。

しかし、一二月はじめになって、ローマ市内の謀反人が公然たる隙を曝け出した。彼らが、アッロブロゲス族の使者に対して、アルプスの彼方のガッリアにおける蜂起の件に関して文書で言質を与えたのを、使者たちが執政官に密告したからである。すぐさま、カティリナ派の指導者の五人が逮捕された。一二月三日の議場で、元老院は、そこに提示された証拠書類を基礎に、キケロの処置以外のいかなるものも正当と認めず、彼らに加えてさらに四人の容疑者の逮捕を命じた。とにかく最初の五人だけが逮捕され、彼らは五人の元老院議員に軟禁［無拘束の監禁、保護監視］の状態で引き渡された。(88) これら引き受け手の元老院議員のなかには、クラッススとカエサルがいたが、(89) 彼らとしてはそうすることによって、いずれにせよ忠誠心を示そうと思ったからである。キケロと、これに関与した別の政務官は非常に称賛され、キケロは個人的に感謝祭の栄誉を受けて祝われることになった。(90) それにもかかわらず、民衆派に属する二人の傑出した人物［カエサルとクラッスス］の宿敵たちは、両者のこのような態度に全く惑わされなかったのである。一二月四日の議場には、まず一人の証人が登場したが、この人は、クラッススからカティリナへの使いを委任されたと主張した。それは、キケロの政策を挫折させるものであった。というのは、キケロはクラッススとカエサルとが陰謀に加担していたことを疑わなかったが、今は彼らを自分の味方にしておこうと考えていたからである。したがって元老院は、彼の動議に対して、この報告は誤りらしいと言い渡したのであった。同じくクィントゥス・カトゥルスとガイウス・ピソは、借金で首の回らぬカエサルの名にも嫌疑をかけるべく、大変な努力を傾注した。そして彼らは、キケロに対しても、カエサルをかばっているという非難を加えた。彼らは今こそ民衆派の指導者を一掃すべき最善のときであると考えたが、キケロは全力を傾けて、カティリナとその共犯者を、ことを真面目に受け取ろうとする政治家から孤立させようとしていたのである。(91)

六三年一二月五日の演説

一二月五日、今や元老院は、拘禁されていたカティリナ派の人たちをどう処理すべきかを取り決めなければならなかった。(92) クラッススがこの会議を欠席していたのに、カエサルは全く頓着しないで顔を出していた。キケロがまず現状についての報告をしているが、どのような処置を正しいとみなすかはすでに見通されていた。順次諮問してゆくにあたり、キケロはいつもの習慣にしたがって、第一番目の人として二人の予定執政官の名を呼び上げた。二人のうちデキムス・ユニウス・シラヌスは、カティリナ派の人たちには〝極刑〟こそがふさわしい、と述べた。[93]一般にこれは〝死刑〟と考えられており、彼の同僚［予定執政官］と、そこに出席していた一四人の執政官格の人たちは、これに賛成した。[94]しかし、執政官格の人の後、今度は第一に、予定法務官カエサルが発言を許されたので、委細を尽くす演説をして、次のような提案をした。

> 有罪とされたカティリナ派の人は、キケロが責任を以て選ぶもっとも有力な自治市に引き渡して、禁固にすべきである。自治市は、責任を感じてしっかりと拘禁［終身監禁。前述の軟禁、すなわち無拘束の監禁に対する表現］すべきであり、拘禁者［逮捕された者、罪人］を一人でも逃がしたら、それは、ローマに対する当該共同体の敵対行為とみなされるべきである。将来いつの日か、拘禁者の問題を今一度元老院とか国民の前に［現実には民会に］持ち出す政務官がいれば、その人は元老院によって国家の公敵とみなされよう。このような判決を受けた犯罪人の財産は没収されるべきである。[95]

こうしてカエサルは、彼の判断ではもっとも重い判決を受けたというべきこれら犯罪人たちと自分との共同謀議の嫌疑を、ことごとく退けた。その演説で述べたところでは、彼個人としては、独裁官的全権に基づいて死刑を執行できる権利に関して、執政官［キケロ］に向かって反対を唱えたのではなかった。そんなことは、ラビリウス裁判のときにも起こらなかったことであるし、また後でカエサルも、自分に向けられた四九年の決議を違憲のものとして争いはしなかったのである。[96]共謀者たちは、〝公共体《レス・プブリカ》としての国家の暗殺者〟［親殺しをも意味する殺戮者。祖国の反逆者］であり、国法的な見地からは、彼らの処刑に対して、いかなる点も反対されるべきでないという見解を、サッルスティウスは、その歴史作品のなかでカエサルに述べさせている。同じくサッルスティウス自身も、こういった元老院の決議の正当性を認めているのである。[97]

それに対してカエサルは、「死刑とは全く処罰ではなく、一つの自然的必然性か、あるいは辛苦と悲惨さからの休息に他ならない。だから、自分の求刑した終身監禁が、事実上、ずっと厳しい処罰である」と強調した。「しかも、とりわけ自分の提案は、国家の叡知のなす命令である。〈執政官に〉全権を付与するという決議に基づいてなされる処刑は、極度の窮境に対応する処置であり、ローマ国民が普通一般に認めている法原理に悖る。この原理は、最近やはり二、三の法によっても確認されている」とするのであった。その際、ガイウス・グラックスが提出した一二三年の法は忘れられていなかった。その法によれば、政務官としてローマ市民を判決言い渡しなしで死刑に処した者は、民衆法廷［すなわち民会］に引き出され、追放されるべきであるというのであった。さらにまた、それには、一般に、国民［民衆］の命令なしでは、ローマ市民の生命に関わる判決を下してはならないし、なおいかなる人も、正式の裁判なしでは、生死に関わる判決を勝手に下されないと規定されていた。「元老院最終決議《セナトゥス・コンスルトゥム・ウルティムム》」を認めたカエサルとしては、形式的にはこのグラックスの法に訴えることはできなかった。というのは、ちょうどそういった措置によってグラックス法の無効が表明されていたからである。さらにキケロは、その応酬にあたって、このような犯罪者が市民権を失っているということにうまく言及している。しかし、シラヌスの求めた死刑はローマの慣習に適ったものではない、とカエサルは力説し、新しい種類の処罰が重要なのである、と述べた。彼は、そういった一種の改革を導入する権利を否認したわけではなかった。とはいっても、今のところ現在の法の範囲を踏みこえるだけの理由をつけるきっかけは、いまだ存在しないのだ、と主張した。またカエサルは、処刑の前に有罪者を鞭刑にすることも提議されていないのは矛盾しているとして、シラヌスの無定見をこきおろした。というのは、シラヌスはこれを省かせることによって、市民の鞭刑を禁止したポルキウス法が引き続き妥当するのを承認したからである。さらに彼は非難した。今ここでとられる措置は、刑事訴訟法によって認められたこと、すなわち、自発的な亡命によって死刑を免れるという可能性を、有罪者から奪うものである、と。処刑に反対する彼の根本理由は、つまるところこのような高貴な人たちに対する死刑判決の執行は、耳目をすこぶる聳動させるだろうというところにあった。元老院は、あたかも激情に身を委ねているように見えるので——そのようなことはいまだかつてなかったことであり、カエサルはそれをローマの国政運営技術の賞賛すべき出来事として誇っていたのだが——そうなれば、民衆［国民］には、このような人たちの恐ろしい末路についての印象だけが消え去りがたく残るにすぎず、犯罪はそのために全く忘れ去られていく、とするのであった。[98] 聴衆はことごとく、事件が、後に民衆派の扇動によっていかに取り扱われるか、自分で想像することができた。というのは、集会《コンティオ》（政務官の報告を受けるための民衆集会。略式民会、広義の民会）の範囲では、元老院による独裁官的全権の付与は、相変わらず非常な賛同の声に包まれて、違憲とみなされたからである。

　このようなさまざまな理由から、カエサルはもっとも厳しい処罰についての動議を提出した。しかしその提案は、どちらかといえば、政務官の恣意からローマ市民を保護するための立法に一致するものであった。その演説は、無類の名人芸であった。この上なく激しい感情によって動かされている集会のなかで、カエサルは、すばらしく客観的な調子を打ち出し、民衆派的な原則を護ったが、それでも個人的には毅然とした態度を持した。一方、クラッススはといえば、この会議からは離れていた。カエサルは、これまでに表明された提議に対して、それを違法なものとして反対したのではなく、不適当なものとして反対したのであった。他方、彼は拘禁者の救済のために尽くした。それは、すぐにやればまだ可能だったのである。事件については、もう二度と審理してはならない、という元老院の決議によっても、当時の政治情勢上、逮捕された者の運命は、決してはっきり定まってはいなかったからである。

　処刑によって必然的に生じる結果を示して、元老院議員を驚かせるという、この演説の当初の意図は、大いに達成された。彼以外の予定法務官は——そのなかには執政官キケロの弟クィントゥス・キケロも入っていたが[99]——すべてカエサルに賛同し[100]た。次いで、法務官格のティベリウス・クラウディウス・ネロが「軍事的な保護の下に、新たに審議するための日取りを定めるべきである」と提案した。マルクス・キケロは、どのような遷延であれ、すべて危険だと考えた。そこで一二月五日に、今一つの決議を導き出すために、やはり順次諮問するのを打ち切り、ある一つの演説で、元老院議員に現状について説明をして、彼らに今一度深い感銘を与えた。実はこれが、六〇年に第四カティリナ演説として公表されたものである。[101]この演説の後、彼は、再びシラヌスをもってはじまる、新たな順次の諮問をはじめた。シラヌスは、今はカエサルの演説に感銘を受けて、「極刑とは、自分はやはり、禁固のことだけだと考えていたのである」という意見を表明した。執政官格の人のなかでは、カトゥルスがカエサルの提議に反対しただけであった。[102]他の元老院議員はすべて、これに賛成した。われわれがすでに財務官として知っている人物、すなわち予定護民官のマルクス・ポルキウス・カトーに発言の順がまわってくるまで然りであった。［ところが］この人は、ただ一人、あらゆる点できわめて強硬にカエサルに反対したのである。彼が心の底から感激して体得したストア派の教説の道徳的原理が、あらゆる局面における彼の生活態度を規定していたからだった。私人としても、また政治家としても、カトーの態度はいつも同じであった。

　今やカトーは、自分の義兄弟のシラヌスの憐れむべき変節をまず容赦なく責め立てた。だが彼の熱烈な演説の圧力の重点は、カエサルに向けられていた。すなわち、国民の安寧福祉と人間性《フマニタス》という仮面のもとに国家を破滅に陥れ、さまざまな論拠を挙げて元老院を恐怖状態においたカエサルに向けてである。しかもカエサルの論拠になるのが、彼自身が恐れなければならないものであり、したがって、カエサルは自分が無罪になったということで一応足れりとしなければならなかったであろうに、というのであった。ところがしかし、カエサルは、あえてでしゃばり出て、自分たちの共通の敵を、その刑罰から自由にしてやったのである。その処刑によって、国家を大いなる危険から救おうと人が望んでいるのに、祖国について彼はなんら憂慮する気持ちを持たず、このようなもっともひどい悪人どものための悲嘆の声を発しているのだ、と述べた。結局、カトーが提議したのは、死刑に処せられるはずだったこの自白した犯人たちには、古い父祖の慣習にしたがって、財産没収を伴う死刑が執行されるべきだ、ということであった。[103]

一二月五日の元老院決議

この扇動的な言葉は、カトーのあとに続くすべての人を感動させた。そこで、キケロは、今こそカエサルとカトーの提議を票決させようと思った。カエサルはなおも、死刑と財産没収とは別に分けて票決すべきであるとして、カトーの提案を緩和しようと試みた。それに対しては、強硬な反対が巻き起こった。カエサルは護民官たちに援助を求めたが、それでもこの連中はなんら助けの手を差し伸べなかった。むしろ騒動が生じた。元老院を護るために召集された騎士たちが、剣で彼に襲いかかったからである。執政官の助けを得て、カエサルは、元老院の議場となっていたコンコルディア［協和・和合の女神］の神殿をなんとか後にすることができただけだった。しかし、このあとでキケロは、財産没収には触れることなく、カトーの提議を票決させた。[104] この形で元老院は提案を通し、その後ただちに、五人の大反逆人が処刑された。[105]

勝利後、秩序護持派の間でのカエサルに対する気持ちは、きわめて敵意に満ちて厳しいままであった。したがって、カエサルは、年の終わりまで元老院の会議には出席しなかった。[106] その力を政治的な小闘争に浪費しないというのが、彼の性格の根本的な特徴であった。彼が、この年の民衆派的な攻撃を承認していたことは疑いを容れない。しかし、ルッルスの「農地法案《ロガティオ・アグラリア》」の場合は、個人的には背後に隠れていた。カエサルが、他の護民官的な処置を公然と支持したとすれば、ちょうどあの一二月五日のような態度をとったと考えてさしつかえなかろう。というのは護民官によって招集された集会《コンティオ》で、すばらしく客観的な態度で諸提議を推薦したからである。「民衆派の一人《ポプラリス》」であることを、彼はもうとくに証拠だてる必要はなかった。彼は、大衆の間における自分の人気を獲得するために、他人の資産を用いていたのである。彼の負債が、こういったものを利用したことを十分に知らせてくれよう。[107] さりとて、彼を、選挙違反《アンビトゥス》［買収］の廉であえて訴えようとする人もいなかった。

公表された演説のなかで、キケロは、非常に敬意を込めてカエサルを論じている。

たしかに、カエサルは政策においては、〝民衆派的な路線〟をとってきたのだし、〝民衆に愛され、喜ばれて〟いる。しかし自分の威信《ディグニタス》［高い地位をも意味する］――ここでは〝神祇官長《ポンティフェクス・マクシムス》〟が念頭にある――と祖先の偉大な伝統の要求に応えるかのように、彼の提議は、政治的責任感のあることを示しており、扇動政治家と、国民の真の安寧福祉について充分な理解をもった信念ある人との間に、どのような差があるかを明らかにしている。それにもかかわらず、このように〝穏やかで寛大な人〟でも、あのようなすこぶる厳しい刑罰を求刑するのである。[108]

キケロは、この提議は自分自身にとってあまり危険ではないであろう、とためらわず述べているが、元老院はただ国益だけを考えるべきであるということを、それに付け加えている[109]。

　このような評価は、もちろん、六三年一二月五日の直後の演説の記録のなかにはみられず、キケロが六〇年六月に仕上げた公刊物のなかで行なわれている。そして、友人アッティクスに送ることを約束したその同じ手紙のなかで、近々のうちに自分は、ちょうどスペインから帰りつつあったカエサルに会おうと思っていると記している。そして、カエサルが執政官になったら、その政策の上に自分がほどよく感化を及ぼすことができるであろうという、まことに楽天的な期待を表明している[110]。しかしその後の五九年には、公刊されなかった文章「わが計画（政策決定）について」［わが在任中の治績について］のなかで[111]、クラッススとカエサルをカティリナの騒擾の張本人と呼んでおり、この確信を常に持ち続けたことが分かる。しかしキケロは、二人がカティリナをただ利用しようと思っていたにすぎないこと、だがやがてカティリナの荒々しい社会革命的な意図が評判になるや、両者はカティリナを失墜させたということ、この点を、すでに六三年に非常によく知っていた。そして、一二月五日には、カエサルの政治的潜在能力をキケロははっきりと認めたことであろう。カエサルをよく知らない人は、彼のこれまでの態度からして、才能はあるにしても、非常に冒険好きなアウトサイダー以上のものであるかどうか、その点の判断を下すのが難しかった[112]。当時、政治世界のもっとも重要なファクターは、閥族派連中と常勝の大将軍《インペラトル》ポンペイウスであり、カエサルの活躍の余地は残されていないようにみえた。真正の閥族派《オプティマテス》は、キケロより先に憎しみの鋭い眼光で、カエサルのなんたるかを見抜いてはいたが、とんでもないことには、カエサルをカティリナと同列においていたのであるから、やはり彼らもカエサルを見誤っていたのである。

　カエサルは、さしあたり事態をゆっくりと成り行きに任せることができた。というのは、一二月一〇日に新任の護民官たちがその職についたとき、カエサルが予想していたとおり、彼らのうちの二人は、ただちに一二月五日の死刑判決［厳密には重罪刑事法廷］に対する追究をはじめたのである。この年の最後の日に、キケロが一場の演説を試みて市民に別れを告げようとしたとき、護民官の一人、クィントゥス・メテッルス・ネポスがそれに反対して拒否権を発動し、法を良心的に護ったという恒例の宣誓しかキケロに許さなかった[113]。

法務官

　新任の法務官〈カエサル〉は、一月一日にローマの町の大衆の耳目を驚かす準備をしていた。新任の執政官たちが、カピトルの丘の上で就任式をしていたとき、カエサルは一つの法案を公表した。それによれば、七八年に、カピトルのユッピテル神殿の再建のためにクィントゥス・ルタティウス・カトゥルスに元老院から委任された仕事を、この人物から奪い、それを他の人にあてがうべきである、というのであった。カエサルは一集会［広義の民会］の演説《コンティオ》のなかでその理由づけをし、その際、やはりカトゥルスにも弁明を許した。もちろん演壇にのぼるのを禁ずるという侮辱的なやり方をもってではあった。神殿は八三年に焼失していたのだが、スッラは勝利後、まず自分で復興の仕事を引き受けた。神殿の奉献式はすでに六九年に催されていたが、総工事はまだ完成していなかった。これは、閥族派独得の悠長さとみなすことができよう。そこでカエサルは、横領の可能性をほのめかしつつ、消費された金子についてカトゥルスから釈明を求めた。ところがカトゥルスの友人たちが、すぐにカピトルの丘の式典から馳せ参じて、集会を解散させようという気配を見せたので、カエサルは、集会演説《コンティオ》とともにこの企てそのものも打ち切った。そういったわけで、このことからはっきりと推論されるのは、カエサルとしては、自分をカティリナ派として抹殺しようとしたこの長老を、本当に惨めったらしく辱めることだけが問題だったのであろう、ということである。(114) 世間は、もっと大きな問題で揺り動かされていた。誰も彼もが、固唾を飲んでポンペイウスを見守っていたのである。ポンペイウスは第二のスッラとして帰ってくるのではなかろうか？　護民官の目下の充実した力は、民会議決によるものであったが、その護民官の権限の回復者［ポンペイウス］からは、もちろん、閥族派支配の強化など絶対に期待できなかった。そういったわけで、もしかすると、カティリナの企てのごときは、コップのなかの嵐にすぎなくなるような対決が行なわれるかもしれなかったのである。情勢がかくある以上、カエサルとしてはポンペイウスと結ぶしかなかった。というのは、閥族派との繋がりがつけられていなかったし、カエサルが一般民衆の間で享受していた人気では、二つの党派の間で独立した地位を保つための後ろ盾としては不十分だったからである。それに加えて、当時はるかに強力であったクラッススですら、そういった独立した立場を主張できず、〈東方に〉旅立ってしまったのである。(115)

六七年以降、ポンペイウスのもとで副司令《レガトゥス》＝総督代理として働いていたメテッルス・ネポスがローマに帰ってきたが、それが、護民官として自分の将軍にかかわる問題の利益代表者となるためだというのは周知のことだった。キケロに反対するポンペイウスの行動は、カエサルが一二月五日に示した民衆派的な路線に適っていた。そこで、ポンペイウスの帰還にあたり、ポンペイウスに再び際立った一つの権力を与えることを狙った行動によって、今やカエサルが自分の方から彼の役に立とうとしたこともよく理解できる。カティリナはまだ戦場にあったから、民会議決は、自分の軍隊でもってイタリアの秩序を回復することを、ポンペイウスに委託しなければならなかった。実際にはカティリナは、もちろんすでに二月には、元老院の命を受けた兵士たちの手で殺されていたのであるが、ネポスが、このような事態の起こり得ることを本気で見込んでいなかったかどうかは分からない。というのは、その兄のケレルが、ガッリア・キテリオル（アルプスの此方のガッリア）の属州総督として、カティリナ派に対する作戦に参加していたからである。だからこそありそうなのは、ネポスはやはり、はるか遠方から［つまりローマに不在のまま］六一年の執政官職に立候補できる権利をポンペイウスに与える別の民会議決を準備していたということである。[116] カエサルが、これらの諸提議を、適切なものであるとして正当化することができたことを忘れてはならない。[117] しかしそこには、またもやカトーが控えていたのであり、彼は、これらの提案を閥族派的共和政に対する策謀として、その情熱を注いで仮面をはぎとり、拒否権を発動するぞ、と宣言した。

かくして、投票にあたって騒擾が起こるのを予想しなければならなかった。メテッルス・ネポスは、あらゆる場合を考えて、剣闘士や、その他の腕っ節の強い人たちの一団を用意した。ネポスが、投票の当日、法務官のカエサルとともにカストル神殿の階段に腰をおろすや否や、カトーが、その同僚護民官クィントゥス・ミヌキウス・テルムスと一緒に拒否権を発動するために現われ、両者はメテッルス・ネポスとカエサルの間に腰をおろした。次いで、法文を通常のように読み上げるのを差し止めたので、メテッルスはその手下の者たちを突撃させた。カトーの従者たちは逃げ去ったが、カトーは踏みとどまり、石や棍棒の攻撃を雨霰と降り注がれた。ついに執政官のルキウス・リキニウス・ムレナが近寄って、それ以上ひどい目に会わないようにと、カトーを神殿のなかに連れ込んで保護した。今こそメテッルスは、投票をはじめようと思ったものの、あれこれする間に、反対派が、叫び立てる子分たちをたくさん集めたので、彼もこの企てを断念しなければならなかった。[118]

このような破廉恥な出来事に対しては元老院も、もうこの同じ日のうちに次のような返答を与えることになった。それは、執政官に共同体（＝国家）保護のため独裁官的な全権を与える一方、二人の扇動的な政務官メテッルスとカエサルには引き続き職務を執ることを禁じ、カティリナ派を処刑した廉で、その責任者の処罰を要求した人をすべて、国家の敵であると宣言することであった。[119] カエサルは、今回もメテッルスと自分のための申し開きの演説をあえて行なった。[120] 残念ながら、カエサルが何を喋ったかをわれわれは知らない。もっとも、後年彼が執政官職のときにとった態度から推して、拒否権を利用して民会から意思表示の権利を奪った閥族派の議事進行妨害を力ずくで防ぐことに、彼は「民衆派《ポプラリス》の一人」としてなんのためらいも持たなかったであろうと思われる。カエサル自身は、執務を禁止されたのを気にしまいと決心した。しかし、メテッルスは敗北したと観念して、ポンペイウスに報告するために、怒りに燃えて小アジアに旅立ってしまった。[121] カエサルも、執政官たちが自分に対してその全権を行使するつもりであるのに気がつき、屈するのが今のところ賢明だと思った。カエサルは、先導吏を解散し、紫の縁取りをしたトガ［高級官職にある者がつける市民服］を脱いで、家に引きこもった。[122] だが早くも二日後には、事態は一変した。群をなした民衆が猛烈にカエサルの復権を要求したので、急遽、元老院が招集された。しかしながら、カエサルは騒ぎを鎮めて、非の打ち所のない態度をとったために、元老院に連れ戻され、騒乱鎮定の感謝を受け、自分に対して出されていた決議を取り消させるのに成功した。[123] 疑いもなくカエサルは、神聖不可侵の護民官が虐待されるという行動に関与したという苦々しいエピソードを、このようにして、まことに手際よく忘却の彼方に追いやったのである。カエサルは、〝民衆《ポプルス》〟の暴力行為を阻止したことによって、一二月五日のように、またもや「民衆派《ポプラリス》」であることが証明されたが、カエサルは、一般にこの民衆派という流行語で人の理解していたイメージに従うのを敬遠した。それゆえ、穏健な閥族派の人たちがカエサルをそのために賞賛したのは、賢明なことであったといえよう。(124)

カエサルにとっては、自分のディグニタス、すなわち公生活において自分にふさわしい位階・身分が承認されることが問題であった。それについては、「ディグニタスは自分にとってはいつも最高のものであって、生命より尊いものであった」と、カエサル自ら証言しているのを、われわれも知っている。(125) この点に触れられると常に、カエサルがいかに強く反応したか、それはやがて後で示さねばなるまい。カティリナが六二年二月にピストリア付近で殺されたのち、勝利を収めた党派が、裁判での有罪判決によって謀反の残存者たちを掃討する仕事に取り掛かった。すでに六三年一〇月二一日以前に陰謀のことを漏らしていたクィントゥス・クリウスと並んで、密告者としてはその際ローマの騎士、ルキウス・ウェッティウスがこの件に関与していた。この人は、同時に密約仲間でもあったのである。このウェッティウスが、結局は容疑者の総リストを提出し、やがて起こるべきことについて詳しい陳述を行なった。そのなかで、彼は暴力に関する犯罪のための法廷の長、ノウィウス・ニゲルに向かってカエサルの名前も挙げて、カティリナに宛てた親書を証拠として添えて提出することを約束した。一方クリウスは、元老院でこの告発を正当であると認め、そのためにカティリナ自身の通知を証拠として引き合いに出した。カエサルは、きわめて鋭く元老院でこの告訴に反論し、キケロを免責証人として呼び出すのに成功した。他ならぬカエサル自身の方から、要求もされないのに執政官に報告をしたことを記憶していたからである。そしてクリウスには、彼が熱望していた密告の褒賞が支払われないようにすることに成功した。しかしウェッティウスに対してカエサルは、懲戒権《コエルキティオ》（ローマの政務官の権限で、強制処置によって人を服従させることのできるもの）を行使した。つまり、財産の一部没収の形でウェッティウスを罰するように命じたのである。この場合、ウェッティウスの家財は強奪され、ウェッティウス自身は演壇の前で笞打たれ、挙句の果てに牢屋にぶちこまれた。カエサルはまた、ノウィウスも投獄「拘留」させた。ノウィウスが、自分よりも高位の政務官のポストにある人が彼のもとで提訴されるのを黙認していたという理由で、カエサルはあえてそのようにした「投獄した」のである。このような思い切った処置は、われわれに違和感を抱かせるであろう。それでもカエサルは、有効な法の範囲内で行動したのである。(126) そうすることによってカエサルが、ただ自分の政務官としての威信《ディグニタス》を護ったにすぎないことを、すべてのローマ人は認めたに違いない。その後、なおもだれかがあえて彼を攻撃したとは聞いていていない。

クロディウスのスキャンダル

しかし法務官の任期の終わりに、カエサルはプブリウス・クロディウス・プルケルの瀆神行為に不愉快な関わり合いを持たされた。[127] 上流階層のローマの青年は、高貴な生まれと、それによって保証されている政治的進路を、何よりも放縦な現世の享受を永続させるためのチャンスと考えていたが、クロディウスはそういった連中の悪評嘖々たる代表者だったのである。一番最初の士官勤務を、彼は、義兄弟ルキウス・ルクッルスの軍隊のなかで果たした。そこであてがわれたポストに不満であったため、六七年のあのルクッルスに対する大一揆において指導的役割を引き受けた。それは、華々しい勝利を収めたルクッルスの進軍に、あのような不名誉な終止符を打つためのお膳立てをするものであった。帰還後、クロディウスは、六五年にカティリナを——不成功に終わったが——苛斂誅求の廉［不当利得返還訴訟］で訴えた。だがもちろん、告訴を真剣な気持ちで行なったかどうかは疑わしい。とかくする間に、彼は六三年にも、キケロによって召集された騎兵の護衛のなかにあって熱心に奉仕した。その私生活に関してはきわめて悪い評判が立っていた。ルクッルスは、彼についてきっぱりと主張している。「彼は、自分のかつての妻クロディアと近親相姦関係にある」と。[128]

六二年には、クロディウスは、ポンペイアすなわちカエサル夫人に目をつけた。クロディウスは当時財務官に任ぜられており、一二月五日にはその職に就くことになっていた。その少し前、女神ボナ・デアの祭りが、ポンペイアに近づくチャンスを与えてくれた。女性だけにしか祝うことが許されなかったこの祭りは、本来のローマの命令権《インペリウム》をもった政務官の家で執り行なわれることになっていた。この年には、法務官および神祇官長であるカエサルの家が、祭りを催す家に選ばれていた。ここにクロディウスは、女の衣装を纏ってこっそりと忍び込んだが、発見され、一人の女奴隷の助けでなんとか脱出できた。カエサルは、彼独自のきっぱりした態度で、ポンペイアに即座に離婚の使者を送った。[129]

その結果、スキャンダルは大きな政治的事件にまで発展した。数カ月間も、ローマの政治は、クロディウスを特別法廷に召喚できるか否かをめぐって回り続けていた。というのは、クロディウスは大きな友人グループを擁しており、その連中は、宗教と道徳の番人たちを本当に真底から怒らすようなところに楽しみを見出していたからである。たしかにあの撃破されたカティリナ派の間では、この番人たちに対してすでに激しい気分が汪溢していたのである。そのようなわけで、クロディウスは、やはり武装した護衛部隊を募集して作り上げ、抑えつけられていた民衆派的な問題の擁護者を気取ったのである。その結果、あらゆる妨害にもかかわらず特別法廷に関する法が通過したものの、それは被告に都合のよい表現をとっていたのである。そして最後の瞬間には、クラッススまでもが金で彼に手を貸したので、五月はじめに三一人の審判人を買収するのに成功し、一方、クロディウスを有罪としたのはわずか二五人にすぎなかった[130]。カエサルはそのとき、すでに自分の属州［すなわち管轄領域としての彼方のスペイン］に出発していたが、しかしすでに以前から、このように自分と密接な関連のあった事件においては、際立って背後に引っ込んでいた。では一体なぜ実際にその妻を離別したのか、と答弁を求められて、次のように答えている。「私の家族の者は、犯罪のみならず、疑惑からも潔白でなければならないと、私が思っているからです」と[131]。

このような態度は、あらためて、はなはだ注目に値するものだといえよう。カエサルは、スケールの大きな大政治家として、寝取られた夫という物笑いの対象となる位置におかれてしまいたくなかったからこそ、妻を離別したのである。しかし、スキャンダルが政治的に利用され尽くすや、カエサルは自分が政治的に利用できる仲間をクロディウスの側に見出して、これと手を結んだ。

全く反対の態度をとったのが、キケロであった。元来、彼が特別に興奮するような個人的な理由などなかったのである。だが今やクロディウスは、その集会演説《コンティオ》のなかで、ルクッルス、ホルテンシウス、ガイウス・ピソのような元老院の領袖と執政官のメッサラを攻撃しはじめた以上、彼としては、〝市民としての平服で〟のあの勝利［カティリナ事件を指す］以来、ポンペイウスと同格であると自負していたキケロもそのままにしておくわけにはいかなかった。クロディウスは、カティリナの騒擾においてしばしば聞かされた「余は知っているぞ」という言葉を嘲笑し、その指揮の下に行なわれた暴力行為のことをやかましく言いたてた。そのことで、キケロはもっとも手痛い急所をつかれたわけだが、返答に窮することはなかった。訴訟の際クロディウスが、自分はそのときインテラムナにいたと主張しているのに対して、キケロは、「クロディウスは、その日、自分を表敬訪問してくれた」と証言している。裁判判決を通してキケロは、自分が執政官職にあったときの全政策、つまり〝不逞の輩〟に対する〝良識の士（良き人士）〟の同盟の勝利が崩されるのを目にしたのである。そこで彼は、あらゆるチャンスを捉えて、ウィットを込めて真剣に新しいカティリナと闘ったのである。たしかに六一年五月一五日に、キケロ一流のあてこすりの花火の前にクロディウスは黙り込んだけれども、キケロは、このことによって同時に一人の敵を作り出してしまった。その敵たるや、これから後の九年間の歳月を、キケロにとってひどく不愉快なものにするすべを心得ていたのである[132]。

彼方のスペインの総督

クロディウス事件のために、法務官代理の属州の割当ても、三月まで延期されていた[133]。その後、抽選で、カエサルはヒスパニア・ウルテリオル（彼方のスペイン）を引き受けたが、この地はすでに財務官として活躍したことのあるところであった。カエサルは、属州総督職のための金銭支出の認可について元老院が決議するのを待たずに、すぐさま出発した。足許に火がついていたのである。というのは、その当時資産の貸借を清算してみると、負債が二五〇〇万デナリウスに達していたといわれるからである。[134] 彼は、法務官職と法務官代理職との間に再び私人となったために、債権者は、この期間を利用して負債のための訴訟を起こそうとして、属州総督の支度金の差押えによってその出立を妨げようと脅迫した。このような危難にあたって、カエサルを助けたのがマルクス・クラッススであり、彼が約五〇〇〇万デナリウスの保証をすることによって、協定が成立するようにしてくれた。[135] こういった事件の史料的な根拠が、われわれの検討できそうにもない噂にまで遡るのは明白である。だがクラッススの援助は歴史的にはありえたであろうし、このことは、彼が依然としてカエサルの支持を勘定にいれていたことを証明するものである。

　ローマの大政治家に対して一つの属州が与えてくれるさまざまな可能性を、カエサルは「彼方のスペイン」で完全に利用し尽くした。彼の次なる目標は、五九年、つまり合憲的にもっとも早い時期に執政官のポストに達することにあった。この国家最高の官職は、時の流れとともに実際上の力をいかに失っていたとしても、相変わらず真の「市民中の第一人者たち《プリンキペス・キウィタティス》」「国家の指導者」の仲間に入る門を開くものであり、それに加えてキケロのような「新人《ホモ・ノウス》」でさえ、それが有能な政治家の手に入った場合、今でも実行できることがあるということを、つい最近再び示し得たのである。そのために最初から、カエサルは、強力な権威を確保できるように、凱旋将軍として〈執政官職に〉立候補しようという功名心を燃やしていた。属州のなかのルシタニア地方［イベリア半島南西部、ほぼ今日のポルトガルの地］が山賊によって掠奪されているのを知り、それによって自分の時期尚早な出発の公式の理由付けができたが、[136] そうすることで、元老院が彼の計画に干渉するのを避けたということもある。着任するや、カエサルは将軍として、すぐさま再びあの青年時代のきびきびした将校に立ち戻り、即座に、その地にあった二〇個大隊に加えて一〇個大隊をさらに徴募し、[137] ドゥエロ河の南方、ヘルミニウス山脈のなかに居を占めていた山賊の諸部族を平地に移住させ、そこで平和な生業を営むように命じた。それが拒絶されたので、かえって自分の期待していた戦争の勝利が、カエサルに与えられることになった。逃亡者の一部が西海岸の沖の一つの島に落ち着いたので、カエサルは筏でもって、第一回目の上陸作戦を企てたが、撃退されてしまった。そこで彼は、ガデスから船を来援させて、この連中をなんとか降伏させた。

　次いで、船隊を率いて、北海岸のカッライキ族の町ブリガンティウム［スペイン西北端の町］まで航行した。[138] この町の住民は、見慣れないものを目にして驚き、これまた降伏した。兵士たちは歓呼して、彼を大将軍《インペラトル》と呼び、一方カエサルは、豊かな戦利品によって、自分の破綻していた財産状態を、再び幾分なりと回復させることができた。それでもやはり、その戦利品を自分の勇敢な兵士に分かち与えることも忘れず、そしてまたかなりの額をローマの国庫に送付することも忘れなかった。[139] だが彼の反対者は、もちろん、次のようにうまく言うすべを心得ていたのである。すなわち、カエサルは、自分に反抗しなかった都市でも、それをしばしば掠奪させたり、また感謝の念を示している服属民から法外な贈り物を受け取った、と。[140] それにもかかわらず、あえて彼に対して不当利得返還の訴えを起こそうとするものはいなかった。元老院はむしろ、彼の望みが輝かしく満たされるような凱旋式を行なうのに同意したのである。残念なことには、一体どのような状況の下でこの決議がなされたかは、われわれには分からない。しかし、彼の戦争報告がどのように作成されたかについては、われわれは、ガッリア戦争に関するカエサルの書物から、たしかにあるイメージを作り上げることはできよう。なんといっても常にローマの兵士たちの名誉な業績であった勝利を語らせる技法は、今日もなお、それが初めて書かれた当時と同じ新鮮な輝きをもっている。元老院議員にしても、いかにその魔力から逃れられなかったことか！　なお、この遠征によって、かつてはほとんど足を踏み入れることもできなかった地域が平定されたこと、そしてこれは属州の首尾よい発展にとってどれほど必要であるかという点は、いかに悪意をもった閥族派《オプティマテス》の連中でも認めねばならなかった。[141]

　たとえわれわれが、以上のように簡単に閥族派《オプティマテス》という言葉を使うにしても、それでも繰り返し想起しなければならないのは、それが、近代の議会政治における政党の概念とは隔たっていることであろう。元老院の「第一人者たち《プリンキペス》」［指導者たち］は、他の権威によらず自ら判断すること、それを自分たちの名誉と心得ていた。そして全く祖先が行なったのと同じように、国家の名誉と偉大さを護り、かつ増大させる気持ちをもっていた。[142] しかし、このような善意ともいうべきものは、もちろん父祖から受け継がれた閥族派的な身分的利害の範囲内で働いたのである。すなわち、このような意志は、彼らが護持している支配者としての地位が脅かされると感じた場合にはかえっていつでも抑制されて、その働きを示さなかったのである。

　軍事において見せたのと同じような見事な手腕でもって、カエサルは冬の期間を民生のためにも骨を折った。共同体のなかには、まだ、セルトリウス戦争のときメテッルス・ピウスが課した戦争賠償金の重荷の下にあえいでいるものもあった。カエサルは、それが廃止されるように元老院に取り成した。その他にも数多くの苦情が彼の仲介で元老院に達し、多くの共同体や私人が、カエサルを熱心なパトロンであると認めた。[143] ガデスやその他の共同体では、カエサルはその内部の混乱を調停し、制度を改善した。その際、ガデス生まれのローマの騎士、ルキウス・コルネリウス・バルブスが彼を援けた。この人はカエサルにもっとも忠実な人物で、すでにその財務官職の間に知り合い、次いで六一年、彼の副官職（工兵隊長《プラエフェクトゥス・ファブルム》）に任命されたのである。小アジアでのルクッルスのように、カエサルは負債の弁済についての規定をも発布した。たしかにこれは、債権者――大抵はローマの騎士だが――たちにきわめて有利なものであった。この連中は、負債が支払われるまでずっと、債務者の収入の三分の二に対する要求権〈つまり、もし支払えなければ告訴し得る権利〉を得た。もっとも、ルクッルスは、ただ四分の一を許したにすぎなかったが。[144] スペインでわれわれが目にするのは、ガッリア戦争におけるカエサルの姿そのものであった。彼は、生まれながらの将軍および統治者としてことを処理したのである。しかしカエサルは、帝国［＝支配圏］の周辺でこういった活動をするに際して決して方向を誤ることはなかった。何よりも狙いは、いつでもローマへの影響にあったのである。

五九年の執政官職に立候補

カエサルは、まだその後任と交替する前に、執政官職の立候補運動を始めるため、六〇年六月はじめ、ローマの町の前に到着した。[145] 大いに有望と思われた凱旋式の準備が、立候補と同時になされたが、これは市外で行なわれることになっていた。というのは、凱旋式を挙行する政務官は、神聖なる都市ローマの境界、ポメリウムを越えたその日に、その「命令権《インペリウム》」を失なうことになっていたからである。[146] 国法上のこうした原則は、カエサルにとっては、ひとつの煩わしい足枷となった。というのも、六三年に、執政官職の立候補者は、本人がローマにいなければならないという法的な規則が採り入れられていたからである。[147] ところで、選挙の日はすでに告示されており、その前には凱旋式のための時間はなかった。したがって、自分をこの規定から外してくれるように、カエサルは元老院に頼みこんだ。多数の者がこれを受け容れるのに傾いたが、ことは急を要した。そこで、カエサルのもっとも厳しい政敵カトーが、日没の暗さのため議事を取り止めねばならなくなるまで長々と演説をすることによって、必要な決議を阻止するのに成功した。[148]

カエサルが目標をあやまたない大政治家であることが、またもや証明された。彼は「市壁《ポメリウム》」を越え、したがって、凱旋式を断念したのであった。

カエサルと並んで立候補したのは、今回もまたマルクス・カルプルニウス・ビブルスであった。この人は按察官職の後、法務官職においてもカエサルの同僚を務め、まことに手強い対抗馬となっていたのである。だがカエサルの立候補は、六一年一二月にすでに大いに有望なものとみられていたので、まだ名門貴族《ノビリタス》に属していない法務官格の人ルキウス・ルッケイウスも、カエサルと選挙同盟を結ぶことができれば、令名高いビブルスに対抗して目的を達せられるという希望を抱いたのである。[149] 一方それでも、ビブルスはむしろ、非常に富裕なルッケイウスをまだ自分の側に引き付けられると計算していた。カエサルは、すぐその場で大局の見通しをつけると、ポンペイウスの友人、ルッケイウスと選挙協定を結んだ。[150] 当時、同じくポンペイウスに与していたキケロは、この人に甚大な影響を及ぼすことができると自惚れており、またカエサルをも、一人の〝より良き〟政治家たらしめ得ると考えた。[151] 元来、ルッケイウスは、自由に使えるものとして、名をあげるに足るほどの政治的な従属者を全く持っていなかったので、ルッケイウスが両者の名前で、投票単位たる各地区へ選挙資金をばらまくことが、「選挙同盟《コイティオ》」で定められた。この約束はすばらしい内容を持っていたために、ビブルスは、これに対しては太刀打ちできそうになかった。カエサルの当選が確実だったので、閥族派に属するビブルスの友人たちは、せめてこの性に合わない同僚を勝たせるためにすべてを賭けた。彼らは、資金を共同の選挙用の金庫に拠金したが、カトーですら、国家の安寧のためになるのだからとして、この場合、それを至当なものとしたほどであった[152]。さらに、カエサルの当選をできるかぎり無害なものとするために、彼らは一つの元老院決議をうまく通した。これは、将来五九年の執政官となる人に、ローマの町での職務の任期満了後、国家に属する〝森林と家畜の通路〟を管理するという笑止千万な課題を与えるものであった[153]。かくして選挙日には、カエサルとビブルスが執政官に任ぜられた。

ポンペイウスおよびクラッススとの連携

カエサルがいま直面している状況は、以下のようなものであった。

ポンペイウスは、六年にわたる遠征により、ローマ人の見方からしても比類のない勝利を収めた末、六一年のはじめに、その軍隊のかなりの部分を率いてブルンディシウムに上陸した。地中海から海賊の災厄が一掃され、小アジアは彼の足下にひれ伏し、ミトラダテスは死んでしまった。北方では、ローマの軍勢はコーカサスまで押し進み、南方では、エウフラテス河からエジプト国境までのシリアがローマの支配圏に繰り込まれていた。イタリアに帰り着くや、ポンペイウスは、元老院決議や民会議決を待つまでもなく、すぐさま兵士たちを除隊させて故郷に帰した。すでに古代の歴史叙述のなかでも、ポンペイウスが軍隊の力を軍事独裁の設立のために使わなかったことが大仰に言いはやされている[154]。しかしこの判断は、結果から遡行できる後の時代の考察によって初めて生まれたものと思われる。この時期のキケロの書簡は、その点に関して何の拠り所ともならない。合理的に考えれば、ポンペイウスは、なんらクーデターを必要としなかったのである。全く正当にも、彼は、自分をローマ第一の者、つまり「第一人者」中の「第一人者」であると自負することができたからである[155]。そのうえ小アジアでは、君主のように兵士たちに報酬を与えていた。たしかに大抵の人は、除隊を憧れていたのであり、そのことで彼らの機嫌をとらないという理由はなかった。というのは、ローマの大政治家たる者の力の源泉は、投票に役立つように統御できる従属関係［庇護関係］のなかにあったからである。それについてポンペイウスは、自分の古参兵を頼りにすることができた。とくに大規模な土地の分配までも約束したからである。もし必要であるならば、ポンペイウスはいつでも、私人としてでも、一軍を編成することができた。五〇年にもまだ、自分がただ大地をどんと一踏みさえすれば、兵士は群れをなして自分のところに走り集まってくるということを、彼は固く信じていた[156]。

六一年二月はじめに、ポンペイウスはローマに入った[157]。ここで彼は、妨害を一切避けるために、今まで以上の栄誉はことごとく断り、延期された凱旋式を挙行するという特典を与えられることで満足した。九月の最後の二日間で、彼の業績にふさわしい華々しさでもって式を祝った。[158] ローマにおける自分の立場について政治的な結論を下すのを、ポンペイウスとしては翌六〇年度の仕事に回して残しておいた。差し当たりはその忠実な下僚の一人、ルキウス・アフラニウスが、特別に法外な選挙人買収の手段だけで翌年の執政官に選ばれたことをもって、ポンペイウスは足れりとした。[159]

それでも、国家において永続的な優位を保つための基礎を築くことになるはずの二つの要求が、元老院の議事日程にのぼったとき、ポンペイウスが、こういった類いの要請に抵抗する寡頭政体制側の力を過小評価していたことが明らかになった。[160] 一つの問題は、新たに獲得された地域に作られた属州組織や共同体組織の承認であり、今一つは、彼の古参兵への土地の手当に関することであった。第一の提議には、とくにルキウス・ルクッルスが反対した。彼が要求したのは、ポンペイウスの規定についてはいちいち個別に審議されねばならないこと、そしてポンペイウスが小アジアでルクッルスの処理に相反したやり方をしている場合には、とくに元老院は判断を保留せねばならないということであった。ルクッルスを支持したのは、執政官の一人、クィントゥス・メテッルス・ケレルであった。この人物は、少し前に離婚させられたポンペイウスの妻、ムキアの異父兄弟である。[161] 同じく六九年の執政官であって、ルクッルスのようにポンペイウスの大命令権（上級命令権）によって大きな被害を受けたクィントゥス・メテッルス・クレティクスや、さらにはマルクス・カトーとマルクス・クラッススも、彼を支持した。また、古参兵配慮の問題も、元老院ではことがうまく運ばず、このような多くの影響力のある反対者たちの結束に対しては、元老院対策にあまり慣れていないアフラニウスでは思うようにならなかった。[162]

ところがポンペイウスは、もう一月に、自分の兵士たちのために包括的な土地分与法の提案を携えさせて、護民官ルキウス・フラウィウスを送り出していた。この法案が通るようにと、そのなかには、他の貧しい市民への土地の譲渡のこともあらかじめ用意されていた。しかも彼は、明らかに、政治的、経済的に不可避なことだけで自制したのである。[163] それにもかかわらず元老院は、上述の領袖たちの主導のもとに反対した。自分たちの政策が、主としてその上層の成員たちの個人的利害・関心によって決められるというのが、まさしく寡頭政体制側の宿命であった。そこで、有能で洞察力ある連中が、これが通ればポンペイウスに新しい権力が与えられるに相違ないと考えて、この法にも反対した。有力者のなかではただキケロがポンペイウスを支持するにとどまった。それもキケロとしては、クロディウスの教唆扇動に対して、ポンペイウスから保護を期待できたからという単なる個人的理由で支持したにすぎない。

立法のための扇動がつづく間、執政官のケレルが、色々と難題をふっかけて護民官フラウィウスを妨害したので、護民官は、立腹のあまり、この人物を牢に入れてしまった（六〇年六月）。[164] 牢のなかで、執政官は他の護民官の援助を拒絶して、むしろ冷静な態度で元老院の会議をそこに招集した。フラウィウスは今や、元老院議員の入場を妨げるため、自分の椅子を持ち出して戸口に座り込んだ。それに対して執政官は、牢の壁を破らせて出口を作り、助かったのである。これは滅多にない見せ物であり、そのため大胆不敵なケレルは、世間の人たちの愛顧を勝ち得た。そこでポンペイウスは、護民官にことの決着をつけるよう命じた。ところが反対者たちの方が、とにかく民衆の間で勝算があったので、ポンペイウスは全提議を引っ込める結果となった。

このような経過からカエサルが知ったのは、選挙に輝かしい勝利を収めたにもかかわらず、政敵連中の方が、巧妙な術策によって彼の活動をも全く麻痺させることができたということである。五八年の執政官格属州についての決議から、すでにこのやり方がはじめられた。カエサルの名前はポンペイウスの名と同様に危険なものとみなされており、この危険に対しては、寡頭政派中の四分五裂した分子も、いつでも一緒になって当たったのである。彼らの背後にいる友人とかクリエンテスという従属関係の力が結集されると、カエサル一人ではかなわなかった。そこで彼としても、寡頭政に立ち向かうためには同盟者を持たなければならなかった。このために授かった人物が、グナエウス・ポンペイウスとマルクス・クラッススだったのである。この二人ははるかに昔から、寡頭政を越えた、あるいは少なくとも寡頭政と並んだ立場に立ち、大勢の味方を意のままにしていた。[165] 両者と友好関係を保つということを、カエサルは長年にわたって気にかけていた。難点は、クラッススがちょうどその頃、ポンペイウスに対する憎しみの念から寡頭政派と提携していたということであった。[166] カエサルは、自分が執政官職を得るためのもろもろの計画が常に念頭にあったのだが、それを実現するには、単なるその時々の援助だけではなく、確たる支えを必要とした。そのために、とりわけ、古い仇敵であるポンペイウスとクラッススとを和解させねばならなかったのである。六〇年一二月には、ポンペイウスと意思が疎通した。このとき、カエサルの腹心の人物であるコルネリウス・バルブス、すなわちあの六一年のときと同じように、五九年にも自分の個人的副官（工兵隊長《プラエフェクトゥス・ファブルム》）に任命されていたこの人物が、[167] ポンペイウスのもっとも重要な子分となっていたキケロのもとに現われた。そして、バルブスがキケロに告げたところでは、カエサルが期待しているのは、カエサルが執政官職にあるときには、キケロはカエサルを支持すること、とくに第一番目に計画されている農地法に関してそうすることであった。一方、カエサルは、あらゆることについて、キケロおよびポンペイウスの忠告を請うであろうし、また、ポンペイウスをクラッススと和解させるべく、それを目指して進むであろうというのであった。ところがそれでもキケロは、自分を拘束するような返答をする決心がつかなかった。なぜならば、自分の身の安全のために自主性を犠牲にするということは、彼が実際には過大評価している自分の過去を貶めることになると信じていたからである。[168]

　それでもやはり少し経って、クラッススとの協調が成った。三者［カエサル、ポンペイウス、クラッスス］は、三人のうち一人でも賛成しないことを政策のなかに盛り込まないという誓いで結ばれた[169]。このネガティヴな文句から感じとれることは、ポンペイウスとクラッススの間の不信を克服するには、どれほど骨が折れるかということである。この定式を、カエサルの独創的な頭脳に帰したとしても、おそらく間違ってはいないであろう。三頭同盟者は、権力の点では全く対等ではなかったのである。ポンペイウスは、クラッススよりはるかに力があり、カエサルは、両者に対するとまだ〈政界では〉新参者にすぎなかった。しかしその代わりに、彼は執政官として行動の主導権を握っており、またそれ以上に、知的能力と政治的巧妙さの点では、両者にはるかに優っており、そこで実際には、主導権は彼の手に落ちた[170]。ポンペイウスは、今こそ、官職歴梯の法を無視したような自分の経歴の報いを受けたわけである。若年のときから好運に甘やかされて、クリア（元老院議場）とか中央広場《フォルム》における普通の元老院議員の活動を軽蔑していたし、自分の問題を、自らそのような場所で効果的に処理することも学ばなかった。そこで、帝国［＝支配圏］の大きな軍事的課題が解決されたように見える今となって、待機者の役割を果たす位置に押しやられているのをようやく悟らされたのである。カエサルは、これとは全く違っていた。彼は決まり通りに昇進してゆき、自分の前に立ちふさがるあらゆる困難を乗り越えるための方策を知っていたのである。

　そのときすぐに、カエサルが執政官として在職する期間のプログラムについて、少なくとも原則的な点で意見の一致をみたことについては疑いの余地がない。そして、このプログラムを成就するために、ローマでもっとも強力な三人のパトロンが、自分たちと従属関係にある者をお互いに用立て合い、そうすることによって彼らは、政務官、元老院、民会を統御できると期待したのである。この間、ここに固く結ばれた問題の協定は、差し当たりまだ深く秘密にされていた。おそらくクラッススは、ようやく五九年のはじめに同盟に与したのであろう。ところでカエサルは、総じて自分に同調的な人すべてが自分に恩義を感じるようにしようとした。そういった人物の一人が、ときの法務官、プブリウス・コルネリウス・レントゥルス・スピンテルであり、カエサルは、この人物に神祇官官職のポストを一つ世話し、また五九年と五八年のための属州として「此方のスペイン」をあてがってやった[171]。

　もっとも重要なのは、カエサルが幾人かの護民官を確保したということである。六〇年一二月一〇日にその職に就いた彼らのなかから、カエサルは、プブリウス・ヴァティニウス、すなわちサビニ人の都市レアテ出身のきわめて野心家型の政治家を、自分の特別な助力者に選んだ[172]。この人物は、自分が尽力する代償としてはっきりと金を要求したので、これにはカエサルさえ驚き、あとでこの関係を描写して「ヴァティニウスは護民官職にあったとき、何事も無償では行なわなかった」と言ったほどである。[173] 法務官のなかでは、カエサルはクィントゥス・フフィウス・カレヌスを一番身近においた。彼は、すでにクロディウス問題のとき、民衆派の有能な護民官たることが証明されていた人物である。ウァティニウスは就任早々、一連の法案を提出したが、そのなかには、いくつかの審判人裁判［陪審裁判］法廷の配置についての一法案があった。彼は、元老院に次のように告げた。すなわち、いわゆる神兆による妨害、つまり当時ますます組織的に行使された寡頭政派の邪魔立てを、自分は真底気に掛けることはない、と。ウァティニウスの同僚のなかでカエサルを支持した者として、ガイウス・アルフィウスもいた。[174] このような序曲からすでにわれわれに感じとれるのは、非常に辛辣な憎悪の念に充ち満ちた政治的雰囲気であり、さらにまた、次の〈カエサルの〉執政官職の年に爆発するに違いない緊迫感である。

第3章　執政官職

農地法と閥族派の反対

五九年一月一日、カエサルとビブルスは執政官職に就任した。この二人の貴顕の士は、公然たる敵対関係にあり、お互いに、相手はどんなにひどいことでもやりかねないと思っていた。(1) しかし、このような個人的な反目の背後には、この場合、まだその他に、ローマ帝国の命運にかかわるはるかに容易ならざる類いの対立があった。それをカエサルほどに知り抜いている者はいなかった。それにもかかわらず、彼は、元老院の最初の集まりで、驚くほど自然な態度で、そういう敵対関係を見事に乗り越えてしまったのである。カエサルは、美辞麗句を並べて、いかに執政官たるものは、国家の安寧のために和解しなければならないかを語り、また自分が政策では民衆派的な道をとっているにしても、ただ元老院と一致して行動しようと思っているにすぎない、と述べた。(2) 実は慣例によって執政官は、それぞれ一カ月ずつ交替で一人が執務の主導権を握ることになっていた。昔は、その人だけが、執政官の権標であるファスケス［束桿、斧のまわりに木の棒が束ねられたもの。リクトル（先導吏、儀杖士）がそれを持つ］を帯びることによってそのことが示されていたのである。カエサルは、今は人目に付く交替を認めることによって、ビブルスに対する自分の姿勢が非の打ち所のないことを強調した。ビブルスは第二位で当選したために、ファスケスは二月に持つことになった。そのときカエサルは、自分の先導吏を先導させず、後ろに従えたのである［英訳にしたがって訂正。原文は「ビブルスが一月には年長者として上位にあったから、カエサルは自分の……」とある］。また、国家に対する彼の忠誠心の発露のように見えたのは、彼が、元老院および民会における議事の記録を、規則的に会議のあと整理され、公開されるように規定したため、一種の官報が生み出されたということである。(3) しかし個々の特別な件については、これはすでに以前に行なわれていたことであった。だからこそキケロは、六三年、アッロブロゲス族の使節の陳述とカティリナ派に対するカトーの演説をイタリア全土に拡めることができたのである。(4) もちろんカエサルが狙ったのは、このことによって、寡頭政派の術策との戦いにおいて自分の立場を強化することであった。

彼の次なる仕事は、前年に水泡に帰したポンペイウスの諸計画に関することであった。つまり、古参兵のための土地分配と東方で整えられた秩序の適法性の承認である。

すでに六〇年に、カエサルは、世論を新しい農地法に賛成させるべく準備をしていた(5)。社会的には緊急事態が存在し、助力が切に要求されているのを、見識ある人が見逃すはずはなかったにもかかわらず、ルッルスの提案とフラウィウスの提案はそれぞれ、六三年と六〇年に失敗していたのである。ローマには、文無しののらくら者が充ち満ちており、イタリアの広大な土地は耕作されないままであった(6)。カエサルは今や、以前の二つの構想に対する一連の障害を取り除いた(7)。カンパニアの重要な国有地（賃借された公有地）は除いて、イタリアにある全国有地は分割されるべきこと、そして、ただ自発的に売却される場合に限り、勝手な購入価格ではなく、もっとも新しい査定《ケンスス》で定められた評価額によって、土地分配委員がさらに一層の土地を買い入れるべきこととされた(8)。占有者にいかなる動揺も起こさないようにと、現在の占有状態はことごとく法的根拠の再検討なしで認められた(9)。買収の費用は、ポンペイウスの戦利品としての金子と、彼によって新たに開拓された属州の収入によって賄わねばならなかった(10)。植民者に委ねられた土地は、二〇年間は売却できないことになった(11)。かつてのルッルスの法案に関しての十人委員では難しく見えたので、今回は二十人委員会があらかじめ設けられたが、とくにカエサルは除外されていた。それに加えて、五人特別委員会のことに言及した史料があるが、おそらくこれは、実務を指揮するために定められた委員会であろう(12)。

カエサルは、元老院で提案を読み上げ、あらゆる点に改良が目論まれていると言明した。反対者たちは、まことに残念ながらなんら具体的な異論を呈することができなかった。彼らは、カエサルがこのことによって獲得できた強力な従属関係を、自分たちを脅かす危険と見て取ったにすぎなかった。招集された元老院議員は票決を引き延ばそうとした。まずカトーが、それはなにはともあれ現存の状態を変えるものであってはならないという要望を出し、会議が不成功のまま解散になるようにしてしまおうと、昔のように日没まで演説を引き延ばした。そこで、カエサルは「懲戒権」によって、一人の使丁に、この反抗的な元老院議員を牢に引き連れてゆくよう命じた。カトーは、抵抗しようとしなかった。だが元老院の大多数が、彼につき従った。そのなかには、カティリナの制圧者、マルクス・ペトレイウスもいた。「どうしてあなたは、会議が終わっていないのに抜け出すのか」とカエサルは詰問したが、「カエサルとともに元老院にいるよりは、カトーと一緒に牢にいるほうがましだからだ」という返答を受けるだけであった。暖簾に腕押しをしているのだと見てとるや、カエサルは、カトーが殉教者となる前に彼を釈放したが、今度は、元老院に対して次のように表明した。「自分は、元老院の決議なしで法案を民会に提出するのが、今こそどうしても必要であることを知った」と。そして、会議を取り止めた。[13]

反対派の圧服

票決に先立つ民衆の集まり、いわゆるコンティオにおいても、カエサルは、閥族派に対して同じような戦術をとった。同僚のビブルスに向かい、法律にどこか非難すべき点があれば、どうかそれを言ってほしい、と公然と要求した。ビブルスは、「自分の執政官職においては、何事も改新されるべきではない」と言うより他に、何もあらためて述べることはできなかった。そこでカエサルは、辞を低くして、民衆に自分を援けてくれるように命じてほしい、と頼み、すべてはただビブルスにかかっていると説いた。ついにビブルスは、馬鹿げたことに思い上がって叫んだ。「あなたは、今年は法を成立させられないであろう。たとえあなたたちがどんなことを欲しようとも」と。[14] そこでカエサルは、まず第一に、ポンペイウスを演壇に引き出した。ポンペイウスにとっては、いかに元老院の多数が良識に反した振る舞いをしているかを示すのは、さほど難しいことではなかった。というのは、すでに一一年前、元老院は、セルトリウス戦争に出陣したポンペイウスの古参兵およびメテッルス・ピウスの古参兵に土地を約束したのに、金が足りなかったためその決議を当時実行できなかったのである。[15] ところがこのところ、遠征がうまくいったため資金は有り余るほどあるし、彼の旗のもとに奉仕した人はすべて、今こそその権利をもっているに違いないとするのであった。法律の敵対者に対抗するための援助を約束してくれるか否か、カエサルがさらに問うたのに対して、ポンペイウスは返答した。「もしだれかが剣を手元に引き寄せるというならば、自分もまた盾をとるであろう」と。彼に続いて、クラッススも同じ意味の発言をした。[16]

投票の結果を疑う余地はなかった。ポンペイウスが、[17] その古参兵をローマの町に呼び寄せたので、尚更のことだった。民会開催を避けるため、今やビブルスは、閥族派の護民官三人と一緒に連日〈神兆を求めて〉空を眺めていた。すでにスッラが八八年の執政官として使ったことのある妨害の手段を、より確実性のあるものとして持ち出したのであり、[18] 彼は、開催期日の不定な祭りを挙行する日を決めることができる執政官職の権限により、まだ残っている民会開催予定日をすべて、祭りの日であると即座に宣言したのである。[19] カエサルは、委細構わず投票を取り決め、すでに夜のうちに手下をやって中央広場《フォルム》を占領させた。元老院の多数派は、ビブルスの家に集まり、ビブルスが同僚［カエサル］に対して拒否権を発動すべきだ、と決議した。[20] ビブルスは、翌日は首尾よくカストル神殿に達したが、階段のところからカエサルが民衆に語りかけていた。しかし、今や彼も階段を昇って、その同僚の演説を阻止しようとしはじめたところ、ただちに糞尿を浴びせかけられた。それからウァティニウスは、すでにそのために準備して武装させていた人たちとともに、彼に打ちかかった。そこで、執政官ビブルスと彼につき従ってきた者たち——そのなかには忠実な護民官たちやカトーがいた——は、散々に殴られ、傷ついて、逃げ出さねばならなかった。また先導吏たちのファスケスもへしおられてしまった。[21]

このようにして、カエサルの農地法は民衆［民会］によって採択された。翌日、ビブルスは、そのことについて元老院に報告したが、それは、戦争状態が宣言され、自分に独裁官の全権が付与されるのを期待してのことであった。しかし、だれもあえてこういった提議をしようとはしなかった。[22] 農地法の最終的な文面は、一〇〇年に親民衆的な立場に立つ護民官アップレイウス・サトゥルニヌスが考案した約款、[23] すなわちある一定期間のうちに全元老院議員が法を護るべく誓いをたてるという取り決めを含むものであった。今一度、メテッルス・ケレルやカトーのような人物が少なくともそれを拒もうと試みたものの、結局最後にはキケロが、そうすれば彼らの政治的自殺になるとの示唆を与えて、妥協するように説き伏せた。[24] とどのつまり二十人委員が選ばれた。そのなかでリーダーシップをとったのは、もちろんポンペイウスとクラッススであった。他の成員のなかで名前を挙げるに値するのは、カエサルの義兄弟でアウグストゥスの祖父、マルクス・アティウス・バルブスと、有名な博学者マルクス・テレンティウス・ウァッロなどである。[25]

農地法をめぐるこの闘争は、三月まで長引いたらしい。しかし、われわれの知っている他のいくつかの法律も、この同じ時期のものである。[26]

まず、元老院がすでに六一年来かかずらわってきた問題があった。それは、属州アジアからの上がりを引き受けていた徴税請負組合から出された請願で、請負額を下げてほしいという希望であった。クラッススはパトロンとしてその斡旋をしたが、数カ月も遷延した挙句、とりわけカトーの尽力によって、六〇年半ばに否定的な返答が行なわれた。[27] そこでカエサルは、この件をも民衆の前に持ち出し、果断にも責任額の三分の一の免除を成し遂げた。しかしそのあとで、金貸し連中に対しては、将来はもうこれほど高額にはあげないように公然と戒めた。[28] ついでに言うと、カエサルは、クラッススと同じように、自分自身でも請負組合とうまく関係を保ち、多分まさしくこの活動から直接の利益をも引き出していたと思われる。われわれの聞いているところでは、カエサルは、ウァティニウスと、とりわけ当時相場のとくに高かった持ち分証書［株券］によって折り合いを付けたということである。[29] 騎士層に恩義を負わせることによって政治的に得たものの方が、ずっと重要であった。

その上、今や東方においてポンペイウスの整えた諸秩序が、反対を受けることなく、一つの法によって承認された。[30] ルクッルスが——おそらく一つの集会《コンティオ》で——否認しようと試みたので、そのときカエサルは、ルクッルス自身の失敗に対して、刑法上の処罰を下すぞと脅した。このように言われたルクッルスは、カエサルに跪いて寛大な処置を願わなければならなかったという。[31] ポンペイウスは、とくに同盟諸王や自由市と協定を結んでいた。一般的法律［特定の意見を考慮することなく、一定の法益を保護する法律］に従えば、これらの国家とローマ国民との間に、数多くの条約が締結されたわけなのである。この件の最終的解決にあたり、カエサルは元老院を排除し、それをウァティニウスに委ねたのだが、このやり方は、とりわけ在来のあらゆる慣習に大きく反するものであった。またこのような地域は貢納を免れていたので、反対者が断言したように、ローマの国庫にとっては非常な損失となった。[32]

以上のことと関連して、なんといってもカエサルがすでに六五年以来かかわりあっていたエジプト問題に決着を付ける仕事があった。あのとき彼は、プトレマイオス十一世＝アレクサンドロス二世のいわゆる遺言状を根拠に王国を併合してしまおうとした。〝オーボエ奏者〟というあだ名の当時の王、プトレマイオス十二世［ゲルツアーは十三世とする］ネオス・ディオニュソスは、五九年まで相変わらず、ローマから公式に認められるように努めていた。ポンペイウスが六三年にユダエア（ユダヤ）で戦争を行なったとき、彼は、八〇〇〇の騎兵の給養を引き受け、それによってある一つの公の法的タイトルを得た。[33]しかし、それ以上に効果的だったのは、ローマの政治家の懐に流し込んだ金銭であった。王はそのために、ガイウス・ラビリウス・ポストゥムスのようなローマの金融資本家から多額の金を借り入れた。[34]こういったさまざまな努力が、五九年の今になって実を結んだので、カエサルとポンペイウスは約六〇〇〇タレント（三六〇〇万デナリウス）を得たことであろう、[35]という噂を信じないわけにはいかないだろう。王の支払い額の高さについて、その信憑性を判定するための物差しとしては、五四年にアウルス・ガビニウスが、王から六〇〇〇万デナリウスを受け取ったので有罪判決を下されたということが挙げられる。[36]いずれにせよカエサルは、王の件を今や元老院と国民の前［民会］に提出し、以前の態度に相反して、王と同盟を結んだ。[37]もちろんその際、政治的な視点が決定的なものであった。エジプトの併合は、彼にとっては、六五年にも六三年にも好ましい仕事であったろう。自分の執政官代理職のための他の諸計画を、今やおそらくすでに彼は心に抱いていたに違いない。このポストは、前年の元老院決議に逆らってもわがものとして得ようと欲していたものだったのである。

クロディウス、平民となる

数週間にわたり極めて熾烈な政治闘争が展開したが、この激動の間に、三月には、[38]六三年のキケロの同僚執政官、ガイウス・アントニウスの訴訟が起こった。ここでも、珍しいことに役割は変わっていた。明らかに、六三年には、カエサルとクラッススのアントニウスにかけた期待が満たされなかったので、両者は今回はこの人物を見棄てており、彼の属州マケドニアにおける恥ずべき振る舞いのためにアントニウスに向けられた告訴を、かえって両者が後押ししたのである。[39]キケロは、それに対して弁護を引き受け、彼としても、不幸なことには、現在の政治情勢の嘆かわしい有様に苦情を申し立てざるを得なかったのである。正午には、この致命的な言葉が吐かれたのだが、カエサルはそれに返答するのを拒絶した。ところが三時間後にはもはや、キケロの不俱戴天の政敵、プブリウス・クロディウスは平民となっていた。[40] 彼はすでに六〇年に、護民官のポストに立候補しようとして、あらゆる手段を講じてこのような市民としての身分変更のために努力していたのである。そしてその上で、義兄弟のメテッルス・ケレル［クロディウスの姉の夫、五九年没］の執政官職（六〇年）のもと、平民の集会でもそのパトリキ身分の破棄を誓った。だがケレルは、これを慣例に悖るものとして、その有効性を認めなかったのである。[41] 国法では、一家の長たる成年市民のこのような氏族の変更［ここではパトリキ貴族から平民に］には、神祇官団による事実の検査を必要としていた。この人たちの同意で、当該人物が、クリア会［民会の一つ。クリアを構成単位とするローマ最古のもの］で、ある他の市民に養子としてその身を委ねなければならなかった。そこで、各クリアは、それに同意する旨を言明しなければならなかったのである。[42] 執政官であり、しかも神祇官長であったカエサルの目くばせによって、今や突如、あらゆる障害が外れた。養子縁組《アドロガティオ》［自権者養子縁組。クリア会で処理される］の正式手続きは、前代未聞の粗略さで急ぎ執り行なわれた。つまり、カエサルが三〇人のクリア警吏を登場させ、[43] ポンペイウスが卜鳥官として現われて神意祈願をなし、二〇歳になるやならずの平民、プブリウス・フォンティウスが、倍近くも年のいったクロディウスを養子にし［子供の代わりにし］、もちろん彼をすぐさま再び父権から解放したのである。そのようなわけで、クロディウスは旧名を使用し続けた。[44]

このような手続きは、法的には無効であった。それは、一つの法のために必要とされた猶予期間——諸クリアが同意すること、つまりそれが「クリア法」［クリア会の定め］であった——が守られていないからであり、また神祇官たちが規定にかなった決定を下していないからでもあったが、要するに、当時ビブルスが毎日のように神兆を求めて空を眺めていたので、神意祈願がうまくいかなかったからである。[45] ことの全体が、キケロにとっては危険信号を意味したにすぎず、クロディウスのためを思って行なわれたのでもなかった。というのは、クロディウスは、下働きとして利用されるには、あまりにも我が強かったからである。権力保持者たちは、クロディウスを差し当たりできるかぎり厳しく縛っておいた。彼は、アルメニアのティグラネスのもとに向かって、使者として旅立つことになっており、土地分配委員には選ばれなかった。ポンペイウスは、はじめからクロディウスに、彼が護民官になるとしても、その力をキケロに対して使用してはならないと説き諭していた。[46] キケロが四月一九日に聞いたところでは、それゆえクロディウスは口から泡を飛ばして怒り、護民官として閥族派の陣営に移るぞと脅迫したほどであった。[47]

ガイウス・アントニウスは、有罪判決を受け、追放されてケファッレニアに移らねばならなかったが、[48] アントニウスの失脚は、民衆派側からはカティリナにとっての復讐とみなされ、カティリナの墓は花輪で飾られ、祝宴が開かれた。[49]

同僚の執政官ビブルスの抗議

農地法に対して元老院議員を宣誓させるまでにした事件や闘争が、カエサルの執政官職の第一節を形づくったのである。三者の秘密同盟のもっとも近い目標は達成された。とくにポンペイウスは十分満足を覚えたことであろう。反対派は圧服されてしまった。この点は、外面的には次のことのうちにもっとも強く現われている。元老院としては、戦争状態を宣言して、カエサルの同僚ビブルスに独裁官的な全権付与するということなどあえてしなかったので、[50] このののちビブルスが、任期の残りの八カ月間、自宅に引きこもってしまったことが、それである。[51] また、他にも同じような行動をとった人がいた。キケロも、四月には自分の所領に赴き、アッティクスから事態のその後の推移についての報告を受けていた。そこで、近々のうちにエジプトに旅行することで、幾分なりと気晴らしになればよいと思った。[52] カエサルの行動でとりわけ今日の観察者の目を惹くのは、その名人芸、つまり後で彼が戦争記録において行なったように、反対者を道義的に不正な位置におく巧妙さである。彼の行動は緊急のやむを得ない課題の遂行とみなされ、内容的には非の打ちどころのないものであった。彼は、以前のあらゆる不和を忘れ去り、喜んで敵に手を差し伸べたのである。もし相手がその手を握らないならば、相手の方が悪意のある愚か者ではないだろうか？　事実、カトーによって代弁されるような反対意見は、単なる否定のための否定にすぎず、それは当然軽く片付けられてしまっても当然なものであった。しかし、閥族派《オプティマテス》が、この執政官に全く信頼を寄せていなかったことについては、閥族派を大目にみてやらねばならないだろう。おまけに彼らは、カエサルの過去についてあまりにも多くのことを知っており、彼が自分たちの支配の基礎を揺り動かすことを、あまりにもはっきり感じとっていたのである。それに加えて、次のようなことがあった。つまり、保守的な思考方法というのは深くローマ人の気質に根ざすものであり、それだからこそ閥族派の反対も広い範囲の同意を得られたということである。彼らの議事妨害の手段が、われわれの目にいかにグロテスクと思われようとも、ローマ人にあっては、常に神聖な伝統であり、その侵害は彼らに不気味なものと感じる気持ちを呼び起こすものだった。それは、教養ある人たちの間でも同様であった。

したがって、カエサルは決して勝利者というわけではなかった。今までに獲得したものは、彼よりもむしろ二人の同盟者の役に立っていたし、それは、はなはだしい、否、もっともひどい一連の国制侵害から成り立っていた。もっともその責任は、カエサル一人にあったのである。[53]「人は今、執政官のユリウスとカエサルのもとに生きているのだ」という洒落も、[54] 喝采を博していたにもかかわらず、彼の人気は下降しつつあった。中央広場《フォルム》から不名誉にも追放されたことに対する、ビブルスの間断ない抗議は、その効力を発揮した。というのも、ビブルスは怠けていなかったからである。彼は同僚カエサルの歩みのことごとくに辛辣な告示やパンフレットとともに付き添ったのであり、そのなかで、カエサルの過去が情け容赦なく暴かれていた。そこで、世間の人はこれを読み、その度ごとに、喜んでそれを複写したのであった。[55] ビブルスを生き生きした言葉で支持し、そうすることによって多大の喝采を勝ち得たのが、若いガイウス・スクリボニウス・クリオであった。彼は、執政官格の人の息子であり、キケロの期待を担った人物である。[56] ところで、自治市にも、三人の権力所持者に敵対的な、芳しくない気運が拡まった。[57] ウァティニウスが、ビブルスをその家から牢に連れていこうとしたとき、他の護民官たちが拒否権を発動したため、ウァティニウスもその試みを断念したほどであった。[58] 反対者たちが主張したところでは、これまでのカエサルの行動がすべて、形式的には不法であることは疑いのないところであり、彼が任期終了後、そのことについて責任を問われるのは当然であった。それはつまり、もしカエサルが、今後も優越した権力によって、この法的には争う余地のない攻撃に対抗できないならば、彼は破滅するということであった。したがって、いざ彼の個人的諸計画を遂行するべき段になったとき、三頭同盟が存続しているかどうかが、彼の直面する問題であった。ポンペイウスは、周知のように、カエサルの横暴さにあまりよい気持ちを抱いていなかった。彼は、相変わらず、元老院統治の立場から出されたある種の疑念に動かされやすい状態だったからである。[59]

ポンペイウスのユリアとの結婚

このようにその頃のカエサルの将来は、ポンペイウスが確固不動であるかどうかに懸かっていた。そこですでに四月には、ためらうことなく、ポンペイウスを縛り付けるためのもっとも強力な手段に訴えた。カエサルはポンペイウスに、自分の一人娘ユリアを嫁がせたのである。この女性は、カエサルの熱烈な子分であるクィントゥス・セルウィリウス・カエピオと婚約しており、結婚を数日後にひかえていた。この婚約者は、今や、ファウストゥス・スッラの許婚ポンペイアと結婚しなければならなくなった。[60] このような結婚相手の取り替えは、結婚の結びつきというものの政治的性格をいかんなく物語ってくれる。このことのもつ意味を強調しようとして、カエサルは、それからは、元老院での意見表明にあたり、もはやクラッススではなく、まずポンペイウスを指名することにした。[61] それはそうとして、三〇歳の年齢差にもかかわらず、この結婚生活はうまくゆき、このことによってカエサルの期待は最大限に満たされた。今となっては、五八年の執政官職を決めることもできた。ポンペイウスは信頼できたので、もはや何の障害もなくポストの一つを、婿［ポンペイウス］のためにすこぶる貢献したアウルス・ガビニウスに報酬として与えた。カエサルがこの人物の同僚に選んだのは、ルキウス・カルプルニウス・ピソ・カエソニヌスであり、カエサル自身はこのピソの娘カルプルニアと結婚したのであった。[62]

第二次農地法

さて、今こそカエサルが加えた次なる一撃は、新農地法であった。以前の法においては、彼は、カンパニアの国有地に関する反対者の敏感な気持ちを大事にしてやり、とりわけポンペイウスの古参兵のために配慮してやった。しかし、カエサルにとって、まさに即効的な大きな働きこそが眼目であったのに、ことを遂行するにあたり、土地購入には多大の時間を必要とした。かくしてすでに四月には、カンパニアの土地をも付け加えなければならないとの提案が現われた。そのとき、カエサルは法案を民衆［＝国民］の前に示し、ポンペイウスがそれを推した。(63) ただ一人カトーが、公式の民衆［＝国民］の集まり［民会］で反対した。そこで、カエサルはまたもや、彼を連れ去るように命じたが、けれどもそれは、大きな騒動を引き起こすことになった。カトーは、去り行きながらも演説し続けたので、市民の自由が新たに圧迫されているということで、人々に非常に悲痛な印象を与えた。カトー自身は、どうあってもカエサルの意を迎えて自分が解放されるようにしようとはしなかったので、カエサルは護民官に拒否権を発動すべきという訓令を与えた。(64) この幕間劇の後、五九年五月に法が通過し、そのことによって、これまでに行なわれた抽選による割当ての枠を越えて、あらかじめ、三人およびそれ以上の子供をもつ二万人のローマ市民――そのなかには、もちろん多くの古参兵およびこれまでカンパニアに住んでいた土地賃借人が入っていた――に対し、二一一年に共同体カプアが破壊された際に、ローマの国有地として残しておかれた五〇〇平方キロの土地が分け与えられた。そこでカプアはローマ市民植民市として、その独立を回復させられた。(65) ポンペイウス自身が、都市の再建を指揮し、マルクス・テレンティウス・ウァッロもその際活躍した。そして五八年には、ルキウス・ピソが第一回の二人委員［自治市および植民市においてローマの執政官と同じような職にあたる役職］の一人となった。(66)

ローマ的な考え方によれば、植民者はカエサルに政治的従属者たるべく義務づけられたから、この入植政策はカエサルに直接の利益をもたらした。実際にキケロは、彼らを目して〝カエサルの軍隊〟と呼び、これでもって三頭同盟者側が反対者を制圧しようとしたのである、と言った。(67) そしてカエサルは、その『内乱記』のなかで、ポンペイウスが彼に対して他ならぬカプアで軍隊を召集したのは、不埒千万な所業だと述べている。(68) もちろんそれに対しては、ポンペイウスも同じく植民市のパトロンであった、という申し開きがなされている。ここではまず第一に、二十人委員会の成員がパトロンに選ばれるべきであるということまで、法律がはっきり定めていたからである、と。(69) まさしく、植民市設立と保護従属制とのこうした関係は、洞察力のある寡頭政派の成員がその必然性を認めていたにせよ、寡頭政としては人がこの道をとって進むのをこれまで阻止していたのである。

農地関係諸法の政治的意義

この二つの農地法により、カエサルは、社会政策面で卓越した才幹を有することを示した。新しい移民によってイタリアの民族精神の再興を図る考えは、たしかにスキピオ・サークルから生まれたものである。しかしこれまでのところ、そのような狙いを持った企てはすべて、土地所有関係を深刻に震撼させることと結びつけられてきたのである。カエサルは、すでに六三年、国家の直接の所有地でないかぎり、必要な土地を任意売却の形で［つまり仲買いと競買の形ではなく］所有者の意のままに買い入れるという取り決めによってこの障害を避けようとした。五九年には、彼はまさしくこれと同じ道をとって進んだ。さらにそれ以上の規定、すなわち植民者の土地は、二〇年間、売却が許されないという規定によって、移住者はそこに実際に定住するべきものとされた。[70]すでにティベリウス・グラックスが、彼の分割した割り当て地を売却不能と言明し、スッラはこの条項を古参兵植民市のために繰り返し適用していたが、六三年の法案のなかにも、それは含まれていたのである。それでも、売却不能期間を二〇年と定めたことは、土地保有者にとって、その保有地を、なんといってもできるかぎり完全所有地に近いものにすることとなった。こういう具合にして、処分制限は、たしかに次第に意欲をそそるものにしていかなければならなかったのである。というのは、経験の示すところでは、制限は非常な重荷に感じられ、したがってはじめは回避され、結局は除去されたからであった。とくに注目に値するのは、子供の多い家族を人口政策として保護したことであった。それは、子供のいないことを咎めるいかなる見事な説法よりもたしかに効果があったのである。

カエサルの執政官職のもとで土地配慮を受けた人の総数については、データが欠けている。とはいえ、カプアの領域に二万人を収用することと並んで、やはりあの第一の法で目論んだような、購入した土地への古参兵の移住も実行され、それがずっと続けられた。というのは、五七年と五六年には、元老院で、カンパニアの国有地の分割を阻止するための企てが今一度試みられ、また五一年には再びそのことが話題になったのである。[71]他方では、五五年の民会議決は、移民政策が活発に続行されていたことをわれわれに立証してくれるものである。それは、三頭同盟者の結合が回復させられたときのことである。〈議決のなかの〉今に残っている三つの章には、[72]移民が進められて創設された新しい共同体の間の境界がはっきり設定されることについての取り決めが含まれている。古参兵の数だけで約四万人に達していた。社会政策的な仕事という点では、カエサルが、四六年に、なお一五万人のローマ在住の成年市民に、国家からの無料の穀物分与を受ける資格を認めたこと、つまり穀物受給者のリストに載る者を一七万人だけ減少させたことから、その業績はほぼ推測することができよう。[73]このような減少は、とりわけ大規模な植民によってその目的を達することができたのである。四四年に効力を発揮した一法令［布告］は、はっきりと明文をもって、次のような人たちを穀物供給の対象から除外している。それは、土地割り当てにあずかった人と、分与に関連する土地売却で富裕になった人が、その住居をローマに移した場合である。[74]このような広い見通しをもった政策が、五九年にはじめられたのである。

われわれの見るところでは、カエサルの農地法は、すでに六三年にルッルスの提案が目指したものを、かなり広い範囲にわたって実現したものであった。しかし他方、ある部分に関しては、それを再び採用することが注意深く回避されていた。その箇所とは、あらかじめ〈法で〉定められた十人委員の、きわめて特殊な五年間の法務官権限の創始に関係すること一切であった。このような権力の座を、当時カエサルは、ポンペイウスに対して釣り合いをとらせるためのものとして案出していたのである。しかしそれでも、この見え透いた計画は失敗した。それ以来、政治的立場は完全に逆転してしまった。かくして、とくに六三年の主な狙いであった五年の特別［非常］大権と農地法を結びつけることを、五九年には断念した。今や彼は、より恵まれた条件のもと、しかもかつてのそれとは違った方法で、この目標そのものを追求し続けたのである。キケロが五九年五月はじめに次のように書いているのは、彼の鋭敏な政治的嗅覚を証してくれるものである。(75)

この突然の親類としての結びつきは何を意味するのか？　カンパニアの土地とは？　金を注ぎこむことは何を意味するのか？　それが究極のものであるならば、あまりにもひどいといえよう。しかし、これが最後のものでないということこそ本質的な点なのだ。ということは、このこと自体は、彼ら［ポンペイウスとカエサル］になにしろ決して満足を与えるものではないからだ。彼らが他のすさまじい事柄への突破口を開けようと欲しなかったならば、彼らはこんなところまで来なかったであろうに。

しかし巧妙にもカエサルは当時控え目であったので、キケロは、ポンペイウスのうちに将来の単独支配者を想定していたのである。(76)事実その頃、すでに数週間来、全くひそかに政治的なことを起こす準備がなされていた。それが、熱烈に求められていた特別な命令権［異例の命令権］と、それに伴う最大のチャンスをカエサルにもたらす手筈になっていたのである。

ウァティニウス法

何カ月も前から、古い国制の見事な機構や制度でもって、茶番劇が演じられてきたのであるが、ときにはそのまことに恥知らずな、またときにはまことに粗野な道化芝居が、今や、国家ローマは危機に瀕していることをあらゆる炯眼の士に教えた。国家の重大な政策決定は、元老院の手でも、あるいは民会によっても、もはや行なうことはできなかった。政治的に将来どうなるかという可能性は、包括的で長期にわたる軍指揮権のなかにあったのである。この権限は、スッラ以来幾度も人に授けられねばならなかったし、これまでの政策が示すように、カエサルもその事実をすでに認めていたものである。しかし自分をこういった位置にもっていくのは、最初からあらゆる人に不信の目でみられてきたカエサルにとっては、他のだれよりも難しいことであった。

すでに反対派の人たちは、次のような方法によって、カエサルの執政官職をできるかぎり無害なものにしてしまえることを知っていた。今なお効力をもっているあのセンプロニウス法[グラックスの法]が規定していたように、反対派の人たちが、すでに六〇年に、来るべき五九年の二人の執政官に対して、五八年のための、無礼なほどに重要でない執政官代理＝総督としての統治の課題を二つ割り当てたのである。これにはカエサルとしては、どうあっても応じられなかった。自分の執政官職において政敵との協調の可能性をことごとく失って以来は、とくに然りであった。政敵たちは、これまでに為されたことは国制に相反した方法で行なわれたのであるから、すべて法的有効性を欠いているという見解を強く主張したのである。[77] カエサルの執政官職が終了したのち、彼らがこの解釈を現実のものにできる力をもっているかどうか、それだけが問題であった。できるかぎり彼らは、カエサルをはっきりと刑法的に追及しようと欲し、彼を少なくとも政治家および市民としての面で否定しようとした。彼としては、ただ特別な権力の座を保つ以外には、将来そういった目にあわないですむための方法はなかった。そして、彼には少なくとも同盟者がいたために、政敵の側における盲目的なまでの過度の憎しみが、結局は彼に幸いするまでになった。というのは、これら同盟者、とりわけポンペイウスの関心もすべて、カエサルの執政官職が無効と表明されないことに向けられていたからである。[78] それは、カエサルがいかに努力して権力を拡大しても、それ自体彼ら同盟者の役に立たなかったにもかかわらず、彼らがカエサルと同じように無効表明を耐えがたく感じていたからであった。

ガッリアの状況とヴァティニウス法

その頃、カエサルに絶好のチャンスを与えたのは、ガッリアの事態であった。カティリナの旗揚げ・反乱と関連して、六二年、アッロブロゲス族（ドーフィネ地方の部族）がローマに対して蜂起したが、六一年と六〇年に、法務官代理＝総督のガイウス・ポンプティヌスによって鎮圧された。[79] ところがその上、ガッリアの隣接諸国も非常に混乱した状態にあり、さまざまな党派の人々が、すでにローマに向かって呼び掛けていた。たとえば、かつてローマの古い同盟者だったハエドゥイ族がそうである。その首領の一人ディウィキアクスは、六一年に自分でローマにやってきて、セクアニ族に対する助力を求めた。そこで元老院は、このことに対しては、ハエドゥイ族とその他のローマの友邦を、ガッリア・ナルボネンシスの総督がだれであろうと、そのときどきの総督の庇護の下に——しかし、軍事行動についての全権を与えずに——委ねることにした。[80]

セクアニ族とアルウェルニ族は、スエビ族[ゲルマン人の部族]の君主[王]アリオウィストゥスを雇い入れていた。この人物は、ライン河を越えてやってきて、セクアニ族を援けたが、彼らの土地（下アルサス）の三分の一をセクアニ族から代償として譲られ、ゲルマン人の王国をガッリアの大地に設立する準備を整えていた。[81] ライン左岸地域におけるこのような事態の変転は、数十年前に初めて、マイン河とライン河の間にある原住地からスイスに移動してきたヘルウェティイ族[82]をも、今やあらためて動かすことになったのである。彼らは、内陸ガッリアに新居住地を求めようとしたが、その準備は六一年にはじまり、六〇年はじめには、最初のヘルウェティイ族の人々がローマの属州に現われた。[83]

キンブリ、テウトニ族［ゲルマン人部族］の記憶が生々しかったローマでは、この事件はそれほど容易な問題とは思われなかった。元老院は三月に決議した。両執政官、クィントゥス・カエキリウス・メテッルス・ケレルとルキウス・アフラニウスが、ただちにガッリアの両属州の割当てのくじを引くべきこと、およびとくに召集免除の理由などを顧慮しないで軍隊が召集されるべきこと、これがその内容であった。さらに、ただちに三人の元老院議員が、使者としてケルト人の諸共同体に派遣された。彼らがヘルウェティイ族と結ぶのを警戒するためのものであったが、しかし、五月には報告の内容が好転したので、執政官のケレルは、凱旋式挙行の期待を打ち砕かれてしまい、不満を抱いたほどであった。[84] しかも護民官ルキウス・フラウィウスは、ケレルがナルボネンシスに出発するのを妨げた。[85] もっともケレルとしても、翌年の執政官代理として属州を得ても、もはや任地に到達できなかった。すでに四月に、突然の死が彼の生命を奪い去ったからである。[86]

ケレルの死は、カエサルの進路を自由なものにした。すでにアフラニウスとケレルは、彼らの執政官職の間に命令権［軍指揮権］を与えられていて、それを所有していたわけである。したがってカエサルは、ガッリアの事態の危険がまだ減少していないということを立証するのを、自分の次なる課題とみなした。ところが、これまでナルボネンシスの統治を続けてきた人物、法務官代理のポンプティヌスからの報告がちょうどそのとき入ったが、それは彼がアッロブロゲス族を降伏させたことを知らせるものであった。そこで、このため、カエサルの抗議にもかかわらず、元老院は感謝祭の開催を命じた。[87] もちろんカエサルがこの祝祭の事実上の理由づけに異論を唱えたので、その後数年の間、ポンプティヌスの凱旋式も否認されたままであった。抗議を本当に際立たせるために、プブリウス・ウァティニウスが、カエサルの他の子分ともいうべき人たちとともに、国家的慶弔の日に、平服で葬儀後の宴席に現われた［ここでは追善供養。式のときの服を着替えて宴席に出なければならない］。それは、ちょうどクィントゥス・アッリウスがその父のためにカストル神殿で大変華々しく催したものであった。数千人の参会者がいたので、このようないでたちで現われたことは、十分に狙いどおりのセンセーションを巻き起こした。[88]

このように地盤を固める準備が整い、新しい親戚関係がカエサルの背後を固めたのち、五月にウァティニウスが平民会に法案を提出した。この法案は、カエサルがただちに三個軍団と、その給養に必要な金銭をもって、イッリュリクムを含めた「アルプスの此方のガッリア」を引き受けるべきこと、すなわち、五四年三月一日以前にこの属州を他の方法で処理してはならないということであった。[89] 概して元老院がいかに無視されたかは、法が、副司令（そのうち一人は、少なくとも政務官的な権限をもっていた）の任命権をも、ただひとりカエサルの手に与えたことから分かる。ポンペイウスとルキウス・ピソは、それに賛成する旨の発言をし、民会議決は成立した。

ガッリア・ウルテリオルの追加

このウァティニウス法の成果たるや、測り知れないほど重要であった。すでに指摘したように、当時カエサルは、すでにガッリア・ウルテリオル（アルプスの彼方のガッリア）にも注目しており、次の時代にはたしかに活動の重点をそちらに移したのである。すでにそのとき、彼がこのような可能性を計算に入れていたことは疑いを容れない。しかし、カエサルがガッリア・キテリオル（アルプスの此方のガッリア）に加えて、イッリュリクムをも、すなわちアドリア海の東海岸のローマ領の海岸地帯（イストリアからリッソス＝アルバニアのレスキア（レッシュ、アレッシオ）まで）をも委ねられていたとすれば、明らかに必要な場合には、北バルカンでの戦場をも確保できると期待していたのである。そこでは当時、ダキア人のブレビスタが帝国を築きはじめており、その拡がりようでは早晩ローマと衝突するに違いなかったからである。[90] とはいえ、カエサルが今や大将軍《インペラトル》として、ポンペイウスに匹敵できるようなチャンスを、北方あるいは東方で見つけられるかどうかはともかく、ローマ化された強力な住民を擁する属州ガッリア・キテリオルは、大きな作戦遂行のために、それ以上には望み得ないような後ろ盾を提供してくれた。しかしまずガッリア・キテリオルは、なんといっても三頭同盟の政策を継続するためにさらに特別な価値をもっていたのである。

というのは、カエサルは今や、すでにその執政官職の間に、強力な軍事力をイタリアで握ったのである。万一ローマでの政治が望みもしなかった方向に向きを変えてゆくにしても、次の四年の間は攻撃されないし、また彼の立場からすれば、干渉の準備ができていた。[91] その上、次の機会に、ポンペイウスは元老院になおも、「カエサルには、一個軍団の軍指揮権とともにアルプスの彼方のガッリアの統治もまた委ねられるべきである」と提議した。[92] カトーは、いつものようにびくともしないで、この提案に反対意見を述べて、娘たちと属州を交換する取引に口をきわめて抗議し、元老院は自ら砦のなかに暴君を入れたのである、という言葉を造り出した。しかし、拒否した場合、別の民会議決で脅かされることを考慮して、元老院はポンペイウスに与し、一個軍団をもつ前記の属州をカエサルの統治領域に加えたが、ただ他の属州と異なるところは、この属州総督職が、センプロニウス法「ガイウス・センプロニウスの法」によって、少なくとも五八年一月一日にはじまり、年々更新・延長されるべきであるとされた点である。[93]

閥族派の反抗

もちろん、不倶戴天の政敵たちは、ウァティニウス法をも、それがビブルスの告げた神意を顧慮することなしに取り決められたゆえに、無効であるとの意見を表明した。なるほどそれは、のちの元老院決議という点からすれば、支持するのが困難な見方ではある。[94] そこで、カエサルは、今こそ元老院において、彼らを武力で脅かすのを憚らなかった。つまり

自分は、彼らがわめきたてるのにもかかわらず、自分の切望したものを獲得したのだ。だから、そこからは、さらに彼らの頭にまたがるのだ。[95]

けれども敵は、抑え付けられるどころではなかった。その代弁者は若いクリオであったが、この人物は、ポンペイウスやカエサルとは異なり、ローマでもっとも人気のある人物だったのである。[96] ビブルスの告示は広められ、相変わらず喜んで受け入れられていた。キケロもあるとき、「掲示場の雑踏で交通が麻痺しそうだ」[97] と語っている。カエサルの友人で助援者の法務官クィントゥス・フフィウス・カレヌスがやじり倒されたが、[98] ルディ・アポリナレス（七月はじめ、アポロンに奉献される祭り）の劇の競演において、ポンペイウスがますます悪玉に発展してゆくことの風刺が、果てしない大喝采を博した。カエサルは、霞んだような形で迎えられたにすぎなかったが、一方、それに引き続いてすぐに、数千人の人々がクリオを大きな拍手でもってほめ讃えた。このようなことを経験したことがあるのは、ポンペイウスだけであった。[99] この種の出来事は、権力保持者としては軽視できないことと考えられた。彼らが現在のような地位にあるのも、国法的には民会議決に支えられていたからである。今や、そういった〈投票による〉決定も、投票有資格者のごく少部分、つまり原則として都市住民によってなされたにすぎなかった。そのために、ローマの大衆のこのような不満が、不快な結果を生むこともありえたのである。

したがって、ポンペイウスとカエサルは、令名高く、しかも影響力甚大な元老院議員によってその系列を強化することが、どうしても重要であると考えた。とりわけキケロは、味方につける価値があるように見えた。二十人委員のひとりが死去したとき、彼らはキケロを欠員の補充者に選ばせようとした。[100] カエサルは、翌年自分の副司令になるように、繰り返しキケロに求めた。しかしキケロは、たとえこれを受け入れることによってクロディウスからの攻撃に対して保護を受けることになったとしても、自分が向きを変えることは、上流層の人たちによくない印象を与えるであろうし、そのことの方がはるかに悪い、と見て取ったのである。[101] 告示を出して、ビブルスは、執政官選挙を一〇月一八日まで延期した。[102] それは、この件にちょうど時をたがえず決着を付けようと思っていた三頭政治家の意図にすこぶる反するものであった。対立がますます激化する際、いかなる形にせよ、遷延することは、ガビニウスとピソの対立候補者の見込みを良くしたからである。七月二五日には、ポンペイウ

スは一集会《コンティオ》で、告示に反対する発言をしたが、要するにそれは、彼を深く怒らせているビブルスの攻撃に対するものであった。キケロは、この発言について、かつてはあれほどに誉め讃えられた人物の演説が全く影響力の無くなったことは、涙を催させるほどだという意見を述べ、せいぜいクラッススにとって喜ばしいことであろう、とした。(103) ビブルスから告示を撤廃させるべく、カエサルが、ビブルスの家まで市民集会《コンティオ》の声をもって行こうとしたが、うまくいかなかった。(104) このような状態に関してキケロが苦情を申し立てたのは、それが新しい暴力行為をあおり立てるものだということだけであった。その上クロディウスでさえ、三頭政治家に対する闘争に協力する考えを弄ぶほどにまで、事態は進んでいた。(105) 元老院の会議には、ほんのわずかの議員が出席しているにすぎず、勇ましいクィントゥス・コンシディウスはカエサルに面と向かって、カエサルの兵士への恐怖が原因だ、とあけすけに言った。「では、なぜ、あなたは恐れないのか」というカエサルの問いに、彼は、「自分は死について用心するには、あまりにも年老いている」(106) と答えたのである。

このように世情がすこぶる険しくなっていたことが、次第にカエサルにとって現実味を帯びた危険となってきた。すでに数カ月前のように、それが、ポンペイウスの上に大変な影響を及ぼしていたからである。連日、その頭上に注ぎかけられた憎悪・嘲笑・侮蔑の奔流が彼を打ちひしぎはじめた。現在の状態は、彼に嘔吐感を催させ、屈辱的な状態から逃れたいと思わせたほどであった。(107)

当時、三頭政治家のおかれた位置がいかに切迫したものであったかは、彼らが、ビブルスの指令した執政官選挙の延期を甘受せねばならなかったということにきわめて顕著にあらわれていた。護民官の選挙は、いつものように七月に行なわれた。そしてその際、クロディウスが、長らく求めてきたこの目標［護民官職のこと］に達した。(108) しかし、すでに注意したように、彼には信用がおけなかった。それだけに、ガビニウスとピソに与えられることになっていた執政官職を、この二人が勝ち取ることが、ますます重要になってきた。そこで、ビブルスは、布告でもって彼らに干渉したのである。三頭同盟側がこのように敗北を喫したのは、七月に閥族派に向けた策動が、無残にも水泡に帰したという事実から説明できよう。(109)

ウェッティウス事件

ほぼ七月一七日頃、(110) キケロは、当時エペイロスに滞在していた友人、アッティクスに手紙を書いた。それによれば、カエサルが法務官として六二年に監禁した、悪評高いルキウス・ウェッティウスが小クリオに近づき、彼に、ポンペイウスの暗殺計画に加わるよう説きすすめている、というのである。けれどもクリオは策略に乗らず、執政官格の自分の父親に知らせた。そこで、この人がさらに、それをポンペイウスに伝えた。ことは今や元老院に持ち出され、ウェッティウスが召喚された。最初は否認したが、その後、生命が保証されたので、すぐに彼も詳しく打ち明けるべく申し出た。陰謀に加担する手筈の、老若とりどりの一連の高貴な人たちの名前を呼び上げた。首謀者はビブルスであり、その書記が自分に短刀を手渡した、とするのであった。これはすこぶるまずかった。というのは、ビブルスは、すでに五月一三日にポンペイウスに向かって策謀についての警告を発しており、そのために感謝されていたからである。したがって元老院決議で、ウェッティウスが、資格もないのに武器を携帯していた廉で拘留された。それにもかかわらず、翌日カエサルは、集まった民衆の前で、ウェッティウスに彼の陳述を、もちろんすこぶる歪めた形で繰り返させた。このようにして、ウェッティウスは今や新たに、ルキウス・ルクッルスとルキウス・ドミティウス・アヘノバルブスに容疑ありとしたが、キケロの名前は呼び上げられなかった。しかし、ウァティニウスの訊問により、ウェッティウスはキケロの娘トゥッリアの婚約者ガイウス・ピソの名前をあげた。だがともかく、キケロの確信にもっとも深刻な打撃を与えたのは、次のことであった。それは、前日になお指導的役割を担うものとされていたあのクィントゥス・カエピオ・ブルトゥス――母セルウィリアの親戚との養子縁組の後、あの有名なのちのカエサル暗殺者の名前はこう呼ばれた――の名を、今は全く出さなかったことである。というのは、執政官［カエサル］がこの若者の母といかなる関係にあったかは、町中周知のことだったのである。たしかにカエサルは、彼女に一五〇万デナリウスの値打ちの真珠を贈呈したといわれている。キケロが嘲笑して、その間にちょうど夜が一晩あったのだ、と言っているほどである。[111]

そのときキケロは、アッティクスに向かって、ウェッティウスが密偵としてカエサルに奉仕していたことを確信していると述べた。だが三年後には、公表された演説のなかで、すべてをウァティニウスに転嫁した。[112] いつものようにカエサルが、このような不潔な仕事にウァティニウスを利用していたというのは、実際にそのとおりであっただろう。とりわけ若いクリオ、[113] 反対派の代弁者として見事にあのような成功を勝ち得、危険な人物となっていたクリオが、主たる目標になったというべきであろう。しかし、彼と並んでとくに重要な人物として、ルキウス・コルネリウス・レントゥルス・ニゲル、すなわち当時執政官職の候補に立っていた人物がいた。[114] さらには、法務官職の立候補者であるドミティウス・アヘノバルブスもいた。キケロは、アッティクス宛の手紙の最後のくだりで、次のように知らせている。ウェッティウスは、法廷に暴力犯罪で起訴されており、詳しく暴露することによって有罪判決を免れようと目論んだのだ、と。[115] そうすれば、被疑者は法廷に出頭しなければならなかったのである。ウァティニウスに対する弾劾演説（罵倒の演説）において、キケロは次のように主張している。すなわち、ウァティニウスは、ウェッティウスに密告された人の最終判決のため、特別法廷の設置と、ウェッティウスへの多額の報酬の支払いについての民会議決を準備していたが、それでも、この計画は、前記のような抵抗にぶつかるものだったので、ウァティニウスは、この人物を獄で絞殺させることによって、自分は密告者の手から自由になるようにしたのである、と[116]。ウェッティウスが死体となって見つかったのは、事実である。ところで、このくだらない男の死は、カエサルに好都合なことであったので、死はこの方面から誘発されたのだ、と人はとかく信じたがったことであろう[117]。

小クリオが、自分に加えられた一撃を見事にそらしたことは、全く疑いを容れない。そして、この場合カエサルのなし得たもっとも賢明なことは、まずビブルスの布告には一応折り合いをつけ、一〇月一八日の執政官選挙が、自分の思い通りになるように配慮した点である。この点については、ポンペイウスと意見が一致した。

不当利得返還法

八月には[118]キケロが、不当利得返還の訴訟でルキウス・フラックスのために弁護演説を行なった。フラックスは、六三年のカティリナに対する闘争のとき、キケロに奉仕した人物であった。現在の権力者の民衆派的な進路が、六三年に両上層身分、つまり元老院と騎士身分の協調によってあのように幸運にも作り出された秩序を、いかに危うくするものであるかを、キケロは最後に、審判人［陪審員］に対して法廷で力強く説明した。ウェッティウスのスキャンダル事件が示しているのは、この秩序の擁護者を脅かすものがなんであるかということだ、と。そういった連中が生かしておかれたのは、当人たちとしても幸運だったと喜ぶべきであろう、とキケロは言っている[119]。

以上のようなことにより、執政官職の時代のキケロの政策は今も問題になっているのだが、キケロは、ただ自分の政策という観点から、この年の出来事を眺めていたのは明らかである。無礼なほどに誹謗されて苛立たされたときには、カエサルが、どのような荒っぽい脅迫に対してもそのときどきに心底から怒ったことは、別のところでわれわれも注目したところである。正当な判断を得ようと骨折っていたサッルスティウスは、カエサルの印象を次のように要約した。「彼は、非常に熱烈に大命令権を望んだのだ。軍隊を、そしてまた、彼の才能が閃くような前代未聞の戦いを望んだのだ[120]」。

われわれは、自分についてのカエサルの証言を引用することができよう。「自分には常に威信《ディグニタス》がまず第一にあり、それは生命より尊いものであった」というのである。ディグニタスとは、政治生活において、元老院議員に認められた位格［威信と等級・格］であった。カエサルが自分自身評価したところでは、彼は、前述の言葉の少し前に言っている。「〝ディグニタスの点では、だれも自分と比肩させたくなかったので〟ポンペイウスは（五〇年以降）彼から離反したのである」と。

ディグニタスとは業績によるものである。つまり、このような具体的な点では、ガッリアの戦争が彼の威信をあのように高めたのである[121]。しかし、権利の主張は、そのもっとも深奥のところで、政治上の敵対者に精神的に優っているという意識から生じたものであった。政敵によってなされた国制に則った妨害を、カエサルがどのように躊躇なく踏みにじったか、それを彼らがしばしば経験したとすれば、彼らの激昂にわれわれも共感できるであろう。しかし、カエサルが、その第一回の植民法［農地法］のため元老院の同意を得ようとして、まずもってあくまでも準備を整えたことを、われわれは見てきた。閥族派としては、ただこの法がカエサルから提出されたものなので、それだけの理由でそれを拒否したにすぎなかった。ポンペイウスの古参兵たちが、自分たちに約束された土地の分配を受けるのは政治的必然であり、さらにそれ以上に、法は、注意深く熟考されたものであった。そして補足的な形で、「カンパニアの土地」を引き入れた第二の法は、同じように、カエサルの大政治家としての先見の明を示す点で、大いに彼の面目をほどこすものだったのである。

　ところで今、彼が八月に、[122]永続的な意義をもつ一層進んだ立法事業を持ち出したとしても、その際、ただ愚鈍な妨害に対して、内容の点で文句の付けようのない偉業によって、これを叩き伏せようという意図だけは認めることができよう。

　カエサルが、イタリアの社会的危機からの脱出口を農地法によって切り開こうとしたとするならば、今度は、寡頭政的帝国統治のなかに〈増殖しつつある〉今一つの癌をしっかりと摑んだのであった。すなわち、次第に属州を荒廃させてしまうローマの総督の劫掠行為がそれである。属州は、ローマ国民の利益になるように搾取される対象として存在するのだとみなす点では、いわば全ローマ人の意見が一致していた。しかし、現在の組織では、金の卵を生むメンドリも、いつかは死に絶えるに違いなかった。寡頭政の成員は、政治生活のため途方もなく増える金銭上の要求を、総督として属州から吸い上げた収入で支弁することを、自分の正当な権利とみなしていた。ところが、このようなやり方で属州が耐え難くならないように見張るものとして、厳しい監督・統御の目があった。しかし相互の黙認というのがまさしく、寡頭政の因襲的な弱点である。グラックス兄弟以来伸びてきた民衆派的な政治は、騎士層を一方的に引き立てることによって事態を悪化させるだけであった。国家事業請負人とローマの金融資本家、すなわち騎士層は、元老院議員に劣らず属州を骨の髄までしゃぶり尽くした。そして、このような方向［民衆派的な方向］をとる元老院議員の代表者が、属州で、寸毫たりとも騎士に優った振る舞いを示したわけではないことも明らかであり、それは別としても、選挙費用の異常な値上がりも事態を悪化させるものであった。その他には、名門貴族《ノビリタス》の高貴な成員も存在し、その仲間によって、一四九年、政務官の金銭取得に反対し、そしてまた特別法廷でこの犯罪行為に最終判決を下すという第一の法が登場してきたのである。それに続いて生まれた二つの法は、騎士層のためになるように決められた法であり、きわめて厳しい規定の盛られた法であった。それから五九年までは、スッラの法が効力をもった。今やカエサルは、対象となる事項に関して、細心で、しかもすこぶる詳細な新しい改訂を施したものを提出した。それがユリウス不当利得返還法であり、このとき以来、全帝政期を通じて効力を発揮することになったのである[123]。

問題となるべき犯罪行為についての[124]、そしてまた法の適用を受ける人たちの範囲についての充分な規定が、この法にはたしかに含まれてはいた。政務官のほかに、その随員・幕僚としての元老院議員の件も、このなかに入っていた。とくに、副司令たち、さらには元老院身分の審判人［陪審員］、告訴者、証人、つまり賄賂を懐に入れる人たちである。それに加えてこの法では、訴訟の進め方が新しく規則づけられ、本来のテーマと関連して、属州統治のための沢山の条例が設けられていた。ユリウス法は、根本的には、なんら新しい点をもたらさなかったとはいえ、その表現は以前の法よりは明確で、しかも厳しいものであり、そういうわけで元老院身分を監督するためのすばらしい武器となった。たしかに、たとえ行政の領域における創設者の卓越した才能を証明するものであったとしても、もちろん、不当利得返還法など、帝国政策[125]［＝支配圏統治］といった点からは、騎士に触れることなくその横側を通り抜けてゆくものであり、なんといっても中途半端なものであった。しかしすでに当時、これは専門家ともいうべき人たちの喝采を博し、カトーの賛成すら得た[126]。そして、われわれの知るかぎりでは、民衆も反対することなく法を通したのである。

執政官職の年の最後の状況

前述の通り、すでにこの年の、イッリュリクムを含めたアルプスの此方のガッリアの統治がカエサルに委ねられていた。しかも彼は、この地でただちに、自分がすでに六七年に財務官として紡いであった糸を織り続けたのである。大ポンペイウスの父グナエウス・ポンペイウス・ストラボの法によって、ポー河の北のガッリアの共同体、すなわちクレモナやアクィレイアのようにラテン植民市としてローマ市民権の分け前にあずかっていた町以外の町が、ラテン市民権を得ていた。このような町の市民たちは、ラテン人と同等の権利をもち、そこで共同体の役職に就いた人は、そのことによって、自分もその子孫もローマ市民権を勝ち得ていたわけなのである[127]。しかし今や、ポー河の彼方の人たちの望みは、八九年以来、ポー河の南のイタリアの自立した都市のことごとくが持っていたような、完全な自治市の権利にあった。このことのために、カエサルは六七年に彼らに助力を確約し、六五年には、三頭同盟の一員マルクス・クラッススが監察官《ケンソル》として、彼らをローマ市民として市民登録《ケンスス》のリストに載せようと試みたことがあった[128]。しかし、護民官ガイウス・パピウスの名の冠された民会議決によって、同年、非市民がすべて——この場合、ポー河の彼方の人が狙いだったのだが——ローマから追い出されたのであった。

カエサルは、ウァティニウスの手で民会議決をようやく成立させたが、それは、新移住者によってラテン植民市コムムを強化することについての議決であり、カエサルは法の執行を引き受けたのである。その後、引き続いて幾年か経つうちに、カエサルはそこに五〇〇〇人の市民を送りこんだ。厳密な国法によれば、彼らはラテン市民になったということであろうが、法律でとくに言及されていなくとも、カエサルは彼らをそのままただちにローマ市民とみなし、それに加えてギリシア系の人五〇〇人には、彼らを植民者名簿に載せることによって、ローマ市民権を与えることまでした。[129] それに応じて、その属州統治の間、暗々裡にポー河の彼方の全都市共同体をローマ市民植民市として取り扱った。これは、彼の政治的将来にとって、もっとも重要な意義をもつ第一歩であった。というのは、とりわけこの地域から、ガッリア戦争のための自分の軍隊の補充を行ない、また内乱の際の忠実な軍勢を創り出したのである。この狙いをすでに五九年の時点でどこまで計画的に追求したかはよく分からないままだが、もちろん五八年には、彼はその地で二個のローマ軍団を召集したのである。[130] 差し当たりはおそらく、選挙と投票における新市民の政治的な支持力のほうに関心があったのであろう。しかし、カエサルの政治上の企てが、常にきわめて見事に現在というものに役立つと同時に、将来のためのより大きな可能性を含むものであることを見ると、明らかにすこぶる驚嘆させられるものがある。カエサルは、自分の政策を組み立てるにあたって、自分がその上に建物を建てることのできないような礎石を据えることはなかった。したがって、後ろを振り返る観察者は、実際に一人の建築家によるかのように、全体が、すでに個々の点すべてにわたり、前もって計画されていたという印象を受けるほどである。

　カエサルは、アリオウィストゥスとの交渉によって、執政官代理＝総督職としての外交政策の展開にあらかじめ備えた。彼は、ガッリアにおける出来事を未決のままにしておこうと思った。そこで、スエビ族の君主［王］のために、この人物が元老院によって、ローマ国民の友人・王と認められるよう努力した。使節は、沢山の贈り物を携えてやってきて、その目的は完全に達成された。アリオウィストゥスは安心して、五八年夏に攻撃されるまで平静さを保っていた。[131]

　一〇月一八日の執政官選挙の民会は、三頭同盟派の勝利に終わった。ガビニウスとピソが選ばれた。官職立候補の際、許されない手段を使用したとして、ガイウス・カトー［いわゆる小カトーではない］が、ガビニウスを提訴しようと試みたが、どの法務官もあえてこの訴えを取り上げようとしなかった。そこで、カトーは、さらに一層、〈別の〉民会［民衆集会《コンティオ》］で苦情を言いたてて、ポンペイウスを法的資格なしの独裁官と呼んだので、あやうく死ぬほど打たれてしまった。なおクロディウスも、念願の護民官のポストを獲得した。それに対して法務官選挙においては、数人の活動的な閥族派の連中がその目的を達したが、そのなかでは、ルキウス・ドミティウス・アヘノバルブスとガイウス・メンミウスが抜きん出ていた。[132]

　予想されていたように、一二月一〇日以来、一連の法案の提出によって、クロディウスはもっとも粗暴な扇動政治家として活躍した。そのなかでも、新しい穀物法は、遠大な政治的意義をもつものであった。国家によって保証された安い価格に代わって、穀物を完全に無料にしたのである。その際、有資格者の範囲が拡げられて、四六年までにその数が三二万人にも膨れあがったほどである。すでに五六年には、この穀物分配のための支出は、国庫収入の五分の一を食いつぶしていた。[133] さらになお、ここで挙げねばならない法律には、六四年に発布された都市の団体結成の禁止を取り止め、その新設を無制限に許す法律もあった。この場合は、とくに投票目的のための市井の賤民の組織化が狙いであった。[134] もちろんクロディウスは、その点について元老院の所見を請うことを思いとどまった。かくしてこれらの法は、五八年一月三日に通過した。[135] その少し前、一二月末にビブルスは、官職から下りるときに行なう宣誓を、今一度うまく対民衆演説に利用しようと考えた。しかし、ただちにクロディウスによって沈黙させられてしまった。[136] カエサルは、のちに独裁官として、前述のクロディウス法による変更を、再びかなりの程度までもとに戻した。[137] しかし、生死にかかわる闘いにおいては、彼には躊躇逡巡の余地は残っていなかった。[138] というのは、もはやカエサルが執政官ではなくなったと見るや、クロディウスをものともせず、政敵たちによる全力の攻撃が巻き起こったからである。

五八年はじめ、カエサルの法に対する攻撃を防いで

カエサルの執政官職に関して元老院で審理された点の仕上げをした人物が、二人の法務官ルキウス・ドミティウスとガイウス・メンミウスであった。[139] 国制に反するという理由で、カエサルの全職務行為は無効とみなさねばならない、とされた。カエサルが元老院の判定に従いたいと表明したので、[140] 三日の間、とりわけ農地法について討論が行なわれた。そこで、彼が選んだ道は、裁定を待つことなく市の境界《ポメリウム》を越え、そうして自分の執政官代理の命令権《インペリウム》を引き受けることだった。ウァティニウスが副司令《レガトゥス》＝総督代理として彼につき従った。[141] ところが今度は、護民官のルキウス・アンティスティウスが、カエサルを民衆法廷に召喚した。それでも彼は出頭せずに、他の護民官の判定によって身を守った。彼は役職に就いており、ローマから離れているかぎりは起訴されえない、というのであった。一方で、彼のかつての財務官が正式に告訴された。しかし、それがいかなる結末となったかは分からない。[142]

事態は全くはっきりしないままだったので、カエサルはローマの町の前で、なおも自分の逆襲の効果を期待していた。彼自身は、「ドミティウスとメンミウスに反対する三つの演説」を公表したが、[143] 攻撃はクロディウスによってなされた。クロディウスはまず、次の新しい法を発表した。それは、カエサルの属州についてのウァティニウスの名を冠された民会議決の例に倣って、五八年の二人の執政官もまた、民会議決で特別に高額の金銭［支度金］の承認を得て、執政官代理としての属州を受け取るべきである、というものであった。[144] 今一つの提案は、ローマ市民を法的な判決なしで殺すことにしたり、または殺してしまった政務官に対して追放の刑を言い渡すものであった。内容から言えば、要するに、すでにあったガイウス・グラックスの法をまた繰り返したのである。その法が、六三年一二月五日［カティリナの陰謀が粉砕された決定的な日］に、カエサルの演説のなかでどのような重要な役割を演じたかを人々は記憶し

ていただろう。したがって、クロディウスによる改新が一体何を目的としていたかは、すべての人に分かっていた。ともかくわれわれの見たところでは、かつてはカエサルでも、やはり独裁官的全権の授与についての元老院決議に反対するこの法を使用しようとまではしなかったのである。彼は、ただその点について警告していただけだった。当時キケロは、こうした立場をとらず、自分の存在は、このクロディウス法の採用あるいは拒否にかかっているかのような意見を、自分の行動でもって示した——しかもそうしたことを軽率だったと後で言っているが、それは正しかった。すなわちキケロは、ともかくすぐに喪装をして、元老院議員の身分的標章を取り外し、法に対するアジテーションを開始したのである。騎士層の人や元老院議員たちは、示威運動を行ない、護民官ルキウス・ニンニウス・クァドラトゥスは彼の代弁をした。それにもかかわらず、両執政官が拒否的態度をとり、逆に、服喪の格好をするのを禁止した。そしてクロディウスは、ニンニウスによって招集された集会を、即座に自分の一味徒党の力で散会させてしまった。[145]

クロディウス自身は、フラミニウス競技場で民衆の大集会を挙行した。この場所を選んだのは、それが市の境界《ポメリウム》の外にあるからであり、したがってカエサルも自分で姿を現わせるからであった。[146] 一番はじめにピソがカティリナ派の処刑について発言し、自分は常に人に同情する傾向があり、有罪判決もなされなかった市民を殺害する形で演じられた残忍な行為は、自分をきわめて不愉快な気持ちにさせるものであった、と言った。ガビニウスも同じような意見を述べた。[147] 執政官たちのあとで、クロディウスがカエサルに発言を許した。カエサルは、六三年一二月五日の自分の演説を引き合いに出して、自分が、執政官と元老院のあの時の処置を認めなかったことは、よく知られているとおりだ、とはいえ、今、既往に遡って効力を発揮するような法を許すのを、自分は正しいこととは思わない、と述べた。このことによって、カエサルは再びきわめて見事に大政治家としての卓越した性格を実地に示したのである。正気を失ったように激しく敵がカエサルを追及したのだが、その彼こそ、適切な客観性をもってことを洞察できる唯一の人であるかのごとく、六三年のときのように、出来事に尊厳な形を与えるすべを見事に知っていたのである。いつものように毅然と、カエサルは、残忍な違法行為から離れていたのであった。つまり、ことがそうなるであろうということを、もちろん反対者たちにすでに六三年に予告していたのである。さらに五九年一二月一〇日[護民官は一二月一〇日に就任する。クロディウスの護民官就任の日]の少し前にも、彼は、キケロに支持を確約していた。まだこのことが可能であったかぎり、このような言葉をカエサルは履行したのである。そこでキケロとしても、もしカエサルから提示された副司令のポストを引き受けていたならば、ともかくもっと分別のある振る舞いをすることになっていたであろう。[148]

有力な元老院身分のものが二、三人、アルバの別荘にポンペイウスを訪れ、キケロのために援助を頼んだとき、ポンペイウスはさらに一歩進めた態度をとった。そのとき、彼は答えて、無官の人間としての自分が、護民官の活動を止めさせようとして護民官の手にすがりつくことなどできない、と言ったのである。これは執政官たちにかかわる事柄であって、彼らがそれについて元老院に報告せねばならないのであり、それに基づいて元老院が、国家保護のための全権を授けてくれるならば［英訳は、元老院が非常事態宣言をするならば］、自分は武器をとって立つだろう、とするのだった。キケロを個人的に迎え入れることを、彼はもちろん避け、カエサルを顧慮し、それを理由に弁解した。[149] 同じように、執政官たちとともにキケロを慰めたのがクラッススであった。[150] それに対してクロディウスは、連日、自分は三頭同盟者とは全く意見が一致した上で振る舞っているのだ、と断言していたが、このことは彼らの側では否定されもしなかった。彼らの独自の政治的活動がすこぶる危険な状態にあるようなとき、民衆派的な護民官と疎遠になることはできないだろうと心を打ち明けるのがせいぜいのところであった。[151]

こういった状態のもとでは、キケロは〈自分に関わる〉法についての票決を全く期待できなかった。そこで自発的に、はやくも三月中旬前に、亡命の形でローマ市から逃げ出してしまった。法の決議と、名をあげてのキケロの追放とが、ただちに、それに追い打ちをかけるように行なわれた。[152] ガッリアからの由々しい知らせが、カエサルをその属州に呼び戻したのは、まさにちょうどそのときであった。[153] しかしそれでも、カエサルはまだローマの近くにいたので、政敵連中のまず最初の敗北を親しくその目で見ることはできた。ちょうどキケロがこの人たちのシンボルとなることになった責任は、当時の下働き役［クロディウスのこと］の人柄のうちにあった。カエサルはきっと、雄弁な執政官格の人［キケロ］を、むしろ自分のために獲得したかったことであろう。彼を否定しようとした元老院の多数派に、自分たちは何もできないのだということを示すのが、カエサルにとっては、もちろんただ第一の狙いだったのである。

こういった政策の終幕は、カエサルがローマを去ったのちにようやく完結した。それは、彼のもっとも危険な政敵カトーをイタリアから遠ざけることであった。クロディウスは、ユリウス植民法のために決められた金を、ガビニウスとピソを執政官代理にするために使ってしまったので、それと新穀物法のために、別途、資金を調達しなければならなかった。[154] この目的でクロディウスは、王国キュプロスの併合について一つの法案を提出した。キュプロスでは当時、エジプト王の弟、プトレマイオスが君臨していた。法の理由付けは、正真正銘クロディウス的な色彩を帯びるものであった。つまり、現在の護民官［クロディウス］が、数年前、とくにキリキアの海賊の手に落ち、キュプロス王から身代金を求めたことがあったのに、送られてきた金の額があまりにも少なかった。そのために、王は、今や海賊の共犯者として、王位から引き下ろされるべきだというのであった。エジプトの兄王が、今ようやく承認されたばかりで、ともかく先代の王、すなわち彼らの従兄弟［英訳の訂正による。ゲルツァーは父方］の遺書の口実がもう利用されなかったので、国際法違反がとりわけひどい結果になったのである。[155] クロディウスの一味徒党の人たちが法を通したのち、クロディウスは、次の民会議決によって、法務官の職権をもった財務官として特使の任を負わされたカトーに、ことの成就を委ねた。カトーは、あらゆる非常の［特別な、異例の］権力に対する根本からの敵対者であったから、以上のやり方のなかには、やはり特別な悪意が含まれていた。彼は、今は難しい立場にあった。つまり、赴任を拒絶したならば、ローマ国民の至上権が傷つけられたとして、ひとは彼を厳しく責め立てるであろう。そのようなわけで、カトーは従った。その後間もなくして、クロディウスは、ある集会《コンティオ》［広義の民会］で一通の書簡を読み上げることができた。そのなかでは、カトーが将来もう特別な［異例の］権力の付与に強く反対することができないだろうということについて、多忙きわまりないガッリアの執政官代理＝総督カエサルが、彼にすこぶる満足の意を表明しているのであった。[156]

執政官職の政治的意義

カエサルが執政官職にあったこの年は、カエサルが独裁へとかけ登るための〈絶対的な〉前提条件が設定されたのではなかったとしても、ローマ史における画期的な年となったといえよう。あの長く続いたキンナの執政官職［八七―八四年］は、見事に成功したことよりはむしろ彼の意図するところのためにより注目に値するものであったが、そうしたキンナの執政官職は別として、国家ローマに古くから存在するこの高いポストは、すでに長い間、元老院統治のための実務担当者というような萎縮したものになっており、一方、国制を新たに形成し直すための立法上の主導権は、原則として護民官に委ねられていた。とくに前世紀の大きな改革の試みは、護民官の手によるものであった。その護民官の系列のなかには、グラックス兄弟、サトルニヌス、スルピキウスのような偉大な民衆派の名と並んで、閥族派のリウィウス・ドルススの名もある。七〇年の護民官の職権の回復［ポンペイウスの手による］ののちは、このような逸材には欠けていた。しかし、民会議決は、特別な全権を付与されるという形により、再び、帝国政策上の緊急の課題を解決するための決定的な手段となった。カエサルは、パトリキ貴族だったために護民官職を引き受けられなかった。しかしその代わりに、執政官として、不退転の決然たる意志によってなし得るものが一体なんであるかを示した。それまでその緊急性にもかかわらず滞っていた大きな仕事を、カエサルは見事に果たし終えたものの、民会を後援して、自力救済権による民会の意見開陳を許すことによって、彼は、民衆派的な、いやそれどころではない、全く革命的な方法を採用せざるを得なくなったことをわれわれははっきりと知るのである。ローマの国制は、無数の抑止的な装置が存在するという宿命的な状態にあったので、他にどのような道を選びとる自由も許されなかったことを、正しく認めねばならない。というわけで、カエサル自身、きわめてはっきりと次のように言っていた。すなわち、自分にとって問題なのは事実だけであり、民衆派的なやり方が問題だったのではない、と。閥族派《オプティマテス》がこういった申し出をあれほど頑なに拒否したことは、閥族派の悲劇的な責任である。古来の慣習は、古くから存在して信頼できるものと思われてきたからこそ、ローマ人の心情に影響を及ぼしてきたのだが、われわれの判断に際しては、その圧倒的な力を洞察するしかない。今や閥族派は、あの頑固さでその支配権を守っているのであるが、この頑固さのうちに、やはりまだハンニバル戦争の時代以来の父祖の精神のなにかが生きていた。カエサルは、自分自身では徹頭徹尾ローマ人として、過去の偉大さを感じとり、貴族の一員として、それを保持することを貴族の特別な責任と強く感じていた。しかし、彼の天才が、彼をして実際の行動へと導いていったのである。そしてその行動によって、彼はまだなお荒削りの段階にとどまっていた帝国［＝支配圏］を完成しようと思ったのである。執政官職は、そのための第一の強力な足がかりであると同時に、向こう見ずの冒険であることも示している。というのは、閥族派の指導者たち《プリンキペス》［第一人者たち］のあの古い世界は、それに対して、堅く閉ざされて聳えていたからである。そこでカエサルは、実のところただ一人でそれに相対峙したのである。ウァティニウス、フフィウス・カレヌス、コルネリウス・バルブスのような助力者の面々は、彼ら自身では固有の重要性をもたず、ポンペイウス、クラッススという三頭政治家は彼ら独自の第一人者制《プリンキパトゥス》のために闘っていたのである。

目下のところ、北方でのカエサルの仕事に対しては、クロディウスが彼の背後を支えていた。しかし、彼がそこで達成しようとしていることは、やはり、考えられ得るかぎりのもっとも難しい類いの前提のもとに行なわれなければならなかった。彼がこれまでに獲得した地位はすべて、国制上の基本法［いわゆる憲法］の前では存立しえないものである。閥族派《オプティマテス》に属する名門貴族《ノビリタス》は、その従属者を擁して、彼に生死を賭けた戦いを挑んでいた。ただ全く特定の条件のもとでのみ存在するポンペイウスとクラッススとの利害共同体によって、カエサルは支えられているのである。彼の抱える問題は、クロディウスの当てにならない気紛れによって処理されており、またクロディウスの職務遂行のことごとくが、その基盤は違法的なところにあった。したがって、カエサルがガッリアで大事業を遂行しているのは、ただ単に名誉心のなせる業ではなく、自己主張の問題だったのである。彼の踏みならしてきた道の上では、立ち止まることは滅亡を意味したであろう。ただ彼がはるかに強力になって戻ってくれれば、目的を達成したことになる。しかしこの目標は、半分の力でしか追求できなかったのである。彼がケルト人と戦うための地盤が、ローマにおいて知らないうちに奪い去られることのないように配慮せざるを得ず、それが、大いなる努力を必要としていたからである。

第4章　執政官代理職

ヘルウェティイ戦争

カエサルが、自由なガッリアにおける出来事に関しては絶え間なく、腹心を通じて実状を把握していたことは確かである。そこで、ヘルウェティイ族が、五八年三月二八日にローヌ河岸で、全部族民――近隣の二、三の郷《ガウ》の人によって、その数も増えていた――の集会を行なう旨の案内を出した、という報告をカエサルは受けた。彼らの居住地が破壊されたので、彼らの計画は、ユラとローヌの彼方の新住地を目指すことであった。もっとも便利な道が、ローマの属州のなか、アッロブロゲス族の土地（現在のサヴォア）を通り抜けてそこに通じていたのである。アッロブロゲス族はそのときなお、ローマに対して蜂起していたので、その兄弟関係にある種族には、この地で、何ら大きな困難など待ち受けてはいないと予想された(1)。

カエサルは、毎日一四〇―一五〇キロの道を踏破する急進軍を続けたので、すでに八日目にはゲナウァ（現在のジュネーブ）に到着し、その地のローヌ河の橋を破壊させた。ちょうどそこに進軍させられたのは、ガッリア・ウルテリオル（彼方のガッリア）の軍団と属州屯田兵であった。ヘルウェティイ族の使者は、公称三六万八〇〇〇――そのなかに九万二〇〇〇の武装した人を含む――の移住者たちの属州通過許可をカエサルに求めた。この数字は、カエサルが、後に発見された記録によったものである。近代の批判的な研究は、これを総数一五万にまで下げ、そのうちの四分の一を武装能力者としている(2)。カエサルは、四月一三日に返答したいと、彼らに約束した。この時点までに彼は、野戦用堡塁によって、ジュネーブ湖とユラ山地との間のローヌ河の渡河地点を遮断できた。その上で今度は、ローマ国民の慣習と原則とに合わないからといって、彼らの要求をきっぱりと断った。ヘルウェティイ族は強行手段をとったが、それも失敗したので、セクアニ族の土地（フランシュ・コンテ）を通る道をとって進むことにした。ハエドゥイ族の有力者［首領］ドゥムノリクス、すなわちディウィキアクスの弟が、このことを彼らに許すように斡旋した。そうなれば、彼らはローマの土地に接触することなく、自分たちの目標たるサントニの土地（ジロンドとシャラントとの間）を目指して進むことができるのであった。[3]

この地方は、ローマの属州と境を接してはいなかった。したがって今進展していることは、自由なケルト人の問題であった。もしもカエサルのように、戦争での名声を勝ち得るためにあらゆる機会を摑むことを望まない執政官代理＝総督だったならば、事態をそのまま成り行きに任せておいたことであろう。けれどもカエサルは、この不安定な移動する民が、その居を占めるはずの新しい場所から、やがてローマの属州の西方部分にとって、つまりトロサ付近で由々しい脅威になるであろうと予見できた。そこでカエサルは、古くからの真正なるローマ的伝統にしたがって、これに先んじて手を打たなければならなかった。[4] それゆえ、法務官の権限をもった副司令《レガトゥス》＝総督代理ティトゥス・ラビエヌスにローヌ河の国境線の防衛を委ね、自分はイタリアのガッリア［北イタリア］に急いだ。ここで彼は、アクィレイアの宿営地にいた三個軍団を自分の手元に引き寄せ、その他にさらに二個の新軍団を召集した。この地の若者を一般にローマ市民として取り扱っていたために、そうすることができたのである。[5] こういった類いの自主的な軍隊編成を、カエサルは、不遜にもすでに法務官代理＝総督としてスペインで行なっていたことがある［六一年］。危難の際には、このようなことは、たしかにやはり他の人の手でもすでに行なわれていたが、伝統的な国制によれば、軍隊形成という任務の遂行命令を下すのは、元老院の仕事であった。[6]

ローマでは、カエサルの政敵が、彼の一挙手一投足を疑い深い目で凝視しており、他ならぬこのような独断行為のうちに、告訴のためのもっとも格好の材料を見つけだすであろうということを、カエサルは知っていた。そのため、五一年に戦争報告書［『ガッリア戦記』］を公表したとき、非常に注意深く、際立つようにしたのは次の点であった。すなわち、ヘルウェティイ族との戦いから他のことすべてが必然的に生じてくるのであるが、そのヘルウェティイ族に対する戦役が、いかに、ローマの政策においてはっきり守られてきた原則と全く一致していたかである。また、ヘルウェティイ族はローマ人の仇敵であり、一〇七年にローマの執政官を殺し、その軍隊を降伏させて軛の下をくぐらせたのであると強調した。それに加えて今一つ、復讐のための、全く個人的な理由もカエサルにはあった。彼の妻カルプルニアの曾祖父が、この戦いで一命を落としているからである。ところで、ヘルウェティイ人は、その計画した新しい居住地において、トロサという豊穣な地域にとってはすこぶる危険な隣人になるだろう、と述べられていた。[7]『ガッリア戦争について』（『ガッリア戦記』）という著作、とくにその第一巻は「政治家としてのカエサル」を理解するためのすこぶる価値のある史料である。彼は、執政官として、あの至上の権利でもって、口汚く吠えつく政敵に立ち向かい、すばらしい法律で論破したのであるが、またそれと同じ至上の権利を振りかざして、ここでは、彼らの集めた非難の種のすべてを軽く片づけていくことになる。それは、ローマの属州総督としての義務をいかに模範的に果たしたかをただ述べることによって、そしてさらに客観的かつ即物的な調子で、とりわけ自分およびその軍隊の偉大な行為を、つまり彼の言葉でいえば、彼に不可侵の威信《ディグニタス》を与えた全業績《タンタエ・レス・ゲスタエ》を、とくに印象深く要約することによってであった。(8)

もっともうまい口実が与えられたとき、カエサルは、すでに北方のローヌ河を、したがって自分の属州［つまり管轄領域］の境界を越えていた。彼が報告したところでは、ヘルウェティイ族が通過地に多大の被害を与えたので、自分はハエドゥイ族から、さらにその南隣の部族アンバッリ族とローヌ左岸に住んでいるアッロブロゲス族からも、保護を請い求められたためだと言っている。六一年の元老院決議が定めたように(9)、この同盟諸邦の安寧のための配慮が、ヘルウェティイ族をただちに攻撃しようと決定させたのである、と。今こそこのようにカエサルは発言することができた。実際、そこには次のような事情が伏在していたのである。それは、その頂点にはディウィキアクスと当時ウェルゴブレトゥスといわれた長官職（スイスの州長官［郡長］にあたるもの）［任期一年の最高の役職の一つ］のリスクスを擁し、すでに六一年、ローマの援助を求めたことのあるハエドゥイ族の一派が、カエサルを招き、彼と武装援助関係を結んだ、ということである。それに反してこの地方のもっとも有力な人物ドゥムノリクスは、むしろ部族の君侯たちや自分の兄ディウィキアクスに相対して、ヘルウェティイ族を頼みに古い王国を再建しようと思っていた。ところが、ときの公式の政府がカエサルと結んだので、非常に価値のある権原、つまり権利を主張できる法的根拠をドゥムノリクスに与えたのである。(10)

カエサルはすぐさま、ソーヌ河岸で、移動する人たちを捕まえた。残り四分の一は、河をまだ渡り切っておらず、ローマ軍に不意打ちを食らって潰乱させられてしまった。カエサルが記しているように、これこそ、かつてキンブリ、テウトニ族と結んでローマ軍を打ち破ったあのティグリヌス郷《ガウ》の人たちに他ならなかった。残りの連中を追跡するために、カエサルはただちに対岸に渡った。この局面で、あの一〇七年の戦闘の勝利者ディウィコを長とするヘルウェティイ族の使節が交渉をはじめ、自分たちにカエサルが指定してくれる居住地ならば、どこでも応諾する用意のあるという意思を表明した。カエサルの報告によれば、ディウィコは、明らかに、この申し出の言葉を次のような尊大な所見を付け加えながら結んでいる。

ところでカエサルの仕事とは、新たにローマが敗れることによって、この地方が有名になるのを防ぐことにあるのではないかね。

カエサルは答えた。

ローマ国民は、古い恥辱を忘れてやるとしても、許可も得ずに属州を通過しようとする試みとか、ハエドゥイ、アンバッり、アッロブロゲス人の地での悪事暴行といった、最近の侵害事件をどうしても見逃すことはできない。

ヘルウェティイ族が、これまでの幸運を自慢にしているのは許されない。不滅の神々は、長い間、罪に罰を下すのを待っていて、そこで、それだけ一層深く瀆神者たちを突き落とすのが習いだからである。でも、お前たちがハエドゥイ族とアッロブロゲス族の土地で惹き起こした損害の償いという形で、つまり人質の提出で、自分は一応納得し、そうして平和条約を結ぼうと思う。

それでもディウィコは、こういう条件をヘルウェティイ族としては不名誉なことだとみなし、翌日には、その部族を引き連れて北方への行軍を続けた。[11] ローマ軍は、ほぼ八キロの間隔において一四日間追撃した。ハエドゥイ族の騎士の救援部隊によって、今や四〇〇〇の騎兵がカエサルの意のままになった。糧秣の補給も同盟者が引き受けてくれた。それにもかかわらず、騎兵は、敵によって見苦しくも潰走させられ、糧秣の調達もできないままだった。明らかに、謀反が一枚噛んでいたのである。そこで、カエサルは、そこに居合わせた領袖たちに厳しく抗議したが、その抗議によって、ドゥムノリクスが黒幕であることが分かった。その兄ディウィキアクスのことを斟酌して、また、とくにガッリアにおける首領［有力者］としての多岐にわたる結びつきを考慮して、執政官代理＝総督のカエサルは、厳しい監視を付けることによってドゥムノリクスを無力にするにとどめた。[12]

ビブラクテの勝利

その間カエサルは、食糧供給を確実なものにするためヘルウェティイ族の追跡を一時取り止めて、北方のビブラクテ（ボーヴレイ山）に向きを変えねばならないと考えた。この町はハエドゥイ族の首邑であり、物資をたっぷり貯蔵していた。ヘルウェティイ族は、この動きを恐怖に駆られて行なわれたものと誤解し、彼らの方から追撃に転じた。ところが、この思い上がった行動は、すぐに決定的な敗北という大変な代償を払わなければならないことになった。[13] 戦闘の日の夜、逃走者の群れが、北方のリンゴネス族の土地（ディジョン近辺）に転がり込んでいった。カエサルは、自分の軍勢に三日間休息を与えなければならなかったが、「お前たちが、ヘルウェティイ族に助けの手などを差し伸べるならば、すぐ戦端を開くぞ」とリンゴネス族を脅した。彼の命令は聞き入れられた。彼が進撃したとき、ヘルウェティイ族の残存者も降伏を余儀なくされた。カエサルは、人質と武装解除とローマの投降者の引渡しを彼らに命じた。脱出しようとした六〇〇〇人の連中は、彼の命令で、その界隈のケルト人、おそらくセクアニ族に逮捕され、厳格な戦時法で処刑された。まだ一一万人もいた残りの人たちは、郷里に返され、そこで昔の居住地を再建しなければならなかった。その狙いは、ゲルマン人がこの土地に定住して、ローマの属州の隣人になるのを防ぐというところにあった。同盟条約によって、彼らはローマと緊密な関係に入った。条約では、ケルト人の諸国家との古い条約を模範にして、ローマ市民団のなかに取り入れることによって自分たちの国家成員が一人たりとも失われることのないように保証されていた。アッロブロゲス人は、まず、当面必要な穀物を彼らヘルウェティイ族に供給するように指示された。ボイイ族はヘルウェティイ族の移動に与していたが、カエサルは、生き残ったボイイ族の人たちに対して、ハエドゥイ族の土地に留まることを許した。⑭

アリオウィストゥス

以上の戦いでは首尾よい結末をみたが、すぐそれに続いてアリオウィストゥスに対する戦役が起こった。⑮ この王は、ローマ国民との友好関係につい最近ようやく入ったばかりだったので、カエサルとしては、なぜこの人物に対しても干渉しなければならなかったか、ということの証明に特別苦労している。彼の語るところでは、ヘルウェティイ族に対する勝利後、数多くのケルト人の指導者［君侯］が彼の陣営にやってきて、カエサルが自分たちをヘルウェティイ族の脅威から解放してくれたことに、彼らの諸共同体の名で感謝の意を表明した。そして自分たちが、合同で協議するのを許してほしい、と懇願したのであった。⑯

実際の交渉は秘密裡に行なわれたが、会議が終了したのち、ディウィキアクスは、会議参加者の名で執政官代理カエサルにその心中を打ち明けた。

自分が、六一年にローマにおいて元老院に援助を求めたのは、ハエドゥイ族とその同盟者が、自分たちのライバル、アルウェルニ族とセクアニ族に打ち負かされた後のことである。スエビ族［ゲルマン人部族］の指導者アリオウィストゥスは、こういった敵に手を貸していたのであり、ことをうまく果たし終えてから、ハエドゥイ族に次のことを強要した。セクアニ族と自分に人質を提供し、またセクアニ族の優越的地位を認め、さらに自分に貢納金を支払え、というのであった。スエビ族は、褒賞としてセクアニ族の土地の三分の一を得た。ところが、新しい移住者が押し寄せてきたので、現在ではさらにもう三分の一を要求している。こういった洪水のような人の流れに対するガッリアの唯一の救いは、鶴の一声としてのローマ人の裁断であり、ガッリア人の国々の、会議に列席した代表者たちは、そのような号令を請うているのである。⑰

すなわちほぼ一五年前のこと、⑱ 古代の作家が一様にスエビ族と名付けていたゲルマン人の移住者の大集団が、マイン河とライン河の間の南ドイツの地、キンブリ族が進軍して以来ケルト民族が見棄てていた地帯に侵入し、その時分すでにマインツのあたりでライン河を越えはじめたのであった。このような好戦的な民の出現は、セクアニ族に、かかるゲルマン人を傭兵として奉仕させようという考えを抱かせたのである。だがまもなく、そのことをひどく後悔せねばならない羽目に陥った。それは、ゲルマン人の将軍アリオウィストゥスが、この豊穣な土地に永続的に定住することを狙っており、ローマとの交渉がうまくゆき、独立した地方領主として承認してもらったからである[19]。

カエサル自身は五九年、アリオウィストゥスに、王にしてローマ国民の友人という称号を与えるよう、元老院に促したことがある。そういったわけで、アリオウィストゥスは、ローマ側からは何ら敵対的なものを心配しなくてよかった。そうでなかったら、おそらくヘルウェティイ族を支持したことであろう[20]。しかし執政官代理＝総督のカエサルが、ハエドゥイ族の保護者として、独立したガッリア人の土地に侵入して以来とった態度は、こういった以前の政策に反するものであった。カエサルもたしかに、今になってようやくこのことを認めたのであるが、それでも躊躇なく舵を急旋回させた。ケルト人の首領［指導者］たちの集まりが彼に援助を求めたこと以上に、軍事活動をさらに続けるためのうまい口実は決して見つけられなかったのである。しかしもちろん、彼自身が挙げている政治的理由も、全くローマの伝統に適うものだった。すなわち、元老院が繰り返し血盟の友とみなしていたハエドゥイ族を苦境から救い出すことが、ローマの名誉ある義務だったのである。とりわけ、人々に恐れられていたゲルマン人は、なかんずくそれがアリオウィストゥスのような遠大な計画をもった指導者のもとにある場合、キンブリ、テウトニ族のようにイタリアに侵入しないようにローマ帝国［＝支配圏］の国境からできる限り遠ざけておくべきであるとされていた。そこで、カエサルはガッリア人の代表者に保護を約束し、次のようなことを確信していると述べた。

> アリオウィストゥスは、かつて良い待遇を受けたことを覚えていて、自分の指図に自発的に従い、これまで承認されていた国境で満足するであろう[21]。

それにもかかわらず、アリオウィストゥスは、現在双方がいる場所の中間の地点で、個人的な話し合いをしようという提案を拒絶した。

> カエサルがなにかを希望しているならば、彼の方が自分のところにやってくればよいのだ。自ら征服した自分のガッリアに、カエサルやローマ国民が一体なんの関わりがあるのか、とにかく不思議なことである。

そこでカエサルは、友好関係を持続するために、次のような条件を使者を通して示した。

> ライン左岸の地域へのゲルマン人の移動の中止、彼あるいはセクアニ族がハエドゥイ族から奪った人質を返すこと、ハエ

ドゥイ族の迷惑になるようなことを一切止めること、彼らとその同盟諸部族に対する戦争行為を放棄すること。もしこの要求が拒絶された場合、カエサルは、あの六一年の元老院決議の意を体して、ローマ国民の友邦を護ることを引き受けるであろう。

アリオウィストゥスは、自分の問題にこのように干渉されるのをそっけなく却けた。それと同時にカエサルは、ハエドゥイ族およびトレウェリ族からも、新たなゲルマン人の侵入の報告を受けた[22]。

アリオウィストゥスに対する戦役

さてカエサルは、北東に向かって進み、幸いにも、アリオウィストゥスが到着する前に、セクアニ族の首邑ウェソンティオ（ブザンソン）を掌中にすることができた[23]。カエサルが生きと報告しているところでは、そこでは、恐ろしい噂話が、軍隊にひどい臆病風を吹き起こした。それは、ケルト人が彼の兵士たちに向かい、ゲルマン人にはだれも抵抗することはできない、と話して聞かせたので、兵士たちはこれ以上前進するのはいやだ、とカエサルに告げたという。彼は、すぐに高級将校や百人隊長たちを全員集合させ、情熱的に説くことによって、その気分を完全に急旋回させることができた。カエサルは、この演説を間接話法でしか書き伝えていないが、そこでの自分の考えの進め方は、なんといってもこのような危急の場に臨んだときのカエサルらしい態度だったと言ってさしつかえない。六三年一二月五日と全く同様に、熟考した点を冷静に説明することによって、興奮している人たちの間に割って入ったのである。その周到な考えは、鎖のように繋ぎ合わされ、結局ひとつの明白な結論に達しているのだった。部下たちに対してさえ盲目的な信頼など要求せず、一見向こうみずな企てが十分に考え抜かれた計画に基づいているのを、彼らが納得させられることになっていたのである。カエサルは次のように言った。

第一にアリオウィストゥスが、適正な条件を呑むか呑まないかは、要するにまだ不確かである。彼が無鉄砲なことに攻めかかってきても、ローマ軍がゲルマン人を恐れることは少しもない。このことは、ゲルマン人の二部族キンブリ、テウトニ族に対する勝利、スパルタクスの奴隷軍にいたゲルマン人に対する勝利が証明してくれよう。それどころか、ヘルウェティイ族でもゲルマン人を打ち破ったことがしばしばあるではないか。最近の戦いでアリオウィストゥスは、ケルト人をその戦略によって見事にだますことができたが、ローマ軍に対してはそのようなやり方は成功しないであろう。たとえ道の通じていない敵地のずっと奥深くまで進撃してゆくようなことがあるにしても、セクアニ族やレウキ族（トゥール付近）やリンゴネス族（ラングル付近）からの供給によって糧秣は確保される。臆病さをかくすために、このような事前の配慮に関して疑念があるというのは、けしからぬ越権行為である。カエサルという、非難される余地のない名声をもった将軍は、その兵士からも見捨てられることはないのだ。他の将軍たちがそのような目に遭ったのは、敗北あるいは貪欲さによって信頼を失ってしまっていたからなのだ。カエサルの幸運は、ヘルウェティイ戦役を通して証明されている。だから、不安よりも名誉心と義務感の方が強いかどうかを試すために、自分が意図していたよりも早く、もう明晩には進発するであろう。しかし他にだれもついてこなくても、自分は第十軍団だけで出発しよう。彼らは、自分の親衛隊のように頼みにできるのだ。

これには、「この軍団を、カエサルは特別に目をかけて取り扱い、その勇敢さによってもっとも信頼の念を寄せていた」という注釈が、読者のために付け加えられた。演説が功を奏したのを、カエサル自身も、驚くべきことだと記している。まず第十軍団が、その高級将校［軍団将校］たちを通して、カエサルが高い評価を下してくれたことに感謝の意を表明し、自分たちはどんな条件のもとでも戦闘準備をすると言明した。次いで、他の軍団も、その将校たちを通して彼に赦しを請い願った[24]。このような決定的な瞬間においては、カエサルの悠然たる落ち着きと確固たる自信が、圧倒的な効果を発揮したのである。六日後には、彼は、上エルザス（おそらくラッポルツワイラー［リボーヴィル］の近く[25]）、アリオウィストゥスの陣営から三五キロ離れたところにいた。アリオウィストゥスは、今や自分が直接に話し合うのを甘受した。カエサルは、アリオウィストゥスがこれまでローマで経験した好意的な取り扱いと栄誉に関して注意を促し、他方、同盟者の国威と名誉の増大を助けようとするローマの政策をも指摘して、自分の要求を口頭で繰り返すことになった。

古い友邦ハエドゥイ族は、前々からガッリア第一の部族であり、それが今損失を蒙るのをローマは座視するのに忍びない。

アリオウィストゥスは答えた。

自分はケルト人の要望でライン河を渡ってきたのであり、現在の地位は戦争の掟に基づくものである。ローマ人は自分に何も口出ししないでほしい。カエサルがハエドゥイ族について示した理由付けは通らない。つい最近の六一年と六〇年にも、血盟の友邦など、やはりアッロブロゲス族の蜂起に当たって助けにならなかったし、彼らもセクアニ族に対する戦いにおいて、ほとんどローマの援助を利用できなかった［英訳では「求めなかった」］ではないか。もしカエサルがこの地方から撤退しなければ、自分はカエサルを敵として取り扱うであろう。自分がカエサルを取り除けば、ローマでは、多くの貴族が自分に感謝してくれることを、自分はよく知っている。ひとは、それを自分にはっきりと請け合ったのである。——カエサルが、ここでその閥族派の政敵に加えている皮肉のなんと辛辣なことか！　それに対して、カエサルが、ガッリアにおける自分の権利を認めてくれれば、自分はいかなる戦争でも、お役に立ちたい。

そこで、カエサルは今一度強調した。

自分およびローマ国民は、どんなことがあっても、きわめて功績ある盟邦を見棄てることはしない。

それ以上に、ガッリアに対しては、アリオウィストゥスの方がローマ国民よりも大きな要求権をもっているわけではない。すなわち、一二一年、アルウェルニ族やルテニ族が〈ローマ軍に〉手ひどく敗北したのち、ケウェンナ山地の彼方の土地を貢納義務のある属州とすることについては、すべてローマの思いのままに委ねられたのである。もっとも、こういったことは、そのときは起こりもしなかったが、ローマ国民は、ガッリアの支配権についてのもっとも正当な権利をもっている。したがって、元老院が自由と認めた土地でアリオウィストゥスが勝手に振る舞うのは、我慢できないことなのだ。[26]

この交渉を細目にわたって再現するにあたって、カエサルは、ここでガッリアにおける自分の戦争遂行について嘘偽りのない点まで打ち明けている。アリオウィストゥスは、ローマの主権領域を侵害したのである——したがって、もしもこのような挑発を手をこまねいたまま甘受するならば、ローマの主権の代理人としてその義務を怠るのは懲罰ものとなろう、と。カエサルが五一年にその戦争報告を公刊したとき、先入見にとらわれない読者なら、このような事態からその後の一切が生じたということを認める気になるはずだった。アリオウィストゥスの従者たちがカエサル軍に攻撃を仕掛けたので、話し合いを中断せねばならなかった。彼が、二日後、交渉の再開を求めたとき、カエサルは、二人の軍使を派遣するだけにことを限った。しかし、アリオウィストゥスは、これをすぐさまスパイとしてひっとらえた。[27] 次いでウォセグス山地の縁に沿って進んで、カエサルの陣営の側を通りすぎ、その南の方（おそらくラッポルツワイラーの南方、ツェレンベルクのそば）に陣地を設け、そこからカエサルの背後の結びつきを脅かした。それにもかかわらず、カエサルは、さらにずっと南方に第二の陣営を設けることによって、この危機に対処した。[28]

五八年秋、アリオウィストゥスの敗北

このようにして八日間［英訳では一週間］駆け引きが行なわれた末、九月はじめの血戦は、カエサルに利あり、その勝利に終わった。偉大な尚武の民［ゲルマン人］は潰乱四散してしまった。[29] ただトリボキ（シュトラスブルクの北）、ネメテス（シュパイアー付近）、ウァンギオネス（ウォルムス、マインツ付

近）の諸部族が、ライン河の左岸に留まることができただけだった。[30] このようにしてカエサルは、秋のはじめに二回の小戦役で二つの敵を圧服した。この連中については、ローマでは長らく、もっともな不安とともに人々の記憶にとどめられていたのである。

勝ち得たものを確保するためには、カエサルは、やはりラビエヌス〔副司令＝総督代理〕の指揮下、自分の軍勢に対し、セクアニ族の土地に冬の宿営地を割り当てるよりほかに致しかたなかった。彼自身は、自分の司法管区において裁判を行ない、判決を下すために「此方のガッリア」を巡歴した。とくに、ここではローマの情勢もすぐ近くから監視することができ、それに対して処置をとることもできた。冬の数カ月間、ローマとカエサルとの間には絶えず行き来があったのである。[31] 色々と細かく吟味すべきこともあるが、そのなかではキケロに関係することだけしかわれわれには分からない。

五八―五六年の都市ローマの政治

ローマでは、五八年三月にカエサルが出立したのち、ただちに事態が変化しはじめた。クロディウスの不遜さは、もはや止まるところを知らなかった。すでに四月には、ポンペイウスとガビニウスを、その攻撃の標的にしている。[32] そこでポンペイウスが、閥族派の側に押しやられ、キケロの召還にかかわるということになった。七月、〈選挙のための〉民会が開かれたのち、ポンペイウスは、このことについて護民官クィントゥス・テレンティウス・クッレオと協議した。カエサルの激しい敵対者である、法務官のルキウス・ドミティウス・アヘノバルブスが、同じように事件を引き受けようとしたことによって、カエサルがいかなる立場にあったかは十分に示されよう。こういったわけで、クッレオもポンペイウスに、カエサルの娘ユリアから別れ、カエサルに絶交状をたたきつけるよう提案した。[33] しかしながら、ポンペイウスは動揺することなく、なにかことを企てる前には、むしろカエサルの同意を求めていた。[34] クロディウスは、ますます狂気じみた行動に出た。八月一一日、彼によって企まれたポンペイウスの暗殺計画が発覚した。その後数日間、ポンペイウスは自分の家を一味徒党に取り囲ませて、この護民官の任期中、もう決して外に出ないことに決めた。[35] 自分の諸計画が失敗したことに腹を立てたクロディウスは、突如、閥族派に身を投じて、前年のカエサルの立法を法律の上では無効だと表明した。[36]

一〇月二九日、ポンペイウスの賛同のもとに八人の護民官が、キケロの帰還についての提議を行なったが、もちろん、拒否権のために票決にまでいたらなかった。[37] 予定護民官の一人で、キケロの忠実な支持者プブリウス・セスティウスは、それでも、北イタリアのカエサルのところに旅して、その同意を得てこようとした。カエサルは、用心深い返事をしたようである。[38] 名誉回復を求めるキケロの焼け付くような熱望が放任されるかぎり、そのキケロの存在することが、カエサルのポンペイウスに対する関係には決して有利な影響を及ぼさないであろうということが、当然予見されていたからである。そのようなわけで、キケロは、その待ち焦がれていた召還の通告を、五七年八月まで待たざるを得なかった。[39] ともかくカエサルは、それ自体に望ましくないことが避けがたいのを認めるや、すぐさま、自分の有利になるようにと舵を切るのであった。[40]

五七年、ベルガエ人に対するカエサル

しかし首都ローマの政治と並んで、ガッリアの状態にもカエサルは十二分に注意を払わねばならなかった。予想されていたように、セクアニ族の土地における六個のローマ軍団の冬営地は、いたるところで不安定だった。ローマの一層の前進に対する防衛のために、ベルガエ人の強力な諸国家（マルヌ河とセーヌ河の北のフランス、ベルギーとオランダ）が連合したということを、冬の間にカエサルは聞き知った。[41]

さて、カエサルは五七年のはじめに、此方のガッリアで新たに二個軍団を召集したのだが、[42] このようにして黙認の形で、元老院と国民が彼に認めた数の二倍に及ぶ自分の軍隊を作り上げたのである。[43] 三月末には、この新兵はアルプスを越えて進軍した。彼自身は夏のはじめに本営に到着し、セノネス族（サンス付近の部族）とベルガエ人の別の近隣の国家に対して、北方で起こっていることについて、怠らず自分に情報を送るよう命令した。[44] ベルガエ人が動員した兵士を集結させていたので、ただちにカエサルは、八個軍団を率いてシャンパーニュに進出した。彼の遭遇した一番最初のベルガエ人は、レミ族（ランスのあたり）であった。その代表者たちが国境まで彼に挨拶にやってきて、彼に降伏の意志表明をしたが、明らかに、前年、彼らの隣人のケルト人部族の間でみられた先例からすれば、こうすることによって利益の与えられることが約束されていたからである。カエサルは、彼らを喜んで迎え入れ、人質を求めて彼らの忠誠心を確認した。土地の指導者［首領］たちは、自分たちの子供を人質として差し出さなければならなかった。すでに示されたように、レミ族の投降は、全くの誠意から出たものであることが分かった。このようにしてカエサルは、南方におけるハエドゥイ族の場合と同じ強み、つまり北方でもローマの権力の確固たる支えを手に入れたのである。[45]

エーヌ河（アクソナ河）を渡ったのち、カエサルは、諸部族の合体したベルガエ人と接触し、レミ族の町をベルガエ人の包囲から解放した。ベルガエ人の非常に多数の召集兵たちは、食糧不足のため、もうそれほど長くは団結を保つことができなかった。カエサルは、自分の後方連絡路への攻撃を撃退する一方、ハエドゥイ族をベッロウァキ族の土地（ボーヴェー）に進ませたため、数日の間にこの軍勢は解体してしまった。[46] 西方へ急進撃して、カエサルは、一戦を交えることもなくスエッシオネス族（ソワッソン付近）、ベッロウァキ族、アンビアニ族（アミアン付近）の無条件降伏を受け入れた。レミ族の取り成しによって、スエッシオネス族は自分たちの共同体の保持（もちろん、取り戻し可能な形で［ローマの望む長さというお情けで］）が許された。ハエドゥイ族の古い同盟者としてのベッロウァキ族

のためには、ディウィキアクスが取り成したので、彼らはローマの被保護者のなかに［いわゆるローマとのクリエンテス関係のなかに］入れてもらえた。それでも彼らは、六〇〇人の人質を提出しなければならなかった。[47] ローマの国家統治技術の古くからの原則に則って、一つ一つの国［ここでは部族、部族国家］と個別に特別な協定が結ばれ、そこで、ローマ軍が前進するルートに位置する都市の守備隊は武装解除された。また、すでにそのとき、戦闘手段に訴えた末にローマの下に入った国家のすべてに、貢税、あるいはローマ人の名づけたところの戦費の負担《スティペンディウム》［持続する戦争賠償金の意］が課せられたのである。[48]

サンブル河畔の勝利

カエサルはアミアンから北東の方向に軍を進め、ネルウィイ族の地（ヘネガウからブラバント）に入った。彼らは、野性的で勇猛なため恐れられていた部族である。カエサルが聞き知ったところでは、彼らの軍勢は、アトレバテス族（アッラス）やウィロマンドゥイ族（ヴェルマンドワ）と合体して、サンブル河の背後（モーブージュの地帯）で彼を待ち構えていたのである。ナミュールの近辺にキンブリ、テウトニ族が後に残した守備隊の後裔、アトゥアトゥキ族も、まもなく彼らと合流する手筈だった。カエサルの軍勢が河の此方に陣を張ったとき、敵が全軍こぞって、突如、森のかげから嵐のようなすごい攻撃を仕掛けてきた。不意を打たれたローマ人としては、激しい戦闘を長く続けると散々な負け戦になってしまいそうだった。カエサルは、とくに危険なところでは、兵士の先頭に立って自ら戦闘の指揮を執り、百人隊長たちに一人ひとり名指しで呼びかけた。[49] ——このやり方はまことに彼らしかった。というのは、四万人もの軍勢の場合、このようなやり方は決して当然のことではなかったからである。下級指揮官たちの頭の回転の良い働きぶりによって、結局、完全な勝利を得ることができたため、それに続いてただちに、ネルウィイ族が無条件降伏をした。カエサルは、ことさらに温情を見せて、この国をもまた引き続き存続させた。[50]

多くの部族の屈服

次いでカエサルは、アトゥアトゥキ族の町へと進撃した。攻城機械が据えられた挙句、この頑強な輩も開城したが、彼らとしては、隣国に対してどうしても必要とした武器を、そのまま保持できるようにと願った。カエサルはこのとき、自分が無条件降伏の際にとる原則を、彼らに言明した。すなわち、「破城槌が城壁に触れる前にお前たちが降伏したというのなら、お前たちの共同体をそのまま自分は存続させたいと思う。しかし、武器は無条件で引き渡してもらわねばならない」と。

アトゥアトゥキ族は、表面上は命令に服したが、この日の夜のうちに出撃してきた。血みどろの闘いでこの攻撃は撃退され、町は占領され、信義を破った罰として、全住民が財産もろとも競売に付された。五万三〇〇〇人が奴隷にされたといわれている。[51]

まだ攻城戦が続いている間に、カエサルは、その若い友人プブリウス・リキニウス・クラッスス、すなわち三頭政治家の息子の指揮の下に、一個軍団を現在のノルマンディー、ブルターニュにあった諸国家に向けて進軍させていた。カエサルの戦勝が与えた感銘の深さは、これらの連中がすべて、躊躇することなくローマの高権を認めたほどのものであった。クラッススはそこでは、アンデス族の土地（アングル、アンジュー）に冬営地を設け、二個軍団は、そのすぐ東方に隣接する国家トゥロニ族（トゥール）とカルヌテス族（シャルトル、オルレアン）の領域のなかにおかれ、さらに四個軍団をベルガエ人の地に、結局、最後の一個軍団はセルウィウス・スルピキウス・ガルバの下、大サンクト・ベルンハルト（サン・ベルナール）を護るためヴァリス地方においた。だがこの軍団は、実のところ、勇猛な地方住民の攻撃にぶつかって、アッロブロゲス族の土地に撤退しなければならなかった。[52]

ローマの混乱

カエサルが、五七年秋にイッリュリクムへと旅したのは、自分の執政官代理＝総督としての権限領域のこの部分についてもよく知るためであったが、[53]そのとき、彼としてはガッリアの地における大戦争を終了したものとみていたのである。サンブル河畔の戦闘が全ケルト人にはっきりと教えたのは、自分たちの運命を甘受するのが賢明だということであった。はるかに遠く離れた戦場での、この軍事・政治上の成功を、普通にローマの政治の場で取引される価値のあるものに変えることが、今こそ彼には重要だったのである。作戦の終了後、元老院に報告を送り、これまで全く知られていなかった、すこぶる危険な戦場でのローマ軍の未曽有の偉業を述べることによって、世間一般のローマ人の間で非常な興奮の渦が巻き起こされた。元老院の多数派は、カエサルに全く好意的な考えをもっていなかったが、その元老院ですら、国民感情がこのように全体に誇らかに高まったのには抗することができなかった。ポンペイウスとちょうど帰還したばかりのキケロに導かれて、この出来事を祝うために、元老院は一五日間の感謝祭を取り決めた。感謝祭とは、普通はせいぜい五日間祝われるものであったし、ただポンペイウスが六三年に二倍の日数を得たことがあっただけである。[54]カエサルは、五八年一月以来、閥族派的な元老院多数派とは全く決裂していたが、彼の勝ち得た政治上の成功は、かくしてもっとも意義深いものとなった。というのは、ガッリアの執政官代理＝総督に対する、このような異常な栄誉の贈り物は、強力な元老院派の好んでいた見解、つまりカエサルの職務上の地位は五八年以来法的正当性に欠けているという見解から、その根拠としたものを奪い去った。元老院は、このことによって、すでに五六年三月はじめにキケロの述べた見解を認めると告白したのである。それは、カエサルの以前行なった国制侵害行為が、彼のこれまでの戦争での業績によって帳消しにされたという見解である。[55]

穀物調達・給付のためのポンペイウスの全権

このようにことが承認されたのは、いずれにせよ一定の〈政治上の〉形勢配置から生じる結果にすぎず、それもすでに数日後には再び忘れ去られるような類いのものだった。というのは、カエサルが五八年三月にローマの町を去った後は、彼が創造し、指揮した三人の偉大な「第一人者たち《プリンキペス》」［指導者］と護民官クロディウスの戦線は、とっくにちりぢりに分裂してしまっていたのである。五七年八月のキケロの召還は、事態の完全な変転を意味した。その際、ポンペイウスが〈キケロの召還を求める動きの〉頂点にあったのである！　つまり五八年一二月九日、クロディウスの禍に満ちた護民官職が満了したとき、いよいよ魔女の休息日がやってきた。というのも、これまでクロディウスがその一味徒党でもって公的生活全般を脅かしてきたのだし、また彼との関係によって、政務官の側からの断固たる処置が、国制に則った妨害という形で邪魔できたからであった。とはいえ十分な国家警察が欠如しているので、今は次のようにするより他に手がなかった。二人の勇敢な閥族派的立場の護民官ティトゥス・アンニウス・ミロとプブリウス・セスティウスがポンペイウスの了解を得て、クリエンテス、解放奴隷、そして奴隷から武装〝親衛隊〟を作り上げ、数週間にわたる市街戦で数多くの死傷者を出しながらも、恐怖政治を打ち砕くというやり方であった。[56] このような荒療治が行なわれた後には、やはりポンペイウスが立ちあらわれ、クロディウスのなしたキケロ追放の解除によって、敗北に止めを刺したのである。[57] 今やキケロが途方もない勝利の歓声のなかにあって、自分の執政官職のとき、法と秩序を護ろうとするあらゆる勢力を糾合してすでに一度は実現できたと見えたような、あの閥族派的共和政のもっていた昔のすばらしさが、わが身に立ち戻ってきたという錯覚に陥っている間に、[58] ポンペイウスはおもむろに独裁官的全権を目指して舵をとっていたのである。それは、カエサルの輝かしい戦争の成果に対抗できる力を彼に与えるはずであった。穀物の無償給付に関するクロディウス法に基づく大変な穀物の需要のために、ますます緊急のものと感じさせていたのが、穀物供給担当の官職の必要性であったが、それを、ポンペイウスはチャンスと見てとった。結局、五七年九月五日に飢えのための反乱が起こり、それがことに決着を付けたのであった。つまり、元老院も執政官の法に同意することになったのである。この法は、執政官代理の命令権《インペリウム》の形で、全帝国［＝全支配圏］における、五年に及ぶ備蓄穀物の処分権と、それを助けるために一五人の副司令を彼に与えるというものであった。感謝の念から、キケロが元老院で提案したのであるが、彼は「ポンペイウスは本当はもっと多くを欲していたのだ」と断言した。少なくとも彼の腹心の連中は、一護民官のはるかに進んだ提案を支持してくれた。その提案によれば、さらに国庫・艦隊・軍隊に対する全権も、そしてまた全属州で公式の機関のもつ権限よりももっと高い職権も、穀物供給《クラティオ・アンノナエ》の役職のなかに数えられていたのである。[59]

このような全権を掌握できるポストの付与は防ぎ止めること

ができたが、それは、たしかにカエサルの意向に適うものでもあった。それゆえになおさら、婿と舅とを反目させる動きが、またしてもとりわけ人目を引くものとなったのである。ポンペイウスはガッリアからの勝報を不機嫌に聞き、それどころか、カエサルに対してはその任期終了前に、後任の者を送らなければいけない、と口に出していたというのが世間の噂であった。[60]五七年一二月には、この月の一〇日に新たに就任した護民官の一人プブリウス・ルティリウス・ルプスが、カエサルの第二の農地法に対して攻撃を加えた。彼は、後にポンペイウスの党派に属することが証明されたのであるから、すでにそのとき、ポンペイウスの仲間の意思に反して振る舞ったのではなかったことは、想定してもよかろう。やはり五六年四月五日にも、キケロは、このような攻撃をもってしては、ポンペイウスを傷つけられないと思った。ポンペイウス自身、あの一二月の会議には出席しなかった。他人を前に押し出し自分は陰に隠れるのが、概して彼のやり方だったからである。しかし今回は、以上のような理由から、元老院はこの問題の討議には全く関わり合わなかった。元老院の閥族派的な領袖は、彼をまだ決して信頼していなかったのである。[61]

それに対して、エジプトの問題が再浮上してきて、ポンペイウスとクラッススの間に激しい軋轢が生じた。五七年には、オーボエ吹き王とあだ名されたプトレマイオスが、アレクサンドリアの人たちの反逆に直面して、保護者ポンペイウスのもとに逃げてきた。そこで、ポンペイウスはプトレマイオスをあらゆる攻撃からかくまったが、王のローマ滞留が、一連のスキャンダルを作った。元老院に事態を暴露しようとしたアレクサンドリアの使者の暗殺、そしてローマの元老院議員の恥知らずな収賄が、それである。

元老院では、プトレマイオスを連れ戻すことの賛否をめぐって、そしてまた、この懐を肥やせる仕事を掌中にする幸運にだれがありつけるかをめぐって、狂乱の陰謀劇が演じられた。シビュッラの託宣の助けを借りて、五六年はじめに元老院決議が発せられたが、それは、この際軍隊は決して差し向けてはならない、というものであった。それにもかかわらず、ポンペイウスは、このあまり有利ではない条件のもとでも、できれば進んでこのような任務を受け入れたことであろう。[62]しかし彼に対しては、先鋭な閥族派とクロディウスとが結びついた。もっともそれは不自然な結びつきであり、ポンペイウスは、その背後にただクラッススが潜んでいるのを想像できた。すべては、彼に対して結託していたようである。そこでポンペイウスは、自分の命のことを本気になって心配し、故郷ピケヌムとガッリア・キサルピナ（アルプスの此方のガッリア）から、個人的な護衛のために腕っ節の強い子分たちを連れてこさせた。これらの地方の共同体とは、父の代から忠誠関係にあったのである。まだほんの数カ月前、都市ローマの民衆のなかで、そしてまた元老院において享受した信頼の念は、五六年三月には消え去っていた。[63]

カエサルに関しては、このような紛糾によって、その立場がまたもや危険なものとなった。執政官として、またそれ以降の執政官代理職の二年の間、彼は他のだれよりも世界帝国の内政・外交上の政策的な課題の何たるかをしっかりと摑んでいる大政治家であることを示してきた。権力への意志は御しがたく、しかもそれは、いかにして時代の政治的欠陥を匡正できるかということを知ることによって高められていた。しかし、このことを現実のものとするためには、これまでの寡頭政治に対して行動の自由をまず闘いとらなければならなかった。彼は、天才的に、この戦いを政敵つまり寡頭政自体の武器でもって闘ったのであった。というのは、同じように寡頭政の枠を越えようと努力していた二人の他の元老院議員と彼が連合したとき、これまでの名門貴族《ノビリタス》支配が頼みにしていたのと同じ庇護関係、あるいは派閥関係を利用したのである。カエサルの組織は大体こういうものであったが、彼は次の目的、すなわちガッリアにおける行動の自由の主張をも、この軌道の上で追求した。元老院支配の側からの反対を無力化する方法を、カエサルは、自分の子分たちと政治的盟友をできるだけ多くの政務官の位置に据えることのうちに見出したのであった。その際明らかになったことは、彼が引き続き、ポンペイウスとクラッススとの同盟を頼りにしていたことである。というのは、意欲的な人たちを自分に縛り付けるために、個人的に自分でできるだけのことをしたとしても、ただそのようにしてしか［つまり同盟によってしか］、必要な数の候補者を調達できなかったからである。先の戦役では、大変な戦利品を自分のものとしており、この富は、選挙のため、あるいはその在任中に民衆に与えるべき催し物のために、金を必要とした人すべてに喜んで用立てられた。それはこの人たちが、ローマに不在の執政官代理を、その反対者に対して弁護する義務を負っているかぎりのことであった。必要と思われたところでは、宣誓もしくは文書による契約によって、かかる協定は強められた。しかもカエサルは、問題となるはずの仲間の婦人を、行き届いた心遣いを示すことでわがものとすることも忘れなかった。[64] もちろんそのとき、忠実なバルブスもまた報酬を得たが、その額たるや、この人物をすこぶる羨むべき人にしたほどに多額のものであった。[65]

五七—五六年、イッリュリクムと此方のガッリアのカエサル

しかし、カエサル一人ではどのようにしても、やはり完全に確実というにはまだ程遠かった。五六年はじめ、冬のはじめ頃をイッリュリクムで過ごしたのち、しばらくアクィレイアに移っていたが、[66] そのとき、騒乱のため一月二〇日まで引き延ばされていた按察官選挙において、よく知られた彼の子分が二人——一人はプブリウス・ウァティニウスであった——落選したという知らせを聞かねばならなかった。[67] 五九年［カエサル執政官の年］には護民官として彼の鋭い政敵であり、今は法務官であるグナエウス・ドミティウス・カルウィヌスも、カエサルの気に入らなかった。[68] それでも、もっとも毅然とした、寡頭政派の先頭に立って闘い抜く人物ルキウス・ドミティウス・アへノバルブスが、五五年の執政官になるだろうという見込みに比

べると、何事もすべて、さほど意味をもつものでなかった。ドミティウスは、今こそ執政官に立候補し、カエサルの不法な命令権を奪うことを自分のプログラムとして定めたのである。[69] この係争がどう落着するかに、カエサルの存立そのものがかかっていたが、ことは、数カ月前に決まっていたように見えたものの、今や、激しい争いが再びよみがえったのである。とりわけそれは、キケロが、国制に反する自分の追放について演説をして、その後も絶えず発言し続けてきたから、なおさらのことだった。三月はじめ、彼は、ウァティニウスに対する演説のなかで、カエサルの属州についてのウァティニウス法を、祖先伝来の国制の暗殺と述べるほどにまでなっていたのである。[70]

さて、カエサルは、自分の地位を、何人かの護民官の新しい法によって確実なものとしようとした。ところがこれらの人たちは、執政官レントゥルス・マルケッリヌスに諫止されたとき、すぐさまカエサルを見殺しにした。[71] そして四月五日、元老院がポンペイウスに、穀物供給の仕事のため一〇〇〇万デナリウスを認可すると――それは回避できなかった――、同時に、あのような実入りのよいカンパニアの国有地を国家から奪ってしまうような、第二次農地法に対して強烈な攻撃が加えられた。そしてキケロは、異常なほどの大喝采を受けながら、このことについては五月一五日に元老院で報告がなされるべきだとの提議を行なった。[72] 古き良き時代に対する高潔なる擁護者は、カエサルが強烈な反撃の準備を整えていて、それがすでにどんどん進められているのに気が付かなかった。カエサルは、そうこうする間に、属州巡回の冬の旅の途上、ラウェンナに到着し、この地でクラッススとの同盟を秘密の協議で更新したのである。[73] 次いで四月はじめ、彼は全くひそかにルカに到着した。四月七日、キケロは、ポンペイウスとの別れの挨拶をしていたが、それは、ポンペイウスが、サルディニアでの穀物購入について命令を下すために、一一日、サルディニアに旅立とうとしていたからであった。キケロは、八日、何にも気が付かずに、自分の弟――穀物供給役［管理委員］ポンペイウスの副司令＝総督代理として、かなり前からサルディニアで活躍していた――に手紙を書いている。船で島に渡るのを、ピサエ［現ピサ］からにするか、それとも他の港から渡るか、どちらにするかをまだお前の上司［ポンペイウス］は決めていない、というのであった。[74]

五六年四月、ルカで三頭同盟の更新

数日が経つと、ポンペイウスの姿が、ルカにあるカエサルの陣営でみられた。[75] そして今こそ、第三の同盟者の加入によって、クラッススとの協定を補充し、それを完結させることができた。カエサルは、いかにすればクラッススとポンペイウスの不和を調停できるか、そのすべを見事に心得ていたに違いない。というのは、今や全く明瞭で、すべてを包括するような重みのある決議が成立したのであり、このための準備に骨が折れた痕跡などまるで残していないからである。大変な危険となるドミティウスの執政官立候補は、クラッススとポンペイウスが自ら五五年の執政官職を引き受けることによって、粉砕されるはずだった。[76]選挙は、カエサル軍の帰休兵の派遣によって確実なものにする手筈だったため、この兵士たちが戦地にいなくても大丈夫な冬まで延期されなければならなかった。[77]執政官として、彼らは二人とも、カエサルの現在の地位に適合する大指揮権「大命令権」を調達してやることになっていた。[78]そこで、カエサルの五九年の仲間たちが、明らかにますます軽視されているように感じた、あの不均衡さが取り除かれた。というのは、元来ポンペイウスとクラッススはカエサルを〝若造〟、つまり自分たちの座礁した船を再び離礁させるのに役立つ若者程度にみていたのであるが、その後やがて、カエサルが自分の執政官職でもって彼らの夢見ていたことすべてをはるかに越えたところに達していたのを、彼らも認めねばならなかったからである。今やカエサルは彼らを統御し、執政官職とともに命令権《インペリウム》までも叶えてやった。この命令権は、自分のそれに相応ずるように、元老院の干渉に対して、五〇年三月一日まで効力をもつ、審議差控えという規定によって守られていたのである。それに対して、完全な平等を保持するために彼らが約束したのは、カエサルの両ガッリアの命令権《インペリウム》も、同じ期日まで、そのような法の条項によって保証されるように配慮することであった。そこで、彼らの五五年のこの第二次執政官職にうまく合うように、法的に定められた一〇年間の期限終了後、すなわち四八年にカエサルも同じく第二次執政官職を得ることができることになっていた。執政官格の人の属州の割り当てに関するセンプロニウス法の定めによれば、やはりその際には次のことが期待されていた。それは、カエサルが、この条項によって、五〇年と四九年の両年とも、自分の属州を握っていられるということであった。そうなるのは、どの属州が将来の執政官たちの手に帰すべきかを、元老院が、五〇年の執政官の選挙前、すなわち五一年にすでに指定しなければならなかったからである。その代わり、カエサルの属州についての審議の禁止条項によれば、五一年には両ガッリアは決して問題にならなかった。そしてさらには、通常「コルネリウス法」「スッラの法」によれば、五〇年の執政官たちは、四九年に初めて執政官代理として、自分たちの属州の統治をはじめることができたのである。他ならぬ協定のこの部分が、カエサルにとって決定的な意味をもっていた。それは、すでに四九年に、執政官代理たちがガッリアの属州を引き受け、そこでカエサルが、私人として、自分の政敵の復讐の犠牲に供されるというような危険を防がねばならなかったからである。[79]

カエサルのための元老院決議

以上が、差し当たりまだ深い秘密にくるまれていたルカの協定の肝心要の点であった。これによって、三人の政治家は、国制に基づいて権限を付与された〈決定〉機関を顧慮することなく、長年にわたりそれぞれ個人的関心に従ってローマの政治全体を確定できると考えたのである。古代の作家が言っているように、[80]それは、「支配権の分割と国制の解体を目指す陰謀」であった。それ以上に、個々の点にわたってもっと多くのことが規定された。少し前に、カエサルの据えられた地位については論難されていたが、カエサルの地位確定の仕事を委任された護民官が拒否権を発動したので、すでに次の何週間かのうちに元老院決議によって新たに承認を受けることになっていた。キケロは譴責されねばならず、また味方になるように誘い込まれねばならなかったのである。なおそのようにして、おそらくその他の政治家も取り調べられた。政治・政策面での友人、従属者の多くが、同じくそれぞれ個人的に姿を現わした。それは、すでに三月以来、法務官代理としてサルディニアに旅立っていたクロディウスの兄アッピウス・クラウディウスや、執政官代理として此方のスペインに旅立っていたクィントゥス・カエキリウス・メテッルス・ネポスなどのような人である。

　この協定のなかに完全にカエサルの才知の特色が見つけられると記しても、決して誤りではないであろう[81]。どの面から協定を眺めてみても、常に、可能なことを、同じように根本的にやり尽くしているのを認めることができる。いかに一つの環がいたるところで他の環に見事にはめ込まれているか、いかにカエサルの利己主義が、綿密極まりなく考慮された同盟者間の同等の権利に従属しているか、それでもいかに自分自身の特権がうまく守られていることか！　国制の乱暴な軽視も、一時的にはどれだけ許されるかがいかに注意深く計算されていたか。それにもかかわらず、今や閥族派的寡頭政の骨組みに対して致命的な一撃が加えられることを、すべていかにはっきりと十分に意識していたことか！　――そして、それ以上のことについては、人々は何も言わなかった。それは、将来の来るべき局面から明らかになるに違いなかったのである。

　いずれにせよ、ポンペイウスとクラッススはすこぶる満足していた。カエサルが再び戦場に戻った一方、彼らは、明らかに意気揚々と、ローマにおけるカエサルの安全保障のために、申し合わされた予防処置をとった。ポンペイウスは、差し当たり、サルディニア・アフリカ・シキリアへの旅行に手間取っていたので、ともかく遠方から働きかけただけであった[82]。まだ四月のうちに、彼はサルディニアでクィントゥス・キケロと会い、彼の兄キケロが引き続き立派にことを処理するよう、責任を彼に負わせた。ポンペイウスは、さらにことさら、腹心ルキウス・ウィブッリウス・ルフスに次のような訓令をもたせて、兄のキケロに送った。ポンペイウスの帰国まで、農地法の問題の処理については控え目にしてほしい、というのである。かくして、キケロは、五月一五日の会議に出席しないことになった[83]。むしろ数日後に、カエサルとしてもこれほどに有利なものは考え出せないような数々の決議を、元老院は渋々ながら出すことになった。第一には、カエサルによって自力で召集された四個の軍団の俸給は、将来国庫から支払われるべきであること、第二には、彼は十人の副司令《レガトゥス》をもつことができるということであった[84]。このことによって、ただ単に五九年のウァティニウス法が新たに承認されたのみならず、カエサルが五八年来ガッリアで行なってきたことがすべて、正式に法的効力をもつとされたのである。そういうわけで、金銭の支出の承認は、ただ政治的意味しかもっていなかった。国庫が相変わらず金銭欠乏に苦しんでいたというのに、カエサルは何の支障もなく、自分の資力で四個軍団の俸給を支弁し得る立場にあったということは、だれでも知っていたからである。[85]

　五六年六月はじめ、五五年度の執政官のポストに選ばれるはずの人たちは五四年にどの属州を引き受けるべきかが、属州についてのセンプロニウス法によって元老院で審議された。なんといってもヴァティニウス法は、カエサルのガッリア・キテリオル（アルプスの此方のガッリア）とイッリュリクムの命令権《インペリウム》を少なくとも五四年三月一日まで延長していた――その一方、ガッリア・ウルテリオル（アルプスの彼方のガッリア）はそもそもすでに一月一日から自由に処理できた――ので、カエサルの政敵たちは、やはりこの問題に今や特別の努力を傾注せざるを得なかったのである。[86]ところで、当時の執政官候補者のなかでは、ルキウス・アヘノバルブスがトップに立っていた。この人は、執政官になれば、カエサルからその司令権［軍指揮権］を奪おうと思っていたし、とくに祖父のとき以来、ガッリア・ウルテリオルのパトロンの地位を受け継いでいたのである。[87]かくして、両ガッリアは五五年の両執政官のための属州として定められるべきであるという提案が公にされた。別の人たちは、便宜主義的な理由により、カエサルからいずれか一つの属州を取り上げようと考えた。すなわちウルテリオルもしくはキテリオルであるが、前者は元老院の自由な裁量によるものであり、後者ならば三月一日から有効というわけで、それには新しい民会議決をこの案に関して行なわないで済むというのが理由だったのである。[88]

　けれどもこのような攻撃に対して、カエサルの代理人は、キケロの雄弁をうまく投入するのに完全に成功した。明らかにこの演説は、これまでの自分の政治姿勢の撤回を示すものとして――彼自身の言ったところでは無効（つまり取消し）宣言である[89]――キケロをすこぶる苦々しい気持ちにさせた演説であるが、その有名な演説を公表することによって、この際とった立場がずっと堅持されていったのである。客観的な根拠として彼が挙げたのは次のようなものである。ガッリアではじめられたカエサルの仕事は次の二年の間に成就されるであろうが、それを自分の力で成就させることのできる天与の人物がカエサルであり、自分でそのように望んでいるからには、それを妨げられたくないであろう。これまでただ一片の土地しかもっていなかったようなこの地方の占領は、イタリアの安全にとってもっとも重要なことであり、なにしろそれはアルプスから大西洋まで国境を推し進めるものであって、カエサルの幸運が、遠くない将来、その地を完全に屈服させるための最善の保証となるであろうというのである。[90]今や元老院は、五四年のカエサルの属州（＝管轄範囲）を計算から外したとしても、カエサルはすでにこの期間の命令権については、差し当たり前もって裁可されていたのだし、それに加えて、一層秘密の諸計画のための場が創られていたのである。

アルプスの彼方のガッリアへの帰任

カエサルがクラッススやポンペイウスと重要な交渉を行ない、その直後の元老院決議が示すように、ガッリアに関しては、まことに自信たっぷりな態度を見せている間に、アルプスの彼方から、実は本当に気掛かりな報告が彼の手に届いた。

すでに述べたように、七個軍団が、五七年度の軍事活動の時期の終わりに、北ガッリアに冬営地を設けていたが、もっとも西に離れていたのは、アンジューの地域の小クラッスス［大クラッススの子］のもとにあった。ブルターニュとノルマンジーの周辺諸国は、すべてローマの高権のもとに服していた。しかしそれでも冬の間に急変が起こった。穀物徴発のためこの地にやってきたローマの将校が捕らえられ、彼らはクラッススのもとに提出されていたケルト人の人質との交換という形によってしか、解放してもらえないとされた。諸共同体が共に、父祖伝来の自由を守るために結束したのである。この動きは、南ブルターニュの好戦的な海の民ウェネティ族から生じたもので、急速に東方および南方へと伝わってゆき、ブリテン島からも同系の部族がこちらに渡ってきた。[91]

蜂起した諸部族の屈服

蜂起の中心地に進撃するため、カエサルは北イタリアから命令を発して、ロワール河でローマ艦隊を作り上げ、艦隊乗組員を古い属州から動員するように命じた。[92] 五月はじめには、カエサル自身もそこに到着し、大胆な決断を下して、ブルターニュからライン河までの国家と、またその一方でピレネーまでの国家を同時に鎮圧するために、兵を五つのグループに分けた。彼自身は、ウェネティ族に対する陸上攻撃を指揮した。しかし決め手になったのは、晩夏になってすこぶる有能な若い子分デキムス・ブルトゥスの指揮下にある艦隊が到着したことだった。この人物はまだ元老院議員ではなかったが、ともかくその母センプロニアの方の血筋をたどると、ガイウス・グラックスの孫にあたっていたようである。執政官代理＝総督［カエサル］の鋭い目が、この人物を抜擢して責任あるポストにつけたのであった。[93] 彼は、全ウェネティ族の艦隊を殲滅し、それによって、この部族の共同体を降伏へと追い詰めることができた。今回は、全く容赦しなかった。長老全員を処刑し、残りの住民を奴隷市場に売り飛ばしてしまったのである。カエサルの言うところでは、使節の権利の神聖さを野蛮人の肝に銘じさせるための処置であった――あたかも、穀物徴発のローマ士官が使節であったかのように。[94]

ちょうどこの頃、副司令＝総督代理クィントゥス・ティトゥリウス・サビヌスがノルマンジーの反徒を撃ち、これを再びローマの高権の下に戻した。またケルト騎兵とともにローマ軍の一二大隊を率いただけで、アクィタニアに侵入した小クラッススが、赫々たる戦果を挙げた。彼はその地で戦闘に打ち勝ち、数の点で数倍も優ったアクィタニア人の軍勢を蹴散らした。それは、セルトリウス［スペインの地でローマに反乱を起こした将軍、鎮圧の功労者はポンペイウスだった］の時代からの、戦争経験を積んだ指揮官のもとでスペインの近隣の人たちによって強化されていた軍隊だったのである。そこで五六年秋、アクィタニアの部族国家群（ガロンヌ河とピレネーの間）がローマに降り、人質を出すという結末をみることになった。(95)

ライン河までのベルガエ人の土地の平穏を維持したのは、ケルト人の騎兵を用いたラビエヌスだった。(96) 秋にはカエサル自身がフランドルに向かって、そこに住んでいるモリニ族に対してなおも遠征の兵を進めようとしたが、その土地が鬱蒼たる森に蔽われていたので、彼らに厳しい攻撃を加えることができなかった。ローマ軍は、セーヌ河とロワール河の間の、最近鎮圧されたばかりの地方に冬期の陣営を設けた。(97)

ポンペイウスとクラッスス、五五年の執政官

カエサル自身は、いつものようにアルプスを越えて〈イタリアの地に〉戻ってきた。(98) ローマでは、申し合わせたとおりにことが運んでいた。クラッススとポンペイウスが、自分たちの立候補を、法的に規定されたときに届け出るのを怠ったために、精力的な執政官グナエウス・コルネリウス・レントゥルス・マルケッリニヌスは、自分が職務を遂行している間は、彼らの選挙など論外であると彼らに言明した。そこで、二人は、護民官ガイウス・カトー［いわゆる小カトーではない］によって、元老院の強力な反対に抗して、五六年のあらゆる選挙活動を阻ませた。そして五五年のはじめ、中間王の時期［執政官の空位期］に、自分たち［ポンペイウスとクラッスス］の選挙が実施できることになった。反対派が色々と手を尽くしても、三人の有力者の結合には対抗できなかったのである。(99) たいそう印象深い事件は、五六年九月——もちろん、純政治的な理由からだが——ルキウス・コルネリウス・バルブス、すなわちカエサルのすこぶる信頼すべき腹心が、不正な形でローマ市民権を所有しているとの理由で、法廷に提訴されたことである。他ならぬポンペイウスやクラッスス、キケロのような有力者たちがパトロンだったために、なんとかバルブスは無罪放免を勝ち得ることができた。(100)

やがて、五五年の一月に執政官選挙が行なわれた。対立候補者のなかでは、ただルキウス・ドミティウス・アヘノバルブスだけが立候補の姿勢を堅持したが、それも、義兄マルクス・ポルキウス・カトー［ドミティウスの妻ポルキアは、カトーの妹］に倦まず力づけられてのことであった。カエサルが確約していたように、若いプブリウス・クラッススは、投票結果を確実なものにするために十分な帰休兵数千を、アルプスを越えて密集隊形で行進させてきた。(101) それにもかかわらず、ドミティウスは投票日の前の晩に、あえて友人とともにマルスの原［投票場でもある］に赴いた。カトーは、これまで脅迫がかなり一般に行なわれたものの、最後の瞬間にはやはりなんといっても過半数を得るだろう、と期待していた。クラッススとポンペイウスは、このような番狂わせを避けようと思ったので、従者を引き連れた彼らの政敵を、力ずくで追い払わせた。ドミティウスの松明もちは殺され、カトーその人も腕に傷を負い、ドミティウ

スは自分の家に逃げてしまった。翌日、クラッススとポンペイウスが執政官に選ばれ、すぐに残りの政務官の選挙を自分の考えどおりに主宰できた[102]。そのやり方のうちでもっとも重要なのは、彼らが、大金を消費し、しかも第一回目の選挙の議事進行の間に、あのよく知られた（議事進行妨害のために告げられた）凶徴を告げる雷の音が鳴ったことを利用して、カトーの法務官任命を阻止し、カトーの代わりにプブリウス・ウァティニウスをこの職に就任させたことである[103]。

　これに続く数週の間に、護民官ガイウス・トレボニウスが、兵士の召集と宣戦布告、和平の締結に関する無制限の権限をつけて、両執政官に五年間、属州スペインとシリアを委ねるという法律を取り急ぎ提出した。二人の護民官に支持されたカトーは、大きな勇気を奮い起こして、これに反対して闘った。けれども、種々様々な暴力行為に対しては抗すべくもなかった。法律が押し通されたとき、死者が四人も出て、沢山の人が傷ついた。クラッススは、自分の手で一人の元老院議員を血塗れになるまで打った[104]。

　その後、二人の執政官［ポンペイウスとクラッスス］は、共同で法を提議することによって、カエサルに対する自分たちの義務を果たそうとした[105]。四月には、この二人の同僚執政官は、属州をくじで決めたが、ポンペイウスがその希望によって両スペインを得[106]、クラッススがシリアを得た。両者はただちに軍隊を召集し、これらの地域を引き継ぐために副司令《レガトゥス》＝総督代理を派遣した。クラッススは、早くも一一月中旬にローマを発ったのに、ポンペイウスはといえば、執政官代理として、なおもローマの町の近くにとどまった。同盟者の仲間内で婉曲に言われていたところでは、ローマにおける秩序を保持するために打った手である[107]。穀物の調達・供給《クラティオ・アンノナエ》というのが、国法的な口実となり得たのである。実際のところ、翌年［五四年］のポストのための選挙は、国制護持派がまだ無力というわけではなかったことを示していた。というのは、アッピウス・クラウディウス・プルケルと並んで、今回はルキウス・ドミティウス・アヘノバルブスが執政官のポストに、そしてカトーが法務官職に達したからである[108]。

ゲルマン人の二部族に対する戦い

あのように申し合わされた権力の分割が、法的に確固たるものになったので、カエサルは例年よりも早めに自分の実戦部隊のもとに向かった[109]。スエビ族の移動の圧力を受けて、ゲルマン人の二部族、ウシペテス族とテンクテリ族が、現在のノルトライン・ウェストファーレン州の北方で、ライン河を渡ったとの報告が入っていた。いくつかのケルト人の国家が、彼らを雇い入れたいという気持ちをはっきり示した。そこで、ゲルマン人はまず南方に移り、次いでモーゼル河下流の東方に進んだ[110]。カエサルはケルト人の出した分担の騎兵を自分のところに集めるや、ゲルマン人を追わせて兵をコブレンツの方向に進め、まもなく両部族の使節と会った。使者は、自分たちにライン左岸の土地を割り当ててくれるか、それとも自分たちがどこかの土地を占領するのを許してくれるよう頼み込み、そうしてもらえれば、ローマ人にとって役に立つ友人になるであろう、と言った。カエサルは表明した。「ガッリアにはお前たちのための土地などない。でもその代わり、お前たちがライン河右岸のウビイ族の土地にとどまるならよかろう。この人たちは、スエビ族からの保護を自分に求めているらしいからだ」と。

これに対して、使節の方は三日間の猶予を求めて、この間は、カエサルには進軍を取り止めてもらいたい、自分たちは仲間から返事をもらってこよう、と言った。カエサルの主張するところでは、彼らの狙いは、この間に、穀物を求めて進軍し続けていた騎兵隊を連れてくるということにあった。したがって彼は、引き続き行進して、ゲルマン人の陣営から隔たること一八キロにまで達した。ここで使節が今一度、カエサルの軍隊を停止させ、自分たちに三日間の猶予を与えてほしいと懇請した。そうすれば、自分らもウビイ族と話をつけるであろうからというのであった。カエサルは約束して、水のある場所までと六キロだけ軍隊を進めるにとどめ、前衛を構成していた騎兵隊に、敵対行為をとらないように命じた。しかしながら、それにもかかわらず、騎兵の合戦が起こり、この戦いでゲルマン人は六倍にものぼったケルト人を撃ち破って、これに屈辱的な潰走をさせたのである。翌日、ゲルマン人の全指導者および身分高き連中［長老］が、カエサルの陣営に現われ、前日の事件の寛恕と新たに停戦を頼み込んだ。停戦の代わりに、カエサルは彼らをひっとらえるように命じ、何も予想していないゲルマン軍の陣地に向かい、戦闘隊形で突進した。全く組織的な抵抗も行なわれなかったので、兵士たちはゲルマン人を押しまくり、移住民を散乱・潰走させた。カエサルは、のちに次のように主張している。ローマ側では、ただの一兵の損失もなかったのに、全体で四三万人もいた敵の大部分が、カエサル側の追撃によって生命を失った、と。これら部族の潰滅後、彼は、拘留していた指導者たちを自由にしてやった。(11)

翌月には、転じて、ライン河を越えて進軍することにした。あの奇襲の際に居合わせなかったゲルマン人騎兵のうちの一部は、スガンブリ族の地（ウビイ族の土地から北方のリッペ河地方までのライン河右岸の地）に退いていた。カエサルとしても、ライン河の彼方では何も命令することはできないという理由で、この部族［スガンブリ族］が逃亡者の引渡しの要求を嘲笑的に却けたとき、カエサルは、この連中にローマの力を示すのがどうしても必要だと考えた。同時にウビイ族も、カエサルがやってきて、自分たちがスエビ族に苦しめられることのないようにしてほしいと請願した。一〇日間のあいだに、ノイヴィートの水の淀んだところに強固な橋を築き、一八日間にもわたってカエサルはライン河右岸にとどまったが、敵影を全くみなかった。そこで引き返し、橋を壊させた。(12)

この場合は、ライン国境の軍事的保全だけが問題であったが、それに対して、五五年秋に二個軍団を率いて企てたブリタンニアへの強引な偵察行は、カエサルとしては、この土地の永続的な占取の手始めにするつもりであった。

五五年秋、ブリテン島に渡る

政治的には、英仏海峡の此方と彼方の両岸のケルト人は、それぞれ緊密な関係にあり、ときには統一的な帝国［諸領域を統合する上位の統治体としての国家］を形成することもあった。これまでの諸戦争、とくに前年のウェネティ戦争では、ブリテン島のケルト人もカエサルに対して戦ったのである。それに加えて、ブリタンニアは豊穣な土地とみられていた。その地には、穀物、家畜の群れ、金、銀、鉄があると言われていたのである。[113] 外交上は、ブリタンニアの二、三の国家の使節と交渉することによって、作戦は着々と準備されていた。これらの人々は、カエサルの意図を知ってただちに現われたのである。カエサルは、この使者たちの帰途には、アトレバテス族のコンミウスをつけてやった。カエサルは、その忠実な奉仕に報いるために、この人をその国の王位に就けていたが、コンミウスはブリタンニアのアトレバテス族に対しておそらく関係をもっていたことであろう。いずれにせよ、ブリテス［ブリトン人。ブリタンニア在住のケルト人］はコンミウスを逮捕してしまい、カエサルが上陸したときに、ようやく彼を解放したのである。[114] 騎兵を乗せた船を渡すことができなかったので、軍事的には、遠征は何ら得るところがなかった。[115] それでも、陣地は保持できた。そして、すでに嵐によって艦船が多大な損傷を受けてしまったのち、結局のところローマの遠征軍は、極度にひどい損失はなく大陸に帰還した。カエサルは、接触のあった共同体のすべてに人質を要求したが、当然のことながら、二個の例外を除き、それも送られてこなかった。[116]

二〇日間の感謝祭

それでも、まさしく伝説の島へのこの渡航・進軍が、ローマの人に与えた感銘の深さは、甚大極まりないものがあった。そして唯々諾々たる元老院は——会議には全くさまざまな人たちが出席していた——、今作戦の終了したこの戦争年度に関するカエサルの報告を聞いて、二〇日間の感謝祭で応えた。[117] それに対して、断固たる閥族派の小グループが、称賛に値する大将軍《インペラトル》との協同作業を一切拒否したのは、それだけに一層険しいものがあった。予定法務官のカトーは、同じ会議場で、簡にして要を得た反対の動議を行なった。「カエサルは、卑劣な条約違反の償いとして、ゲルマン人に引き渡されるべきである。そうすることによって、呪咀はローマの上にではなく、責任者にかかってくる」と。これは、たしかに真剣に考えられたものであったにせよ、もちろんただ単なる示威運動にとどまった。そうこうするうちに、元老院は、さまざまな非難を調査するために使者が派遣されなければならない、ということを取り決めた。あらゆる法的原則を軽蔑して、国家をいつも新しい戦争に突き落とすようなカエサル、そのカエサルのいかがわしいやり方に対してさまざまな非難が明るみに出されたのである。これに対して攻撃された当人が、カトーに対して、すこぶる激しく誹謗する手紙を出して、異議を申し立てた。そのときカトーは、自分の態度について確信をもって申し開きをしたので、手紙を読み上げたことをカエサルの腹心も後悔したほどであった。われわれは、その後この事件の決着がどのようについたのか、そもそも元老院の委員が派遣されることになったかどうかについては、もはや何も伝え聞いていない[118]。しかし、カエサルの戦争報告が示しているのは、ゲルマン人の騎兵の陰険なる奇襲が、カエサルに止むなく以上の手段をとらせたのだと主張することによって、カエサルがいかに自分の処置を正当化しようとしたかということである。またもちろん、あのような数の膨大さを誇示したのは、ローマ人を一兵も失うことなく、移住する部族を殲滅することによって、いかに恐ろしい危険を以後のローマ領ガッリアから取り除いたかを証拠立てたはずであった。カエサルは、自分の流儀に従い、単純率直な記述によって批判に対抗したのだが、その記述は、彼がローマの執政官代理＝総督としての義務をいかに見事に果たしたかを、事実そのものによって証明するものであった[119]。

属州総督としてのカエサル

カエサルは、翌五四年の新しい任期の始まった後まで（のちに改良されたユリウス暦によれば、五五年一一月中旬まで）ガッリアにとどまり、ブリタンニアへの大遠征のための準備を整えた[120]。同盟者クラッススの二人の息子のうちの年上のマルクスが、今回は財務官として同行した[121]。冬の間中、カエサルは、慎重に練った計画に基づいて、五個軍団と二〇〇〇の騎兵を島に渡すための艦隊を作らせた。しかし、この作戦は、今ようやく屈服させた土地、しかも不羈の反対勢力がまだすこぶる数多く存在する広大な土地を背後に控えて行なわれねばならなかったので、軍事上の準備に劣らず、軍事行動の政治的な安全確保にも細心の注意を払うことが求められた。ローマの支配は、まだ決してガッリアの民族が、それに甘んずるような宿命的なものではなかった。むしろそれは、どの国においても、ローマに友好的な党派の積極的な協力によってしか保持されないものであった。事情はそれぞれ異なっていた。アトレバテス族、カルヌテス族、セノネス族においては、カエサルは、自分に忠実な貴族を王に任じた[122]。また、エブロネス族におけるように、現在の指導者たちの支配権を承認してやったところもあった[123]。別のところでは、逆に単独支配の試みに対して貴族政を支持するのが自分の利益になることだと判断した。ハエドゥイ族やセクアニ族、スエッシオネス族の場合がそれだった[124]。このような状況のすべてを、カエサルはずっと監視しなければならないし、常に新たな報酬によって、味方を自分に引き付けておかねばならなかった。このようにして、折りにふれて報告したのは、いかに自分が二人の高貴なアッロブロゲス族の人に対して、その国における最高の官職を与え、彼らが順番を越えて、長老会成員になれるように世話したかということ、そしていかに彼らに、没収した土地財産と分捕った金銭の贈り物をし、彼らを自分の信頼する友人として取り扱ったか、ということであった[125]。これは九牛の一毛にすぎない。だが九牛については歴史は沈黙して語らない。カエサルは、全体としてみても、個々のあらゆる国家に対して用いたのと同じ原則にしたがって行動したのである。ケルト人は通常、指導的な国家のまわりに弱小の隣国が、そのクリエンテスとして群がっていた。そこでカエサルは、このような指導国家としてハエドゥイ族とレミ族とを承認した。[126] こういったクリエンテス関係に入っていた共同体は、彼には好ましいものであった。他方では、彼は、以上のような名誉ある地位を与えることで、その同盟者をもっとも容易に自分と結びつけられると期待した。コンミウス、すなわちきわめてよく彼に奉仕したアトレバテス族の指導者［王］は、自国の貢税免除という報酬を与えられ、さらにモリニ族の支配権までも得たのであった。[127]

他ならぬこの人物［カエサル］は、大胆な遠征プランを立案し、それを実現するための細かい点までことごとく考えをめぐらすという人物でもあった。軍隊のなかでは、疲れも見せず、各陣地を騎馬か徒歩で見回るのが身受けられた。夜は夜で、車や輿《こし》のなかで過ごすことさえしばしばあり、寸刻も無駄にしなかった。進軍の際には、主に徒歩で先頭に立ち、何もかぶらず、頭を雨や太陽にさらすのを気にしない姿勢を示すことで、普通の人と艱難を分かち合った。[128] このことだけでも、まず、決して休むことなく行動する彼の一面が読み取れるのである。一時的にははるかに離れた属州を統治するすべてのローマの元老院議員にとって、ローマのクリア［ここではいわゆる元老院の建物］や中央広場《フォルム》は、依然として大きな政治活動の場として存在していたので、彼らのだれもがそこでの出来事のすべてに関わりがあると感じていた。そして文書を活発に交換することによって、それらと不断に結びついているように努めていたのである。カエサルは、すでに普通の執政官格の人をはるかに抜きん出ていたのだが、彼の地位も、ただローマの町での事態の進展に影響を与え続けることによってのみ主張することができたのである。幸運なことには、五四年のキケロの書簡によって、カエサルがこの分野で何をなしたかを追うこともある程度は可能なのである。[129]

カエサルの補佐

カエサルの決断の基礎を作り上げたのは、大小にかかわりなく、全政治活動についての、すこぶる入念に書き上げられて送られてくる報告書であった。[130] この通信の仕事を管理したのが、ガイウス・オッピウスである。この人物は、老練の士コルネリウス・バルブスと並んで、五四年以来、カエサルのもっとも重要な腹心になっていたのである。バルブス自身は、これまで大将軍《インペラトル》の個人的な副官（工兵隊長《プラエフェクトゥス・ファブルム》）であったが、[131] 五五年の終わりに外交関係の仕事に移り、彼の代わりに、フォルミアエ出身の、贅沢な遊蕩児として知られた騎士マムッラが登場した。この男は、詩の世界にも一枚噛んでいた。カトゥッルスの憎悪に満ちた嘲笑の詩によって、その名が不朽のものとなった人物、それが他ならぬ彼なのである。[132] このヴェローナ出身の詩人［カトゥッルス］は、五七年に、ガイウス・メンミウスの司令部付きの形でビテュニアに赴いたが、全く不満を抱いたまま戻ってきた。[133]もっとも、カエサルの側にあっては、ことは違っていた。カエサルに献身奉仕した人はすべて、すぐに非常な金持ちになったのである。ラビエヌスやバルブスが、そのもっとも良い例であった。[134]ところで、横柄な贅沢者マムッラもまた、将来ガッリアとブリタンニアの富を蕩尽するだろうという想像が、カトゥッルスをして、身分高き彼の恩人［カエサル］に対してもまた憤怒の気持ちを起こさせたので、カトゥッルスは、この人［カエサル］を、無造作に、悪評高い仲間と一緒になって背徳行為をする同じタイプの放蕩者に仕立ててしまった。詩人の父親はヴェローナの名望家の一人で、そこには執政官代理＝総督［カエサル］が、集会や裁判のための巡回旅行の途中で立ち寄るのが通例であった。それゆえ、彼は、息子の前代未聞の無遠慮な詩について、すこぶる心配していた。というのは、カエサルがこの種の烙印によってひどく傷つけられたことは、何ら疑いの余地がなかったからである。すでに五四年春、カエサルが北イタリアに留まっていたとき、若きカトゥッルスは、この有力者に寛恕を請い願わねばならなかった。しかし、カエサルにとっては、それ以上報復することなど政治的に無益だったので、これでもって事件は片付いた。そしてカエサルは、この友人の息子カトゥッルスを、もうその同じ日に食事に招待したのである。[135]

バルブスは、今回もかなりの間、本営に留まっていた。年の初めにローマに滞在した後、五四年春には、この人物が北イタリアにいるのをわれわれは知っているし、また一方、ブリタンニアへの遠征の間には同じようにカエサルのもとにいるのに気が付く。それでもそこから帰還後はすぐに、再びローマに派遣され、そこに五三年五月一五日まで滞在したらしい。四月八日の書簡では、キケロは、バルブスが実はまだローマにいると述べている。[136]おそらくバルブスには、とりわけ、ポンペイウスとの関係を堅持し続けるという仕事があったに違いない。同じ目的のためにポンペイウスは、たまたまこの際、その副官ルキウス・ウィブッリウス・ルフスをガッリアに送っている。[137]文書では片付けられないような外交上の仕事が、その他にもたっぷりあったようである。ところで一般に、文書によるカエサルとの個人的な交渉は、すべて、バルブスの仲介で行なわれた。キケロが大将軍《インペラトル》に一人の若い友人を推薦しようと思えば、バルブスとの相談の上でそれを行なったし、彼がカエサルに手紙を書けば、バルブス宛の手紙も同封した。なお、あえて大将軍《インペラトル》自身を煩わす必要のない場合には、キケロはバルブスにその望みを述べた。五四年の夏、弟のクィントゥス・キケロがカエサルのもとに副司令として好意的に受け入れてもらえたのは、バルブスの影響力に帰するところ大であった。[138]

政治的な文書の往来のために、カエサルの本営には個人の事務局があった。[139]執政官代理職の一年目には、ケルト系のローマ市民グナエウス・ポンペイウス・トログスがここで執務した。おそらくこの人物は、とくにケルト政策におけるカエサルの助言者、助力者だったのであろう。[140]彼が、どれほど長くこの職務を司っていたかは、カエサルが述べていないので、われわれには分からない。いずれにせよ、のちに事務局は、アウルス・ヒルティウスによって運営されたようである。『ガッリア戦記』の第八巻、またさらに、カエサルの戦争の歴史の続編の多くも、たしかにこのヒルティウスに負っているのである。[141] カエサルが、この人物をいかに高く評価していたかは、のちに彼を四三年の執政官職に指名したことが証明している。

逆に、これらの人たちは、自分たちの大将軍《インペラトル》に対する限りない敬慕の念に充ち満ちていた。彼らが政治の舞台で演じた自分たちの役割の重要性にもかかわらず、彼ら自身は、自分たちが親方の掌中に握られた道具にすぎないことをこの上なくよく知っていた。カエサルの偉大さは、他の人たちのなかに自分の意向をそっくり沁み込ませ、そして彼らの助けでもって自分自身の個性の働きを倍増させるという才能によるところがかなり大きかった。彼自身の人柄からは、ある魔力が流れ出ていて、それは、よほど頑固な政治上の敵対者——しばらくは、ほとんどカトーのみだったが——でなければ避けることのできない代物であった。ガッリアの戦争が長引けば長引くほど、軍事情勢も、一般的な政治情勢も、ますます緊張の度を加えた。日々、どこかで、すべてをひっくり返すような激変が起こるかもしれなかった。それにもかかわらず、カエサルは、いつでも自分の望むときに、まことに魅惑的な愛敬、繊細きわまりない心遣い、明るさ絶品のユーモアを駆使した。キケロは、これをまことにたっぷりと味わわされた。——このことから同時に推測されることは、キケロの政治的な重要さは、具眼の士によってどのように評価されていたかということである。[142]

キケロとの関係

キケロの心の底では、人間に及ぼすカエサルのデーモン的な力が、いつも不気味に思えた。それに加えて亡命という事件が、キケロに痛いほど厳しく教えてくれたのは、カエサルの行く手をあえて妨害しようとする人などをすべて、いかに冷酷にそのデーモン的な力が乗り越えていくかということであった。しかしその後、キケロは、帰国ののち、あらゆる良識の士「良き人士」の集まりという表現を合言葉とすることにより、古い閥族派の概念に、新たな内容を加えるべき使命が自分に負わされているのだ、という確信をもった。[143] キケロは、そうすることによって名門貴族《ノビリタス》の支配を救おうと思ったのに、まさしくそのとき、その名門貴族のもつ「新人《ホモ・ノウス》」に対するひどい侮辱的な嫌悪の情に再び突き当たったのである「キケロは、アルピヌム出身の新人」。この嫌悪感を、キケロは自分の勲功と苦悩を通して、うまく克服してしまったと考えていたのであるが——。このような気持ちをもっていたキケロとしては、そのときポンペイウスとカエサルから自分たちの事案の弁護をしてくれるように求められると、心を動かされないでいるわけにはいかなかった。彼らとの関係は変化し、そのことが、キケロをクロディウスから保護してくれたばかりか、いまだにただ自分たちだけが真正の閥族派《オプティマテス》であると自負していた高慢なお歴々に対抗する新しい力まで、彼らに与えてくれたのである。そこで彼は、五六年に、しばらくの間、自分の立場の変更によって一つの新しい道を示すという考え方で、われとわが身を慰めていた。そのやり方によれば、クロディウスの革命的な活動に対して、二人の〝実力者〟が他の指導者《プリンキペス》たちとも協力することができるかもしれないというのであった。[144]

この希望は、もちろん長くは続かなかった。事実は、あまりにも明らかに矛盾していたのである。そういうわけでキケロは、五五年以来ますます、完璧な雄弁家・大政治家という自分の理想を、形式の完備した対話の形で公表するという課題に沈潜するようになった。理想は、もちろん今も、日常の政治よりずっと高いところにおかれていたが、一方それは、カエサルの断固たる活動からもはるかに隔たったものであった。というのは、キケロが、その本来の姿で理解され、また改新された古ローマ的な国家体制に、相変わらず救済を期待していたのに対して、カエサルの働きたるや、彼の執政官代理職がますます明らかに証言しているとおり、帝国政策の必要性によって規定されたものだったのである。このような本質的な対立・矛盾をキケロは全く理解できず、それどころかギリシアの国家理論にならった捉え方によって、カエサルの権力追求を僭主［専制者］の範疇に入れざるを得なかった。こうすることによって、もっとも厳しい永劫の有罪宣告を下したのである。[145]それだけにますます意味をもってくるのは、この歳月の間に、あれほど隔たっていたカエサルと友好的な付き合いをはじめたことである。明らかに、ちょうどカエサルの不在ということが、この関係に入るにあたって効果的に働いたのである。キケロの政治活動の舞台は元老院であり、そこではもともと他のだれもがキケロを怒らせていたのであったが、カエサルとは元老院で顔を合わせることはなかった。むしろカエサルが切り離されたことによって、カエサルから受けた敬意が、彼の幸福感を倍増させたのであろう。生まれながらの閥族派《オプティマテス》は、〈新人である〉キケロを決して自分たちと同等のものとは認めなかったし、またポンペイウスは、相変わらず陰険な冷たいエゴイズムから、キケロを再び突き放していたにもかかわらず、カエサルは、この上なく気持ちよく、キケロを知的に同格の者として扱ったのであり、もちろん、政治の世界においても相応の地位を認めたのである。[146]

キケロとの文通

五四年初頭に、カエサルは、あまりにも豪奢な〈収入以上の〉暮らしをしている執政官格の人間としてのキケロが、金銭上では絶えず窮境にあるのを利用して、彼に多額の金を融通してやった――その額は二〇万デナリウスにのぼったらしい。カエサルが冗談として書いているように、これは自分自身〝不如意〟ななかで、精一杯のことではあった。[147]このような好意は、キケロに深い感銘を与えずにはおかなかった。今はこの有力者に率直に感謝しなければならないと感じ、ローマにおける政治活動を忌避しないようにというカエサルの期待に力一杯応じたのである。[148]夏の陣には、弟のクィントゥス・キケロが副司令として執政官代理カエサルに仕え、この人物が、兄キケロをカエサルに結びつける新しい媒体となった。キケロがカエサルのために行なったどんな些細な政治活動や発言も、ガッリアの本営において副司令になんらかの形で目をかけることで報いられた。五四年秋には、キケロは手紙を書き、「かくして、クィントゥスはあたかも自分の兄が大将軍《インペラトル》であるかのように取り扱われている。カエサルは、自分の冬の陣営の選択まで彼に任せた」と言っている。(149) しかしその他にも、キケロは、常に自分の懇願を好意的に聞き入れてもらった。彼が、春に一人の男をカエサルに推薦したとき、次のような返事を受けた。

この人物はガッリアの王にでもしてやりましょう。さもなければ、何か立派な地位につけましょう。キケロよ、すぐにもう一人、次の者を送ってほしい。

キケロは、これに対して、若い法律家トレバティウスのポストを懇願した。(150) それに対して、カエサルは折り返し、機知に富むこの法律家を引き受けたが、二重の意味のこもった深い感謝の意を表明した。彼の将校はすこぶる沢山いたものの、誓約書［司法上の文書、法廷への呼び出し状］を起草できるような人はこれまで一人もいなかった、というのである。(151) また彼はあとで、被保護者の安否についてキケロに個人的に報告することを怠らなかった。また、バルブスは口頭で、トレバティウスが富裕になるだろうと請け合った。その後間もなくして、キケロは、五三年の高級将校［軍団将校］職を望んだ一人の若者の斡旋をした。カエサルは答えて言った。

このポストは彼にとっておかれることになろう。それにしても、キケロよ、そんなにおずおずと頼まなくても良いのに。(152)

ブリタンニア遠征の間に、カエサルが、八月二三日、九月一日、二五日と、キケロに手紙を書いたことが、われわれにはたまたま分かっている。(153) ところで、もちろんキケロは、カエサルが手紙を交わした唯一の元老院議員であったわけではない。キケロがその内容についてわれわれに洩らしているところから判断すれば、カエサルは、どの手紙にもすべて、ことさら手紙を受け取る人しか同調できないような当意即妙さや親切な心遣いを籠めていた。そういうわけで、カエサルは、寸刻でも自由な時間があれば、やはりそれを口述に費していたのである。車のなかでも輿のなかでも、属州を旅行したときはいつも、その傍らに書記が座っていた。しかもその他の場合でも、同時に二人の書記に口述筆記をさせるのが習いであった。それどころか、オッピウスの語るところでは、もっと沢山の人が筆記することもしばしばあったという。(154)

『類推論』

五四年初夏には、彼は北イタリアから戦場への旅行を、内容豊かな文法書の作成のために費したが、そのなかで、話し方［語法］が常日頃習慣のようにいい加減になっているのに対して、理性の原則にしたがって語尾変化の型を選択するよう求めた。この二巻の本『類推論』が散逸してしまったのは残念なことである。というのは、ここで主張されている様式の原理とは、表現が水晶のように透明な明断さをもつことを目指した、彼の本質的な性向から出ているということが予想されるからである。序論で示される訓戒は、特徴的である。

使用もされていない言葉、また当たり前でもない言葉は、船頭が暗礁に対するように、それを避けるべきである。[155]

この警告は、彼の政策運営に関しても、同じように向けることができよう。独自性というものは、才気煥発という形をとるはずであるにしても、それをひけらかすことは一切が、彼の政策運営とは無縁のものであり、彼の政治とは、真正のローマの国家統治を行なう者に課せられた義務を果たすことであることが、記念碑的な単純さでもって示されているのであった。やはりカエサルは、この文章も、ラテン散文スタイルの創始者・達人としてのキケロに対するへつらいの色を帯びた序言を付して、大雄弁家キケロに捧げたのである。[156] キケロは、大変苦労して、ブリタンニアへの出兵についての叙事詩を作り、彼に自分の感謝の念を披瀝した。作詩の才を示す証拠として、先にカエサルに『わが不遇のときについて』という作品を贈ったことがある。この三巻の書物は、追放と輝かしい召還と帰還を描いたものだった。[157] たしかにこのなかからは、あの事件に関してのカエサルの見解がいかにふさわしくなかったかを、いろいろと読み取ることができよう。キケロが、弟を通して、それをカエサルに批判してくれといって提出させたという事実は、それだけに一層、目下の新しい関係を示すのに役立っている。カエサルは、第一巻読了後ただちにキケロに一筆したためて、「ギリシア語の作品に関してもやはり、はじめの部分は、これより良いものは知りません。でも、そのあとに続く章句が、それほど彫琢されておりません」と記している。キケロは、それが内容あるいは形式の点に関係があるのかどうか、と弟に尋ねたが、すぐそれに付け加えて、自分が満足していれば、批判に惑わされないだろう、と言っている。残念ながら、その返事は欠けている。[158]

ローマにおける建築事業

ローマにいる民衆の目にガッリアでの勝利と征服の偉大さをしかと印象づけるため、カエサルは、五四年、戦利品によって雄大な建築事業をおこした。中央広場《フォルム》の南側のバシリカ・ユリア［いわゆるカエサルの公会堂］や、それに加えて、新しい広場［カエサルのフォルム］および投票のためのマルスの原の巨大な建物が、それである。まず、新広場《フォルム》のためには建築用地を買収しなければならなかった。そこは、これまで住居で蔽われていたのである。この面倒臭い仕事にあたって、カエサルは、オッピウスに忠告を与えてくれるように、キケロにも同じように懇願している。[159] カエサルが、卓越した執政官格の人物を自分の政策に奉仕させるチャンスを決して逃さなかったことを知ることができよう。そして彼は、自分が関わり合いをもっていた人すべてに、ここでキケロに対してみせたのと同じような態度をとったのである。そのことを察知できたサッルスティウスは、次のような判断を下した。「カエサルは、自分の善行と気前の良さのおかげで偉大な人物とみなされた」と。[160]

イッリュリクム防衛、トレウェリ族への進軍、ブリテン島遠征

閑話休題、再び本筋に戻れば、カエサルは、五四年の最初の数カ月はアルプスの此方のガッリアにおいて裁判を行なっていたが、ローマ領イッリュリクムに盗賊のようなピルスタエ族が侵入した、との知らせを受け取った。それは、カエサルに、そちらに来援するよう促すものであった。彼は、ただちにその地の共同体の民兵を召集した。このような威嚇は早々に効を奏し、ピルスタエ人も和平の用意のあることを表明した。彼は、人質提出という条件と、自分の定めた仲裁者の承認という条件でこれに同意した。仲裁者たちは、受けた損害とそのために課せられるべき補償金を査定しなければならなかった。[161] 五月末（その当時のカレンダーによれば）、彼は北方に旅立った。冬営地の視察によって、艦船建造の状態がうまくいっているのを確かめたのち、艦隊をブーローニュの港に集めるよう命令を下した。[162] 遠征軍の乗船までに残っている時日を、四個軍団をもってトレウェリ人の土地への侵入に充てた。この強力な国家は、指導者インドゥティオマルスの指揮の下、ローマとの提携から再び離れていたのである。カエサルによって招集されたガッリアの指導者会議にも、もう代表者は現われず、兵士の召集命令もないがしろにされていた。それに反して、ライン河の彼方のゲルマン人との関係はますます活発になっていた。このような勢力を、カエサルは自分の背後に残しておきたくなかったのである。この国のなかの反対派を政権につかせるためには、ここでも、ローマ軍が現われさえすればよかった。その領袖キンゲトリクス［インドゥティオマルスの娘婿］は、ただちにその身をカエサルに委ねた。インドゥティオマルスは、アルデンヌの森で抵抗するための軍備を整えようとしたが、反抗を放棄して、二〇〇人の人質とともにローマの陣営に出頭しなければならなかった。ときを失してはならなかったので、カエサルは処罰などしなかった。だが、集まったトレウェリ族の貴族の前で、キンゲトリクスを、ローマの認めた統率者であると宣言した。[163]

ところが、港に戻っても、まだ難事が待ち構えていた。カエサルは、ケルト人の騎兵四〇〇〇人をそこに呼び寄せたが、とくに、全国家の指導者たちができるだけ完全に出頭することに重きをおいた。彼らを、人質として、海峡を越えて同伴する手筈になっていたからである。有名なあのハエドゥイ族の君侯ドゥムノリクスが、この案に強硬に反対した。彼は、カエサルが想像したように、長らく獲得しようと努力していた王国を、カエサルの不在の間に建設するため、ガッリアに留まりたいと望んだのである。ハエドゥイ族の土地から執政官代理＝総督［カエサル］のところに届いた知らせでは、ドゥムノリクスは

その地でとくにカエサルの名前まで引き合いに出して、あたかも彼が自分に王の称号を与えてくれようとしているかのように言っているのであった。カエサルが頼りにしている共和派の心のなかに、カエサルについての疑念を起こさせる最善の手段がこれであった。逆風が三週間以上も船出を遷延させたので、ドゥムノリクスは、そこにいた貴族の間で謀反を企てる機会を見つけた。カエサルは、公然たるきっかけなしには、この大いに尊敬されている人に対して干渉するのを得策とは考えなかった。しかし、順風となり、あらかじめ指定された五個軍団と二〇〇〇の騎兵に乗船命令を出したとき、ドゥムノリクスはそれに逆らって家の子郎党とともに故国に向かって馬で立ち去った。今はカエサルも、乗船をすぐさま見合わせることにして、全騎兵〔『ガッリア戦記』では「大部分」〕を謀反人の追跡に向かわせた。戦闘が展開し、ドゥムノリクスは倒れ、彼の部下は再びカエサルのもとに戻った。(164)

ブリタンニアへの遠征は、ほぼ八月と九月（当時のカレンダーによると）の二カ月を要したし、(165)抱いていた期待を決して満たすことにはならなかった。おどされたブリタンニアの諸国家は、強力な王で、テムス河の北方を支配していたカッシウェッラウヌスの総指揮権に服した。なるほどカエサルはこの河を越えるのに成功はしたが、カッシウェッラウヌスがゲリラ戦の名人であることがはっきり証明された。ここでも、カエサルはもちろん幸運であった。カッシウェッラウヌスに従っていた国家のうちのいくつかが、彼の方に移ってきたのである。そういった国家の指導者のうちの一人は、すでにはるか以前から、カッシウェッラウヌスより抜け出し、彼に保護を求めてきていたのであった。このようにして、カエサルは強力な環状塁壁＝砦（おそらくウェルラミウム。ロンドンの北西、セント・オールバンズ）も占領することができた。そこで、ローマの艦隊根拠地への攻撃が失敗した後、カッシウェッラウヌスは、不承不承交渉に応じた。カエサルは彼から人質をとり、将来にわたり年々の貢税を課したが、土地を引き続き占領することは断念し、全軍を率いてガッリアに引き上げた。遠征前にあらかじめローマであのように色々と取り沙汰されていた豊かな戦利品など、影も形もなかった。(166)

アンビオリクス、一五個大隊を殲滅する。ネルウィイ族とトレウェリ族との戦闘

ガッリアでも、その間に事態は悪化した。穀物の収穫が思わしくなく、それが政治的不満と一緒になったのである。(167)カルヌテス族（シャルトル付近）は、カエサルによって王位につけられたタスゲティウスを殺害した。(168)それにもかかわらず、カエサルは、穀物欠乏のためどうしても、冬営地をいつもとは違い、遠く離して散在させなければなるまいと考えた。そのため数個軍団は、他の助けを当てにできず全く自分自身だけしか頼りにできなかった。したがってカエサル自身は、陣地が固められるまでは、本営サマロブリウァ（アミアン）にとどまろうと思った。それでもやがて、結局のところ、どうしても冬の間をそこ

で過ごさねばならないことが明らかになった。[169] インドゥティオマルスはじっとしていなかったのである。彼にけしかけられたエブロネス族（リュティッヒつまりリェージュの北、マース地方）が、大胆不敵で、しかも狡猾な自分たちの統率者アンビオリクスに率いられて、もっとも遠く東方に突出していた冬営地を襲った。そこで、ここに駐屯していた一五個大隊（一・五個軍団）を全滅させた。このようなスケールのローマ軍の敗北は数年来もう起こったこともなかったので、これがただちにネルウィイ族をして兵を起こさせることになった。そこで、キケロの弟クィントゥス・キケロが指揮を執っていたその地方（ナミュール一帯）の陣営は、すさまじい攻囲戦に耐えねばならなかった。それは、わずか二個の弱体化している軍団を率いて、カエサルが救援に駆けつけて、救出に成功するまで続いた。[170]

この勝利はまた、セダンの地方にあって、自らインドゥティオマルス率いるトレウェリ族に対峙していたラビエヌスにも一息つかせた。[171] ところが、カエサルがキケロとともに再びサマロブリウァに向かって撤退するや否や、不撓不屈の人インドゥティオマルスは新たな攻撃の準備をした。ライン河を越えてゲルマン人を引き寄せることは、たしかにうまくいかなかったが、広くガッリアで同意を得たので、とにかく義勇兵が殺到してくるのを頼みにすることができた。[172] カルヌテス人がその王を殺害したように、今度は、その東隣のセノネス族（サンス付近）が、自分たちの王、すなわちカエサルの被保護者を追い出した。カエサルの命令、すなわち長老会全員の彼のもとへの出頭命令は、無視されたままであった。[173] そこで、インドゥティオマルスは、武装した人たちの地方部族会議でキンゲトリクスを公敵と宣言し、自分の手勢を再びラビエヌスに立ち向かわせた。しかし、ラビエヌスは、数多くのケルト人騎兵を味方につけていたのである。この騎兵が、追撃戦によって、命令どおり危険な反逆者［インドゥティオマルス］の首級を持ち帰った。[174]

このような一撃により、あらゆるところでくすぶりつつある一揆の火の手が、再びしばらくは燃え立つのを防ぐことができた。それでもカエサルは、ハエドゥイ族とレミ族の他には、ガッリアのいかなる国家も信頼できないことをはっきり知っていたのである。冬中ずっと指導者《プリンキペス》たちを自分のもとに呼び寄せて、真剣に彼らを戒めていたが、[175] アルプスのこちらのガッリアで三個軍団を新たに編成したことの方が、たしかにずっと効き目があった。その軍団のうちの一つは、すでに五五年にポンペイウスによって宣誓させられて彼の軍団となり、今は、カエサルの願いによって〝国家と友情のために〟ポンペイウスからカエサルに貸し与えられていたのである。すでにエブロネス族の手で潰滅した一個軍団は、新軍団へと作り上げられていた。一五個の失われた大隊に代わるものとして、カエサルはともかく三〇個の新大隊を調達し、軍隊は今や一〇個の完全軍団になっていた。[176]

まだ冬が終わらないうちに、カエサルは、五三年に四個軍団を率いてネルウィイ族への懲罰行を実行している。この遠征で得た人間や家畜の莫大な戦利品は、このたびは全く兵士たちに役立てられた。この不幸な部族は、要求された人質を提出する一方、新たにローマの軛の下をくぐらされた。[177] 要するに、カエサルが今年抱いたプランは、あらゆる蜂起者に恐るべき処罰を下すことによって、この地方全体に恐怖の念を拡げることであった。一五個大隊の潰滅を聞いて以来、カエサルは髪と髭を伸びるがままにしておいたのであり、戦友たちの復讐が成ったときに、初めて次のように言った。「では、また再び髪を刈り、髭を剃ろう」と。このことによって、軍勢中の末兵にいたるまで、何が一体問題になっていたのかを了解したのである。[178]

春のガッリアの地方会議［部族の指導者会議］には、トレウェリ族と結んだ東方の国家が欠席していたばかりか、セノネス族とカルヌテス族の姿もみられなかった。これは公然たる謀反であった。そこで、それは我慢ならぬということを示すために、カエサルは、本営とガッリア地方会議の場所を、サマロブリウァ（アミアン）から蜂起地帯のすぐ隣、ルテティア（パリ）に移した。[179] それから、軍を南方セノネス族の領域に進めた。不意打ちをくらった二つの国家は、驚愕して、ただちにハエドゥイ族とレミ族の仲介で、降伏を申し出た。[180] カエサルは喜んでそれを受け入れた。何よりも、エブロネス族の撃滅とトレウェリ族の圧服が、彼の念頭にあったからである。この目標はやはり完全に達成された。ラビエヌスが、トレウェリ族と戦って輝かしい勝利を収め、その結果インドゥティオマルスの一族が土地を捨てて、彼らの代わりにキンゲトリクスが再び公認の国家の主権者となった。[181] カエサルは、エブロネス族をまず孤立させたが、それは北方の友邦メナピイ族の地（ライン河とスヘルデ河の河口地帯）を、大劫掠戦を展開することによって荒らしたからである。そこでメナピイ族も人質を出した。[182] 次いで、今一度ライン河を渡り、スエビ族が、アンビオリクスやトレウェリ族とそれ以上結びつくのを阻止した。[183] そして、今こそエブロネス族に対する復讐戦に突入した。この部族の全国土は、二、三週間にわたり組織的に強奪され、荒廃してしまった。――ともかく、その際カエサルによって呼び寄せられたケルト人が、きわめて熱心に働いた。そこで、これ以来、エブロネス族の名が歴史から消えてしまった。彼らに代わって、トゥングリ族（トンゲレン付近）が現われた。しかし、あらゆる手段を尽くして行なわれたアンビオリクスの追跡は、成果を収めることができなかった。もっとも、彼の役割も終わっていたのである。[184]

秋には、カエサルは、再び地方会議［指導者会議］を招集したが、今回は、場所を忠実なレミ族の首邑ドゥロコルトルム（ランス）にした。ここで、集まったケルト人の貴族の前で、反乱を起こしたセノネス族の統率者アッコについての裁判が、彼によって行なわれた。死刑は、ローマの慣習に従って、前もって笞刑がなされたうえで執行された。逃亡した彼の同志は、法律の保護を停止された。セノネス族の町アゲディンクム（現在のサンス）については、六個軍団をその地に冬営させた。今や、ガッリアの空には完全な平和が蔽い、カエサルは、この冬を再び北イタリアで過ごすことができた。[185]

五四―五三年のローマの町の紛糾

ローマにおける状況の変化により、カエサルとしても、長い休息の後、一時自分の最大のエネルギーをローマの問題に捧げることが、緊急の問題として求められていた。五四年の最初の数カ月間は、同盟者と協定してできた組織が、政敵の抑圧にまことに効果的であることが実証された。執政官のルキウス・ドミティウスは、「自分は、一度も一人の高級将校［軍団将校］も任命できないのに、同僚のアッピウス・クラウディウスはことさらにカエサルのところに駆け込んで、その高級将校［軍団将校］のポストを一つ認められて受け取ったのだ」と、憤懣の念を抱いて皮肉を言ったものだった。(186) それにもかかわらず、五三年の執政官にだれが選ばれるべきかという問題に関して、カエサルとポンペイウスは一致していなかった。彼らの共通の候補者は、五八年にカエサルの鋭い政敵だった人ガイウス・メンミウスである。しかし、今回の選挙戦には、ポンペイウスが、アルプスの此方のガッリアのパトロンとしての影響力を、またカエサルがその兵士を、この人物の選挙のために用立てたのである。これは噂だが、選挙の見通しが疑わしかったので、カエサルの帰休兵を再び投票に加えるのを可能にするために、選挙は冬まで延期されるだろうといわれていた。(187) それにもかかわらず、それ以上に、メンミウスは、協定によって自分の選挙を確実なものにした。この協定たるや、当時の政治活動の腐敗を、なによりも一層くっきりと照らし出すものであった。彼は両執政官の忠告に従って、グナエウス・ドミティウス・カルウィヌスと連合した。この人物は、五九年に護民官として彼と同じくカエサルに対して戦った人物である。彼らは、一番最初に票を投ずるケントゥリア［百人隊、ケントゥリア民会での投票単位］の投票権者たちに、(188) 総額で一〇〇〇万セステルティウス（二五〇万デナリウス）を約束したが、さらになお、五四年の両執政官にもそれぞれ四〇〇万セステルティウス（一〇〇万デナリウス）ずつを約束した。それは、他ならぬ自分たち［メンミウスとカルウィヌス］が五三年に執政官となり、次いで前任者たち［五四年の執政官たち］がその望んだ属州をうまく得ることができなかった場合の代償であった。五四年の執政官のアッピウス・クラウディウスは、その際、この取り決めにカエサルが賛成していることを取り次いだ。というのは、このようにして危険なルキウス・ドミティウス・アヘノバルブスを縛り付けることができれば、カエサルにとっては、もうそれで十分だったからにすぎない。それに対して、ポンペイウスは、グナエウス・ドミティウス・カルウィヌスの代わりに、ほかの候補者、つまり、まず彼の以前の財務官［副官］マルクス・アエミリウス・スカウルスの勝利を望んだ。そして、こうした理由から、九月には、メンミウスに、元老院で、彼の結んだ秘密の選挙協定を読み上げるようにさせたが、それでもこの人は、そうすることで自分の墓穴を掘ってしまった。というのは、カエサルは、今や彼を支持するのを止めたからである。この人の代わりに、今度は、マルクス・ウァレリウス・メッサラ・ルフスが、カルウィヌスと並んでもっとも当選の見込みの高い候補者となっ

た。以上のような具合にして、五三年七月まで彼らの選出も行なわれなかった。(189)

五四年、ユリアの死

カエサルがこの冬ガッリアに縛り付けられていたため、ポンペイウスは、ローマの町の政治においてますます優位を占めることになった。五四年の最後の数カ月以来、彼は、イタリアで穀物供給の仕事のため多忙だった。(190)彼の仲間によってすでに六月に持ち出された考え、つまり独裁官職が必要だという考えが、この時期に、着々とその根を下ろしていったのである。(191)それにもかかわらず、表向きは、二人の同盟者［カエサルとポンペイウス］の了解が昔のようにずっと存続していた。彼らからの共同の委任によって、キケロは五四年八月、古い政敵プブリウス・ウァティニウスを弁護し、(192)しかも一二月には二人の強力な友人のために、自分の過去を否認するというもっとも苦しいことすらしなければならなかったし、アウルス・ガビニウスを不当利得返還裁判においても弁護しなければならなかったのである。ポンペイウスはことさらローマにやってきた。執政官代理としてローマの町に踏み入ることが許されなかったので、市壁《ポメリウム》の前で演説をしたが、そのなかでカエサルの書簡も読み上げた。こうした努力にもかかわらず、権力者たちのもっとも身分高き子分の一人ガビニウスが無罪にならなかったことは、政治活動を有無をいわせず抑圧するには、まだどれだけのものが欠けていたかを示すといえよう。(193)

ポンペイウスとカエサルとの間が次第に疎遠になるのも、権力関係のバランスの変化の為せる業であった。しかし、そういった成り行きにとって、何よりも大きな意義をもったのが、五四年八月にユリア［カエサルの娘、ポンペイウスの妻］が産褥で死んだことである。父と婿は、心からなる愛情、否、こまやかな愛情をもって彼女を愛していたのである。だれでもおそらく次の点を認めることができよう。まさしく、父親カエサルの愛想のよい性格が、彼女に受け継がれていたということであり、そこから想像できるのは、彼女がいかに重要な仲介者的な役割を演じ得たかということである。葬儀の際、民衆が遺体を運び去り、執政官のドミティウスと護民官連中の抗議にもかかわらず、それをマルスの原に埋葬した。これは、ユリアの死という事件がすぐさま、いかほど深く世間に影響を及ぼしたかということを示すものであった。そうすることで、とくにはるかなるブリタンニアにいて不在の父親カエサルを讃えようと思ったのである。そこで、この人［カエサル］は非常な悲嘆にくれていたにもかかわらず、然るべき方法でこのことに感謝の意を示すのを忘れなかった。カエサルは、前古未曾有のこと、すなわちその娘の追善のための剣闘士競技と、それに引き続いて饗宴を催すことを通告させた。(194)

ポンペイウスとの結びつき弛む

しばらくは、ポンペイウスにも、自分の道を進んでゆけるチャンスが十分にあった。カエサルの執政官職以来、国制の抑えつけと、父祖の慣習を軽々しく弄ぶことが習いになってからは、政治活動が次第に無政府的なものへと落ち込んでいった。ともかく役人が選ばれたとしても、彼らは無法な暴力行為に妨げられて、統治してゆくことができなかった。十分な警察力がなかったので、政治家が、一味徒党を武装させて闘争を行なうというような乱暴狼藉ぶりが、ますます目立ってきた。金と徒党、これらが、多かれ少なかれ政治上の成功への唯一の手段であった。各種の民会、元老院の会議、法廷の審理は、剝出しの敵対という点で、いつも同じ姿を露呈した。そのような世界では、カトーの姿形がそれだけに一層明るく輝いた。彼は、その道徳的な人格を汚れなく堅持したのみならず、倦まず、恐れず、闘うことによって、すこぶる多くの場合に、世を支配している腐敗に打ち勝って勝利をもぎとったのである。まだこのような政治家をも生み得たローマの名門貴族支配《ノビリタス》は、その偉大な過去の品格を失って全く死に絶えていたというわけではなかった。

ポンペイウスも、この人、すなわちカトーが政治的にどのような意味をもっているかを認めねばならなかった。というのはカトーは、五三年の前半期に、ポンペイウスに独裁官職を与えようとするあらゆる試みに対して、執拗に反対したからである。[195]だが結局は七月に、元老院は、イタリアに留まっていた執政官代理［ポンペイウス］に秩序維持の全権を委ねた。それを受けてポンペイウスは、再びローマの町の近くに舞い戻った。そして、たとえどのように彼自身がそのポストを望まないのだと申し立てようとも、独裁官職に与する気持ちが彼の仲間のなかで強く作られていた。だがしかし元老院で、こういったポンペイウス個人の姿勢が分かるや、カトーは彼をその上に堅く釘づけにし、そのような態度に称賛の言葉をおくり、再び法が有効・適切に実施される状態になるように配慮してくれることをポンペイウスに求めた。ポンペイウスは、執政官選挙の実施で足れりとする他なかった。しかしなお彼は、新しい選挙戦を展開することによって、古くからのやり方を続けてゆく以外には、選挙のためにとくに打つ手はなかった。しかも今回は、事態は以前より悪かった。最大の徒党の保持者ティトゥス・アンニウス・ミロとプブリウス・クロディウスがそれぞれ、前者は五二年の執政官職に、後者は五二年の法務官職に立候補していたからである。[196]

五二年はじめ、クロディウス打ち殺される

またもや、執政官も法務官も選ばれないまま、五二年の新春を迎えた。[197]国制上は、今や執政官の選挙を一人の中間王《インテルレクス》の主宰のもとに行なわなければならなかった。中間王は、パトリキ系貴族の元老院議員の仲間から、五日ごとに新たに任命されることになっていた。[198]ミロは、こういうやり方ならば、選び出されるという希望をもてた。ところが、ポンペイウスは、この人の代わりにクィントゥス・メテッルス・スキピオ、すなわちローマ最高の貴顕の士で、スキピオ・ナシカ家の出、神祇官長《ポンティフェクス・マクシムス》の大メテッルス・ピウスの養子を望んだ。そこ

で、民会がさらに延期されたので、護民官の一人が、スキピオに促され、パトリキ貴族たちの集まりに対して拒否権を発動した。[199] かくして一月一八日に、ミロとクロディウスがアッピア街道でぶつかり、殴り合いとなり、武装したミロの従者がクロディウスを打ち倒した。[200] この乱闘により、ローマの町なかで、暴徒や徒党のひどい暴力沙汰が展開することになった。クロディウスが結局このような最期を遂げるというのは、もう前々から予想せねばならないことだった。しかし、この人物の突然の死、つまり不遜で突飛な行動で年がら年中ローマの町を奔命に疲れさせていた人、最高の貴族社会の一員としてあらゆる恥知らずなことが許されていた人、そして無産大衆からは最大の慈善家、倦むことなき戦士として愛された人、そのような人物の突然の死は、実は、なんといっても雷の落ちたようなものであった。その上、彼の味方が、都市共同体の市庁舎ともいうべき、中央広場《フォルム》に面したクリア・ホスティリア［元老院の会議場の一つ］に放火したときには、無政府的な所業がただちに鎮圧できなければ、国家秩序の残りのぎりぎり最後の一片まで砕けてしまうことに、だれもが気づいたのである。元老院は、一九日には、すぐに一人の中間王の選挙を決め、中間王、護民官、そして執政官代理のポンペイウスに再び国家保護の全権を委譲した。それにもかかわらず騒擾が続いたので、その後まもなく元老院は指令を下すことになった。武装義務のあるイタリアの人々がことごとく兵士として宣誓させられるべきこと、そしてポンペイウスは必要な軍隊を召集できること、それが指令であった。ポンペイウスは、市壁《ポメリウム》の外で急遽この兵力を結集したが、そこから、局面のその後の成り行きに気を付けていた。候補者たちの徒党が国務の遂行を妨げたので、ローマでは選挙が行なわれなかった。そこであらためて、ポンペイウスの独裁官職を求める叫び声が高まってきた。[201]

ウェルキンゲトリクスの蜂起

その間、一月一八日に（改正されたユリウス暦では一二月八日）、カエサルもまたラウェンナに到着し、元老院決議に従って、ただちに自分の属州で軍隊徴集に着手した。[202] ローマ帝国［＝支配圏］の今後の運命が決定される日は、ほんのすぐそばに近づいているように見えた。五三年六月九日にマルクス・クラッススがメソポタミアで死去したので、[203] ローマの事態は、すでに予想されたように、ポンペイウスが独裁官になるためには、ただ手を出して取りさえすればよいというところまできていた。ローマのカエサルの子分たちとしては、ポンペイウスの独裁官職というプロパガンダに対して、ポンペイウスと一緒にカエサルのために執政官職を要求するより他に手がなかった。[204] ところが、この案を実行するのを全く不可能にしたのが、ガッリアにおける諸事件であった。ケルト人の貴族は、現在あるいは今後とも、全くガッリアの自由は回復されないであろうとの教訓を、アッコの処刑から引き出したのである。ケルト人の貴族は、固唾を呑んで、首都ローマの政治の行方に注目していたが、重大な危機の出現にあたり、そのためにカエサルがイタリアに繋ぎ留められるだろうという結論をすぐさま引き出したのであった。かくして大蜂起が起こり、やがてその統率者として全民族によりアルウェルニ族の指導者ウェルキンゲトリクスが承認された[205]。ローマの事態を顧慮したカエサルは、彼を数週間そのままにしておかねばならなかった。それは、この間に、ラウェンナからポンペイウスと交渉して、できるだけ恵まれた和解の条件を打ち出そうとしたためであった[206]。

他方、ポンペイウスは、人々が期待していたほどに自由だとは自覚していなかった。彼はおそらく、カエサルが当時不安定な立場にあったのを見抜けなかったのであろう。それゆえに、カエサルを、容易ならぬ反対勢力として考慮しなければならなかった。そして、合憲的な政府当局が、手に負えぬ徒党連中の所業に対して無力のまま放り出されている間に、ポンペイウスは当面、その華々しい動員部隊によって、ローマにおいて決定的な発言ができたのだが、それにしても、あれほどに深くローマの本質に根ざした、閥族派《オプティマテス》的な立場に立つ反対勢力を過小評価しなかったのは正しかった。しかし、ポンペイウスの優柔不断さのもっとも深い原因は、その慎重さにあった。彼は慎重なあまり、成功が最大限に確実なものと予測されなければ、いかなる企てをもはや敢えてなそうとしなかった。というのは、青年時代のあの豪胆な冒険精神はとっくに消えていたからである。

ポンペイウスと閥族派

このようにしてポンペイウスは、数週間にわたる交渉で、カエサルと閥族派《オプティマテス》の間に自分の場所を見つけようとした。カエサルはまず、娘ユリアの死によって解消してしまった親戚としての結びつきの再建を、ポンペイウスに提案した。自らカルプルニアに代わってポンペイウスの娘と結婚しようと思ったのだが、一方、ポンペイウスは、カエサルの姪の娘オクタウィア（後のアウグストゥスの姉。当時は、後に五〇年の執政官になったガイウス・マルケッルスの妻）と婚約すべきであると提案したのである。この案を、ポンペイウスは拒絶した[207]。その代わりに、カエサルはローマに不在のまま四八年の執政官職に立候補する権利を得ることができる、とする民会議決を受け入れるのに同意した。これは、別の言葉で言えば、カエサルには四九年の終わりまで自分の属州の保持が許され、それによって告訴から身を守ることができるということであった[208]。そのときラウェンナに向かって旅行していたキケロが、カエサルの切実な願いによって引き受けたのは、キケロの子分、当時すこぶる閥族派的だった護民官マルクス・カエリウスに、この提議に対する拒否権の発動を止めさせることだった[209]。カエサルにとっては、こういった譲歩は、大変な値打ちをもつものであった。このようにして彼は、ポンペイウスの独裁官職に対しても大丈夫だと自信をもつことができ、全力をケルト人の蜂起の鎮定に振り向けることができたのである。

元老院の領袖たちとポンペイウスの交渉にも、ある妥協が成立した。たしかにカトーは、長らくポンペイウスに非常大権を付与することに反対していたが、この無政府状態が結局は、ポンペイウス側のクーデターを正当化するだろうということが明らかになったときに、元老院が主導権を握るのに成功したのであった。独裁官職の代わりに、同僚なしの執政官職という形で、非常大権がすこぶる見事な表現を与えられたのである[210]。それは、決して言葉の遊戯ではなかった。スッラが保持したときのようなあの独裁官職に比べると、この役職は、あらかじめ期限が限られており、通常の官職責任をも免れなかったのである。事実、ポンペイウスは、その当時、ずっと求めていた通常の政治活動を越える地位を諦め、閥族派的寡頭政の列のなかに戻っていた。創造的な国家統治の才能は、彼には全く与えられていなかったのである。帝国政策の個々の要請に応えるため、手元にある手段を組織化する能力があることを、ポンペイウスはしばしば示していたが、政治の現状の根本的な改変という考えをもつことはできなかった。ましてや、そのような考え方にしたがって、行動することはできなかったのである。また、元老院および民会で行なわれる政治活動のからくりに熟達することさえできなかった。こうして、将来ずっと国家の第一等の人物でありたいという希望、六一年に抱懐した期待が無惨にも崩れてしまったのである。今回は、彼の幸運の女神が最大の可能性をポンペイウスに差し出した二度目のチャンスだったにもかかわらず、この瞬間をどう利用すべきか、そのすべを知らなかった。彼が、今やカエサルに対して実際どのような関係に入ったかは、マルクス・カトーに暖かく支持されて、元老院においてマルクス・ビブルスが決定的な提議をしたことや、ミロの最終判決のために作られた特別法廷において、ルキウス・ドミティウス・アヘノバルブスがその長に任命されたことからも明らかである[211]。この三人は、カエサルの不倶戴天の政敵だったのである[212]。

五二年、閥族派の同意で、ポンペイウス三度目の執政官に

二月二四日と三月一日の間に挿入された閏月の二五日（改正された暦では二月五日）に、ポンペイウスは三度目の執政官に選ばれ、ただちに統治の実権を掌握した[213]。カエサルが娶らせようと思ったオクタウィアの代わりに、ポンペイウスはその頃、熱烈なカエサルの政敵クィントゥス・メテッルス・スキピオの娘コルネリアと結婚し、八月には舅スキピオを今一つの執政官のポストにつけた[214]。

カトーの反対にもかかわらず、ポンペイウスは、その約束に忠実に一〇人の護民官の法を推した。それは、ローマに来なくとも、執政官職に立候補するのをカエサルに許す法であるが[215]、このことは、三頭同盟者に対して不親切な意向を示したことについての埋合わせではなかった。逆に、執政官職の任期中にカエサルを取り除くための法的根拠を作り出すという立法的措置が、それに続いて行なわれた。ポンペイウスの名のつく法の一つでもって、彼は五三年の元老院決議[216]を取り上げた。それによれば、かつて政務官だった人に与えられる属州は、執政官格の

ものであろうと法務官格のものであろうと、首都ローマでの職務を遂行した年のすぐ後に与えられてはならないというのであった。元老院決議の狙いは、官職立候補の腐敗を防止すること[217]にあったのである。ところが新法は、やがて明らかになったように、カエサルに対して振り向けることができた。というのは、今や、彼の属州についても、四九年の執政官たちが初めて〈彼の後任として〉自由に取り扱えるのではなく、五〇年三月一日以降ただちに彼に一人の後任を送ることができるというのであった。そうなると、カエサルは四八年の執政官職に就任するまで無官であり、したがって刑法的訴追の手の届くところにおかれるわけだった。

役職者の権利に関係するポンペイウスの今一つの法は、立候補者は自分で届け出なければならない、という規定を含んでいた。カエサルの友人たちは、ただちに、この一般的な表現が、カエサルの執政官職立候補についての民会議決に矛盾することを指摘した。それにもかかわらず、法はカエサルの特権に触れることなく、国民に受け入れられ［民会で通過し］、銅板に刻まれ、国の文書保管所に入れられた。ようやく後に追加として、ポンペイウスは、無論のこと国法的に何ら妥当性をもたない、関連の注［英訳の補では「カエサルを除外する」］を付け加えさせた。[218]

このようにして、カエサルの立っている法的地盤は全くひっくり返されたのである。ただし、国制を侵害して、その上に建てられた彼の権力は、年の経過とともに、自律性のある巨大なものに成長していて、前述のような政治的手段をもってしてはもはや手に負えないものになっていた。というのは、ローマでは当時、国法の有効性は、政治的な権力保有者の軍事力に基づいて確定される、という段階にまで至っていたからである。こうした点を見通して、ポンペイウスには、さらに五年間の属州スペインの命令権が委ねられたのである。そうすることで、国家の危機は、おそらく武力によって決着される公算が大きいだろうというまでになったのであった。[219]その間に、日常の政争における大事件としては、無政府《アナーキー》の事態に対する国家権力の勝利があった。それは、一連の訴訟において実現されたものである。まず四月八日、ミロに有罪判決が下った。[220]この人物は、国家のために大いに奉仕の実をあげてきた人として無罪宣告を受けるべきである、[221]という要求をカトーは押し通せなかったのである。そして、彼の弁護人キケロもまた、ミロは正当防衛だったと主張したが、[222]そんなことでは彼を救えなかった。すでに傷ついていたクロディウスを殺すべしとの命令を実際に下したのは、ミロだったからである。[223]それに加えてポンペイウスは、秩序回復措置に対するミロや彼の友人たちの反対に刺戟されて、そのためかえって判決に同意していた。[224]もちろんこれでこそ、いよいよカエサルの意向に適うのであった。しかしながら、それから形勢ががらりと変わりはじめた。クロディウスを打ち殺した一隊の指揮者が無罪放免になり、そこで今や一年中、訴訟が続くことになり、クロディウス派の人が一人ずつ有罪判決を下された。[225]われわれが耳にするのは、ポンペイウス自身ですら、告訴された人のために弁護しても無駄な場合があったということである。[226] この掃蕩の仕事においては、彼の目下の舅スキピオが、カトーやドミティウス・アヘノバルブスとともに先頭に立ち、引き続き仕事を任されたのである。この〝法廷の支配〟こそ、閥族派の勝利と、政治情勢の全くの変化をもっとも際立って示すものであった。今や、有罪判決によって、政治上の仲間たちもこのように厳しく層の薄いものにされてしまったので、そうした人たちをとらえたのは、ポンペイウスの裏切りに対する際限ない憤りの気持ちであった。たしかに、有罪判決を受けた人のなかで、完全な意味では追放にも値しないような人は一人としていなかった。それでも彼らは、これまで三頭同盟者と従属関係にあり、そこで今は、ひどく欺かれたと思わざるを得なかった。彼らの唯一の希望はカエサルにあり、一方、彼もやはりすべての人を受け入れたのである。[227] しかし、嵐がきわめて激しく吹き荒れたまさにちょうどそのとき、カエサルは彼らを全く援けることができなかった。というのは、五二年、ときはまだ冬であったのに、アルプスの彼方のガッリアに向かって急いだカエサルが、要するに、これまでに自分の創り上げたものすべてが、再び疑わしくなっていたのを目にしたからであった。

ケルト人の蜂起の拡大

ガッリアにおけるカエサルの権力支配の歳月が、被征服者の間に、いかに激しい憎悪の念を起こしていたかはきわめて歴然としてきた。この民族解放戦争の主人公は、カエサルがその好意を示すことによって獲得できたと信じていた連中であった。すなわちベルガエ人の地方では、アトレバテス族の指導者コンミウスであり、彼は以前、カエサルに対して大変重要な役割を果たした人物であったが、この人物がはじめから蜂起の中心人物であった。[228] それに、〈蜂起のリーダー〉ウェルキンゲトリクスも、アルウェルニ族の偉大な統率者であり、かつては、カエサルから友人の称号をもらって敬意を表されていたのである。[229] ところで、この間の事情は、やはりケルト人がローマにおける彼の立場についていかによく知っていたかということをも明らかにしている。クロディウスの殺害が知られてほんのしばらく経って、カルヌテス族が、ローマの商人やカエサルの穀物徴発委員までも斬り倒した。これらの人々は、カルヌテス族の町ケナブム（オルレアン）に滞在していたのである。[230] セノネス族の土地にローマ軍の本隊六個軍団がいたにもかかわらず、ただちにこの地で、大胆なドラッペスが義勇軍を集めて、〈ゲリラ部隊を作り上げ〉ローマ人の穀物調達を大いに悩ました。[231] ラビエヌスとしては、コンミウスの策動を謀殺によって終焉させようとした以外には、何ら手を打とうとしなかったが、その理由もこういうところにあったようである。[232]

五二年二月末、カエサルの帰還

王になろうとして数年前に殺されたケルティッルスを父に[233]もつウェルキンゲトリクスは、この機会を利用しようとした。アルウェルニ族の他の指導者たちの反対に対して、まず自分の国を揺り動かして戦争に導こうとしたのである。ウェルキンゲトリクスは王であると公告され、ただちに十指にあまる近隣の部族を自分の主導権に結びつけ、それを承認させた。やがて彼の名誉欲は、ケルト人の民族国家における王位を考えるまでに高まった。この理想は、カエサルがケルト人の国家群を、統一的に治められる一つのローマの属州という枠のうちに無理やり入れ、そうしてケルト人に、自分たちの民族的連帯感のみならず政治的団結をも意識させたことによって初めて可能となったのである。[234] 召集された同盟軍の一部を、ウェルキンゲトリクス自身がビトゥリゲス族（ベリー）に向かって率いてゆき、ビトゥリゲス族を保護する国家であるハエドゥイ族から、この人たちを解放した。[235] また別の一隊を率いてルクテリウスが南方に進軍し、古いローマの属州の国境まで蜂起を押し進めていった。[236] ついにカエサルが、二月の終わりごろアルプスの彼方に現われたとき、まさにローマの植民市ナルボに対する進撃をルクテリウスは準備していたところであった。それでも今は、属州屯田兵と、一緒に連れてきた新兵の軍団をもって、危険に曝された場所を占領することで、カエサルはこの動きに先回りした。さらに彼は、それからただちに、アルプスの向こうの属州でも、正規軍団を構成するための兵員を徴集しはじめたが、その新召集兵がローマ市民権をもっているかどうかなど顧慮することなく、新兵は軍籍に入れられた。このようにして次第に二二個の新大隊が、ケルト人の血を濃く混入した形で作り上げられた。[237]

アウァリクム

カエサルは、ちょうど手元にある屯田兵と新召集兵を率いて、雪の深いケウェンナ山地を越えるという不意打ちにより、オーヴェルニュ地方を脅かした。この示威運動によって、ウェルキンゲトリクスを故郷［このオーヴェルニュ地方］に退かせ、一人ただちにウィエンナへと急ぎ、ここから夜でも中断することなく騎乗し続けて、うまくラングルの近くに達した。この地方には、二個の軍団がはるか南方に宿営していたのである。[238] さて、彼がアゲディンクム（サンス）の近くで全軍を合体させている間に、ウェルキンゲトリクスは北方に軍を進め、ゴルゴビナの攻囲が始まった。この町は、カエサルによってこの地方に移住させられ、しかもハエドゥイ族の主権下におかれたボイイ族の中心の町であった。ウェルキンゲトリクスがこの町の占領に成功すれば、それは全ガッリアにとって、カエサルが自分の友人を守ることができない証しになるのであった。[239] 季節が季節であり、穀物の供給に非常な困難が伴ったにもかかわらず、以上のような理由で、カエサルはただちに進軍をはじめることを決した。また同時に、反逆者の粉砕によって、一層の蜂起拡大の熱望に水をかけようと思った。したがって彼は、まずケナブムに転じた。途中セノネス族の環状塁壁［『ガッリア戦記』ではオッピドゥム、城市、砦］を、早くも二日間の攻城戦の末、開城させた。ケナブムも、彼の攻撃に対して守備が整えられておらず、住民は夜のうちにロワール河の橋を渡って逃走しようとした。ところがローマ軍はそれに気づき、町のなかになだれ込み、その上、敵の大部分を捕虜にした。蜂起の口火を切ったこの町は、掠奪され、焼き払われ、カエサルは全戦利品を兵士たちに贈ったのである。[240]

次いで、カエサルはロワール河を渡り、ビトゥリゲス族の地に入った。この地を守るため、ウェルキンゲトリクスは、ゴルゴビナ攻撃［あるいは包囲］を断念して、すぐさまカエサルを迎え撃つことにした。ローマ軍はノウィオドゥヌム（ケナブムの南）という町の前にいた。ケルト人の先遣隊が姿を現わしたときには、ちょうど町は開城したところであった。ところが、これをみるや、町は再びその城門を閉ざした。しかしすぐに、それを悔やまねばならなかった。カエサルの雇っていたゲルマン騎兵四〇〇によって、ケルト人騎士が潰走させられたからである。カエサルは、今や――ユリウス暦のほぼ四月――アウァリクム（ブールジュ）、すなわちビトゥリゲス族の町、富裕でしかもきわめて堅固な首邑へと前進した。これを占領すれば、多くのことが期待できたのである。ビトゥリゲス族を掌中に収めていたのが、ウェルキンゲトリクスの勝ち得た成功の最たるものだったからである。[241] カエサルの期待が大きければこそ、この町を自分の方から進んで放棄してしまう気持ちにウェルキンゲトリクスは傾いていた。野戦ではローマ人をおそらく打ち負かすことは望めないという理由からである。彼の用兵上の計画は、穀物調達の可能性を奪うことによって、ローマ人を破滅させるまで苦しめるということにあった。そのために、攻撃に対してはは隙の多いあらゆる場所――そこには物資がいっぱい貯蔵されていたのだが――を何ら斟酌することなく破壊した。ひとりビトゥリゲス族だけでも自分たちで二〇の町を焼き払ったほどに、その土地の人たちをも、彼は意のままにできたのである。ただアウァリクムの破壊には、ビトゥリゲス族の人たちは同意せず、そのためにこの場所の防衛が取り決められた。[242]

ウェルキンゲトリクスは、野戦軍を率いて近くに留まり、心魂傾けてローマ軍の糧食の調発をぎりぎりまで妨げた。しばらくは、彼らローマ軍の間の飢えは大変なものだった。そこでカエサルは兵士に撤退を許したが、兵士たちが彼にはっきりと踏み留まることを促したので、その後、カエサルはどうやらなんとか思い切って攻囲を続けられたほどだったのである。この忍耐は、結局、豊かな貯蔵品を擁した砦の占領によって報いられた。兵士は憤激して、女、子供を問わず、自称約四万人の住民を殺した。[243] カエサルは、敵の力が今や崩れはじめているということに希望がもてたことであろう。しかし、その点で完全に思い違いをしていたのである。アウァリクムでの軍事的成功は、なんら政治的な収穫をもたらさなかったのである。

というのは、ウェルキンゲトリクスは、自分の兵士たちに、自分がアウァリクムの防衛に断じて反対していたこと、そしてそれに加えて、ローマ軍のおかれた立場は改善されていないことを指摘したのである。広い信頼の念に支えられて、彼は、新しい召集軍によって損害を取り戻すことを命令した。そこで使節によって、まだ遠くに離れている国家をうまく説得するのに成功した。まさにそのとき、ニティオブロゲス族（ガロンヌ河中流域）の王テウトマトゥスが、強力な騎馬の随員を引き連れてウェルキンゲトリクスのもとにやってきたが、この人物たるや、父親が元老院からローマの友人のリストに載せられていた人物だったのである。[244]

　カエサルにとって一番気がかりなのは、ハエドゥイ族もますます不穏な状態になっていたことであった。彼らはすでに、攻囲軍のための穀物供給に熱心ではなかった。[245] ところで、彼は次のような報告を受けた。すなわち、二つに分裂した選挙の結果、最高の役職のポストが二通りに任ぜられ、内乱が目前に迫っている、というのであった。数人の貴族が彼に仲裁を求めた。血で血を洗う闘争にあたり、弱い方の党派が、ウェルキンゲトリクスの援助を手に入れることが分かっていたので、カエサルは進軍を中止し、ハエドゥイ族の長老会議をデケティア（ロワール河畔のデシーズ）に招集した。仲裁裁定において、彼は、これまで有効であった慣習法を固守した。そして古いしきたりによりドルウィデス［ドルイド僧、古代ケルト人の祭司］の司会のもとで選び出されたコンウィクトリタウィスを、合法的な最高の役人《ウェルゴブレトゥス》［ハエドゥイ族最高の役人］として承認した。次いで、カエサルは、今こそ彼らが争いを水に流し去り、熱心に戦争に参加することによって、勝利の暁には多大な報酬を得るようにしてほしい、と自分の期待を表明した。それゆえ、彼としては全騎兵と歩兵一万を自分のために出陣させるように命令を下したのである。[246]

ゲルゴウィア、ラビエヌス

ハエドゥイ族の土地は、カエサルのその後の軍事行動のための作戦基地を形成するはずであったため、貯蔵穀物を全部ノウィオドゥヌム（ヌヴェール、ほぼデケティアから下流、同じくロワール河沿いの地）へと運ばせておいた。ここには、少数の守備隊に守られて、ガッリア諸部族の人質も、属州総督の金庫、軍用行李の大部分、イタリアおよびスペインで購入された新しい馬匹も残されていたのである。そこでさらに戦いを継続するために、自分の軍勢を分けた。カエサル自身は、六個軍団を引き連れてアリエ［昔のエラウエル河］の谷を遡って、ゲルゴウィア、すなわちアルウェルニ族の主要塞（クレルモン・フェランの南七キロ）に立ち向かい、一方、ラビエヌスは四個軍団を率いて、再びセノネス族およびもっと北方に居を占めていたパリシ族の土地（パリ）に侵入することにした。[247]

　カエサルは、ゲルゴウィアの前に到着してみて、この広大で、元来すこぶる堅固な場所、加えて優勢な兵力を擁したウェルキンゲトリクスの守る地点を攻撃することの困難さを、ひどく軽視していたことが分かった。これを奪取するには、包囲によってではなく、強襲による他なかった。しかしそれも、ただ周囲の事情が特別に恵まれた場合に初めて可能だったのである。[248] それでもそうこうするうちに、ウェルキンゲトリクスの使節が、ハエドゥイ族の間に長らく準備されてきた政治上の転回を引き起こすのに成功した。カエサルが現在占めている権力の座は、なんといってもこの国のおかげだったのであるが、ここにもたしかに、常にローマに敵対する強力な要素が存在したのである。その点は、ただドゥムノリクスのことを指摘するだけでよかろう。今や、これまでのローマの友邦たちも、反対側につくべき時がやってきたと考えた。他の陣営に移ることがまだ何か意味をもつかぎり、彼らとしても、ガッリア人の新しい帝国［諸領域＝部族国家を統合する上位の統治体としての国家］のなかで重要な役割を演じることが期待できたからである。このようにして、コンウィクトリタウィス自身が、民族運動の先頭に立った。エポレドリクスとウィリドマルス麾下の騎士は、当時すでにゲルゴウィアの前のローマの陣営のなかにあったが、それに対して歩兵は、これからこの地に連れてこられることになっていたのである。ウェルゴブレトゥス［ハエドゥイ族の最高の役人］と了解に達していたリタウィックスが、今や、この軍勢誘導の命令を受けた。ほんの二日の行軍距離ほどゲルゴウィアから離れたところで、リタウィックスは、騎士の二人の指導者が、判決言い渡しの形も取らずにカエサルによって反逆者として処刑されたのだ、という話をすることによって、一万の兵士にローマ軍に対する蜂起を呼びかけた。ただちに、ハエドゥイ族の縦列隊形の部隊の保護のもとゲルゴウィアへの大糧秣輸送を行なっていたローマ人たちは斬殺され、輸送品は掠奪され、そしてハエドゥイ族の故郷でも、この事例を範としてことを行なうように励まされた。それは、やはりすぐに実行された。この地方のいたるところで、ウェルゴブレトゥスの同意を得て、その場にいあわせたローマ人は殺戮されたり、奴隷にされたり、また所有物を略奪されたりしたのである。ローマの商人が多数居住していたカビッロヌム（カウィッロヌムとも。シャロン・シュール・ソーヌ）では、彼らは町から追い出された上で襲撃され、略奪され、反抗した者は包囲されて〈牢に入れられて〉しまった。[249]

歩兵部隊に何が起こったかを、ハエドゥイ族がゲルゴウィアの前で知るや、エポレドリクスはカエサルに報告して、ただちにそれに対する対策を講ずるように懇願した。即座にカエサルは決断を下し、四個軍団と全騎兵隊を率いて、ゲルゴウィアから転じ、一万人を捕まえ、謀反がはるかに拡大するのを阻止しようとした。この軍勢に直面するや、反徒は躊躇することなく投降し、ともかく決して処罰はしないというカエサルに従って、ゲルゴウィアに向かった。だが謀反の張本人リタウィックスは、ウェルキンゲトリクスのところに逃走した。この知らせがハエドゥイ族の土地に伝わったため、彼らの土地でも、拘留されていたローマ人が解放されたし、損害の償いに応ずる旨が言明された。また、ここで行なわれた暴力行為の赦しを請うために、カエサルのもとに使節が派遣された。カエサルは、無分別な群衆の行動は、彼らの共同体に対する自分の気持ちに何ら影響を及ぼすものではない、と表明することによって、使者たちの任務を果たさせてやった。[250]

ゲルゴウィアでの敗戦

ところで、このような寛大さは、アルウェルニ族に対する戦いの勝利に支えられてさえいれば、なんとか役に立つものになったであろう。ところが、その軍事的勝利が欠けていたのである。すでに、カエサルがほんのしばらく不在にした間に、敵は、あとに残した二個の軍団に襲いかかっており、彼らを窮地に追い込んだ。[251] カエサルは、自分としては全作戦を放棄せねばなるまい、と見て取った。しかし自分の戦線を巡回してみて、もう一度強襲の機会が見つけられると考え、自分の軍隊に、敵の防衛施設の人影のない部分への突撃をはじめさせた。だがいくつかの戦いで勝利を収めた後、この戦闘は文句なしの敗北に終わった。四六人の百人隊長と約七〇〇〇人の正規軍団兵の屍体が戦場を蔽うことになったのである。[252]

ハエドゥイ族の離反

たとえその後二日の間に、それ以上の損失なしで敵軍からの離脱が行なわれたとしても、カエサルの作戦の挫折は目前に迫っているように見えた。リタウィックスはただちに同盟軍の全騎兵を率いて、ハエドゥイ族の首邑ビブラクテ（ボーヴレイ山）に向かった。ウィリドマルスとエポレドリクスは、リタウィックスに相対するため家郷に送り返してほしいと要求した。カエサルは彼らの言を信用してはいなかったが、信頼の念を示すために、彼らを赴くがままにした。ノウィオドゥヌムにやってきたとき、両者は次のようなことを聞いた。ハエドゥイ族の国家は正式にケルト人の同盟に移ってしまい、使者がすでにウェルキンゲトリクスに向かう途中にあるというのであった。そこで、二人は、ノウィオドゥヌムのローマの守備隊と商用中の商人たちとを虐殺させた。金子と馬匹は彼らの戦利品となり、穀物のうち船で運ぶことのできないものを、ロワール河に投げ込むか、火にかけてしまい、ケルト人の人質をビブラクテに連れていかせることにした。カエサルが二度と利用できないようにするために、ノウィオドゥヌムの町そのものが焼き払われた。周囲から集まった民兵はロワール河の渡河点を占領し、ローマ軍への食糧の供給を切断するため、ケルト騎兵がいたるところで巡察していた。カエサルは飢えて倒れてしまうか、あるいは少なくとも旧属州に退却させられるかという瀬戸際に立たされていた。[253]

それにもかかわらず、勝利の経験豊かな大将軍《インペラトル》は、このような危難のなかにあっても、軍略上の計画を捨てなかった。それは、退陣のために考えていた計画、つまり再びラビエヌスと合流するという案であった。昼夜兼行の急進軍で、ロワール河に達し、幸運にも全軍浅瀬を渡し、その地方で必要な備蓄物資を調達し、さらにセノネス族の地域に進軍した。やがてこの地、アゲディンクムの少し南方で、ラビエヌス軍との合流にも成功した。ラビエヌスは、自分の方からセーヌ河を渡っていたが、その後カエサル撤退の知らせを受けてすぐさま踵を返し、北方の諸国家の召集軍に対して一勝をあげたのち、アゲディンクムに向かって切り抜けてきたのであった。[254]

ウェルキンゲトリクス、ディジョン付近で敗れ、アレシアで包囲される

ハエドゥイ族の離反とノウィオドゥヌムでケルト人の人質を捕らえたことは、もっとも重大な意義をもつ出来事であった。さて、全ガッリアの会議がビブラクテに招集されたとき、アクィタニア人を除けば、今回も会議に参加しなかったのは、ほんの少数のケルト人部族だけであった。不参加の主なものは、とりわけローマに忠誠を保っていたレミ族とリンゴネス族、それにゲルマン人と闘わねばならなかったトレウェリ族などであった[255]。全列席者の投票によって、ウェルキンゲトリクスが新たに同盟軍の最高司令官として承認された[256]。彼は、カエサル軍を、戦うことなく兵糧攻めにするという自分の計画に固執したが、同時にハエドゥイ族と旧属州の他の近隣諸部族は、その旧属州に新たに攻撃を仕掛けるように決められた。また彼が望んだのは、一〇年前、ローマに一度ひどく打ち破られたアッロブロゲス族が、大解放運動に与することであり、その代わり、彼らに全「アルプスの彼方」の地方の主導権《インペリウム》［統治権］を約束した[257]。だがしかしカエサルは、ちょうどその地の貴族のなかに無条件で忠実な味方をもっていたので、この期待は外れてしまった。そういうわけで、アッロブロゲス族は、一兵もローヌ河を越えさせなかった。それに引き替え、他の点では事態はきわめて深刻であった。ケウェンナ山地を越えての敵の進撃は成功した。そこには二二個の新たに召集された大隊が、長い国境線に沿って散らばっており、カエサルが自分で救援に赴かなければならなかったほどであった[258]。

敵が新たに戦いの準備をしている間に、カエサルは、リンゴネス族の土地において、自分の勇敢な軍団に、与えられて当然な数週間の休息を認めた[259]。属州から、いやイタリアからも軍勢の補充は全く都合がつかず、しかも敵ははるかに優勢な騎兵を意のままにできたので、ライン河の彼方からゲルマン騎兵をさらに多数来援させた。その比類のない戦闘価値を、カエサルは、この戦争の最初の戦闘で認めさせられていたのである[260]。ウェルキンゲトリクスの兵力は、その間もっと南方に集結し、彼は、環状塁壁で囲まれたマンドゥビイ族の城砦の町アレシアを防御の拠点として整備した[261]。旧属州に近づくために、カエサルは全軍をセクアニ族の地に向けて進めた。そこに向かう途中、ディジョンの近辺にやってきたとき[262]、ウェルキンゲトリクスは、数においてはるかに優った騎兵でもって、長い輜重縦隊を襲おうと決心した。というのは、彼は、正当にも、このカエサルの撤退は決してガッリアの最終的な放棄を意味するのではないと言って、行軍を阻むか、あるいはそれどころかローマ人に屈辱的な潰走をさせ、彼らの輜重を放棄させるまでにしてしまうことを望んだのである。ケルト人の騎士たちは、この案で勇気づけられ、高らかに誓いを立て、ローマの縦隊を馬で二度まで突破することをしなければ、なんぴとも故郷に戻りはしない、と言明した。彼らは、前方と左右から同時にぶつかってきたが、ローマ人はこれを見事に撃退し、結局、ゲルマン騎兵が右翼において高処を占領し、敵軍を散々にやっつけて潰走させ

たので、やがて残兵も攻囲されることを恐れて四散してしまった。[263]

この全く予期もしなかった敗北が軍隊の士気に及ぼした影響はきわめて大きく、ウェルキンゲトリクスは、どうしてもアレシアに戻らねばならないと考えた。しかし今やカエサルが、電光石火、事態の変化をしっかり見抜き、すでにその次の日、一七キロの長い帯をなした攻城堡塁でもって、難攻不落の要塞を囲みはじめた。ウェルキンゲトリクスは、全同盟軍を救援に動員せよ、という命令をもたせた騎兵を辛うじて脱出させることができた。こうして戦線は永久に閉ざされ、非常に緊張した数週間のときが流れた。その間、今度は、四三の国家［部族］の兵士がハエドゥイ族の土地に集まり、コンミウス、ウィリドマルス、エポレドリクスと、ウェルキンゲトリクスの従兄弟ウェルカッシウェッラウヌスの共同の指揮権のもとにおかれた。他方、カエサルは、この連中を防ぐために、内側の封鎖施設線のまわりに第二の帯たる防御施設を造った［内側の町の守備隊と外からの救援軍に対して］。結局三〇日以上が経って、アレシアではもはや穀物の貯えが底をつき、ローマの陣営でもますます窮乏がひどくなったとき、大決戦の火蓋が切られた。[264]

ケルト援軍の敗北、ウェルキンゲトリクスの降伏

決戦は、第一日目には騎兵の戦闘で始まったが、またもやゲルマン人のすさまじい勇猛さのおかげでローマ側の勝利に終わった。平穏な一日が過ぎたあと、内からも外からも同時に、ローマの堡塁の環が攻撃されたが、どこも破られなかった。四日目の正午頃、最後の突撃が行なわれ、そのために、攻囲されたアレシアの人たちも、ガッリアの救援軍も、自らのぎりぎりの力をふりしぼった。壮絶な戦いの末、今度もローマ軍が勝利者になった。大救援軍は、七四の軍旗を失った末に潰走した。その翌日、ウェルキンゲトリクスは降伏した。カエサルは、武器の引き渡しと指導者たちを差し出すことを命じ、堡塁の上に法廷を設けて待ち受けた。[265]ウェルキンゲトリクスは、堂々と馬にまたがって現われ出て、カエサルの前で黙ってひざまずき、かつての友人として勝者の寛恕を願った。それを見ていた人のなかには心を動かされた者もかなりいたが、それでもカエサルは厳しい態度を持し、裏切りを詰問した。かくして、この大反逆人は、その不遜さの報いを受けねばならなかったのである。大将軍《インペラトル》は命令して、ローマの慣習に従って、凱旋式およびそれに次いで行なわれる処刑のため、彼をしっかりと拘留させた。ただし、カエサルがようやく凱旋式を挙行することができたのは四六年になってからだったため、この不運なケルト人の民族的英雄は、六年もの間、ローマの牢獄で死を待っていなければならなかった。[266]

二万人のハエドゥイ族とアルウェルニ族とを分離しておいた上で、〈残りの部族の〉捕虜は奴隷として兵士に分配された。カエサルは、この二つの強力な国家には、その部族民を返したのである。[267]それどころか、自由な同盟者という昔の地位を再びハエドゥイ族に与えたのだが、この地位は、実は彼らの他には忠

実なレミ族とリンゴネス族だけしか保持していなかったものだった。[268] そして、アルウェルニ族が人質を多数提出したのに対しては、カエサルは彼らに寛大な服属条件を課した。彼らは自由と認められた。すなわちローマは、その土地固有の体制の問題には介入しなかったのである。[269]

五一年最後の諸戦闘

この両主導部族［ハエドゥイ、アルウェルニ両部族］の優先的な取り扱いにより、多くの面でその目的とするところが十分に達成された。彼らは、民族問題を捨て去り、あらゆる点でカエサルに対して、彼の望んだような役割を果たした。戦争は決して終わったのではなかったから、このことはきわめて重要であった。たしかに、統一されたケルト人の帝国という危険は片付けられ、ローマでは二〇日間の感謝祭をそのために祝うことができ、それは、かつてのいかなる祭りよりも正当なものとされた。[270] しかし反乱を起こした土地を、まだ彼が属州総督職に就いている間に帰順させることができるかどうかは、切実な問題であった。ケルト人の指導者たちは、ローマの事態を十分にわきまえており、カエサルの軍指揮権はおそらく五〇年には終わりになるということまで知っていた。[271] 少なくともその時まで、散らばっているローマ軍に対して小規模な戦闘を戦い抜き、カエサル退去の後、自分たちが自由を主張するのは不可能なことであろうか？ このような計画を芽のうちに摘んでしまうために、カエサルはこの冬、再びビブラクテの本営に留まった。[272]

五一年の新年度のはじめ（改正された暦では一二月はじめ）、軍勢が陣営に入るや否や、彼は、二個軍団をもってビトゥリゲス族とその近隣部族の治安を回復することが必要だと見て取った。この地方はあまりにも迅速に占領されたので、反抗は不可能であった。そして、彼らが寛恕を請い願ったとき、この連中にも恵まれた条件が与えられた。[273] 彼らの国家も、やはり〝自由国家〟の一つとなったのである。この冬の遠征に参加した兵士たちは、再び冬営地に戻ってくる前に、兵士は二〇〇セステルティウス（五〇デナリウス）、百人隊長は二〇〇〇セステルティウス（五〇〇デナリウス）という特別の報酬を受けた。[274] カエサルは、四〇日間不在にしたのち（改正された暦で一月はじめ）再びビブラクテに引き返したが、すでに一八日後には、裁判を行なっていた最中に、カルヌテス族に対して自分たちを援助してほしいとビトゥリゲス族に呼び戻された。二個軍団をケナブムへ移すことによって、〈カルヌテス族の〉この動きもすぐさま鎮圧され、住民は周辺の諸国に逃走しなければならなかった。[275]

さて、ベッロウァキ族とその他二、三のベルガエ人の国家が戦争の準備をしているのを、カエサルはレミ族から聞き知った。そこでただちに、これらの連中に対して四個軍団を結集させた。彼らは、コッレウスとコンミウスの指揮の下ですこぶる巧みに戦ったので、すぐにカエサルは、さらに別の二個の軍団まで来援させねばならなかった。だがそれにもかかわらず、二回、三回と痛烈な敗北を蒙った。そこで、四月末（改正された暦で）にはルキウス・ドミティウス・アヘノバルブスのようなローマにおける彼の政敵たちが、カエサルの不運がもっと大きくなることにひそかな期待さえ抱いたほどであった。[276] しかしながら、それも一つの交戦での勝利――この戦いでコッレウスも戦死してしまった――で、突然終止符が打たれた。今や、ベッロウァキ族の使節は、責任をすべて倒れた指揮官に転嫁することにして、卑屈な様子で赦しを切願した。カエサルは、このような逃げ口上は自分には役に立たないと述べたが、それ以上に罰を下すのは断念した。そのことにより、その他の蜂起したベルガエ人を即刻降伏させることにもなった。人質の提出と並んで、もちろん、これらの国家には、彼らのこれまでの不忠実さに見合った貢税が課せられた。[277] ベルガエ人の地（ベルギウム）の鎮定で、残された課題のうちのもっとも難しい部分が解決した。カエサルは、ガッリアの事態がどういう具合であるかを示す証拠として、北イタリアに一個軍団を移すことで十分だと感じていた。[278] 彼の副司令＝総督代理たちが、ロワールの流域地帯およびブルターニュ、ノルマンジーの諸部族を、またその他方で、東方においてはトレウェリ族を、元のように服属させている間に、彼自身はまず、憎むべきアンビオリクスの帰還を全く不可能にするために、エブロネス族の地方をもう一度荒廃させる作戦の指揮を執った。それからカエサルは、新たに屈服させた地方の大部分の土地を自ら訪れ、よく考え抜かれた寛大さにより、いたるところで住民の間に安堵感を広めることができた。あのようにひどい誤りを犯したカルヌテス族においてさえ、彼は、ただ一人の指導者を処刑するだけでよしとした。[279]

最後の容易ならざる戦闘が、ウクセッロドゥヌム（ドルドーニュ［ドゥラニウス］河畔のピュイ・ディソルー［オルティス河畔説が有力］）の砦をめぐって繰り広げられた。そこでは、ドラッペスとルクテリウスが、カエサルの退任まで持ちこたえようとしていたのである。そのような事態にならないようにするのが、彼にとっては大事だった。したがって、盛夏にもまだ自ら戦場にあったが、間もなく水を断ち切ることによって、町の明け渡しを迫った。[280] 今回は、情け深さより残忍さの方が、彼にはより適切なように思えた。そのために、武器をとった捕虜全員に対し、殺しはしなかったけれども、その手を切り落としたのである。カエサルが、今後起こる一層の反抗をすべてどう取り扱うかを、人々は全ガッリアで耳にしたばかりでなく、その目で見ることになったのである。ドラッペスは投獄されたまま自殺した。ルクテリウスは差し当たり逃亡できたが、やがて親ローマ的な一人のアルウェルニ族の人によって、処刑のためカエサルに引き渡された。[281] 冬になってもまだ、ベルガエ人の地、すなわち自分の故国で闘い続けたのはただ一人、コンミウスだけだったが、彼もやがて生命の保証と引き換えに財務官のマルクス・アントニウスに降伏した。[282] カエサルは、結局アクィタニア人の地をも自分で実地に知ったのち、軍隊には冬の陣営を設営させた。この年もやはり、彼はアルプスを越えて〈イタリアに〉来ることなく、次のようにすることで足れりとした。すなわち、数日の間ナルボネンシスを旅行し、そしてここでは、前年の困難なときにもその忠誠を示し、それによって最終的な勝利にあのように貢献した人たちすべてに気前よく報酬を与えたのである。今や、このような人たちは、自分たちが望んでいたものなら何でも手にすることができた。金銭、反逆者の没収財産、各共同体における名誉ある地位などがそれである。[283]

ガッリア・コマタ

ところでその後、カエサルは、ネメトケンナ（アッラス）の本陣で冬を過ごし、今やこの地方の秩序・組織をしっかりしたものにした。まずは、ローマの血盟の友ハエドゥイ族保護の名目で正当化した戦争、つまり自由なケルト人の土地での戦争により、幾年かの年が経過するとともに、五〇万平方キロの地域が占領された。戦争指揮の際に示したような専断さで、彼は、今やこの地に国制まで付与した。あらゆる国家のローマに対する関係が定められ、ハエドゥイ族、レミ族、リンゴネス族のような対等の同盟者とはみなされていなかった国には、貢税が最終的に正確に決められたのである。これから後、毎年、長髪のガッリア（ガッリア・コマタ）［アルプスの彼方のガッリア］から取り立てられることになったものの総額は、四〇〇〇万セステルティウス（一〇〇〇万デナリウス）に上った。数字の少なさが目立つことについては、土地がすさまじく枯渇した状態にあったことが理由とされている。[284]人々の評価によれば、この戦争において、武装能力のある者の三分の一がローマの剣の下に倒れ、三分の一が捕虜・奴隷になってしまったという。八〇〇以上の集落が力ずくで征服され、その際、大部分が破壊され、広汎な地域が徹底的に掠奪され、荒廃に帰した。[285]カエサルが、戦利品・調発品・軍税としてこの土地から吸い上げた富は数字に表わせないが、実に巨額に上っていたに違いない。彼自身が、崩れていた自分の財産の状態を回復したことなどきわめて微々たることにすぎず、自分に奉仕した人すべてに対して金をばらまいたのであるが、その気前のよさは止まることを知らなかった。自分たちの大将軍《インペラトル》に対する兵士たちの熱狂的な心服ぶりも、その一部は、カエサルが自分の軍隊の業績を認めた印として示した、あのすばらしい報酬によっていたのである。しかしなんといっても、もっとも多くの額の金を飲み込んだのは、政治的な結びつきに違いなかった。キケロといえども、カエサルが、多額の財産で手を貸した数多くの元老院議員の一人にすぎなかった。[286]彼の腹心や高級将校たちはすべて、目立つほど、しかも非常に憎まれるくらい富裕になり、またガッリアの本営に滞在することによって、首都における自堕落な生活、あるいはいかがわしい生活から立ち直った若者の数は、常にかなり多かったのである。[287]五二年の末、ティトゥス・ムナティウス・プランクスが、この年の護民官として無政府的な策動において目立った働きを示したため、大粛清事業で有罪判決を受けた。そのとき、彼はラウェンナに旅行し、カエサルから与えられた巨額の贈与［年々の給付金？］によって、その地で生きることになった。[288]このようなことに加えて、ローマおよび属州での人気取りのために年々増加する費用が、途方もない額に上った。すでに、新しい広場（フォルム・ユリウム）のために必要な土地は、一兆セステルティウスにも及んでいたのである[289]。イタリアやガッリアの旧属州、スペインやギリシアや小アジアなどのかなりの数の都市に、彼は建造物を寄付した。同盟君主に戦利品としての奴隷を送ったり、あるいは傭兵（おそらくケルト人[290]）を融通したりした。主として、ケルト人の聖域――そこには幾世紀にもわたって聖なる奉献によって貴重な宝物が積み上げられていた――を掠奪することによって、以上のことを行なうための巨額の資金が調達されたのである。イタリアには、このような黄金がまさしく氾濫しているといった状態であり、その当時一ポンドの金貨が四〇〇〇セステルティウス（一〇〇〇デナリウス）にあたっていたというのに、一ポンド（三二〇グラム）の黄金が三〇〇〇セステルティウス（七五〇デナリウス）で売りに出された[291]。

　カエサルが、ガッリアの住民をこのような状態にしてしまったので、彼らは――四六年に今一度奮起したベッロウァキ族を除いて[292]――一〇年以上もの間、どのような反抗も不可能なほどであった[293]。それに加えて、いかなる国家においても、より多くの報酬を受けた党派の人たちだけしか統治の舵をとれなかったことは、注意するまでもない。ローマの大政治家として、カエサルは、新属州に対する「ローマ国民の支配《インペリウム・ポプリ・ロマニ》」［いわゆるローマ帝国］が最終的に確立したことを示すことができた。何日も続く感謝祭の挙行が幾度も決議されたことによって、この業績は公の承認を得たわけである。すでに五六年、キケロは、このことを雄弁な口調で賛美していた。

これまでわれわれはガッリアには狭い小道――つまり、スペインとの陸上の結びつき――を所有していたにすぎなかった。しかもそこは、敵意ある、遺恨を抱いた、野蛮な、そして好戦的な諸部族の充ちた土地であり、ローマの支配《インペリウム》にとって不断の脅威となっている。それにもかかわらずこれまでは、だれも、あのガイウス・マリウスでさえも、彼ら全体との戦争などあえてしなかった。ただ個々の攻撃を防いだにすぎなかったのである。だがカエサルは、全ガッリアがローマの支配下に入るべきである、という見解をもっている。だから彼は、これまで人が名前も知らなかった地方に押し入り、そしてローマの国境線を大西洋にまで移していったのである[294]。

　そして五五年、キケロは、カエサルによる戦争遂行をまたもや称揚して、次のように言った。すなわち、今やもうアルプスはケルト人に対する防壁をなさず、またライン河の流れはゲルマン人を防ぐものでもない、しかしたとえ山々が沈み、流れが涸れることがあろうとも、イタリアは今やカエサルの勝利によって保護されている、と[295]。カエサルその人は、その『戦記』のなかで、このような調子を打ち出してはいない。彼は、その遠征を、もちろん常に、すこぶる危険な攻撃計画や占領計画を防ぐための必要やむをえざる処置として理由づけている。しかし、その勝利と、被征服者に対するローマの支配が勝利で確立したことをもって、彼は、自分に民会議決が委ねてくれた義務を完全に果たしたことを示している。このように、自分の行動を自明のように正しいと述べる才能は、彼の天才のもっとも重要な特徴のように見える。それにもかかわらず、彼にとっては ガッリアの占領が、ことの成就した暁には休息できるような究極の目標では決してなかった。休むには、ローマにおける政治的な立場が、あまりにも危険になっていたのである。そこでは、彼には今なお困難極まりない闘いが迫っていた。こういったことを予想して、彼は、ガッリアの軍隊を一つの道具に鍛え上げたのである。それは、今までまだローマの大政治家がもったことのないようなものであった。そしてそれに加えて、自分の政策のための資金を調達する彼の才能は、同じように先例のない独特なものであった。五一年秋以来、彼は、再び完全にローマにおける政治に立ち向かうことができたのである。

ローマでは、反対派が、不撓不屈で彼を失脚させる仕事をずっと続けていた。ともかくそのなかのもっとも危険な人物マルクス・カトーは、この年の執政官に選ばれるのに成功はしなかったものの[296]、その能力と道徳的に身を保持する点でもっとも閥族派《オプティマテス》たるにふさわしい人物マルクス・クラウディウス・マルケッルスが[297]、カトーの代わりにこの職を勝ち得て、同じプログラムを遂行した。それは、カエサルからできるだけ早く軍指揮権［命令権］を奪い取り、次いで私人としての彼に有罪判決を下すことによって、その危害を取り除くという計画であった。カトーは、いつもことあるごとに言明していた。「自分は、彼を、軍隊解散後ただちに訴えるであろう」と。そして、カエサルは、ミロのように、召集された強力な兵士たちに守られた法廷に召喚されて、弁明しなければならないであろう、という噂が飛んでいた[298]。

『ガッリア戦記』全七巻

自らローマの町に赴くことなく四八年の執政官職に立候補できることを認めた五二年の民会議決をもってしては、カエサルは、このような危険をただ部分的にしか防ぐことができなかった。というのは、属州統治についてのポンペイウスの新しい法によって、カエサルが五〇年三月一日から四九年一二月二九日まで、自分の属州を所有していられるかどうかが問題になっていたからである。ただセンプロニウス法とコルネリウス法しか適用されなかった五五年においては、このことは、暗々裡に、当然のこととされていたのであるが——。さて、元老院は、その間、ポンペイウスの両スペインの執政官代理＝属州総督職の任期を延長し、一方、ポンペイウスは同時に第三次執政官職にも就任していた。たとえルカの協定が全く私的な性格のものであったとしても、キケロの五六年の演説がわれわれに教えているのは、それ以降いかに、政治において、その際に結ばれた結合を計算に入れねばならなかったかということである。しかし、そのなかでももっとも根本的に重要な点の一つは、関係者の完全に同等な権利であった。最近は、その行動が、以前の信頼にそれほど沿わなかったとしても、やはり、これまでのところ、ポンペイウスはまだ友人の仮面を捨ててはいなかったのである。そのようなわけで、五六年のようにこの危機も和らげられるかどうかは、やはりある一つのことを試みるか否かにかかっていた。そこでカエサルは、五一年はじめに元老院で提議を行なった。それは、自分の執政官代理職もポンペイウスの場合と同じように、四八年に期待されている執政官職の承認のもとに延長されるべきであるという提案であった[299]。もちろん、ユリアの死、コルネリアとの婚約以来、ポンペイウスとの関係は弛み、こういう面からは支持はほとんど期待できなかった。しかしカエサルは、どうあってもポンペイウスの後塵を拝しまいと心に決めていた。ガッリアにおける行動によって、カエサルはローマの政治において、ある地位・声望《ディグニタス》を獲得したので、このような〈厚かましい〉要求をしたのも、名誉毀損《コントゥメリア》に耐えることができないという意味がこめられていた[300]。噂では、彼は繰り返し次のように言っていたようである。

自分は市民のなかの第一人者《プリンケプス・キウィタティス》［国家の指導者］であるから、自分を第一位から第二位に落とすのは、第二位から最後の位に引き落とすよりも難しい[301]。

そして、彼の考えでは、彼の正当な権利を認めなかったのは、頑迷固陋な政敵の一味徒党だけであった。彼らが元老院を支配していたことは、〝国制に悖る寡頭政《ファクティオ・パウコルム》〟［直訳すれば、少数者の徒党］だったのである[302]。元老院議員が、ただ自由に判断を下しさえすれば、彼に多数票が入るのは確実だったであろう[303]。そのために必要な根拠となるものを彼らに与えようとして、カエサルは自分から申し出て、ただちに『ガッリア戦記』七巻を公刊した。

これは、彼が以前元老院に送った遠征記録を要約したもので、人に深い感銘を与える記述であった。そして、最後の大反乱に対する輝かしい勝利を、二〇日間の感謝祭で祝うという元老院決議をもって締め括っている[304]。ひとに恐れられていたあのケルト人の広い豊かな土地が、七年の戦争によってローマ帝国［＝支配・統治圏］のために新たに属州として獲得されたのであるが、この記述は、この歳月の戦争だけに限定して、きわめて客観的な姿勢をとりつつ、執筆者が欲したように事物を見るべく、先入観のない読者を呪縛してしまうものである。記念碑的な単純明快さというこういった形式に無縁であったキケロでさえ、この点はただただ賞めるしかなかった。すなわち、「歴史記述においては、虚飾のない、明るい簡潔さより好ましいものはない」と[305]。

われわれのこれまでの叙述においては、〈カエサルの〉客観性の背後に意図が隠されていることがしばしば指摘された。だれでも、そんなことは当然だと思うであろう[306]。しかしそれだからといって、彼の作品を弁明文だとしてしまっては、本質的なものを見誤ることになるのではなかろうか。この記述は〈弁明文としても〉、自分たちの執政官代理が、任務の遂行に身をすり減らして、ローマの名誉のために、いかに途方もない困難さを克服したのか、また彼の軍団がどんなに英雄的な偉業を、危険でしかも数において常にはるかに優っていた敵を相手にして成し遂げてきたか、それらを、驚嘆しながら共に経験してもらいたいために、ローマ人に向けて記されているのである。土地や人について、それを彷彿させるような叙述と、大胆な敵の統率者の遠大な計画についての微に入り細を穿っての描写は、帝国［＝統治・支配圏］に対するすさまじい脅迫、またそれに打ち勝ったカエサルの功績を読者が正しく評価するようにさせたので、ただ悪意のある者か、あるいは愚鈍な者しかそれに難癖をつけることができないのである。耐えがたいような不遜な調子で、ガッリアにおけるローマの古い権利にあえて反駁したアリオウィストゥスが、「ローマのきわめて上流の人たちは、カエサルを除去してくれたと言って、自分に感謝するだろう」と嘲笑的に指摘している箇所では、ローマにはりめぐらされていた陰謀術策の卑劣さが、ただの一度で暴露されてしまっている。[307] ちょうどウェルキンゲトリクスに勝ったのち、カエサルがいかに少ししか休息できなかったかを想起するならば、アウルス・ヒルティウスがこの著作の速やかな完成について表明している驚きの念を、初めて本当に理解できるであろう。おそらく計画ははるかに古いものだったろうし、前の方の巻はすでに概略が書かれていたのだろう。だが、波瀾万丈な出来事についての第七巻の記述だけでも、人々を驚嘆させるのに十分である。この天才の精神的活力は、とどまるところを知らなかったように思える。

　それにもかかわらず、ローマにおける政敵は、自分たちの意図について〈その方針を変更すべきか否か〉思い惑ってはいなかった。カエサルの死後、あるときキケロが述べたところでは、カエサルの天才のすべてが、自由な国家を自分の支配欲に服属させるという目的のみに尽くしたという。[308] たしかにカエサルは決して、真正の国家について、また真正の大政治家についてキケロの著書のなかで求められていたような「第一人者《プリンケプス》」［指導者］ではなかった。[309] それだけに、閥族派に属する生粋の「第一人者たち《プリンキペス》」は、彼の要求が自分たちの生活の核心にいかに触れるものであるかを、いよいよもって感じたのである。

五一年の執政官マルクス・マルケッルスによるカエサル召還

　四月（改正された暦、ユリウス歴の三月）に、マルケッルスは元老院の集まりを主宰しなければならなくなったが、そのとき、カエサルの要求に関連して、国家の情勢全般にわたって報告すべく、布告によって元老院を招集した。そして彼は、ちょうど――この局面としては、本当に意地悪く（本書一四〇頁以下をみよ）――カエサルに二〇日間の感謝祭を与えることになったアレシアの勝利の通知を利用した。すなわち、マルケッルスは次のような意見を表明したのである。

　この戦争は今や終わったのである。だから、軍隊は解散しなければならない。カエサルの執政官職立候補についての民会議決は、ポンペイウスによるあの後の法律によって無効になっている。そこでただちに一人の後任を取り決めることができるのだ。[310]

もちろん、その同僚で有名な法律家セルウィウス・スルピキウス・ルフスは、内乱の恐ろしさを元老院の目の前に示すことによって、マルケッルスに反対した。これまでの革命における権力所有者はまだ新人であったが、将来の革命では、彼らの残酷さはもっとずっとひどいものになるだろう、というのであった。[311]しかしマルケッルスの提案は、とりわけ、五五年のポンペイウスとクラッススの法のなかに含まれていた審議差し控えについての約款に悖るものであった。かくして、カエサルのために働いている護民官たちは、拒否権の発動を告げ、元老院の大多数は議決に応じなかった。[312]他方では、それでもってカエサルの願いは却下され、元老院は、ノウゥム・コムムへのカエサルの植民者に、ローマ市民権を認めないとするマルケッルスの声明［むしろ提案］に同意した。これは、カエサルの属州における彼の権威に対して痛烈な一撃を加えるものであった。というのは、カエサルは、ポー河の北の都市共同体に住むラテン人を、いつもローマ市民として扱い、彼らを自分の正規軍団のための兵士として徴集していたし、なお、次第にコムムに入植させたり、あるいは植民者のリストに載せたりしてきた五千人の植民者をも、ローマ市民とみなしていたからである。そこで、カエサルのために働いていた護民官たちは、この元老院決議に拒否権を発動した。したがって、たとえ決議をマルケッルスが記録にとどめさせたとしても、それはなんら国法的に効力をもたないことになった。[313]

イタリアでは、事態がこのように推し進められることによって大変な騒擾が生じた。カンパニアでは、カエサルはこういった取り扱いに甘んじないであろう、と噂されていた。つまり、ポー河の彼方の人たちを確実なものにするために、彼は、これまでラテン市であった町すべてに、ローマの自治市の制度を導入する命令を出していたというのである。[314]これは、もちろん、全く根拠のない噂にすぎず、カエサルは当時、ベッロウァキ族との戦争で多忙をきわめていた。だが執政官のスルピキウスもまた、このような状態のもとでは、新しく任ぜられたシリアとキリキアの執政官代理＝総督、すなわちビブルスとキケロが、パルティア人に脅かされている属州のために、イタリアで軍隊を召集するのが不可能である、と表明した。元老院はこの年の間中ずっと、このような見解に固執していた。クラッススの敗北以来、東方におけるローマの戦力では、勝利者［パルティア人］の激しい攻撃に太刀打ちできない有様であり、帝国の名誉を守るためには強い態度を示すことが求められていたのであったが。[315]

ポンペイウスはタレントゥムにあり、[316]したがってローマにおける以上のような事態の成り行きには関与しなかったらしい。つまり、噂では、彼はまずスペインに行こうと思っていたのである。もちろん、万一カエサル側からひどい危害を加えられるような場合には、喜んで助けることを約束してはいたが、カエサルに対する公然たる敵対行為からは身を遠ざけていた。[317]したがってマルケッルスは、今はじめた総攻撃を差し当たりはさらに進めはしなかった。(318) しかし六月、われわれにはよく知られていない事件であるが、コムムの一市民に対して懲戒権《コエルキティオ》を行使できるチャンスが与えられたとき、マルケッルスは、あの拒否権発動があっても、それは国制を全く変化させたのではないことを今一度厳しく示すために、懲戒権を利用したのである。その上、コムムの町の役人にまでなったという人物を笞で打つよう命じた。これは、もっとも荒っぽい形でのカエサルへの挑戦であった。当時の支配的な見解では、ラテン人は、法的にではないが事実上は、懲戒権の適用の点で他の外人とは区別されるべきであったからである。アテナイでこのことを聞いたキケロは、これは、ポー河の北の人の保護者としてのポンペイウスの機嫌をも損なうに違いない、と不同意の手紙を書いた。(319) そういったわけで、カエサルは、〝蛮人の侵入に対してローマ植民市を保護するために〟という半ば公的な理由付けをして、北イタリアに一個軍団を移すという形でこれに答えた。(320) それにしても、ポー河の彼方の人たちの問題をめぐっての両派の態度の差は、両派の特徴をこの上なくよく示すものであった。一方は、古い状態に適合する法的立場に無意味に固執しているのに対して、他方は、将来の政治活動に役立つ力を求める鋭敏な嗅覚があったのである。

ポンペイウスは、アリミヌムからスペインへ一部隊を連れていこうとして、アリミヌムに向かう途中、七月二二日、ローマの近くにやってきて、元老院の会議に出席した。ちょうどそのとき、彼の軍隊に対する俸給のことが議題となった。そこでただちに、五三年のはじめにカエサルに貸した軍団についての報告を求められた。ポンペイウスは、その返還を要求してみると約束したが、カエサルの政敵の望みに従ってそうするのではないということを仄めかした。ガッリアの総督の後任の件に関しては、話のなかで、すべて元老院に従わなければならないということを、自分の意見として述べた。元老院が望んだのは、しばらく経って、ポンペイウスの出席しているところで、この件が諮問されることだった。(321) ところが会議の妨害や会議への出席率の悪さが、八月と九月にことを行なうのを妨げた。とはいえ、カエサルが属州と軍隊を保持しながら執政官に就任することにポンペイウスが反対しているのは、広く知れ渡っていた。そこで、ポンペイウスの舅のスキピオが元老院で意思表示をして、五〇年三月一日にガッリアの両属州についての報告が行なわれるべきである、とした。(322)

五一年九月二九日、元老院での討議

九月末に、元老院はようやく審理できることになった。ポンペイウスが何を欲しているかははっきりしていた。五五年の執政官の法の条文によれば、五〇年三月一日以前には、カエサルの属州について何も取り決めることはできないが、それ以後は、彼の退任の邪魔になるものは何もなかった。(323) したがって、元老院が決議したのは、「三月一日から、まずただ執政官格の属州についてのみ審理すべきである。すなわち、一一個の自由

になる属州のうち、どの二つの属州が執政官格の人に委ねられるべきかについて討議されるべきである」というのであった。[324]そして、この決議の実施に対する拒否権の発動は、国家的利害に反するものとされたのである。[325]さらに担当の政務官が、カエサルの退役兵士の動員解除について元老院に報告するようにとの指図を受けた。[326]最後に取り決められたことは、どういう風にして五〇年に、残りの九個の属州が、法務官格の人によって占められるべきかということであった。[327]そこで、口に出しては言われなかったが、それは国法的には論駁の余地のない形で、翌年、両ガッリアも、再びそれぞれ分離されて、新しい総督に（おそらく、あとで四九年にそうなったように、「アルプスの彼方のガッリア」は執政官格の人に、「イッリュリクムを含むアルプスの此方のガッリア」は法務官格の人に）所属すべきことが、はっきりと決められた。

カエサルの反対の準備

〈三月一日と区切る〉第一の決議に対しては、拒否権発動の余地がなかった。[328]しかし、その他の三つの決議に対しては、ただちに幾人かのカエサル派の護民官が拒否権を発動し、そのために、これらは法的効力を発しないままだった。もっとも、このことはあまり意味をもたなかった。三月一日以後、再び拒否権が発動されるならば、それは元老院に対するカエサルの反逆ということになるだろう、とポンペイウスが言明したからである。またそうした場合には、たしかにずっと前から、元老院の権威は自分が守ると約束していたのであった。今一度ポンペイウスに問いが発された。もしカエサルが執政官となり、しかも軍隊を手元に保持しようと欲するならば、どうなるだろうか、と。そこで、ポンペイウスは答えた。「何だって。私の息子が棍棒で私を殴るというのか？」と。

要するに、カエサルの忠実さについて外見だけは信頼している格好をとり、そのような事例など全く考えられないとしたのである。その間、耳を傾けていた人たちがこの発言から察知したのは、今や本当のところは、すでに十年目に入っているポンペイウスとカエサルの結びつきがもう破れているということであった。[329]圧倒的な力をもつ両執政官代理の衝突を回避するための唯一の打開策は、パルティア戦争のように見えた。そこで、平和を守りたいと考えている人たちの側から、ポンペイウスもしくはカエサルにこの課題を任せたいという声が即座に強く出てきた。実際、シリアの征服者ポンペイウスは、たしかにこのために打ってつけの人物であり、こういった趣旨で、自分からもキリキアのキケロに手紙を書いた。それに対して、元老院における反カエサル派の人たちは、自分たちの保護者を、どうあってもイタリアから去らせようとは思わなかった。そのために、この打開策は全く現実性のないものになったのである。[330]

カエサルにとって、五一年九月二九日以降、事態は全く明らかであった。彼は屈服するつもりはなかったから、ポンペイウスやポンペイウスと結んだ寡頭政派に対する、一筋縄ではいかない闘いをするための準備をしなければならなかったのである。したがって、できるだけその地位を強固なものにするために、今や全手段を動員しているのがみられる。カエサルに対する政敵のとりわけ手厳しい一撃は、元老院がカエサルの兵士の動員解除について判定しようとしていることであった。カエサルは、今回限りのこととして、その軍団兵の俸給を二倍にあげ、またことあるごとに彼らに加俸と特別手当てを与えることによって、この危険を取り除いたのである。[331] ガッリアでの戦争が終わっても、召集は続けられ、軍需品は準備されていた。[332] ローマの民衆は、先に述べた建造物（一一九頁以下）によって良い気分になっていたし、そのうえさらに、カエサルの帰還にあたり、亡き娘の追善供養のために開催される予定の大規模な催し物の準備によって、ますます上機嫌になっていた。彼が高級食料品店と取り結んだ契約や、彼の家での準備の様子が取り沙汰され、それに、彼の腹心の人たちは、元老院議員であろうが騎士であろうが、どういう風に剣闘士競技のために剣闘士を訓練すべきかを詳しく指示された手紙を受け取った、ということなども噂された。またイタリアとガッリアの自治市や植民市、スペイン、アジア、ギリシアの都市共同体にも彼は建造物を寄付し、同盟君主には、可能なかぎりのあらゆる好意を示した。一〇〇〇人の捕虜を贈与された人もいれば、軍勢を融通してもらった人もいる。彼は、なんらかの理由でローマにいられなくなった人すべてにとっての避難場である、ということが、繰り返し伝えられていた。彼は、負債のために全く希望を無くしている人たちに向かって、彼らを再び助け起こすために内乱は必須であるということをもう秘密にはしていない、という噂が立てられていた。[333]

それでも、カエサルが本当にこのように言ったかどうかは、すこぶる疑わしい。というのは、当面の権力の配置状態では、戦争は全く不確かな冒険にすぎず、できるならやはり、外交的・政治的手段による解決の方が望ましかったからである。カエサルに対する現在の物量的な優位性は、寡頭政とポンペイウスとの同盟に基づいているのであり、その結びつきが粉砕された場合しか、外交的・政治的な解決が成立しないわけだったので、反対派の関心は、当然、逆の方向に向かったのである。しかし、両極の間には、有力な諸勢力がまだ活動しており、平和を守ろうとして、決着を付けるのを引き伸ばすような妥協を目指して努力していた。それは間接的には、カエサルの役にも立ったわけであり、戦争を回避しようとする彼の努力を見込みの無いものにはさせなかった。

五〇年の護民官ガイウス・スクリボニウス・クリオ

翌年に迫っている重要な政治上の闘争のために、カエサルは、予定執政官の一人ルキウス・アエミリウス・パウルスを確保するのに成功した。しかも、九〇〇万デナリウスを下らない出費をもってである。この金でパウルスは、中央広場《フォルム》の上にアエミリウスの公会堂《バシリカ》を新築［正しくは再建］する準備を整えることができた。[334] 今一人の予定執政官のガイウス・マルケッルスはといえば、カエサルの姪の娘オクタウィアの夫であったが、[335]

断固たる閥族派に属する人物であった。それでもパウルスよりはるかに重要なのは、護民官ガイウス・スクリボニウス・クリオの獲得であった。輝かしい才能をもち、道徳的な先入見に全くとらわれないこの政治家は、若かりしころ、父と一緒にきわめて激しくカエサルに対して闘ったことがある。それにもかかわらず、五一年夏、護民官のポストを狙ったとき、この人物は今やカエサルのために尽くす用意があった。しかし、自分に提供されるものがあまりにも少ないのを見て取ったので、寡頭政の戦士たるべく手筈を整えた。他ならぬそのとき、カエサルがもう一度手を差し伸ばしたのである。今回は、手回しよくクリオの負債――二五〇〇万デナリウスといわれていた――をことごとく支払うことを引き受けたので、はるかにうまくいった。[336]カエサルは、この人が、自分の抱える問題をきわめて巧妙に処理してくれる援助者であると分かったのである。五〇年二月末まで、クリオはまだ閥族派として振る舞い続けていたが、そのとき、閥族派の領袖たち［指導者］との不和が、彼のカエサルへの寝返りを世間に弁明できる機会を与えてくれることになった。[337]

カエサルの命令権をめぐる闘争

さて、三月一日に執政官格の人の属州についての審議がはじまったとき、きわめて激しい闘争が生じた。クリオが、自分のもつ拒否権を無敵の勢いで堅持したので、一時的にも平穏な状態に戻ったのは、ようやく五月末のことであった。[338]まず執政官のガイウス・マルケッルスは、ただちにカエサルの属州に後任を送るべきだとの動議を出して審議にかけた。クリオはそれに同意を表明したが、それと同時にポンペイウスも属州と軍隊を放棄すべきであるとする要求を討議に付した。これは、法的には根拠のないことだった。というのは、五二年にポンペイウスの執政官代理職は正式に五年間延長されていたからである。だがそれだけにますます、この要求はそれ自体として、政府を守るためのいかなる常備軍システムにも馴染みのなかった共和政の伝統と公正さを示しているようにみえた。それゆえ、クリオは大変な人気を獲得した。[339]彼はもちろん、カエサルの指示で行動したのである。したがって、カエサルは、ガッリアにそのままおかれることによってポンペイウスと同等の地位に立つ、という勝ち目のない要求は撤回した。しかし、同権の原則には、ひるむことなく固くしがみついた。[340]カエサルが権原（法律上の権限）としたのは、将来執政官職への立候補の際、自分で届け出る義務をカエサルに免じたあの一〇人の護民官の議決であった。[341]この議決の効力が認められたならば、軍隊と属州を引き渡したのちも、形式的には、都市ローマに足を踏み入れるまでその命令権は続くわけだった。カエサルは、不在のままでも執政官に選ばれることができるし、執政官となれば法廷に召喚されず、[342]ただポンペイウスが軍隊を保持してさえいなければ、将来にわたっても自分の権利を主張できる手段や道を見つけられると期待しても大丈夫だった。もちろん、今や政敵は、民会議決の法的妥当性に異論を唱えた。それが、ポンペイウスの官職関係の法によって無効になっているかどうかの決着は、最後は、力関係にかかっていた[343]。そこでそのためには、ポンペイウスがカエサルと同時に軍隊と属州を引き渡すまでにしてしまうのが肝要であった。長年の経験によってカエサルが知っていたことであるが、武装解除させられたポンペイウスなど恐れる必要はなかった。だが閥族派に属する政敵も、カエサルと同じようにこのことをよく承知していた。そこで彼らは、カエサルの提案が[344]、ただ奸智をこらしてかけられた罠にすぎないと見て取った。その代わり、この提案は、新しい内乱を恐ろしがっていた人ならだれでも納得できるという点では、適切なものであった[345]。また元老院の多数派もそう思っていることが、ますますはっきりしてきた。カエサルが反対派を、自分たちの意向を他の人に強要する少数派であるとみなしたとするならば、カエサルは全く正しかった[346]。そこで平和が続くかぎり、反対派があえて最後の手段をとらないということも、まだありえることであった。というのは、カエサルは、自分にとっては、生命よりも名誉《ディグニタス》の方がずっと上にあることに、何ら疑いを差し挟んでいなかったからである。カエサルは、戦争勃発後も、このことをポンペイウスに思い出させていたほどであった[347]。

このような状態において、ポンペイウスと元老院は、不公平との非難を和らげるため、カエサルは、その属州を一一月一三日まで引き渡さなくてもよろしい［一一月一三日に引き渡すべきだ、すなわち退位すべきである、とある］ということを、カエサルに認めてやった。この譲歩では、彼を四九年いっぱい無防備の状態におくことになり、それでは、彼は救われないというのをよく知った上でのことである。したがって、クリオとしてはやはり少しも手を弛めなかった[348]。

この間、東方から再びパルティア人に関して、容易ならざる報告が届いた。そこで元老院は、増援部隊としてシリアに二個軍団を送ることを決議した。ポンペイウスは、それに対して解説を加えて、自分とカエサルがそれぞれ一個軍団を引き渡すことにより、それはもっとも簡単に行なわれる、と提案した。それにしたがって即座に元老院が決議したのであった。ところで、ポンペイウスは、自分が五三年にカエサルに貸した軍団（一二二頁）を自分のものとみなしていたので、実際はカエサルが、二個軍団だけ弱体化させられるわけだった。カエサルはこれに応じたが、軍団兵のすべてに二五〇デナリウスの餞別をやり、あとは、新補充兵によって、ここに生まれた間隙をすぐさま満たすことができたので、やはり北イタリアに一個軍団を配置し続けていた[349]。彼がその当時、いかに綿密に、ローマにおけるあらゆる事の成り行きを追っていたか、またいかに自分の政治の糸を自分でうまく操っていたかということは、キケロに関係のある些細な事件が明らかにしてくれよう。ちょうどその頃、大体、四月末頃だったか、元老院で、キケロのキリキアからの勝利の報告と、そのために感謝祭を祝ってほしいという彼の希望が審理された。クリオは、自分の計画がこのことによって撹乱されてしまうのを恐れたので、これに反対した。もっとも、バルブスがそのとき彼に、カエサルの友人がそんなふうに扱われるようなことがあれば、それはカエサルを侮辱することになるであろうと注意した。そこで、感謝祭が決議されたのち、ただちにカエサルは祝辞を書いた。そのなかで、カトーが下劣な忘恩的な態度で祝祭に反対投票をしたことを、とくに強調している。[350]

執政官格の人の属州の問題が、さらに一層論議されていた間に、ポンペイウスは重い病でもう政務に携わることができなくなった。[351] このような状態のもと、五月の終わりにクリオは、討議をうまい具合に終了させるのに成功した。マルクス・マルケッルスは、元老院で提議を行なった。討議交渉をして、護民官が譲歩してしまうように決めてしまうべきである、としたのである。そのとき会議に出席していた人の間で、この提案は大多数で否決され、クリオの拒否権がそのまま有効とされた。別の言葉で言えは、属州と軍隊を引き渡さないままカエサルが立候補することを、元老院が認めたのである。[352]

サッルスティウスの第一回覚え書き

日常の政治的関心は、今や選挙問題へと移った。監察官《ケンソル》の選挙にあたりカエサルが満足を覚えたのは、彼の舅ルキウス・ピソが、今は公然たるポンペイウス派であるアッピウス・クラウディウスの同僚になったからである。このことによって、カエサルに対する敵愾心が効果的に働くのを防ぐ防波堤を築きたかったのであろう。[353] 将来の護民官のなかから、カエサルは、自分の信頼できる財務官代理のマルクス・アントニウスとクィントゥス・カッシウス・ロンギヌスを、クリオの適切な後任役として手に入れた。[354] その反対に、執政官職の選挙に彼の立てた候補者、副司令のセルウィウス・スルピキウス・ガルバは、ガイウス・マルケッルスとルキウス・レントゥルス・クルスに敗北した。後者レントゥルス・クルスが法外な負債を抱えているので、結局やはりカエサルによって彼が買収されるのではないかという疑いを呼び起こしたとしても、両者の当選は、寡頭政派が小躍りして歓迎することだった。[355] ルキウス・ピソはやはり、自分の上にかけられた期待を満たすには、あまりにも快楽主義者でありすぎたし、同僚アッピウス・クラウディウスが、自分の自由裁量でもって、元老院と騎士層から都合の悪い分子を取り除いてしまうのをなすがままに任せた。ところでそれは、この場合、主としてカエサル派に打撃を与えることだった。ただクラウディウスが、在職中の護民官クリオまで思い切って攻撃したとき、ピソが執政官のアエミリウス・パウルスと一緒に干渉した。しかしそれにもかかわらず、結局そのとき、クラウディウスが、判決を少なくとも元老院で読み上げることになった。そこで、クリオが監察官のトガを引き裂くといった乱暴な格闘沙汰になったのである。一方このとき、のちに歴史家として名声を博した人物で、五二年に護民官として、ミロに対する闘争において目立った働きを示したガイウス・サッルスティウス・クリスプスが、元老院の議席を失った。[356] サッルスティウスは、今や、含蓄に富んだ覚え書きをカエサルに提出した。[357] そのなかで、どぎつい色合いで、ポンペイウスを取り囲む寡頭政派の一味徒党の耐えがたい恐怖政治を描き出し、すぐさまこの窮境に手を差し伸べてくれるように、大将軍《インペラトル》に切願している。その際カエサルは、自分の名誉を守るだけで足れりとしてはならず、根本的な改革によって、再び国民と元老院とが国制に則った自分たちの使命を果たせるようにしなければならない、そうしないならば、カエサルは、ローマ国民の力を衰えさせるという恐るべき責任を負わねばならない、とするのであった。それに反して、カエサルがこの仕事を完成するならば、地上では、彼より偉大な人物、彼より有名な人はいないことになろう、と[358]。この文章が、われわれにとってとりわけ興味深いのは、キケロの政治哲学的な著作とは違って、サッルスティウスが現実的な諸提案をしているからである。つまり、

> 現在の名門貴族《ノビリタス》のもっている是認されない権力と、金銭の支配は打破されなければならない。そうすることによって、古いローマ人の国家が、その尊厳さの点で再び甦るのである[359]。
>
> 国民の腐敗堕落は、新市民を採用することによって食い止めるべきであろう。新市民は、植民市で旧市民と混ぜ合わされて、健全な、軍事奉仕の能力のある市民団を形成するのである[360]。
>
> また、民会での投票においては、五つの財産資格によって分けられた各クラスの票が差別なく同等の効力をもつべきであり、法廷は、第一クラス全体から選ばれた人でもって占められるべきであり、元老院では、その成員の数が増加され、秘密投票が実施されるべきである[361]。

古風なスタイルで近寄ってくる、このような進言を受け取って、カエサルが一体なにを考えていたかは、われわれには分からない[362]。根本的な傾向としては、この発言は、ただ彼の気に入るものであったとは言えよう。しかしキケロと同じように、サッルスティウスは、次のような事実を全く見逃している。それは、その当時においては、問題となっているのはもはやただ共同体国家ローマの国制ではないこと、古い機構ではもはや充分でない帝国統治の課題が、何よりも解決されねばならないことだという点である。カエサルは、のちに利用するために、この才能ある人物に目を付けておいたが、差し当たりは、まだそういった将来の諸計画に関わり合えるほどの状態にはなっていなかった。

次の重要な選挙戦では、あの有名な雄弁家ホルテンシウスのト鳥官のポストの後任が問題となった。そこには、ルキウス・ドミティウス・アヘノバルブスとマルクス・アントニウスの対立があったのである。九月の末、この件に関しては、またもやアントニウスの勝利となり、カエサルの熱狂的な政敵「ドミティウス」は落選して、大層立腹した[363]。

カエサル、ポンペイウスが同時に退任することを求める

カエサルは、ちょうどこの頃、北イタリアに向かってやってきた。彼の言うところでは、マルクス・アントニウスを自分の属州の自治市や植民市のローマ市民に推薦しようと思っていたのである。それも、今ではもう必要なかった。その代わりに、彼としては、諸都市の巡歴をして、そこの市民に向かい、彼らの執政官代理［カエサル］が彼らのためになしたあらゆることを、翌年の執政官選挙においても憶えておいてくれるように訴えたのであった。筆舌に尽くしがたい熱狂的な歓呼の声を挙げて、全共同体が、この地方の最高の役人を華やかに歓迎して敬意を表した。その歓声は、属州がいかなる気持ちをもっているかという点に関して、寸毫も疑いを起こさせないものであった。[364] カエサルはどうあっても軍隊を解散させないだろうという噂が、ローマには流れていた。つまり噂とは、一〇月一五日に四個軍団がプラケンティアに到着するであろうというようなはっきりしたものであった。[365] だがもちろん、そのようなことはなかった。北イタリアには一個軍団しかおらず、それどころかちょうどその当時、カエサルは、トレウェリ族の土地で、その他の八個軍団の閲兵を挙行していたのである。それは、彼らを解散して、ベルガエ人の土地とハエドゥイ族の土地で冬の陣営を張らせるためのものであった。その他に彼はもちろん、新たに召集されておそらく古い属州にあった二二個の大隊をも擁していたのである。[366] 北イタリアにおいて武力で脅迫しても、カエサルの意図しているところには何の役にも立たなかったとすれば、前述の噂は全く彼の目論みを誤解したものであった。政敵が激すれば激するほど、カエサルは自制して、適切な、そして異論のない態度で世論をわがものにしようとしたのである。[367]

他方では、ポンペイウスはナポリで病から回復した。そのために、イタリアのあらゆるところで感謝祭が催され、ポンペイウス自身も旅行中に熱狂的な忠誠の誓いを受けた。[368] このような人々の気持ちを頼りにして、ポンペイウスは元老院に一通の手紙を寄せ、そのなかで、自分およびカエサルの功績を数えたてて、彼のかつての友人で舅たる人物が長い征旅の末に、ローマでそれ相応の栄誉を受ける以上に好ましいことはないと述べた。自分自身は、五二年にカエサルの力添えなしに自力で執政官職に就任したのだが、今はすでに、〈元老院の〉求めに応じて、与えられた期限が経過する前に執政官代理職を退任する用意がある、と言うのだった。それにもかかわらずクリオは、この友好的な調子に同意せず、ポンペイウスのみせかけに対して意地悪い攻撃を加え、次のようなカエサルの提案こそ争いの唯一至当な解決であるとして、それを提出した。提案は、両執政官代理［カエサルとポンペイウス］が同時にその兵士を手放すべきである、なぜならば、そのとき初めて国家は自由になり、国家自体が主権者［自分の運命の主人］となるからである、というものであった。[369]

このような、いつも繰り返されるお決まりの提案は、平和を得たいと思っていた市民の大部分の目には、国法的な矛盾と見えるもの——執政官代理が、護民官職の助けを借りて、国制に

かなった政府の公然たる意志に反対するということ――を背後に押しやってしまった。カエサルはまた、一〇人の護民官の議決で約束された特典を廃棄することによって、〝国民の贈り物〟を自分は奪われるのだということを忘れずに強調した。それゆえ、一二月にブルンディシウムからローマに旅したキケロは、この月の一七日に手紙を書いて、「自分は、戦いよりもカエサルに譲歩する方を選び取らないという人をまだ見出せなかった」と言っている。[370] しかしその上、提案は形としては、まだカエサルの本当の要求に適う性格をもっていた。というのは、彼の政敵が、いかなる軍隊をももはや自由にできないとするならば、自分の古参兵を信頼している民衆派的戦術の大家［すなわちカエサル］としては、確実に勝利の希望をもてたからである。その第二次執政官職は、国家を自分の意のままに整えられる地位を、彼に与えることになるであろう。[371]

それに対してポンペイウスは、昔ほどは、譲歩する気になっていなかった。というのは、アッピウス・クラウディウス（監察官の甥）、すなわちパルティア戦争のために決められた二個軍団を、元老院に委任されてイタリアに向けて率いてきたクラウディウスが、「カエサルの軍隊の士気は、全く劣悪だ」と報告したからである。[372] なおそれ以上に、言いたかったこととして、カエサルの将校のなかで最高の人、法務官代理の権限をもつ彼の副司令＝総督代理ティトゥス・ラビエヌスに、大将軍《インペラトル》カエサルは、当時ガッリア・キテリオル（此方のガッリア）を管理させており、そうすることで、カエサルがその地からうまく執政官職の選挙運動を行なうことができたにもかかわらず、そのラビエヌスが、すでに寡頭政派の領袖たちと、自分が寡頭政派側に移ることについて相談していた、ということがあった。ラビエヌスは最近、大きな要求をするようになっており、カエサルが、このところ目立って、より冷淡な態度で接してきたことに耐えられなかったのである。[373] 近づきつつある決着のときを期して、ポンペイウスは今や再びローマ郊外の邸宅に入っていた。[374]

ポンペイウス、パルティア戦争の軍団を引き受ける

滔々として大きくなりつつある平和を求める動きに直面しては、カエサルの反対派も、自分たちの考えている方向にことが展開して行くようにするのが必要だと思った。執政官のガイウス・マルケッルスは、一二月に元老院の会議を司会しなければならなくなったとき、監察官のアッピウス・クラウディウスとクリオの争いを利用して、元老院にこの政治家クリオについての意見を求めようとした。だがクリオが、平和を愛する元老院多数派を巧妙に取り扱うことにより、議論は執政官が望んでいたのとは異なった方向に転じた。結局クリオが、一体だれが二人の執政官代理の同時の辞任に賛成であるか、その点についての票決を実施したとき、三七〇人の元老院議員がこの見解に与することを告白し、ただ二二人が反対しただけであった。クリオが、この成功のために民衆から歓呼して迎えられたにもかかわらず、マルケッルスは会議を閉じ、翌日には、拡まった噂に

基づいて、カエサルの進軍に対する元老院の処置を要求した[375]。クリオによる反対がまたもや効を奏したので、マルケッルスは、二人の予定執政官および同じ意見をもつその他の同志とともにポンペイウスのもとに出掛けて行き、元老院によって正当化されたのでないが、国家保護のための大権をポンペイウスに委ねた。そしてとくに、当時カプアの兵営にいたパルティア戦争用の二個の軍団に対する命令権を、それ以上の兵士召集の権限とともに、ポンペイウスに与えた。ポンペイウスは、その要請に従った[376]。キケロは、一二月一〇日、カプアへの道で彼に会い、ポンペイウスから次のことを聞いた。

戦争はもう必至である。カエサルが、私から全く遠ざかっているからだ。一二月六日の夕方にはヒルティウスがローマにやってきたが、自分を訪問してくれなかった。そして、バルブスが、七日早朝メテッルス・スキピオ（ポンペイウスの舅）と懸案の問題を相談する約束をしたが、もう前の晩ヒルティウスは再び帰路についていた。

その上、キケロは、親友アッティクスへの手紙を次のように結んでいる。

私は、カエサルが、このことをぎりぎり決着を付けねばならぬところまで追いやるほどに分別を失っているとは信じたくありません。というのは、彼が見境なくなれば、あえて書きようもないほど多くのことが起こるのではないか、という心配があるからです。

とはいえ、やはり彼はまだ和解を期待していた[377]。たしかに事態は、執政官とその後任の人たちの専断的な処置によって、すこぶる重大なことになっていた。クリオはきわめて鋭くそれに抗議し、一二月一〇日、護民官職の満了後ただちに、カエサルのもとに赴いた[378]。

意思疎通、不可能となる

カエサルは、アルプスの此方のガッリアに帰っていた。新しい事態に対応して、その地の軍団をラウェンナに集め、きわめて穏密裡に、アルプスの彼方のガッリアの二個軍団と二二個大隊に対し、イタリアへの進軍命令を下し、それ以外の三個軍団には、ポンペイウスのスペインの軍勢を防ぐため、ガッリア・ナルボネンシスの地に駐屯するよう指示した[379]。しかしそれと並んで、戦わずして目的を達するために、実際、八方手を尽くした[380]。このような態度に、ますます彼の長所が見られる。実は、内乱において味方を選ぶ必要があるとしても、これまでとってきた政策の結果として、彼は、ほとんどただ一人の尊敬すべき人との結びつきすら当てにできない状況にあった。ここで、彼の大政治家としての軌道における、悲劇的な葛藤が複雑になりはじめたのである。若年のとき以来、閥族派に対する闘争において、カエサルは、決して一連の古い統治者クラスの人たちのなかで本当の信頼を勝ち得ることはできなかった。彼のもとで奉仕した名門貴族出身の副司令の二、三は、あまり重要でない人物であった。内的確信から彼の味方をし、彼と一緒に彼の仕事のために闘おうと用意していた友人を、自分の同身分の間には持たなかった。これは、この連中の我欲とか無理解に基づくだけではない。やはり彼をもっとも深い所で彼らから分けたものは、彼らの目から離れない彼の過去に関する道徳的悪評であった。この人たちは、彼の本質のデーモン的なところに、なにか気味の悪いもの、見透すことのできないものを感じとっていたのである。それは、彼らが本能的に毛の逆立つような気になる類いのものだった。というのも、相続によって得た、国家における支配者としての地位を護持するということが、カエサルにあっては、どうしても彼らにおけるような自明の生き方になっているわけではない、とこの連中が感じたからである。ポンペイウスがついに他の領袖たち《プリンキペス》［指導者、第一人者たち］より優りたいという権利の主張を断念してしまうまでは、彼らは同じ本能から長らくポンペイウスをも疑っていた。古いスッラ派としてのポンペイウスは、カエサルの同盟者であったときでさえ、一時的な疎遠にもかかわらず、常に多種多様な個人的な関係を保持しており、それゆえカエサルは、『内乱記』の第一巻で辛辣に注意の言を発して、次のように言っている。

ポンペイウスは、カエサルの政敵に扇動されていて、他の人間が位階・威信《ディグニタス》の上で自分と相並ぶのに耐えられなかったので、カエサルとの友情にすっかり背を向けて二人の共通の政敵と和解していたのである。もっとも共通の敵といっても、それは、姻戚関係を結んでいたあの時代に、その大部分を、彼自身がカエサルにもたらしたのであった。(38)

これに関しては、カエサルの執政官職のとき以来、閥族派の指導者たち《プリンキペス》への懸け橋が壊れていたというのは正しい。なるほどカエサルの軍隊とその百人隊長とは、固く結合した従属関係を形成していた。それは、これまでローマの政治家がどうしても政治闘争に投入できなかったような類いのものである。それに加えて、彼の学校で教育されて有能さを発揮したより上級クラスの将校がいた。また、カエサルに無条件の献身的な奉仕をし、最大の信頼を勝ち得て、彼から託された政治上の用務を遂行した騎士身分の人たちもいるにはいたが、古い支配者層、つまり名門貴族や元老院身分からは、カエサルは決してそのような類いの助力者を得られなかった。クリオのような有能な人は、買収されたとしても、最後の最後まで奉仕しようという気はなく、カエサルと張り合おうと思っていたのである。これらの人物が、どのように計算していたかを、すでに九月には、五二年の閥族派の護民官マルクス・カエリウスが、キケロへの一書簡のなかで率直な調子で言っている。

私の考えるところでは、武器に訴えることなく政治的に闘われるかぎり、人間は内輪の争いにおいてはより立派な側に立たねばなりません。しかし戦争となり、そして陣営にくるや否や、より強い側に与し、より確実な方をより良いものとみなすということ、そのようなことからあなたも免れないでしょう。この相克にあたって私が目にするのは、グナエウス・ポンペイウスが、元老院と法廷の成員を自分の側に持つだろうということ、不安な状態にある人、そして悪い見通ししか立たず〈希望もなく〉生きている人がすべて、カエサルに結びつくであろうということ、また軍隊の優劣は比較できないということ、これです。いずれにせよ、ただ、双方の力を考慮し、それから去就を決めるのにはまだ十分な時間がありましょう。[382]

カエサルはもちろんこういったことを的確に摑んでいたが、両戦線へ兵力がこのように割れることは、彼にとっては決してどうでもよいことではなかった。カエサルが執政官としてすでに進んで元老院と提携しようとしたように、今回も元老院を取り込もうとして闘った。この権威に反対されることが、ローマにおいていかなる意味をもつかということを、彼は知っていた。自分の威信《ディグニタス》を保持することができさえすれば、そのためには戦争を避けたいと欲したのである。というのは、実のところ、彼の陣営には次のような人が集まったにすぎなかったからである。政治生活においてこれまでに難破してしまったような類いの人、すなわち破産者、大負債者、被追放者、面目をつぶされた人、彼を利用して急速に出世しようとした信頼のおけない野心家、約言すれば、閥族派の隠語では、適切にも「悪者《インプロビ》」［下賤・不逞の輩。つまり良き人士《ボニ》（良識の士）に対するもの］と呼ばれた人たち、あるいはキケロの友人アッティクスが辛辣にも洒落て言ったように「黄泉の国の者たち」［亡霊ども］である。彼の勝利に人が期待したのは、やはりキンナの下におけるような国家の領袖の虐殺、スッラの下におけるような富裕者の財産没収、全負債の帳消しと、あらゆる亡命中の犯罪者の帰還などであった。[383] ポンペイウスも意見を表明した。かつての舅カエサルは、自分のはじめた企てを完成することもできないし、また自分の到着に賭けることで惹き起こされた民衆の期待を、自分自身の力だけでは満たすこともできないので、すべてを紛糾状態に陥らせようと思っているのだ、と。[384] このような恐ろしいイメージがその眼前に浮かび上がってきたので、持てる諸階層は、ポンペイウスのなかに救いを見つけたのである。しかし、はるかに彼らに好ましかったのは平和であった。元老院における最近の出来事は、元老院議員と騎士の間で激しい非難を巻き起こし、一般に彼らはカエサルの言う条件を受け入れることを求めたのである。キケロの判断では、元老院の大多数、国家事業請負人、金融資本家、農業経営者は、ただ仕事の進行が乱されさえしなければ、カエサルの支配を喜んで耐え忍ぼうと思っていたのである。[385]

平和保持の最後の試みの数々

カエサルの腹心の者が、いかに一二月六日まで反対者側と接触していたかを、われわれは知っている。カエサルはヒルティウスの報告を聞いたのち、この手下の人たちに、新たに腹をわった提案をさせた。「アルプスの彼方のことを断念し、執政官職に就くまでは二個軍団に甘んじる用意がある」と。

そうなれば、カエサルの執政官立候補の特権が守られ、寡頭政の連中から武装準備の口実を取り上げることができるであろう。しかし、反対派の連中が恐れていたのは、まさしくその執政官職に他ならなかったのである。それゆえに、カトーの考えに従って、彼に返答がなされた。「国家は私的な契約の対象にされないであろう」と[386]。同時に、一二月一〇日、護民官職に就任したアントニウスは、元老院少数派とポンペイウスの行動を、容赦せずに摘発した。アントニウスは布告を出して、そのなかで二個軍団をシリアへ即刻急派することを要求し、ポンペイウスの召集に人が応ずるのを禁止した[387]。アントニウスは大演説を行ない、一二月二一日、ポンペイウスを、とくにその第三次執政官職の間の彼を、市民的自由の抑圧者と述べた[388]。総じて今、カエサルのプロパガンダが倦むことなく繰り返したのは、カエサルに対する個人的憎しみに凝り固まっている小グループによって、国家が暴力を加えられているということであり、自分としては、元老院と民会に代わって自由な意思表示をしてやっているのだ、ということであった[389]。このようにして相変わらず望んでいたのは、世論を喚起して反対者の信用を失わせ、彼らを窮地に追い込んで譲歩させることであった。

カエサルに対する四九年一月七日の元老院決議

四九年一月一日に、新執政官のルキウス・レントゥルスの司会の下に開催されるはずの、すぐ次の元老院の会議のために、カエサルは、自分の申し出を今一度、一通の公の書簡のなかに要約し、その文書をクリオが[390]持参した。国家に対する自分の功績を列挙したのち、国民が自分に認めてくれた特権の保持――それによって、彼は少なくとも選挙に勝つまで自分の属州を保つことができた――、あるいは全ての軍司令官が軍指揮権を同時に手放すことを要求したのである[391]。すでにこの手紙を読み上げることは、護民官アントニウスとカッシウスによって強要されていたに違いない。しかし、レントゥルスは、この提案について報告せず、国家の現状全体について報告した。その上で、元老院は圧倒的多数でもってスキピオの提議に同意した。それは、「カエサルは一定の日までに軍隊を解散すべきであり、さもなくば、国家の敵とみなされる」という提案であった。彼の特権は失効と認められたのである。彼はといえば、夏に、本人がローマに現われて、執政官職に立候補しなければならず、市壁《ポメリウム》を越えることによって命令権を失うであろうし、そこで、次の半年の間に、政敵の手により、彼らが大変熱望していた〈合法的な〉刑事訴訟手続きへと身柄を引き渡されることになるのであった[392]。両護民官はただちに拒否権を発動したから、そうすることによって生み出された事態についての審理が、一月二日、五日、六日、七日に行なわれた[393]。四日にキケロがローマ郊外に到着した。凱旋式を期待している大司令官として、市壁《ポメリウム》を越えなかったのであるが、それに引き替え、ポンペイウスの別荘での非公式の重要な審議には参加した。キケロはもう一度、カエサルからの腹を割った提案を採用するよう忠告し、ポンペイウスにはスペインへ行くよう勧めることによって、すこぶる熱心に平和調停のために尽力した。ポンペイウスは、これには不満だったので、キケロは、結局カエサルの友人を説得して、キサルピナ（アルプスの此方のガッリア）抜きのイッリュリクムと一個軍団にまで要求を下げさせるのに成功した。キケロが証言しているように、ポンペイウスも今はそれを受け入れるのを厭わなかった。しかし、執政官のレントゥルスと、とくにカトー――つまり、カエサルにまた騙されてはならないと強く叫んだカトー――が、キケロを押し止めた。かくしてキケロの仲裁の試みは失敗に終わった[394]。そこで一月七日、元老院は、執政官のガイウス・マルケッルスがすでに一カ月前に示した手本にしたがった。元老院は執政官・法務官・護民官・ローマ市の近くにいる執政官代理たちに国家防衛の全権を委ねたのである。この決議は、二人の護民官の拒否権に対して、国家利益の擁護のために通されたものであったから、この二人は、自分たち護民官の神聖不可侵性が脅かされたと主張し、クリオやカエリウスと連れ立ってただちにカエサルを目指して旅立った。執政官のマルケッルスの独裁的な行動とは違って、この「元老院最終決議《セナトゥス・コンスルトゥム・ウルティムム》」は、完全に、当時効力をもっていた国法に適っていた。ローマの合法的な政府は、反抗的な執政官代理「カエサル」がなんとか自分たちの命令に従うようにするために、独裁官的な権限を国家の諸機関に授けたのである。両護民官に対しては、個人的には髪の毛一本触れなかった。カエサル自身は、その『内乱記』において、この決議についての元老院の権限に反駁はしていないが、当時充分に根拠のある動機があったということは否定している[395]。

カエサル、ルビコンを渡る

以上のような出来事を伝える知らせは、風のような速さでラウェンナにもたらされた。カエサルは、一月一〇日にそれを受け取ったことであろう[396]。政治的立場は一変した。これまでカエサルは元老院の多数派との合意の上に、平和愛好者の役を演じることができたのであるが、今や元老院の多数派は、最高の法的権力をカエサルの反対派の手に渡してしまったのである。反対派の連中が全帝国の諸々の資源を彼に向かって行使しながら、この権力を利用するだろうということは[397]、彼の目には明らかであった。そこで、彼が示さねばならなかったのは、自分は彼らの優勢を恐れないということであり、また迅速な攻撃によって、彼らが装備を整えるのを未然に防がねばならなかった。今後の外交的な努力は、ただ彼の軍事上の見込みが希望のないものではないことを示しさえすれば、それでうまくいくことになるのであった。

したがってカエサルは、すぐに五個大隊をアリミヌムに、他の五個大隊をエトルリアのアッレティウムに進軍させた[398]。「骰子は高く投げらるべし」（彼の愛好したギリシアの詩人メナンドロスの詩の半句）――アリミヌムへの途上、その幕僚とともにルビコン河、すなわち自分の属州［権限領域］の境界の河を越えたときに発した言葉である。(399) 大きな賭け事が、今まさにはじめられたのである。というのは、彼は内乱の幕を切っておとしたのであるが、折りに触れて彼が著作のなかで言っていた見解によれば、たしかに、「すべてのことにおいて、そしてとりわけ戦争においてこそ、幸運が最大の力なのである」からであった。(400)

それはそうとして彼は、他の箇所では、次のように付け加えている。すなわち、人間としての努力を傾けることによって幸運の後押しができる、と。そして、幸運が彼の方には欠けていないだろうという意識がすばらしい確信となって、彼を満たしていたといえよう。(401)

第5章　内　乱

四九年一月一一日（ユリウス暦では五〇年一一月二四日）の朝には、アリミヌムはカエサルの掌中にあった。彼はここで、逃げてきた二人の護民官を兵士たちに紹介して、彼らから、自分たちの大将軍《インペラトル》と神聖不可侵な役職の人たちが蒙った不正に復讐する覚悟である、との答えを得た。休むことなく前進して、一四日までにアンコナとアッレティウムを占領した。一七日にはローマにこの知らせが届き、途方もない狼狽の状態を引き起こすことになった。[1]元老院は、一月七日以降の数日の間に、元老院最終決議《セナトゥス・コンスルトゥム・ウルティムム》を施行するため、それ以上の一連の処置を決めていた。とりわけ全イタリアでの軍隊召集の件と、まだ決まっていない属州総督職を執政官格の人と法務官格の人に割り当てることを取り決めたのである。このとき、ルキウス・ドミティウス・アヘノバルブスが任地としてアルプスの彼方のガッリアを得、法務官格のマルクス・コンシディウス・ノニアヌスがアルプスの此方のガッリアを得た。[2]しかし、カエサルの進撃についての知らせが、こういった審議に突然終止符を打つことになった。閥族派の人たちに苛立つばかりの失望感を味わわせたのは、ポンペイウスが首都を明け渡すべきであると言明し、愛国者たるものはすべて、自分に従う義務があると宣言したことである。このようにして彼は、両執政官や元老院の大多数とともにカンパニアに赴くことになった。内情に通じた仲間うちでは、さらにエペイロスに撤退することまで考えられていた。[3]ポンペイウスは、すでに一二月に、彼の言に従おうとした人すべてに向かって次のように打ち明けていたのである。すなわち、カエサルが攻撃してきた場合には、物資の供給と他の軍隊との連絡を遮断するために、おそらくローマは明け渡さねばならないだろう、と。[4]それに対して一月の最初の幾日かの審議においては、ポンペイウスは大層確信に満ちた報告を行ない、自分は戦闘準備の整った一〇個軍団を意のままにできるし、カエサルの兵士はこの軍事行動にあたりカエサルのために闘うつもりになってはいないだろう、このことをよく知っていると述べた。[5]またそれ以前には、心配げな質問者に対して笑いなが述べたこともある。「私がイタリアの大地を一踏みすれば、歩兵や騎兵たちが躍り出てくるだろう」と。[6] したがって、元老院も、「カエサルは、あえて自分の一個軍団を率いて侵入してくることなどしないだろう」という当然の期待にすっかり寄り掛かっていた。彼らの限りない幻滅感は、こういった事情からも説明がつくであろう。[7]

それにもかかわらず、カエサルは自分の成功を過大評価していなかった。これはカエサル一人だけかもしれなかったが、かつての娘婿［ポンペイウス］が、どのような政治的・戦略的な考え方に従うかということ、すなわち彼がスッラの範に倣って東方からイタリアを奪回しようと試みるであろうということを見通していた。ただし、ポンペイウスのおかれた立場は、スッラの場合とは比較にならないほど恵まれていたのである。スッラは、小部隊の追放された指揮官であった。それに比べると、ポンペイウスは帝国［＝支配・統治圏］の東半分の名声赫々たる組織者であり、全権を与えられた執政官代理として東方の全兵力を意のままにでき、しかもその上、同じく自分がその地の最大のパトロンでもあったスペインにも、立派な完全装備の軍隊を有していた。[8] カエサルに比べると、戦争遂行の仕方は時代遅れになっていたが、その欠陥も、独立した指揮官としてしばしばその力量の程を十分に示してきたカエサルの最良の副司令《レガトゥス》＝総督代理ラビエヌスが寝返ってきたことによって、大いに埋め合わせが付けられていたのである。[9]

カエサル、紛争の平和調停を望む

カエサルのイタリアへの侵入が軍事的に見事に成功したことによって、正統な政府機関が彼から逃げ出すというような、政治的には一層全く望ましくない結果となった。[10] これまでカエサルは、世論が彼の政敵を不法なものとみるようにするため、あらゆる手段を講じてきたのだが、事態がこのようになったので、彼は革命家になっていたのである。彼は少なくとも形式上は伝統的な国法に則った手を打って、その計画をやり通そうとしていたのであったが、その目論みも挫折したのである。これまでの譲歩的なやり方によって、平和を愛好する市民の間で勝ち得ていた同情は、イタリアを内乱の恐怖で蔽って以来、一挙に失われてしまった。[11] とくに彼の進軍より先に拡がった恐怖感は、「カエサルは沢山のケルト人の軍勢まで引き連れてくるぞ」という噂によって倍増させられていた。[12] カエサルは、自分の正当な権利と思ったものを武力に訴えずに獲得するために、二年間も格闘してきたのである。[13] 内乱に関する著作のはじめの部分においても、この努力が挫折したとの知らせを受けてカエサルの心中に燃え上がった鬼神的なともいうべき怒りが、まだ醒めやらず打ち震えているのも、不思議ではなかった。一月の最初の幾日かについての、事実面についての簡潔な報告のなかで、罪ある人たちの頭上に鞭がうなりを立てて振り下ろされている。それはたとえば、カエサルの申し出を柳に風と受け流し、理性を促す少数者の声を罵り、第二のスッラとして自分の負債を免れようとしている執政官のレントゥルスの上に。また、執政官のポストを逸したことについての憤懣が、古い憎しみの念と混ざっているカトーの上に。さらにその婿［ポンペイウス］とともに最高指揮権の分け前にあずかるという期待に浸っていて、その一方で、法廷における有力者としてあらゆる方面からの阿諛追従に取り囲まれているメテッルス・スキピオの上に。そして最後には、カエサルの政敵にけしかけられ、他の誰一人として自分と肩を並べることを許さないという名誉心にとり憑かれて、ひどいやり方でとりあげた二個軍団によって、図々しくも単独支配者にのしあがり、武力決戦を望んでいるポンペイウスその人の上に振り下ろされた[14]。彼らは、国制の番人と称しながら、神の法も、人間の権利もすべてを踏みにじっているのだ[15]！　他方、キケロの意見では、結局のところとりわけクリオが、まだカエサルの側にあって怒りの火に油を注いでいるというのであった[16]。キケロが、一二月末にポンペイウスと会ったとき、彼らはちょうどアントニウスの〈一二月二一日の〉「集会演説《コンティオ》」文を受け取ったところだった。その演説で、ポンペイウスは容赦なく酷評されていたのである。ポンペイウスはそれについて次のように述べた。

> 君はどう思う。あのような力も弱い、素寒貧のカエサルの財務官［アントニウス］の分際でそんなことをあえて言っているほどだから、もしもカエサルが国家《レス・プブリカ》を掌握したならば、彼自身はいったい何をしようとするのだろうか。

キケロは[17]相変わらず、両者［ポンペイウスとカエサル］に対して良好な関係を保っていた。そこで、白黒を付けるのが避けられたら悦ばしいと思っていたことであろう。もっとも決裂が避け難くなったときには、結論はいつでも、カエサルからは、キンナもしくはスッラ以上の良いことなど期待できないだろうから、カエサルの勝利はより大きな禍いになるであろうというところに落ち着くのであった[18]。その後明らかになったように、このような危惧の念は当たっていなかった。しかし、ここに悲劇が存在していたのである。それは、カエサルがより優れた存在たり得るとはだれも信じなかったことである。

カエサルの目標は、ポンペイウスがはっきり定義づけたとおり、ともかく国家を握ってしまうことにあった。この道を長年進んできたので、彼にとってもはや後退はありえなかった。しかしなんという危険と障害が、まだ彼の目の前に待ち構えていたことであろう！　他ならぬ今こそ、そういったものが、以前よりもはるかに高く聳えていたのである。その代わり、彼は途方もない利点に恵まれていた。それは、一身に大政治家と将帥を兼ねていた点である。反対派に比べると著しく弱体というべき兵力を、欲するままに小出しに使うことができたし、戦争遂行なるものも、彼にとっては政治闘争における一手段に他ならなかったのである。このことがもっとも強く現われていたのは始めの頃であるが、まだ当時は、それはカエサルの最終的な勝利の可能性をはっきり証明するような決定的なものとはみられなかったのである。

ポンペイウスと閥族派の非寛容さ

一月七日の元老院決議が公に知らされるや、カエサルは怒りを抑えて、ただちにその通知を利用して、自分の平和希求の念をあらためて元老院に請け合うこと、またポンペイウスに対しては個人的な話し合いを呼び掛けることをその使者たちを通して伝えさせた。[19] ポンペイウスは、もちろんそれに応じなかった。それでもカエサルが満足したのは、元老院のなかの和平派がポンペイウスの軍備が不十分であるのに腹を立て、そこで元老院がもう一度使者を仕立てたことであった。それに対するカエサルの新しい条件の提案が、一月二三日、テアヌム・シディキヌムに届いた。この地で、ポンペイウスは両執政官とともにカエサルへの返答について協議した。[20] カエサルの示した条件とは、他でもなく、一月一日の元老院決議に従いたいということを意味するものであった。「自分は喜んで属州を新しい総督に引き渡し、自分の特権を断念して、自分からローマでの選挙に姿を現わすつもりである」と。

しかしそのとき、反対給付としてカエサルは、自分に対して発せられた「元老院最終決議《セナトゥス・コンスルトゥム・ウルティムム》」の廃棄を要求した。イタリアにいる兵士はすべて家に帰されるべきだと述べたのである。つまり、自分自身と同様にポンペイウスも、その軍隊を解散し、スペインに赴くべきである、そうすれば、選挙集会の自由が確保されるであろうし、国家が、国制にかなった元老院と国民の権力の下におかれるようになろう、双方は誓いを立てて、双方が同意した条件厳守の義務を負うべきである、というのであった。[21]

以上のようなわけで、カエサルが国制上正当な地盤の上に立っていたことは否認すべくもなかったが、テアヌムの本営では、それにもかかわらず、カエサルの言葉の政治的に意味するところだけが問題となった。そこで、彼に返事が送られたが——それはその場ですぐさま公表されることになった——、そのなかで答えられたのは、輝かしい業績のために、カエサルに第二次執政官職と凱旋式が与えられるのは当然のことだが、イタリアの占領した場所を再び明け渡してほしい、そうすれば元老院は、それ以上の決議をするためにローマに戻るであろう、ということだった。また、カエサルが自分の軍隊を解散したならば、すぐさまポンペイウスはスペインに赴くであろう、というのである。カエサルがもっとも重要視した点、イタリアとスペインの武装解除には、全く触れられていなかった。[22] 反対派は、抵抗しがたいデマゴーグに自分を引き渡すことなど考えもしなかったのである。[23] そこで、カエサルはただちに交渉を中止した。[24]

カエサルは、こうした日々の間も軍事行動をずっと止めなかったが、今や再び速度を上げて進んだのである。二月のはじめ、ピケヌム全土を占領した。[25] この地方はポンペイウスと歴然たるパトロン関係にある領域であったために、このような成功は何よりも一驚に値するものであった。そのようなわけで、この地方の最北の町アウクシムムのデクリオネス（市参事会員）[長老会議員]が、カエサルの接近にあたって、法務官格のアッティウス・ウァルスにその大隊とともに撤退するのを求めたことを、カエサルはやはり彼の記述のなかで強調している。なるほど市参事会員たちは、論争になっている問題について判断を下す資格はなかったかもしれないが、彼らや他の市民たちは、その偉業によって国家のためにすこぶる貢献した大将軍《インペラトル》カエサルが、自分たちの町に入るのを阻止されることに我慢がならなかったのであろう。そのためにアッティウスに、後々のことや自分自身の危険をよく考えてみてほしいと望んだのだ、と書いている。(26) これら単純素朴な人たちは、偏狭な閥族派が本気にしようとしなかったことを把握できたのである！

同じようにキングルムも熱狂してカエサルを迎え入れた。この町にはラビエヌスが自治市の制度を与え、自分の費用で公共建築物を建てたことがあったのに、この始末だった。(27) 閥族派の立場の元老院議員が召集した数多くの大隊は、四散して去るか、カエサルに寝返った。(28) その他の一九個大隊が、アプルツオ地方［中部イタリア、アペニン山地の地方］の要害の地コルフィニウムへ退路を開くのに成功したが、そこにはガッリア・ウルテリオルの執政官代理＝総督ルキウス・ドミティウスが、すでに一二個大隊を結集していた。(29) 彼自身も大土地所有者であり、その兵士たちが地方の農民であったため、自分の土地を大規模に分与すると約束することにより、彼らの忠実さを買い取ろうと望んでいたのである。(30) そのようなわけで、ドミティウスは、自分を追ってブルンディシウムに向かうようにとのポンペイウスの要請に従うことができず、しかもそれを望みもしなかった。ところが、二月一四日にカエサルによって封鎖され、二一日にはもう降伏しなければならなかった。(31) この日の朝、カエサルは元老院議員や騎士身分——五七年の執政官プブリウス・レントゥルス・スピンテルもそのなかにいた——の成員たる五〇人の捕虜を前に引き出させた。そこで何はさておき九年ぶりに、ようやく再び、不倶戴天の政敵ドミティウスをその目でしっかと見据えることができた。(32) カエサルは、立場が入れ替わっていたらどのような運命が自分を待ち受けているか、もちろんよく分かっていた。しかし、ウェルキンゲトリクスの処刑を、すでにこの第三年目も待たせていたカエサルは自制した。そこで、個人的な復讐をより高い政治目標のために犠牲にし、兵士たちを自分の軍隊のなかに繰り入れる一方、このような捕虜全員に自由を与えた。解放されたお歴々たちは、その後もことごとく彼に対して闘い続けた。カエサルは、これらの人にとくに条件を課したとは、なにも言っていない。それにもかかわらず、その他の点では、彼らはカエサルの報告のなかでは充分に笑いものにされている。たとえば、ドミティウスはひそかに逃れようと思ったが、配下の兵士たちが彼を捕らえ、降伏して、彼を生きたままカエサルに引き渡すことを取り決めたという。(33) ときは夜であるし、カエサルは町を略奪から救おうと思ったので、すぐにはコルフィニウムを占領させなかった。だが、彼は完全に町を封鎖する。彼が、被包囲者をどのように取り扱うであろうか、全軍が固唾をのんで待ち受けているのに気が付いた。(34) 夜ももう終わりごろ、レントゥルスは、彼と話をするのを許してもらいたい、と頼んだ。自分の生命を救けてくれるよう懇願し、昔、カエサルが自分に友情をもっていて、執政官職に達するまでの政治的生涯において、自分がいつもさまざまな愛顧を受けたことを思い出させようとした。しかし、カエサルは彼を遮って言った。

自分は危害を加えるために自分の属州を後にしてきたのではない。自分の政敵の側からの屈辱的な取り扱いに対して自分〈の威信〉を護るために、また違法にもローマから追い出された護民官たちを再び以前の威信ある位置に復させるために、そしてまた自分およびローマ国民を一握りの〈領袖の〉徒党の抑圧から解放するためにやってきたのである。[35]

やがて、五〇人の高い身分の人たちが彼の前に引かれてきたときには、カエサルは、彼らを彼らの部下から護ってやった。ところで、彼らの何人かが、その受けた大変な恩恵に比べて、あまりにも少ししか感謝の意を示さないことについては、ほんのちょっぴり不平を洩らしただけである。[36]

コルフィニウムの寛恕

この〝コルフィニウムの寛恕〟[37]は、彼の意図した通り大きな感銘を与えないはずはなかった。当時ラティウム海岸のフォルミアエ付近の自分の所領に滞在し、町や田舎の住民とよく話を交わしていたキケロは、三月一日に手紙を書き、「彼がいかなる人をも殺さず、いかなる人からも何も奪わないのを見て以来、人心は翕然として全くカエサルの方に傾いている」と記した。[38] 閥族派の人が多数ローマに戻り、勝利者を受け入れる支度をした。[39] キケロの友人で、冷静にことを判断するポンポニウス・アッティクスも、カエサルが一度選びとった道をさらに進むのは可能であるとみた。[40] カエサル自身この時期に、広く流布させることを指示した手紙を、ローマのオッピウスとバルブスに向けて出して、[41] 彼らがコルフィニウム城下での自分の処置に同意してくれたのは、うれしいことだと書いた。

諸君たちの忠告に私は喜んで従うことにしよう。すでに私自身できるだけ寛大にふるまい、ポンペイウスとの和解のために努力しようと決心していただけに、一層そうしたいのである。私たちは、こういうふうに力を尽くして世の人たち一般の気持ちを再び獲得し、永続的な勝利を享受できるように努めよう。というのも、これまでの勝利者たちは、自分たちの残酷さのために、人々の憎しみを免れることができなかったし、勝利を長く堅持することができなかったからである。スッラ——私は彼を真似たくないが——が唯一の例外なのである。私たちが、慈悲と寛大さによって身を護ることは、勝利を得るための新しい方法である。このことがどういう具合になされるべきかについて、いくつかのアイディアが思い浮かぶが、まだ他にも多くのやり方が見つかるであろう。どうか、このことについて諸君たちがとくと考えたところを知ら

せてくれたまえ。(42)

さらに彼が報告しているのは、ポンペイウスの幕僚（工兵隊長）ヌメリウス・マギウスが彼の手に落ちたことである。彼は、個人的な話し合いを促そうとして、この人をすぐさまブルンディシウムのポンペイウスに向けて送った。そうすることによって、彼らの間に共通の敵が植え付けた誤解を取り除き、国家の平和を再び取り戻せるかもしれないと思ったからであるという。(43)

他方、ルキウス・コルネリウス・バルブスが、そのパトロンである執政官ルキウス・コルネリウス・レントゥルスと結んでいた忠誠関係を利用して、この執政官をローマに帰還させるよう、カエサルは努めた。彼は、ローマにおいてその保護者の利益をはかることを、バルブスに許した。(44) そこで二月二三日に、バルブスの甥が、カエサルに託された指令を携えて執政官のもとへ出立したが、三月四日に両執政官が軍隊の一部とともに出帆してしまったので、ブルンディシウムではもうレントゥルスに追い付かず、カエサルは本当に腹立たしい幻滅を味わわされた。(45) というのは、両執政官が欠けていることは、彼が元老院に向かって目論んでいた行動から、国制を踏まえたものとしての外見を奪い去るものであり、とりわけ、彼が執政官に選ばれるのは、このことによってますます困難なものになったからである。(46)

ポンペイウス、アドリア海を渡って撤退する

三月九日、カエサルは六個軍団を率いてブルンディシウムに到着した。そこにはまだポンペイウスもいた。(47) ポンペイウスは、ただちにマギウスを交渉のために送り返したものの、カエサルが希望していた会合を行なうという気にはならなかった。(48) カエサルは、彼の副司令＝総督代理ガイウス・カニニウス・レビルスを仲介にたてた。彼は、ルキウス・スクリボニウス・リボ、すなわち当時ポンペイウスのもっとも信頼の厚い人物で、ポンペイウスの息子セクストゥスの舅だったリボと友好関係にあったのである。リボは、レビルスと話し合うことを承諾し、ポンペイウスに、次のような内容のカエサルの申し出を手渡した。それは、直接個人的に協議することによって容易に至当な条件を見出すことができるだろうし、その条件で彼ら二人は軍隊を解散できるだろう、というものであった。ポンペイウスは答えて、「自分としては、執政官の不在のなかで、争いの収拾について交渉することはできない」と言った。そして三月一七日、ほんの少しの損害しか受けずに、包囲から脱して、アドリア海を渡るのに成功した。(49)

それまでの一〇年間に、あれほど幾度もうまくいったのだからと、カエサルは、今回もポンペイウスを再び閥族派から引き離す計画を立てたのだが、それも結局は水泡に帰したわけである。ポンペイウスは、カエサルが広めていた常套句、自分はポンペイウスの〈第一人者としての〉力の優位性を承認して、その下で、恐怖の念なしに生きることしか望まない、という言葉(50)

によっては欺かれなかった。すなわち、自分の政敵カエサルの本質そのものが、前記のカエサルの言のような両者の関係を作ることとは矛盾していたからである。そこでカエサルは、はるかに優勢な同盟者たちを相手にして、本当に一戦をあえて試みなければならなくなってしまった。だが、カエサルにはポンペイウスを追跡できる船が欠けていたので、まずスペインに矛先を変えねばならなかった。当面、軍事的にはスペインの地からのもっとも大きな危険に身を曝されていたからである。またそれと同じようにすこぶる重要なのは、ポンペイウスの兵糧攻めの計画を無効にしてしまうことであった。そのために、ただちに分遣隊が海を渡ってシキリアおよびサルディニアへ進軍させられた[51]。

カエサル、元老院の和平斡旋を期待する

スペインへの旅の途中、カエサルは数日間ローマに留まり、元老院での審議によって、ある程度合法的な地位を作り出そうと試みた[52]。そのための国法上の前提となる条件を担保する人々として、彼には、二人の護民官アントニウスとカッシウス、さらにはかなりの数の元老院議員とともにローマに帰ってきていた多数の法務官たちがいた[53]。しかし、数人の令名高き領袖が決議を支持してくれたときにしか、その目論んでいた決議は政治的に権威のあるものにならなかった。だからこそカエサルは、この点に絶えず努力を傾注していたのである。数名の執政官格の人物が彼と姻戚関係にあった。舅のルキウス・ピソ、母の従兄弟のルキウス・コッタ、姪アティアの夫で、後のアウグストゥスとその姉オクタウィアの継父にあたるルキウス・フィリップスなどである。これらの人々のなかでピソは、一月一日に仲介に立とうと申し出たし、コッタとフィリップスは、属州の割り当ての際、信頼できないとして抽選から取り除かれていた[54]。しかし、一月一七日以降、彼らはすべてローマの町を去り、幾分中立的な位置に甘んじていた。われわれが少なくともフィリップスについてはっきり分かっているように、カエサルは、結局それで満足していると表明していた[55]。五二年に彼の副司令《レガトゥス》＝総督代理になり、後には彼の側で頭角を表わしたルキウス・ユリウス・カエサルや、四八年以来カエサルの副司令＝総督代理であるグナエウス・ドミティウス・カルウィヌスの、その当時の態度については、われわれにも分からない。キケロの沈黙から推せば、これらの人たちは、カエサルのために何ら活動していなかったようである。六六年の両執政官、マニウス・レピドゥスとルキウス・ウォルカキウス・トゥッルスはローマを去っていたが、海を越えてポンペイウスに従う気はなく、この際、自分の身をカエサルの自由に任せようと決心していたのである[56]。

しかし、前述のだれよりも重要な人物は、やはりキケロとセルウィウス・スルピキウス・ルフスであった。彼らは、これまで正真正銘の真剣さでもって平和のために働いてきたので、カエサルが望んだのは、これらの人を自分の側に引き寄せることによって、自分にとって大いに必要な精神的な後ろ盾を獲得す

るということだった。今に残っているキケロとの往復書簡によって、われわれはかなり的確に、彼がその際どのように行動したかを跡付けることができる。

すでに一月二二日に、カエサルは、その子分で、元々キケロがカエサルに推薦したガイウス・トレバティウスに、キケロのローマ帰還を促すようにとの指令を与えている。[57] 数日後、カエサルはキケロ自身に次のように書いた。カエサルの計画していた祝祭の競技のためにカプアの営舎で訓練させていた彼の剣闘士に、彼の敵が解放を約束して、それを条件にこの連中を自分に対する戦場に引き出そうとしたことがあったが、今こそ、自分の所有権が侵害されたことに対して、友人として援助してほしいとキケロに呼び掛けたのである。それと同時に、彼に和平の調停をも求めている。その後、カエサルの取り巻き連中の出したいくつかの手紙は、いつもこと新しく、カエサルはキケロの態度に満足しきっていると繰り返していた。[58] キケロは、二月のはじめに丁重に答えた。それは、カエサルを十分に賛嘆し、彼の立場を認めるが、一方またポンペイウスをも暖かく擁護するものであった。変わりやすい執政官格の人［キケロ］をしっかり繋ぎ留めるために、カエサルは早速、この文章が広い読者層の人々に読まれるように取り計らった。また第二の書簡で、あらためてキケロの友情と、これまでずっと中立を保ってくれたことへの感謝の念を彼にはっきりと確認させ、キケロが今後とも変わらずに中立状態に留まってくれるように願った。これと似たようなことをバルブスも書いて加勢している。キケロは二月一七日にこのカエサルの書簡に返答し、二五日にはバルブスの書簡に言及しているが、そこには、カエサルはポンペイウスの優越した力のもとで恐怖なく生活することしか望んでいないという、あまり信用のおけない報告が含まれていた。[59] この頃、コルフィニウムの降伏の経過が耳に入ってきた。そこでキケロは、自分をかつて援助してくれたレントゥルス・スピンテルが許されたことについて、感謝の意を表明した。カエサルの寛恕はその性格に根付いたものであるが、衝突・抗争の平和的な収拾への見込みを示すものであり、それがさらに彼の書簡の意味するところでもあったと思われる。[60]

その間、キケロのもとにバルブスの手紙が届いた。三月一日頃にローマで書かれたものである。ポンペイウスは、そのときブルンディシウムにいたし、カエサルは、コルフィニウムからポンペイウスに向かって進軍していた。バルブスがこのとき、ポンペイウスをカエサルと和解させるということであり、またキケロは、執政官のレントゥルスをローマに帰るよう促し、それから元老院での争乱調停の決議にあたって、自ら元老院の指揮を引き受けてほしいということだった。[61] カエサルは、ブルンディシウムへの行軍の途中、三月のはじめのある日、次のような短信を送った。[62]

大将軍カエサルから大将軍キケロに

私は、私たちのフルニウスの顔をちらりと見ただけであり、うまく落ち着いて、彼と喋ることも、彼の言に耳を傾けることもできませんでした。急いでおりまして、行軍の途中、しかも軍団を追いかけているわけですが、それでも私は、あなたに一書をしたためて彼に託し、あなたに対する私の感謝の気持ちを表わすことをどうしても止めるわけにはまいりません。私はこれまでもたびたび感謝の念を示しておりますし、またこれからももっとしばしばそうすることでしょうが、このように、あなたは私からそうされる理由があるのです。とりわけ私があなたにお願いしたいのは、私はやがてローマの町に行くつもりですので、あなたにそこでお会いし、そしてあらゆることに関して、あなたの忠告、あなたの人気、あなたの威信《ディグニタス》、そしてあなたのご助力をいただきたいということです。でも、もう自分の仕事に戻らなくてはなりません。どうか、このような走り書きで、しかも簡略な手紙をさしあげることをお許し下さいますよう。あとはすべて、フルニウスからお聞きになれると存じます。

その直後に、バルブスとオッピウスがローマから手紙を書いた。[63]彼らが得ていた消息によれば、カエサルはポンペイウスとの和解を望んでおり、さらに戦争の遂行が余儀なくなっても、キケロからは中立以外のなにものも求めてはいないというのだった。

数日間熟考した末、キケロは三月一九日にカエサルの短信に返事をしたため、[64]両敵対者と同じ程度に友好関係にある自分を、カエサルが仲介者として望んでいるという具合に、上掲のカエサルの手紙の文言を解釈したこと、それに加えてカエサルが自分にどちら側に向かっても然るべき自由の余地を残しておいてくれるという条件の下でならば、自分は仲介者となるにふさわしいと思うと述べた。キケロがこう書いたとき、ポンペイウスはすでに三月一七日にブルンディシウムを撤退していたので、そのため和平樹立者としての役割が、対象のない宙に浮いたものになってしまったことを、キケロは知らなかったのである。三月二六日になってようやく彼は、さらになお一通の手紙を受け取った。[65]そのなかでカエサルは〝コルフィニウムの寛恕〟についてのキケロの感謝を引き合いに出している。ドミティウスとスピンテルが再び自分に対して武器を取っているという目に遭わされても、この主義信念を堅持するとカエサルは断言した。というのは、まさしくこのことによって、自分と相手側との性格の相違が顕われるからである、というのであった。

大将軍カエサルから大将軍キケロに

あなたが私の態度について正確にお察しの通り――と申しますのは、私のことはあなたがよくご存じですから――残虐な行動ほど、私の忌み嫌うものはありません。例の件［あのように親切にすること］自体、たいそう満足を覚えることですから、あなたが私の行動を是認しておられるのを全く誇らしく感じております。私によって釈放された人々が、噂では、私と再び闘うために〈国外に〉退去してしまいましたが、それも私を動揺させるものではありません。というのも私は、自分も彼らもお互いに自己に忠実であること以上に望むものなどないからです。あなたにお願いしたいのは、あなたがローマ市の近くで私のところにおいでいただきたいということです。それによってあなたの忠告と助力［資力、兵力など一切の力］をすべていつものように利用したいのです。私にとって、あなたのドラベッラ［娘婿］ほど好ましい者はいないということを、あなたもご存知であるに違いありません。いや、私はどうしてもこの件［ローマの近くに戻るよう勧めること］について彼に感謝せねばならないことになりましょう。と申しますのは、ドラベッラとしては全くそうする以外にはできないからなのです。それほど彼の人間味、思いやり、そして私に対する好意は大きいのです。

クロディウス型の若いパトリキ貴族であるこのドラベッラは、しばらく前にキケロの娘トゥッリアと結婚していた。しかしこの結びつきは、舅には幻滅と心配だけしか引き起こさなかった。[66] したがって、この末尾の文句は的を外れていた。しかしその他の点でも、この書簡はキケロに、自分が宿命的な窮境に立たされたことを肝に銘じさせるだけだった。というのは、ポンペイウスとの合流のチャンスを捕らえ損じたので、キケロは、全くカエサルの勢力圏内にいたからである。[67]

キケロはその頃、フォルミアエのそばの自分の所領にいたが、それはカエサルの進路沿いであった。あらゆる自治市に掲示された公示によって、四月一日に元老院議員が会議に招集されることになった。[68] かくしてキケロは、赫々たる勝利を収めた大将軍《インペラトル》と個人的に協議せざるを得なくなった。協議そのものは、三月二八日にフォルミアエで行なわれた。カエサルは、キケロに元老院の会議に出席するよう要求した。「キケロが出席していないことは、カエサルの政策に対する有罪宣告に等しく、他の元老院議員に悪い手本を与えることになる。キケロはやってきて、自分の考えによって、和平の仲介をしなければならない」と。

これに対してキケロは、自分の意図として、次のようなことを告げた。「カエサルがスペインに行かず、また軍勢をギリシアに渡さないよう、元老院は決議してほしい。自分としては、やはりポンペイウスが陥っている状態を残念に思う」と。これをカエサルは、断固として拒絶して言った。「キケロ殿は、事態をもっとよく考えてほしい。私があなたの忠告に従うことをあなたが不可能にするならば、私としては自分に助言をしていただける人たちを頼りにするでしょう。そうすれば、なにをすることも自分には許されましょう」と。[69]

つまりカエサルは、このような脅迫の言によって、来るべき出来事の責任をキケロに転嫁しようと考えていた。それがいかなることを意味するか、この人ならば分かるだろう、と思ったのである。すでに三月二五日、キケロは、いわゆる信頼に足る史料から、カエサルが折りに触れて、子分たちにどのような意見を述べていたかを報じている。[70]

自分は、ポンペイウスの助力の下にスッラが行なった、あのグナエウス・カルボやマルクス・ブルトゥスの惨殺や、さらにあらゆる残虐行為のゆえに、ポンペイウスを処罰するであろう。[71] またスッラの下におけるポンペイウスと同様、クリオも、自分の下では自由に行動しているのである。ポンペイウスは祖国の反逆者を追放から連れ戻したことがあるのだから、五二年のポンペイウスの諸法のあの大変苛酷な処罰規定によって追放の憂き目にあった人たちも、カエサルによって連れ戻されるであろう。[72] つまり自分は、ミロをすらもっとも高貴な犠牲者の一人と悼んでいるのである。それでも自分は、武器を取って自分に対して闘う人でなければ、いかなる人であろうとも危害を加えないであろう。

ところで今や、キケロは、それどころか、カエサルの子分連中、つまり〝黄泉の国の者たち〟〔亡霊ども〕を目のあたりにしたのであった。「自分としても、イタリアの屑をこのようにすぐそばで見たことなど決してなかったのに！」[73]。このことは、三月一九日、カエサルの忠臣の一人で、しかも同時に汚れのない性格の人物ガイウス・マティウスも彼に隠さなかったことである、とキケロは確認している。[74] この不愉快な印象が、キケロをして、自分のこれまで採ってきた生き方に忠実であるべく、ローマに行かないという大胆な決心を固めさせることになったのである。[75]

残骸元老院

四月一日にカエサルの命令で集まった残骸元老院は、本当に惨めに見えた。何しろここには、執政官格の人のなかでは、スルピキウス・ルフスとウォルカキウス・トゥッルスしか出席していなかったのである。[76] それにもかかわらず元老院は、護民官アントニウスとカッシウスによって合法的に招集されており、[77] カエサルを承認した決議ははっきりした働きを示すに違いなかった。カエサルは長広舌を振るい、もう一度敵に対する自分の権利としての要求を説明し、平和愛好の証拠を数えたてた。次いでこの問題から転じて、元老院が自分と一緒に国事を遂行すべきこと、すなわちまずポンペイウスとの公的な和平交渉に取りかかるべきことを要請した。

というのは、自分は和解の手を差し伸べるのをはばからない。たとえポンペイウスが、以前元老院でこのことを劣等感と恐怖の自白であると宣言したことがあったとしても。それは狭い了見である。自分カエサルは、行動において人に抜きんでようと努めているように、正義と公平さによっても優ろうと欲しているのである。[78]

カエサル、護民官の拒否権発動をおしきって予備金庫を占拠

その後、彼は同様のことを民会でも述べた。そこでは、一人当たり七五デナリウスの金銭上の贈り物と穀物の施しを約束することにより、演説に一層の重みを加えた。[79] 元老院は、和平使節の派遣を決議せざるを得なかった。しかし、この使者の役を引き受けようとする者などいなかった。すでにポンペイウスが、ローマの町に留まることはカエサルの陣営に移ったことと同じであるとみなしていたから、こうなるのも当然であった。三日間、審議はいっこうに進まなかった。[80] カエサルがなお一層いくつかの提議を行なったのに対して、護民官のルキウス・メテッルスが拒否権を発動した。とくにカエサルが望んだのは、「神聖金庫《アエラリウム・サンクティウス》」すなわち反対派が持って行くことの叶わなかったサトゥルヌス神殿の予備の財貨に対する全権が、自分に授けられることであった。[81] ところが、カエサルとしてはまことに具合の悪いことになった。寡頭政派に圧服された国民の権利のために闘うと申し立てた彼、さらにまた、一月七日に二人の護民官の逃走についてあのように大騒ぎしたその彼が、自分の方から――もちろん彼の報告のなかでは、このことには全く触れられていないが――神聖不可侵の護民官に対して暴力を揮わねばならなかったのである。メテッルスが、閉鎖された神殿の戸を身を挺して護っていたので、カエサルはじきじきに一隊の兵士を引き連れてそこに駆けつけ、今こそ戦争の法が適用されることを示した。[82] しかしメテッルスも、さりとてやはり簡単には追い払われなかったので、カエサルは貴様を殺すぞと脅かした。今となっては護民官も譲歩した。[83] 兵士は戸を破り開き、一万五〇〇〇の黄金の延棒と三万の銀の棒、それに加えて三〇〇〇万セステルティウスの鋳造金貨まで運び出した。[84] それにもかかわらずカエサルは、この獲得物のために、平民《プレブス》「メテッルスは護民官だったのでこうなるが、限定された意味の平民でなく、広く一般大衆を含意」層の間での人気の完全な喪失という代償を支払ったのである。彼らにとっては、その先頭に立って闘う人、すなわち護民官の不可侵性がすべてに優っていたのである。そこで、その身を不愉快なまなざしに曝さないために、カエサルは、あらかじめ目論んでいたような演説を行なって民衆に別れを告げることも断念しなければならなかった。[85]

カエサルのローマ滞在の全期間は、なんら成果をあげることなく流れていってしまった。とりわけ元老院の無言の抵抗が、彼を立腹させた。「すべては私から与えられることになろう」という彼の言葉が聞かれた。[86] しかし、この誇らかな自己満足と専断の底には、やはり、何らかの公的に認められた法的根拠を手に入れるのに成功しなかったという不満が隠されていた。キケロが、少なくともこれまでのような形式的な中立を堅持するよう、カエサルは最大の努力を傾注した。クリオを通して口頭で、またカエリウスを通して文書で、キケロに働きかけさせ、四月一六日には自分でもう一度彼に手紙を書いている。[87]

大将軍《インペラトル》カエサルから大将軍《インペラトル》キケロに――

私は、あなたの行動が無思慮であるとか、また軽率であるとかということなど信じないものでありますが、でも世人の噂に動かされることもありまして、あなたに手紙をしたため、私たちの友愛の名の下にあなたにお願いをするべきだと判断いたしました。今はすでに事態は〈私の有利に〉ほとんど決まっておりますので、もう一歩もお進めになりませんように。それは、形勢がまだ不確定のままだったときは、あなたが前進すべきではないとみなしておられた方向なのです。ところが今あなたが次のようになされれば、あなたは友情に対して大変な危害を加えることになり、あなたご自身の利益についてご配慮が足りないということになるでしょう。つまりそれは、あなたが運命《フォルトゥナ》に［有利な方＝自分たちの側に］素直に従わないような格好をなされたり――と申しますのは、すべてはわれわれに全く有利であり、反対者にはすこぶる不利な経過をとっているように見受けられるからです――、あるいはあなたが形勢［カウサ。邦訳（岩波版）は大義とする］に従っていないようにされたり――と申しますのも、この計画から身を避けていようと決心されても、ことは同じだったからです――、という具合になされればということなのです。でも〈逆に〉あなたは、私のなしていることに有罪判決を下されたのです。それは、あなたからそれ以上ひどい目にあわされたことはないといったものなのです。あなたがそんなことをなさらないよう、当然、私たちの間の友情の名にかけてあなたに願うのです。

　結局、良識者《ボニ》にも、また平和を愛好する善良な市民にとっても、市民同士の争いから離れていること以上にふさわしいものとして、一体いかなることがありましょうか？　それでも、たとえそのことに同意しても、自分の身に危険がふりかかるために、そのように振る舞うことができない人も色々といました。あなたは、私のこれまでの一生が一体どういうことを示してきたか、また私たちの友情がどういう判断を下してきたかを吟味して〈分かって〉おられましょうから、あなたの安全と名誉のために、いかなる争いごとからも全く離れておられるのを何よりも良いこととお思いになるでしょう。

　四月一六日　旅の途中から

戦争の継続

すべては徒労にすぎなかった。ポンペイウスの軍事面での優勢さがあまりにも圧倒的に見えたので、政治的な手段では全く役に立たなかったのである。カエサルとその党派仲間は、いまだに確信に満ちて振る舞うことを望んでいたし、スペインの獲得を確定的な事柄とみなそうとした。もっとも、世間はそれを決定的なこととはみていなかったのであるが。

ポンペイウスの計画はすべてがテミストクレス的である。すなわち彼の見解によれば、海を支配するものが、必然的に戦争に勝つというのであった。したがって、スペイン自身のために両スペインを保持することを目指したのではなかった。そうではなく、艦隊の準備が彼にとっては常に第一の重大関心事だったのである。そこでとき来たれば、やはり強力な艦隊を率いて出帆し、イタリアに立ち向かうであろう。

キケロのこの五月二日の叙述は[88]、世間一般の見方に適っていた。おまけに、両執政官と執政官代理のポンペイウスは、告示によって元老院議員をテッサロニケに呼び寄せた。それは、ローマが敵に占領されたので、執政官と元老院の滞在する場所に合法的な政権が存在するのだという言明をもってなされたのである。[89] このような合法性と革命との間の対決にあたっては、ただ決戦による明々白々たる決定以外、急変を引き起こすものはなかった。キケロはなるほど、ポンペイウスに対しても重大な疑惑の念をもっていた。「彼はスッラを演じている」と、キケロはポンペイウスについて言っている。しかし、クリオから受け取った知らせによれば、彼が理解していたような国家《レス・プブリカ》の存続など、カエサルにとっては全く考慮の外にあった。かくしてキケロは六月七日にカイエタ［フォルミアエ（キケロの別荘の所在地）の外港。第四版ではフォルミアエとある］から東方に向かって出発した。[90]

　カエサルは、次のような処置をとることによって、スペイン遠征を確かなものにした。すなわちローマでは、自分の利益を護ってもらう仕事を、法務官のマルクス・アエミリウス・レピドゥスに委ねた。またイタリアに残っている軍隊の指揮権を、護民官マルクス・アントニウスに任せ、その職務のため、独断でプロ・プラエトレ［法務官代理］の称号を付与した。ガッリア・キテリオル（此方のガッリア）を統治したのは、かつての三頭同盟者の息子の一人で、五四年にカエサルの下で財務官だったマルクス・リキニウス・クラッススである。海上からの攻撃を防ぐために、プブリウス・コルネリウス・ドラベッラはアドリア海で、クィントゥス・ホルテンシウスはテュッレニア海で軍艦を集めることになっていた。陸上の進撃を迎え撃つために、護民官［マルクス・アントニウス］の弟ガイウス・アントニウスの下、二個軍団がイッリュリクムに向けて進軍させられた。さらには、ローマもイタリアも、ともに穀物を供給してくれる属州の掌握なくしては、長く持ちこたえることができなかったので、さらにガイウス・クリオに、四個軍団を率いてシキリアおよびアフリカの占領という任務が授けられ、クィントゥス・ウァレリウス・オルカも同じ目的でサルディニアに対して一個軍団を受け取った。[91] カエサルは、今や再び上機嫌で、出発にあたってその腹心に冗談を飛ばすほどだった。「指揮官をもたない軍隊に向かって闘うために自分は出発し、その地から引き返して、軍隊をもたない指揮官に立ち向かうことになるだろう」と。[92]

　ほぼ四月一九日（ユリウス暦の二月二八日）に、カエサルはマッシリア（マルセイユ）の前方に到着した。[93] 古くから同盟関係にあるこの自由市が心に抱いた判断も、やはりあらゆる他の連中の判断と同じであった。つまり、カエサルの目論んでいることを信用しなかったのである。それに加えて、元老院によって任じられたアルプスの彼方のガッリアの執政官代理＝総督ルキウス・ドミティウス・アヘノバルブスが、すでに自分の到着を通告していたし、一方、市の使節は少し前にポンペイウスによって迎え入れられていたのである。そのため、市を統治している十五人委員がカエサルに宣言して、「ポンペイウスとカエサルにはお世話にあずかっているので、それに同じ具合に感謝の意を示す義務のあるわが国としては、この戦争には中立の態度をとり、「両派に門戸を閉ざす所存である」と言った。それでもこのように約束された中立は、ただちに全く一面的に行なわれることになった。それは、ドミティウスが港に自由に入る許可を得て、その後すぐに、武力に訴えた行動に対する防衛措置の指揮を引き受けたからであった[94]。

この強力な都市共同体の姿勢は、スペイン遠征にとって重要な意義をもつものだった。というのは、財務官職および法務官代理職として在任することによって、カエサルがヒスパニア・ウルテリオル（彼方のスペイン）では土地のもっとも著名なパトロンの一人となったため、この地方ではすこぶる親カエサル的雰囲気（その主なパトロンがセルトリウス戦争以来ポンペイウスだったキテリオル［此方のスペイン］とは全く異なっていた）が強かったが、それとて、カエサルが見込みのない状態にあっても引き続き維持されるようなものではなかった。そこで彼は、マッシリアの抵抗を素早く打ち砕くのにすべてを賭けた。すぐに三個軍団をもって包囲をはじめた。封鎖に着手するために、ローヌ河の上で一二隻の軍艦が作られたのである。それにもかかわらず、すばらしく組織されていたばかりか豪胆に展開された防御の陣のため、速やかなる成功を収めることは許されないままだった。数週間後には、包囲を副司令＝総督代理ガイウス・トレボニウスに委ねなければならず、六月二一日（ユリウス暦の五月一日）に、スペインにあった自分の軍隊のもとに着いた[95]。

スペインにおけるカエサル

スペインでは春のはじめに、カエサルの副司令＝総督代理ガイウス・ファビウスが[96]、山道の敵守備隊をピレネーから駆逐するのに成功していた。今や、カエサルは六個軍団を率いて、要害堅固な町、シコリス（セグレ）河畔のイレルダのそばで、ポンペイウスの副司令＝総督代理ルキウス・アフラニウスとマルクス・ペトレイウスの率いる五個軍団の連合軍に対峙した[97]。この二人は、反対派のもっとも定評ある軍指揮官だった——アフラニウスは六〇年の元執政官、ペトレイウスはカティリナを打ち破った人物である。また彼らの正規軍団の力は、広くこの土地の現地人が分担した通常の召集部隊の兵士で非常に強化されていた[98]。だがカエサルの方は、卓越した騎兵を擁する点で、彼らに優っていた。騎兵のうちの半分は、とくに名指しで彼が召集した三〇〇〇人のケルト人貴族であり、それはガッリアを平穏に保つためのよく知られた道具でもあった[99]。決定的でない陣地戦がしばらく続いた後、カエサルは突然洪水のため大変な危機に陥った。糧秣と後詰めの兵のための頼みの綱だったシコリス河の橋が押し流され、敵が油断なく見張ってその再建を妨げたのである。数日たらずのうちにカエサルの命運も尽きるに違いないように見えた。というのは、敵にはあらゆるものが豊かに供給されているのに、カエサルの兵士は最低必需品の欠乏にも苦しんでいたからである[100]。ローマでは、アフラニウスの留守宅の前で、熱狂的な声明が読み上げられたし、元老院議員やその他の高貴な市民たちのなかには、アントニウスが彼らを遮らなかったので、今なおぎりぎり最後の瞬間に、機会を摑んでポンペイウスのもとへ旅立った連中も沢山いた[101]。そこで今や、テッサロニケでは、元老院議員の数はほぼ二〇〇を数えるほどになっていた[102]。

それでもカエサルは、自分の陣地の背後三三キロのところに、敵に気づかれずに一つの橋を架設し、糧秣確保の道をつけることを成し遂げた。同時にマッシリアの前の閉塞艦隊の指揮官デキムス・ブルトゥスが、包囲された人たちの強力な突破の攻撃を撃退して、敵に甚大な損害を与えた。事態がこのように転換したため、エブロ河の北にあるいくつかの有力なスペインの共同体が、カエサルの側に移るほどであった[103]。セルトリウスの本営があのように長くおかれた町オスカが、その際先鞭を付けたのも、おそらく決して偶然の一致ではなかろう。そこは要するに、セルトリウスがもっとも長く持ちこたえることのできた地方だったのである[104]。セルトリウスを抑えたポンペイウスの副司令＝総督代理として、ここでその強力な蜂起者の末裔を制圧しなければならなかった人、すなわちアフラニウスが、その当時ちょうどそこにいた[105]。しかしカエサルは、かつてウルテリオル［彼方のスペイン］の法務官代理＝総督として、メテッルス・ピウス［ポンペイウスとともにセルトリウス戦争を抑えた将軍・政治家］の課した軍税を免除してやったことがあったために、カエサルの評判は良かった[106]。このように、ここでもやはり古い政治的な対立があとあとまで作用し続けていたのである。

以上のような理由によって、また同時にカエサルの軍事行動に圧迫されて、アフラニウスとペトレイウスは、戦場をエブロ河の南、ケルト・イベリア高原地帯に移すことを決定した。そこではカエサルはあまり知られていなかったが、セルトリウス戦争以来、ポンペイウスの名には特別に高い信望があったのである。その地方で、彼ら二人の将軍は、大増援部隊、とくに騎兵をも動員できるものと期待し、冬まで、勝手を知った土地で持ちこたえられると考えた[107]。その間カエサルは、斥候によってただちに彼らの意図を知った。そして彼らが早暁、軍勢をイレルダからシコリス河の東岸に移したとき、カエサルは躊躇することなく自分の軍隊を、幾分上流のところで早い流れを渡らせて引っ張っていった。というのは、兵士たちが、「敵を逃がさないようにせねばなりません。そうすれば、この戦役は、間もなく終わりになるでしょう」と、彼をせきたてたからである。かくして、行軍中の敵の縦隊に、すでに午後には追い付くことができた。アフラニウスは、シコリス河とエブロ河の間の山岳地帯に到達しようと懸命に努めていた。すでにエブロ河に渡されてあった船橋に敵の主力が達するまでに、その山岳地帯において、小部隊によってカエサルの追跡を撃退できると期待していたのである。しかしながら、カエサルは速度を緩めなかった。そのためアフラニウスは、夕方にはもう、守るに堅い隘路の手前八キロのところにある高地に陣営を設けなければならなかった。夜中にもさらに行軍し続けることなど敢えてしなかった。内乱においては、夜襲を受けては自軍の軍紀は保たれないだろうと考えたからである。ところがしかし、この遷延が今はカエサルにときを与えてしまった。カエサルには、地形を偵察させ、アフラニウスが出発すると決めていた翌朝には、大変な艱難辛苦を嘗めながらも、その軍隊を、岩と峡谷を抜けて、東側の敵の傍らを通り過ぎさせ、敵に気づかれずに、大迂回させて敵に先んじるスピード競争に勝つ時間がうまく与えられたのである。そこで、カエサルは山岳への入口を遮断することができた[108]。再びアフラニウスは停まった。山を越えてエブロ河に達するという試みを、カエサルはすでにそのはじめにおいて水泡に帰したのである。また彼の兵士たちは、明らかに精神的にはすでに非常な動揺をきたしていた敵に対する攻撃命令を、激しく望んだのである。それでもしかし、敵は食糧の欠乏のため、現在の陣地にもうそれほど長くは留まることができないので、結局一回の戦闘すらもはや絶対に必要はないことを、カエサルは知っていた。とすれば、なぜ彼はそこでさらに戦運を試してみなければならないのか？　勇敢な兵士の生命を何に賭けねばならないのか？　また一戦を交えることなく勝者たり得るところには、彼が喜んで保護しようと思った市民など、相手側には一人もいなかったのであろうか？　彼が報告しているように、このような考慮はもちろん、全く兵士たちの賛同を得られなかった。それどころか彼らは、もし勝利へのこのような好機を逸するならば、カエサルが望んでも、もう決して闘わないと脅したほどであった[109]。

四九年八月二日、イレルダ付近でアフラニウスとペトレイウスが降伏

さまざまな事件が、このような気持ちの不一致をすぐに水に流してしまうことになった。アフラニウスとペトレイウスは退却を決定し、もはやただ、イレルダに向かうか、あるいは東の方タッラコ［タッラコナ］に向かうかを相談しただけだった。まず第一に問題になったのは、防御の堡塁の線を引くことによって、自分たちの陣営のために水のある場所への通路を確保することであった。将軍たちが、自ら一々このために必要な指令を与えている間、兵士たちはしばらく放任しておかれたので、カエサルの前哨と話し合いはじめた。この人たちによって降伏するように励まされて、彼らは、カエサルのもとに仲介者として軍団の首席百人隊長たちを派遣した。そこで、かなりの数の高級将校［軍団将校］や百人隊長、スペイン貴族が、これと行動を共にした。これらの人たちはすべて、カエサルの陣営にいる友人たちを訪れ、カエサルに紹介してもらうために同行したのである。その上、アフラニウスの息子が、自分や自分の父の恩赦に関して、カエサルの副司令＝総督代理プブリウス・スルピキウス・ルフスの助力を頼みこんだのであった。それとは逆に、カエサル派の人たちも敵の陣営に赴いた。ペトレイウスが間に入って妨害しなければ、大アフラニウスはことを成り行きのままに任せていたことであろう。ところがペトレイウスは、その妨害をして、スペインの親衛兵でもって、親睦の場面を血塗れにするという お膳立てをし、その後、全軍に新たに忠誠の宣誓をさせたのである。彼は、自分の陣営にまだ捕らえられていたカエサル側の人たちを殺させたのだが、それに対してカエサルは、自分のところにやってきた人たちを、彼らが自分のもとに留まる道を選びとらない場合には、相手の意志を尊重して解放した。カエサルはこのことについて、これらの人たちが、後に名誉ある条件のもと彼の軍隊のなかに受け入れられた、と書き留めている。[110]

その後まもなくして、敵はイレルダへの退却の道についた。カエサルは、彼らを絶えず圧迫しつづけた。そして、彼らが再び陣営を設けたとき、包囲の堡塁によって彼らへの水の供給を断ち切った。そのため八月二日（ユリウス暦では六月一〇日）には、敵の両指揮官は、カエサルとの和平交渉を願うしか方法がなくなった。[111] カエサルは、この申し出に対して、公開の形で両軍の人がその話し合いを聴くことのできる距離のところまで、彼らが兵を連れてくることだけを条件として同意した。こうして、カエサルは、広くだれにでも聞こえるようなかたちで、自分のことを弁明する機会を手に入れた。彼は、敵方の兵士たちの生命を大事にすることしか念頭においていないこと、またできるだけ速やかに彼らとの和平を成就したいと思っていることを詳しく述べた。

諸君たち兵士は、もうとっくに和平交渉のための道を自分たちの手で開いていたのだ。ただ指揮官だけが、これに反対しているのである。でも私は、諸君たちの現在の窮状を利用して、兵士諸君が自分に奉仕してくれようとして自分の陣営に移ってくるのを強制したいと思っているのではない。自分の望むことはただ一つ、たしかにすでに長年、スペインでただ自分に向けてだけ配置されてきたこの軍勢が、今解体されるということだけである。自分は、この後も、政敵たちによって加えられる不公平な取り扱いに辛抱づよく耐えるであろう。ただ自分を傷つけるような手段だけは、彼らから奪わねばならないのである。そのために、両属州は明け渡され、軍隊は解散されねばならないのである。[112]

それから個々の点について、つまり住居をスペインにもっていた兵士たちはただちに、そして残りの人たちはガッリアとイタリアの境界の流れ、ヴァル［ヴァルス］河畔で除隊させられることに、意見の一致をみた。なお自己の意志に反しては、いかなる人も兵士として軍旗の誓い［忠誠の誓い］を強要されてはならないということまではっきりと決められた。[113] このようにことが処理されていた間に、カエサルは、二個軍団を護民官クィントゥス・カッシウスのもと、ヒスパニア・ウルテリオルに進軍させ、布告を出して、属州の全役人および名士たちをコルドゥバの地方会議［指導者の会議］に招集させた。[114]

四〇日間の戦役で、反対派が意のままに掌握できた最良の軍隊は戦闘力を失った。[115] あの戦争経験の豊かなポンペイウスの二人の副司令たちは、カエサルの天才的な戦略にとうてい太刀打ちできないことを暴露してしまった。カエサルとしては、自分の兵士たちがいかなる障害にも打ち克ったからこそ、あらゆる困難に対してあのように大胆に決断を下して立ち向かうことができたのであった。カエサル自身の報告には、やはりまさしく彼の政治的見解がとりわけ鮮やかに表現されているので、これまでも彼の述べるところができるだけ詳しく再現できたが、すでにイタリアでそうであったの同様に、この戦場でも、彼は敵を全滅させるために戦ったのではなく、できるだけ血を流さずに対立を和らげ、大変な危機によって揺り動かされているローマ世界を最終的に鎮めるための道を開くために戦ったのであった。さらにわれわれは、カエサルが自分の問題の弁護のために書いた『内乱記』のなかでも、このこと以外のいかなる戦争目的も挙げていないのを知るであろう[116]。もっと厳密に言えば、彼がその点について語るのはただ一箇所にすぎないが、その際、相手方もそれをもちろん正当なこと、また望ましいこととして認めるに違いないというのを当然の前提としているのである。いかなる政治的プログラムもそうであるように、なにごとも実現できるかどうかが問題であった。しかし、現存する制度《もの》の保持を目指す定式化［公式表示］のうちに、真にローマ的なものがあるといっても差し支えないであろう。またカエサルは、ただローマ人の心を惹くためだけにこのように語ったのではなく、カエサルが、自分でも真の大政治家として自分の使命をこのようなものとみなしていたのであろう[117]。

ウァッロ、南スペインの属州を放棄する

元来ペトレイウスは、属州・彼方のスペインの統治をマルクス・テレンティウス・ウァッロと分け合っていた[118]。ペトレイウスの離脱以来、統治の仕事は、詩人としても有名で万能かつ博学な大学者ウァッロ一人の義務となっていたが、この人は個人的にはこれまでカエサルとは好ましい関係を維持していたから、それだけにますます彼にとっては、事態は容易ならざるものがあった[119]。したがって、カエサルの辛辣な記述を信ずることができるならば、幸運の女神がカエサルを見放したかのようになったときに初めて、ウァッロは本気で武装準備をはじめたのである。その際、カエサルに友好的な共同体に対して断固厳しい処置をとり、以前より高い軍税を課した。また、信頼できない個人に対しても厳しく臨み、財産没収の処罰を下した。カエサルの勝利後、ウァッロは、ガデスで自分の軍勢・艦船・軍需品を擁して持ちこたえることができるものと期待したが[120]、彼がそこに到着する前に、すでに全属州がカエサル側に移っていた。その上、一個軍団が反乱を起こした。その後、ウァッロ自ら別の一個軍団を、カエサルに委任された一人の将校の手に引き渡し、コルドゥバで、自分の属州を勝利者の自由に任せた[121]。

カエサルは、自分に味方したために苦しんだ人すべてに報酬を与え、栄誉ある地位を贈るべく熱心に努めた。このようにして、ガデスの町の成員にローマ市民権を与える法の制定を、この町に約束した[122]。ついでに言えば、もちろん莫大な分担金を支払わせもした[123]。カエサルは、護民官カッシウスに、法務官的な

権限をもった副司令＝総督代理としてこの地方を管理させた。カッシウスは、数年前この同じ地方で財務官だったので、このポストのためにとくに適当な人物とみなされたのである。実は、これは全く不吉な人選であった。というのは、カッシウスは、すでに財務官当時から飽くことを知らない貪欲さのために憎まれていたからである。カッシウスの新しい統治活動によって、あれほどまでにカエサルに友好的だったこの属州において、やがて人心の完全な急変と公然たる反乱を引き起こすことになったのである。[124] したがって、この人物には、キケロがかつてカエサル派の重要人物たちを一般に特色づけた次の言葉が、全くふさわしいといえよう。[125]

カエサルは、どのような仲間または部下を使ってやってゆけばよいのだろうか？　これらの連中のうち誰一人として、自分たちの遺産を二カ月間さえ統御できなかったのに、そのご当人たちが、属州を、あるいは国家を治められるのであろうか？

マッシリアの降伏

カエサルは、帰路タッラコでも、その地の味方に感謝の意を表明した後、マッシリアに赴いた。[126] ここで半年［英訳は一年］の厳しい包囲戦の末、強力な砦の降伏を受け入れさせることができた。この征服された国家は、軍需物資・艦隊設備をことごとく引き渡さねばならなかった。それに加えて国庫の金品をも差し出し、結局は、その収益とともにその領域の大部分までも失ったのである。二個軍団が守備隊として留まった。[127] それでもカエサルは、形式的には独立した同盟者としてのマッシリアの外面上の地位はそのままにしておいた。というのは、このような古い有力な、ギリシア人の建てた共同体を完全に滅ぼすのは、あまりにも悪辣な印象を与えるであろうと思ったからである。[128] この頃、法務官のマルクス・アエミリウス・レピドゥスが、国民の委託によりカエサルを独裁官に任命した、との知らせをカエサルは受け取った。このことは、翌年、合法的な地位につくための最善の方策であった。というのは、独裁官として執政官選挙に着手できる権限を得たからである。法務官による独裁官の任命は異常なことであったが、すでに二一七年にも前例のあったことであり、その上、民会で定めた特別な法によって決められたものでもあった。[129]

軍隊が撤収してゆくにあたって、カエサルが軍指揮権を行使して以来初めて、プラケンティアで軍の反乱が起こった。それは、第九軍団で始まった。約束した報酬を支払わないで済ますために、カエサルはわざと戦争を長引かせているという噂が立ち、また何も掠奪するものがなかったので、不満が充ち満ちていたのである。[130] すでにスペインで、兵士たちは大胆にも声明を出していた。その声明は、反逆者カエサルといえども、兵士たちの好意を頼りにしているということを、兵士たちがよく知っていたことを示すものであり、また彼らは敵をいたわるというカエサルのやり方にどうもしっくりこないものを感じていたことを表わすものであった[131]。今こそ、彼がなおも大将軍《インペラトル》でいられるかどうかが決まるに違いなかった。たとえ原則としてただの一兵も欠くことができなかったとしても、彼は兵士たちの集会で意見を表明して、自分は古い軍事上の慣習によって、第九軍団に一〇人ごとに一人を死刑にする処罰を下し、次いで残りの人たちを兵士としては不適当であるとして除隊させるであろう、と言った。この大胆不敵な妥協しない姿勢の効き目は大きく、軍務に残るのを許されるよう軍団兵が切に懇願するほどになった。カエサルは、自分が一二〇人の首魁を指名できるという条件で、これに同意した。その一二〇人のうちでくじに当たったもの一二人を、仮借することなく死刑に処した。百人隊長の手で、ある罪のない人物に罪がかぶされたということが分かったとき、カエサルは即座に、その人の代わりにこの百人隊長を処刑するように命じた[132]。

アフリカでのクリオの死

輝かしいスペイン遠征の結果、軍事上の情勢全般が——したがって政治的な一般情勢も——たしかに改まったのだが、決定的に変わったとはいえなかった。というのは、他のいくつかの戦場では、反対派も見事勝利を収めていたからである。ポンペイウスの艦隊は、ダルマティア海岸でドラベッラから四〇隻を奪った。ドラベッラを援けにやってきたガイウス・アントニウスは、非常な損害を蒙った挙句、全軍もろとも降伏しなければならなかった[133]。クリオは、すばやく機を捉え、五月はじめに戦わずしてシキリアを掌中に収め、続いて二個軍団を率いてうまくアフリカに上陸したが、ヌミディア王ユバに対する戦闘でその軍勢もろとも潰えてしまった。ユバは、寡頭政派に味方することにより、今こそカエサルに対して昔の不当な行為の復讐を遂げたのである[134]。それに加えてポンペイウスは、自らが好むとおりに、悠然と、その戦闘力を組織立てることができた。数百隻もの軍艦からなる艦隊が、ギリシアの西海岸に集結させられ、マケドニアのベロイア（ベロエア。テッサロニケの西方）では九個軍団が訓練を受けていた。三〇〇〇の弓兵、一二〇〇の投石兵、七〇〇〇の騎兵を東方の同盟諸国が出していた。また、シリアの執政官代理＝総督クィントゥス・メテッルス・スキピオは、自分の属州の二個軍団を率いてやってくる途中であった。ポンペイウスが計画したのは、春に、イタリアに対して圧倒的な攻撃を企てるために、艦隊に守らせた形をとって、イッリュリア海岸（アルバニア）の軍勢をデュッラキオンとアポッロニアの近くで、冬の宿営地に入れることであった[135]。

カエサル、四九年一二月末までの独裁官

カエサルの軍勢（一二個軍団）が渡航のためブルンディシウムへ行軍していた間に、独裁官［カエサル］はローマで一一日間の多忙な日々を過ごしていた[136]。ローマを握ったことで彼は合法的な選挙にとりかかることができ、そこで、ローマ人が言っていたところでは、「国家自体が自分の側にある」という国法に適った正統的な立場を創り出したのである[137]。これまでは彼は

謀反を起こした執政官代理にすぎず、反対派が正統な政府を意味していた。今こそ彼が法に適った独裁官であり、自分の主宰した選挙のための民会において、カエサルは合法的に、かつての上官の息子プブリウス・セルウィリウス・イサウリクスとともに執政官に選ばれた。現行の法によれば、カエサルは四八年に二度目の執政官に就任できたのである。それは、すでに五六年に目論まれたことであった。この選挙にあたって、彼が強調しているように、イタリアに住んでいた全ローマ国民が、彼に対して判決を下したのである。[138] その他の役人も選ばれ、欠員の神官が補充された。なお、四九年の執政官たちが開催することのできなかったアルバの山地でのユッピテル・ラティアリス［ラテン同盟の守護神としてのユッピテル］の祭りを、遅ればせながらも催すことをカエサルは忘れなかった。[139]

経済は全く破滅状態にあり、病根は経済の奥深いところまで腐らせ、内乱の雰囲気を作り上げるのに大きな役割を果たすまでになっていたのだが、このような経済状態が、もっとも緊急な、そしてもっとも難しい統治の課題を負わせていた。内乱の勃発以来、貨幣の流通は完全に停止した。負債も支払われず、金を必要とする困窮者も金を得ることができなかった。[140] すべての人が固唾を呑んでカエサルに注目していた。彼の過去、それに放埒な貴族連中やその他の山師的な存在という取り巻きをみれば、これまで示してきた寛恕にもかかわらず、彼について、人々が恐れたり期待したのは、相変わらず全般的な負債免除であった。それでもこの点に関しては、彼は、大政治家として子分どもの言いなりになることはできなかった。それは期待されていたことであるが、持てる層に対して近視眼的な、しかも残虐な掠奪を行なう代わりに、危なっかしい存在である負債者たちのためになるようにと、法的な効力をもった告示、すなわちよく考え抜かれた独裁官としての指令（民会によって取り決められた法〈レクス・ロガタ〉＝議決された法に対して、命令権保持者による法〈レクス・ダタ〉＝委任法）を出した。イタリアのなかでの貸付金と所有地についての指令が、それである。[141] それによれば、都市係［首都係］法務官によって任ぜられた仲裁裁判人［調停者］が確定したように、債権者には土地を戦前の値段で清算金として引き取るべき義務が負わされた。資本の返済にあたっては、すでに支払われた利息分は、最大で元金をほぼその四分の一（一二パーセントの利率で、二年間の利子が大体そうなる）まで引き下げることができた。[142] 金融市場の流動性を推し進めるために、彼は退いて古い法律に拠ったが、それによれば、いかなる人といえども現金で一万五〇〇〇デナリウス以上を寝かしたままにしておくことは許されなかった。[143] 利率の高さに関しても規正が加えられた。資本家を安心させるためのこととしては、主人の違法行為を密告した奴隷に報酬を与えようという無理な要求を、彼がきっぱりと退けたことがある。損害を与えられた債権者の間で、私有財産へのこのような干渉が鋭く非難されたとしても、[144] それでも債務免除の形を活発に利用したのであった。それは、債権者・債務者を問わず、市民団のかなりの部分のためになったのである。

それほど厄介ではない問題のためには、カエサルは正式のやり方で、法務官や護民官を通して立法機関にそれを取り扱わせた。このようにして、すでに三月一一日には、法務官のルキウス・ロスキウスの提議で、ポー河の彼方のラテン共同体には、長らく約束されていた市民権が授与された[145]。護民官ルブリウスは今や、それによってアルプスの此方のガッリアにある全自治市、およびその他の集落のために必要となった統一的な司法秩序を、平民に認可［平民会議決］させた[146]。同じくガデスの人々も、約束された市民権を受け取った[147]。その過去に忠実に、カエサルに唆されて、ある一つの民会議決も行なわれた。この議決によって、スッラに追放された人たちの息子に、官職立候補の権利を取り戻してやったのである[148]。さらには、有罪判決を下されて追放・亡命生活を送らねばならなかった政治家、しかも今やカエサルと結んでいた一連の政治家には、特別な法律でローマに戻ることが合法的に許可された。これらの人たちのなかには、アウルス・ガビニウスも入っていた。それでも主として法が適用されたのは、五二年に選挙での不法行為に関するポンペイウスの法によって行なわれた裁判の犠牲者であった。カエサルは、あのとき自分の支持者を守ってやれなかったのである。今や彼は、これらの人々の名誉回復を国民［民会］に確認させた。「あの処置は、正義の侵犯であった」と[149]。〈ヌミディア王〉ユバは、ローマ国民の敵と宣言され、一方、隣国マウレタニアの二人、すなわちボックスとボグドは国王と認められた[150]。

元老院の会議には、今回はカエサルの舅ルキウス・ピソも出席していた。この局面の特徴は、ピソが四月に討議されたあのポンペイウスへの平和の申し出の段階にあえて立ち戻ろうとしたところにあった。しかしカエサルには、今や恵まれた条件のもとイッリュリアで攻撃に出ることができる望みがあり、また万一和平交渉になっても、元老院との協同作業をもう求めたくなかったので、予定執政官の同僚セルウィリウス・イサウリクスを引き入れ、彼による反対の意思表示という手を用いて、ピソの提議を斥けた[151]。物価騰貴に苦しむ民衆に穀物を分配したが[152]、その代わり、四九年一二月の終わりに独裁官職から退いたのちにローマ市を立ち去ったとき、神への寄進物の最後の一片までもが、カピトル神殿のそれも含めて、金銭上窮迫していた彼の犠牲になった。お伴をした民衆ですら彼に呼び掛けて、ポンペイウスと和解したほうが良い、と言った。たしかに、このことは、いずれか一方の党派の決定的勝利を期待するのをまさしく快く感じない人が、広い範囲にわたって存在したことを示すものであった[153]。

四八年一月五日、エペイロスに上陸、ポンペイウスに対する和平の提案

ブルンディシウムでは、カエサルは、自分の軍団が度々の行軍と悪天候のために、非常に疲れ果てているのを見て取った。船の数は、通常の状態でも、一万五〇〇〇の正規軍団兵と六〇〇の騎兵を輸送するので精一杯だった[154]。それは悲痛なる幻滅であった。彼が指摘しているように、戦争を速やかに終わらすの

を妨げたものがあるとすれば、それは、ただこのような船腹の不足であった。それにもかかわらずカエサルは、自分の幸運を確信して、四八年一月四日（ユリウス暦では四九年一一月六日）約二万の兵を率いて渡航を強行し、翌日、敵の艦隊に気づかれずにエペイロス海岸に上陸した。[155] ポンペイウスはまだオクリダ［オーリド］湖の西方［カンダヴィアの地］を進軍中であったので、[156] カエサルは急ぎ前進して、北方のアポッロニアまで、防御のしっかりしていない一連のエペイロスの諸都市を落とすことができた。住民はただちに、目下のところ優位に立っている方に与した。[157] このような局面で、彼は、ポンペイウスのかつての幕僚ルキウス・ウィブッリウス・ルフス、すなわちコルフィニウムで釈放され、スペインで再び彼の掌中に落ちた人物に、敵の最高指揮官宛ての新しい和平の提案を持たせて送った。彼は、この人に次のように伝えさせた。[158]

双方、強情な闘いは終わりにすべきであり、もはや幸運など求めているべきではない。双方、非常な損害を受けており、それが教訓ともなるはずである。だから双方とも自分自身と国家を大切にしたいものである。双方がまだお互いに自分を確信しているように見え、しかも双方の力が同じように見えるとき、その今こそ、和平締結のときなのである。幸運がただ幾分なりとも一方に傾くや否や、優位に立ったと見られる方が、もう対等には交渉を進んで持ち出さないであろう。われわれは、これまで和平条件に関しては一致することができなかったから、条件の定式化はローマの元老院と国民［民会］の裁量に任せるべきである。これは、国家の安寧に役立ち、われわれ自身にとっても好ましいことであるに違いない。双方が、ただちに軍隊の集会《コンティオ》で、次の三日以内に軍隊を解散するという宣誓をするならば、双方は武器の引き渡し、および今双方が頼りにしている支援部隊［独語の道具があてられている］の放棄ののち、国民［民会］と元老院の裁定でもって、双方は必ずや満足できるに違いない。

このような働きかけは、またもやすこぶる巧妙な狙いをもっていた。それは、政敵との政治闘争を戦場から再び中央広場《フォルム》に移すというカエサルの希望にぴたりと適っていたのである。このことを目指して、彼はすでに長らく双方の武装解除を提案していた。首都ローマおよびそのローマの正規の全官職を手に入れ、しかもスペインにおいて敵の軍隊を除去したのちは、カエサルの政治的勝利は疑いのないものとなっていたのである。したがってカエサルは、武運がまだ一方に決定的に傾いてしまったわけではないことを強調した。ポンペイウスはカエサルの上陸によってひどく驚かされ、その兵士たちを突然由々しいパニックが襲ったほどだったので、[159] 彼も、この瞬間には、もっとも容易に、このような至当と思える条件に応じる気になっていたと考えられる。もし応じていたならば、彼の役割は、これでともかく終わりとなっていたであろうに――寡頭政派に対してと同じようにカエサルに対しても。しかし、他ならぬこの理由で働きかけが失敗したとしても、それはやはり無駄なことではなかった。彼がローマに滞在することによって改めて示されたのは、イタリアがいかに平和を希求しているかということであり、そしてまた、彼が帝国にこの幸運を得させたいと思っているという印象ほど、カエサルの立場を強めるものはありえなかったのである。反対の立場をとる尖鋭な閥族派グループは、このような接近策にうまく乗ってきそうになかったので、彼は元老院による仲介を拒絶した。他方でポンペイウスを目下の同盟者から引き離すことには、まだ成功したかもしれない。ポンペイウスがそれを斥けたとすれば、戦争延引の責任は彼が負うからであった。いずれにせよこのような試みは、敵陣においては常にくすぶり続けている不信感のおき火をかきたてるものだった。

一層の討議交渉の試み

兵士たちの恐慌が抑えられた後はじめて、ウィブッリウスは、ポンペイウスにこの提案を伝達した。そこで呼び寄せられたのは、やはり、彼の信頼していた助言者ルキウス・スクリボニウス・リボ、ルキウス・ルッケイウス、それにポンペイウスの当時の幕僚で、かつての彼の歴史家［彼の業績の記録担当者］ミュティレネのグナエウス・ポンペイウス・テオファネスといった人物である[160]。しかし、カエサルが後で直接の証人から聞き知ったところでは、ウィブッリウスは最後まで発言しきることができなかったという。ポンペイウスが、申し出に含まれた奸計を見抜いて、次のように言って、なおそれ以上に発言することを一切打ち切ったからである。「カエサルのお情けによって生活することなど、自分にはありえないことである」と[161]。

それはそうとして、軍事的に有望であることを前提に、カエサルは交渉の道を開こうとしたのだが、その恵まれた軍事的前提は、すでにその後数日の間にすっかりふっとんでしまった。というのは、敵艦隊の総指揮官マルクス・ビブルス［五九年のカエサルの同僚執政官］は、二度と不意打ちを食らうことがなかったからである。自分も容赦することなく危険に身を曝して、すこぶる効力のある封鎖の陣を組織し、それによって彼は、全エペイロス・イッリュリクム海岸をイストリアまで、あらゆる上陸の試みに対して固めた[162]。カエサルの方は、後続の兵の輸送を急がせて全軍を一つにすることができず、軍勢の残り半分を出航させるまでに、四月一〇日（ユリウス暦では二月八日）頃まで、三カ月もかかった[163]。その上、ポンペイウスは、カエサルの面前のデュッラキオンに到達して、あらゆる軍需品がよく整っていたこの重要な場所、すなわち彼のイタリアに対する将来の作戦の根拠地として役立つに違いないこの場所が、相手に奪取されるのを食い止めるのに成功した。カエサルは、今やアポッロニアのそばのアプソス河の背後に退いた。やがてポンペイウスがカエサルを河岸まで追撃し、そこで数週間も両軍は対峙した[164]。ポンペイウスは、封鎖の結果、敵が闘わずして困憊することを期待したので、彼の性格にふさわしく活発な戦闘行為を抑制した。イタリアからの補充がすべて断ち切られたカエサルは、自軍を支えるための頼みの手立てとしては、彼が軍事的に支配し、しかもそこから食糧を供給させることのできた後背地の領域をできるだけ拡げることしかなかった。かくして、自ら一個軍団を率いて南方のブトロトン［ブトロトゥム］まで、ケルキュラ［コルキュラ。現在のコルフ］[165]に相対する海岸を押し進んだのである。

ここでカエサルにとって悦ばしいことには、オリコン（ウァロナの南）にいた彼の指揮官からの報告が届いた。敵艦隊を率いるビブルスとリボが、重要な要件について会談をもちたいと願っている、と。彼はただちにオリコンに急行し、相談のためリボと会った。ビブルスは、憎らしい仇敵のあまりにも近くにやってきたとしても、自分としては、その結果として当然起こる立腹によって交渉を危うくする気はない、との申し開きを伝えさせていたのである。しかしカエサルが望んだのは、ウィブッリウスによってなされたカエサルの申し出への返答を得ることだった。[166] しかしながら、リボは申し立てた。[167]「それほどにカエサルが個人的に平和を望んでも、自分はただ軍使の派遣を取り次いで、カエサルの提案を受け入れるべくポンペイウスに取りなすことしかできない」と。

そして、交渉を受け入れるためには、目下のところただ停戦状態にするのが肝要だとした。それに対してカエサルは、すでに停戦は、やはり封鎖の撤回――ただ単に陸上における敵対関係の中止だけではなく――をも含むという条件付きならば、それに応ずる用意があるとの意見を表明した。しかしリボは、軍使の通行許可など認めないと言明し、軍使の安全な案内など請け合おうともしなかったので、カエサルは次のような印象を受けた。相手側としては、停戦の間に、カエサルによって占領された海岸に、これまでどのような上陸の企ても不可能なように封鎖されていう印象である。というのは、長い海岸線のこのような閉塞によって、その供給をすべて海上で行なうことを余儀なくされた封鎖艦隊がすこぶる苦しんでいたからである。カエサルはもちろん、この唯一の圧迫手段を放棄するつもりはなかった。そこで協議はなんの成果も生まないままだった。[168]

このような和平の期待は人を惑わせただけだったが、その後、アプソス河畔での事実上の休戦が、再び扇動的なやり方による敵軍解体という形への今一つの異なった道を開くように見えた。スペインでは、それが日の目をみて、あのような良い成果を収めたのであった。頻繁に相手方にいた戦友と個々の兵士が語り合うことによって、気持ちの面である心構えができ、しばらく経ってからカエサルをして、その信頼できる子分プブリウス・ウァティニウスを、広く響き渡る扇動演説のために岸辺に送り出させた。そこで、人を感動させるような言葉でもって、いかに以前は逃亡した奴隷や海賊とも交渉が行なわれたか、ところが今は、ローマ市民がローマ市民を相手に同じようなことを行なうのも許されない、と述べ立てられた。それに続いて聴衆からも叫び声があがった。[169] 明日はアウルス・テレンティウス・ウァッロ・ムレナ、すなわちキケロの手紙からもわれわれによく知られているあの有名な人物が、和平交渉の道をつけるために来るであろう、と。指定された時間に両陣から兵士が群をなしてやってきたが、カエサルの腹心のなかでは、最前列に小ルキウス・コルネリウス・バルブスの姿がみえた。この人物はすでに一年前、カエサルの指令を携えて、ブルンディシウムに旅していたのであった。しかし相手方からはティトゥス・ラビエヌスが、ウァティニウスと横柄な言葉のやりとりをはじめた。そこで突然、カエサル側の人たちの上に飛び道具が降りかかり、その一つがバルブスにも当たった。ラビエヌスは、この場面を次の言葉でしめくくった。「ともかく止めろ。和解について語るのを。カエサルの首を引き渡してもらわなければ、われわれには平和などありえないのだから」[170]。

ローマにおける社会革命的な陰謀の鎮圧

カエサルにはこの手厳しい肘鉄砲は大打撃であった。なるほどビブルスは重い病気にもかかわらず、そのポストを去ろうとはしなかったので、過労の犠牲となって倒れた[171]。しかし、封鎖は続けられた。その上リボは、ブルンディシウムの港を封鎖しようとまで試みた[172]。この攻撃を見事撃退したのは、もちろんアントニウスだったが、それでもなお待望の援兵は、相変わらずぐずぐずしていた。通信事務もしばらく途絶えた。そこで、カエサルの心のなかには、イタリアにいる自分の副司令たちの信頼度についての疑念が頭をもたげてきた[173]。彼がすこぶる尊敬していた党派仲間は法務官のマルクス・カエリウス・ルフスであり、その人がちょうどそのとき、負債の弁済についての独裁官の告示の実施に反対する徹底的な敵対運動の張本人になっていたとすれば、以上のような疑念がカエサルの心のなかに浮かんだのもますます当然であった。カエリウスは、結局、一年の家賃の免除と一切の負債関係の完全な取消しに関する法を発表するほどにまでなった。さらに、その同僚、首都係法務官のガイウス・トレボニウスと執政官のプブリウス・セルウィリウスに対する暴力行為にもひるむことはなかった。それにもかかわらず、カエサルにとって幸運なことは、セルウィリウスがやはり精力的な人物だった点にある。彼は、ちょうどガッリアに向かう道を行軍してゆく一部隊の兵士をおさえ、元老院からあの有名な決議で全権を委任され、不穏な法務官［カエリウス］に職務執行の停止を強要できた。この権限は、寡頭政がカエサルに対してそれを行使したときはいつも、彼をあのように憤激させた武器ではあるが、その同じものが今回はいかにカエサルのためになるように振り向けられたかをみると、だれも魅了されずにはいない。四九年一月七日の場面とこのケースとのアナロジーを完全なものにするには、ここには護民官が法務官のために拒否権を発動した一幕も欠けていない。カエリウスはローマの町から逃れ、追放から急遽戻りつつあったティトゥス・アンニウス・ミロと一緒になった。彼の剣闘士団と解放された奴隷の助けを借りて、カエサルに対して武装蜂起を起こそうと思ったのである。しかしミロに対しては、ただちに法務官クィントゥス・ペディウス（カエサルの甥）[174]の率いる一個軍団が進撃したので、この反逆者は戦闘で倒れた。その後すぐに、同じ運命がカエリウスをも見舞ったのである。[175]

四八年四月、マルクス・アントニウスと合流する

このように、カエサルがイタリア統治を委ねておいた人たちは、一般に信頼に足ることがはっきり証明された。しかし彼らは、カエリウスよりずっと道徳的に信頼できることを示したわけではなかった。それにカエサルにとってエペイロスにおける軍事的状況が次第に絶望的になったので、一度などは変装して小さなボートで対岸に渡り、軍勢を自分で連れてこようと試みたこともあったほどである。波が高かったため、船頭は舟をやるのを断念しようと思ったが、そのとき、カエサルは素性を明らかにし、この人に、「おまえはカエサルを運んでいるのだ。カエサルの幸運の女神も！」[176]と叫んで、もう一度試してみるよう叱咤激励した。ただし嵐にはどうしても打ち克ちがたく、それが計画の遂行を妨げた。それにもかかわらず結局のところ、アントニウスとフフィウス・カレヌスに対して、最初で最良の時をつかまえて、渡航するようにとの厳命を伝えるカエサルの手紙を対岸に運ぶのには成功した。[177]二人の副司令は、命令に応じた行動をとり、四月一〇日、カエサルは、待望の軍隊の輸送がイッリュリア海岸に沿って行なわれるのを、自分の陣地からその目で観察することができた。風は当然、北方のリッソス（リッスス。アレッシオ、つまりデュッラキオンの北方ほぼ六〇キロ）の近くにまでこれを押しやったが、追撃している敵からも、また嵐からも損傷を受けることなく、幸運にもこの地に船は着いた。リッソスのローマ市民の団体は、カエサルがガッリアとイッリュリクムの執政官代理＝総督だったときに、カエサルにたいへん面倒を見てもらった経験があり、今はアントニウスを両手を拡げて喜んで迎え入れた。そのために、ポンペイウス側の司令官は大急ぎで退去した。敵の艦隊のなかでは、一六隻のロドスの船が難破して、その乗組員は一部カエサルの手に落ちたが、カエサルによって気前よく赦免されて故国に送り帰された。[178]

数日後、幸運にも両軍の合流が成った。[179]カエサルの総戦力は、今はほぼ歩兵三万四〇〇〇、騎兵一四〇〇に達した。[180]こうなってもなおポンペイウスは、まだ四分の一だけ彼に優っていたといえよう。封鎖がずっと続けられ、ポンペイウスがとりわけこの地方の食糧をできる限り大量に安全なところに移して備蓄していたので、カエサルには糧秣供給の困難さが高まった。ただカエサルが今決戦を展開するにしても十分なだけの強さがあると自信をもっていたからこそ、ただその限りにおいて軍事上の状況の改善が彼によって始められたにすぎない。その際カエサルは、もちろんその全軍を頼みにすることはできなかった。というのは、同時に彼としては、作戦用兵の展開のために必要な土台をまず創らなければならなかったからである。このような状況にあることが、いかにその敵に比べて彼が不利な立場にあるかをもっともはっきりと示してくれる。アントニウスと合流した後、第一に手配したのは、概算一万二〇〇〇の兵士

を分離したことであり、それは、マケドニア、テッサリア、アイトリアで、背面の守りや糧秣供給の窮迫を解決するために、その兵が必要とされたからであった。政治的には、この企てはカエサルが部分的にはすでに長らく——彼がほぼ三〇年ほど前、スッラ派の寡頭政派政治家の暴虐な行為に対して、ギリシア人のために起こした訴訟以来——関係を結んでいた地方の反対派の人たちを頼りにするものだった。将校たちとギリシアの共同体との間の仲介役として、とりわけクニドスの市民、カッリストスが際立った働きを示した。(181) 副司令ルキウス・カッシウス・ロンギヌスとガイウス・カルウィシウス・サビヌスは、アイトリア、アカルナニア、アンフィロキアをカエサルのためにみごと手に入れた。その後カエサルは、これらの人に加えてさらに、信頼に足る人物クィントゥス・フフィウス・カレヌスもあとから送り、その誘導によって、デルフォイ、テーバイ、オルコメノスやその他の中部ギリシアの諸共同体が〈カエサル側へと〉一つに合体された。シリアの執政官代理＝属州総督クィントゥス・カエキリウス・メテッルス・ピウス・スキピオの進軍を食い止めるというもう一つの重要な課題を、カエサルは、グナエウス・ドミティウス・カルウィヌスに委ねた。この人は、追放中のアウルス・ガビニウスを除いては、カエサルに仕えていた唯一の執政官格の人物であった。この狙いも満足のゆくように達成されたが、ただテッサリアは、カエサルが期待していたようには守り通されなかった。(182)

ポンペイウス、デュッラキオン付近で包囲される

カエサルとアントニウスが合流した後、アプソスの北隣の流れで、デュッラキオンからまだたっぷり一日の行程（三八キロ）ほど離れたゲヌソス河の畔に陣地を設けた。ここでカエサルは、二倍もの数の相手に向かって戦闘を仕掛けたが、今は、敵も以前ほどは血戦という不必要な冒険に誘い込まれなかった。今回はポンペイウスを窮地に陥らせるために、カエサルは敵から離れ、迂回して突然デュッラキオンとポンペイウスの間の場所にその軍勢を滑りこませたので、ポンペイウスも海上を通ってしかあの重要な場所［デュッラキオン］との結びつきを保てない有様になってしまった。カエサルの目論みに気づくのがあまりにも遅かったからである。そこで、その陣営を、ペトラの岩地の上、敵の南側に移すことで足れりとせねばならなかった。しかしこの場所の利点は、そこが岩山に守られており、背後に横たわるデュッラキオンの湾の一番内側の部分において、全補給品の輸送が全く安全に行なわれるということであった。それにもかかわらずカエサルは、ポンペイウスを野塁［野戦式築城堡塁］によって完全に包囲するという大胆な決心をした。(183) 軍事的にはそうすることによって、非常に優勢な敵の騎兵が自分の方の食糧供給をかき乱していたのをもはや不可能にさせ、同時に敵方の糧秣補給の道を切断することによってその戦闘力を弱めようと思ったのである。しかし、このような滅多にない見もの、すなわちあえて一戦を交えることなく劣勢の側が二倍も兵力の優った方を包囲したという作戦から、彼がとり

わけ何を期待したかといえば、それは全ローマ世界に及ぼす強力な効果であった[184]。

ポンペイウスが、二二・五キロの半円の中に同じく堡塁を築いたために、カエサルの方としても、その戦線を二五・五キロに延ばすことを余儀なくされるという形で、ポンペイウスの抵抗が展開した。――包囲された面積を計算すれば、五五平方キロとなる。地形上通行が困難であるにしてもこの包囲線を延ばすことは、カエサルのかかえる小さな部隊にとっては一つの難しい課題となった[185]。しかし、カエサルの古参兵たちは信じられないことを成し遂げた。彼らは、自分たちがスペインで、またアレシアやアウァリクムの前で幸運にも切り抜けた艱難辛苦を憶えていた[186]。穀物の不足のため、自分で焼いた草の根のパンの見本がポンペイウスのもとにもってこられたとき、ポンペイウスは、「われわれが戦っている相手は、こんな野獣なのだ」と言って、自軍の兵士の士気を沮喪させないように、このような新しいニュースが拡がるのを阻止した[187]。このようにして、四月末以来、陣地戦は七月に入るまでずっと続いていた。ところが、内陸部と完全に遮断されたために、ポンペイウスの陣営では、健康上の被害の増大が次第にあらわとなった。ほとんど毎日、カエサル方に逃亡してくるものが出た。水と飼料が欠乏した。ポンペイウスは、自分の騎兵を船でデュッラキオンに運ばせることによって、窮境から脱しようとした。一方それに対して、穀物も実りつつあり、その収穫がカエサル側の食糧事情を良くした[188]。

メテッルス・スキピオへの平和の提唱

カエサルはただちにこのような事態の好転を再び利用して、交渉によって和平を勝ち得ようとした。この点に関してわれわれが知っていることは、ことごとく、次のような結論に導く。カエサルは今回、寡頭政派の二、三の領袖に働き掛けてもらう十分なほどに、ポンペイウスの個人的な威信をぐらつかせているとみなして、反対派を引き裂くことができるとの期待をはっきりと持てたことである。彼の軍隊がマケドニアでメテッルス・スキピオと接触するや、カエサルはその腹心の人物アウルス・クロディウスを派遣した[189]。彼は、元来このクロディウスを、スキピオの推薦に基づいて、その友人グループの一員として受け入れていたのである。そこでクロディウスは、ただちに古い恩人に心から迎えられた。カエサルが説いたのは[190]、これまでいかなる人も、自分の提案をポンペイウスに告げることをあえてしてくれなかったということである。

スキピオは、自分の見解をざっくばらんに表明できるのみか、迷妄に囚われている人に、迷いから覚めさせるような影響力を及ぼせるほどの地位［原文は権威《アウクトリタス》］を占めている。たしかに独立した軍指揮権の所有者として、〈権威に加えて〉人を強制する現実の力をもっている。スキピオが自分の力を使用してくれるならば、イタリアの静謐、属州の平和、帝国［＝支配圏］の安寧［ゲルツァー訳は保全、保持］ということでみんなに感謝されても、それは、たしかにひとり彼のみにふさわしいことなのである。[191]

このような宣言は、数日の間、まんざら人心に訴えるところがないともいえなかった。だが結局は、マルクス・ファウォニウス、すなわちカトーを心から信奉するファウォニウスの意見が通り、クロディウスは拒絶の回答を携えて戻らねばならなかった。

クルスとキケロへの使者

この人物にはふさわしいが、しかしそれ以上にずっと危険でもある使者の役割を引き受けたのが、小バルブスである。ときの執政官ルキウス・レントゥルス・クルスと自分とを結びつけていた忠誠関係［いわゆるパトロン・クリエンテス関係］を、彼はすでに四九年二月に、カエサルのために用立てようとしたことがある。だが、もうブルンディシウムではそのパトロンに会えなかったので、明らかにそれも無駄であった。今や、彼は意を決して、敵の陣営に飛び込んでずっと長く滞在しようとした。しかしこの交渉も水泡に帰した。金持ちになろうという飽くことを知らぬ貪欲な望みに浸り切っていたレントゥルスが、取引にあたりひどい失敗を犯すのではないかと恐れたからである。[192]

結局、われわれには一通の手紙が残されている。六月頃、カエサルに委任されて、プブリウス・コルネリウス・ドラベッラが、彼の舅で、当時ポンペイウスのもとにあったキケロに向けて書いた手紙である。[193] この書簡の文章は、たしかに当時カエサルの本営に拡がっていた考え方を示すものとして、典型的な例とみなすべきであろう。「勝利は、自分の方に傾いております」というのである。

ポンペイウスを支えているのは、その名前の高さとか業績による栄光ではありませんし、さりとてまた、ことあるごとに彼が自慢していた諸王や諸国民の支持［クリエンテラ］でもありません。どんなつまらぬ輩ですら普通は成功すること、つまり自分の面目を保って撤退することに、彼は一度たりと成功していないのです。イタリアから追い払われ、スペインを失い、古参兵の軍隊は捕らえられ、今や結局彼は包囲されているのです。しかも未だかつていかなるローマの将軍も味わったことのないような具合にです。おそらく、破局をもう一度くらいは免れ、艦隊に身を隠すことはできましょう。しかし、そこにはキケロ殿はもう従ってはなりません。やはりあなたにとってもっともふさわしいことは、古い国家を追っていって、そこにもう身を預けるいかなる国家も存在しないということになるよりは、今現在、国家の存在する場所に身を置くことです。

したがって、ポンペイウスが打ち破られ、どこかある場所へ方向転換せねばならぬ場合、キケロ殿は、アテナイか、さもなければどこか平穏に暮らせる共同体に隠退すべきであります。カエサルは、あの有名な気高さ［原文は人間らしさ《フマニタス》］によって、[194]きっとその位階身分《ディグニタス》にふさわしいあらゆる特典を与えることでしょう。

人の見るところでは、そこでカエサルが計算したのは、ポンペイウスはその地位を保つことができないだろうということだった。たしかに彼には、退却のためにまだ海路が空いていた。しかし、カエサルが欲し、望んだのは、その場合、大部分の閥族派的立場の同盟者が、ポンペイウスに不忠実になり、むしろ自らカエサルと和平を結ぶだろうということだった。とくに努力して求められるべきは、キケロと同じ身分序列の人たちが、そのようにすることで生まれると思われた遠大な効力のため、沈みかけている船を見捨てることであった。あらためて敗北した後にこのように崩れるのは、ポンペイウスにとっては終局に至る第一歩であるに違いなかったのである。

ポンペイウスの突破

その間、すでに幾度か見られたように今回も、軍事行動を継続しても以上のような期待は満たされなかった。七月八日頃[195]、裏切り者が一枚噛んでデュッラキオンの町占領の手助けをすることになっていたので、カエサルは決定的な一撃を加えることができると期待した。[196]しかし陰謀は失敗し、同時にポンペイウスが初めて包囲突破を試みたが、もちろん成功など収められなかった。[197]カエサルの報告によれば、ポンペイウスはその際およそ二〇〇〇人を失い、一方、カエサルの方では死者はたったの二〇人だったが、非常に多くの負傷者を出したという。ある砦の兵士たちは、自分たちの上に射かけられた投矢が三万本を数えたと主張した。カエサルのもとには、一二〇の矢傷のある百人隊長カッシウス・スカエウァの盾がもってこられた。大将軍《インペラトル》は称賛の言葉を呈し、この人に二〇万セステルティウスの褒賞を与え、彼をプリミピルス（軍団の首席百人隊長の地位）に昇進させた。また全大隊が、二倍の給金およびその他の栄誉を受けた。[198]

それでもポンペイウスは、七月一七日（ユリウス暦では五月一五日）頃、本営から直線距離で一一キロ離れた最南の地点で、カエサルの戦線を突破するのに成功した。そこは、端が海になっていたのである。ポンペイウスは、他ならぬこの地点に新陣地を構築し、カエサルの全包囲計画を打ち壊した。[199]このような決定的な敗北によって受けた打撃は甚大であったが、衝撃を弱めるためカエサルは、その地で自分の掻き集めることのできた総計三五個大隊のうちの三三をもって、ポンペイウスの分離した一個軍団に攻撃を加えた。それでも、この軍団は時期的に適切な支援の手を得た。言いようのない恐怖の念に襲われて、カエサル側は非常な損害を受けて潮のように退き、今やどう見ても壊滅した軍勢という様相を呈してしまった。[200]カエサルは、概算一〇〇〇人と三二個の軍旗を喪失した。[201]数カ月に及ぶ陣地戦に、カエサルは日夜機略縦横に全力をふりしぼったが、戦運はポンペイウスに傾き、その輝かしい勝利をもって闘いの

幕を閉じた。やがて全ローマ世界には、将軍としての手腕をもった老大家の新しい偉業が響きわたったのである。(202)

敗北後のカエサル

カエサルの運命は、当時しばらくの間は際どい別れ目にあった。しかし、ポンペイウスはすぐには敵の敗北の重大さを洞察できず、追跡を躊躇した。そこでカエサルも、依然として自由に自分の決断を下せる状態にあり、一息ついて戦友たちに言うことができた。「もしも彼らに勝利を得るすべを知っている人がいたならば、今日の戦いは敵のものになったであろう」と。(203)

彼は、兵士たちの不屈な士気を、一場の演説で讃めあげたが、その主旨は次のようなものであった。(204)

今ここに起こったことについては、諸君たちは気にすべきではない。こんなことでもうびくともしないようにしてほしい。つまり、これまで勝利を収めてきた多くの戦闘と、一回の不運な戦闘、しかもそれとても決してとりわけひどい敗北ではない戦闘を比較対照してみるべきである。諸君たちは幸運に感謝しなければならない。それは諸君たちが最小の損失すらなしにイタリアを征服したからであり、諸君たちが、両スペインではもっとも経験を積んだ、もっとも確かな敵の将軍の下にあるもっとも戦上手な人たちと闘って、その地を平定したからであり、また近隣の穀倉の属州を諸君たちは掌中にしたからである。そこで、諸君たちは想起すべきである。どのような幸運の星のもと、諸君たちが、あらゆる港のみならず、全海岸までも占領していた敵艦隊の真ん中をうまく通り抜けて、この対岸に到達できたかを。必ずしもすべてが希望どおりにゆかないにしても、努力によって幸運の後押しをしなければならない。われわれの蒙った損害は、私個人の責任であるより、あらゆる他の原因に帰せられて然るべきである。私は、戦闘のために有利な場所を諸君たちに与えた。敵陣を占領し、敵を蹴散らし、敵に打ち勝ってきたのである。しかし今や諸君たち自身の恐慌、あるいは迷妄、あるいはそれどころか運命が、すでに獲得してすぐそこにある勝利を水泡に帰させてしまったのである。されば受けた損害を、勇敢さをもって再び回復するため、全力を尽くさねばならない。これが行なわれれば、禍は転じて、あたかもあのゲルゴウィアで起こったように福へと変化するであろう。

この演説のもつ重要性は、もちろん、ただ演説の直接のきっかけとなった事態をはるかに越えるところにあった。それは、一生の最大の危機の一つに直面させられたカエサルの姿勢を模範的に示しているといえよう。演説によって聴き手に伝わる自信、人を心服させるに足る自信を感じとることもできよう。それは、とりわけもっとも強く「運命の女神《フォルトゥナ》」の神秘的な摂理に言及することによって、聴く人を、自分の熟慮していることに関与させているからである。たとえ量ることができなくとも、それでも運命の女神は、あらゆる出来事におけるもっとも重要な原動力なのである。少し前に彼は言っている。「運命は、あらゆることにおいて、そして本当にとりわけ戦争において、最大の働きを示すのだ」と。[205]

だからこそ、常に運命を計算に入れなければならない。だがその際、それに続いて事実に即した観察が行なわれる。それは、運命が、これまで大体において全く自分の側に立ったことと、それが個人の業績の意識と一つにされて、明らかに才能ある人をも引き立てるものでもあることである。まさしくそれだからこそ、にせの寛容などもちろん入りこむ余地はない。演説に引き続いて、義務を怠った旗持ちが降等させられるという不名誉な目にあった。これは、一撃加えて失墜した軍紀を立て直すことになり、それを見て数人の将校が、カエサルはただちに新しく一戦を交えるべきであると考えたほどであった。[206]

テッサリアへの撤退

それでも、あのカエサルに六倍も優るポンペイウスの騎兵が再び移動の自由を勝ち得たのちは、これまでのような戦場での食糧供給は、カエサルの軍勢にはもはや不可能となった。退却のための目的地としてはっきりしていたのは、豊かな資源を擁していたテッサリアであった。そこでは、とりわけ分遣隊と合流することができるはずだった。ポンペイウスがもしも自分をそこまで追いかけてくるならば、決戦に持ち込むつもりだった。ポンペイウスがイタリアに渡るならば、自分は陸路ドミティウス・カルウィヌスとともに、その地を目指して進軍してゆこうと思った。ポンペイウスがアポッロニアとオリコンを包囲するならば、メテッルス・スキピオを攻撃して、ポンペイウスが彼の援助に来なければならないようにするつもりだったのである。[207] 兵士はただちに集まってきたので、すでに戦闘の日の夜、その軍勢を率いて行軍を開始した。比類を見ない古参兵の手腕によって、見事に敵からの離脱に成功した。アポッロニアにほんのしばらく滞在したのち、エペイロスを通り抜けてさらに行軍した。テッサリアの最初の町、アイギニオンのそばで、ドミティウス・カルウィヌスが彼に合流した。ドミティウスは、ヘラクレイア（モナスティル）に戻ろうとしていたのであるが、ポンペイウスやスキピオに包囲・威嚇され、最後の段階でなんとか抜け出すことができたのである。[208] 一方、敗北したことで通過地帯の住民が敵対的な態度をとり、テッサリア同盟［連邦］の将軍アンドロステネスが公然と勝利者の側に立つことを表明した。カエサルは、大体七月三一日頃にゴンフォイの前に着いたが、町が抵抗のための武装を整えているのを知った。失墜した声望を回復するために、今後のみせしめとなるものをここで示さねばならなかった。そこで、ただちに突撃のための準備を整えるよう命令を下した。占領後は、豊かな貯えのあるこの集落を掠奪してかまわない、と兵士たちに告げたので、彼らはいやが上にもますます真剣な気持ちになった。午後、突撃が始まり、すでに日没前に彼らの掌中に戦利品が入っていた。幾月にもわたる窮乏に耐えた、まことに当然の報酬であった。人々に恐怖の念を植え付ける手段としても、ゴンフォイの悲惨な運命の示した効果は絶大なものがあった。その後は、スキピオの軍勢が占領していたラリッサを除き、いかなるテッサリアの都市といえども、もはやカエサルの命令を侮ることがなかったほどである。[209]

閥族派の連中の戦勝気分

カエサルが、ファルサロスの平原——おそらくエニペウス河の北岸にある町の北西にあたる——に陣を布いてから数日経って、ポンペイウスが、デュッラキオンからヘラクレイアまでエグナティウス街道を行軍してきて、スキピオと合体し、次いでカエサルの陣の西方の高台に見事な陣地を構えた。[210] その軍勢は今や五万以上を数え、カエサル軍に比して二倍以上も優勢だった。[211] しかしカエサル陣では、敗北というものの持つあの士気を沮喪させるような働きが再び全く克服された一方で、勝利が、かえって逆に勝利者［ポンペイウス側］には宿命的な悪しき結果を生むことになったのである。ただ必要からやむを得ずポンペイウスとの同盟に応じた寡頭政の領袖たちは、その指揮者［ポンペイウス］から、すなわちルキウス・ドミティウスの名付けたところでは、自分たちの〝アガメムノン〟や〝王の中の王〟から、[212] できるだけ速やかに自由になろうと欲した。そこで今や力をこめて、決戦を迫った。その首尾は、彼らには疑わしいところなどないように思われ、総指揮官などいなくても済むものだった。だが、ポンペイウス自身は信ずるところがあったのである。本当に野戦を熱望している古参兵を擁するカエサルのごとき敵に面と向かっては、持久戦で相手を困憊させる作戦こそが唯一正しいものである、と。しかし、兵士たちの間にみられる一般的な戦勝気分と、彼の作戦指導についての寡頭政派の誤解に直面すると、統率の手綱をどうしても手から離したくないと思ったとしても、もはや自分の見解を押し通せなくなった。[213] カエサルは、敵陣におけるこのような経過を描いて、戦争勃発時の元老院の審議とこの流れとを対比させている。[214] 閥族派はこう言っていたのである。「ポンペイウスは、執政官格の人や法務官格の人をずっと奴隷として取り扱うために、戦闘を遷延しているのだ」と。

法務官のポストや神官職のポストをめぐって、彼らはお互いに争った。むこう数年の執政官職を彼らは決めた。また、カエサル派の人々の屋敷や財産が自分にとってもっとも重要だった人もいた。[215] 大きな争いが作戦会議において繰り広げられたが、それは、パルティア王に使者として派遣されていたルキウス・ヒッルスが、不在にもかかわらず——ポンペイウスがこの人に約束していたように——次の選挙で法務官に選ばれ得るかどうかをめぐって生じたのである。他の人たちが、このなかに不公平なえこひいきを見て取ったからだった。ドミティウス、スキピオ、そしてレントゥルス・スピンテルが、カエサルの神祇官長職の問題をめぐってすこぶる激しく衝突し、衆目注視のなかでお互いに誹謗しあった。アクティウス・ルフスは、ポンペイウスのもとに、アフラニウスをポンペイウス軍に対する謀反人として訴えた。[216] またドミティウスが提案したのは、勝利の暁には元老院議員の戦争関与者からなる法廷を作り、ローマに残った人、あるいはポンペイウス軍の下にはあるものの一緒に闘わなかった人すべてについて、最終判決を下さなければならない、ということであった。その場合、あらゆる裁き手が、三枚の投票板——その一枚は無罪、第二のものは死刑、第三のものは罰金刑——をもつことになるというのである。[217] キケロを通しても、本営では、復讐や財産没収・追放について色々と語られていたことが分かっている。カエサルはかつて、ドミティウスとレントゥルス・スピンテルに自由を与えてやり、スキピオとは交渉を求めたが、再三再四、和解を拒みむきだしの憎悪を示す返事が返ってきた。したがって『内乱記』の読者は、このような型の第一人者たち《プリンキペス》［指導者たち］から一体いかなることが期待できるかを、今こそはっきり知るべきであろう。カエサルは、嘲笑的に自分の記述を次の言葉で結んでいる。

　彼らはみな、ただ官職、金銭的な褒賞、個人的な自分の政敵に対する復讐しか考えていなかったのである。しかもそれは、勝利をどのように利用し尽くすかということであり、どのようにして勝利を獲得するか、ということではなかったのである。

四八年八月九日、ファルサロスにおける勝利

　このようにしてポンペイウスは、八月九日（ユリウス暦では六月七日）[218]、エニペウス河の北の平原で、よく練って準備された計画にしたがって戦闘を挑んだ。彼は非常な確信をもって、「自分はそれほど大きな損害を蒙らずに、七倍も数の優った騎兵でもって戦闘を決することができるであろう」と言明した。ラビエヌスはそれに付け加えて、「カエサルのあの恐るべき古参兵たちは、融けてしまってほんの少数しか残っていないのだ」、「相対峙しているのは、もはやただ、最近ガッリア・キテリオルで召集された新兵だけである」と言った。結局、作戦会議に加わった人は全員、勝利者としてでなければ、二度と陣営に戻らないと宣誓した。[219] カエサルは、この日に至るまでの数日間、戦闘隊形へと展開していたが徒労に終わったので、この日は、もうすでに陣地を変えるよう指令していた。そこでカエサルは、ポンペイウス陣のことを知って非常に喜び、ただちに敵に向かって進んだ。カエサルは、敵の陣列に十分に近づくや否や、天才的な炯眼でもって見抜いた。ポンペイウスが、左翼に密集させた騎兵で、カエサルの右側面に致命的な一撃を加えようと目論んでいるのを認めたのである。[220] これを防ぐために、第三列の背後、右手に、特別な予備部隊を別に配置しておいた。[221] 次いで、兵士に向かっていつものような訓示を与えた。そのなかで、これまでいつも示してきたあの和平を求める気持ちと、彼ら自身が、その証人になっていることを、もう一度強調した。「また自分は、決して兵士諸君の血を無駄には流さなかった。また、国家《レス・プブリカ》［祖国］の軍隊の一つでも失うことで国家を貧しくしようなど決して望まなかったのである」と。[222]

　こう言った上でカエサルは攻撃命令を下したが、彼の措置はことごとくうまくゆき、完全な成功を収めた。ポンペイウスの攻撃の翼は敗走させられ、戦闘力を失った。そこで側面を裸にされた諸軍団は、左から環のなかに巻き込まれて、陣地を奪取された。八月一〇日の朝には、戦場の背後九キロの所で、敵の大軍（二万三〇〇〇）が勝利者に降伏した。[223] カエサルは、戦死者を一万五〇〇〇と算定したが、[224] そのうち六〇〇〇がローマ市民だったといわれる。[225] そのなかには、左翼を指揮したルキウス・ドミティウス・アヘノバルブスがいたが、[226] 一方、ポンペイウスとその他の領袖たちは、ちょうどうまく危地を脱することができた。カエサル自身としては、ただ二〇〇の兵卒と三〇人の百人隊長の命を悼む程度ですんだ。[227] しかし、帝国の運命を、限定された党派的視野からは考察しなかったカエサルを、同じく深く悼み悲しませるものがあった。それは、勝利がかくも多くの貴重なローマ市民の血でもって贖われたということである。死体の蔽う野を見下ろしたとき、彼は言った。

　こうなるのは彼らが望んでいたことだ。いかにこの私、ガイウス・カエサルとて、あれだけ沢山の大事業を果たし終えていても、もしも軍隊に援助を求めていなかったならば、有罪判決の宣告を下されていたことであろう。[228]

カエサルのために倒れた人のなかでは、第十軍団のかつての「首席百人隊長」のことを、称賛の言葉でもって、その記述のなかで特記している。彼は、現役に復帰した人物であり、一二〇人の志願兵とともに右翼に向けて攻撃を仕掛けたのである。突撃するにあたり、この人物はその戦友に呼び掛けた。

　この戦闘でもって、われわれは、わが大将軍《インペラトル》に対しては彼にふさわしい威信《ディグニタス》を、そしてわれわれには自由を取り戻すことになろう。[229]

カエサルの古参兵は決して傭兵ではなく、正しい国家秩序のために闘ったローマ市民であったことを知らねばならない。

宥和政策

勝利のすばらしさは想定していた通りのものだったが、それは、戦闘の前に敵の本営を支配していた思い上がった気分によるところがきわめて大きかった。[230] それでも精力的な敵将の指揮ぶりからして、まだ十分に手元にある戦力が適切に使用されたならば、戦いは決して雌雄を決するまでにはいかなかっただろう。[231] 艦隊は、まだ力を損なわれないまま海を押さえていたのである。ちょうど、デキムス・ラエリウスがあらためてブルンディシウムを封鎖したところだった。[232] ガイウス・カッシウス（のちのカエサル暗殺者、その弟ルキウスはギリシアでカエサルの一個軍団を指揮していた）は、メッサナに対する攻撃で三五隻のカエサルの船を焼き払った。しかし、ウィボの近くでイタリアの西海岸を護っていたカエサルの船隊に対する攻撃は、たしかにあまりうまくいかなかった。[233] 反対派は、アフリカに絶対に確実な根拠地をもっていた[234]。カエサルはすでにしばらく前から、南スペインの法務官代理的権限をもった自分の副司令［副司令ならば総督代理。ただしこの人物は総督であった］クィントゥス・カッシウス・ロンギヌスに、その軍隊を率いてヌミディアに侵入すべしとの命令を下していた[235]。しかしこの行動は完遂されなかった。それは、古いポンペイウスの二個軍団が暴動を起こし、彼らとともにコルドゥバの司法管轄地区が、途方もない残忍な貪欲さのため広く一般に憎まれていた統治者カッシウスに、服従を拒んだからであった[236]。蜂起は、まず公然と親ポンペイウス的性格を帯びた。さらには、その後、財務官のマルクス・マルケッルスが指揮権を受けたときも、彼らの態度は相変わらず曖昧なままであった[237]。

カエサルが、敗北の精神的影響をとくに高く評価したのは当然であった。彼の見解では、自分は差し当たり、なんの危険もなく、このように少ない軍勢をもってしても、全地中海世界のいかなるところにでも思いのままに向かうことができるというのだった[238]。また次の課題として、休みなく追い打ちをかけて、彼のかつての娘婿［ポンペイウス］の粉砕されてしまった威信に、最後の一撃を加える仕事に手をつけた。しかし、将軍として今決定的な決断を下さねばならないだけでなく、おそらく大政治家としての決意がもっと容易ならぬことだったろう。巨大な図体の世界帝国は、一九カ月にわたる内乱で、いたるところ底の底まですっかり掘り返されてしまった。しかし、カエサルはずっと前から、周辺の事情に囚われているような単なる政治屋の範疇には属さない人物になっていた。彼はむしろ、それらを統御する使命を自覚していたのである。

イタリアの静謐、属州の平和、帝国の安寧（保持）

これは古い力では成し遂げることのできないものであり、それをカエサルは成就しようと思ったのである[239]。この目標は、これまでの党派政策の狙いのすべてをはるかに越えるところにあり、したがって、このようなことを企てる大政治家に求められるところはすこぶる大きかったのである。これまで彼が一緒に内乱を遂行してきた元老院議員は、この大事業には必ずしも真っ向から反対しなかったとしても、彼らでは政治的に十分とは言えなかった。ただマルクス・アントニウス、クィントゥス・カッシウス、プブリウス・ドラベッラ、マルクス・レピドゥス、プブリウス・セルウィリウス・イサウリクス、アウルス・ガビニウス、プブリウス・コルネリウス・スッラ、グナエウス・ドミティウス・カルウィヌス、ガイウス・サッルスティウス・クリスプス、デキムス・ブルトゥス・アルビヌス、プブリウス・ウァティニウス、クィントゥス・フフィウス・カレヌス、ガイウス・トレボニウス、ガイウス・ウィビィウス・パンサのようなタイプの援助者とともにというだけでは、相当数の人がたとえあの十分に評価できる奉仕をしたとしても、やはり最大の天才でも、巨大な諸計画はほとんど完成させることができなかった。これまで敵陣にいた定評ある〝国家の指導者たち《プリンキペス・レイ・プブリカエ》〟すなわち名門貴族《ノビリタス》の貴顕の士を協同作業に加わらせるのに今成功するかどうか、ことはその点にかかっていた[240]。そうした理由で、彼はすでにこれまでの手慣れた〝寛恕〟を、敗者に対する心底からの度量の大きい宥和政策にまで発展させた[241]。合戦の後すぐ、彼は、押収したポンペイウスとの往復書簡を焼却させ[242]、自分を頼ってくる人はすべて、恩赦と完全な自由をあてにしてもよろしい、と公表した。ただしすでに一回赦してやった人たち、たとえばルキウス・アフラニウスやマルクス・ペトレイウスのような人物だけは、通常はこの対象から取り除かれていた[243]。このカエサルの恩恵が適用された第一番目の著名な人物が、カトーの甥、クィントゥス・カエピオ・ブルトゥス（後の暗殺者）だった。若い元老院議員であるが、すでに高い教養の形成を目指しての努力に合致した真面目な生活態度によって、世間一般の尊敬を勝ち得ていた人物である。個人的にもカエサルがとりわけ喜んで援助の手を差し伸べたのは、彼がセルウィリアの息子だったからである。政治的には、この人物を獲得したことの意義は測り知れないものがあった。それは、彼がカトーの実の甥だったからだけではなく、彼のものの見方という点でも、定評どおり叔父に負けまいと競っていたからである。このような心映えの人が、その身をカエサルの自由に任せたとするならば、それこそがカエサルの計画した政策の最善の証明書であった。したがって、カエサルはただちにブルトゥスをラリッサで迎え入れ、この人物をきわめて価値ある仲間として、自分の友人のなかに受け入れた[244]。

ポンペイウス追跡

カエサルは、このように将来の帝国統治を考量している間でも、一瞬たりとも、この当面の軍事的要請をないがしろにしなかった。騎兵隊の先頭に立って、逃亡しつつあるポンペイウスをアンフィポリスに急追した。しかし、もはや彼をその地で見つけ出せなかったので、さらにヘッレスポントスへと追っていった。ほぼ九月中旬（ユリウス暦では七月はじめ）、その地に二個軍団の兵も到着した。この両軍団に、この追跡行のための進軍命令を下していたのである。彼らは、手元にあった船に乗せられて対岸に運ばれた。カエサル自身が、そのような艀の一つに座していたとき、突然現われたポンペイウス側の戦隊が彼を脅かした。これまでも繰り返されたように、カエサルの全生涯をかけての仕事は風前の灯であった。もしも敵の指揮官が事態をよく理解できたならば、彼の命ももはやそれまでであったろう。しかし彼は決してあきらめず、冷静沈着、敵に向けて舵を取らせ、一〇隻の軍艦の即時引渡しを要求した。ファルサロスの勝利者の向こうみずともいえる大胆不敵さは、このような場合でも、どこまでも正しく、ルキウス・カッシウス（もちろん、カエサル暗殺者の兄弟ではない）は、へりくだった姿勢で恩赦を願った[245]。

小アジアのギリシア人、勝利者を祝う

さらに逃走の歩みを弛めないポンペイウスについての情報を集めている間に、カエサルは、自分の帝国政策の展開という意味で、属州アシアの問題に少し携わることができた。まず、イリオン［イリウム］を訪問した。ここは、アフロディテ［ウェヌス］の息子、すなわち彼の祖先の英雄アエネアスの町であり、まさしくそれを理由にすでに四〇年前、カエサルの属する氏族の一人、監察官《ケンソル》のルキウス・カエサルがこの町に恩恵を与えていたことがあるが(246)、カエサルはこの共同体に政治的自治の権利と免税の特権を与えた。同時に彼は、このような仁慈を示すという点で、アレクサンドロス大王と張り合ったわけでもある。大王はかつて、グラニコスの闘いの後、イリオンの町に同じような形で敬意を表したことがあったからである(247)。なおこの訪問も、つい最近の出来事がいかなる意義をもつかについての紛うことない示威運動であった。ユリウス氏族のもつ神からの血筋は、彼の勝利、およびその報酬として彼の手に入るはずの帝国の支配に、もっとも親密な関連があった。したがって、彼はその報告において(248)、八月九日にさまざまな場所で生じた奇跡に言及することをやはり無下には退けなかった。エリスのアテナ神殿でニケの像がふりむいたとか、アンティオケイアとかプトレマイスでは合戦のどよめきが鳴り響いたとか、ペルガモンの一神殿の至聖所ではティンパニが鳴り、トラッレスのニケ神殿ではそこに祭られたカエサルの像の前で、石の床から棕櫚の木が生えだしたというのである。小アジアのギリシア人に与えた感銘の深さは、その地からの使者が彼に暖かく受け入れられたので、非常なものがあった。その後しばらくして、属州の全共同体が、エフェソスで、「ガイウスの息子、ガイウス・ユリウス・カエサル、神祇官長、大将軍、二度の執政官、アレスとアフロディテの後裔としてこの世に現われた神、人類の共通の救い主」のための共同の記念碑を建立した(249)。アレクサンドロス以来、ヘレニズム文化世界では、神的名誉はこのように手軽なものになっていたにしても、この汎世界的な充溢ぶりと、アエネアスの家の後裔であるが、マルス［アレス］の子孫でもあるという熟慮の上の名称の表示によって、カエサルはローマ国民のこの現実世界の代表者と認められたのである。またそこには、ローマの帝国支配の新しい君主政的な解釈が閃いていたのである。

全東方世界にとっては、二〇年来、ローマの秩序保持の力は、ポンペイウスのうちに具体化されていた。ポンペイウスは新しく獲得した属州、同盟関係下の共同体や諸君主の大パトロンであった。彼らはポンペイウスに大戦争のための兵員・船舶を提供していたが、その上ちょうどデュッラキオンの輝かしい勝利が耳に入ったので、大胆不敵な反逆人［カエサル］の命運もじきに尽きてしまうという確実な希望を抱いていた。この幻影の上に、ファルサロスの日が、意識を失わせる青天の霹靂のように落ちてきたのである。さらにすでに、勝利者は小アジアにあり、明らかに宗教的な解釈を必要とする一つの事件が生まれていたのであった。

カエサルは、その報告のなかではこの恭順を省略している。それどころか、アシア滞在を、故意にかあまり大げさに述べていない(250)。それは、その著作のなかでも、やはり自分の企てを共和政的伝統という意味での正当防衛として記そうとしていたからであろう。内面的には、彼を動かしていた問題は次のことに違いない。自分の手に入った勝利に、どのような形で永続性をもたせられるかということである。それに対して寄与するところが大きかったのが、このヘレニズム的なものの刺戟だったのであろう。[251] しかし共同体側としても、自分たちが感謝の意を表わすだけの特別な理由をもっていた。というのは、カエサルが知ったところでは、彼らは、あのメテッルス・スキピオによって容赦なく戦争に対する財政上の問題に関与させられていた〔英訳は具体的に「戦費を負担させられていた」〕からである。[252] それは、この人が、その属州シリアの軍勢をポンペイウスのところに連れていこうとして、四九年に彼らのもとで冬を越したときのことである。スキピオは、すでにシリアで行なったように、ローマの徴税請負人から、〈請負期間五年のうちの〉第三年目の前払い分と一緒に、最後の二年分の上がりを取り立てたのみならず、諸共同体からこれまで以上の軍税および物品を徴集した。それは、奴隷および自由人の人頭税、家屋所有者の列柱税、玄関税、さらには穀物、兵員、武器、漕ぎ手、火器、荷車などであった。このような取り立ては、ローマ市民をも被支配者〔服属民〕をも高利の負債で苦しませた。ただエペイロスにカエサルが上陸したとき、ポンペイウスの下した緊急の進軍命令によって、スキピオがエフェソスのアルテミス神殿に保管されていた宝物を奪い去ることは阻止された。後にカエサルがアシアに現われたとき、彼は副司令ティトゥス・アンピウス・バルブスが聖域へ第二撃を加えようとしたのをなんとか阻止することができた。このようにして、彼の言うところでは、二度もエフェソスの金を救ったのである。[253] カエサルが、そこに見出したものを緊急の用に当てたのは当然だった。しかし、彼は、憎悪の的になっていたローマの徴税請負組合による十分の一税と関税の徴収を廃止し、税額を三分の一だけ軽減し、それぞれの共同体に徴集を委託した。[254] 彼が勝利の記念として、テッサリアの共同体に自由を与えたように、今回は、博学の友人テオポンポスに対する贈り物として、その母市クニドスに自由を与えた。[255]

ポンペイウス殺害後、カエサル、アレクサンドリアに着く

それでも、ポンペイウスがエジプトに渡航したのが知れるや、カエサルはアシアを自分の副司令グナエウス・ドミティウス・カルウィヌスに委ね、三五隻の艦隊、三二〇〇の軍団兵、八〇〇の騎兵を率いてロドスを抜錨し、一〇月二日（ユリウス暦では七月二八日）にアレクサンドリア〔アレクサンドレイア〕に到着した。[256] ここで上陸のため測深させていたとき、ポンペイウス殺害のことを耳にした。やがて、それを裏書きするかのようにポンペイウスの首と印章指輪がもってこられた。カエサルが生きているポンペイウスに会ったのはルカが最後で、それ以来もう八年以上の歳月が流れていたのである。一瞥するや涙を催させられたというのも、よく理解できよう。印章指輪は受け取って、証拠品としてローマに送り、首は埋葬させた。そし

て、まだ生きていた友人の救助のためにも配慮した。もっとも、執政官格の人ルキウス・レントゥルス・クルスは、ポンペイウスのように殺されていたが――。彼は、ローマにいた忠臣に向かい、次のように書いた。

自分に対して闘った市民仲間を、再三再四、生かしておいたのが、自分にとって、勝利における最大かつもっともうれしい喜びである。[257]

若年の王プトレマイオス十三世［ゲルツァーは十四世］の、指導的な地位にある大臣たちが、ポンペイウスを見込みなしとみなした証拠があの殺人行為だったので、[258]カエサルは、ヘレニズム風の大都市の土地に確信をもって足を踏み入れ、住民が最初から彼のローマ兵を友好的には迎え入れなかったとしても、王宮のなかに泊まった。[259]カエサルがエジプトに長く滞在することを意図していたという見方は、採用できない。しかしこの国の政府は、ようやく今戻ってきた五〇隻の軍艦でもって、[260]彼に対して闘った。このことによって、ここでもやはり軍税を徴収するための好都合なきっかけが提供された。[261]形式的には、彼は、まだ先代の王の時代から自分のものだった一七五〇万デナリウスの債権に、その要求の根拠をおくことができたのである。[262]この人［先代の王］が王として認められるために、五九年にいかに巨額の金を消費しなければならなかったか（本書六六頁）はだれもが記憶していることであろう。金はその頃、主としてローマの金融資本家ガイウス・ラビリウス・ポストゥムスによって調達された。しかしその後、底の知れない王の借金財政のため、この債権者が破産ぎりぎりにまで追い詰められてしまったので、そのとき、カエサル、すなわちガッリアの慈悲深い執政官代理＝総督が、この人物のために一肌脱いだのである。その代償として、この子分の未回収のエジプトの債権を自分に譲り渡させたのだが、四八年にはその金が問題となったようである。[263]カエサルは今や、一〇〇〇万デナリウスを要求した。[264]アレクサンドリアの政府の長、宦官ポティノスは、完済に関して考えられ得るかぎりのあらゆる難癖をつけた。そこでカエサルが、その代わりに、神殿の財宝と王の金銀の食器を要求したので、[265]カエサルの印象をひどく悪くさせることになった。

クレオパトラの寵遇が、カエサルを「アレクサンドリア戦役」に巻き込む

カエサルは、今ようやく、この国の混乱ぶりを詳細に観察することができた。王の姉で妻、さらには王の共同統治者だった女性、すなわちアレクサンドリアの人に憎まれたクレオパトラは、ポティノスによって追放されていたが、今こそ一軍を率いてペルシオンで玉座への復帰を強行しようと思っていた。[266]事態は、少し前にここまで進んでいたのである。カエサルは、明らかにこの争いの調停によって、この国に、あるいはともかく王国の一方の党派に、義理の負い目を負わせうると期待し、すでに五九年にその父王と同盟条約を締結したローマ国民の執政官

として、この姉弟を法廷に召喚した[267]。ポティノスに対して彼は敵対的な状態にあったので、この行動は、実はもともとクレオパトラのためになるように干渉することを意味した。二一歳の世にも類いまれなこの才媛、しかも精神と肉体の天賦の魅力を充分に備えていた女性クレオパトラは、そのことを認めるや否や、一〇月の終わり（ユリウス暦では八月中旬）に、一人の忠臣により、老獪な方法で、敵対心に満ちた町を通り抜けて、宮殿にその身を運びこませた。クレオパトラは即座に、抗しがたい女性的な魅力に目の眩んだカエサルを、全くその虜にしてしまったのである[268]。

このように局面が転換したため、弟王は、突然怒りの念に襲われ、駆け下りていって、群衆のなかに入って叫んだ。「やつは裏切ったぞ！」と。こう言って、頭から王の印をかなぐり捨てた。これがきっかけで、長く燻っていた激昂のおき火を、市民の間で炎々と燃える焔にまで燃え立たすことになった。群衆が王宮目がけてなだれこんできた。なるほどローマの兵士たちはまだ王を掌中にしていたが、不十分な軍勢、しかもそれに加えて全くの不意打ちをくらった軍勢だったので、それを考慮して、カエサルは、懸命に説得して群衆の機嫌をとろうとした。「自分は、全くアレクサンドリアの人たちの意向に従うつもりだ」と。

このときは、明らかに真剣そのものに胸中を吐露するしか助けにはならなかったであろう。そこでカエサルは、民衆［国民］の集会で相続争いを調停しなければならない羽目になった。父王の遺言を盾にとり、カエサルは二人の年長の姉弟が共同支配（完全な同権でもって）の形で統治すべきことを決定したが、それにとどまらず、二人の若い方の姉弟、アルシノエとプトレマイオス十四世［ゲルツァーは十五世］をキュプロスの共同支配者として認めた[269]。まさにローマから、自分が新たに独裁官に任命されたという報告を受けたカエサルは[270]、このとき外国の首都において、一〇年前正式に併合された帝国の支配領域の一部を割譲せねばならないと思ったほどであり、彼の地位はどれほど危険だったことか！　カルウィヌスの徴集した二個軍団が現われるまで持ちこたえねばならない、といった不安定な状態だったのである[271]。差し当たりは、市の名所をまことに熱心に訪問することと、女王にして愛人たるクレオパトラが催してくれる贅沢三昧の王宮の饗宴が、窮境を乗り越える助けになっていた[272]。

しかしながら、クレオパトラからもっとも手酷い目に合わされることを覚悟せねばならなかったポティノスは、まだ自分の立場がなくなったとあきらめることなく、ペルシオンからアレクサンドリアの町に、将軍アキッラスの率いる王の軍勢を呼び寄せた[273]。この二万人の百戦錬磨の傭兵の到着は、カエサルの危機を大いに高めた。カエサルがこの連中に送り届けた王の命令も、効き目がなかった。アキッラスは全力をもって王宮の一画を攻撃しはじめた[274]。カエサルは屈せず防戦したが、困難な闘いだった。この戦闘が行なわれている間に、他の建物とともにあの有名なアレクサンドリアの図書館も劫火の犠牲となった[275]。それでも彼は、ファロス島の灯台を占領して、海との連絡を確保した。だが、数の点で幾倍も優った敵に対して救いとなるものは、ただ外からの援軍しかなかったのである。したがって彼は、従者のなかから、ペルガモンのミトラダテス、すなわちガラティアの王侯の娘の息子に使者を派遣し[276]、シリアと小アジアの同盟者や従属民から陸海の兵力を大至急救援に呼び立てようとした。それが到着するまで持ちこたえねばならなかった[277]。王を相変わらず自己の掌中に持ち続けたのは、それが政策的に値打ちのあることだと見たからである。もっとも彼らの正統の主人公の訓辞によって、敵対行為を止めさせるまで敵兵の心を動かし得るという希望は、期待に反したものになったのであるが[278]。カエサルは、ポティノスを反逆者として死刑に処した。その一方、アルシノエは、彼女の侍従ガニュメデスとともに逃れおおせた。反乱者仲間は欣然として彼女を女王に迎え入れ、ガニュメデスはアキッラス除去の後、実務の指揮を引き受けた[279]。

ペルガモンのミトラダテス、窮境からカエサルを救い出す

激しさはいつ減ずるとも知れず、運命は変転しながらも戦闘は続けられた。カルウィヌスは、穀物や武器の他に、ポンペイウス派から新たに形成した一個軍団までもカエサルにもたらしたのだが、その大輸送部隊を無傷で受け取れたのは、カエサルにとってすばらしい成功であった[280]。とにもかくにも、彼はギリシア人の船乗りの有能さのおかげで、海上連絡を奪おうとする敵側のあらゆる努力を挫折させることができた[281]。しかし、四七年二月はじめ（ユリウス暦では四八年一一月末）にファロス島全島と、市と島とを結ぶヘプタスタディオンの防波堤を掌中にすることができたが、そののち、防波堤の端の南橋頭堡を奪う試みで大敗北を喫し、正規軍団兵だけでも四〇〇の人命の代償を払わねばならなかった。彼自身も、最後まで突撃部隊のなかで奮闘したが、防波堤から泳ぎながら、紫色の将軍マントが戦利品として敵に奪われてしまう間に、ようやく舟に救いあげられる始末だった[282]。もっともその間も、彼の軍隊は、以前占めていた場所を確保していた。そして彼に、アレクサンドリアの人が、和平の交渉のために王を自分たちの手に引き渡してほしいと懇願したとき、それなら応ずることができると思った。釈放されても、少年王は、ともかく単なる主戦派の意志なき道具となるにすぎなかった[283]。しかしそれも、もはやそれほど意味をもたなかった。というのは、三月のはじめの何日かに、ペルガモンのミトラダテスがペルシオンの前に陸上軍と艦隊を率いて現われ、この重要な砦を激しく攻撃して掌中に収めたからである。彼の最善の援助者は、イドゥマイア人アンティパトロス、すなわちユダヤの祭司長ヒュルカノスの大臣であった。彼は、三〇〇〇のユダヤ人をこの人［ミトラダテス］に提供したが、その例に倣って、やはり他のシリアの君主にもカエサル救援を促し、そこで、エジプトのユダヤ人をカエサル側に引き入れた[284]。

今やミトラダテスは、圧倒的な勝利を収めてメムフィスに向かい、そこからナイルの西の支流に沿ってアレクサンドリア目指して押し寄せた。そこでマレオティスの近くでようやく、再び厳しい抵抗に出くわした。これを殲滅するため、王は三月二五日（ユリウス暦の一月一三日）にナイルの艦隊に向けて自分の主力を繰り出したのである。だが同時に、カエサルもミトラダテスから知らせを受け、その軍勢を夜のうちにアレクサンドリアの西方の海岸に上陸させ、陸上を進撃した後、うまく援軍と合流した。二六日には、エジプト王の陣地の前に兵を進め、二七日には華々しい突撃を加えてこれを奪取した。王は、逃走途中にナイル河で非命に倒れた。カエサルは、同じ夜のうちに騎兵とともにアレクサンドリアの〈城門の〉前に到着し、町の開城を受け入れた。[285]

ローマの混乱

カエサルは半年間、こういう風にしてエジプトで過ごした。というよりは、むしろ空費したのである。それは、この期間というのが、いわば帝国［＝支配圏］における戦争遂行や政策への働きかけがことごとく断ち切られていたときだったからである。キケロが四七年六月一四日に書いているところでは、四八年一二月一三日以降、カエサルはローマに向かって一通の手紙も出していない。[286]四八年一〇月に、近々のうちに到来する平和を期待できたとしても、それ以来、ファルサロスで決したことを、かなりの部分までまた無効にしてしまうような急変が起こっていたのである。

ファルサロスの敗北後、寡頭政グループの指導者のうちで、ポンペイウスに従って東方に向かわなかった連中は、デュッラキオンやケルキュラ、つまり陸軍および艦隊双方の主要基地に赴いた。そういうわけでやはりまた、陸軍の司令官マルクス・カトーは、自己の一五個大隊を同じく島［ケルキュラ島］に振り向けてやった。そして、この兵力をもってしては、フフィウス・カレヌスに対してペロポネソスを守れないことが明らかになったので、その後、彼は四八年一〇月はじめ、ラビエヌス、アフラニウス、それにペトレイウスとともにパトライからキュレナイカに渡り、彼らをポンペイウスの役に立つようにしようとした。それにもかかわらずこの地で、セクストゥス・ポンペイウスが父謀殺の報を彼らにもたらし、その一方で、メテッルス・スキピオがアフリカにうまく到着したということを彼らは聞いた。あらゆる困難さをものともせず、今やカトーは、まだ自分のところに残っていた一万人を陸路その地［アフリカ］に向かって引っ張っていった。四七年の春になると、今は彼の人格の影響力で、党派のなかの敵対し合う構成分子のなかにも秩序が整った。スキピオが総指揮官として承認された。これまでのこの地の総督アッティウス・ウァルスも、ヌミディアの王ユバも彼のもとにおかれ、また強力な騎兵および一二〇頭の象を擁するとともに、ローマ軍団は一〇個、王の軍団は四個を数えるほどの堂々たる軍隊が作り上げられた。[287]ここに生き続ける閥族派的な共和政国家は、ティトゥス・ラビエヌスという、一人の卓越した軍指揮官をも持つことができたのである。彼らにどれだけ勝ち目があるとされていたかは、キケロの書簡が証明してくれる。四七年五月および六月（改正された暦では三月と四月）にイタリアへの攻撃が予定されていたのである。[288] 事実、シキリア・サルディニアへの艦隊攻撃が行なわれ、他方では、スペインにおける以前のポンペイウスの二個軍団との結びつきが再び取り上げられた。[289] その地方の不穏さは、二月に、ヒスパニア・ウルテリオル（彼方のスペイン）の新総督ガイウス・トレボニウスの登場によって、一応表面的に終止符が打たれたにすぎなかった。事態がこれほどまでに発展した点についての主な責任は、クィントゥス・カッシウスにあったが、この人は、帰還の途中に死んだ。しかし灰の下では、ポンペイウスに友好的な動きがくすぶり続けていた。[290]

　イタリアにおいてさえ、事態は不安定となった。四八年九月中旬に、カエサルは一年の独裁官に任命されていた。[291] 戦いに勝った軍隊の大部分をイタリアに連れ戻したマルクス・アントニウスを、あとで執政官のセルウィリウスが、カエサルの命によって独裁官副官・騎兵長官《マギステル・エクイトゥム》に任ずる旨を公表した。[292] そこで一二月以降、この人が、イタリアの最高の権力者として統治した。[293] ポンペイウスの絶命が確定したのち、政務官たちは、独裁官職という位を越えた特別な名誉と全権を、勝利者［カエサル］の上に積み重ねるべく活発な運動を展開した。このようにして一つの法で、ポンペイウス派の運命は、形式的にも彼の思いのままに委ねられることになった。[294] 戦争や平和に関する決定権が、元老院あるいは国民に諮るという義務を付けられずに、彼に付与されたのである。さらに五年続けて次々と執政官職に就任できる権利、また護民官に付属する他の名誉権とともに、護民官の席に座を占める権利も与えられた。[295] 平民会によって行われるはずの選挙を除いて、役人の選挙はカエサルの帰還まで延期された。総督就任［引き継ぎ］の問題を新たに秩序づけていたポンペイウスの法は廃止され、法務官格の総督職の任命は、彼の裁量に任せられた。結局は、彼のために、すでにあらかじめ国王ユバに対する凱旋式が取り決められたのである。[296]

　アントニウスの残忍で勝手気ままな統治が長く続けば続くほど、市民団の苦しみはますますひどくなったが、[297] その一方では、四七年はじめ以来、護民官としてのプブリウス・ドラベッラが、負債者のために、あのカエリウスの示威運動を再び受け入れた。党派の武装衝突にまでなったとき、元老院は、アントニウスおよびその他の護民官に全権を委任する決議を行なった。それでも、カエサルの運命が不確かだったために、不満の気持ちがイタリアに拡まった。とりわけカンパニアの兵営にいた古参兵の軍団がやはり不穏な状態となったため、アントニウスはローマをあとにして、この兵士たちを宥めにそこに赴かねばならなかったのである。そのため、ローマの町は、全くドラベッラやその敵役トレベッリウスの無政府的な騒ぎの泥沼に落ち込んでしまった。[298]

イッリュリクムでの戦闘

冬には、イッリュリクムにおいても事態は切迫したものになった。イタリアへの陸上攻撃のための通過地帯として重要なこの沿海地方を、カエサルは四八年、「法務官代理的権限をもった［法務官待遇の］財務官」コルニフィキウスに守らせていたが、この地を強化するため、秋にはやはりアウルス・ガビニウスまで、イタリアで召集した新兵を率いて進軍させた。しかしあらゆる期待に反して、この老練な軍指揮官は大敗北を喫し、敗戦後しばらくしてサロナで死んだ。そこで、土着民の反徒と協力して、今やポンペイウスの艦隊司令マルクス・オクタウィウスは、この戦場では今後は大いに力を伸ばせることになった。というわけで、プブリウス・ウァティニウスすなわちブルンディシウムの大胆な司令官が、質量共に劣った船舶でもって蛮勇をふるって突進することにより、敵艦隊を最終的にアドリア海から追い出したことは、イタリアの状況を考えると、すこぶる重大な意義をもっていた。[299]

小アジアにおけるボスポロスの王ファルナケス

それに対して、カエサルにとって問題になったのは、小アジアでキンメリオイ人のボスポロス（クリム）の王ファルナケスにひどい損害を蒙ったことである。この、大ミトラダテスの息子は、カエサルがロドスを出帆したのちすぐに、小アジアの北海岸に上陸し、ローマが混乱している隙に父王の帝国を奪回しようとした。したがって彼の狙いは、一部は現在ガラティア人の領主［四分王］たるデヨタロス王とカッパドキア王アリオバルザネスの手に帰している地方に、また一部はローマの属州ビテュニアとポントスに拡がっていた。カエサルの副司令《レガトゥス》［タイトルは不詳。執政官代理か］グナエウス・ドミティウス・カルウィヌスは、一個の正規のローマ軍団しか自由に扱えなかったが、デヨタロスがローマ風に装備された二個のガラティア人軍団を提供し、またポントスからまだ他に一個の原住民［旧兵役経験者］の軍団も動員された。このような兵力をもって、カルウィヌスは小アルメニアのニコポリスでファルナケスを捕捉し、その地で、カエサルの負担軽減のために、彼の軍勢をそっくり頂戴しようとして、四八年一二月に決戦を挑んだ。しかしながら、王が完全な勝利を収め、副司令カルウィヌスは、辛うじて敗残兵をアシアに連れ戻せただけだった。ファルナケスはポントスを手に入れ、アミソスは占領されて乱暴な掠奪行為を受け、シノペは陥ち、彼はビテュニアを通ってすでにアシアに向かって押し寄せていた。四七年五月頃、ボスポロスの彼の代官［太守］アサンドロスが彼に対して蜂起したとの知らせが、その進軍を停止させたが、[300] そのときにはすでに、事態はこのようになっていたのである。

カエサル、六月はじめまでエジプトに

アレクサンドリアの陥落以後、カエサルが通知を受けた戦争の局面は、このような具合だった。それにもかかわらず、彼は、まだ六月はじめ（ユリウス暦で三月末）までエジプトに留まっていた。[301] いかなる理由によってそうするように取り決めたかは、想像に任せるよりほかない。われわれが聞いているのは、クレオパトラと一緒に王国の南境まで大規模なナイル舟行

を行ない、そのために兵士たちの感情を害したほどだったということである。[302] しかし、彼が政治を愛情の犠牲にしたというのは、蓋然性の点では矛盾している。[303] むしろ、この恋愛のなかにもずいぶん政治的なものが潜んでいたといえよう。女王の愛は、彼にエジプトの所有、すなわちローマの主人公に軍略的・経済的に量り知れない値打ちのあるこの土地の所有を保証したものであり、いかなる従属者の忠誠の言葉がなし得たと思われるものよりも確かなものだった。それゆえに、全く青年時代の政策に相反して、彼は、エジプトを今は属州とはせず、クレオパトラと、当時一一歳の弟でその第二番目の夫であるプトレマイオス十四世［ゲルツァーは十五世］との共同統治下にある独立の王国として承認したのである。妹アルシノエは、ローマに送られることになっていた。[304] 新しい秩序を守るため、彼は三個軍団をこの国に残した。すなわち、一人のたしかに信頼に足る将校で、解放奴隷の息子だったルフィオの指揮の下においたのである。やはりその際でも、ともかく彼の高貴な従属者の一人にエジプトを任せることについての疑念がはさまっていたからである。それは、アウグストゥスがのちにこの国の併合後、元首政の政策の原則として挙げた政治的配慮の一つだった。カエサルは六月はじめ、シリアに向けて自分の古参兵軍団だけを引き連れていった。[305] 数週間後クレオパトラは彼の息子を生んだ。この子供は、プトレマイオスとカエサルの名をとり、アレクサンドリアの民衆から嘲笑的にカイサリオン（カエサルのひこばえ＝子孫）という具合に呼ばれた。[306]

クレオパトラ

九カ月にわたるエジプトでの幕間狂言は、カエサルの歴史を考察する者に一つの謎以上の問題を課している。あのように微々たる兵力でもって、ローマ人に対する灼熱した憎しみの充ち満ちていた大都市にのりこんだ大胆不敵さは、全くテッサリアでの決戦［ファルサロスの戦い］で勝ち得たように見えたすべてのものを、今一度賭けることになったのである。そして、ファルサロスの勝者、ローマ国民の独裁官が、ただペルガモンの一ミトラダテスの率いる小アジアやシリアの兵士のおかげでようやく救われ、それを感謝しなければならなかったとは、なんと奇妙な光景だったことか！　しかし、もっとも注目すべきことはクレオパトラの役割であり、この愛のロマンは、無残にも、英雄の類い稀な生涯をあまり名誉ではない結末へと導いていったのである。それについては、いろいろと政治的に解釈することもできよう。それでも、エジプトでのアヴァンチュールの実際の経過をみれば、悪霊とも言うべき女性に彼を縛り付けたのは、アレクサンドロスの後継者（ディアドコイ）王国の最後の人物の、位階身分と栄光以上のものであったということには、なんら疑念を差し挟む余地はあるまい。

シリア、キリキアにおけるカエサル

ローマからのたびたびの手紙が、イタリアに近々のうちに帰還してほしいとせき立てたが、それでもカエサルは、まず先に東方属州の問題を政治的かつ軍事的に整理しようと心に決めていた。そこで、短い日時を有効かつ適切に使い、計画どおりにこの困難な仕事を処理したのであるが、その手際のよさは、アレクサンドリアにおいて、祝祭が多数ある何週かの間に政治的・軍略的にすべてがよく準備されたことによって証明される。カエサルがその当時、キケロへの一書簡において、この人物を大将軍《インペラトル》として認めたのを、われわれはやはり知っている。[307] シリア、キリキア、ビテュニア、アシアにおいてことを処理する際の基礎になったのが、アレクサンドリア戦役の間の、そしてまたファルナケス王に対する戦いにおけるこれら諸共同体および諸君侯の態度であったのは当然のことである。ミトラダテスの救援活動に加わり功を立てた人はすべて、今や自由および免税宣言、国境の修正、土地の贈与という形の報酬を受けた。[308] この盛り沢山な活動の証拠文書のなかでわれわれの手に残されているのは、ただユダヤ人に関する文書だけである。それによれば、ハスモン家のヒュルカノス二世が、大祭司・領主として認められた。彼には、イェルサレムの城壁を再建することが許され、その領域においては、軍税やローマ軍の駐屯もまぬがれ、首席的な位置にある彼の大臣アンティパトロス（大へロデスの父）は、ローマ市民権と全面的な免税特権を得た。[309] その他の点では、いたるところでカエサルは、ポンペイウスのために調達された金は全部自分に引き渡されるべきであるという原則にしたがって処理した。そのころポンペイウスのためにとりわけ熱心に行動していた人には、それ以上に特別の分担金まで課せられた。結局は、勝利を博した支配者を重い黄金の冠でもって歓迎するというヘレニズム世界の習慣が、熱烈に執り行なわれるようにと細かく注意が払われている。というのは、支配するためにはただ二つのもの、すなわち兵士と金が必要である、そして軍隊はただ金でまとめられるということを、カエサルは大っぴらに言っていたのである。[310] すでに彼のかつての同盟者マルクス・クラッススに関して、この人物が次のように言明していたと報告されている。「国家の第一人者《プリンケプス》［指導者］たらんと欲するものは、自分の財産からの収益で一軍を養えるくらいの金持ちでなければならない」と。[311]

ローマ市民軍が必要に迫られて職業軍人の軍隊に変わって以来、まさに政治の面においても、古参兵を握った大将軍《インペラトル》が、パトロンとそのクリエンテスという関係に取って代わった。数十年来、一面では恐れながら他面では希求されてきたことが、今やカエサルにおいて現実のものとして完成し、花開いた。古い権力保有者は、ガッリアの征服者カエサルを承認するのを拒もうと思ったのであるが、彼は自分の軍隊の先頭に立って、あらゆる抵抗を抑えつけ、ただ自分の兵士たちの忠誠心だけを基礎とする権威の力によって、帝国の支配権を摑もうとしていたのである。

アンティオケイアでシリア問題を調整したのち、カエサルはキリキアの地方議会［あらゆる共同体の代表の会議］をタルソスで催した。[312] すでにシリアで示したように、属州の住民の他に、身分の高いさまざまなポンペイウス派の人たちも多数迎え入れた。いつものようにうまく、この人たちが、彼の寛大さに喜んでその身を委ねるようにさせられたのである。そのようなわけでキリキアに上陸したとき、彼のところに出頭したもっとも重要な人物が、ガイウス・カッシウスであった。その義兄弟のブルトゥスは、この傑出した政敵を独裁官［カエサル］にすばらしく手厚く迎え入れられるように取り計らった[313]。次いで、カッパドキアを通って、ファルナケスに向かって軍を進めていった。ガラティア国境では、デヨタロスがカエサルを出迎えて敬意を表し、ポンペイウスに結びついて行動したという自分の犯した過ちを赦してくれるように懇願した。このわびをカエサルは受け入れなかった。というのは、彼が合法的に選ばれた執政官として国家権力の正統な代表者であることは、四八年以来明らかだったからである。しかし、ブルトゥスもその一人に数えられる、このガラティア人の客友たちの取り成しで、カエサルはその領域は後に確定するとの留保条件を付けて、デヨタロスには王の称号をそのまま認めておいた。しかしこの戦役のために、彼は自分の軍団および全騎兵隊を提供しなければならなかった。それからさらに、ドミティウス・カルウィヌスのあの軍団、すなわち〈欠員を補充し〉再び強力になった二個軍団もこれに合流した。カエサル自身の古参兵軍団は、兵士が一〇〇〇人弱に減っていたのである[314]。

四七年八月二日、ファルナケス、ゼラで敗れる

クリム［クリミア半島］で蜂起があったため、ファルナケスは撤退をはじめ、今はポントスの都市ゼラの付近に陣地を設けた。カエサルの状態を十分につかんでいた彼は、交渉を行なえば、衝突して一戦交えるのを避けることができ、次いで独裁官の引き揚げ後、小アジアで行動の自由を保つことができると考えた。したがってファルナケスは、黄金の冠をもった使者を送り、カエサルの進軍の停止を懇願させた。自分はあらゆる要求を満たすだろう、いやそれどころか、自分としてはポンペイウスになんの援助もしなかったのだからというのであった。軍勢が進軍の準備をするまで、カエサルはこの使節の言に二度までも興味ある風に耳をかたむけた。しかし三度目には、ただちにポントスからの即時撤収とあらゆるローマの財産の返還を要求した。そして、ローマの属州で犯した残虐な行為は、もはや決して取り返しのつくようなものではないと厳しく言明した。ファルナケスの側でパトロンのポンペイウスを支持しなかったのは、カエサルに奉仕したわけではなく、ただ自分の利害に従ったにすぎなかったのだ、という意見を表明したのである[315]。それから、八月一日（ユリウス暦の五月二〇日）には王の陣地に七・五キロと迫った。二日朝、カエサルはわずか一五〇〇メートルと離れていないところに第二の陣地を固めさせた。ファルナケスは自分の軍隊の戦闘能力を不遜なまでに信頼していたので、ただちに攻撃することでこの挑戦に応じた。しかし局面に決着をつけたのは、このたびはカエサルの古参兵たちであった。四時間の間に敵軍は壊滅し、その陣営は占領され、王自身は、何人かの騎兵を引き連れただけで、シノペ目指して落ちていった。王はその後すぐに故郷で、暴徒の手にかかり殺さ

れる結果となるだけだった。[316] カエサルは、ローマにいる腹心ガイウス・マティウスに向かって、次の言葉で勝利を知らせた。「来た、見た、勝った」と。

さらには辛辣に述べている。ポンペイウスがなんといっても幸運だったのは、この程度の敵に対する勝利のため偉大な将軍とみなされたことである、と。[317] 彼は兵士に戦利品を与える一方、すでに翌日はさらに先を急いで、いたるところ、行く先々で支配の問題や主権関係の秩序を整えながら、小アジア西岸に向かった。ペルガモンのミトラダテスは、王の称号とともにガラティアの領主領の一つを得、これまでのファルナケスの王国への請求権を得た。アミソスは、耐え忍んだ労苦の報酬として自由を宣言された。[318] デヨタロスの問題は、ニカイア（ニカエア）で審理され、マルクス・ブルトゥスの力強い演説によって、有利な決着をみた。デヨタロスは、小アルメニアをカッパドキアのアリオバルザネスに譲らねばならなかったが、その他の領域は保持できた。一般にブルトゥスがカエサルのもとでどれだけ重要な地位を占めていたかは、一通の手紙からも分かる。それによれば、彼は、その当時、自分の運命について全く自信をもてなくなったキケロの確信を再び回復させたことが分かる。帰還の途中でカエサルが、サモスでスルピキウス・ルフスを、そしてまたミュティレネにおいて自発的な亡命生活を送っているマルクス・マルケッルスを訪問したときにも、同じくカエサルの宥和政策がものをいったに相違ない。[319]

イタリアへの帰還

カエサル自身は、アテナイを通ってパトライに向かって旅を続け、九月二四日にはタレントゥムに上陸した。[320] ブルンディシウムへの途上、彼はキケロに会った。キケロには、この瞬間が恐ろしかった。しかし、カエサルの人を魅了するような愛想のよさは、彼から一切の屈辱感を拭い去らせてくれた。独裁官［カエサル］はただちに車から降り、ずっと長い道中を、有名な執政官格の人物［キケロ］と二人だけの会話に耽ったのである。一〇月はじめにカエサルはローマに着いた。[321]
今解決せねばならない大きな課題は、アフリカでの戦争であった。イタリア滞在を、ただその準備のために使った。アレクサンドリア陥落以後も、カエサルの到着を人は引き続きずっと待たされていたのだが、ローマの騒擾はまた新たに激しく火を噴いた。独裁官副官《マギステル・エクィトゥム》＝騎兵長官アントニウスも手をさしはさめず、ドラベッラとトレベッリウスは血なまぐさい市街戦を繰り拡げたのである。ドラベッラが、負債を帳消しにして家賃をただにするという法案を提出し、そして今や元老院が、アントニウスに新たに全権委任決議［英訳では、元老院最終決議］をしたのでようやく、アントニウスは強力な軍隊を町に投入させた。この連中は、ドラベッラがバリケードを構築して防いでいた中央広場《フォルム》に乱入し、その際、八〇〇人のローマ市民が命を落とした。法律板は打ち砕かれ、騒擾の首魁が数人タルペイアの岩から突き落とされた。[322]

ローマの秩序回復

アントニウスは、これであらゆる政治的信用を失った。というのは、彼は、高貴な身分仲間からは、概してこれまで必要悪にすぎないとみなされていたとしても、今は下層民衆の好意すら取り逃がしたのである。その上、古参兵たちの不満を取り除くすべも知らなかった。ローマ的な考え方からしても、不快なほどに常軌を逸したアントニウスの行状を、独裁官［カエサル］はたしかに大目にみていたのである。しかし、政治的にこの独裁官副官＝騎兵長官《マギステル・エクィトゥム》によってその名を傷つけられた事実を無視することはできず、カエサルは、この今までの寵臣を二年間の権力剥脱という形で処罰した。[323] それに対して、ドラベッラには信頼の念を保ち続けたどころか、その行動をある一定限度までは認めた。それは、家主にこの年の家賃を軽減――ローマでは五〇〇デナリウス、イタリアでは一二五デナリウスまで――することによってである。しかし一層の負債の帳消しは、やはり今回もきっぱりと斥け、四九年の独裁官の〈免除〉布告を堅持した。[324]

その際、カエサルはまことに巧妙に、彼個人の財政運営のけりをつけるように指示した。彼が言うには、自分の財産を国家のために消費してしまった後は貸付金を頼りにしていたのだし、負債の帳消しをすれば、自分が主要利得者の一人となるであろう、と。つまり彼は、当時、戦争のための資金調達や、とりわけ差し迫った古参兵に支給するための資金の調達に、イタリアをも上手に関係させはじめることができたのである。属州の例に倣って、自治市にも黄金の冠と像のために金を出させ、また共同体や個人に対しては、自分に金を貸すことで支持してくれるよう手紙で要請状が発された。ローマでは貸金の額の高さも規定されているが、兵士たちですら凱旋式でこのことを笑い草にしたのを、われわれは知っている。貸付金は、もはや返済されなかったのである。[325] 戦死したり、死去したりした政敵、あるいは恩赦を受けなかった政敵の財産は、公式に競売に付された。その際アントニウスは、設備一切――奴隷も――含めてポンペイウスの邸宅を競り落としたが、今はカエサルによって、他の者と同じように、それに付けられた最大限の額を支払うよう強いられたので、アントニウスも非常に不審に思ったほどだった。ただ、カエサルの長年の愛人セルウィリアだけが、やはりこのときも再び特別に安く掘出物を手に入れたといわれている。[326]

古参兵の制御

今度は、軍隊を組織するにあたり、きわめて容易ならぬ事態に直面した。アフリカに急送させるためカンパニアに集められた古参兵たちは、もう軍務を終わらせてほしいし、とくにたびたび約束されてきた報酬を得たい、と望んだ。彼らは、幾人かの高級将校［軍団将校］や百人隊長に率いられて、宿営地で掠奪をはじめ、シキリアへ行くのを拒んだ。アントニウスはなんら為すすべなく、プブリウス・スッラは石を雨霰と浴びせられた。今やカエサルは、新たに選ばれた法務官のガイウス・サッルスティウス・クリスプス、すなわち才智豊かな文筆家で後の大歴史家を彼らのもとに派遣したが、この人は一人ひとりに、それぞれさらに一〇〇〇デナリウスを与えると約束した。しかし、その彼も逃げ出さなければならないほどだった。他の二人の元老院議員が殺され、全軍団がローマに向かって動き出した。[327] ローマ市の直接の防衛のために、カエサルはアントニウスの治安部隊を擁していた。しかし、古参兵がマルスの原に到着したとき、カエサルは自分自身でその要求に返答するために、彼らのところに出ていった。栄誉に包まれた大将軍《インペラトル》の出現は、反乱者の闘志を挫いた。彼らがここに来るのを望んだのは、ただ自分たちの除隊を聞き入れてもらうためだと主張した。しかしもちろん期待していたのは、カエサルが逼迫状態に追い込まれて、それ以外のことも自然とうまくいくであろうということだったのだが、それにもかかわらずカエサルは、彼らを冷淡にあらゆる希望から突き落とした。すでに、呼び掛ける際の「戦友諸君！」に代わる「市民諸君！」という語が、その反抗心をしぼませてしまった。しかし、そこでカエサルは、彼らの召集解除にも賛成であることを表明し、自分が他の兵士たちと凱旋しても、遠征から帰還した後、自分のなした約束を果たすであろうと言った。一撃でもって主客は転倒した。カエサルは、今や自分たちを同行させてくれという兵士たちの、執拗な懇願を受け止める側に立たされ、彼らを連れてゆくのに同意を表明した。そこで彼は、これらの人々に自分の抱いている入植計画を開陳した。それは、彼の以前の農地法案に結びつくものであった。スッラのように、封鎖的な兵士植民地を建設するために全共同体を収用しようとは欲しなかった。彼自身の土地や国有地から、古参兵はことごとく、その特別に指定された土地を受け取ることとされていた。首魁の処罰を彼は取りやめた。それでもこれらの人々は、必要に応じて、希望のない部署にふりむけられるべく、ひそかにその名が書き留められた。そこで生き残った人は、結局、報酬と〈土地〉配慮について、他の人より三分の一だけ減らされた。[328] この反乱のことを以前のあの四九年の蜂起と比較するならば、カエサルが二度とも、同じ心理学的原則および軍紀上の原則に則って振る舞ったことを認めることができよう。彼は、多数派を獲得し、首謀者をどう取り扱うか、そのすべを知っていたのである。

すでに一年の大部分が過ぎてしまっていたけれども、カエサルは、ローマ到着後ただちに欠員の政務官の補欠選挙をさせた。四七年の執政官のポストでもって、フフィウス・カレヌスとヴァティニウスに報いた。元老院議員である彼の他の子分たちは、その残りの官職と神官職で報われた。次の執政官職を、カエサルはマルクス・レピドゥスとともに引き受けた。この人物は、これ以降もっとも高貴な自分の助力者として、好んで前面に押し出されたのである。すでに法務官代理としてスペインから帰還した際、この人がとくに何かを果たしたというわけでもないのに、凱旋式をさせたことがあったほどである。カエサルは、神官のポストも増加させたように、四六年の官職としては、わずか八人だった法務官には一〇人の人が選ばれるように決めた。また、より低い身分の子分たちによって、元老院議員を補充した。その一部として、スペインやガッリア生まれの人から成るローマの騎士の他に、新元老院議員には、もっと下賤な出自であるが、功績を立てた百人隊長や兵卒も含まれていた。[329] このように彼は、自力で信頼できる統治機構を創り上げた。それでも彼は、独裁官職を再び辞任したのである。しかし、古くから受け継がれた自由な国制はもはや二度と効力をもたないのではないかという疑問は、そのまま残った。彼はアフリカ戦役の指揮のために、特別な全権を握った。[330] ユバに対する凱旋式さえ、すでに取り決められていたのである。

アフリカにおける戦争のはじまり

一二月はじめのある日（ユリウス暦の九月中旬）にカエサルは再びローマを離れることができ、一七日にはリリュバエウムに到着し、すでに二五日には六個軍団――そのうちの五個は新召集兵から成っていたが――と二〇〇〇の騎兵を率いて船出した。軍艦の乗組員としては、ウァティニウスが〈戦いの疲れや健康の〉回復期の古参兵で形成した七個大隊が勤務した。その他の四個の、カンパニアからの古参兵軍団はまだその手元にはなかった。[331] しかし、カエサルは今度も、エペイロスへの渡航の際のように敵を不意打ちしようと思った。当時、遠征の成り行きは、もうはじめから決まっていたなどというような状態では全くなかったのである。カエサルは、その軍勢の大部分を帝国の保全のために必要としたので、数の点で優った兵力でもって敵を攻撃できたのではなかった。アフリカでことが失敗すれば、いたるところで重大きわまりない反動を引き起こすことになるであろう。そのようなわけで彼は、今回もまた自分の才能のすべてを傾け尽くさねばならなかった。しかし、彼の性向でもあったように、相変わらず自分を見捨てない〝幸運〟をやはり頼みにしていたのである。一人の将校のおかげでわれわれはこの戦いについての記録を手にできるのだが、彼はその点について二つの特徴的な出来事をわれわれに書き残しておいてくれた。カエサルは、リリュバエウムでは天幕を海辺のぎりぎり端に張らせ、すべての兵士に向かい、激しい攻撃意欲を明らかにした。ところが船出したとき、自分は果たしてどこに上陸することが可能であるか、彼自身もまだ分からなかったので、船長たちに、アフリカ海岸のどの港も目標として指示することができなかったという。[332]

敵の主力はウティカ付近にあったので、上陸地としては属州の南部の一箇所を選び出した。しかし、一二月二八日、ハドルメトゥムのそばに船が着いたとき、自分の手元には歩兵三〇〇〇と騎兵一五〇しかなかった。[333] 他の船は北方に押し流されてしまっていたのである。それは、ことの始まりとしては決して良いものではなかったし、兵士たちの目にも、カエサルが船を下りたときにつまずいたので、ますますその気味があった。それでも彼は、両手で大地を摑みながら、次のような快活な叫び声をあげることによって、ただちに迷信を封じたのである。「私はおまえを摑んでいるのだ。アフリカを！」と。

カエサルが、コルネリウス氏族の一員で、悪評嘖々たる人物スキピオ・サルウィットなる人物を遠征に連れてきたのは、兵士たちの考え方に対する、前の例と同様な配慮から出たものであった。敵の総指揮官の名前がスキピオであるという状況から、不吉なことが予言されていたため〈それを撥ね除けようとしたの〉である。[334] ハドルメトゥムの守りは固く、そこには、軍指揮権を握ったスキピオの副司令＝総督代理ガイウス・コンシディウスがおり、カエサルの子分ルキウス・ムナティウス・プランクスの説得に動かされないことが分かったので、カエサルはさらに南方に軍を進め、自由市レプティス・ミノルを獲得し、結局、その北方、ルスピナという恵まれた位置にある海岸台地の上に陣を布いた。ここで、安全無事に、残りの軍勢を待とうと考えていたのである。四六年一月四日朝、最初に輸送された部隊の残兵が上陸し、カエサルはすでに同日、三〇大隊と四〇〇の騎兵と一五〇の弓兵でもって徴発を試みた。しかしそこで、全く予期しなかったことだが、騎兵および軽装兵からなるラビエヌスの強力な軍勢にぶつかった。困難な戦闘を闘い抜いて退路を切り開いたものの、ペトレイウスが第二の兵団をもって現われ、彼をあらためて危険な状態におとしこんだ。事態は深刻であり、彼としても、「敵は向こうだぞ！」という言葉を吐いて、手ずから逃走する鷲印軍旗保持者の肩をねじり、向きを変えさせねばならぬほどであった。しかし決して絶望しない天才である彼は、敵の戦線を突破して、丘陵の連なるその上への血路を切り開き、そこから暗闇のなかを陣営へ撤退することができた。[335]

戦いの継続

ところが、今こそスキピオが敵主力を直接カエサルに対して結集したので、差し当たりしばらくは、カエサルも守りの姿勢をとっていた。このことにより、海上輸送に依存していたカエサル軍としては、またもや再び大変な兵力不足の状態に陥ることになった。[336] また、帝国のなかで予想せねばならぬ政治的反動が起こらないわけでもなかった。思わしくない知らせに基づいて、テュロス居住のローマ騎士、ポンペイウス軍に身を投じてそれとともに闘ったカエキリウス・バッススが、シリアにおいて諸軍団の蜂起を扇動した。カエサル側の地方統治者［副司令もしくは法務官権限を持った財務官代理］セクストゥス・カエサルは、その犠牲になり、バッススはこれに代わって統治を引き受けた。[337] しかしカエサルにとって幸運なことには、四九年にマウレタニアのボックスに対してとられていた政策が、今や効を奏したのである。ヌミディア王国への侵入、そして重要な集落の奪取によって、国王ユバがスキピオから分離するより他にないようにした。この地での計画の中心人物は、ローマの冒険家プブリウス・シッティウスであり、彼は、昔のカティリナ派に属し、マウレタニアの一軍の将となっていたのである。[338]

その上、いつものようにカエサルは、敵側の道義的拠り所を覆すため多面的なプロパガンダ戦を展開させた。市民仲間とともに平和裡に生きるよりも、むしろ蛮人ユバの服属民たることを望むとは狂気の沙汰だとするような言が、反対派についているローマ人の心に染み通るように間断なく繰り返された。スキピオは自分の意志をもたないユバの臣下として描かれたが、それは王のいるところでは、あえて大将軍《インペラトル》の紫衣をまとおうとしないからというのだった。[339] 自分の方に移ってくる人すべてに、カエサルは、財産の保証、自由、さらには自軍の兵士たちと同等の報酬を約束した。[340] 属州自体には、属州を恐怖政治の支配から解放するために自分はやってきたのだという噂を流布させ、一方イタリアへは、アフリカは敵の手で全く壊滅してしまうだろうから、後詰の兵の派遣を全力をもって推し進めてもらわねば困る、と報告した。

大至急救援の手を差し伸べてくれなければ、近々のうちに全地域にただの一軒の家も存在しなくなるだろう。[341]

もちろん実際に問題だったのは、カエサルがこの地に留まるのをできるだけ困難にするために行なわれていた敵の破壊処置だけだった。[342] カエサルは、ヌミディア人や、その南隣の民族で敵に数多くの騎兵を提供していたガエトゥリ人に、以前恩恵を施した人ガイウス・マリウスの甥として掛け合った。この努力は効を奏し、戦況を目立って好転させることになった。結局、軍団兵や原住民が数千人ずつ彼の方に移ってきたし、またいくつかの都市共同体も彼の味方についた。[343] スキピオはこれに対抗する宣伝をしたが、無残にもそれは挫折した。一つの史料が辛辣に確言しているように、彼には物質的な約束が欠けており、ただ国民と元老院の解放について語るだけだったからである。[344]

四六年四月六日、タプスス付近での勝利

作戦が三週間にわたって中断された後、ついに二個の古参兵軍団、八〇〇のケルト騎兵と一〇〇〇の弩兵・投石兵が到着し、同時にサッルスティウスが小シュルティス湾にあるケルキナ島で、穀物のいっぱいに詰まった敵側の倉庫を分捕った。そこで一月二五日には、カエサルは突如ルスピナの陣地を見棄てて、ずっと南方にあるウチタのそばでスキピオに戦闘を挑んだため、再びカエサルが主導権を握った。ところが、スキピオが全く隙を見せなかったので、二、三回矛を合わせた末、再び陣地戦に立ち戻らなければならなかった。[345] 三個軍団、三〇頭の象、それに多くの騎兵、軽装兵を率いて戻ってきたユバによってスキピオ側の兵力は強められ、一方カエサルは最後に着いた二個の軍団で強化された。[346] ウチタの攻囲もなんら効を奏せず、その後、三月中旬には食糧補給の困難さが、カエサルをして、戦場を一層南方に移すことを余儀なくさせた。そうすることによっても、全局面の転換など達せられそうになかった。というのは、敵は決戦の相手に乗ってくることもなく、騎兵と軽装兵が数的に優越していることを、まことに効果的に用いていたからである。[347]

このような政治的にも全く望ましくない宙吊りの状態に対して、カエサルは四月四日に、やはり思い切った決断を下すこと

で終止符を打った。それは、強力な守備隊のおかれた海岸の町タプスス（タプソス）目指して進軍することにしたことである。この町に対しては、すでにしばらく前から海上封鎖を行なっていたのである。[348] カエサルは、こうして外海と内陸湖によって形成された地峡に赴いた。そこへの通路は敵も容易に封鎖できたが、なおその際、一つの戦闘に発展することも大いに予想せねばならなかった。この思い切った企ては完全に成功した。ユバとアフラニウスが南の隘路を遮る一方、スキピオは四月六日（ユリウス暦の二月七日）の朝に北の隘路を閉鎖しはじめた。カエサルはすぐさまスキピオに対して進軍命令を下した。戦闘隊形に展開する前に、その古参兵が攻撃の開始を強要した。彼らは、敵陣のなかに恐慌が巻き起こっているのを見て取ったのである。将校たちは、進撃命令を下してくれるようにカエサルにせがんだ。彼はそれを斥けて、自分は右翼が先に突き進むのを望まないのだ、と叫んだ。しかしそのとき、兵士たちによって要求された突撃の合図が早くも鳴り響き、百人隊長たちが反対しようとしてもどうにもならなかった。今やカエサルも、合言葉をフェリキタス（幸運）として突進した。敵は、ただちに背を向けて潰走してしまい、陣営は占領された。逃れおおせた者は、二つあった南の陣営に向けて撤退した。だが、そこにたどりついても、これらの陣営もまた、すでにカエサルの掌中にあるのが分かった。今はこれまでと彼らも降伏しようと決したが、カエサルの古参兵たちがもはや全く容赦しなかったため、総勢一万人の敵が斬り殺された。内乱の政治的意味が兵士たちの心のなかにどのように映っていたか、それは、憤激の念に駆られた彼らの闘争心が、突然向きを変えて、戦争の首謀者としての元老院や騎士の両身分からなる自分たちの将校に対しても向けられた、という事実からも明らかである。したがって、その無産大衆《プロレタリアート》的な本能は、やはり間違っていたわけではない。というのは、この内乱は、ちょうど以前の内乱のように、事実上はただ単に統治能力のある階層の問題だったからである。主責任者は、もちろんカエサルその人だったろう。しかしこの人物にはだれもあえて何も為さなかったのである。[349]

　このようにして、カエサルの大胆さによってこの遠征にも決着がついたのである。なおも南方にあった敵の守備隊を片付けるのに、五個軍団をあとに残し、残りの軍隊を自分でウティカに引き連れていった。[350] その地では、カトーが指揮を執っていたのである。町の防衛手段・設備は最善の状態にあり、貯えも豊富だった。そして、ことにスペインでも新たな抵抗の道が開けているので、カトーは闘いを続けるつもりであった。ところがタプスス（タプソス）の敗北によって彼の心に刻み込まれたものは、あまりにも強烈であった。そこでカトーは、降伏を望まない人の逃亡を助けることで満足しなければならなかった。カトーその人は、勝利者［カエサル］がウティカの前に現われたので、その日の朝、命を絶った。カエサルが、彼を大いに悦んで赦したであろうということは、疑いを容れる余地はない。しかし、この偉大な政敵は、自分の奉じている共和政的な主義の正しさを、死をもって証明したのである。

私はタイラントに対して、その不法行為に感謝しなければならないことなどない。というのは、主人としての権利もありはしないこの人物が、主人面をして人に恩赦を与えているとしても、それは法に反して振る舞っているからなのだ。

このローマ的な、市民の自由の殉教者の精神的遺書は、カエサルがおそらく当時評価したよりも、政治的にはずっと重みをもっていたといえよう。(351)

勝利のあと

反対派の他の領袖たちは、さほど矜持の高い最後を遂げたわけではなかった。スキピオは、スペインへの逃走途中でシッティウスの艦船に対する海戦で命を落とした。スペインへ進む際、ファウストゥス・スッラとアフラニウスがまさに同じシッティウスの手に落ち、その後すぐカエサルの指示によって殺された。ペトレイウスは、ユバとともに王宮が所在する都市ザマに向かって逃れた。もはやここでは入城の許可を得られなかったので、ペトレイウスはユバと決闘する形でこれを突き殺し、自分はその後、一人の奴隷の手で同じようにわが身を剣で刺させた。ガイウス・コンシディウスは、逃亡中にガエトゥリ人に打ち殺された。それに対して、幸運にもスペインに到着できたのは、ラビエヌス、アッティウス・ウァルス、それにポンペイウスの二人の息子グナエウスとセクストゥスであった。(352)

ところで、今回もまた、カエサルの恩赦を求めた人々は、たいてい生命を保証された。(353)それだけに一層センセーションを巻き起こしたのは、後で査問するという留保条件を付けて一応自由を認めていた人物、すなわち自分と同じ氏族の成員ルキウス・カエサルが突然処刑されたことだった。この人物についての陰口によれば、彼は独裁官の奴隷や解放奴隷に対して非常に残酷に振る舞い、ユリア［独裁官カエサルの亡き娘］のために計画された追悼の催しのために調達されていた動物をも殺したというのである。(354)

ウティカでカエサルは、町が敵方に占領されたのにもかかわらず、自分の方に味方したという市民の忠誠心に感謝した。町は、彼が五九年にこの町のために尽力したことがある――そうみえるのだが――ため、彼に義務感を抱いていたのである。この町に定住していた数多くのローマ市民が、カエサルに反対の態度を示したにもかかわらず、彼はその生命をやはり助けてやった。それでも、敵の戦争遂行のための資金調達を引き受けた三〇〇人の成員からなるローマ市民の委員会には、五〇〇〇万デナリウスの罰金を課し、ローマ国民に対して、三年以内に六回の分割払いの形でそれを納付すべきであるとした。(355)次いでザマに赴き、その地で王の財産と当地のローマ市民、すなわち〝ローマ国民に対して武器をとったローマ市民〟の財産を競売に付させた。王からの離反に力を貸した責任者には報酬が与えられ、また王領の歳入の仕事が新しい請負人に与えられ、かつての王国のなかで、マウレタニアの諸王やシッティウスの手に落ちなかったところはすべて、それを属州〝新アフリカ〟として、執政官代理＝総督のガイウス・サッルスティウス・クリスプスのもとにおくことにした。その際、この才智あふれるジャーナリストが、行政上の実権をもった官僚としては、政治改革論者としての文書から期待できたような高い道徳的な基準になど決して従っていないことがはっきりしていたのも、当然のことであろう。彼が新しい属州を搾取した程度たるや、あとでカエサルが、受け取った訴えに基づき、厳しくその点についての責任をとらせたほどであった。審理では無罪の判決が下ったが、そのために支払われた三〇万デナリウスについてはさまざまな噂があった。[356]

一方その間に、旧属州でも最後の抵抗が打ち砕かれ、カエサルはここでも同じように処罰を定めた。ユバやペトレイウスの下で百人隊長として奉仕したローマ人の財産没収、個々の共同体、およびローマ市民からなるその地の団体には金銭や物品の賠償［軍税］がそれである。レプティス・マグナ（トリポリタニアにある）には、一万ヘクトリットルの油を年々貢納する義務が課せられた。[357] さらに将来面倒なことが起こらないようにと、古参兵のなかに巣くう不穏な要素を軍隊から取り除き、彼らには市民植民市としての海岸都市クルペアとクルビスに居を占めさせた。[358] 六月一三日、カエサルは艦隊を率いてサルディニアに向かった。それは、キケロがひどく辛辣にウァッロに書いているように、「自分の所領」［プラエディウム。地所。国家に提供される担保不動産の意もある］のうちで、彼がこれまでにまだ視察していなかった唯一の土地であった。それがたとえ劣悪なものでも、カエサルはまさか軽蔑はしていまい、とキケロが付け加えたとしても、見当違いではなかった。というのは、カエサルはここでも、共同体スルキに、敵を支援した廉で二五〇万デナリウスの罰金を課し、年々の土地収入からの税を十分の一から八分の一につりあげたからである。六月二七日には、カエサルは再び纜《ともづな》を解いたが、逆風のため、七月二五日（ユリウス暦では五月二六日）にようやくローマに着いた。[359]

第6章　勝利と破局

勝者と領土国家、いわゆる帝国

三年以上にわたる執拗にして波乱万丈の争闘の末、閥族派的寡頭政は軍事的には打ち倒され、今こそ勝利者には、自分の意のままに政治上の問題を整える道が開けた。

たしかにカエサル以外の人ならば、山積する課題にひるんだかもしれない。この内乱の舞台は、イタリアから全属州にわたっていたのである。多くの人が生命を失い、生き残った人も、物資の調達・軍税（分担金）・略奪、そして破壊によってひどく苦しんでいた。ローマおよびイタリアでは、四八年と四七年に、社会革命的な策動を武力で鎮圧しなければならなかった。赫々たる勝利を収めた兵士たちは、その報酬を求めていた。カエサルは、自分はスッラのようには振る舞わない、と常に言明していたが、それでも被害はあまりにも大きく、それを癒すにはより一層の犠牲を払わずには叶わないほどであった。つまるところ、問題になったのは、決してただ戦争だけにその責が帰せられるような新しい崩壊現象ではなく、この過去数十年来の閥族派的共和政には、彼らの征服した属州帝国の政治および社会上の問題を統御する能力のないことが露呈されるに至ったということである。のちにアウグストゥスが、地中海世界に「ローマの平和《パクス・ロマナ》」の幸福を恵むことができたのは、四五年以上の統治の歳月が彼に天から付与されたからに他ならない。それに対してカエサル殺害者たちは、カエサルが目論んだことを果たすための年月としては、たったの二年しか彼に残しておかなかったのである。だからこそ、それほどの短期間の間に彼が成就したことの大きさを知るだけでも、ますます驚嘆させられるのである。それというのも、彼にあっては、決意と行動における迅速さが、不屈の実行力と結合していたからであった(1)。

二年前に、カエサルがメテッルス・スキピオに与えた手紙のなかで、達成されなければならない目標について、次のように述べたことがあった。すなわち、イタリアの静謐、属州の平和、帝国の安寧を創り出すことが肝要である、と。これは単なる付随的な発言にすぎないが、それでも、すでに指摘したよう

[2]に、現存するカエサルの文章のなかで、幾分なりと政治的プログラムのようなものを示した唯一のものであり、無駄のない簡潔な把握の仕方と保守的な色合いという点で、純ローマ的なものであろう。しかし他方でこの表現は、やはりまさしく、ローマという名を黙して語らないからこそ注目すべき価値があるのである。これは、他のローマの大政治家とは違って、カエサルにとっては政治活動の対象は、もはや共同体国家ではなく、領土［帝国というより「諸領域を統合する上位の統治体としての」統治、支配圏という本来の意味を籠めた表現として］国家、つまり全体としての、イタリアと属州という広い国土［諸国家（国土）の集まり］であることを示している。たしかに、この最近の一二年間のうち一一年以上もローマから離れて暮らしたという事情が、このような考えを作り上げるのにすこぶる寄与したのであろう。[3]ガッリアでは、彼は五八年以来、絶対的な権限をもつ支配者として統治し、古参兵の軍隊を思いのままになる確かな道具に作り上げ、また然るべき有能な子分から補佐の組織を形成して、彼らによって、内閣閣僚によるかのように全政治問題が取り扱われ、処理された。ガイウス・ウィビウス・パンサ、アウルス・ヒルティウス、ルキウス・コルネリウス・バルブス、ガイウス・オッピウス、ガイウス・マティウス、マルクス・クルティウス・ポストゥムスなどがそれである。[4]公式の国家機関と並んで、執政官代理＝総督の本営のなかに、軍事・政治的な行政機構が成長したが、それは前者に優るものであり、内乱にあっては、圧倒的に強い優勢な力に対してさえ、試練に耐えたのであった。一般にみられる腐敗は、このなかにもないわけではなかった。たまたま知らされたこととしては、下僚が広範囲に、市民権を金で売り渡していたということがある。そのなかでも有名になったのが、アウェンティヌス丘の上に大邸宅をかまえた書記ファベリウスである。しかし、そのことが評判になるや、すぐさま再び独裁官カエサルの命令で、いんちきな名前を載せた掲示用の青銅板が撤去された。[5]

公共体《レス・プブリカ》としての国家

内乱の間にカエサルがローマに戻ったのは、ほんの一時期にすぎなかった。むしろ彼は、次第に全属州に出ていくようになった。ときにはずっと長い滞留となり、そして大抵の場合、彼の存在が決定的な重要さをもったのである。普通の元老院議員、つまり政治はローマだけにしか存在しないとする元老院議員とは全く異なっており、カエサルが属州を評価していたことは、それこそ驚くことではなかろう。要するにカエサルには、ローマでの政治生活など軽蔑に値することがますます分かっていったのである。彼は、元老院寡頭政に対する闘争において政界で頭角を現わしたのであり、いつも彼らの公然たる敵であった。もちろん、民衆派的メカニズムをどう操作するか、それを彼ほどに知り尽くしていた人はいなかった。しかしまさしくそれゆえに、彼は、政策決定の機関であるいわゆる民会を、実際のローマ国民すなわち全市民団と同等のものとしては取り扱えないこともやはり知っていた。どのように巧妙に、一般受けする用語法を使いこなしていようとも、彼の心のなかにあったのは、「国家《レス・プブリカ》なんてないのだ。それは中身も形もない名だけにすぎない」という言葉であった。これはなるほど一人の政敵の伝えているものだが、信ずるに足る発言であろう。(6) このような表現の場合〈その前後関係からみて〉レス・プブリカとは、単に無造作に国家を意味する同義語ではなく、政務官・元老院・民会を擁した国家ローマを意味するものであり、そのローマの国制が、ただ祖先の精神において運営される場合、それをキケロは数年前、彼の有名な著作のなかで、考えられ得る最善のものとして示したのである。(7) そして、カエサルがアフリカから帰還するや、キケロやサッルスティウスのような異なった型の二人の人物によって、こうした意味での国家の再建が、今後のカエサルに要求される課題として懸命に勧告されたのである。もちろん彼としては、この〝名称〟がローマ人の心に何を訴えるか、その意味の深さを同じようによく知っていた。そこで、レス・プブリカとしての国家に付属している組織・制度を廃止する意思が全くないことを、これまでも示してきたのである。カエサルは『内乱記』をアレクサンドリアにおける戦いのはじまりをもって打ち切っているが、やはりその草稿は、おそらく四七年にエジプトで作られたのであり、この本では、政治上の議論にあたって、努めて自分の態度が国制に適っていたことを強調している。ウィブッリウスを通してポンペイウスに伝達した和平の提案において、(8) カエサルが要求していたのは、双方が武装を放棄した後、元老院と国民［民会］が条件を定めるべきであるということであり、それは、彼のこれまでの手慣れたやり方にもまた適うものであった。カエサルは、五九年のときのように四九年にも、元老院をすら自分の諸計画遂行のために手に入れようとした。もちろんその際、邪魔に出くわしても、構うことなくそれを乗り越えてきた。その場合、「自分は今、国家《レス・プブリカ》の仕事をただ一人で遂行してゆくだろう」という風に思い切った言葉が、そのことに付随して現われるのであった。四九年、元老院に対する演説のなかで彼自身が伝えているこの言い回しは、(9) 彼の心の底の本当の気持ちを際立ってよく再現しているといえよう。なお、それまでの数十年のローマの歴史をよく見渡せば、古い国家機構が機能しないため、他に打開策は何もなかったことが認められるであろう。

　キケロも、その著作『国家論』のなかで、危機を乗り越えるには独裁官職が必要であることを暗示している。(10) しかし、独裁官職は古い「国家《レス・プブリカ》」に新しい生命力を吹き込む手段以上のものであってはならないというのであり、そのために彼は精神的基盤を創造しようと思ったのである。アフリカ戦役の間に、キケロは対話編『ブルトゥス』、つまりローマの弁論術の歴史を書いた。弁論の才能《わざ》は、国家が自由であるときしか花咲かないものであるので、これは、またおのずから政治的な声明ともなった。それというのも、かつて民衆派の革命の時代においてもそうだったように、内乱の間に共和政国家《レス・プブリカ》は全く光を失って暗闇に沈んでしまったからである。そしてあの革命後に、スッラが国家に諸々の法律や裁判法廷を回復してやり、そこで初め

刊行案内

＊ 2020. 2 〜 2020. 9 ＊

名古屋大学出版会

世俗の時代［上］ チャールズ・テイラー著 千葉眞監訳
世俗の時代［下］ チャールズ・テイラー著 千葉眞監訳
スミスの倫理 竹本洋著
自由の余地 デネット著 戸田山和久訳
十字軍国家の研究 櫻井康人著
歴史家と少女殺人事件 ジャブロンカ著 真野倫平訳
ヒロシマ ツヴァイゲンバーグ著 若尾祐司他訳
黒船来航と琉球王国 上原兼善著
闘う村落 蒲豊彦著
世界経済の歴史［第2版］ 金井雄一／中西聡／福澤直樹編
平和構築を支援する 谷口美代子著
専門知を再考する コリンズ&エヴァンズ著 奥田太郎監訳
交通外傷 一杉正仁／西山慶編
糖鎖生物学 北島健他編
森林の系統生態学 広木詔三著

■お求めの小会の出版物が書店にない場合でも、その書店にご注文くだされば お手に入ります。
■小会に直接ご注文の場合は、左記へお電話でお問い合わせ下さい。宅配もできます（代引、送料300円）。
■表示価格は税別です。
■小会の刊行物は、https://www.unp.or.jp でもご案内しております。

◎第32回和辻哲郎文化賞『キュビスム芸術史』（松井裕美著）6800円
◎第36回大平正芳記念賞『対日協力者の政治構想』（関智英著）7200円
◎第32回日本アフリカ学会研究奨励賞『ジェノサイド再考』（鶴田綾著）6300円

〒464-0814 名古屋市千種区不老町一名大内 電話〇五二(七八一)五三五三／FAX〇五二(七八一)〇六九七／e-mail: info@unp.nagoya-u.ac.jp

世俗の時代［上］

チャールズ・テイラー著　千葉眞監訳　木部尚志／山岡龍一／遠藤知子訳

A5判・548頁・8000円

近現代の特徴の一つとされる「世俗化」。しかし、人々は様々なかたちで信仰や霊性とともに生きている。では、西洋において神信仰はいかにして力を失い、個人の選択肢の一つとなったのか。壮大な歴史的展望のもとに宗教・思想・哲学の曲折に満ちた展開を描き出す記念碑的名著、ついに邦訳。

978-4-8158-0988-1

世俗の時代［下］

チャールズ・テイラー著　千葉眞監訳　石川涼子／梅川佳子／高田宏史／坪光生雄訳

A5判・502頁・8000円

ノヴァ・エフェクト後の哲学——。現代人が陥った精神的苦境の根本にあるものとは何か。「生きる意味」や「自分らしさ」の探求、スピリチュアルなものの流行は、世俗化といかに関係するのか。壮大な歴史的展望のもとに宗教・思想・哲学の曲折に満ちた展開を描き出す記念碑的名著。

978-4-8158-0989-8

スミスの倫理
—『道徳感情論』を読む—

竹本　洋著

A5判・262頁・5400円

スミス倫理学の真の射程とは。近代における倫理のメカニズムと意義を明瞭に説き、政治・経済・社会のよき運用を支える心理学的な人間学を打ち立てた、もう一つの主著から描き出す。『国富論』とは違った現代への示唆と、経済学に止まらない社会科学的知への豊かな洞察を浮かび上がらせる。

978-4-8158-0990-4

自由の余地

ダニエル・C・デネット著　戸田山和久訳

A5判・342頁・4500円

われわれは完全に自由なのか？　それとも自由とは幻想にすぎないのか？　進化論から認知科学、ギリシア哲学から実存主義まで縦横無尽に取り込み、コントロール、自己、責任などの概念を再吟味。望むに値する自由意志を、明晰な論理で描き出す、デネット哲学の原点にしてエッセンス。

978-4-8158-0996-6

十字軍国家の研究
—エルサレム王国の構造—

櫻井康人著

A5判・744頁・8800円

〈キリスト教対イスラーム〉を超えて、多様な人びとからなる社会の全体像へ——。第一回十字軍によって生まれた聖地防衛国家は、内外の異教徒とともになぜ存続しえたのか。祈る人、戦う人、働く人が都市と農村で形づくる王国の姿を、ヨーロッパとの関係も含め、精緻な史料分析から解明。

978-4-8158-0991-1

歴史家と少女殺人事件
—レティシアの物語—

…ロンカ著　真野倫平訳

四六判・400頁・3600円

一八歳の女性が誘拐・殺害された「三面記事」事件。だが、大規模な捜査と政治の介入によって、それはスキャンダラスな国家的事件となった。作者＝歴史家は自ら調査を進め、被害者の生の物語を語り始める。そこから明らかになる「真実」とは——。メディシス賞、ル・モンド文学賞受賞作。

978-4-8158-0993-

ヒロシマ
—グローバルな記憶文化の形成—

ラン・ツヴァイゲンバーグ著　若尾祐司／西井麻里奈／髙橋優子／竹本真希子訳

A5判・424頁・4800円

原爆とホロコーストの交点へ——。かつて「七五年間は草木も生えない」と言われた都市は復興を遂げ、平和記念公園は「穏やかな」聖地と化した。いかにして？　追悼・記念や観光をめぐる記憶の政治、証言とトラウマ、絡み合う犠牲者言説などに注目し、世界の中のヒロシマの位置を問い直す。

978-4-8158-0994-2

黒船来航と琉球王国

上原兼善著

A5判・370頁・6300円

ペリーはまず沖縄にやって来た。——一九世紀、次々と現れる欧米列強の開国要求にさらされ、「鎖国」の防波堤とされた琉球の人々。いかに対応したのか。幕府や薩摩藩の姿勢は？　外圧と内圧の狭間におかれた〈境域〉の経験から、幕末の琉球と欧米との交渉過程を初めてトータルに描く。

978-4-8158-0995-9

闘う村落
—近代中国華南の民衆と国家—

蒲　豊彦著

A5判・504頁・7200円

互いに武力闘争を繰り返す城塞化した村落——。それは王朝交替や辛亥革命などを経ても変わらぬ、明末以来の基層社会の姿であり、共産主義へと向かう農民運動の凄惨な暴力に極まる。宣教師文書を駆使しつつ、初めてその生成・展開・終焉を跡づけ、新たな中国史像を提示した渾身作。

978-4-8158-0998-0

世界経済の歴史［第2版］
—グローバル経済史入門—

金井雄一／中西聡／福澤直樹編

A5判・400頁・2700円

世界の経済はどのような軌跡をたどってきたのか。グローバル・ヒストリーなどの最新の成果と経済史研究の蓄積をもとに、欧米・アジアや世界各地域の発展プロセスをバランスよく解説。通史編とテーマ編の二部構成で学ぶ好評の経済史入門、大幅改訂による決定版。

978-4-8158-0997-3

谷口美代子著

平和構築を支援する

―ミンダナオ紛争と和平への道―

A5判・392頁・6300円

リベラル平和構築論を超えて――。一五万人に及ぶ犠牲者を出し、日本も関わるアジアの代表的地域紛争の和平をいかに実現すべきか。徹底した現地調査により、分離独立紛争とその影に隠れた実態を解明、外部主導の支援の限界を示して、現地社会の視点をふまえた平和構築のあり方を考える。

978-4-8158-0985-0

H・コリンズ／R・エヴァンズ著　奥田太郎監訳　和田慈／清水右郷訳

専門知を再考する

A5判・220頁・4500円

科学技術の浸透した世界で物事を決めるとき、専門家を無視することも、絶対的に信頼することもできない。では専門知とは何か。会話や「農民の知」から、査読や科学プロジェクト運営まで、その多様なあり方をトータルに把握。対話型専門知の可能性に光をあて現代社会に展望を拓く名著。

978-4-8158-0986-7

一杉正仁／西山慶編

交通外傷

―メカニズムから診療まで―

B5判・268頁・6800円

わが国の交通事故での死者数は過去最低を更新しているが、負傷者数は年間五十万人前後と、相当数にのぼる。本書は、受傷のメカニズムと医学、事故の統計や法規、安全対策などを系統的に解説。医師・看護師、保険調査員、法曹や警察官、自動車技術者など、交通事故に関わるすべての人に。

978-4-8158-0992-8

北島健／佐藤ちひろ／門松健治／加藤晃一編

糖鎖生物学

―生命現象と糖鎖情報―

A5判・306頁・5400円

生体内で多様な情報を担う糖鎖は、DNA鎖、ポリペプチド鎖に続く「第三の生命鎖」として注目を集めている。受精・神経・免疫・癌・感染などの生命現象における糖鎖の役割を中心に、基礎から最先端のトピックまで解説した本書は、理学・農学・医薬系などの大学院生・研究者必読。

978-4-8158-0981-2

広木詔三著

森林の系統生態学

―ブナ科を中心に―

[illegible]

従来の生態学が偏重しがちであった個体群ではなく、歴史性を担う種に注目し、遷移現象やすみ分けなど、樹木の種間関係を通じて森林群集を空間的・時間的に捉え直す。日本の多くの森林で優占種となっているブナ科を通して、系統分類学と生態学の統合を試みた、エコロジーの新地平。

78-4-8158-0987-4

て、完全なる弁論家の時代を導き出したのであった。この文章は、文人としてのカエサルをも、詳細にしかも自尊心を満足させるように評価しているので、カエサルとしても、これを読めば、キケロからの紛れもない示唆に気づかされたことであろう。(11)

カエサルが実際にこれを読んだかどうかについては、なにも伝えられていない。しかし、この大著のテーマは彼にすこぶる興味を呼び起こしたに違いないし、この本を彼が承知していなかったことはありえないように思われる。むしろわれわれは、彼が帰還後、キケロにいつものように愛想よく接したことを知っている。またキケロの方では、その友人で学識のある法務官格の人プブリウス・ニギディウス・フィグルスという、これまでイタリアの外に留まっていた人のために、カエサルが何かしてくれるだろう、と考えたのである。(12)

サッルスティウスの第二の覚え書き

たしかに四六年にも、カエサルは、サッルスティウスから第二の覚え書きを受け取った。それは、「国家《レス・プブリカ》」[公共体としての国家]はどのように永続的な平和によって守られるべきか、そのことについての忠告をカエサルに与えようとするものであった。そのなかでサッルスティウスはとくに、カエサルがこれまでの党派性を越えて立つように要望し、(13)宥和政策に幻滅を感じているかのような彼の支持者たちのくだらなさに関して、きわめて鋭い表現でもって批判するのをはばからなかった。(14)

サッルスティウスは、要するに、高貴な家の出の若者の異常な濫費癖のなかに国家の根源悪を見て取ったのである。実は、それが市民や服属民の搾取に、ひいては結局内戦にまで導いてゆくからであった。そしてこの内乱に終止符を打つためには、金の貸付と借金が禁止されなければならないという意見を提出した。そうすれば、施し物と穀物給付による市民大衆の買収腐敗も止むだろうし、個人個人の争いでも、諸民族の争いにおいても、勝利は常に富を軽蔑する人の手に帰すだろうというのである。こういった考えは、すでにサッルスティウスの第一回目の文書のなかに見出すことができたし、また、この見解は、彼の歴史作品のなかにも再び現われることになる。その他に、独自の現実的な提案には、全市民の均等な兵役義務とか、これまで労働を厭っていたローマの町の民衆に分け与えられた穀物を、自治市や植民市にいる退役兵士に振り向けるべきだとしたことなどがある。(15)

カエサルに関して言えば、もっとも重要なのは、この文書もまた国家《レス・プブリカ》が中心テーマであるということであり、あたかも国家は若者を道徳的に匡正することによって再び秩序づけられるかのように考えられていたのである。

> だから、神々の恵みによって、あなたが国家《レス・プブリカ》を掌中にし、そしてあなたがこれまでなさってきたように、どんな困難さのなかを突き抜けて進まれんことを！(16)

それに対して、自分たちの指導者とともに「国家を占領する」というカエサル派の人たちの希望には、犯罪者的との烙印が捺されている。(17) たしかに、これまで宥和政策によって十分に明らかにされてきたことは、カエサルが、このような人たちには自由に振る舞わせないだろうということであった。しかしながら、サッルスティウスは、その国家《レス・プブリカ》［公共体としての国家］についての信念を、カエサルという人間を前提として披瀝したのであるが、それは、大体彼がかつて共に抱いていたものであったとしても、そのような信念はカエサルには無縁なものになってしまっていたのである。

歴史的に形成されてきたローマの国制を、このように過小評価するようにさせたのは、やはり属州およびエジプトにおける彼の最近の経験であろう。ここでは一般にローマ人の命令権《インペリウム》は、ローマやイタリアにおける〈権限〉よりもはるかに広い範囲に適用された。その上、東方といえば、ヘレニズム的な君主政の領域であることが問題だったのである。心情的に、ローマ的な共和政的伝統から離れれば離れるほど、彼にはその土地の伝統が自分の性に合ってきた。すでに四八年、小アジアにおいて神的支配者かつ世界の救済者として祝われることを彼が受け入れたのを、われわれは見た。(18) 自らの政治的判断力を働かせてみれば、彼には次のことがすぐ分かったのである。それは、ヘレニズム世界の服属者は自分たちの帝国に対して政治的忠誠心を示したが、それがただ支配者崇拝という形で、すなわち神の摂理としての支配権の承認として表明され得たということである。それというのも、ギリシア人は、愛国心をただ共同体国家のためのものとしてしか知らず、また東方のいくつかの〈都市国家や〉王国には民族的な一体感の基盤が欠けていたからである。それは、属州を帝国［＝統治・支配圏］の一部分とみなす大政治家としては、ただちに明らかになった帰結だったのだが、以上のような理由付けは、非常に大きな差異をそのなかに包含しているローマの支配領域に、ますます適合するに違いないと見たのであろう。しかしだからといって、このことは、自分の政策遂行にあたり、カエサルがなにかある国家理論的な思弁に導かれていたことを示すものではない。勝ち取った権力をもう手放すことなど望まないということだけが、彼としても確かなことであった。

このようにして、カエサル個人のなかで、さまざまな君主政的な傾向が一つにより合わされ、ますます強くなっていったのである。一方、次のような一般的事情がこのような傾向に対応するものであった。それは、帝国の課題遂行のためには、閥族派・寡頭政とこれまでの国制ではうまくいかないという点である。カエサルがこの所与の目標、しかも手に入れようと追求してきた目標に対して、一々どのような道をとって進み、そういった道が彼をどこに導くのか、ということについて考えてみることにしよう。

元老院の栄誉付与決議

カエサルがローマに着いたとき、元老院は、彼のために前代未聞の新しい栄誉を贈るべく取り決めた。四〇日にわたる勝利感謝祭、一〇年の独裁官職、凱旋式のための七二人の先導吏、三年間の風紀監督（監督官の権限の一つを高めたもの）、特別職をも選挙するように民衆［国民、民会］に指示できる権利、元老院では常に執政官たちの間の特別製の高官用の椅子に座り、第一番目に諮問に応える権利、競技場のあらゆる演技において合図をする権利、彼の名前をカトゥルス［七八年の執政官。クィントゥス・ルタティウス・カトゥルス］のそれに代わってカピトルの神殿に付ける権利であった。この聖域には凱旋式用の車がおかれてあり、その上に、脚下に地球をふまえ、しかもウェヌスとアンキセス［ウェヌスとの間にローマ建国の英雄アエネアスをもうけた］の後裔である彼を半神とみなす碑文（のちに彼によって取り除かれた）が刻まれた、カエサルの像が立っていた。[19]

宥和政策

彼はこのような栄誉と全権を受けたが[20]、元老院で、また後には国民の前でも［民会でも］あらためて宥和政策を公表し、権力支配の思想は、自分の本質には矛盾するものだとして、これを斥けた。単にスッラの先例に従うのを拒否したにとどまらない。伯父マリウスやかつての舅のキンナのやり方をも斥けたのである。公式見解として、ことあるごとに、自分は恥辱からわが身を防ぎ護るために内乱を遂行したにすぎないのであり、無敵の軍隊がその権利とカエサルの名誉を守るために闘ったのである、と繰り返し言っていた。「敵をこれ以上追跡する理由など、もう全くない」と言うのであった[21]。事実、次の数週間に、反対派のもっとも高貴な人たちを有能な協力者として獲得しようと懸命になっていたことが分かっている。ポンペイウスについて語る際には、ただ敬意をこめてしか喋らなかった。すでにアフリカに出立する前に、カエサルはセルウィウス・スルピキウス（五一年の執政官）をギリシアの総督のポストに、同じくマルクス・ブルトゥスを此方のガッリアの総督のポストに任じた。ガイウス・カッシウスもまた副司令《レガトゥス》＝総督代理として彼に奉仕していた[22]。とりわけカエサルは、キケロと不変の結びつきを保つことに重きをおいていた。ヒルティウスとドラベッラが、この大弁論家［キケロ］のもとで修辞学の教育を受けており、彼らは、耳にした才智豊かな発言について精密に独裁官に報告したに違いない。カエサルの帰還以降、キケロは元老院の会議に出席していた。もちろん、差し当たりは投票することはなかったので、独裁官の決定に直接の影響を及ぼす可能性もなかった。しかしカエサルの腹心の者との活発な往来により、キケロには次のような期待が目立って強まってきた。「カエサルは、宥和政策に真剣に取り組んでおり、共和政の遠大な再建計画をもっている」と[23]。

キケロのマルケッルス演説

このようにしてキケロは、さまざまな友人に向かい、その人たちの恩赦の見込みについて慰めになるような知らせを与えるのは、自分の正当なる権利であると考えた。そこで、共和主義者のなかのもっとも重要な人物マルクス・マルケッルスに、亡命を取り止めて帰還するよう説得するのが重要だと考え、喜んで探りを入れることを引き受けた。キケロは、その際この友人に告げて、

あなたの財産はこれまでまだ侵害されていません[24]――別のところでは活発に競売が行なわれているのに[25]――、そして、カエサルは才能ある者と高貴な者とに大変な好意をもっているのです

と言った[26]。ところで、キケロの期待は、九月半ばにルキウス・ピソが元老院でマルケッルスの件を取り上げたときに絶頂に達した。そのとき従兄弟のガイウス・マルケッルス（五〇年の執政官）がこの人のために跪いて懇願し、彼を支持するために全元老院が立ち上がったので、カエサルとしても、五一年のマルケッルスのあの激しい敵対行為を記憶していたにもかかわらず、躊躇することなく願いを聞き入れたのである[27]。そこで、キケロはこれまでの沈黙を破り、勝利者［カエサル］にすばらしい感謝の辞を捧げて敬意を表した。

カエサルがこの瞬間、自分の勝利そのものを乗り越えたことは、カエサルの最大の業績である。このことが、彼を神に直接結びつくような、神の近くにまで引き寄せるのである[28]。

ともあれこの演説は、キケロがそのなかで自分の政治上の希望をも述べ立てているために、重要なものとなった。カエサルの生命に対して企てられた陰謀について、カエサルはつい最近報告を行なったが、それをキケロは引き合いに出して、カエサルの比類ない生命の保持に、いかに全体の安寧が懸かっているかを指摘した。だからこそ、カエサルがこれと関連してしばしば言明していた言葉に対して、全力を傾けて異議が申し立てられるべきなのである、としたのであった。そのカエサルの言葉とは、次のとおりである。「自分は自分の天命と名声の点ではもう十分すぎるほど長く生きてきたのだ」と[29]。

つまり、カエサルが今死んでしまったならば、カエサルは国家を廃墟として後に残すであろう、だからカエサルは、包括的な立法事業――その準備は当時まことに調子よく進んでいた――を成し遂げねばならない、そして結局は、カエサルの生命を長く保たさせる国制を創造しなければならない、そこで初めて、カエサルはそのライフ・ワークを完成することになろう、としている[30]。

きわめて阿諛的な言い回しで、だが明瞭に、キケロは今一度共和政国家を新たな合法的な土台の上に据え付け、再び生命力をもったものにすることがカエサルの課題であると、カエサルに向かって言い換えている[31]。別の言葉で言えば、スッラの後継者となるべきこと、だが独裁官職を単なる手段とみなすべきだとするのであった。この見解が拡まったとしても、カエサルにとっては、差し当たり非常に都合がよいだけだった。カエサル

がずっと生きていたいと思うとしても、それはただ国家のためなのであり、何かがカエサルに降りかかったならば、国家はもっと悪い条件のもと新しい内乱に突き落とされるであろう、というような考えを、彼は喜んで受け入れていた。[32] しかしこの見解は、カエサルのもっとも内面的な意図に反するものだったのである。というのは、親しい仲間内では、カエサルは大っぴらに「スッラが独裁官職を退いたことは、政治のイロハも知らない者というべきだ」と言っていた。[33]

このような対立・矛盾が発展するとすれば、将来は矛盾が拡大するか、それとも緩和されるか、どちらかに決まっていたのである。閥族派は、新しい位置に甘んずるだろうか？　それとも彼らは、カトーの見解、つまりカエサルがその場合まさしく共和主義者にとって耐え難き暴君であるという見解を固執するのであろうか？　カエサルをこれらの人たちから分かつものは、根本的な主義だけではなかった。それはむしろ、彼らの心のなかにカエサルの過去が吹き込んだあの根強い不信感だったともいえよう。彼の賛美者サッルスティウスですらまだ一度たりと彼を把握できなかったのに、彼らがカエサルの支配計画にどれほど理解を示したと見るべきであろうか？　さらにまた一方では、カエサルの古い従属者の幾人かは、やはり全く宥和・秩序保持の政策に不満だったので、適切な解決の道を見つけることは一層難しくなった。前述の陰謀計画は、こういった仲間から出てきたものらしく、噂ではアントニウスに嫌疑がかけられていた。[34] このようにして、カエサルは上昇すればするほど、ますます孤独となった。その間、ローマ到着後のカエサルは、熟慮して時間を無駄にするということもなく、ただちに倦むことなくエネルギッシュに、自分および帝国［＝支配・統治圏］のために必要とみなしたことを、すべて軌道に乗せはじめた。カエサルの勝利により、帝国［＝支配・統治圏］はついに、一人の卓越した政治的天才の支配下に入ったのである。そのような天才とは、もはや個人的意志で、利己的な党派の利益とかあるいは利己的な身分上の利益を追求したのではなく、現状から生まれる必然的な要請に従って、一体としての全帝国［＝支配圏］の形成を目指すのであった。[35]

古参兵への配慮、凱旋式

何よりも一番重要なことは、自分の古参兵にイタリアの土地を手当てしてやることだったが、それは、大一揆の場合にカエサルが作り出した原則に基づくものであった。彼は、土地調達を法務官的全権をもった副司令の手に委ねた。しかしそうすることで、障害が起こった場合の決定権は自分の掌中に残しておいた。この手間のかかる仕事は、カエサルの死ぬまでには決着がつかなかった。また、古参兵を封鎖的でない形で移住させるという計画も、一般には固く守られたわけではなかったし、没収されたかつての土地占有者も、それまでにすべて損害賠償を得ていたわけでもなかったのである。[36]

それと並んで、最初の数週間は、とりわけ四つの凱旋式の準備に忙殺されていた。その儀式のためには、九月二〇日から一

○月一日まで（改正された暦では七月二〇日から三〇日まで）の日が定められた。[37] 勝利を大々的に顕示することと、それに結びついた立派な国民的祝祭とは、彼の獲得した権力をもっとも効果的に示すことになるはずであった。凱旋式は、ガッリアとエジプトの征服およびファルナケス王やユバ王に対する勝利に関するものであった。殺された敵の数は――戦死したローマ市民を除いて――一一九万二〇〇〇と報告されている。[38] 多種多様なすばらしい装飾品と並んで、次のような注目に値する捕虜も見られた。ウェルキンゲトリクス、クレオパトラの妹アルシノエ、四歳の王子ユバなどがそれである。彼は、このうちの後者二人をあとで自由にしたが、有名なケルト人の首領［ウェルキンゲトリクス］を、信義を破った反逆者として処刑させた。[39] ローマ人はこれを適切だと考えたのである。[40] それに対して、アフリカの凱旋行列では自由の英雄カトー、スキピオ、そしてペトレイウスの死までも、憎しみの念を込めて展示されたことは、非難の声を引き起こした。[41] カエサルは、ファルサロスの勝利を黙殺したが、[42] アフリカのケースでは、これまでの態度にふさわしく、最後の共和主義者たちにユバのために尽くした大謀反人という烙印を捺すことによって、明らかに政敵たちに一撃をくらわすことを望んだのである。[43] 古い慣習によれば、兵士たちは凱旋式の際、大将軍《インペラトル》に対してからかいの歌をうたうのが習わしだったが、彼らは猥雑な歌では満足せず、最近の彼の君主的な挙動を暗に風刺さえした。これを聞いても不快そうな顔をしないように十分に気を付けていたが、カエサルは――クロディウスのスキャンダルが原因で、その妻と別れたときとちょうど同じように――、自分が三〇年前、国王ニコメデスの寵童であったという噂には何か真実味があるということに対しては、すぐさまきっぱりと公に否認した。[44]

勝利の祝祭

掠奪されたり、あるいは他の方法で掻き集められた金銀財宝が山のようにあったので、それが凱旋式の行列で運ばれてゆくのをみて人は全く驚いたが、大部分は、古参兵や、無償の穀物の分配を享受する資格のある無産の市民に分け与えられた。普通の兵士は五〇〇〇デナリウスを得、百人隊長は二倍、高級［軍団］将校および騎兵隊長は四倍、[45] 該当する市民――有資格者の総数は当時三二万だった――は、彼が四九年に約束したより二五デナリウス多い一〇〇デナリウス、八七リットルの穀物、そして三二・七五キロの油を与えられた。[46] それと同時に、娘ユリア死去の際になした約束を果たすため、二万二〇〇〇人を公式の食事に招待し、また肉の配給が行なわれた。亡き娘のために、今や、長らく準備されていた剣闘士の競技も催された。[47] 数千人もの戦争捕虜や死刑判決を受けた犯罪人が、血なまぐさい闘争を演じなければならなかった。[48] しかし人目を惹く呼び物として、カエサルは騎士たちにも剣闘技を示すのを許した。それでも、ある元老院議員にはそれを認めなかった。[49] だがさらに大きなセンセーションを巻き起こしたのは、支配者［カエサル］が、人気のある茶番狂言作者デキムス・ラベリウス、すなわち六〇歳の騎士を促して、自らその作品の一つに登場するようにさせたときのことであった。というのは、この受難者は、率直な風刺によってカエサルに復讐したのである。とりわけ、次のような詩が生まれたのであった。

　ようこそ、市民諸君よ！
　われわれは、自由を失ってしまったのだ！

さらに、

　多くの人が恐れている人物、その人が、やはり多くの人を
　恐れねばならないのだ。

　そのようなわけでカエサルは、解放奴隷で、このとき同時に自分の作品のなかに登場したプブリリウス・シュルスにも賞金を与えるとともに、騎士［ラベリウス］には一二万五〇〇〇デナリウスの報酬を与え、また金の指輪を賦与することによってこの人物を再び新たに騎士として承認した。[50] 大衆は、上流階層のなかの信念の堅い共和主義者ほどには、現行の社会道徳へのこのような介入によっては動かされなかった。いかに、こういった諸々の事件が、あらためてキケロをカエサルから内面的に疎遠にしたかは、キケロの書簡のなかから読み取ることができよう。マルケッルス演説の期待は、彼にとって幻滅であることが証明された。[51]

　一方それに対して、兵士たちは、民衆を楽しませるために多額の金が消費されたことについて、ぶつぶつ不平を言っていた。しかしそれは、ある催し物の際、カエサルが自分の手で、わめいている人を一人処刑するために拘引したときに、ようやく静まった。他の二人の人を、神官の手によりマルスの原でマルスの神に捧げさせ、その首を彼の役所たるレギアの外側に曝させた。このような人間の犠牲という全く尋常ならざることも、要するにいかに神祇官長《ポンティフェクス・マクシムス》および卜鳥官としての聖なる地位を強調したがっていたかを示すもので、彼としては、大衆の信仰心を予測して仕組ませたものに違いない。[52] なお第一回の凱旋行列の際、車の車軸が折れたとき、彼は、この不吉な前兆を贖うために、カピトル神殿の階段《きざはし》を膝を滑らせながら昇るのを厭わなかった。[53] しかし、彼自身はこんなことを信じなかったことが、はっきりと伝えられている。[54] 宗教政策的な理由から勝利の祝典の枠内で、九月二六日に、五四年以来建築事業の行なわれてきたフォルム・ユリウム［ユリウス広場］をも奉献した。この広場の中央には、ファルサロスの戦いの前に奉献の誓願を捧げたウェヌス神殿が聳え立っていた。このなかに祭られた神は、ウェヌス・ゲネトリクス、つまりユリウス氏の祖先としてのウェヌスであり、約束されていたウェヌス・ウィクトリクス［勝利のウェヌス］ではなかった。[55] 自分の氏族の神を、勝利を与える神と呼ばねばならなくなったのである。なおこの傾向がもっとはっきり露見したのは、クレオパトラがこの頃、夫、息子、そしてその他の廷臣とともにローマに現われて、永

く続く予定の滞留のためティベリス河の彼方の庭園［別邸］にカエサルによって宿泊させられたときのことである。というのは、彼が今、祖先の女神の聖像と並んで女王の黄金の彫像を建てたこと、それが何を意味するかは疑いを容れなかったからである。[56]

このようにして、勝利の大祝祭は、きわめて多種多様な政治的意義をもたざるを得なかった。祭りが、古参兵やローマの市民大衆を支配者の人格に縛りつけるのに成功したとしても、[57]それは当然、君主政に対する抵抗の精神にも新しい糧を与えたのであった。

改革立法

祝祭に続く数カ月は、改革立法という大変な仕事に専心することができた。これまでの仕事に続いて何よりも、ローマおよびイタリアの社会政策的な問題に取り組んだのである。そこでまず、ローマ市の総人口を正確に査定することによって、社会政策のための基礎となるものを自ら整えた。その成果に基づいて、穀物の無料給付が新たに規制され、受領者の数が三二万から最高一五万に、つまり毎年増加されず固定されたものとみなされるべき最高数がこのように減少させられ、その補充は、申告された出願者のなかから、年々行なわれる抽選によって実施されるべきであるとされた。このように取り決めるにあたって、子供の多い家の父親に特別な恩典を与えたようである。たしかにそれは、五九年［カエサルの執政官の年］の政策の意図に適合するところがあり、今のところ、戦争の被害者の数を考えれば、その理由もとくによく理解することができよう。[58]ローマの町の住民の革命的な策動を抑えるために、彼は、布告によって再びあらゆる政治結社を禁止した。[59]しかし、無産大衆《プロレタリアート》のかなりの部分を、海外の市民植民市に住まわせるという計画によって、より効果的な救済の手段を整えたのである。その後、彼が死ぬまで、事実八万人の市民が、こういう具合にして面倒をみてもらったのである。[60]

無産大衆《プロレタリアート》を減少させるための処置は、有産市民を増加させる狙いをもった措置を補うものであった。ローマに定住していた医者や自由学芸《リベラル・アーツ》の教師に、カエサルは市民権を与えた。しかしなおその他、富裕な属州民にも市民権を出し惜しみしなかった。ただし彼の腹心のなかのある連中が、市民権を金で売りはじめたときには、これに干渉した。[61]さらにイタリアに居を定めていたローマ市民には、軍務に服していないかぎり、三年以上引き続いてイタリアを離れていることを禁じた。元老院議員の子息は、ただ国務の場合にしかイタリアを離れることが許されなかった。[62]ラティフンディウム［大土地］所有者は、牧場経営にあたり、その使用人の三分の一には自由人を充てるべきものとされた。[63]また「風紀取締官《プラエフェクトゥス・モリブス》」としての彼は、奢侈関係法によって富裕な身分の風紀改善を試みた。この法令は、輿や紫染めの衣服、真珠の使用を制限し、何が差し支えないかを、食事や墓碑についてまで詳細に規定している。たとえ先導吏や兵士がそれを監視する仕事を強行すべきであると決められても、彼自身がしばらく後に認めたように、ことは貫徹されなかった[64]。グラックス兄弟の時代以来、法廷の掌握をめぐっての争いが見られたが、この点でも、今や刑事訴訟および民事訴訟についての二重の法で、一般的な秩序づけを生み出した。これが、それ以来、訴訟手続きの場合の基準となった。政治的な面で注目すべきことは、七〇年以降、より低い財産資格の人、いわゆる準騎士も法廷の仕事に関与させられていたにもかかわらず、陪審員［審判人］としては、今なお、元老院議員と騎士身分だけしか認めなかった点である。いかに彼が、民衆派的な要求も寡頭政的な原則と同じように容赦なく斥けたかが、ここに示されている。その他のことでは、刑罰を一段と重くした。とりわけ彼は、殺人の際には罪人の全財産の没収、他の犯罪の場合には財産の半分の没収という規定を定めた。これまでは、富裕な人が有罪判決を受けても、追放・亡命という形をとり、あまり刑罰に苦しまなかったからである[65]。最後に、同じように重要な法律によって次のことを取り決めた。すなわち、任期終了後、法務官は一年の属州総督職を、執政官は二年の属州総督職を引き受けねばならないというのであった。任期がそれ以上に長くなるのが禁止されたのは、将来属州総督が革命を起こすのを防ぐためであった[66]。

このような政治的な諸々の法律を越えて、不変の意義をもつ仕事として高く聳えているのが、ローマの暦の改良である。それは、カエサルの名に基づきユリウス暦と名付けられた暦の採用であり、彼が神祇官《ポンティフェクス・マクシムス》長として行なったものである。これまでの太陰暦に代わって、四五年一月一日から三六五日四分の一の太陽年を定め、その過渡期として一一月と一二月の間に六七日を挿入した。したがって、四六年二月二四日以降すでに二三日の通常の閏月が差し込まれていたから、四六年は総日数、四四五日となった。天文に関する計算は、ギリシアの学者ソシゲネスによって行なわれたようである[67]。

君主政的な統治方法

新体制を軌道に乗せるために、カエサルは、国制に則った方式を利用した。告示、元老院決議、そして民会で決められた法律［民会議決］がそれである[68]。たまたま二、三のことが文献のなかで言及されているが、その他には、オリジナルはほんのわずかの断簡しかわれわれの手に残されていないので、この分野での仕事の範囲をそれ相応に評価することは、残念ながら不可能である[69]。しかしそれでも、われわれに分かるのは、それらが全帝国［＝統治・支配圏］、すなわちローマ、イタリア、属州にも拡がるものであったということだけである。次の例は偶然のものだが、注目に値するであろう。碑文として保存されたカエサルの二つの法の断片が、次のような形でわれわれに伝わっているのである。それは、彼が殺されたのち数カ月たって、執政官のアントニウスとドラベッラが、自分たちに特別に賦与された全権委任に基づいて、どのようにカエサルの法を施行したかを示すものである[70]。その一つは、穀物法の補足［補足は英訳の付加］の規定を含み、またローマの公道の保持と利用についての、さらにイタリアの自治市の役人と市参事会員の資格ならびにイタリアにおける人口・資産調査の施行についての規定を含んでいた[71]。今一つのそれは、南スペインの都市ウルソに市民植民市を設置することに関する法であった[72]。双方とも、われわれが取り上げているのは法律の草案であるが、これらは、法文の形に仕上がろうとしている段階、つまり第一稿の、表現および形式ともにすべて荒削りの概略といった形で公にされたものである。このことから明らかになるのは、独裁官が――それ以外は思いもよらない――まず自分の与えた方針に則って下僚に法の原文を起草させたということである[73]。そこで、彼の突然の死の際、このように多くのことが未決のままで残っていたというわけなのである。しかもその場合、やはり彼が自分で出した告示［法令］があまりに多くなり、通常の細かい仕事を続行してゆくために十分な時間がなかったのである。しばしば、自分の計画をただ領袖たちに伝達するだけでよしとし、そうすることにより、とりわけ元老院での手続きを短縮した。そこで、全員の集会を招集しても、簡単に自分の決定したことを報告するだけだった。そしてこれらのことは、次いで討議に付されることなく、文書保管所に元老院決議として一緒に保管された。こういう風にして、彼は、際立って服属民や同盟者との関係を規制したのである。なお、このような元老院決議の正本作成にあたっては、たとえ文書の全体については全く知らなくても、記録の証人としてその名が記入されるということが起こったのも、珍しいことではなかった[74]。

元老院の力を奪うこと

なお、このような大規模な仕事と同じように、共和政的な立場を守る仲間に苦々しい気持ちを起こさせたのは、氏素性の知れぬ、いやそれどころか属州出身の子分を繰り入れることによって元老院を間断なく補充したことである。カエサルは、元老院の議員数を次第に増やして、死ぬまでに構成員九〇〇人にまでしたが、そのなかでは、このような取り巻きが、古い型の元老院議員に数で優ったことは明らかである[75]。元老院のこういった品位失墜の不愉快さが指摘されたとき、彼は答えて言った。

もしたとえ自分が、その威信《ディグニタス》を護る際に、追剥ぎとか暗殺者の助けを借りていたとしても、自分はこのような人にも然るべき感謝の念で報いるであろう[76]。

このような人でも、事実、常に彼の寛大さと親切さを頼みにすることができたのである。彼らを満足させるために、さらに四五年、最後の国有地を――聖域に属する土地すら含まれていた――、金銭上の贈り物をするためにであろうと、あるいは他の人に土地を安く手に入れさせてやるためにであろうと、とにかく売却するのをはばからなかった。ちょうどその際、カエサルは、彼のもとに、収賄のため告発された一連の自分の子分たちを――サッルスティウスも、やはりこのような人たちの一人だったのであろう――、公然たる罪にもかかわらず、やはり無罪放免にした。[77]

もちろん、閥族派の不平にあまり大きな比重をおいてはならない。というのは、元老院では、その子分連中を多数派にしてやることによって、カエサルは、閥族派の人たちを彼ら自身の武器で打ち負かしていたのである。また、このような血の更新が貴顕の集まりの本質的な価値を減らすのではないか、と主張することもできない。そのようなことは、彼の狙いのなかには決してなかったのである。それは、自治市の役人や参事会員のポストに就くために必要な資格についての前述の規定が、はっきり示していたことである。そこには疑いもなく当時一般に認められていた社会通念に従って、公式の伝令とか、葬儀屋、墓掘人夫、剣闘技の教師、役者あるいは周旋人というような職業を営んでいる市民は除外されていたのである。[78]しかし、元老院に対する彼の関係を際立たせるものとして、もちろんやはり政策上の二つの面があった。つまり、普通のローマ人では呑み込むのが難しい点があったのである。一つは、このような構成員の議決に、彼がこれまで権利として主張されていたような決定的な影響力をもう許そうとはしなかったことである。それから今一つは、このような成員を混ぜ合わせて、首都ローマ出身の成員の割合を減少させ、イタリア人に有利になるよう、さらに属州各地から集まったさまざまなローマ人のためになるようにしたことである。そうすることによって、彼は、閥族派寡頭政の根源的なものに突き当たったのだが、しかし同時に「ローマ国民の支配《インペリウム・ポプリ・ロマニ》」という共同体国家的な観念の根源にもぶつかったのである。なお、われわれでも容易に分かることは、すでに一世紀も前から数多くの警報を発しながら現われてきた発展の道を、彼が切り開いたということである。しかし、つい先程の内乱の際にも、抵抗に立ち上がった強い勢力があったことは、古い国制が、あらゆる欠陥にもかかわらず、相変わらずローマ的な心情に対していかに大きな力をもっていたかを示している。また寛大な宥和政策によって、勝利の厳しい現実を和らげるべく今カエサルが努力しても、まさしくその政策で獲得されるはずの階層の間に、それに相応する友好的な反響など全く生じなかったのである。

ここで悲劇的な運命として、彼の過去が介在していた。[79]人は平和を信用せず、重苦しい気分が支配していたのである。[80]とくに際限ない濫費、つまり凱旋式の日に、あらゆる種類の高圧的な手段で集められた金銭によって行なわれたような濫費が、広く不満の気持ちを引き起こしていたからである。彼は、政敵の恩赦を続けることによって、自分の目に常に触れる形で残っているこのような反対運動の鋭鋒を挫くことができると信じていた。一一月には、カエサルは法務官格の人物ティトゥス・アンピウス・バルブスにローマ帰還の許可を与えたが、この政治家のあだ名が〝内乱のトランペット〟であったことからその意義も明らかであろう。[81]そして、それに続く閏月（ユリウス暦の一〇月）に、個人的には彼がひどく嫌っていたクィントゥス・リガリウスにさえ帰国を認めてやった。それは、中央広場《フォルム》での正式の審理において、この件について、一人の告訴者に反対するキケロの演説が行なわれるのを聞いた後のことである。[82]

スペインのポンペイウス派

その間、スペインの現況について入ってきた報告は、刻一刻と急を告げていた。アフリカ戦役が終了したのち、スペインの地は表面的には平穏であった。ただ、バレアレス諸島とピテュウサエ諸島がグナエウス・ポンペイウス［大ポンペイウスの長男］の手にあっただけである。[83] 彼に対してカエサルは、六月（ユリウス暦の四月）にサルディニアからガイウス・ディディウス麾下の自分の艦隊を送った。[84] スペインの海域にこの艦隊が出現するとは、二年前クィントゥス・カッシウスに対して反乱を起こした二個のポンペイウス軍団には、全く信じられないことのように思われた。突然二人のローマの騎士が、その先頭に立って、執政官代理＝総督のガイウス・トレボニウスを追い払い、ヒスパニア・ウルテリオル（彼方のスペイン）では、ポンペイウスを大将軍《インペラトル》と認めた。やがて、セクストゥス・ポンペイウス［大ポンペイウスの次男］、アッティウス・ウァルス、そしてラビエヌスが、艦船やアフリカにあった軍の残兵を率いて到着した。持続的な抵抗を行なったのは、スペインの共同体のなかでも小部分にすぎなかったが、グナエウス・ポンペイウスは次第に一三個軍団の軍隊を編成していった。もちろん軍務に服した人の大多数が、ローマ市民権をもたない現地生まれの人であった。しかし、既述の二個の古参兵軍団の他にさらに一個軍団を、属州在住のローマ人から創り上げることができ――そこで考えられるのは、とりわけローマ市民都市のイタリカとコルドゥバである――、その他には、今は、アフラニウスの古参兵が多数兵籍に入っていた。[85] たしかにガイウス・ディディウスは、アッティウス・ウァルスに対してカルテイアにおける海戦で勝利を収めたが、[86] カエサルが陸上の総指揮権を委ねた副司令＝総督代理クィントゥス・ファビウス・マクシムスおよびクィントゥス・ペディウスは、彼らの新召集兵軍団をもってしては敵に抗し得ず、オブルコ（ポルクナ）付近の一つの陣営に入って動かなかった。それは、サグントからグァダルクィビルの谷への道に沿い、コルドゥバから東へ六〇キロのところに位置していたのである。[87]

スペイン戦役

そこで一一月はじめ、カエサルは自分で戦場に赴こうと決心した。[88] ポンペイウス派の蜂起のもつ危険性は軽視できないものがあった。これまでは、カエサルの軍事的優越性は古参兵に依るところがきわめて大きかったのに、武勲赫々たる独裁官としても、今までのような範囲ではもう定評ある古参兵を意のままにできなかったからである。今回は有名な軍団のなかでは第十軍団が同行しただけだった。それも全くの自由意志による志願兵から成っていたと思われる。その他には、古参兵として名を挙げられるのは第五軍団（トランサルピナ（アルプスの彼方）で召集され、雲雀《アラウダエ》というケルト名をもっていた）であった。[89] その他に彼の掌握していた軍勢は、大部分が属州に釘付けになっていた。そこで、カエサルは基本的に、すでにスペインにあった兵力で間に合わせてゆかなければならず、そのために、一年前のアフリカの場合よりも、有利な位置にあるとは言えなかった。反撃によっては、今なお再びいかなる状況になるかは見極めもつかない有様だった。

出発の用意があまりにも速やかに進められたので、翌年度の政務官を、正式の手順を踏んで任命する時間がもはや残されていなかった。護民官と平民按察官とが暫定的に選ばれただけであり、[90] 政府の長は、四六年の執政官を務め、同時に「独裁官副官＝騎兵長官《マギステル・エクィトゥム》」でもあるマルクス・レピドゥスであった。[91] 独裁官［カエサル］は、その他の政務官の代わりに、八人のプラエフェクトゥス（長官）をレピドゥスにつけて、これを助けさせた。これらの人たちが、法務官やローマ市の財務官の職務を果たさねばならなかった。[92] カエサルの出発後にようやく、レピドゥスは執政官選挙の集会を開催し、独裁官［カエサル］を同僚なしの四五年の執政官に選ばせた。[93] 政治運営の主導権は、事実上はバルブスとオッピウスの手にあり、これらの人と支配者［カエサル］は活発な文書のやりとりをしていた。[94]

旅すること一七日で、カエサルはサグントゥム（現在のサグント）に達し、二七日目には（一二月はじめ）オブルコの陣営に到着した。[95] この旅行をただちに詩作（詩『旅』）によってしっかりとわがものとして書き留めたことは、無類の彼の精神的な活力を証明するものである。[96] グナエウス・ポンペイウス［大ポンペイウスの長男］はすでに数カ月来、ウリアを攻囲していた。それはコルドゥバの南三〇キロにある堅固な町で、四八年の戦いのときもカエサルに忠誠を保っていた町であるが、[97] 陥落は、今や目前に迫っているかにみえた。しかしながらカエサルは、かなり沢山の増援部隊を投入するのに成功した。そして、残りの軍隊を率いてコルドゥバに進撃をはじめたとき、ポンペイウスは、敵方が目指したように、首邑コルドゥバを護るために包囲陣を放棄した。首邑のなかにはセクストゥス・ポンペイウス［大ポンペイウスの次男］麾下の守備隊がいて、この町の奪取を防いでいた。他方グナエウス・ポンペイウスは、またもやラビエヌスから軍略的助言を受けており、全く戦闘に入らせなかった。そのためカエサルは、悪い食糧事情と劣悪な宿営状態のもと、冬の遠征を続けなければならなかった。[98]

このような理由で、カエサルは四五年一月はじめ、敵から離脱してコルドゥバから一日の行軍距離だけ離れたサルスム（グゥアダホース。グァダルクィビルの南支流の一つ）河畔の町、物資のよく備蓄されていたアテグゥアの包囲をはじめた。ポンペイウスは、この町を難攻不落とみなしていたので、まずその軍勢をコルドゥバの快適な営舎に入れた。ところが町を完全に封鎖するにあたって、季節が冬だからといっても、カエサルにはそれが妨げにはなることはなかった。今やポンペイウスは、彼のあとを追った。しかし、もはや援助が持続的に続くことはなかった。二月一九日、原住民の頼りにならない態度にもかかわらず、ローマ人の小守備隊が勇猛果敢に守り抜いていた砦も、ついに陥落した。それは、ポンペイウスにとって、軍事的敗北にとどまらず、とりわけ重大な道義的損失をも意味した。[99]つまりスペインの諸共同体はもはや彼のことを信用しなくなり、逃亡者が増大し、もはや戦況はポンペイウスが決戦に持ち込むことによってしか事態を支えきれないほどになったのである。

四五年三月一七日、ムンダの勝利

ポンペイウスはまず南の方向に退路をとったが、カエサルは絶えず彼と刃を交え続けていた。三月五日、ソリカリア（ちょうどグゥアダホースの畔にあたると思われる）付近で激戦となったが、その結果はポンペイウスには厳しいもので、彼の陣地の全ローマ騎兵が、カエサル側に移る計画を立てたほどであった。もちろん一人の奴隷の内通でことは挫折した。だがしかし、ポンペイウスにとって、今はただ次のことしか問題にならなかった。有利な場所で戦いを仕掛けること、これである。[100]そのような場所を、彼は、数日後ムンダ（ウルソの西方ほぼ一〇キロ）付近に見つけた。

三月一七日の朝、カエサルは、敵が一戦を交えるべく進軍してくるという報告を受けたので、ただちに天幕の上に戦闘の旗を上げさせた。[101]掌握する歩兵はわずか八〇大隊にすぎなかったが、八〇〇〇頭の馬を擁した彼の騎兵隊は、敵騎兵に質量共にはるかに優っていた。[102]敵は、高台の上で攻撃を待ち構えた。とりわけローマ人は、その戦列にあって、死に物狂いの勇気を奮い起こして闘った。カエサルがこれまで捕虜を反逆者として処刑させていたからである。かくして白兵戦が、執拗きわまりない形で展開したが、結局はカエサルの兵士の方が崩れはじめた。彼はもう一度、その畢生の全事業が危機に瀕しているのを知ったのである。馬から飛び降り、盾をとり、飛道具の真っ只中を最前列まで突進していき、大音声で叫んだ。

今日は、わしの最後の日だぞ。兵士諸君にとっては最後の戦いの日となるのだ。兵士諸君は、このわしを、あの子供どもの手に引き渡そうと思っておるのか。

自分たちの大将軍《インペラトル》を見殺しにするこの場所をしっかり見るのだ。[103]

ところが幸運の女神は、再びカエサルにほほえんだ。このように自分自身のすべてを傾け尽くしたことが、浮き足だっていた人々を食い止め、左翼に集められた騎兵に、敵の右側面と背後を衝く余裕を与えた。[104]この突撃が、夕方には戦局を一変させ、敵を最終的な敗北に追い込んだ。ポンペイウス派の屍体三万が大地を蔽い、そのなかにはラビエヌスやアッティウス・ウァルスの屍体もあったが、カエサルはこれらの人の埋葬を許した。[105]

敗北した軍隊のなかで逃走できた残兵は、二、三の防塁で死に物狂いの抵抗を続けようとした。カエサルは、ムンダやウルソ（オスナ）の鎮圧を副司令＝総督代理ファビウス・マクシムスに委ね、自分はとりあえずコルドゥバに撤退した[106]。セクストゥス・ポンペイウスは、すでに逃れ去っていた。その軍団をポンペイウス派に対する守りのために進駐させてほしいと、市民はカエサルに懇願した。これは聞き入れられ、町のなかにあって武装していた人はことごとく斬殺され、共同体には巨額の賠償金が課せられた。それに引き続いて、ヒスパリス（セビリャ）の占領も、同じような条件のもとに行なわれた。ここからカエサルは、さらにガデスに赴いた。その間、グナエウス・ポンペイウスは逃走の途上で殺され、四月一二日、彼の首級はヒスパリスで大衆の目にさらされた[107]。

カエサルは、ほぼ六月まで属州スペインにとどまり、その現場で引いてみせた線の上に、自分の計画に基づき、その地で将来の帝国［＝支配圏］統治が展開されるべきものとした。両ローマ都市、イタリカとコルドゥバは、すでに一〇〇年の歴史を有しており――のちに市民植民市ウァレンティアとガデスもその仲間に加わり――、また、すでに一七一年にラテン植民市としてカルテイアが設けられていたスペインであるが、そのスペインでは最近五〇年の間にローマ化がすこぶる進んでいた。すでに同盟市戦争において、スペイン軍では、かなり多くの数の者がローマ市民権を得た。そして十年に及んだセルトリウス戦争は、ローマ文明や政治制度の面でのローマ化にとって決定的な意義をもつものであった。それに続く内乱においてすでに、スペインの土地で闘った軍団が、たっぷりとスペイン生まれの新兵によって補充されたことをわれわれも知っている[108]。

スペインおよびガッリア・ナルボネンシスの植民市

このような古くから種々の事情によって創り出されたものを、自分自身の政策を推し進めることによってカエサルが完成したのである。古参兵や無産市民《プロレタリアート》のために、そしてまた信頼に足ることが証明されたスペインの諸共同体に対する報酬として、多数の新市民植民市を彼は設立した。バエティス（グゥアダルキビル）の左岸ヒスパリスの領域にあるコロニア・ロムレンシスがそれであり[109]、またウルソは、コロニア・ゲネティウァ・ユリア・ウルバノルムとして、無産市民《プロレタリアート》の移住民に与えられるように決められ[110]、忠実な町ウリアはコロニア・フィデンティアに[111]、ウクビ（コルドゥバの南東）はクラリタス・ユリアに[112]、イトゥキはウィルトゥス・ユリアになった[113]。さらにこのようにして創設されたと思われる町として、植民市ハスタ・レギア[114]とアシド・カエサリナがある[115]。カストゥロはラテン権を得た[116]。東海岸の重要な港町では、ノウァ・カルタゴとタッラコが、それぞれユリア・ウィクトリクス・ノウァ・カルタゴ[117]とユリア・ウィクトリクス・トリウムパリス・タッラコ[118]という名の植民市になったのである。ローマ市民は、エンポリアエにも移住させられ[119]、ルシタニアでは、オリシポ（リッサボン）がフェリキタス・ユリアという名の自治市となった[120]。それからやはり、コロニア・ノルベンシス・カエサリナやスカッラビス・プラエシディウム・ユリウム、ラテン植民市エボラ・リベラリタス・ユリア（これら三つはすべてルシタニアに存する）もおそらくカエサルが設けたものであろう[121]。

地理的にローマから完全に切り離された地域に、ローマ市民の都市共同体がこのように本格的な形で移植されたことは、共和政ローマのもつ共同体国家的な性格に致命的な打撃を与えることになった。このことは、君主政的な帝国［＝支配圏］政策をひときわ特色づけるものであった。また、このような政策にとっては、主権をもっている国民の集まり［民会］など、装飾的な形式主義にすぎなかったのである。

カエサルの指導の下に、これらの共同体のために作り上げられた制度のうちで、ゲネティヴァに関するもの（カエサルの死後に初めて発効したもの）の大きな断片のいくつかがわれわれの手に残されている。この都市の設立が、〝独裁官の命令〟でなされたことは、そこから推察できる。[122] 都市の名前がウェヌス・ゲネトリクスを想起させるのと同じように、カピトルの三主神ユッピテル、ユノ、ミネルウァと並んで、さらにウェヌスも共同体の神として存在するのは、おそらく狙いとするところが同じだったからといえよう。[123] さらには解放奴隷が、市参事会に入ることも明文をもって許された。[124] このような無産大衆《プロレタリアート》の植民市においては、そのような取り決めはとくに所を得ていたのである。しかし、こうした点がアフリカの植民市クルビスやクルペアにも適用されているのを見出すこともできる。[125] そして、のちの解放奴隷の植民市カルタゴ[126]やコリントス[127]にも。したがって、カエサルが原則としてこういうやり方をとったことが想像できよう。さらに市民には、一般的な防衛義務が課せられた。都市自体が防備を固め、市民および居住者［市民権なき者］を、共同体の長がその領域の武装防衛に召集することができたのである。[128] このことは、カエサルの目論みでは、属州におけるこういった植民市が、帝国［＝支配圏］の結合のために高度な軍事的意義をもつことを示すのであった。

非ローマ市民の共同体の状況も、カエサルはあらためて整えた。敵対的な共同体には、その領域を縮小し、賠償金［軍税］を課し、さらに貢税を高めることでこれを懲罰し、一方、助力をしたものには領域拡大と免税でもって報いた。しかし、いつものように、金銭に関しては、友人からもできるかぎり多くこれを引き出した。ガデスの都市神ヘラクレスの神殿への奉納品さえ全く保護しなかったし、しかも四七年にはテュロスのヘラクレス神殿をやはり空にしている。[129]

ローマへの帰路、カエサルは数週間ガッリア・ナルボネンシスにとどまり、ここでも自分の新原則を貫き通した。この属州は、長年にわたるカエサルの執政官代理＝総督職を通して、彼とはとりわけ親しい関係にあり、当時、彼が戦争を遂行するにあたり大変に尽力したのである。しかもそれは、とりわけ軍勢提供という形によるものであった。一一八年以来、この属州には、ローマ市民植民市ナルボ・マルティウスがあり、ローマの商人や農業経営者が、すでに数十年来、この地方の経済生活のなかで大きな役割を果たしていた。カエサルは、既存の植民市を、第十軍団の古参兵の入植によって強化し、かつてのマッシリアの領域には第六軍団の古参兵をもって植民市アレラテ（アルル）を建設し[130]、海岸には軍港フォルム・ユリイ（フレジュ）

を創設した[131]。それ以上は多くのローマ市民都市共同体を設けることはせず、かえってガッリアの郷《ガウ》共同体にラテン市民権を与えた。それによって、高官のポストを占めた人は、ローマ市民権を得ることができ、それゆえに、上流社会層の者は次第にローマ化された。このようにして、ナルボネンシスには、四九年までトランスパダナ［ポー河の彼方］の享受していた法的地位が与えられたのである。このような植民市で、われわれがその名を知っている町は十指に余る。こういった都市には、郷《ガウ》国家の残りの集落が付け加えられた。かくして、ネマウスス［ニーム］には二四個の村落共同体が所属した[132]。このシステムのなかで、マッシリアとウォコンティイ族の土地（ローヌとアルプス、イゼルとデュランスの間）が特別な地位を占めた。ローマに対するその法的な関係は、条約（同盟条約《フォエドゥス》）によって規定されていた。その本質において、あれほどに相違するこの二つの共同体国家は、ローマの属州総督の高権が彼らの上に及ばない程度にまで、やはりカエサルによって独立の同盟国として認められたのである[133]。

カエサルがナルボに滞在している間に、マルクス・アントニウスもそこに姿をあらわし、最大の敬意を表されて迎えられた。カエサルは、この人物との争いが落着したものとみなし、彼に翌年の執政官職を約束した。ローマへの旅を続けてゆく際、アントニウスをいつも自分にもっとも近い側近のなかに留めておき、姪の息子で、五月以来本営に留まっていたガイウス・オクタウィウスが、デキムス・ブルトゥス・アルビヌスとともに第二の車に乗って旅したにもかかわらず、アントニウスをただ一人の同乗者として車のなかで自分の隣りに座らせた。ところで、今や、更新された寵愛の光によって昔よりもずっと輝かしく照らされたこの人［アントニウス］は、ちょうどまだナルボにいるとき、高い位にあった子分の一人ガイウス・トレボニウスの方からの、「独裁官は片付けなければならない」という暗示を耳にし、またそれを了解したことを一言半句も洩らさなかった[134]。

この挿話は、カエサルの内政上の位置、さらになお、当時の政治家の道徳観念を解き明かしてくれるきわめて重要な材料である。というのは、政治的に卓越した援助者でもってカエサルはこれまでその目標に達してきたのだが、その援助者が、彼をまだどうしても合法的な支配者として認めようとしなかったことをも示すものだからである。彼らはカエサルに従いはしたものの、それは、自分たちを勝利にまで導いてくれ、自分たちの行なった奉仕に見事な報酬を与えてくれたからである。しかし彼らは、元老院議員としては彼と同じであると思っており、彼に仕える官吏とか士官でありたいとは思わなかった。そして彼らの名誉欲が、これまでの単なる我欲や政治的利害の上に打ちたてられた関係のなかでは、もう満足させられなかったときにはいつも、あまりにも独裁的な自分たちの指導者を取り除くことが得策であるかどうかと、彼らは思案したのである。独裁者除去の計画は、すでに四七年にも人々の口の端にのぼっていた。その際、すでにアントニウスの名もあがっていた。そしてそれ以来、このような世人一般の気持ちは、明らかに一層拡がっていたのである。[135]

　このように主な取巻き連中の間では、比類ない天才の働きに対する畏敬の感情など全く欠けていたから、カエサルは、それだけにいよいよもって以前の反対派のなかでは価値を認めてもらえなかった。キケロと交わした手紙から本当に読み取れるのは、自分たちだけで水いらずの場合に、その仲間内で人はどのように喋っていたかということである。彼らは、たしかに恩赦を受け取っており、外面的には新しい状態に順応した。だがしかし、内面的にはこれを全く拒否したのである。彼らは惨めな時代を生きており、従僕であり、国家をもたず、法廷をもたず、元老院《クリア》をもうもたなかった。[136] カエサルのためにギリシアを統治していた執政官格の人セルウィウス・スルピキウス・ルフスのような優れた人物が、キケロの娘の死去の際に次のような手紙を寄せている。

　私たちからはすべてが奪い去られてしまいました。人間にとって子供ほどに大事でいとおしいものはありえませんが、それに劣らないもの、祖国、名誉、威信《ディグニタス》、あらゆる高位顕職、それらすべてが奪い取られてしまったのです。こんな現在を生きねばならないとしますならば、死んでしまう方が苦しみが少ないでしょう。息子たちにはもう将来はないでしょう。両親の遺したものをもう自分の力では守れませんし、国家における名誉ある官職に正式のやり方で立候補したり、友人のための仕事に自由に活動することができないからです。この数年来、このようにすばらしい人が沢山みまかってしまい、ローマ帝国はこのような損失を蒙り、全属州が混乱してしまっております。人は境遇に順応して生きなければならないというような運命的な位置に移されておりますので、キケロ様、あなたも、ご自身としては国家の運命とか、敵方の勝利よりもお嬢さんのことをあまり悼んではいないのだというような外見を、無理してお見せにならないでください。[137]

たとえこの書簡のもつ目的の特別さが画面の陰鬱さを引き立てるものであったとしても、それでもここに描かれているのは、ローマ貴族社会の人の気持ちにとってすこぶる特徴的なものである。彼らは、カエサルの支配を、今までのあらゆる伝統との完全な断絶だと感じた。そこで、このことが一つの国家において、どういう意味を持つことになったのであろうか！　つまり振り返ってみれば、国家とは、これまで幾世紀もの間つづいた貴族主義的な統治方式によって、世界史的な意義をもつ最大規模の事業がこのように成し遂げられてきた、そういった国家なのである。

　それにもかかわらず、スペインにおける戦いは——ローマにおいては、それがどういう結果になるかは、数カ月の間まったく疑わしいものとみられていたが——、希望よりもはるかに恐怖を呼び起こしていた。というのは、グナエウス・ポンペイウスの狭量な狂信ぶりによって、すでにファルサロス以降、共和政国家の問題など放棄してしまった人はすべて、最悪の事態を予想しなければならなかったのである。戦いは、二つの可能性「破滅か隷属か」を示すだけだ、とキケロは書いている。[138] キケロと文通していた人のなかでは、ただ老ポンペイウスの腹心ルキウス・ルッケイウスと、相変わらず亡命中のアウルス・マンリウス・トルクァトゥスだけが違った意見であった。[139] しかし、ガイウス・カッシウスが、四五年に次のように書いた際、彼は一般の気分を確かにうまく再現していたといえよう。

もうだめです、私はもう死ぬほどに心配しております。そして、新しい残酷な主人を試してみるよりは、古い情深い人を主人としてもっていたいくらいです。あなたは知っているでしょう、グナエウス［大ポンペイウスの長子］がいかに阿呆であるかを。あなたは知っているでしょう、彼が残忍さを勇敢さと思っていることを。あなたは知っているでしょう、私たちが彼を嘲弄してきたのだと彼が常々信じていることを。私は恐れるのです、彼がどん百姓みたいに剣でもって仕返ししようと思っていることを。[140]

これはもちろん、ただ、人がカエサルをより小さな悪とみなしたことを意味したにすぎない。

キケロの『カトー論』

閥族派のこのような態度は、カエサルの宥和政策が完全に失敗したことを意味した。しかし、彼がこうした反抗をようやく理解できたのは、四六年の末にキケロの『カトー論』を読んだときであった。この本は、ブルトゥスの希望に基づき、ローマ最大の文筆家がウティカの死者［カトー］に捧げた文学的記念碑であった。[141] 常にカエサルのもっとも厳しい政敵であり、それゆえに、カエサルに耐えがたい暴君としての烙印を捺そうとして死んでいったこの人物は、[142] この作品のなかで、純ローマ的な美徳《ウィルトゥス》の権化として称賛された。とりわけそこでは、彼は、評判よりも本物の方が偉大であるような希有な人物のなかの一人である、と書かれているのであった。[143]

ここには埋められない断絶があった。カエサルは、これまで国家《レス・プブリカ》［公共体としての国家］の再建についてキケロが繰り返し説く警告を、むげには斥けなかった。そして、明らかに彼が欲したのは、この問題を取り扱うにあたり、閥族派が次第に彼のやり方に馴れ、国家《レス・プブリカ》の本質についての見解の相違を、完全に忘却してしまうのではなくとも、少なくとも背景の薄暗がりのなかにぼかしてしまうということであった。それでもカトーに対する信条告白は、このような要求に再びはっきりした輪郭を与えるものだった。古い形の閥族派的な共和政なるものは存在したのだが、そのなかには、カエサルの始めたような活動が効力を発揮する余地は残っていなかったのである。たしかにキケロは、その著『国家論』のなかで、真正の大政治家についても語っていた。もっともその際、これこそ理想なりと、理想と同一視されたローマの国制の組織構造のなかでは、精神的な権威の基礎を固めることのできる個性なるものが問題だったのである。新しい官職システムが重要だったのではない。[144]帝国統治機構の問題は、要するに述べられていなかったのである。

カエサルの『反カトー論』

今やよりによって、料簡の狭い閥族派のカトーが真正のローマ人の模範例とされたことには、カエサルはどうしても我慢がならなかった。したがってそのために、ムンダの戦闘の後、ただちに二巻の反論の書を起草しはじめた。[145]一刻も猶予がならなかったので、やはりヒルティウスにも指令を下し、彼は一書によってその要請に応え、五月九日にそれはキケロの手に入った。もっとも、それがきわめて適切な効果を収めたとはいえない。というのは、キケロは、友人アッティクスに手紙を書き、自分は本当にこの本が普及するように面倒をみたいくらいだ、そうすれば、カトーの名声はますます輝くからだ、と記したほどだったからである。[146]カエサルの『反カトー論』は、「才能も文章推敲の時間も弁論家のようには使えない一介の武弁の返答である」という慇懃な文章ではじまるものであった。キケロは、弁論家としてはペリクレスに、政治的行動においてはテラメネスに比肩させられていた。[147]これはもう当然、諸刃の剣をもった称賛の言葉になっていた。テラメネスには、信頼しがたい政治家という評判が付着していたからである。それに続く詳論からは、彼の恐ろしく苛々した気持ちが分かった。[148]カエサルは、他ならぬその大敵［カトー］の側面を衝こうと試みたのである。それは、一般には不可侵のものと思われていた道徳的側面であるが、悪意に満ちた古来の罵詈雑言によって、その私生活を照らしたのである。その結果、称賛されるべき自由の英雄は、変わり者の酔いどれ、吝嗇家以外の何者でもなく、結局は、その貪欲さが、ホルテンシウスに自分の妻を売り付けるまでに至らせたというのであった。[149]これは、鬼神のごとき怒りの爆発であり、その政治的な動因をわれわれは知っている。だが、その極端さのため、効果の点では、意図したのとは裏腹のものしか生まなかった。カトーの像は、あまりにも歪められていたので、いかなる方面からも同意を得られなかったのである。そこで彼の弁護者は、今やカトーを、いよいよ暴君に匹敵する同格の相手役の位置にまで高めたので、カエサルには、生きている敵よりもこの死せる政敵の方がはるかに危険となった。[150]しかしそれと同時に、一般に敬慕された死者に向けた悪態は、カエサルがその宥和政策においてひけらかした〝高邁な心持ち〟についての疑いを引き起こしたのも、当然のことであろう。そのようなわけで、やはり彼を信用しようという気持ちになっていた閥族派からも、そういった信頼がますます消えていったのである。[151]もちろん希望の残りの火を絶やさないでおくには、彼の魅惑的な愛敬が相変らず役立ったといえよう。

カエサルは、キケロの娘の死を聞いたとき、ひどくうちひしがれた父親に向けて、四月三〇日、スペインでの仕事に忙殺されている最中にもかかわらず、悔み状をしたため、[152]八月一二日には、バルブスがキケロに独裁官の手紙を示した。そのなかでカエサルは、キケロの『カトー論』を繰り返し読むことによって、自分はものを書く人間としてすこぶる多くを学んだが、その一方、同一対象を取り扱っているブルトゥスの文章に対すると自分は雄弁になったように思われた、と言っているのがキケロには分かった[153]。キケロは数カ月前に、その作品『弁論家』において、ブルトゥスを自分の弁論家の理想像にしようと努力したがうまくゆかなかった[154]。そこで、これは巧みに計算された挨拶となったのである。おそらく、この殊更に審美的な評価のなかに、やはりこの議論から政治的性格を取り去ろうとする意図を読み取ってもよいであろう。

閥族派の幻滅

それに対して、ブルトゥスの『カトー論』は、二つの異なった政治世界が向き合っていることを再び想起させた。いかなる共和主義者といえども、このカトーの甥ほどに宥和政策を喜んで受け止めた人はいなかったからである。そこでカエサルは、彼にすでに四七年末、もっとも重要なポストの一つ、アルプスの此方のガッリアの統治を委ねた[155]。四五年三月末、ブルトゥスは、属州をガイウス・ウィビウス・パンサに譲り渡したが、七月末、カエサルに挨拶するために今一度立ち戻ってきた[156]。独裁官は、彼の統治活動に対して最高に評価していることを述べ、翌年の都市法務官職、四一年の執政官職を確約した[157]。かくして彼は、ブルトゥスをもう一度自分の味方としてつかまえるのに成功した。ところで、この人物は、ポルキア、すなわちカトーの娘で、またカエサルの不倶戴天の政敵ビブルスの未亡人ポルキアとちょうど結婚したところであった[158]。そこで、このような恩顧の証から、カエサルは、真剣に共和政の再建を目指しているという結論だけは引き出してもよい、とブルトゥスは信じた。そこでローマにいる友人に、独裁官との会合について書き記して、閥族派は、自分たち自身を〝良識の徒［良き人士］〟と呼んでいるのだが、その〝良識の徒を、この人は支持している〟とした。

パルティア戦争問題の出現

キケロは、八月はじめに以上のような報告を聞き知ったとき、ブルトゥスがこのように信じたことについて、ただ嘲笑しただけだった[159]。というのは、キケロ自身は、バルブスやオッピウスとの了解のもとで行動していたアッティクスの勧めで、五月一三日にカエサル宛の一通の手紙を起草していた。そのなかで彼は、今一度国家を秩序づけることに関して、〝時代の現状に順応しなければならないもっとも良識ある一市民〟の思想を展開している[160]。現存する文章の暗示するところでは、カエサルは、当時、パルティア王国との関係の清算が自分のすぐ次の義務であると言明していた[161]。四七年、シリアにしばらく滞在していた間には、彼はそのために何もすることができなかったのである。しかし、ポンペイウスがパルティア王のオロデスと結ぼうとしたことは知っていた。差し当たりカエサルは、属州防衛のため、その従兄弟の子息セクストゥス・カエサルを、おそらく、二個軍団を率いた法務官相当の財務官としてあとに残したのであった。[162]

それにもかかわらずアフリカにおける戦争の間に、クィントゥス・カエキリウス・バッススという名のローマの騎士、すなわちポンペイウスのもとで戦い、ファルサロスのあとテュロスに姿をくらましていた人物が、セクストゥスの兵士たちに近づいて、次のようなことを主張した。「自分はメテッルス・スキピオによってシリアの総督に任命されたのである」と。そして結局、彼らがセクストゥスを殺害してしまうまで、ことを運んでいった。[163] カエサルは、まずクィントゥス・コルニフィキウス、すなわち四八年と四七年にイッリュリクムで財務官として統治の実績を挙げ、今はキリキアで奉仕している人物に、カエキリウス・バッススの打倒を命じた。しかし、キケロが四六年一二月に耳にしたように、すでにパルティアの危険も迫っていた。そのためにカエサルは、少なくとも二個軍団を派遣した。[164] それでも四五年にようやく、コルニフィキウスの後任ガイウス・アンティスティウス・ウェトゥスは、この援軍をもって、バッススが腰を落ち着けていたアパメイアへの攻撃をはじめた。しかし、この年の終わりごろにパルティア王の子息パコロスが大軍を率いて到着し、包囲軍に多大の損害を与えてこれを撃退するまでは、長い間なんの決着もつかなかった。[165] おそらくカエサルに、東方でも自分で秩序を整えようと決心させたのは、スペインにおける諸体験であったろう。差し当たり若い人たちの助けを借りたのだが、それは、カエサルが、彼の古い副司令《レガトゥス》＝総督代理のだれをも、このような課題を十分に果たせる人物とは思っていなかったからであった。困難さを軽視することについては、クラッススの破局がまことに肝に銘じるような警告を与えていた。そしてこのたびは、然るべき準備を整えて仕事に着手したのも、彼の名誉心からすれば当然であった。[166] 彼は、その腹心の者への手紙のなかで次のように表明している。自分は、前もってやはりローマにおいて、自分の改革立法が確実に維持されるようにしておきたいと思っているのだ、と。[167]

ところでキケロが、その手紙のなかでローマの事態を整えることにまで言及しても、それは、スペインの征旅の間の独裁的な統治機関に対する抗議のように響いた。そしてまた、この状態が東方での戦役の間は続くかもしれないと危惧しているようであった。そのようなわけで、バルブスとオッピウスは、完全に書き直した上で手紙を出すようにキケロに勧めた。それでもキケロは、そういう風にして独自の考えをことごとく捨て去ってしまうことを拒絶した。むしろ彼は、〝沈黙し、また自分の身を隠すこと〟によって「半自由」を守ることをむしろ望んだ。[168] 幾度か繰り返し頼まれたので、ようやく八月になって、カトーに関する本が非常に自分の気に入ったということを、少なくともカエサルに書かざるを得なくなってしまった。しかし、内輪話ではキケロは、彼のことを簡単に「王《レクス》」と呼んだが、この一語は、共和政の樹立以来、ただ嫌悪の情をもってしか口にされなかったものなのである。[169]

カエサルの遺言状

カエサルは、古ローマ的な伝統の立場に立つ仲間の気持ちについては、十分に知っていた。また、彼のブルトゥスに対する関係が示すように、一定の目的のためにはその点に十分に気を遣った。しかし、彼としては、すでに七月に北イタリアに留まっていたにしても、一〇月はじめの自分の凱旋式まではローマに足を踏み入れなかったのである。[170] そこで示したのは、キケロの言う意味での国家の再建など、それほど深く気に掛けてはいなかったということである。九月には、しばらくラビキの所領（ローマ南東）に滞在した。ここでカエサルは、一三日に最後の遺書を書いた。そのなかで、自分にもっとも近い男の親戚を相続人に定めた。姪の息子ガイウス・オクタウィウスが四分の三、甥の息子ルキウス・ピナリウスと甥のクィントゥス・ペディウス［両者の続柄については別の説もある］は遺産の残りの四分の一を受け取るという具合にである。[171] オクタウィウスを、すでに四七年にルキウス・ドミティウス・アヘノバルブスの後任の神祇官《ポンティフェクス》に選ばせ、それからスペイン戦役の間に、一六歳のこの早熟で特別な才能をすこぶる高く評価するようになり、この人物を自分の政治上の後継者と望むまでになっていた。[172] 遺言板の最後の面に、結局その養子縁組のことを指図した。[173] 家系を伝えるためのこのような配慮は、全く古ローマ的な考え方にふさわしいものであった。しかし、カエサルの立場を考えてみれば、養子縁組はたしかに通常以上の意味があったことであろう。

法外な栄誉賦与

四月二〇日に、[174] ムンダの決戦の知らせがローマに届いたので、元老院と国民［民会］は、勝利者に新しい栄誉を示そうと創作の才のすべてをふりしぼった。四月二一日という日は、このときより、毎年競技場での競争によって祝われるべきものとされ、五〇日にわたり、神々に感謝が捧げられるべきであるとされた。大将軍《インペラトル》の称号は世襲の名としてカエサルに賦与され、あらゆる公的な機会に凱旋将軍の衣装をつけて現われ、常に月桂樹の冠をつける資格が与えられるべきとされた。また、ポンペイウス派に対する勝利のため〝解放者〟という添え名を得た。自由の神殿の建築が取り決められ、さらにはカエサルのための宮殿が、クィリナリスの丘の上に公費でもって建てられることが決まった。これまでの勝利の日々は、毎年、犠牲式をもって祝われるべきものとされた。将来の勝利のための感謝祭や感謝の犠牲がそれぞれ前もって規定された。以上のことは、自分で関与しなくとも、全軍事・全財政問題はひとり彼の思いのままに取り扱われるべきものとする取り決めから、ただちに生ずる帰結であった。一〇年の長さの独裁官職に、一〇年間の執政官職が付加された。[175]

五月には、さらに次のことが取り決められた。競技場での行進にあたり、他の一連の神像のために、付属の装飾のための車をつけた特別な輦台の上に乗った象牙の像を一緒に行進に引き出すことである。〝不敗の神に〟という銘文が刻まれた一つの立像は、クィリヌス［ユッピテル、マルスとともに国家ローマの三柱の主神を形成する」神殿のなかに、今一つの彫像がカピトルの丘の上に、諸王とルキウス・ブルトゥスの彫像の仲間のなかに加えられておかれることになった。こうすることにより、支配者礼拝が公的に、元老院決議や民会議決によってローマに採り入れられたのである。キケロは、このことについて自分の所見を洩らした。「私は、彼をサルスの神［〝健康〟と〝安全〟が擬人化された女神］よりも、むしろクィリヌスの神の仲間とみなしたい」と。この意味を理解するには、クィリヌスが、神格化されたロムルスとみなされていたこと、しかし、彼が暴君《タイラント》に堕落したために元老院議員がこの人を引き裂いたという伝承を想起すべきであろう。[176]

また一般民衆にとっても、カエサルの手下が忙しく創り出す新しい試みは、同時にあまりにも過剰に感じられたのである。七月二〇日、勝利の祝祭が初めて繰り返されたとき、行列が上述の改新された形で行なわれた際、ウィクトリア［勝利の女神］とともにカエサルの彫像が出現したのに、全く拍手喝采など起こらなかった。王の立像のなかにカエサル像がおかれたことが大変な不満を引き起こし、自分たちは暴君《タイラント》を抱えているのだという噂がたったのである。実は、このことは広く知れ渡り、キケロは一一月に、独裁官カエサルの前での討議において、あからさまにそのことに言及したほどであった。[177]

共和主義者の反対

一〇月初旬のある日、カエサルはスペインの凱旋式を祝った。この戦役で外敵が殲滅されたという公式見解を出した者とはいえ、今回は、アフリカ戦役の場合ほどは弁明できなかった。そういうわけでこの祝祭も、すこぶる苦々しい感情を呼び起こした。とりわけ凱旋式用の車が護民官の座席のところを通りすぎたとき、困った場面が生じた。護民官ポンティウス・アクィラが、凱旋将軍に挨拶するために立ち上がらなかったからである。この態度が示すのは、独裁官に対する護民官的なデモンストレーション以外のなにものでもなかった。そこでカエサルは、この人に向かって当意即妙な言葉で叫んだ。「アクィラよ！　護民官として、国家をこのわしから取り戻してみよ」と。

数日間、カエサルは、彼に対してこのように怒っており、そこで、自分のなした約束のことごとくに皮肉な限定の言葉を付加するほどであった。「でも、わしにただポンティウス・アクィラからお許しがでるならば、のことだ」と。おそらくこの成り行きと関係するのは、〈凱旋式のあとの〉民衆に対する饗応が、十分に物惜しみなく行なわれていなかったのだと、カエサルが信じたことである。したがって四日の後、第二回目の公式の朝食の饗応をさせた。それでも足れりとせず、あらゆる伝統に反して、二人の副司令《レガトゥス》＝総督代理ファビウスとペディウスにも、一〇月一三日と一二月一三日に凱旋式を行なうことを許した。[178]

民会での選挙の形式性

カエサルは、ファビウスの凱旋式の前に［英訳の補遺］自分から執政官職を退き、その後ファビウス・マクシムスを、前もってやはりガイウス・トレボニウスとともにこの年［四五年］の残りの三カ月間の執政官に選ばせた。[179] ペディウスは、ヒスパニア・キテリオル（此方のスペイン）の執政官代理＝総督とみなされた。[180] カエサルは、当面の年［四五年］のためには法務官を一四名、財務官を四〇名選ばせ、翌年のためには一六人の法務官を選ばせたが、そのなかにはブルトゥスとカッシウスがいた。[181] 執政官［四四年］には、マルクス・アントニウスが任ぜられ、今一つの執政官のポストを、カエサルは自分で、パルティア戦争に出掛けるまで占めようと考えていた。その後は、まだ三〇歳にも達していないプブリウス・ドラベッラが自分に代わるべき者とされたのである。[182] 属州総督を、カエサルは抽選なしで任命した。また一方では、彼は、自分に当時委ねられていた全政務官を任命する権利を拒否し、名目上は平民と全国民［現実には平民会と兵員会］とが、すなわち民会が選ぶようにさせた。[183] しかし実際には、いずれにせよあらゆる選挙が、多少とも形式的なものに成り下がっていたのである。

一二月一〇日以後、新たに選ばれた護民官ルキウス・アントニウス（マルクス・アントニウスの弟）が法を通した。それは、両執政官を除いた全政務官の選挙において、候補者の半数に関する、拘束力のある推薦権をカエサルに与えるものであった。[184] この新しい法が初めて適用されたのは、民会議決がカエサルにパルティア戦争の指揮を委ね、それと関連して、三年（四三―四一年）という予測された遠征期間のため、ただちに役職者の任命にとりかかれる資格を彼に委ねた後のことであった。[185] このようにして、まず四三年の執政官には、アウルス・ヒルティウスとガイウス・パンサが選ばれ、一六人の法務官、四〇人の財務官、二人の高等按察官、四人の平民按察官（これまでの按察官と並んで、穀物供給の目的で二人の穀物配給担当の平民按察官《アエディレス・プレビス・ケリアレス》が加わる）が選ばれた。四四年三月はじめには、さらに四二年の執政官選出が行なわれ、デキムス・ブルトゥスとルキウス・ムナティウス・プランクスが選ばれ、同じく護民官の選出も行なわれた。[186] 第五次独裁官職（四四年）には、カエサルはまずマルクス・レピドゥスを独裁官副官《マギステル・エクイトゥム》＝騎兵長官の地位に据え、パルティア戦争に出陣するにあたって、ガイウス・オクタウィウスをこの人に代わるべき者とし、四三年にはグナエウス・ドミティウス・カルウィヌスがあらかじめ用意されていた。[187] 同時にカエサルは、今や新しい人物を議員に任ずることによって、元老院の成員を九〇〇人にした。これによって解放奴隷の息子、百人隊長、ケルト出自の人も、ローマ的な見解に構うことなく、それぞれ報酬を受けたわけである。[188] しかし、もっと高い位置にあった従属者たちも、自分たちの報酬の要求度を高めた。このような連中を満足させるために、カエサルは、一〇人の法務官格の人には、執政官格の印と地位を分け与え、位階の低い人は適当な位に上げた。[189] さらに、護民官ルキウス・カッシウスの法が、新しいパトリキ貴族を任命する全権を彼に与えてくれた。これに基づいて、彼は他の多くの人と並んでガイウス・オクタウィウスをも、ローマの古貴族の身分に昇格させることができた。[190]

君主政的な帝国統治機構

それにもかかわらず、いかにして数多くの忠誠な帝国官僚層を創り出すかという点がカエサルの関心の中心をなしていた。[191]だが、実現が強く望まれている構想があまりにも沢山あったので、あらゆる手続きを合法的に規定するためには時間が不足していた。ところがそれだけにすこぶる表面的に、国制にかなった形が続けられたのである。カエサルの抗弁として、選挙はローマではるかに前から有力な政治家（官職についていようが、いなかろうが）によって〝仕切られて〟いるのだ、という言い分も、たしかに引き合いに出すことができよう。[192]しかしこれまでの選挙権は、なんといってもずっとローマ国民のもっとも貴重な財産の一つであると主張されてきた。それゆえに、この重要な問題を取り扱うにあたって彼が示した過小評価の姿勢が、大衆を扇動するのにもっとも都合のよい目標を提供したのであった。

新執政官のファビウス・マクシムスが初めて劇場に現われ、その先導吏が普段のように〝注意〟と号令したときに、このことがただちにはっきりと示された。そのとき、この人は執政官ではないぞ、というみんなの叫び声が起こったのである。[193]もっともカエサルは、そんなことなど委細かまわなかった。

また四五年一二月三一日の早朝の七時に、民衆が財務官選挙に集まった。トリブス会［民会の一つ。下級政務官を選ぶ］のための神兆が求められていた。そこに、執政官のマクシムスがたった今死んだとの知らせが届いた。そこで、カエサルは彼の椅子を取り去らせ、選挙人をケントゥリア毎に区分させた［上級政務官を選ぶ民会、ケントゥリア会（兵員会）を開催するため］。午後一時に、この日の残っている時間のためにガイウス・カニニウス・レビルスが執政官のポストに就けられた。共和政的な諸制度がこれほどにひどく軽視されたことはなかった。そしてだれもが、あたかもカエサルがこの機会に、今は新しい時代であることをはっきり示そうと欲しているかのような印象を受けた。キケロは、このことについてうまくウィットをとばしている。「カニニウスが執政官職にある間には、いかなる人も朝食をとらなかった。悪いことなど何も起こらなかったのだ。執政官はすばらしい警戒心の持ち主だったからだ。なにしろ彼はその全職務遂行の間中、一睡もしなかったのである」と。しかし、同時にキケロは告白した。「こんなことを体験していたら、涙を抑えることはできないであろう」[194]と。

また、議員に値しないような元老院議員も、壁にかけた注意書きで次のように挨拶された。「ようこそ！　どなたも、議場への道を新元老院議員さんに示さないように！」と。

共和政護持派の人たちは、このような事態の成り行きに大変苦しんでいたのだが、カエサルにとっては、そんなことは雄大な支配者活動のうちのほんの副次的なエピソードにすぎなかったのである。眼目は、この場合、植民政策の精力的な遂行にあった。イタリア、スペイン、ガッリアにおける〈植民市の〉割り当てや建設に加えて、アフリカやギリシア、小アジアにおいて新しい植民市が登場した。アフリカでは、カルタゴがコロニア・ユリア・コンコルディア・カルタゴとして、古参兵や無産大衆《プロレタリアート》のために建設された。そして、カルタゴのように、ギリシアでもラウス・ユリア・コリントゥスの設立によって、一四六年のコリントス破壊に償いをつけ、そこにはとくに解放奴隷が送られた[195]。小アジアでは、マルマラ海岸のミュルレイア・アパメイアがコロニア・ユリア・コンコルディア・アパメアとなった。その他の植民市は、以上の町と並んで存続してゆく共同体国家ラムプサコス、ヘラクレイア、シノペの領域内に作られた[196]。エペイロスのブトロトン（ケルキュラの対岸）にも〈新たな〉植民市の建設が予定されていた。それは、これまでの市が貢税の支払いを滞らせていたからであった。今や、その地に大所領を持っていたアッティクスが、キケロの支持を得て、この町のために独裁官にとりなした。カエサルは希望を受け入れ、その代わりにアッティクスは債務額を立て替えたのである。そこでカエサルは、その決定を文書に記させた。それにもかかわらず、決められた植民者が集まることになった。しかし、心配しているアッティクスに向かって、自分としては今、計画の変更を通知することによって、人々の感情を害したくはない、彼らが一度向こうに行けば、自分はこれらの人に他の地域を割り当てるであろう、と言った。この報告からわれわれに分かるのは、こうした仕事がどのように運ばれていったかということであるが、やはり彼らがローマにいる間は、移住民を刺戟するのをカエサルができるかぎり阻止したということでもある[197]。その一つの証拠は、彼が共和政的な制度組織を軽視しても全くたいしたことはないとみた点である。イタリアの土地調達にあたっても、結局は暴力の行使なしではうまくゆかなかったのである。そのことについては、キケロの何通かの手紙もまた同じようなことを知らせてくれるが、それは、すでに差し押えられた一定の土地を、分配から除外することの狙いがどこにあるかを追求したものであった[198]。あらゆるこうした事例についての最終決定は、カエサル自身によって行なわれた。彼はラテン市民権を東方には与えなかった。なんといっても、そこでは上流階層の人の言語上のローマ化〔つまりラテン語の普及〕という前提が欠けていたからである。それに対して、シキリアの全共同体にはラテン市民権を与えた[199]。

支配者礼拝

カエサルが、わずか数カ月の間に、その移民・植民政策によってローマ的要素を帝国〔＝統治・支配圏〕に浸透させるために行なったことを、相関性のあるものとして概観するならば、そのなかに、民族的かつ（それは、はるかに強く感ぜられるのであるが）政治的にすこぶる異なった帝国〔＝統治・支配圏〕内の民族のある程度の融合をもたらそうとする目論みがあるのを見損なうことはないであろう。ローマ市民権といっても、政治的には（つまり自ら治めるローマ国民という意味では）もはやなんの意味もないのだが、それは全帝国内の社会的に高位な階層の印となり、この社会層から、官僚と兵士が支配者に提供されるのであった。このような発展は、その始まりの段階で早くも目立ちはじめていた。カエサルが、この展望にしたがって、ローマの貴族社会の感情を傷つけることにもはやなんら注意を払わなかったことは明白である。お歴々の協力を懸命に求めたにもかかわらず、彼らはカエサルを理解しようとはしなかったので、カエサルは、まさしくすでに第一次執政官職において行なったように、彼らを越えていったのである。彼の宥和政策の努力は、たしかに真剣なものであった。したがって彼は、同身分の者との裂け目を悲劇的なものと感じたのである。たしかに、できれば自分としては、名門貴族からはアントニウス、レピドゥス、ドラベッラなどよりもむしろ別の助力者を選びたかったことであろう。それでも、彼の政敵のもっとも高貴な人のなかには、利己的な目的を隠しているのではなく、国家《レス・プブリカ》のためを思う熱心さが存在していることを、彼としてもしばしば感じたに違いない。しかし、このような悲劇的な傾向は、彼がいよいよローマの伝統から離れた軌道に押しやられたために、それだけますます強くなった。このことがもっとも明白に現われているのは、支配者礼拝である。そもそも支配者礼拝の決議が可能であったことは、たしかに新元老院議員にも、民衆にも、適切な宗教的な素地が存在したことの証拠である。一世紀来、ヘレニズム的なものが数知れぬルートを通じてローマ・イタリア社会のあらゆる層のなかに流れ込んできたのは、決して不思議ではない。精神的影響をすべて別にしても、都市ローマの住民のなかには東方出身の人の数が非常に増大したということがある。そのなかでは、解放奴隷やその子孫がローマ市民権を所有し、広く「首都ローマの無産大衆《プレブス・ウルバナ》」の性格を決めたのであった。この連中が、ローマの国法の精妙さを全く理解できなかった一方、こういった輩の性として、支配者に対する関係を、そしてそれに加えて〝全世界（地球）〟がその足許に横たわっていたカエサルに対する関係さえも、礼拝的な尊崇の形でしか表現できなかったのである。[200] そういうわけでここにおいて、彼に対する、服属民としての忠誠が生まれてきたのである。それは、彼の支配の法的根拠づけを問うものではなく、彼の支配を神の摂理として敬虔に受け取るものであった。閥族派とは意思の疎通もできなくなった後には、彼にとってこのような滔々たる流れがいかに歓迎すべきものだったかは、だれでも理解できるであろう。きっと早晩、この流れは民衆［国民］のなかにまだ残っている反対をも押し流すであろう！　その上、それは全く彼の超民族的な政治傾向に適合していたのである。[201] しかし、反対者の目には、カエサルはこのことによってますます非ローマ的になり、また耐えがたいものになってゆくのであった。

　四五年一二月、カエサルはカンパニアへの旅行を企てた。キケロはちょうどプテオリのそばの所領に滞在していた。そこで、支配者カエサルの生活を一度、すぐ近くから観察する機会を得た。アッティクス宛の貴重な手紙で、キケロはその印象をしっかり摑み、そうしてわれわれにもカエサルの止むことのない活動についての一つのイメージを残してくれた。カエサルは、一二月一八日にキケロの隣の別荘主のルキウス・マルキウス・フィリップス、すなわちガイウス・オクタウィウスの継父のところに宿をとった。従者は友人、解放奴隷、奴隷、兵士から成り、その数は二〇〇〇人に達した。他にだれにも面会を許さずに、翌日の一時まで彼はバルブスと仕事をした。それから歩いてキケロの別荘に赴き、二時に入浴した。その間、マムッラ（彼の有名な子分）について報告を受けた（おそらく死を悼むもの）。香油を塗ったのち、キケロからの食事への招待に応じた。彼は、活発に話を交わしながら――もちろん、ただ文学について話し合ったのであり、決して政治について談じ合ったのでない――すばらしくおいしく食事を味わった。だがしかし食事を終えるや、気分的にさっぱりしようとして、いつものように吐剤によって吐き、爽快になった。それからさらにプテオリに向かったのである。[202]

将来の計画

統治に関していかにカエサルが雄大な考えを抱いていたかを明らかにするものとしては、次のような諸計画もある。それは本格的に準備されたが、カエサルの死のために日の目をみなかったものである。まず、イタリアと東方との海上連絡の改善のため、コリントスの地峡が開削されることになっていた。イタリアでは、ローマのそばのティベリス河からタッラキナに向かって運河が引かれるはずだったが、これはまた、同時にポンプティヌムの湿地帯を干拓するとともに、新しい水路を建設するためのものであった。同じく、オスティアの港をきわめて堂々たるものに拡大したいと考えた。フチノ湖［フキヌス・ラクス］の干拓は、もっと広く価値の高い農耕地を作り出すはずのものであり、アドリア海からアペニン山脈を越えてティベリスの谷への新しい幹線道路がイタリアの交通を増大させるはずであった。帝国［＝統治・支配圏］の拡張者として、カエサルはポメリウム（都市の神聖な境界）を前に押し出せる権利を手に入れた。それと関連して、マルスの原で建築事業を起こし、ティベリスの流れを西方に向きを変えて、ウァティカヌスの原をマルスの原に代わらせようという目論みを抱いていた。一方、マルスの原には、マルスに捧げられた世界最大の神殿が高く聳え、タルペイアの岩を背に最大の劇場をもたせかける手筈であった。[203]

マルクス・ウァッロは、ギリシア・ローマの全文学作品を巨大な図書館に集める仕事を委任された。また、数多くの法律・法令のなかにちらばっているが、今なお妥当する市民法を、他の連中が一つの総括的な書物にまとめる手筈であった。もっともこの計画は、数世紀のちにようやく実現された。[204]

すべての政敵のために行なった一般的な恩赦によって、カエサルは自分の宥和政策に有終の美を飾った。そこで、政敵は亡命から戻ることができ、公的な生活においては他の市民と同等の権利が与えられた。財産没収の災厄に遭遇した者の寡婦には、嫁資が払い戻され、その子供たちにも、遺産相続における分け前が認められた。[205] 新しい平和状態の外見上の証拠としては、スッラとポンペイウスの彫像が、再び元の場所に据えられた。キケロはそれについて元老院で、「このような寛大さによって、カエサルは自分の立像を確かなものにした」と解説している。[206]

新しい栄誉

一般に元老院は、独裁官のこのような通達のすべて——それは元老院の承認を受けなければならない類いのものだったが——に新しい栄誉決議を加え続けていった。カエサルは、演劇観覧の際、高級官職用の印のある椅子に座るのを拒否し、むしろその場合、護民官の席に座ることを好んだので、常に、またどこでも、凱旋将軍の衣装と高官用の椅子を使用することが許された。自分の手で敵の将軍を倒したかのように、ユッピテル・フェレトゥリウスに、スポリア・オピマ［将軍が一騎打ちで倒した敵将から奪った武具＝すばらしい勝利の印］を奉献することが認められ、先導吏のもつ束桿には、常に月桂樹の葉が巻きつけられた。またアルバの山上での犠牲の式のあと、馬に乗って、オウァティオ（小凱旋式）の形でローマの町に戻るべきものとされた。「祖国の父《パテル・パトリアエ》」という称号が彼に与えられ、誕生日は国家的祝祭日と宣言され、ローマおよび自治市のあらゆる神殿に、彼の彫像が置かれるとされた。とりわけ、中央広場《フォルム》の演壇には二つの彫像——一つは市民冠［市民を救った者に与えられる冠］をつけ、今一つは城壁［救済］の冠［本来は最初に敵の城壁をよじ登った者に与えられる冠。都市の救済者としての冠］をつけたもの——が置かれた。新しい「和合の女神《コンコルディア》」の神殿の建築と、この神の年祭が取り決められ、さらに古いクリア［元老院の建物］のあとに「幸福《フェリキタス》」の神殿が、そして古いクリアの代わりとしてクリア・ユリアが建てられることになった。彼の生まれた月、クィンクティリスがユリウスという名を得たが、ある一つの部族《トリブス》もユリウスという名を帯びることになるはずであった。独裁官職とその監察官的な全権（風紀取締の長官職《プラエフェクトゥラ・モルム》）は延長されて、終身のものとなった。護民官的な栄誉権に、不可侵性が明文をもって彼に賦与された。彼の息子および養子は、神祇官長《ポンティフェクス・マクシムス》に任命されるべきものとされたが、それは大将軍《インペラトル》の呼称と同じように、世襲の君主政を暗々裡に承認するものであった。[207]

古ローマ的な王の衣装

なお他の機会に、カエサルには、元老院の会議や法廷に出席する際、通常の高官用象牙つきの椅子に代わって、金箔をはった椅子の使用が、また古ローマの王の総紫色の衣裳が考案された。彼を護るために、元老院議員および騎士層からなる護衛が設けられるものとされた。元老院議員は全員、カエサルの生命を護るという誓いをたてた。また新しく就任する役人は、統治上の彼の定めを遵守する宣誓が義務づけられ、将来の彼の統治行為の適法性があらかじめ宣言された。四年ごとに、彼に敬意を表して、英雄の祝祭のようなものが催されるようにし、さらに毎年国家によって彼に公の誓願の捧げものが差し出されるべきだとされた。彼の守護神《ゲニウス》に対する誓いが導入されたが、ルペルキ［「狼」（ルプス）と「封じ込める、切り離す、護る」（アルケオ）の合成語］という古代的な神官職には、「ルペルキ・ユリイ」という新しい神官団が、二つの古くからの型の神職ルペルキ・ファビアニおよびクィンクティアレスと並んで設けられた。またローマやイタリアで催されるあらゆる剣闘士競技にあっては、その一日はカエサルに捧げられるべきものとされた。[208]

神格化の取り決め

　このような栄誉のなかの最後の一束は、全く同じ日に、つまり四五年の終わりに、独裁官の不在のまま[209]——実はそのことによって、元老院の独立性が証明されるはずだった——取り決められた。それは、競技見物の際の黄金の椅子と、宝石で飾られた黄金の冠［額に付ける花もしくは葉の環］であった。競技場での行列に、彼の顔形の特徴をもった神像が持ち出されたが、それには他の神と同じように神聖な長椅子［神饌式などの際に神像の前におかれる］が与えられ、彼の家には、神殿にあるような破風がつけられることとされた。ディウス（神的な［「神《デウス》」と同じ意味）・ユリウスとして、新しい神が、寛恕《クレメンティア》の女神とともに、特別な神殿に祀られる手筈だった。その祭司《フラメン》としてアントニウスが選ばれた。他のあらゆる死を免れざるもの［人間］の例に反して、カエサルは将来、都市ローマのなかに埋葬されるべきものとされた。[210]

　このような神格化の取り決めを、元老院は、銀板の上に金の文字で彫らせ、カピトルのユッピテルの足のところにおくことにした。この諸提案に対してあえて反対の票を投じたのは、カッシウスと二、三人の同志だけであった。[211]この提案が採用された後、全政務官が——その先頭には両執政官が立っていたのだが[212]——、また彼らに続いて全元老院議員がカエサルのところに向かっていった。彼はちょうど、新たに建設された自分の名を冠する広場《フォルム》にいた。彼らは、カエサルがウェヌス・ゲネトリクス神殿の前に座っているのを見つけたが、彼はそのまま立ち上がらずに、ローマ最高のグループを応接した。彼らが、おごそかな晴れの知らせを伝えるために彼の前に現われたのにもかかわらずである。おそらくカエサルは、そうすることによって、自分に託された支配者としての権力が、次第に神性——はっきり彼の内にあらわれてくるもの——を完全に認められるまでに至ったことを、どのような身分に属する人であろうと、あらゆる服属者に対して示そうとしたのであろう。

カエサル、スペイン人の護衛を解散する

　しかし、そのような態度は、このことに関与した元老院議員にも、また見物していた群衆にも、全く好ましくないものと受け取られた。そこで彼は、自分が肉体的な突然の変調に襲われ

たのだということを流布させるのが、これに対する適切かつ有効なやり方だとみた[213]。なお、元老院において王の称号賦与の提議を持ち出すのは、祖先の呪いがあるからとして、やはりそれを子分たちに禁じた[214]。とりわけはっきりと指摘されていることであるが、元老院から認められた、元老院議員および騎士からなる護衛が形成されることもなく、これまで彼個人の護衛のために保持していたスペイン人の大隊を解散したのである[215]。このようにして、彼自身が何を意図しているか分からないというのが、繰り返し世人一般の意見となった。この間、彼としては、紛うことなく、自分の地位に、簡潔でしかも包括的な名前を与えてもらうべく努力していたのである。さまざまな栄誉のなかにロムルス・クィリヌスや古い諸王と関係するものが見られたが、それによって、繰り返し追い払われた王政を思い出させられることを憚る気持ちなど決して抱かなかったのであった。四五年以降、彼は祝祭の場合には、パトリキ貴族の元老院議員のそれと類似の履物、ムッレイとは区別される赤い長靴《ブーツ》までも履いた。彼の言うところでは、これは実はアルバの古王の服飾であり、その後裔としての自分にふさわしいというのであった[216]。同じように、新しく作られたルペルキの神官団［カエサルの氏族名ユリウスを冠したもの］は、伝説的なローマ市創設者たちと彼が繋がっているとみなしたものであり、古い神官職の創始者として、エウァンドロスあるいはそれともロムルスが採用されようとも、ともかくそうみなされたのである[217]。彼は、自分のために尊崇の印をあからさまに求めたわけではないし、またその相当数は受け入れたわけではなかった。それでももちろん、ローマ王政時代とのこのような繋がりは望みどおりのことだったし、民衆が相応のデモンストレーションを続けてくれるよう、彼は、活発なアジテーションに絶え間なく努めていた[218]。その圧倒的に人を感銘させる力は、決してもうだれも無視することができなかっただろう。

王のタイトルとその標章のための示威運動

ある日、演壇の上のカエサルの一彫像に、王位をあらわす額の飾りがつけられているのが見つかった。こうした支配者の紐の飾りは、アレクサンドロス大王以降、ヘレニズム君主政の標章となっていたのだが、当時のローマ人にもすでに周知のことであり、彼らは、自分たちの王をもそういう風にして描き出していたほどであった[219]。それでもただちに、彼らは、護民官ガイウス・エピディウス・マルッルスとルキウス・カエセティウス・フラウスに、「カエサルは、わざわざこのようなことをする必要などないのだ」という意見を表明させて、これを取り去らせた[220]。その後ほどなくして一月二六日、取り決めどおりに、カエサルが馬に乗ってアルバの山からローマに帰ってきたとき[221]、数人の見物人が、王といって彼に挨拶した。彼は、すぐに返答した。「自分は王《レクス》（マルキウス氏族の一支族の添え名もレクス）ではなく、カエサルである」と。

しかし、前述の二人の護民官が、一番最初に王と叫んだ人を、観衆の同意のもと、民衆法廷［民会］で最終判決を受けるために使丁によって連れ去らせた。[222] これは卑劣な扇動にすぎないとして、カエサルはもう、彼らのやり方を非難するのを隠さなかった。二人の護民官は、告示で自分たちの職務遂行の自由が危機に瀕していると返答した。そこで彼も、もはや辛抱できなかった。カエサルは元老院を招集して、自分は、その天性に反して振る舞うか、それともその威信《ディグニタス》の縮小に耐えねばならないか、というような惨めな位置にあるのだ、と言明した。[223] 彼自身は死刑を断念したので、〈先の〉二人の護民官は罷免され、元老院のリストから取り除かれるべきだ、と元老院が決議した。[224] それに続いて、カトゥッルスの友人として有名な詩人・護民官ヘルウィウス・キンナが、[225] 二人の新しい護民官をその後任に選ばせた。そこで、カエサルは、先の二人の名を元老院のリストから取り除いた。[226] その上、カエセティウスの父に、息子を勘当すべきであるとの要求までしたが、拒絶されたので、もう無理押しできなかった。[227]

長く堪え忍んだのち、このような挑戦的な敵対行為を決然と打破するのが、自分のような地位にあるものとしては当然であると、カエサルが信じたのもよく理解できよう。しかし事件は、ローマ共和政に対するカエサルの関係を鋭く照らし出すものであった。暴力によって侵害された護民官職を保護するという表面上の理由で内乱に踏み込んだのが、他ならぬカエサルであったのに、その彼が、すでにかつて四九年にそうだったように、護民官の不可侵性を、残虐な行為でもって踏みにじってしまわねばならなかったのである。こんなことは、その政敵でも決して為そうとはしなかったことである。しばらく経って、四二年の執政官の選挙が行なわれたとき、罷免させられた護民官の名前を書いた票がいくつか出た。古くからの民衆の権利が蹂躙されたことに対する、無言の、だがまことに印象的な抗議であった。[228]

終身の独裁官

カエサルは、自分の道をさらに進んだ。彼は、終身の独裁官職の位を受け入れた。四四年二月九日のある記録には、四度目の独裁官、五度目の執政官、終身の予定独裁官と書かれているが、[229] このことから引き出される結論は、終身の独裁官職についての決議がなされた後も、このように賦与された全権を使用するのをまだ長い間躊躇していたということである。二月一五日には、彼は公的に「終身の独裁官《ディクタトル・ペルペトゥウス》」の称号を使った。このことは、キケロによってはっきりと確認されている。[230]「終身の独裁官」すなわち共和政的な国制とは相容れない新しい概念は、国法的には、本質上、われわれの言う王と同じものを意味した。しかし、この憎悪された言葉を避けたのである。[231] 彼は共和主義者の希望を最終的に粉砕してしまった。「カエサルは、おそらくその立法事業が終了すれば、やはりスッラのように引退するだろう」という希望を。そして、ティトゥス・アンピウス・バルブスは次のように報告することを心得ていた。「カエサルがかつてまことに公然と言明していたのは、スッラが独裁官職を辞したのは、政治のイロハも知らなかったことを示している」と。[232]

カエサル自身が、君主的な地位――それは次第にそのときどきに過度にまで高まった決議の結果、作り上げられたのであるが――でもって十分だと考えていたとしても、実際にはもっとそれ以上のものを欲しているのだという噂は、やはり消えなかった。

四四年二月一五日、王の印を斥ける

二月一五日のルペルカリアの祭りに、カエサルは初めて公式に、自分に許された古ローマ的な王の正式の衣装で美々しく着飾って現われた。紫色のトガ（上衣、正装）をまとい、黄金の冠をつけ、黄金めっきの椅子に坐って、カエサルは演台から観覧していた。ちょうどルペルキが、裸のまま腰のまわりに山羊の皮を巻きつけただけで、太古のままのやり方でパラティヌスの丘を走るのを見ていたのである。このルペルキ団が中央広場《フォルム》に着いたとき、執政官のマルクス・アントニウスは、その祭りの指揮者《マギステル》としてルペルキ団の一員になっていたのであるが[233]、一団から離れて演台のカエサルのところに駆け上がり、彼の頭に、額につける王の飾り（ディアデム）をおいた。ところがカエサルは、民衆の喝采を受けてそれを却下し、ローマ人の王はユッピテル・オプティムス・マクシムスただ一人であるという言葉を吐いて、飾りをカピトルの神殿に持って行くように命じた。そしてまた、ルペルカリアの祭りについての国家暦には、終身の独裁官カエサルは、国民の命に基づき、執政官のマルクス・アントニウスから王権の印を与えられたのに、それを受け取らなかった、と記載させた[234]。

この出来事の背後関係は、われわれには不明のままである。もっとも、アントニウスの単純な即興と考えるのは難しい。カエサルが何をしたかを、われわれは知っている。そこでこのことから引き出されるのは、彼が公的に拒否することによって噂に終止符を打とうと思ったということである。キケロは、四三年三月二〇日には、アントニウスがこういった場面を作り出したために、彼が本当のカエサル暗殺者になったのである、と主張するまでになった[235]。悪意をもつ人は、民衆の喝采が起こらなかったからカエサルは王の印を受け取るのを断念したにすぎない、と主張することができた[236]。閥族派的な共和政をもっとも切実な問題としていた元老院の議員仲間に、専制君主《タイラント》は取り除かねばならぬという決意が今や熟した、とするキケロの主張はたしかに正しい。だからこそ、このような企てを正当化できるような噂が、今こそいよいよ拡まっていったのである。

パルティア戦争の準備

独裁官自身が取り掛かっていたのは、なんといってもパルティア戦争であった。われわれは次のことを憶えている。それは、四五年から四四年へと移り変わる頃、パルティア王の王子パコロスが大軍を率いて、アパメイアで包囲されていた反逆者カエキリウス・バッススを援助して、カエサルの副司令《レガトゥス》＝総督代理アンティスティウス・ウェトゥスを撃退したということで

ある。[237] そこでカエサルが計画したのは、全体で一六の正規軍団と一万の騎兵を集めることであり、[238] そのうちの六個軍団が、すでに多くの補助軍［援軍］と一緒にアドリア海を渡って、アポッロニアの近くで遠征の準備をしていた。[239] カエサル自身は、三月一八日にそのあとを追おうと考えていて、[240] まず、彼らの力でもって属州マケドニアの北部の秩序を回復しようと考えた。[241] そこでは、ダキアの王ブレビスタが、この数年来、予言者デカイネオスと結んで、はるか祖国（ルーマニアとハンガリア）を越えてドナウ河の南、イッリュリア人やトラキア人の上にその支配を推し進めていた。つまり、ローマの属州にまですでに襲いかかっていたのである。ディオニュソポリス（ドブルジアにあるバルチック）は、彼に服属し、またポンペイウスがデュッラキオンでの勝利後にテッサリアに進軍したとき、王はこの人にこの町の一市民を送って敬意を表したことがある。[242] カエサルは、このような事態の展開を、すでにイッリュリクムにあったとき以来知っていたのである。ここで国境の安全が確保されたならば、アルメニアからパルティア王国への攻撃に着手することが目論めた。さらに噂では、彼は、帰路カスピ海に沿ってコーカサスをまわって南ロシアを通り、それからできたらドナウの流れに従って、ガッリアに至る道をとろうと思っている、というのであった。すでにポンペイウスの手によるミトラダテス戦争以来、全世界をローマが支配することは、人の口の端にのぼっていたのである。そういうわけで、ブリタンニアまで攻め込んだことのあるカエサルが、北方でもその求めていたものを実現できる自信があったとしても、事実やはりそれはユートピア的なものではなかった。[243] このことを三年以内に成し遂げよう、と彼は思ったのである。

こういった軍事上の準備から感銘を受けた人のなかでは、次のような噂が信じられた。

シビュッラの神託が発見された。それによれば、パルティア人はただ一人の王によってのみ征服される。それゆえ、神託の守護者・神託解釈者の一五人のメンバーのうちの一人、カエサルの母の従兄弟ルキウス・コッタは、三月一五日に元老院で、独裁官カエサルを王と宣言すべきであると、提議することになろう。

それでも、これはいわば、「ただ属州にだけ適用されるべきであり、ローマには妥当しない」という但し書きがついていた。[244] さらには、他愛ない話も拡まった。

カエサルは、宮殿を——クレオパトラに対する愛情から——アレクサンドリアに、あるいは——その出自のため——イリオンに移そうと思っている。[245]

次の話などは、単なる噂もよいところ［説得力などないもの］だった。護民官ヘルウィウス・キンナが、自分は一つの法を準備していると言ったというのであり、その法たるや、カエサルが遠征に旅立ったのちに提出されるはずのもので、それによれば、子孫を得るためには、沢山の夫人をもつことまでカエサルには許されるというのであった。クレオパトラおよびその幼子を嘲笑するように、[246]このように幾分追加的にことを創作するのは容易であった。熱心なカエサル派のキンナは、三月二〇日のカエサルの葬儀の後、逆上した群衆に殺されたが、それは、彼らがこの人を法務官のコルネリウス・キンナと間違えたからだった。[247]

人心は重苦しくなっていた。カエサルは、古い型のローマ人と自分を隔てている割れ目が越え難くなってしまったことを、もはや隠そうとはしなかった。すでに前述の四五年一二月一九日の書簡のなかで、[248]キケロは、カエサルと食事の際、文学的な話題についてては多く談じ合ったが、それに引き替え政治についてては一言も触れられなかったことを強調した。しかし、これには次のような前書をつけている。「どうぞ、帰路、再び私のところにお立ち寄りください、と言えるようなお客ではない」と。

三月一五日［カエサル暗殺の日］の少し前に、キケロは一人の友人のために頼み事をするために支配者［カエサル］の家に行ったが、なかに入れてもらえるまで、長く待たねばならなかった。このことにカエサルは気づき、マティウスの証言によれば、次のように述べた。

マルクス・キケロは待たされていて、自分の思うままに私と喋ることができないので、私を大層恨んでいる、ということを疑えるだろうか？　だれかうまく味方にできる人がいるとしたら、その人は彼である。それでも、彼が私を非常に憎んでいることを、私は疑わない。[249]

専制者殺害のため、共和主義者が結合する

このような憎悪と、古い閥族派的な寡頭政およびその自由の崩壊に関するきわめて深い恨みが、このときに約六〇人の人を、暴君殺害という決意で結集させた。共和政の不文の国制が、このことをローマ人のすべてに市民の義務として要求したということだった。少し前に、カエサルに全ローマ人が忠誠の誓いをなしていたわけだが——それは、彼が終身の独裁官職を受け入れることによって、最後の外包をかなぐり捨ててしまった後のことである——、これは、その誓いを越えるものであった。編纂されたローマの年代記のなかの、その当時流布されていた説明のなかから次のことが読み取れた。ロムルスが、国制に則った王から暴君に変質したため、元老院議員によって議場で殺されたこと、[250]さらにあのように堕落したために、タルクィニウス・スペルブスのもとで王政は最終的に打ち倒されたこと、そして当時のローマ国民が自分および子孫のために、もう決してローマにおいては王を許しはしないという神聖な誓いを行なったことなどが、それである。[251]

申し合わせの中心人物は、クィントゥス・カエピオ・ブルトゥスとその義兄弟のガイウス・カッシウス、デキムス・ブルトゥス、ガイウス・トレボニウスなどであった。前の二人は、当時法務官として、四一年には執政官に就任できる希望を持っており、デキムス・ブルトゥスは四二年の予定執政官であり、トレボニウスは四五年の執政官であったが、なんといっても全員がカエサルから最大の愛顧を受けていた政治家だった。(252)――今、申し合わせといったが、それは、関与者が、祖国愛を一つの誓いでもって強めることを断固として斥けたので、〝陰謀結託〟という風には言うことができないからである。(253)その他の関与者は、序列も低い者であり、たいして重要ではなかった。しかし、みな固く決心した人たちで、そのなかには一人の裏切り者もいなかった。首謀者たちと同じく、彼らも内乱における両陣営の出の人であった。企てを、ただカエサルの暗殺一本にしぼることによって、ことを厳密に共和政のための正当防衛行為にまで高めたのは、カエピオ・ブルトゥスの功績であった。その他の諸提案が却けられた後、三月一五日に取り決められている元老院の会議でことを決行することで意見は一致した。計画的な暴君暗殺は、そうすることによって、かつてロムルスに対して執行された裁きの繰り返しになるのであり、その後元老院が、ただちに統治を再び引き受けることになると期待してよかった。(254)

カエサルの平静さ

たとえ関与者の側から直接には何も漏れなかったとしても、カエサルが警告を受けていたことは確実である。古代の作家は、禍を告げる前兆に大きな意義を認めていたのであるが、そういった前兆はさておいても、(255)あのヒルティウスやパンサのような、数人の本当に献身的な支持者たちが彼に、スペインの大隊からの親衛隊によって再び身を護ることを勧めた。それでも、カエサルは次のような言い回しで拒絶した。「恒常的な護衛ほど不幸なものはない。それは永続する不安の印である」あるいは、「突如死ぬ方が、たえず死を待ち受けているよりもましだ」と。(256)

三月一四日夕方、彼は自分の独裁官副官《マギステル・エクイトゥム》=騎兵長官レピドゥスの客となった。そのとき、彼は前記と同じように、「もっとも快適な死は、突然の、そして予期しない死だ」と言った。(257)

このような姿勢から想定されるのは、カエサルが三月一八日に軍隊のところに向かって出発するつもりだったということである。異なった条件のもとで政治が繰り広げられる軍司令部では、古ローマ的なタイプの元老院議員たちとの苦々しい断絶などもう何の意味ももたず、不愉快なエピソードなど新しい事実によって克服することができるのであった。その一方、不安定な健康状態が、突然の最期についての心構えをさせていた。しばらく前から頻繁にめまいに襲われたと、古代の作家は幾分癲癇性の発作があることを語っている。(258)カエサルは、執政官職以来、休む間もない肉体的、精神的な緊張を強いられてきたのであるが、それが、彼の強靭な肉体にも痕跡をとどめずにはおかなかった。四四年の最善の貨幣像は、老残の一老人を示している。(259)ちょうど五一歳のフリードリヒ大王が〝老フリッツ〟となって七年戦争から戻ってきたのと同様であった。彼の頭は禿げていた。月桂樹の冠をいつどこでもかぶれる権利をとりわけ歓迎したのは、禿を隠すことができたからであったというのも、請け合ってよかろう。[260]

このようにして、突然の死が思いがけず襲ったというわけではなかろうし、[261]結局、前述の言葉は——思考の過程に密接な関係を有しているのだが——現在まで保たれているカエサルの文章のなかでわれわれが遭遇するものであり、また彼の決断に、ともかく明瞭に大きな影響を与えたものである。彼は自分では、ローマの宗教をまるで顧慮せず、ただ政治的な手段として利用したにすぎない。最後の月のいずれかの週に、犠牲獣の内臓をみて予言する人が彼に不幸を予言したとき、彼は答えた。

> 自分がそう望むのだから、よくなるであろう。一匹の羊に心臓がなくても、それは不思議な前兆とみる必要ない。ムンダの戦いの前にも、やはりそういうことが起こったのだ。[262]

カエサルは、彼の時代の多くの教養人のようには、いかなる哲学的教説に執着することもなかった。しかし、「幸運の女神《フォルトゥナ》」（テュケー）のもつ神秘的な働きは信じた。自分がその力のままになっていることを感じ、またあらゆる人間的行為がそれに従属するものであることを感じていたのである。そして、次のように言った。

> 幸運があらゆることのうちで最高のものだが、しかしとりわけ戦争において、そうなのである。重心を少し動かすことによって、それが事態の大きな急変を引き起こす。

彼はこのように、自分の著作のなかで再三心中を披瀝している。[263]さればこそ、ルビコン渡河にあたって、その唇をついて出た引用句が、「骰子は高く投げらるべし！」であった。しかし同時に、カエサルが自負していたのは、幸運にも恵まれているということであり、さらにその天からの賜りものを適切な時に把握することによって、幸運の女神の愛顧が得られるであろうと考えていた。しかし一方、それは決して気ままには試されるべきではないという見方であった。[264]

こういった信念は、当時の教養人の間には広く拡がっていた。それでもカエサルの場合には、明らかに多くのもっとも独自な生活体験に基づいた信念である。というのは、彼は事実、その一生において驚くべきほど多くの幸運を味わったからである。もっともそれは、彼の天才をなんら損なうものではなかったが——。つまり、スッラの恐怖時代をうまく逃れ、次の何年かは海賊に対して、そしてまた軍務で、繰り返し生命を賭けた。次いで、カティリナの騒擾においては生命が危機に曝されており、加えてそれに続く戦争の年々にあっては、彼およびその軍隊の運命は、しばしばきわどいところだった。ところが個々の危機が問題だっただけではなく、彼の政治上の位置は、最後の勝利までいつも非常に脅かされていたのである。ただ物量的な力しか量れない人では、カエサルの勝利を計算することは全くできなかった。そして、その軍事的・政治的才能を正しく評価できた人でさえも、それでもって反対派の優勢に打ち勝てるかどうかは、疑問に思ったに違いない。人智では、このような場合、決着は予見できない。敬虔な人間なら、歴史の流れのなかに神の御手を認めるであろう。それに対してカエサルは、運命とか偶然（フォルトゥナ、テュケーには両方の意味がある）について語るような型の人間であった。しかし、この信念と彼の性格によって、彼はあえて挑戦し、勝利を勝ち取り、そしてそのことが信念となって彼をまた強めたのである。

彼とともに同時代人もまた、彼を運命の寵児とみなした。「カエサルとその幸運」は、まさしく諺のようになった。たとえそれが天才の業績を小さくするものであっても、こういう解釈はやはり公的にもすでに歓迎されていたことが、四六年と四五年に彼に向けてなされたキケロの演説によって分かる[265]。というのは、これは、勝利者の支配に運命的なものという刻印を与えるものだったからである。運命的なものには人は従わねばならなかったし、すでにその表現の形は礼拝の対象として崇拝することのなかに見出されるのであった。赦しがたい共和政的な反対者に対しても、彼は自分の幸運を頼りにした。というのは、政治生活上、道徳的な呵責の全くなかった彼、そして一般的かつ道徳的な頽廃でよく知られた彼は、こう打ち明けねばならなかった。いかなる安全装置もすべて、暗殺の一撃に対しては何の助けにもなり得ない、と。それまで、幸運が彼を護ってくれた──われわれは二度の事例を知っている──とすれば、幸運をさらに頼みにし続けられる何らかの理由を彼は持っていなかっただろうか？

それに加えてカエサルは、反対派の政治的な洞察力を計算に入れていた。カエサルの死が帝国を予想できない混乱に陥れるに違いないことを、彼らは理解できるだろうというのであった[266]。しかしながら、彼自身が、共和政理念の生命力と名門貴族の自尊心のもつ生命力、つまりカトーの精神を過小評価していたように、反対派の側も、彼が帝国の組織構造に干渉したことによって引き起こされた深甚な変化を見誤っていた。一〇〇年来その不十分さの証明されてきた名門貴族支配は、一応、四九年に表面上終止符を打ったとき、もはやそこでは存続してゆくことができなかった。それでも、我慢しがたい隷属状態を耐え忍ばねばならないという感情は、このことを認めるのを抑えつけたのである。カエサルが彼らに和解を申し出ても、閥族派には全く通用しなかった。かつての国家の主人公は、支配者に仕える役人になどなりたくなかったのである。彼らに生気を与えた途方もない憎悪の念は、次の点からもっともよく推し量ることができよう。それは、キケロやブルトゥスのような道徳的に卓越した二人の人物が、何ら別の感情を交えることなく、カエサルの暗殺を、ただすこぶる立派な行為と解していたことである[267]。それにしても、問題となるのはその時代の最大の人物であり、その人物とこれら二人は活発な友情あふれる関係を持ち続けていたのである！

四四年三月一五日、暗殺

三月一五日朝、元老院はポンペイウス劇場の広間に集まった。カエサルは、ようやく一一時頃に到着した。彼は、この日気分があまりすぐれなかった。また彼の妻カルプルニアが、多くの予兆のため、出席を取り消すよう彼に激しく迫っていた。しかしデキムス・ブルトゥスが、カエサルに自分で直接出席するよう説き勧め、結局はそれに成功した。支配者［カエサル］が自分の座席に腰をおろしたのち、審理が始まるのに先立って、反対派の面々がじきじきに懇願したいことがあるとの口実のもと、彼を取り囲んだ。執政官のアントニウスは、トレボニウスによって付属の前室に留められた。解放の士たちが、今なさんとすることに確信をもつや否や、短刀が抜かれた。カエサルは、自分の上衣《トガ》のなかにその身を包んだまま、声もなく崩れ落ちた――二三箇所も突き刺されて。[268]

ここに出来《しゅったい》したのは、途方もないことだったので、事態が首謀者の期待したようには進展してゆかなかったとしても、怪しむに足らない。元老院がただちに統治権を引き受ける代わりに、茫然自失の恐怖感が全市に蔽いかぶさり、しばらくの間は政治的空白が生じた。だが、次いでそこから、カエサルの予言していた新しい一三年にわたる内乱が展開したのも、至極当然のことだった。四月七日、ガイウス・マティウスが状況について述べたことが、完全に的中した。面倒で錯綜したこの難局の解決の道は見出されないだろう、というのである。すなわち、カエサルのあのような天才をもってしても、出口を見つけられなかったのに、だれが今それを見出せるであろうか？[269]

転覆した寡頭政でも、まだブルトゥスやカッシウスのような指導者を使えたかぎりは、もう一度新しい軍事君主政に対する闘いが繰り広げられるに違いなかった。カエサルの悲劇的な最期は、ただこの必然性をもっとも明々白々たる光のなかに押し出したにすぎない。

破局のもつ悲劇性

ともかく、三月一五日の破局にもかかわらず、カエサルは勝利者の位置にとどまった。というのは、次の時代の政治は、全く彼の指し示した軌道の上を回転していくからであった。たとえその最初の後継者が、以前に味わった経験を考慮に入れても、また、より峻厳ではない支配の形態で満足しても、それでもローマ帝国は、カエサルの創造した基盤の上にあったのである。国民の投票［民会での選挙］を基礎に、その上に設立された寡頭政に代わって、軍事君主政が現われた。その権力の唯一の原動力は、常備軍に支えられた支配者の意志であった。この軍事君主政は、長らく「イタリアの静謐、属州の平和、帝国の安寧」を保持できた。[270] したがってそれは、内乱の恐ろしさから救済された諸民族によって、神の可視的な摂理として感謝され尊崇されたのである。

　もし政治の達人というレッテルのつけられる人物があるとするならば、カエサルこそそのような人物であるといえよう。全体的な政治的傾向を把握できた点でも、またそれを統御した点でも、カエサルは偉大であった。彼は、すばらしい達人の技量でもって、政治上の細かい仕事のメカニズムを統御できた。それは、決定的な力を獲得するという大目標を断念することなしに行なわれたのである。彼は、第一人者《プリンケプス》たるべき力を自分自身のなかに感じていた。ガッリアにおける行動は、そのような位階身分を確かなものにした。そして内乱は、彼にとっては、そのようなディグニタス［威信、ただし位階身分を内包する表現］の防衛であった。勝利ののち彼が何を目論んだかを示してくれるのが、その止むことのない統治者としての活動である。カエサルは、プログラムを公布しなかった。彼は、徹頭徹尾、実際家であった。どんな状況においても、課題を認知し、情熱的にその成就へと突き進んだのである。われわれの史料――彼自身の書いたものや同時代人の報告――は、彼が個々の場合どのように振る舞ったかを知らせてくれる。だがしかし、彼の内面の深奥の考えについては、決してはっきりと教示してくれない。終身の独裁官職が結局は彼の望みに適っていたということまでは十分言うことができよう。しかし、キケロの喋っている言葉を借りれば[271]、いつからその第一人者制《プリンキパトゥス》［元首政］をこのように形成する決意を下したかは、不確かなままである。というのは、彼にこの充溢した力を与えるという途方もない元老院決議が、どれだけ彼から霊感を与えられて行なわれたものだったか、その点が分からないからである。

　史料に伝えられてもいない行動、計画、動機まで彼に転嫁することのないように用心しなければならない[272]。それにもかかわらず、カエサルを考察する者がまともに調べてみれば、次のような印象を拭い去ることはできないであろう。並はずれて多彩な一連の行為が、結局は堂々とつながって〈一つの全体となって〉しまうということである。彼の企てのすべてが他の企てを支えていた。彼は、所定の時代に再び取り上げられないような糸は紡がなかった。彼が果たしえたすべてのなかに、貴族的な天衣無縫さが働いていた。彼は決して妥協しなかった。自分の栄誉を幾分たりとも傷つけることは決してなかった。彼が口に出したことは、自明の卓絶した色合いを帯びていた。重大な瞬間に自分の人間としてのすべてを投入して、より大きな効果をあげるために、日常の政争でのつまらないいさかいは慎んでいた。たとえどのような難しい位置におかれても、かつて彼を困惑させたことはなかった。いかに彼が、その一身に大政治家と将軍を結合させていたかは、比類のないものがあった。軍事分野でも、彼を政治家として特徴づけるのと同じ見事な特性があった。彼は、戦術家としても、また戦略をめぐらす人としても優れており、自分の軍隊のなかに導入した団体精神が、彼の政治活動を支える根本の支柱となった。というのは、結局ただひとり、彼の政治活動に役立ったのは、彼の用兵・戦略だったからである。

　その家族関係や才能は、カエサルをして民衆派政治家たらしめた。民衆派政治家として、スッラの寡頭政に対して和解しがたい執拗な闘争を展開したのである。それにもかかわらず、こうした彼の政治闘争は、結局スッラのそれのように独裁官職という形で幕を閉じた。このポストを、彼は自ら属州から獲得したのである。ことは、まさしく周囲の事情のなせるわざであった。しかし、今やスッラとは相反した形で独裁官の権力を使用したのは、彼の意志から出たことである。一〇年以上ローマを留守にして、全く共同体国家的な考え方の絆から解放されていたという限りにおいて、個人的な生活体験が決定的にこのことに影響を及ぼした。ガッリアの執政官代理＝総督職と、帝国［＝支配・統治圏］のその他の全属州に長く滞在したことから、君主政の形で支配された領土［帝国＝支配圏］国家のイメージが彼に生まれた。やっと緒についた支配者としての行動の真っ只中で、暗殺者の手が彼を強奪し去ったのである。ショックを受けたわれわれが目にするのは、このような破局の暗闇のなかに彼の輝かしい姿が沈んでゆくことである。ローマが生み出した最大の天才の生命の上になんという悲劇的なことが起こったのか、自分たちの国家《レス・プブリカ》の命を受けて行動していると信じていたローマ人によって消し去られて――！　彼のデーモン的な天才は、すべての点で、彼をあらゆる同時代人を越えて際立たせていた。精神と肉体の緊張によって、迅速な生活リズムによって、また因襲的な観念に妨げられることなく、いつも新しい可能性を発見する自由なまなざしによって、そしてまた困難を克服してもっとも大胆な計画を現実化できる最高のやり方によって、際立たせていたのである。このようにたしかに彼は、徹頭徹尾ローマ人であって、さまざまな事情によって要求されていた完成段階にまで、他ならぬ「ローマ国民の支配《インペリウム・ポプリ・ロマニ》」を彼の支配でもって上昇させようと欲したにすぎなかったのに、その守り神の羽ばたきが、彼を孤独の高みに持ち上げたのである。そこまでは、他のだれも彼についてゆくことができなかった。

青年のときから、閥族派の不十分さを衝く闘争において、カエサルは、ローマをかつて強大なものたらしめた古い伝統が、後継者のどのような堕落にもかかわらず、彼らの間にまだ生きていることを見誤らなかった。また内乱では、どれほど強靭な抵抗力が彼らに蔵されているかは、彼も十分に経験することになった。したがって、勝利後の宥和政策の狙いは誠実なものと思われた。その挫折が、破局の原因だったのである。この結末ほど人を感動させるものはない。というのは、圧制者《タイラント》として排斥された人が倒れたのは、この人物が、自分の信念に従って自分が実行に移した変革を、恐怖政治も展開せず、またその身の安全のための護衛も付けずに完成しようとあえて試みたにすぎなかったからである。(273) 閥族派の支持を求める彼の争いも空しかった。しかし、それはそうとしても、もちろんただ閥族派の人たちが、彼の大政治家としての活動や、とくに一人支配の必然性を理解できなかったということによるだけではない。カエサルと彼らとの間には、二〇年間もの激しい闘いが積み上げてきた恐ろしい憎悪の念があったからなのである。しかしそれは、実際はずっと過去に及んでいた。憎悪の念は、長らく革命によって揺り動かされていた社会、すなわち、そのなかではスッラの財産没収・追放の恐怖が相変わらず振動し続けている社会から浮かび出てきたものだったからである。一時的に回復された秩序の侵害者としてのカエサルは、その際そもそも最初から、犯罪者的な破壊者という世評を負わされていた。ところで、彼がその目論みを貫徹するにあたり、いかなる腐敗にも、いかなる暴力にも尻込みしなかったことに、だれが異論を唱えられようか。もちろん、自分の政敵を悪者に仕立て、彼らの抵抗は、力によってしか克服できない救いがたい頑迷さであると主張する手練手管の点では、彼は無比だった。しかし同時に、個人的な交際において人の心を捉える魅力は、不倶戴天の政敵ですら、それほどうまくは回避できないものであった。

時代に限定されたカトーの判断

政治的に種々様々な関係をもった同時代人の目には、カエサルの天才の輝きは、このように光彩陸離で多様な形をとって現われた。そして、その政敵には、和解の試みのことごとくを奸計とみなさせ、他方、真の友情関係を妨げるようなどこか不気味なものが、彼の本質にはあった。自分に限りない賛嘆の気持ちをもって仕えてくれる低い階層の子分を、カエサルはたしかに持っていた。また自分の古参兵を当てにすることもできたが、同身分の者のなかには盟友を獲得できなかった。自分たちの個人的で、しかも野心的な努力に対する後援者以上のものを読み取ることのできた同盟者を、全く持てなかったのである。

彼の政治上の仕事の必然性を確信して、その支配を喜んで支持しようとする人は一人もいなかった。ここで、われわれとしても、たしかに注意しなければならない点に到達した。それは、カエサルが、その初期段階において、また内乱までずっと、自分の政策を口と筆とで明らかにし、正当化する一方、自分の最後の諸計画については沈黙を守ったので、諸計画は、ただ行動から、また折りに触れて出した多少なりとも確認される表現からしか推論できないという点である。事態がかくなる上は、どうしても、彼には、「国家《レス・プブリカ》」の将来に関して心中どのように考えているかという問いに対して、一つの返答が要求されていた。ところでこの問いは、実のところ彼を窮地に追い込んだ。彼が満たせるとは思えなかったような、ある特定の期待感でもって設定されていたからである。彼は、パルティア戦争に赴くことにより、縺《もつ》れを一刀両断しようと思った。だがしかし、彼の目論みをあらわにするものは、すでにあまりにも沢山起こっていたのである。彼は、あまりにも高く昇りすぎていたので、あのように多様な反対の印［証拠］に対して、常に自制心を保つというわけにはいかなかった。新しい秩序を成熟させるまで待つという忍耐心が結局カエサルにはなかった、という印象まで人はやはり受けるのである。それにもかかわらず、きわめて宿命的なことに、カエサルは、死せるカトーに向かっての節度を越えたような攻撃でもって正道を外れてしまった。というのは、たとえそれが一人であろうと、この人物は理想主義的な動機からの政敵だったからである。それゆえに、この汚点のない姿に対する憎悪の筆戦は、カエサルについての判断――「国家《レス・プブリカ》」の名で、この汚れなき人物が彼についての判断を下していたのであるが――を強めるのみであった。

歴史というものは、以上のような判断を繰り返しはしないだろう。世界帝国ローマが、そのなかに統合された諸民族に幸福をもたらしたかどうかについて、世界史家は思いをめぐらすことも許されよう。しかし、ローマ人には、それは問題ではなかったのである。閥族派でさえ、ここで一度とられたローマの政治の方向には、なんら非難するものを見出せなかった。カエサルへの彼らの嫌悪感は、違った種類のものだったのである。カトー自身が、閥族派の旧套墨守というヒュドラの頭を斬り落とすという希望の持てない努力により疲労困憊していたにしても、寡頭政の時代は過ぎ去っているに違いなかったし、こうしたことを、あらゆる他の閥族派とともにカトーも把握できなかったのである。「王政《レグヌム》」は、あらゆる人に、ローマの国制の根本精神に対する最大の犯罪とみなされた。しかし、それが多くの人々の間ですでに政治的なスローガンにまで下落してしまう一方、僭主政［専制君主政、暴君政治］は、カトーのような、ストア主義の基礎工事の上に立つローマ精神にとっては、国家概念の否定を意味し、僭主＝専制君主は、完全なる非人間、つまり人間としての尊厳さを否定する動物を意味した。すでに六三年一二月五日［カティリナの陰謀事件をめぐるクライマックスの日］、カトーはカエサルがこうした特徴を持っているのを認め、それ以来、その点について他の人の目を開かせるよう倦むことなく努力し続けた。カトーがこのようにして政敵のアキレスの腱［英訳を採用。強者の致命的な弱点］にぶつかったことに対して、われわれが心を閉ざしていたならば、カエサルの破局のうちにある悲劇性にわれわれは完全には共感できないだろう。

プルタルコスはある挿話を伝えている。[274] カエサルは、六一年のスペインへの旅行の途中、ちっぽけなアルプスの寒村を通り過ぎる際、やはりここでも選挙戦や身分闘争があるのだろうか、と言った従者の戯れの問いに、即座に返答して、「私は、ローマ人の間で第二の人であるよりは、むしろここで第一位でありたい」と言った。そして同様にキケロも、支配欲のなかにカエサルの破滅の原因を見て取った。[275]「ローマ国民の軍隊でもって、彼はローマ国民自身を圧服し、それ自体自由であるばかりか、諸民族を支配するローマ市民団に、奴隷奉仕を強制した」と。

カエサルの大政治家としての業績は、このように、不十分な物差しでもって測られている。カエサルの名誉心がこのように高かったのも、世界帝国の支配者たり得る自分の実力を意識していたからである。カエサルが政治生活に入ったときに出くわした閥族派と民衆派という二方向のイデオロギーなど、決して信じなかったのである。彼は、生まれながらの、閥族派の反対者であった。他方、民衆扇動は、彼にとっては目的のための手段にすぎなかった。カエサルは、自分に畏敬の念を起こさせる人物には、権力への道では遭遇しなかった。カエサルは我欲と嫉妬を見たのみであり、やむことなき熾烈な闘いの生涯から、結局、あらゆる関係を政治的にしか評価できない人間侮蔑者になったのである。カエサルの見方からすれば、「国家《レス・プブリカ》」〔公共体としての国家〕は〝実体も、形もない、ただ名のみのもの〟であり、他の人たち〔閥族派の人たち〕にとってもなお何らかの価値ある存在とはとても考えられなかったのである。[276] このことは、カエサル暗殺者の責任を決して軽くするものではない。しかし、少なくとも、われわれに理解できるのは、そうなる運命だったということである。

注

原注略号（＊印は邦訳の存在するもの）

一　主要文献略号

Alföldi, Caesars Mon. = A. Alföldi, Studien über Caesars Monarchie, Lund 1953
Broughton, MRR. = T. Robert S. Broughton, The Magistrates of the Roman Republic, I (1951). II (1952)［III（1986)］
Ciaceri, Cicerone. = E. Ciaceri, Cicerone e i suoi Tempi, I^2 II^2 (1939)
Cichorius, Röm. Stud. = C. Cichorius, Römische Studien, Leipzig 1922［repr. 1961］
Drumann-Groebe = W. Drumann-P. Groebe, Geschichte Roms in seinem Übergange von der republikanischen zur monarchischen Verfassung, 2Aufl. 1899–1929［復刻版あり］
Ed. Meyer, Caesars Mon(archie). = Ed. Meyer, Caesars Monarchie und das Prinzipat des Pompeius, Stuttgart, 1922^3［ゲルツァーが利用したのは、第一版（一九一八年）か、第二版（一九一九年）。第三版（増補版）の復刻版は一九六三年に刊行］
Friedländer, Sittengesch. = L. Friedländer, Darstellungen aus der Sittengeschichte Roms, 4Bde. 10Aufl. 1920–22
Gelzer, Kl. Schr. = M. Gelzer, Kleine Schriften, I–III 1962–64［原著『カエサル』の刊行後］
Holmes, Rom. Rep. = T. R. Holmes, The Roman Republic and the Founder of the Empire, I–III 1923［repr. 1967］
Jullian, Hist de la Gaule = C. Jullian, Histoire de la Gaule, 1909–26
Kraft, Goldene Kranz. = K. Kraft, Der goldene Kranz Caesars und der Kampf um die des "Tyrannen", 1952/ 3［現在は Gesammelte Aufsatze III 所収］
Lange, Röm. Alt. = L. Lange, Römische Altertümer, I^3, II (3), III (2) 1876/ 79/ 76
Mommsen, R. G. = Th. Mommsen, Römische Geschichte, I–III 1854–56. V 1885 ＊(I–III)
Mommsen, R. Strafr. = Th. Mommsen, Römisches Strafrecht, 1899［repr. 1955］
Mommsen, R. St. R. = Th. Mommsen, Römisches Staatsrecht, I–III (3Aufl.) 1887–1888
Münzer, Röm. Adelsp. = F. Münzer, Römische Adelsparteien und Adelsfamilien, 1920［repr. 1963］
O. E. Schmidt. Briefwechsel = O. E. Schmidt, Der Briefwechsel des M. Tullius Cicero von seinem Prokonsulat in Cilicien bis zu Caesars Ermordung, Leipzig 1893［repr. 1987］
O. Hirschfeld, Kl. Schr. = O. Hirschfeld, Kleine Schriften, 1913
R. Syme, Rom. Rev. = R. Syme, The Roman Revolution, 1939
RE = Real Encyclopädie der classischen Altertumswissenschaft, 1893–1980
Strasburger, Caesars Eintr. = H. Strasburger, Caesars Eintritt in die Geschichite, 1938
Sydenham, CRR. = E. A. Sydenham, The Coinage of the Roman Republic, 1952
Taylor, Divinity. = L. R. Taylor, Divinity of the Roman Emperor, 1931
Vittinghoff, Röm. Kol. = F. Vittinghoff, Römische Kolonisation und Bürgerrechtspolitik unter Caesar und Augustus, Abh. Mainz (1951) 1952
Wissowa, Rel. u. Kult. d. Röm. = G. Wissowa, Religion und Kultus der Römer,

1912² [repr. 1971]

二 雑誌略号

Abh. Göttingen = Abhandlungen der Akademie der Wissenschaften in Göttingen
Abh. Leipzig = Abh. Sächs. = Abhandlungen (Berichte) der philologisch-historischen Klasse der Sächsischen Akademie der Wissenschaften
Abh. Mainz. = Abhandlungen der Akademie der Wissenschaften in Mainz, Geistes-und sozialwissenschafte Klasse
Abh. München. (Abh. Bayer.) = Abhandlungen der bayerischen Akademie der Wissennschaften, München
Abh. Preuß. Ak. (Abh. Berlin) = Abhandlungen der Preußischen Akademie der Wissenschaften zu Berlin
AJA(rch). = American Journal of Archeology
AJPh. = American Journal of Philology
Antike. = Die Antike, Zeitschrift für Kunst und Kultur des klassischen Altertums
Ath. = Athenaeum, Studi periodici di Litteratura e Storia dell'Antichità
ClPh. = Classical Philology
ClQu (CQ). = Classical Quarterly
DLZ. = Deutsche Literaturzeitung für Kritik der internationalen Wissenschaft Berlin
Gnomon = Gnomon. Kritische Zeitschrift für die gesamte klassische Altertumswissenschaft
Hermes = Hermes. Zeitschrift für klassische Philologie
HZ = Historische Zeitschrift
JRS. = The Journal of Roman Studies
MAAR (Mem. Am. Ac. Rom) = Memoirs of the American Academy in Rome
Mus. Helv. = Museum Helveticum. Revue suisse pour l'Étude de l'Antiquité classique
Neue Jahrb. = Neue Jahrbücher für Antike und deuschen Bildung
Proceed. of the Americ. Phililogic. Association → TAPhA. = Transactions and Proceedings of the American Philological Association
Rh. M. = Rheinisches Museum für philologie
Z. Sav. (ZRG) = Zeitschrift für Savigny-Stiftung für Rechtsgeschichte

三 碑文および法史料、史料断片集などの略号

Anthol. Gr. = Anthologia Lyrica Graeca, 1925

Bruns, FIR. = C. G. Bruns, Fontes Iuris Romani Antiqui, 1909
Carm. epigr. = Carmina Latina epigraphica
CIL. = Corpus Inscriptionum Latinarum
Cod. Iust. = Codex Iustiniani
Dessau, ILS. = Dessau, Inscriptiones Latinae Selectae
Dig. = Digesta Iustiniani
Dittenberger, Or. Gr. = Dittennberger, Orientis Graeci Inscripiones Selectae
Dittenberger, Syll. = Dittenberger, Sylloge Inscriptionum Graecarum, 3Aufl. 1915-24
FGH. = FgrH(ist).
FgrH(ist). = F. Jakoby, Die Fragmente der grichischen Historiker, 1923ff.
FHG. = C. Müller, Fragmenta Historicorum Graecarum, 1841-70
FIR. (A) = → Riccobono, F. I. R. A.
Frg. Poet. Lat. = Fragmenta Poetarum Latinarum
Gromatici. = Gromatici veteres (Lachmann), 1848 → Corpus Agrimensorum Romanorum, 1913 (1971)
HRF. = Historicorum Romanorum Fragmenta, 1888
HRR. = Historicorum Romanorum Reliquiae, 1904-06
IG. = Inscriptiones Graecae
IGRR. = Inscriptiones Graecae ad res Romanas perinentes, 1906-27
Inscr. It. = Inscriptiones Italiae, 1931/2-
MGH. = Monumenta Germaniae Historica, 1877-1919
Or. Gr. (OGIS) → Dittenberger, Or. Gr.

Riccobono, FIR. = S. Riccobono, Fontes Iuris Romani Antiiustiniani, I-III 1941
Römische Feldmesser = Die Schriften der römischen Feldmesser (Blume, Lachmann, Rudorff) → Grommatici
Rotondi = G. Rotondi, Leges publicae populi Romani, 1912
Syll. → Dittenberger, Syll.

四　文献史料略号

①人名および著書名を原著とは異なり、できるかぎりラテン語読みとする。本邦での一般的な表記・呼称に従い、実用を旨とするためである。したがって人名がフルネームでない場合もあり、ギリシア語とラテン語を併用、iとJの混用もある（ゲルツァーに従うが、例外もある）。
②人名の略号しかないものは、その作品があまりにもポピュラーか、あまりにも特殊な場合である。

Amm. Marc. = Ammianus Marcellinus, Rerum Gestarum Libri XXXI　アンミアヌス・マルケッリヌス『三一巻史（歴史）』
App. b. c. = Appianos, bella civila　アッピアノス『内乱記』
Celt. = Appianos, Celtica『ガッリア史（から）』
Hisp. = Appianos, Iberica『スペインでの戦争』
Ill. = Appianos, Illyrica『イッリュリア戦争』
Lib. = Appianos, Libyke『ポエニ戦争』
Mithr. = Appianos, Mithridatius『ミトラダテス戦争』
Asc(on). = Asconius　アスコニウス『キケロの演説の注解』
Corn. = Asconius, Cicero pro Cornelio de maiestate『キケロ、コルネリウス弁護』
Scaur. = Asconius, Cicero pro Scauro『キケロ、スカウルス弾劾』
Mil. = Cicero pro Milone『キケロ、ミロ弁護』
Pis. = Cicero in Pisonem『キケロ、ピソ弾劾』
tog. cand. = Asconius, in toga candida『官職立候補者のトガに対する弾劾』
Ps. Ascon. Cic. div. in Caes. = Ps. Asconius, In Q. Caecilium oratio quae divinatio dicitur『カエキリウス駁論の予備演説』
Asinius Pollio = Asinius Pollio (Tralles)『トラレッスのアシニウス・ポッリオ』碑文等略号の FgrHist. Nr. 193
Ath. = Athenaios, Deipnosophistai　アテナイオス『食卓の賢人たち（物知りたちの饗宴）』*
August. r. g. = res gestae divi Augusti『神君アウグストゥスの業績録』*
Augustin. civ. dei. = Augustinus, de civitate dei　アウグスティヌス『神国論』*
B. Afr. = Bellum Africanum『アフリカ戦記』
B. Alex. = Bellum Alexandrinum『アレクサンドリア戦記』
B. Hisp. = Bellum Hispaniense『ヒスパニア戦記』
Caes. b. c. = Caesar, de bello civili　カエサル『内乱記』*
Caes. b. G. = Caesar, de bello Gallico　カエサル『ガッリア戦記』*
Caes. frg. = Caesar, fragmenta　カエサル『断章』
Cass. Dio = Cassius Dio　カッシウス・ディオ『ローマ史』
Catull. = Catullus, carmina　カトゥッルス『詩集』*（一部）
Cens. = Censorinus, de die natali　ケンソリヌス『誕生日について』
Cic. = Cicero（以下、キケロの著作を分類して列記）

【A 演説】
Balb. = pro L. Balbo『バルブス弁護』*
Caec. = pro Caecina『カエキナ弁護』
Cael. = pro M. Caelio『カエリウス弁護』
Cat. = in Catilinam『カティリナ弾劾』*
Deiot. = pro rege Deiotaro『デヨタロス王弁護』*
dom. = de domo sua『家のために』
Flacc. = pro L. Valerio Flacco『フラックス弁護』*
Font. = pro Fonteio『フォンティウス弁護』
harus. resp. = de haurspicum responso『占者の返答について』
imp. Cn. Pomp. = de impero Cn. Pompeio (pro lege Manilio)『ポンペイウスの命令権について（マニリウス法論）』

leg. agr.＝de lege agraria (contra Rullum)『農地法について（ルッルス排撃論）』

Lig.＝pro Q. Ligario　リガリウス弁護＊

Marc.＝pro M. Marcello『マルケッルス感謝演説』＊

Mil.＝pro T. Annio Milone『ミロ弁護』＊

Mur.＝pro L. Murena『ムレナ弁護』＊

Phil.＝Philippica (in M. Antonium oratio)『フィリッピカ（アントニウス弾劾）』＊

Pis.＝in L. Pisonem『ピソ弾劾』＊

Planc.＝pro Cn. Plancio『プランキウス弁護』

p. red. ad Quir.＝oratio post reditum ad Quirites『帰国後ローマ市民に』

p. red. in sen.＝oratio post reditum in senatu『帰国後元老院にて』

prov. cons.＝de provinciis consularibus『執政官格属州について』

Rab. Perd.＝pro C. Rabirio perduellionis reo『ラビリウス弁護（大逆罪）』

Rab. Post.＝pro C. Rabirio Postumo『ラビリウス弁護』

Sest.＝pro P. Sestio『セスティウス弁護』＊

Sull.＝pro P. Sulla『スッラ弁護』

Vat.＝in P. Vatinium testem interrogatio『ウァティニウス弾劾』

Verr.＝in Verrem actio 1, 2『ウェッレス弾劾』＊

【B 哲学・修辞学作品】

Acad.＝Academicae quastiones『アカデミカ』

Brut.＝Brutus『ブルトゥス』

de nat. deor.＝de natura deorum『神々の本質（本性）について』＊

de orat.＝de oratore『弁論家論』＊

div.＝de divinatione『卜占論』＊

fat.＝de fato『運命論』＊

fin.＝de finibus『最高善と最高悪について（善と悪の究極について）』＊

inv.＝de inventione『発想論』＊

leg.＝de legibus『法律論』＊

off.＝de officiis『義務論』＊

or.＝orator『弁論家』

re. p.＝de re publica『国家論』＊

top.＝topica『トピカ』

Tusc.＝Tusculanae disputationes『トゥスクルム論叢（トゥスクルム荘対談集）』＊

【C 書簡】

Att.＝epistulae ad Atticum『アッティクス宛書簡』＊

ad Brut.＝epistulae ad Bruum『ブルトゥス宛書簡』＊

fam.＝epistulae ad familiares『友人宛書簡』＊

frg.＝Fragmenta epistularum　書簡断片（Purser）

Q. fr.＝epistulae ad Quintum fratrem『弟クィントゥス宛書簡』＊

Q. Cic. Comment. pet.＝Q. Cicero, Commentariolum petitionis (de Petitione Consulatus)　クィントゥス・キケロ『立候補論（執政官獲得論）』＊

Claud. Rut.＝Claudius Rutilicus Numantianus, De Redit sua　クラウディウス・ルティリウス『帰国について』

Corn. Nep. Att.＝Cornelius Nepos, De viris Illustribus　コルネリウス・ネポス『著名人士録』＊

de vir. ill. → v. ill.［本項目末尾］

Demosth.＝Demosthenes　デモステネス『第二オリュントス演説』＊

Dig.＝Digesta Iustiniani『ユスティニアヌスの学説彙集』

Dio Prus.＝Dion Chrysostomos　ディオン・クリュストモス『論説集』

Diod.＝Diodorus Siculus (Diodoros) Biblioteke　シケリアのディオドロス『歴史』

Dionys. Hal.＝Dionysios Harikarnasseus, Antiquitates Romanae　ハリカルナッソスのディオニュシオス『ローマ古事誌』

Dionys. Hal. de Thuc.＝Dionysios Halikarnassos, de Thucydide　ハリカルナッソスのディオニュシオス『トゥキュディデス』

Duris＝Duris (Samos) → 碑文等略語の FgrHist Nr. 76

Enn. Ann.＝Ennius, annales (annalium fragmenta)　エンニウス『年代記』

Enn. Scen.＝Ennius, scaenica (fragmenta scaenica)　エンニウス『劇詩』

Eurip. Phoen. = Euripides, Phoenissae　エウリピデス『フェニキアの女たち』＊
Eutrop. = Eutropius, Breviarium ab urbe condita　エウトロピウス『世界史（建国史）要約』＊（未完）
Fenestella = L. Fenestella, Annales　フェネステッラ『年代記』（碑文等略号のHRR（HRF）所収）
Flor. = Florus, Epitomae de Tito Livio Bellorum omnium annorum DCC Libri II　フロルス『歴史大要、ローマの戦争史　二巻・リウィウス建国史摘要』
Fronto, fer. Ais. = Fronto, de Fertis aliensibus　フロント『往復書簡、フロントからマルクス・アントニヌスに』（ハイネス版）
Frontin. = Frontinus, Strategemata　フロンティヌス『戦略論』
Gai. inst. = Gaius, Institutiones　ガイウス『法学提要』＊
Gell. N. A. = Gellius, Noctae Atticae　ゲッリウス『アッティカの夜』
Hekataios　→碑文等略号のFgrH. Nr. 264
Hieron. = Hieronymus, Chronica　ヒエロニュムス『年代記』
Hirt. b. Alex. → B. Alex.
Hirt. b. G. = Hirtius, de bello Gallico VIII　ヒルティウス『ガッリア戦記第八巻』＊
Hor. c. = Horatius, carmina　ホラティウス『歌章』＊
epist. = epistulae　『書簡』＊
Isid. Etym. = Isidorus, Etymologinae　イシドルス『語源論』
Iul. Obseq. → Obseq.
Iust. = Iustinus, Epitoma Historiarum Philippicarum Pompei Trogi　『ユスティヌスの抄録したポンペイウス・トログス』→ Pomp. Trog. ＊
Jordan. = Jordanes, De origine actionibusque Getarum　ヨルダネス『ゴート族史』
Joseph. ant. = Iosephos, Antiquitates Iudaicae　ヨセフォス『ユダヤ古誌』＊
b. Iud. = Iosephos, Bellum Iudaicum　『ユダヤ戦記』＊
c. Ap. = Iosephos, Contra Apionem　『アピオン駁論』＊
Kleitarch. = Kleitarchos　クレイタルコス→碑文等略号のFgrH. Nr. 137
K(C)rinagoras, Antholog. gr. = Anthologia graeca（現在はGow-Page, The Greek Anthology 所収）
Lactant. inst. = Lactantius, Divinae institutiones　ラクタンティウス『神聖秩序（神的教理）』
Liv. = Livius, Ab urbe condita　リウィウス『ローマ建国史』＊（一部）
frg. fragmenta　『断片』
Liv. per. = Livius, Ab urbe condita periochae　『大要』
Lucan. = Lucanus, Pharsalia　ルカヌス『ファルサリア』＊
Macrob. Sa. = Macrobius, Saturnalia　マクロビウス『サトゥルナリア』
Memnon = Memnon (von Herakleia)　メムノン→碑文等略号のFGrH. 434
Nik. Damas. = Nikolaos Damaskenos　ダマスコス（ダマスクス）のニコラオス→碑文等略号のFgrH. Nr. 90
Obseq. = (Iulius) Obsequens, Liber prodigiorum　（ユリウス）オブセクエンス『予兆の書（リウィウス摘要）』
Oros. = Orosius, Historiarum libri VII adversus Paganos　オロシウス『異教徒論駁のための七巻の歴史』
Ovid. fast. = Ovidius, Fasti　オウィディウス『祭暦』＊
Paus. = Pausanias, Graeciae Descriptio　パウサニアス『ギリシア案内記』＊（部分）
Petron. = Petronius, Satyricon　ペトロニウス『サテュリコン』＊
Philon, leg ad Cai. = Philon, legatio ad Gaius　フィロン『ガイウス向けの使節』
Phlegon = P. Aelius (von Trelles)　アエリウス→碑文等略号のFgrH. Nr. 257
Plaut, Cistell. = Plautus, Cistellaria　プラウトゥス『手箱』＊
Plin. n. h. = Plinius maior, Naturalis Historia　大プリニウス『博物死誌』＊
Plin. ep. = Plinius minor, epistolae　小プリニウス『書簡集』＊（一部）
Plut. = Plutarchos, Vitae Parallelae　プルタルコス『対比列伝（英雄伝）』＊
Ant. = Antonius　アントニウス　Brut. = Brutus　ブルトゥス　Caes. = Caesar　カエサル　Cat. min. = Cato minor　小カトー　Cic. = Cicero　キケロ

Crass. = Crassus クラッスス　Luc. = Lucullus ルクッルス　Mar. = Marius マリウス　Pomp. = Pompeius ポンペイウス　Sert. = Sertorius セルトリウス　Sull. = Sulla スッラ

Polyb. = Polybios, Historiae　ポリュビオス『歴史（世界史）』＊

Polyaen. = Polyaenus (Polyainos), Strategmata　ポリュアエノス『戦術論』

Pomp. Trog. = Pompeius Trogus, Historiarum Philippicarum XLIV　ポンペイウス・トログス『フィリッポス史四十四巻』→ Iustin. ＊

Porphr. = Porphyrios, Chronik　ポルフュリオス『年代記』→碑文等略号の FgrH. 260

Poseid. = Poseidonios　ポセイドニオス→碑文等略号の FgrH. 87

Ptol. Georg. = Ptolemaios, Geographiae　プトレマイオス『地理体系』

Quintil. = M. F. Quintilianus, Institutio oratoria　クィンティリアヌス『弁論家の教育』＊（一部）

Sall. ad Caes. = Sallustius, epistolae ad Caesarem senem　サッルスティウス『カエサルに寄せる』

Sall. Cat. = Sallustius, Bellum Catilinae (de Catilinae coniuratione)　サッルスティウス『カティリナ戦争（陰謀）』＊

Sall. Iug. = Sallustius, bellum Juguruthinum　サッルスティウス『ユグルタ戦記』

Schol. Bob. = Scolia Bobiensia　『キケロの演説のスコリア（注解）』

Cic. Clod. = Cicero, in Clodio　『クロディウス弾劾（注解）』

Cic. Planc. = Cicero, pro Plancio　『プランキウス弁護（注解）』

Cic. Sest. = Cicero, pro Sestio　『セスティウス弁護（注解）』

Cic. Vat. = Cicero, in Vatinium　『ヴァティニウス弾劾（注解）』

Schol. Gronnov. = Scolia Gronoviana pro Ligario　『リガリウス弁護（注解）』

Sen. contr. = Seneca, Controversiae　大セネカ『論争』

Sen. Suas. = Seneca, Suasiriae　大セネカ『説得』

Sen. dial. = Seneca, dialogi　セネカ『対話集』＊

Serv. Dan. Verg. ecl. = Servius (scholia Danielis), Vergilius eclogae　セルウィウス（ダニエルのスコリア）『ウェルギリウス、詩選（牧歌）注解』

Solin. = Solinus, Collectanea rerum memorabilium　ソリヌス『奇談集』

Strab. = Strabon, Geographia　ストラボン『世界地誌』＊

Suet. = Suetonius, De vita Caesarum　スエトニウス『ローマ皇帝伝』（カエサルたちの伝記）＊

Caes. = Divus Iulius　カエサル伝　Aug. = Dius Augutus　アウグストゥス伝　Claud. = Claudius　クラウディウス伝　Ner. = Nero　ネロ伝　Tib. = Tiberius　ティベリウス伝

Suet. gramm. et rhet. = Suetonius, de Grammaticis et Rhetoribus　スエトニウス『文法家伝と弁論家伝』＊

Symm. ep. = Symmachus, epitulae　シュンマクス『書簡集』

Tac. ann. = Tacitus, Annales　タキトゥス『年代記』＊

Tac. dial. = Tacitus, Dialogus de oratoribus　タキトゥス『弁論家に関する対話』＊

Tac. Germ. = Tacitus, Germania　タキトゥス『ゲルマニア』＊

Tac. hist. = Tacitus, Historiae　タキトゥス『同時代史』＊

Terent. Adelph. = Terentius, Adelphoe　テレンティウス『兄弟』＊

Terent. Phorm. = Terentius, Phormio　テレンティウス『ポルミオ』＊

Theophanes = Teophanes →碑文等略号の FgrH. Nr. 188

Theopompos = Theopompos →碑文等略号の FgrH. Nr. 21

Val. Max. = Valerius Maximus, Facta et dicta memorabilia　ウァレリウス・マクシムス『著名言行録』

Varr. r. r. = Varro, De re rustica　ウァッロ『農業論』

Vell. Pat. = Vellerius Paterculus, Historia Romana　ウェッレイウス・パテルクルス『ローマ史』＊

Verg. Aen. = Vergiliu, Aeneis　ウェルギリウス『アエネイス』＊

Vitruv. = Vitruvius, De Architectura　ウィトゥルウィウス『建築論』＊

(Aut.) v. ill. = de viri illustribus (Aurelius Victor), De vitis illustribus　伝アウレリウス・ヴィクトル『名士伝』

第1章　政治的背景

（1）カエサルの生まれた年は、Suet. Caes. 88. App. b. c. 2, 620によって確認できる。Vell. 2, 41, 2. Plut. Caes. 69, 1は不正確。生まれた日は、Cass. Dio. 47, 18, 6から推定可能。Macrob. Sat. 1, 12, 34とFasti Amit. CIL. I S. 244. Fasti Ant. CIL. I S. 248などは、七月一二日としているが、それは七月一三日に開催されるはずのアポロンの祭りのため、〈七月一三日に生まれたカエサル生誕に関する〉四二年の祝祭が一日だけ前にずらされたこと［国家的祝祭日（アッポロとして神格化されたカエサルの祝祭日）が重なってはならないため］によるのであった（Groebe, RE 10, 186）。Mommsen, R. G. III 16, 1［邦訳IV, 14f.］では、モムゼンは、生年を一〇二年としている。R. St. R. I 568, 2. 569, 2では、モムゼンはCic. Brut. 323. off. 2, 59. leg. agr. 2, 3. Phil. 5, 48を根拠に、スッラ以来執政官職に就くための最低年齢として、四三歳であることが求められたと推論したのである。しかし、一〇〇年生まれであるとすると、カエサルは五九年に四一歳で執政官になっている。それゆえ、Karl Nipperdey, Die leges annales, Leipzig 1865 (Abh. d. k. sächs. Ges. d. Wiss. 5), 57は、モムゼンの解釈は誤りだという意見を発表した。モムゼンの言う日付に賛意を表するのは、T. Rice Holmes, The Roman Republic, 1923, I 436-442. 今一つの解釈を、Lily Ross Taylor, Greece and Rome 4 (1957), 12. 17が、Helen E. Russel の未公刊の学位論文に基づいて提出している。つまりSuet. 2によれば、カエサルは八〇年には「市民冠《コロナ・キウイカ》」［オークの葉の冠。邦訳は樫の葉、柏の葉］で表彰された。ところが、Liv. 23, 23, 6によれば、カンナエの決戦のあと、元老院議員にされたのは「市民冠を得た人たち」であった。この事実から推測できるのは、スッラが元老院を新たに編成し直すにあたり、同じことを行なったこと、そこで官職への立候補の際の特権もそれに結びつけられていたことである。そういうわけでキケロは、Phil. 5, 52で次のように提案する。「ルキウス・エグナトゥレイウスは、法定の年齢よりも三年前に政務官に立候補し、その位につき、職務の遂行が許されるように」と。このことについては、Nipperdey, a. O. 53. なおカエサルの場合は特別だと考えられることに、この人が（a. O. 4）反駁しても、偶然耳に入ってくるキケロの前記の提議は、このような例外が決して異常なものではなかったことをまことに都合良く物語ってくれる。スッラの「官職年齢制限法」については、E. Gabba, Athenaeum 29 (1951), 263, 3をみよ。ところでE. Badian, JRS. 49 (1959), 88［= Studies in Greek and Roman History (1964), 140ff.］は、パトリキ貴族は、二年だけ早く財務官職に立候補できたという意見を出している［このようなゲルツァーの理解に対して英訳は、「パトリキ貴族が法務官職と執政官職に就く場合、平民よりも法廷年齢が二年だけ早かった」としている］。

（2）M. Gelzer, Die Nobilität der römischen Republik, 1912, 22ff. H. Strasburger, RE 17, 785. Ronard Syme, The Roman Revolution, 1939, 10ff. Lily Ross Taylor, Party Politics in the Age of Caesar, 1949, 3. 186.

（3）Sall. Iug. 86, 2-3. Plut. Mar. 9, 1. E. Gabba, Athenaeum 27 (1949), 181ff. は、ハンニバル戦争以来認められる発展にマリウスが終止符を打ったことを示したもの。軍事奉仕義務を持つ人のケンスス［財産評価］の基準を次第に下げることによって、召集を広い範囲に拡げることができた（Pol. 6, 19, 2）。しかし、マリウスはケンスス資格なるものを全く捨て去ったのである。

（4）Tac. ann. 4, 4, 2には「自発的に軍務を申し出る兵士」とある。Dig. 49, 16, 4. E. Gabba, Athenaeum 29 (1951), 180ff.

（5）現代の文献については、E. Gabba, a. O. 221ff. の指摘が、その内容も豊かである。

（6）Vgl. M. Rostovtzeff, The Social and Economic History of the Hellenistic World, 1941, II 817. 965ff. III 1524ff. 1567ff.

（7）H. Strasburger, RE 18, 783.

（8）法の断簡は、CIL. I^2 583. Bruns, Fontes Iuris Romani^7, Nr. 10. Riccobono, Fontes Iuris Romani anteiustiniani^2, Nr. 7. 提案者の名前は残っていないが、Cic. Verr. I 51とPs. Asc. zu II 1, 26から推論可能。G. Tibiletti, Athenaeum 31 (1953), 33ff. は、この推論に反対しているが、それを私

は採らない。Vgl. Gnomon 25 (1953), 319. Broughton, The Magistrates of the Roman Republic ［以下 MRR. と略す］, I 519 Anm. 4.

（9）彼の顕彰碑文は、CIL. I, 1, S. 199. Nr. 28 ［Inscr. It. 13, 3. p. 53. Nr. 75a］. 碑文の残りの部分は、一九二五年にアウグストゥスのフォルムで発見され、T. Robert S. Broughton (AJA. 52 (1948), 324ff.) が解明した。彼が、Münzer, Hermes 71 (1936), 226, 4 に反論を呈したところでは、カエサルの父親は財務官職の前に、土地分配・割当て・審理十人委員であり、この官職にあるものとして小シュルティスにあるケルキナ島［アフリカ、現チュニジア海岸の側にある］に植民市を設立しており、それは、マリウスの古参兵のためのアップレイウス・サトゥルニヌスの植民法によるもので、明らかに一〇三年のこと、あるいはむしろ一〇〇年のことであった。この人物がピサエで死んだとすれば、おそらく次のように推定することが許されよう。彼は八五年に執政官のキンナとカルボに委任されて、イタリアでスッラに対する兵士を召集し、金を取り立てて、穀物貯蔵を企てた副司令《レガトゥス》の一人であった (App. b. c. 1, 348. Liv. per. 83. Gelzer, Hermes 63 (1928), 136)。デロスの執政官代理の顕彰碑文については、Dessau, ILS. 7272. 彼の死については、Plin. n. h. 7, 181. Suet. Caes. 1, 1. Münzer, RE 10, 185 Nr. 130. セクストゥス・カエサルについては、a. O. 476 Nr. 151. 系譜は S. 184. Broughton, MRR. II 17 ［=19. Anm. 2］. 645 (I 575 の補遺にあたる).

（10）Suet. Caes. 6, 1. Münzer, RE 14, 1601 Nr. 113.

（11）Suet. Caes. 1, 2. 26, 1. 74, 2. Plut. Caes. 9, 3. Tac. dial. 28, 6. 三人の執政官の姻戚関係については、Münzer, Röm. Adelsparteien und Adelsfamilien (1920), 324-5. 系譜については、327. ガイウス・アウレリウス・コッタについては、Klebs, RE 2, 2482 Nr. 96. E. Badian, Historia 6 (1957), 322, 31.

（12）Vell. 2, 43, 1. App. b. c. 1, 342. Vell. 2, 22, 2. Val. Max. 9, 12, 5. Flor. 2, 9, 16.

（13）Suet. Caes. 1, 1. L. R. Taylor (ClPh. 36 (1941), 115f.) は、カエサルがその当時この職に就任しなかったことを証明した。というのは、Tac. ann. 3, 58, 2 および Cass. Dio. 54, 36, 1 によれば、メルラは前一〇年まで全く〈ユッピテル祭司の〉後任を持たなかったとされるからである。

（14）App. b. c. 1, 357.

（15）Cic. Phil. 1, 34. 2, 108. Brut. 227. Sall. hist. 1, 64. Vell. 2, 23, 2. Val. Max. 6, 9, 6. Tac. ann. 1, 1, 1. Plut. Caes. 1, 1. Sull. 22, 1.

（16）Cic. Phil. 8, 7. Vell. 2, 20, 2. App. b. c. 1, 287. Cass. Dio. frg. 102, 8. スルピキウスについては Münzer, RE 4A, 847. キンナについては RE 4, 1283.

（17）Sall. hist. 1, 35. L. R. Taylor, Greece and Rome, 4 (1957), 12 では、カエサルは、将来の神官職のことを顧慮して控え目だったと推定されている。

（18）Münzer, RE 14, 1813.

（19）Plut. Sull. 33, 4. Pomp. 9, 2. Vell. 2, 41, 2 は、マルクス・プピウス・ピソも、離婚の命令に従った一人であると述べている。

（20）Suet. Caes. 1, 2. Plut. Caes. 1, 1. なお Plut. Caes. 1, 3 によれば、カエサルは聖職に立候補したことになっているが、それは間違いである。H. Strasburger, Caesars Eintritt in die Geschichte, 1938, 80. L. R. Taylor, ClPh. 36, 116

（21）Suet. Caes. 1, 2-3. 74, 1. Plut. Caes. 1, 1-7. Schol. Gronov. zu Cic. Lig. 12. 親戚関係については Münzer, Röm. Adelsp. 313. Strasburger, Caesars Eintr. 82. 88.

（22）Wissowa, Rel. u. Kult. d. Röm. 505.

（23）Suet. Caes. 1, 1. 6, 1. Plut. Caes. 5, 7. ユリアの生年としては、通常は八三年が採用されている。Münzer, RE 10, 894. しかし、彼女がようやく五九年に婚約したこと (Suet. Caes. 21. Plut. Caes. 14, 7. Pomp. 47, 10. App. b. c. 2, 50) からすれば、生まれた年はもっと後であると考えられる。このような高貴な生まれの娘が、二四歳になって結婚するというのは尋常でなかったからである。Münzer, Röm. Adelsp. 106.

（24）Suet. Caes. 2. ニコメデス四世フィロパトルについては、Geyer, RE 17, 497 Nr. 6. Rostovtzeff, Soc. and ec. Hist. Hell. World, II 827. III 1529

Anm. 104. 宮廷生活へのカエサルのかかわりは、絶えず繰り返される猥雑な風刺のための素材を提供した（Suet. Caes. 22, 2. 49, 1-3)。四六年の凱旋式における兵士の卑猥な歌のなかでも、そういったものが繰り返されている（Suet. Caes. 49, 4)。そのときカエサルは、このことに対して断固として抗議し、誓いをたてて、そのようなことは決して本当でない、と断言している（Cass. Dio. 43, 20, 4)。

（25）Suet. Caes. 2.「市民冠《コロナ・キウィカ》」とは、この栄誉を受けた者が、将来にわたってずっとあらゆる祝祭の際につけることのできた「オークの葉の冠」であった。この高い勲功章の栄誉を受けた者が公の催しに現われるときには、いつも、その場に居合わせた観客はすべて——元老院議員を含めて——座席から起立した。この人物は、元老院議員のすぐそばに着席できた。また彼自身、およびその父、祖父は、共同体の義務を免除された。「市民冠《コロナ・キウィカ》」は、戦闘で戦友の命を救った人だけに与えられるものである（Pol. 6, 39, 6. Plin. n. h. 16, 11-14)。ティベリウス帝時代の有名な法律家マスリウス・サビヌス（W. Kunkel, Herkunft und soziale Stellung der römischen Juristen, 1952, 119）は、これを次のように定義づけている（Gell. N. A. 5, 6, 13)。「市民を救った人物が、同時にまた敵を殺し、その戦いで自分の部署を護り抜いた場合、そのときにキウィカ・コロナ（市民冠）が与えられる習いであった」と。Fiebiger, RE 4, 1634.「義務の免除」についてはMommsen, RStR. III 224. カエサルは、後に元老院身分や騎士身分出身の、将校あるいは将校になるのを期待している者の軍事的な適格性について、意地悪く、皮肉たっぷり意見を述べている（B. G. I, 39, 2-5)。したがって、それだけにますます注意しなければならないのは、カエサルがいかに真面目に軍務を考えたかということであり、また、ただちに兵士としての特別な才能と勇敢さで頭角をあらわしたことである。上記の注1が、すでに次のような推測の可能性を示してくれた。つまり元老院議員の子息の場合、官僚コースで人に優ることも、やはり高い軍事的な勲功と結びついている、ということである。やはりミヌキウス・テルムスがスッラ派の人物だったという点（Münzer, RE 15, 1966 Nr. 64）を見逃してはならない。このことは、スッラによるカエサルの恩赦をどのように理解すべきかを示すものであろう。

（26）Suet. Caes. 3.

（27）Suet. Caes. 3.

（28）Suet. gramm. et rhet. 7.

（29）Suet. Caes. 4, 1. 55, 1. Plut. Caes. 4, 1. Münzer, RE 4, 1297 Nr. 134. Caes. frg. ed. Kübler, 1897, S. 135.

（30）Val. Max. 8, 9, 3 は誤ってルキウス・コッタとしている。Ps. Ascon. zu Cic. div. in Caec. 24 ではホルテンティウス。Cic. Brut. 317 によれば、キケロは傍聴人として列席していた。

（31）Cic. Brut. 261. Vell. 2, 43, 3. Tac. dial. 34, 7. Plut. Caes. 3, 2.

（32）Plut. Caes. 4, 2-4. Asc. zu Cic. tog. cand. frg. 2 (Schoel). Q. Cic. Comment. pet. 7［現行諸刊本は8］. ガイウス・アントニウス（Klebs, RE 1, 2757 Nr. 19）は、のちに六三年にキケロの同僚執政官となる。彼は、七〇年に監察官《ケンソル》によって元老院から追放されたが、六八年の護民官に選ばれたため、再び元老院に復帰できた（Dessau, ILS. 38, 1)。護民官職の日付については、L. R. Taylor, ClPh. 36, 121, 32. Broughton, MRR. II 141, 8. プルタルコスの述べている七六年の法務官マルクス・ルクッルスは、アスコニウスによれば外人係法務官であった。もしそうであるならば、市民関係の訴訟［民事訴訟］が取り扱われたことであろう。あるいは、ルクッルスは（例外的に）不当利得返還法廷係法務官として職務を遂行したことであろう。プルタルコスの記事には誤りが含まれている。

（33）Suet. Caes. 4, 1. Plut. Caes. 3, 1（順序は時代的に誤り。Strasburger, Caesars Eintr. 9)。アポッロニオスについてはBrzoska, RE 2, 141, Nr. 85. キケロは、彼のもとですでにローマで教授を受け（Brut. 312)、七八年頃に再びロドスで教えを受けている（Brut. 316)。［アポッロニオス・モロン父子については、ゲルツァー『キケロ』第1章をみよ］

（34）Cic. Flacc. 27を参照。

（35）Suet. Caes. 4, 1-2. 74, 1. Plut. Caes. 1, 8–2, 7. Vell. 2, 42, 1-3. Val.

Max. 6, 9, 15. Polyaen. strat. 8, 23, 1. 冒険は、伝記をさまざまに飾り立てるための元になっている。ユンクスについては Münzer, RE 10, 954 Nr. 4.

(36) Suet. Caes. 4, 2.

(37) Vell. 2, 42, 2-3 に「私人であるのに［その資格もないのに］、勝手に、急遽、艦隊を集めて、その場所に立ち向かい……」とある。

(38) Cic. re p. 2, 46 は、ローマの第一代目の執政官、ルキウス・ブルトゥスについて言う。「彼は、次のことを言明したわが国（キウィタス）最初の人物であった。市民の自由を守らねばならないときには、いかなる人といえども私人ではない」と。かくしてアウグストゥスは『業績録』を次の言葉ではじめる。「一九歳のとき、私の独自の判断で、そしてまた私自身の費用でもって、私は軍隊を集め、それによって私は、党派《ファクティオ》の専制によっておしつぶされていた国家《レス・プブリカ》を自由なものにした」と。

(39) Vell. 2, 31, 2. Klebs. RE 1, 2594 Nr. 29. Broughton, MRR. II 101. この人は、ガイウス・アントニウスの兄で、後の三頭政治家（マルクス・アントニウス）の父親である。

(40) Dittenberger, Syll. 748, 22. Broughton, MRR. II 113. L. R. Taylor, Greece and Rome 4, 13. 素性のよく分からないカティリナ派の人物（Sall. Cat. 27, 1）の他には、ガイウス・ユリウスという名前は知られていないから、これはカエサルであろう。通常は元老院議員しか副司令《レガトゥス》にはなれない。とすれば、カエサルの場合の「市民冠《コロナ・キウィカ》」が、例外を可能にしたのであろうか？ Corn. Nep. Att. 6, 4 からわれわれに読み取れるのは、クイントゥス・キケロ［キケロの弟］が、六一年、その義兄アッティクス［クイントゥスはアッティクスの妹を娶る］、すなわち騎士にすぎなかった人物に副司令《レガトゥス》のポストを提供しようと思ったことである。しかし、ギリシア語で記された民会議決のなかにこういう風に示されていても、それが正しいかどうかは問題であろう。いずれにせよ、カエサルがこのポストを引き受けたことが、あとでローマにおいて承認されたというのも、推定としては許されるように思われる。

(41) Vell. 43, 1-2 は、Strasburger, Caesars Eintr. 84 によれば、資料としては優れたものである。この航海がうまくいったとすれば、四九年にカエサルが冒険を繰り返そうと考えたのも、理解できることであろう（本書一九〇頁参照）。

(42) 選出《コオプタティオ》［団体・同僚の欠員を補充するための選挙］の評価付けは、L. R. Taylor, ClPh. 36, 117-120 による。神祇官団《ポンティフィケス》の名を数え立てると（Macrob. Sat. 3, 13, 11）、マルクス・アエミリウス・レピドゥスの名が挙げられる。だが、L. R. Taylor（AJPh. 63 (1942), 342）が、キケロの har. resp. 12 のリストと比較して鋭くも認めたように、マルクス・アエミリウスはようやく六三年の後、この神官職の同僚の一員となったのである。したがって、M.（マルクス）は Mam.（マメルクス）に訂正すべきであろう。Val. Max. 7, 7, 6 によれば、マメルクスは、七〇年に「元老院の筆頭《プリンケプス・セナトゥス》」になったのであろう（a. O. 393, 22. Münzer, Röm. Adelsp. 312-313）。Broughton, MRR. II, 114 は、L. R. Taylor に賛意を表している。それに加えて、セルウィリア［マルクス・ブルトゥスの母］(Münzer, RE 2A, 1817 Nr. 101）が、その従兄弟カトゥルス（RE 2A, 1817 Nr. 98）を、カエサルのために手に入れたのであろうと、テイラー女史は推定する（a. O. 403, 59）。Plut. Caes. 7, 2 を参照すること。

第2章　政治世界への登場と栄達

(1) P. Willems, Le sénat de la république romaine (1878), I 405.

(2) Suet. Caes. 5. Sall. hist. 3, 48 におけるリキニウス・マケルの演説については、Sall. Haas 版（1953）S. 135 の私［ゲルツァー］の解説をみよ。Strasburger, Caesars Eintr. 93.

(3) Suet. Caes. 5. Plut. Caes. 5, 1. Mommsen, RStR. II^{3} 576. Strasburger, Caesars Eintr. 85. はっきりした根拠もなしに Broughton, MRR. II 125 は、このポストを七一年とする。［Taylor, ClPh. 36 (1941), 121, 32］

(4) Caes. b. G. 1, 40, 5 には、「またつい先ほど、イタリアで奴隷が叛乱を起こしたとき、その実力のほどが試された。奴隷といってもわれわれから受けた訓練と軍紀で強くなっていたのだが。確固不動の決意が、いかに大きな効果をもたらすかはこのことからも分かるだろう。実のところ、ローマ人は、かなり長い間、武器を持たない者を理由もなく恐れていたのだが、後になれば、武器も持ち、勝ち誇っているこの連中をも征服したのである」とある。

（5）Gell. N. A. 5, 13, 6. Caes. frg. (Kübler) S. 139. 断片は H. Dahlmann, Hermes 73 (1938), 341ff. によって、このように解明されている。

（6）Suet. Caes. 5. Gell. N. A. 13, 3, 5. Caes. frg. (Kübler) S. 136, Cass. Dio 44, 47, 4. 私［ゲルツァー］の論文 Das erste Konsulat des Pompeius, Abh. Preuß. (Berlin) 1943, 1, 8, 3［=Kl. Schr. II 146ff.］では、民会議決を七二年とした［Gelzer, Pompeius も初版は然り。第二版で修正］。しかし、本書を書くまでの間に出た L. R. Taylor, ClPh 36, 121, 32 と Broughton, MRR. II 128 の、七〇年とする見方は、私を納得させるものがあった。それは、この年に、メッテルス・ピウスとポンペイウスの古参兵のための植民法も票決されたからであり、たとえ金が足りなかったためその実行を延期せねばならなかったにせよ、このことが、私には決定的だと思える（Cass. Dio 38, 5, 1）。これは六〇年に護民官ルキウス・フラウィウスが再び取り上げなければならなかった問題だが、このことはキケロが Att. 1, 18, 6 で次のように述べている。「だが、農地法は、フラウィウスによって公示されたが、内容も全く空疎なものであり、しかもプロティウスが為したのとほとんど同じだった」と。

（7）Plut. Caes. 4, 5-6. 5, 8. Suet. Caes. 46. 47. 50, 1-2. プルタルコスの述べるところは、Strasburger, Caesars Eintr. 45ff.（とくに 50-52. さらに 89. 135）が、キケロの発言を検討して得たことによって裏書きされよう。シュトラスブルガーの見解（S. 46）は、次のようなものである。Suet. Caes. 49, 3 の伝える事件では、カエサルは元老院でニコメデス四世の娘ニュサのことを取り持ち、一方キケロは、この王に対するカエサルの関係について、侮辱的な風刺の言で答えたことになっているが、それはすでに七〇年代のことである、というのである。しかしカエサルは、当時まだ元老院議員ではなかった。したがって、むしろ Münzer. RE 17, 1630 Nr. 7 の言うように、カエサルが六〇年に予定執政官として小アジアの諸属州の新秩序樹立のために発言したことであろう、という風に考えるべきである。キケロがこのように他の話の間に挙げたこの声は、もちろん全くありそうにもないことである。シュトラスブルガーは、それを、ティロ［マルクス・トゥッリウス・ティロ。キケロの解放奴隷で秘書］が蒐集したキケロの『イキオ』（洒落の詩）(Macrob. Sat. 2, 1, 12) に遡及させている。たしかにそのなかには、数多くの〝出し遅れの警句［後知恵］〟が存在する。

（8）この年であることは、L. R. Taylor, ClPh. 36, 124 が証明した。Broughton, MRR. II 132 も彼女の見解に従う。

（9）Suet. Caes. 6, 1. Plut. Caes. 5, 2-5.

（10）Suet. Caes. 7, 1. Plut. Caes. 5, 6. Vell. 2, 43, 3. Bell. Hisp. 42, 1. Suet. と Cass. Dio 37, 52, 2 によってここに置き換えられた挿話は、Strasburger, Caesars Eintr. 95 とともに、日時的に誤りと見たい。

（11）Ascon. zu Cic. Pis. frg. 9. Gelzer, Vom röm. Staat (1943), II 70［Gelzer, Cn. Pompeius Strabo und der Aufstieg seines Sohnes Magnus, Abh. d. Preuß. Akad. d. Wiss. (1941) 13=Kl. Schr. II 116f.］

（12）Suet. Caes. 8. 軍団は、六八年の執政官、クィントゥス・マルキウス・レクスの軍団であった（Cass. Dio. 36, 2, 2. 15, 1. 17, 2. Dessau, ILS. 868）。Münzer, RE 14, 1584 と異なるのは Gelzer, RE 13, 400. なお L. R. Taylor, a. O. 123, 39. Broughton, MRR. II 137 も参照。

（13）Suet. Caes. 6, 2. Plut. Caes. 5, 7. 彼女はグナエウス・ポンペイウス・マグヌスの家とは姻戚関係にはなかった（Strasburger, Caesars Eintr. 135）。

（14）Plut. Pomp. 25, 8. Strasburger, a. O. 101. 海賊掃討戦争については Gelzer, Pompeius (2Aufl.) (1959) 71ff.［邦訳『ポンペイウス』五二頁以下］をみよ。

（15）Plut. Caes. 5, 9. Mommsen, RStR. II^3 669 は、このことに関する証拠を挙げていない。Dessau, ILS. 5800 および Broughton, MRR. II 141, 8 を参照。

（16）Gelzer, RE 13, 404［L. Licinius Lucullus］.

(17) Cass. Dio 36, 43, 2-3. Gelzer, Pompeius (2Aufl.), 80［邦訳六一頁］. キケロについては Gelzer, RE. 7A, 855 をみよ。

(18) Gelzer, Pompeius (2Aufl.), 112ff.［邦訳九二頁以下］参照。

(19) ロドス演説におけるカトーについては、Gell. N. A. 6, 3, 37. Vell. 2, 27, 1 をみよ。

(20) Pol. 18, 35, 2. 31, 25, 3. 6, 57, 6. Gelzer, Gnomon 29 (1957), 407［Walbank, A Commentary on Polybius I の書評］参照。

(21) Oros. 5, 18, 27. App. Mithr. 84. b. c. 1, 234. Liv. per. 74. Val. Max. 9, 7, 4.

(22) Memnon (FGrH. 434) 22, 9. Plut. Sull. 24, 7 は、それどころか一五万と述べている。Cic. imp. Cn. Pomp. 7, 19. Flacc. 60. 61.

(23) Ascon. zu Cic. tog. cand. frg. 17 (Schoell).

(24) App. b. c. 1, 442. Flor. 2, 9. 25.

(25) App. b. c. 1, 489.

(26) Cic. Cat. 2, 19. 20. Sall. Cat. 16, 4. 20, 14. 39, 4. キケロはそのすばらしい対話編『弁論家について』(de oratore) の序論 (1, 1) ですこぶる立派に述べている。自分は、「国家《レス・プブリカ》が繁栄の頂点にあるときに」(彼は一三三年以前の時代を考えている) 生きるのをいかに望んだことだろうか、と。元老院議員として、「公務にあっては危険に遭遇することなく、あるいは閑暇にあっては威信《ディグニタス》を保つことの可能なコースの生涯をたどることができた」というのをいかに望んだか。その代わり「青年期のはじめに、他ならぬ古い体制が崩れてしまった時代に私は丁度ぶつかったのである。それから、私の執政官職の時［六三年］には、私は全面的な政争と危機の真っ只中に投げ込まれた。そして、執政官職を辞して以降の全時期を（キケロは五五年に書いている）私は、他ならぬ私の上に潮のように襲いかかる大波を食い止めるのに費やし、私は国家を破滅から救ったのである」(3) とする。七〇年から六三年までの時代の性格付けは、Sall. Cat. 38, 1-39, 4 をみよ。

(27) Mommsen, RStR. II 476. 492. 499. 505. 507.

(28) Habel, RE Suppl. 5, 619

(29) Wissowa, Rel. u. Kult. d. Röm. 318.

(30) Cic. Verr. I 31.

(31) Plut. Crass. 8, 2.

(32) Suet. Caes. 10, 1. Plut. Caes. 5, 9. Cass. Dio 37, 8. Plin. n. h. 33, 53. Schneider, RE Suppl. 3, 763.

(33) Suet. Caes. 11. Plut. Caes. 6. Vell. 2, 43, 3［4?］.

(34) この年に、六七年の護民官ガイウス・コルネリウスの大逆罪の訴訟が行なわれたが、彼はキケロに弁護された。キケロの演説は、われわれにはただアスコニウスの注解を通してしか分からない。告訴は、同じ閥族派仲間によって行なわれたものである。しかし、コルネリウスは、圧倒的多数で無罪となった。錯綜した諸関係を明らかにしようとしたのが、私［ゲルツァー］の RE 7A, 860-862 である。

(35) R. Syme, Rom. Rev. 68-70. ローマの〃上流社会〃のなかでは、すべての人がお互いに知り合っていた。ちょうどこの時代のものとしてはなかなか貴重な説明がある。それは、神祇官長《ポンティフェクス・マクシムス》クイントゥス・メテッルス・ピウスにより新たにそのポストにつけられた「マルスの祭司」(フラメン・マルティアリス) のために開催された祝祭の饗宴についての説明である。残念ながら、列席した神祇官《ポンティフィケス》たちのリストが、写本では不完全なままでしか残っていない。しかし、カエサルがカトゥルスとともに、これに加わっていたことを知ることができる。また、メテッルスもこの閥族派に属していたのである (Macrob. Sat. 3, 13, 10-12)。リストは L. R. Taylor によって補われた (AJPh. 63 (1942), 400ff. と Proc. of the Ameri. Philol. Assoc. 73 (1942), 13, 25. 15, 31)。H. Strasburger の出した意見 (HZ 175 (1953), 133)、すなわち名門貴族《ノビリタス》の領袖とカエサルの敵対関係は、スッラに対する怒り、あの決して克服されそうにない怒りに基づくのである、とするのは正しくないと思う。それならば、カエサルはおそらくスッラの孫娘と結婚しなかったであろうからである。

(36) Sall. Cat. 18, 5. Cic. Cat. 1, 15. Mur. 81. Cass. Dio. 36, 44, 3-5.

(37) Cic. Sull. 11-13. 81.

（38）Suet. Caes. 9, 1–3.

（39）このような決定的な洞察は、Strasburger, Caesars Eintr. 108 にある。散逸したキケロの作品の章句は Ascon. zu Cic. tog. cand. frg. 1 (Schoell). HRF. S. 209 frg. 2. 日付は Cic. Att. 2, 6, 2. 14, 17, 6. Cass. Dio 39, 10, 3. Plut. Crass. 13, 4. Gelzer, RE 7A, 909. 本書『カエサル』の以前の各版および RE. 2A, 1696–1697. 13, 309. 7A, 859 において、カエサルが関与したと私は考えていた。アスコニウスを正当には評価しなかったからである。キケロのアクシウス（Krebs, RE 2, 2633 Nr. 4）に宛てた手紙の文章を Suet. Caes. 9, 2 が伝えているが、これもこの時代のものといえよう。「カエサルは執政官在任中に、按察官《アエディリス》時代に考えていた権力支配（王政）を確立したのだ」と。王政《レグヌム》、王《レクス》という表現は、ギリシア語の僭主政《テュラニス》のように使用され、グラックス時代以降、人を誹謗するときの常套句として流行っていた。したがって、キケロ自身が、カティリナ派を処刑したため、そういう風に呼ばれたのである（Sull. 21. 22. 48）。Plut. Caes. 6, 3 から分かるのは、カエサルがマリウスの記念碑を建て直したから、閥族派は、カエサルを「僭主政を行なう」という風に呼んだのであろうということである。キケロの手紙の章句も、これに関連するものだろう（Strasburger, Caesars Eintr. 108）。Suet. Caes. 9, 2–3 の言う証人タヌシウス・ゲミヌスとアクトリウス・ナソについては、Strasburger, Caesars Eintr. 26. 34. 108 をみよ。

（40）Sall. Cat. 19, 1. Ascon. zu Cic. tog. cand. frg. 1. なお Suet. Caes. 9, 3. Plut. Crass. 34, 2 を参照。

（41）Plut. Crass. 2, 4–7. Gelzer, RE 13, 299.

（42）Cic. off. 1, 25 には、「国家で第一人者《プリンケプス》たらんとする者」とある。このプリンケプスという概念は、うまく訳せそうにない（Wickert, RE 22, 2037）。ヴィッケルトは、「プリンケプスとは、世論がそういうもの（プリンケプス）と認めている者、ただその人なのである」と言う。クラッススについては a. O. 2024 Nr. 56 をみよ。クラッススの発言についての違った捉え方は Gelzer, RE 13, 300.

（43）Cass. Dio 37, 9, 3–4. Plut. Crass. 13, 1–2. 王の遺書については App. b. c. 1, 476–477 をみよ。Porphyrios Chronik, FgrHist. 260 F 2, 11. エジプト併合に反対してキケロは、演説『アレクサンドリアの王について』を行なった（ここにいう王とは、八〇年以降統治しているプトレマイオス十二世［ゲルツァーは十三世］ネオス・ディオニュソス、すなわちアウロスを吹くもの「アウレテス」というあだ名を持った王と考えられる。アウロスとは古代の有名な吹奏楽器であり、古典文献学者や考古学者は相変わらずフルートと訳しているが、現代のオーボエのように鳴るものである）。キケロの演説は Schol. Bob. からしか分からない。Schoell, S. 457 では、断片は五六年となっているが、正しくない。キケロは、六三年に回顧して、この問題に言及している（leg. agr. 1, 1. 2, 41–44. Gelzer, RE 7A, 862）。H. Volkmann, Kleopatra (1953), 34.

（44）Suet. Caes. 11. Strasburger, Caesars Eintr. 113 が、別のことと一緒に注意しているように、スエトニウスは五九年と五七年の出来事までも、この説明のなかで述べている。

（45）T. Rice Holmes, The Rom. Rep. (1923) I 227 もまた、このように見る。Strasburger, Caesars Eintr. 114 は、これほどまでに高く手を伸ばすとは、一按察官としては、やろうとしてもできなかったことであろう、と考える。しかし、カエサルはやはり、もはや他の按察官と同じ類いの按察官ではなかったのである！

（46）Plut. Crass. 7, 6.

（47）Ascon. argum. zu Cic. tog. cand. と frg. 1.

（48）Sall. Cat. 23, 5. Plut. Cic. 11, 2. App. b. c. 2, 5. Gelzer, RE. 7A, 863–864.

（49）Broughton, MRR. II 165, 5. Plut. Cat. min. 16, 6 では、カトゥルスが監察官《ケンソル》と述べられているから、以前は、その年は六五年と見られていた。しかしおそらくは、ケンソリウス［かつて監察官《ケンソル》だった人物、監察官《ケンソル》格の人物］の誤りであろう。

（50）Plut. Cat. min. 16, 2–10.

（51）Sall. hist. 4, 1. Ascon. zu Cic. Corn. I, frg. 34. Gelzer, RE 7A, 857.

（52）Plut. Cat. min. 17, 2.

（53）Plut. Cat. min. 17, 5–7.

(54) Mommsen, R. Strafr. 203.

(55) Mommsen, R. Strafr. 206.

(56) Mommsen, R. Strafr. 187, 3. 615. 629.

(57) Suet. Caes. 11. Ascon. zu Cic. tog. cand. frg. 21. Cass. Dio 37, 10, 1-3. Cic. Att. 1, 16, 9. Sull. 83. Pis. 95. Lig. 12. Strasburger, Caesars Eintr. 118 は、Schol. Gronov. zu Cic. Lig. 12 の誤った解釈からカエサルが告訴者として活躍したことを推論しようとする。おそらく、次のスエトニウスの記述（74, 1）は、このテクストと関連しているのであろう。カエサルは身代金を払って、首狩人［すなわち海賊］から解放されたのだが、〈磔刑前に〉その首狩人に危害を加えるのを許さなかった、と報告されている。

(58) 主な史料は、キケロの三つの現存する演説『農地法について』。Att. 2, 1, 3 によれば、六〇年の版には演説が四つ含まれていた。キケロが、六三年一月一日に元老院で行なった第一回演説は、そのはじめの部分が失われている。さらには Cic. Pis. 4. Plut. Cic. 12, 2-3. Cass. Dio 37, 25, 4 をみよ。キケロは、クラッススやカエサルの名前を、ここではもう tog. cand. frg. 1 のようには挙げていないが、アスコニウス〈の当該箇所〉では、「わが計画について」［キケロの作である］から情報を得ている、とされている。しかし、王政《レグナ》というレッテルを貼られる（2, 15. 24. 29. 32. 35）ような全権（非常大権［異例の命令権］2, 8）を得ようと努めている有名な民衆派《ポプラレス》の人物によって、ルッルスが尖兵として送られた（1, 22. 23. 27. 2. 6. 7. 12. 15. 23. 25. 98）という点について、キケロは疑いの余地を残さない。すでに六五年、エジプトを我がものにしようとしたのと同じものがそこには存在する（2, 44. 1, 2. 2, 41-44）。さらに彼らは「法廷の撹乱、下された判決の無効化、有罪判決者の恩赦復権」を親民衆的ととるような人物とされている（2, 10）。Justinus Klass, Cicero und Caesar, ein Beitrag zur Aufhellung ihrer gegenseitigen Beziehungen, Berlin 1939, 28 は、とりわけこの「有罪判決者の復権」のなかに、カエサルに対するはっきりした風刺を認めた。カエサルはすでに七〇年「レピドゥス派の人の帰還についてのプロティウス法」の味方をしているし、また今は被追放者の子息たちに「官職就任権」を回復するという一護民官の提議のために尽力したからである（Vell. 2, 43, 4）。Plut. Cic. 12, 2. Cass. Dio. 37, 25, 3. 44, 47, 4 によれば、この法案《ロガティオ》は、ルッルスのそれと、およそ同時期のものであろう。キケロは、この攻撃をも、演説『財産没収・追放者の子息について』（Att. 2, 1, 3. Pis. 4）で撃退した。それによれば、この演説は『ラビリウスのために』の後に初めて行なわれたようである。Quintil. 11, 1, 85 は、これを次の章句に要約している。「このようにスッラの法で結び付けられて、都市［すなわち国家］の秩序が確立した。そこで、この法律による結びつきがなくなれば、それが維持できないほどだった」。キケロ自身は Pis. 4 で次のように言う。「私には、善良で、勇敢な若者がいるが、良き運命の星のもとにないので［財産状態があまりにひどいから］、彼らが政務官のポストに就いたならば、おそらく国家の構造も容易に動かされるであろうというわけなのだが、私としては、彼らの恨みを買うだろうが、決して元老院から私が憎まれないように、私は彼らが選挙のための民会に立候補できないようにしたのである」と。そういうわけで、Strasburger, Caesars Eintr. 115 が言うように、人はただ「情緒的な考慮を頼りにしていた」のではない。

(59) Cic. leg. agr. 2, 70.

(60) Cic. leg. agr. 1, 22. 2, 34. 75. 76. 80. 83. 96.

(61) Cic. leg. agr. 2, 68. 3, 6.

(62) Cic. leg. agr. 2, 32.

(63) Cic. leg. agr. 2, 39.

(64) Cic. leg. agr. 1, 13.

(65) Cic. leg. agr. 1, 17. 2, 75. 99.

(66) Cic. leg. agr. 2, 17-22.

(67) Cic. leg. agr. 2, 25. 50. 54.

(68) Sall. Cat. 49, 2. Cic. Flacc. 98.

(69) Suet. 71. Cic. leg. agr. 2, 59. ヌミディア人マシンタは、ともかくガイウス・マリウスの甥としてのカエサルに援助を請い願ったのである

(B. Afr. 32, 3. 56, 3)。王ユバがなぜ、内乱のとき激しいカエサルの敵となったのかも理解できよう。

(70) Cic. Rab. Perd. 21. Münzer, RE 12, 260. Syme, Rom. Rev. 31, 6.

(71) Suet. Caes. 12. Cass. Dio 37, 26-28. 主な史料は、キケロの演説『ガイウス・ラビリウス国家反逆罪事件の弁護』。キケロは、ラビエヌスの提案は罰金刑を課すること［科刑の法案］である（8）、と罰金刑裁判のなかで言った［英訳では「第二回目の審理の時に述べられた」とある］。Gelzer, RE 7A, 870-872 で、詳しく私の見解の根拠付けを行なったが、それは Mommsen, R. Strafr. 588, 1 に従うものである。Lange, Röm. Alt. III 241.

(72) 注58をみよ。

(73) Cass. Dio 37, 21, 4. 37, 1. Vell. 2, 40, 4.

(74) Suet. Caes. 13. Plut. Caes. 7, 1-4. Cass. Dio 37, 37, 1-3. Sall. Cat. 49, 2. Vell. 2, 43, 3. Münzer, RE 13, 2091.

(75) Cass. Dio. 37, 25, 4.

(76) H. Strasburger, Concordia ordinum, Diss. Frankfurt 1931, 39ff. 71. Cic. Att. 1, 17, 9. 18, 3. Gelzer, RE 7A, 890.

(77) 〝カティリナの陰謀〟の経過は、Gelzer, RE 7A, 873-890 に出典箇所を提示してある。Cic. Cat. 2, 11. Sall. Cat. 16, 5. Plut. Cic. 10, 2.

(78) Cic. Cat. 2, 17-23.

(79) Cic. Cat. 2, 6. Sall. Cat. 27, 1. 30, 2. 42, 1.

(80) Sall. Cat 48, 5. Plut. Cic. 15, 1-3. Cass. Dio 37, 31, 1.

(81) Sall. Cat. 23, 1-4（情報提供を六四年のことにしているのは日時的に誤り［早すぎる］）. 26, 3.

(82) Cic. Cat. 1, 30. 2, 3. 14. Mur. 51. Cass. Dio. 37, 29, 3.

(83) Plut. Cic. 14, 8. Cic. Mur. 52. Sall. Cat. 26, 4. Suet. Caes. 14, 1.

(84) Cic. Cat. 1, 7.

(85) Plut. Cic. 15, 1-3. Cic. Cat. 1, 4. 7. Sall. Cat. 29, 2. Cass. Dio 37, 31, 1-2.

(86) Sall. Cat. 30, 3.

(87) 日時は Ascon. zu Cic. Pis. 4. Gelzer, RE 7A, 877. Cic. Cat. 1, 10. Sall. Cat. 28, 2-3.

(88) Cic. Cat. 3, 14. Sall. Cat. 43-47. 50, 4.

(89) Sall. Cat. 47, 4.

(90) ルキウス・アウレリウス・コッタ（カエサルの母の従兄弟）が提案し、全元老院が賛成した（Cic. Phil. 2, 13. Pis. 6）。

(91) Sall. Cat. 48, 4-49, 3. Plut. Caes. 7, 5. 8, 4. Cic. 20, 6-7. App. b. c. 2, 20.

(92) Cic. Cat. 4, 10.「私の見るところでは、民衆派とみなされたいと思う人のなかで、ここにいない人も少なからずいる。もちろん、ローマ市民の生死に関わる判決に投票しないですむためなのであろう。それにもかかわらず、その人たちが［カエサルと読むものもいる］、一昨日（一二月三日）ローマ市民を保護拘禁［禁固刑とも］にし、私に感謝・祈願祭を取り決めてくれたばかりか、昨日は（一二月四日）通告者に大変な報酬を与えたのである。ところで今やだれも疑わない。他ならぬ、告発された人［容疑者］には保護拘禁を、審理員《クアエシトル》［査問人］には感謝祭を、通告者には報酬を与えることを決めた人が、事件や裁判の全体にどのような判決を下しているか、を。だがたしかに、ガイウス・カエサルは見抜いている……」。ここではキケロは、本章注58の『農地法について』と全く同じように、「少なからざる人」について意見を述べているのである。もちろんわれわれは、六〇年に書かれたもの［版とある］を扱わなければならないわけである。サッルスティウスは Cat. 48, 9 で、キケロがクラッススのことを一二月四日に暴露したので、自分は五五年に財務官として、元老院でキケロに対するクラッススの憤怒の発作を体験した、と報告している。Gelzer, RE 7A, 952.

(93) Plut. Cic. 20, 4. Cat. min. 22, 4. ラテン語で言えば、たしかに「最高の刑罰＝極刑」。

(94) Cic. Cat. 4, 7. Sall. Cat. 50, 4. Cic. Att. 12, 21, 1.

(95) Cic. Cat. 4, 7-8. 10. Sall. Cat. 51, 43. Plut. Cat. min. 22, 5. Cass. Dio 37, 36, 1-2.

(96) Cic. Rab. Perd. 28. Caes. b. c. 1, 7, 5.

（97）Sall. Cat. 51, 25. 55, 6.
（98）カエサルの演説は Cic. Cat. 4, 7-10. Sall. Cat. 51 をみよ。サッルスティウスがその作品中で組み立てた演説と、キケロの伝える詳細とを比較対照すると、サッルスティウスもまた、〈口頭で〉伝えられたものに固執していると推測してもよかろう。
（99）Suet, Caes. 14, 2.
（100）Sall. Cat. 50, 4. App. b. c. 2, 19. Gelzer, RE 7A, 888.
（101）Cic. Cat. 4, 6.
（102）Plut. Cic. 21, 4. Caes. 8, 1.
（103）カトーの演説は、Plut. Cat. min. 23, 1-2. プルタルコスの伝記の源は、カトーの友人ムナティウス・ルフス（37, 1. HRF. S. 243）にまで遡る。Plut. 23, 3 によれば、これは唯一の書き留められた演説だった。キケロが、会議の間にそれを書き取らせたからである。Sall. Cat. 52 の提供してくれるカトーの演説は、その節の 36 に示されている提議を除き、カエサルとは対照的に、カトーの性格付けに役立つだけである。Cic. Sest. 61. Att. 12, 21, 1.
（104）Plut. Cic. 21, 5. Caes. 8, 2-4. Sall. Cat. 49, 4（日時的には誤り）.
（105）Plut. Cic. 22, 1-4. Sall. Cat. 55, 2-6. App. b. c. 2, 21-22. Cass. Dio 37, 36, 3.
（106）Suet. Caes. 14, 2. Plut. Caes. 8, 5 は、たしかに Suet. Caes. 16, 2 に述べられていることと混同している。
（107）Mommsen, R. Str. R. 869ff.
（108）Cic. Cat. 4, 9-10.
（109）Cic. Cat. 4, 9. 24.
（110）Cic. Att. 2, 1, 3. 6. 9.
（111）Plut. Crass. 13, 4. Cic. 20, 7 と上記注39。
（112）ここでは、Plut. Cat. min. 24, 1-3 の挿話も想起されるべきであろう。それによれば、元老院の会議の一つでカエサルは小さな書状を手渡された。カトーは、カティリナ派の人からのものであろうと想像した。そこで、それを読み上げてほしいと頼んだ。読む代わりにカエサルは、それをカトーに手渡した。――するとこれは、予定執政官デキムス・ユニウス・シラヌスの妻でカトーの異母姉セルウィリアの恋文だったのである！
（113）Cass. Dio 37, 38. Cic. fam. 5, 2, 6-7. Gelzer, RE 7A, 892.
（114）このように記すのは、Suet. Caes. 15. また Cass. Dio 37, 44, 1 は、カトゥルスに代わってポンペイウスが選ばれるはずだった、と報告している。しかし、スエトニウスの方が正しいようである。選挙というのは、単に選ぶ以上の行為になるはずだったからである。Cic. Att. 2, 24, 3. 神殿の焼失については Tac. hist. 3, 72. 神殿奉献の年月日は Phlegon v. Tralles. FgrH 257 F 12, 11. 記録保管所にあるカトゥルスの碑文は Dessau, ILS. 35. 35a. Münzer, RE 13, 2088-2089.
（115）Plut. Pomp. 43, 2. Cic. Flacc. 32.
（116）Schol. Bob. zu Cic. Sest. 62.
（117）Plut. Cat. min. 26, 3.
（118）Plut. Cat. min. 26, 2-28, 5 の詳細な記述は、カトーの従者（27, 6）として、あらゆることを共に体験したムナティウス・ルフスに遡る。Cic. Sest. 62. Cass. Dio 37, 43, 1-3. Suet. Caes. 16, 1.
（119）Cass. Dio 37, 42, 3. 43, 3. Suet. Caes. 16, 1.
（120）スエトニウスは 55, 3 で、演説『メテッルスのために［弁護論］』、あるいは二、三の写しのなかで言われてところでは、『メテッルスのために書いたもの［弁護論］』をカエサルが読み上げたという。だがスエトニウスは、後者のタイトルを誤りと言っている。カエサルが自分で書いたのでなく喋ったのだからとするのである。それに付け加えて、アウグストゥスの判断によれば、カエサル自身の手で公表された演説ではなく、速記者の手で作成された筆記が、ここで取り上げられているのであるという。F. Lossmann, Hermes 85 (1957), 52 を参照。プブリウス・セスティウスの「集会演説《コンティオ》」の写しは、Cic. Vat. 3.
（121）Plut. Cat. min. 29, 1-4. Cass. Dio 37, 43, 4. Cic. fam. 5, 2, 9 はメテッルス・ケレルの訴え（5, 1, 1）に対するキケロの返事。
（122）四八年にカエサルは、元老院の示した類似の処置を認めた（Caes. b.

c. 3, 21, 3)。

(123) Suet. Caes. 16, 1-2. Cass. Dio 37, 44, 2.

(124) Cic. fam. 5, 2, 9を参照。Plut. Cat. min. 29, 3-4によれば、カトーもまた、元老院で、メテッルスを罷免しようとする目論みに反対したが、それは〝ポンペイウスを刺戟しないため〟のものであり、「思慮ある人たち」が同意したのである。

(125) Suet. Caes. 16, 2には「群衆が……激しく騒ぎ立て彼の名誉《ディグニタス》回復［もとの官職への復帰］のために助力を申し出たときにも、カエサルは彼らを取り押さえた」とある。Caes. b. c. 1, 9, 2は「彼にはいつも威信《ディグニタス》が第一にあり、それは生命よりも大事なものだった」とする。スエトニウスは「群衆が、頼みもしないのにむこうの方から押し寄せ……」としているが、これには疑問符をつけたい気にさせるものがある。しかし、民衆蜂起の状態にするには、裁判を示威的にはっきりと中止させることで十分だったというのも、ありえないことではない。幾分似ているのが、Plut. Caes. 8, 5. 注106をみよ。

(126) Mommsen, RStR. I^3 153. 160, 2. Suet. Caes. 17. Cass. Dio. 37, 41が、ウェッテイウスの密告との関連でカエサルに言及していないのは、37, 43でも、メテッルス・ネポスとの提携を述べていないのと同じである。ディオの原史料である年代記が、それについて何もデータを提供しなかったからか、ディオがそれを取り上げなかったのかは分からない。それゆえ、Strasburger, Casesars Eintr. 124のようにスエトニウスの記述に疑念を差し挟む理由を、私は認めない。Suet. Caes. 17, 2は密告について「こうした告発は、カエサルはどうしても耐えがたいものだと考えて……」という。同じ時期にキケロの行なった弁護演説『プブリウス・コルネリウス・スッラのために』のなかに、見事に比較できるものがあることは知られている。告訴者ルキウス・マンリウス・トルクアトゥスは、キケロを非難していた。キケロは、六三年一二月三日のアッロブロゲス人の供述についての記録を偽造したのだ、と。それについてCic. Sull. 46は、「もしもあなたが、たしかに自分をある程度うまく押さえることがなければ、われわれの友情など忘れ、ただ私自身の威信位階《ディグニタス》のことだけを顧慮するように、私に強要することになるでしょう。いかなる人も、かつて私に露ほどの疑いも持たなかったのです。私が人を転覆させたり、打倒したりしなかったからです」と答えた。ここに存在するのは、キケロが自分の威信位階《ディグニタス》を弁護するにあたり、彼の誹謗者をただ口でもって粉砕したのに、一方カエサルは命令権《インペリウム》の所持者としてもっと乱暴に攻撃することができた、という差だけである。Sall. ad Caes. 2, 2, 4には、「あなたが法務官職を務めていたとき、武装したあなたの敵を、武器に頼らずに壊走させた」とある。

(127) Fröhlich, RE 4, 82ff. Nr. 48.

(128) Cic. Mil. 73. Münzer, RE 4, 107, Nr. 67.

(129) Cic. Att. 1, 12, 3. 13, 3の「カエサルが、その妻に離婚の通知を送った」というのは、一人の使者による〈文書によってではなく〉離婚の表明の伝達を意味する。P. Jörs-W. Kunkel, R. Privatrecht, § 177, 3. Plut. Caes. 9, 1-10, 11. Cic. in P. Clod. et C. Cur. frg. 28mit Schol. Bob. ボナ・ディアについてはWissowa, Rel. u. Kult. d. Röm. 216ff.

(130) Cic. Att. 1, 16, 5. 9. in P. Clod. frg. 27［Schol. Bob］.

(131) Strasburger, Caesars Eintr. 111, 55が、Suet. Caes. 74, 2. Plut. Caes. 10, 8にそう言われていても、五月に行なわれた訴訟に、証人としてカエサルは供述しなかったと述べていたとするのは正しい。カエサルは、その頃すでに自分の属州に旅立っていたからである。しかし、Cic. Att. 1, 13, 3とSchol. Bob. zu Cic. in P. Clod.（六一年一月の元老院決議を述べる際、「その妻を即座に離婚したガイウス・カエサルに、彼自身が神祇官のとき、ここでやはり予審が行なわれていたのである」とある）から推論できることは、元老院でカエサルの陳述があったということである。キケロによれば、神祇官の同僚は、一人の男の闖入に適用されるもの、すなわち「瀆神罪」という判定を下したのである。もしもそのときだれもカエサルに照会しなかったとしたら、それはかえって奇妙なことだろう。Strasburger, 135の言うように、カエサルの返答は〝でっちあげられた〟ものだという必要はやはりないといえよう。

(132) Cic. Att. 1, 14, 5. 16, 3-11. Schol. Bob. arg. zu Cic. in P. Clod. Gelzer, RE

7A, 896–899.

(133) Cic. Att. 1, 13, 5. 15, 1.

(134) App. b. c. 2, 26.

(135) Suet. Caes. 18, 1. Plut. Caes. 11, 1-3. Crass. 7, 6.

(136) Suet. 18, 1. 54, 1 は「執政官代理」のタイトルを与えている。Cass. Dio 37, 52, 1-2.

(137) Plut. Caes. 12, 1.

(138) Cass. Dio 37, 52, 3-53, 4. Plut. Caes. 12, 1. Suet. Caes. 54, 1. ブリガンティウムは Oros. 1, 2, 71 では、ブリガンティア、現在のベタンゾスである。Hübner, RE 3, 847.

(139) Plut. Caes. 12, 4. App. b. c. 2, 27.「戦利品《プラエダ》」と「戦利品の売上金《マヌビアエ》」は、〝いつも公的な目的に役立つように振り向けなければならない〟という Mommsen, RStR. I 242 に対して、H. Vogel, Z. Sav. 66 (1948), 423ff. が明らかにしたのは、戦利品がまだ国庫に引き渡されていないかぎり、将軍が、兵士への戦利品の分配にあたり、自分自身のことをおもんばかっても、まだ決して違法とはみなされなかった、ということである。フォーゲルはとりわけ、Plut. Mar. 31, 4. 34, 6. 45, 12 を参照するように指示する。その他、共和政の最後の世紀に関しても同じく証明力のある史料、リウィウスやハリカルナッソスのディオニュシオスに利用された後期年代記作家の言をも参照するようにという。

(140) Suet. Caes. 54, 1. ディオの記述も悪意を含んだもの。Catull. 29, 19 を参照。

(141) Plut. Caes. 12, 1. App. b. c. 2, 28.

(142) Cic. leg. 3, 40.「なんとなれば、元老院議員自身は、権威者の言によって心が動かされるような類いの人間ではなく、自分自身の意見・行動で尊敬されるのを望むものである」。Gelzer, Historia I (1950), 640 [= Kl. Schr. 1, 208].

(143) B. Hisp. 42, 1-2. Caes. b. c 2, 18, 5-6. 20, 2.

(144) Cic. Balb. 43. 63.「工兵隊長」は、とりわけ「戦利品の売上金《マヌビアエ》」を、将軍がそれを自由にできる間、管理した (Plin. n. h. 36, 48)。Vogel, a. O. 407. Plut. Caes. 12, 3. Luc. 20, 3. Gelzer, RE 13, 394. M. Rostovtzeff, Soc. a. Ec. Hist. of the Hellenistic World, 954. 1563, 28.

(145) Cic. Att. 2, 1, 9. App. b. c. 2, 28.

(146) Mommsen, RStR. I^3 66ff. 128ff. 638. H. Siber, Röm. Verfassungsrecht (1952), 205ff.

(147) Cic. leg. agr. 2, 24 は六三年一月。その当時、この規定はまだ存在しなかった。Lange, Röm. Alt. III 263 の推定によれば、六三年の「不正手段［選挙違反、買収］による官職獲得に関するトゥッリウス・アントニウス法」の一節。Cic. Mur. 3. 5. 47. 67. Schol. Bob. zu Cic. Planc. 83. Sest. 133. Vat. 37. Sull. 17. G. Rotondi, Leges publicae pop. Rom. (1912), 379.

(148) Suet. Caes. 18, 2. Plut. Caes. 13, 1-2. Cat. min. 31, 2-5. App. b. c. 2, 28-30. Cass. Dio. 37, 54, 1.

(149) Cic. Att. 1, 17, 11. 14, 7.

(150) Suet. Caes. 19, 1.

(151) Cic. Att. 2, 1, 6. 本章注110参照。

(152) Suet. Caes. 19, 1.

(153) ガイウス・グラックスの法の一つによれば、執政官選挙の前に元老院は、将来の執政官の属州を決定しなければならず、決議に対する拒否権は許されなかった。Cic. prov. cons. 3. 17. 36. 37. dom. 24. 61. fam. 1, 7, 10. Sall. Iug. 27, 3. Suet. Caes. 19, 2 は「閥族派は、〈新任の執政官には〉執政官辞任後の属州［管轄地］として、比較的重要ではないところ、すなわち森林と牧場があるだけのところが割当てられるようにした」とする。P. Willems, Le sénat de la rép. rom. (1883), II 576, 5 は「それは森林と牧場である」というのを、無学な文法家の〝注解〟とみたのだ、とする。しかし Ed. Meyer, Caesars Mon. 58, 3 [3Aufl. も] は、Tac. ann. 4, 27, 2 (後二四年の財務官について)「古い慣例で、管轄地区《プロウィンキア》の牧場を担当していた」とあるのを十分参照するよう指示した。同じく J. van Ooteghem, Pompée le Grand (1954), 321, 1. 470. Cic.

Vat. 12 に「水を管理する［財務官］職（プロウィンキア）」とある。

（154）Vell. 2, 40, 3. Cass. Dio. 37, 20, 5. 50, 6. Plut. Pomp. 43, 1. App. Mithr. 567.

（155）Cic. p. red. ad Quir. 16（五七年）には、「われわれが現在持ち、今までに持ち、将来持つだろう人物のなかで、行動力の点、英知の点、栄誉の点、匹敵する者のない第一人者《プリンケプス》」とある。

（156）Plut. Pomp. 57, 9. 60, 7. Caes. 33, 5. App. b. c. 2, 146.

（157）Cic. Att. 1, 14, 1.

（158）Plin. n. h. 7, 98. Plut. Pomp. 45, 1.

（159）Cic. Att. 1, 16, 12. Plut. Pomp. 44, 4-6. Cat. min. 30, 7.

（160）Cass. Dio. 37, 49-50. さらにそれ以上の証拠は私［ゲルツァー］の Pompeius 2Aufl.（1959), 126–129［邦訳一〇一—一〇三頁］をみよ。van Ooteghem, a. O. 290–298.

（161）Cic. fam. 5, 2, 6 には「姉妹」とある。Cass. Dio. 37, 49, 3. 彼女は、有名な法律家クィントゥス・ムキウス・スカエウォラの娘であった（Ascon. argum. zu Cic. Scaur.）。母親は、前の結婚でクィントゥス・カエキリウス・メテッルス・ネポス、すなわち九七年の執政官（RE 3, 1216 Nr. 95）［Broughton, MRR. では九八年の執政官］と結ばれたに違いない。だがおそらく、姉妹というのは従姉妹と解すべきであろう。そうみるのは、Fluss, RE 16, 449 Nr. 28. ポンペイウスは六二年にこの女性と別れた（Cic. Att. 1, 12, 3)。五五年頃、執政官格の人ガイウス・スクリボニウス・クリオが対話形式でカエサルに対する誹謗［罵倒］の文書を公表した（Cic. Brut. 218–219)。そのなかで、カエサルとの関係が離婚の原因だ、と主張されている。ポンペイウスは、呻きながらカエサルを自分の「アエギストゥス」［アガメムノンのトロヤ遠征中、その妻に通じた男］と呼んでいるのである（Suet. Caes. 50, 1)。Münzer, RE 2A, 866. この罵倒の言がどこまで及んでいたかは、キケロの演説『ピソ弾劾』から判断できよう。Gelzer, RE 7A, 954–955. Strasburger, Caesars Eintr. 38.

（162）アフラニウスのこれまでの官職昇進の経歴は不明であるが、Broughton, MRR. II 130, 5 は七一年に法務官職にあったと推定する。七五年以来、さらに再び六六年以降、彼は永年にわたりポンペイウスの副司令《レガトゥス》であった。キケロの嘲笑的な呼び名「アウルスの息子」（Att. 1, 18, 5. 20, 5. 2, 3, 1）については、van Ooteghem, a. O, 291 をみよ。Cass. Dio 37, 49, 3 によれば、彼は政治よりもずっとダンスの方が達者であった。

（163）Cic. Att. 1, 18, 6. 19, 4. その範は、七〇年の「プロティウスの法案《ロガティオ》」だった。あのときは、そのための資力が欠けていたのである（Cass. Dio 38, 5, 1–2)。E. Gabba, La parola del passato 13 (1950), 66ff. Broughton, MRR. II 128. van Ooteghem, a. O. 294, 3. 本章注 6 参照。

（164）Cic. Att. 2, 1, 8.

（165）Cass. Dio 37, 54, 3 は、それを「政治集団《グループ》を作り」という。57, 2.

（166）App. b. c. 2, 32. それでも、それが自分に利益をもたらすならば、彼は彼らに反対するのを憚らなかった（Cic. Att. 1, 17, 9)。

（167）Cic. Balb. 63.

（168）Cic. Att. 2, 3, 3–4.

（169）Suet. Caes. 19, 2. Liv. per. 103 には、「市民の中の第一人者たち《プリンキペス》三人の間の密約」とある。

（170）クラッススについて Vell. 2, 44, 2 は、「一人では到達できそうにもなかった第一人者の地位を得るために、彼はポンペイウスの権威《アウクトリタス》、カエサルの尚武の徳を利用しようとした」とする。Flor. 2, 13, 10 は、「ガイウス・カエサルの名声は、雄弁と勇気の点で、そして今や執政官職を保有することによっても高められていた。ところが、ポンペイウスは、彼らのだれよりも高い地位を占めていた。したがって、カエサルは威信《ディグニタス》を獲得しようとして、クラッススはそれを増大しようとして、ポンペイウスはそれを維持しようとして、そして三者共に同じように権力を熱烈に求めて、すでに国家《レス・プブリカ》を掌握するのに喜んで同意していた」とする。したがってアシニウス・ポッリオは、内乱についての、その歴史記述を、六〇年をもってはじめた。Hor. c. 2, 1, 1 によれば、「メテッルス〈・ケレル〉の執政官のときをもってはじまる内乱、その戦いの原因は……」とある。

(171) Caes. b. c. 1, 22, 4.

(172) Cic. Vat. 13ff. 16. Gundel, RE 8A, 495ff.

(173) Cic. Vat. 38. Vgl. 29. Sest. 114

(174) Cic. Vat. 38 mit Schol. Bob.

第3章　執政官職

(1)「敵対関係《イニミキティアエ》」についてはCic. Flacc. 2. Rab. Post. 19. prov. cons. 20-25. 47. Sest. 72. Vat. 28には「敵対関係に入ったことが表明されて」とある［具体的な事例というより、敵対関係《イニミキティアエ》がどのように使われているかを示す］。

(2) Cass. Dio. 38, 1, 1-2. App. b. c. 2, 34. カエサルがこの点を真剣に考えていたことは、六〇年一二月、自分の諸計画を成就するためにキケロを獲得しようとした試みが、それを示してくれる（Cic. Att. 2, 3, 3. prov. cons. 41）。

(3) Suet. Caes. 20, 1. Mommsen, RStR. I 40, 1. Kubitschek, RE 1, 291［英訳ではREを落とし、L. R. Taylor and T. R. S. Broughton, Mem. Am. Accad. Rome 19 (1949), 5を付加］。

(4) Cic. Sull. 41. Plut. Cat. min. 23, 3.

(5) Cic. Att. 2, 3, 3.

(6) Cass. Dio 38, 1, 3f.

(7) Cass. Dio 38, 1, 4.

(8) Cass. Dio a. O.

(9) Cic. fam. 13, 4, 2.

(10) Cass. Dio 38, 1, 5. Cic. dom. 23.

(11) App. b. c. 3, 5. 24.

(12) Cass. Dio 38, 1, 6-7. Cic. Att. 2, 6, 2. 7, 3. 4. prov. cons. 41. Att. 9, 2a, 1. 五人委員の一員としては、六一年の執政官、マルクス・ヴァレリウス・メッサラが碑文の上で確認される。すなわち「土地分配（分割・割当て・審理）五人委員」とある（ILS 46）。Lange, Röm. Alt. III 280. L. R. Taylor, "Caesar's agrarian legislation and his municipal policy" in Studies in Roman Economic History in honour of A. Ch. Johnson, 69. H. Schaefer, RE 8A, 2585.

(13) Cass. Dio 38, 2, 1-3, 3. これは、Gell. N. A. 4, 10, 8にあるガイウス・アティウス・カピト（後二二年没）の「元老院議員の義務について」による。Jörs, RE 2, 1904 Nr. 8.

(14) Cass. Dio 38, 4, 1-3.

(15) Cass. Dio 38, 5, 1-2. 七〇年のプロティウスの法案を意味すると思われる。第2章注163をみよ。

(16) Cass. Dio 38, 5, 3-5. Plut. Caes. 14, 2-6. Pomp. 47, 5-8.

(17) Plut. Pomp. 48, 1. Cass. Dio. 38, 6, 2. Cic. Vat. 5には「で、彼は、武装した人たちによって神殿を占領してしまったのか？」とある。

(18) App. b. c. 1, 244. Mommsen, RStR. I^3 82, 3. II^3 136, 2. III^3 1058, 2で彼は、アッピアノスの証言をPlut. Sull. 8, 6を引き合いに出して誤りとみなすが、それは証明されないように思われる。

(19) Cass. Dio 38, 6, 1. Bleicken, Hermes 85 (1957), 471, 2.

(20) App. b. c. 2, 37.

(21) Cass. Dio 38, 6, 1-3. Suet. Caes. 20, 1. Plut. Pomp. 48, 2-3. Cat. min. 32, 3-4. Luc. 42, 6. App. b. c. 2, 38-41. ポンペイウスについてはCic. Att. 2, 16, 2が、「農地法は彼の意にかなっていたが、それに対して護民官の拒否権が行使されるかどうかは彼にはどうでも良いことなのだ」とする。Vat. 5には「執政官に暴力をふるったのか？……拒否権発動を叫んでいる人を力づくで突き落としたのか？」とある。15. 22.

(22) Suet. Caes. 20, 1. Cass. Dio 38, 6, 4.

(23) Plut. Mar. 29, 2. App. b. c. 1, 131. Flor. 2, 4, 2. Gelzer, Gnomon 12 (1936), 104［=Kl. Schr. II 97］.

(24) Plut. Cat. min. 32, 5-9. Cass. Dio 38, 7, 1-2. Cic. Att. 2, 5, 1.

(25) Cass. Dio 38, 1, 7. Suet. Aug. 4, 1. Cic. Att. 2, 12, 1. Varr. r. r. 1, 2, 10. Plin. n. h. 7, 176. Broughton, MRR. II 191.

（26）キケロの書簡 Att. 2, 4-7 の日付としては、五九年四月と五月。Gelzer, Hermes 63 (1928), 114ff. [= Kl. Schr. II 206ff.]

（27）Cic. Att. 1, 17, 9. 18, 7. 2, 1, 8. Q. fr. 1, 1, 33. Planc. 34.

（28）Cic. Att. 2, 16, 2. Planc. 35, Schol. Bob. zu 31 と 35. Suet. Caes. 20, 3. Cass. Dio 38, 7, 4. App. b. c. 2, 47-48. 5, 19. Val. Max. 2, 10, 7. Suet. Caes. 20, 4 の言うところでは、カエサルはこの場合、カトーを議事進行妨害のため「牢獄」に連れて行かせた、と報告されている。これに対するのは、私［ゲルツァー］が従ったCass. Dio 38, 3, 2.

（29）Cic. Vat. 29 には「あなたは、それ［あがり］が最高だったちょうどそのとき、カエサルから、あるいは徴税請負人から、その分け前を奪い取ったのではなかったか?」とある。徴税請負人組合の「出資者」の「分け前」(Liv. 43, 16, 2) は、L. Mitteis, Röm. Privatr. I, 413. Gai. inst. 3, 150. Jörs-Kunkel, Röm. Privatr. § 151, 3. Cic. Rab. Post. 4.

（30）Cass. Dio 38, 7, 5. Plut. Pomp. 48, 4. App. b. c. 2, 46. Vell. 2, 44, 2.

（31）Suet. Caes. 20, 4 には「ルキウス・ルクッルスは、あまりにもあからさまに反対したため、誣告罪で告発するぞと脅かされて、彼の方からカエサルの前に跪いて赦しを求めたほどだった」とある。Plut. Luc. 42, 6 は、農地法に関するこの反対を報告している。しかしルクッルスは、別の法律に関心があったのである。

（32）Cic. Vat. 29 には「あなたは護民官のとき、他の市民団［国家］と同盟を結ばなかったか、王と結ばなかったか、四分王［領主］と結ばなかったか? あなたは、あなたの法によって国庫から金を払わなかったのか?」とある。Att. 2, 9, 1 は、カエサルとヴァティニウスについて、「王国を、そして国土を［「王国を自国の土地のように」と読む刊本 (Klotz) もある。邦訳（岩波版。『キケロー選集』岩波書店を以下、このように略記）も然り］四分王［領主］に、そして測りしれない額の金をほんの一握りの人に贈ったのである」とし、fam. 1, 9, 7 には「王権の贈与について」とある。四分王という場合、とりわけガラティアのデヨタロスのことが考えられる。この人物については、B. Alex. 68, 1 に次のようにある。「その返事で、カエサルは（四七年に）、自分が執政官として公的な裁決《デクレタ》でこの人に示した沢山の好意の数々を、この人に想起させ……」と。

（33）Plin. n. h. 33, 136.

（34）Cic. Rab. Post. 4.

（35）Suet. Caes. 54, 3.

（36）Cic. Rab. Post. 21. 30. Schol. Bob. zu Cic. Planc. 86. 王自身は、自分が、ガビニウスに賄賂を使ったということを否定している (Cic. Rab. Post. 34)。「繰り返し、ポンペイウスの証言が読み上げられた。王は、自分に書いてくれた軍事目的以外、ガビニウスには一切お金は与えていない、というのであった」。ここで問題となっているのは、五五年、シリアの執政官代理＝総督ガビニウスによる王の復位であった。Cic. Pis. 48 には「われとわが身を、アレクサンドリアの王に売り渡した」、また49には「アレクサンドリアの王に対して、報酬で雇われた従者であるかのようにわれとわが身を差し出した」とある。Caes. b. c. 3, 103, 5. 110, 6. F. von der Mühll, RE 7, 428.

（37）Caes. b. c. 3, 107, 2 には、「先回の執政官職のとき（五九年）、現王の父王プトレマイオスと、法律や元老院決議に基づき同盟条約を結んでいた」とあり、Cic. Sest. 57 には、「元老院からその［＝同盟者の］名誉を得て……」、また Rab. Post. 6 には、「これとの同盟は、カピトルの上で結ばれたようで……」とある。

（38）Gelzer, Hermes 63 (1928), 121 [= Kl. Schr. II 213].

（39）Cic. Flacc. 5, 95 によれば、不当利得返還法廷に。告訴者マルクス・カエリウス・ルフスの演説の断片は Quintil. 4, 2, 123-124. Cass. Dio 38, 10, 1-3. Gelzer, RE 7A, 907.

（40）Cic. dom. 41. Cass. Dio 38, 11, 2. Suet. Caes. 20, 4.

（41）Cass. Dio 37, 51, 1-2. Cic. Att. 1, 18, 4-5. 2, 1, 4-5. har. resp. 45. Cael. 60. クロディウスの父親アッピウス・クラウディウス・プルケル（七九年の執政官）は、ケレルの父の姉妹メテッラと結婚していたので、クロディウスはケレルの従兄弟《フラテル》と呼ばれている (Münzer, RE 3, 1235 Nr. 135)。それに加えて、ケレルは彼の従姉妹のクロディアと結婚し

ていたのである (Münzer, RE 4, 105 Nr. 66)。

(42) Cic. dom. 34. 77. Sest. 16. Gell. N. A. 5, 19, 5-9. Mommsen, RStR. III 38. 318.

(43) Cic. leg. agr. 2, 31.

(44) Cic. dom. 35-39. 77. 116. har. resp. 57. Sest. 15. prov. cons. 42. 45. Att. 2, 7, 2. 9, 1. 12, 1. 21, 4. 22, 2. 8, 3, 3. Cass. Dio 38, 12, 1. Suet. Tib. 2, 4.

(45) Cic. dom. 39 では「天空の観察が続けられているときに国民と［すなわち民会で］議事を進めるのは、神意に反することだ［許されないことだ］と主張されている」とされる。凶兆の知らせについては、J. Bleicken, Hermes 85 (1957), 471.

(46) Cic. Att. 2, 7, 2-3. 9, 1. 22, 2. Sest. 15.

(47) Cic. Att. 2, 12, 2.

(48) Strab. 10, 455. Cic. Vat. 28.

(49) Cic. Flacc. 95.

(50) Suet. Caes. 20, 1. Cass. Dio 38, 6, 4.

(51) Suet. Caes. 20, 1. Cass. Dio 38, 6, 5-6. Cic. Vat. 22. fam. 1, 9, 7. Vell. 2, 44, 5. Plut. Caes. 14, 9. Pomp. 48, 5. App. b. c. 2, 45.

(52) Cic. Att. 2, 4, 2. 5, 1. Sest. 63 は、マルクス・カトーについて。

(53) Cic. Att. 2, 16, 2 によれば、ポンペイウスは「自分はカエサルの法に賛成する。だが、実現までの手続きには、カエサル自身が責任を持たなければならない……」と言っている。五六年三月のウァティニウスに対する罵倒［誹謗、弾劾］の言で、もちろんキケロは護民官たちをカエサルから切り離そうとしている。Vat. 13. 15 には、「そしてあなたがカエサルと同じように持っているのだと訴えている唯一の点がこれである――不吉の兆候の知らせにも構わないこと――ので、あなたの態度を彼のそれから分けたいと思う。それは、国家《レス・プブリカ》のためばかりでなく、カエサルのためでもある。そうすることで、あなたのひどい品位のなさ《インディグニタス》から出てくる汚れが、彼の威信《ディグニタス》を曇らせているとはだれも信じないように」とあり、16 では「あなたを執政官から分かつようにと」とされる。22. 29. 38. 3) では、三人の同盟者を「最高の人たち」、33 では「最も傑出した人たち」とする。だが、一年後にピソは彼を次のように非難した (Pis. 75)。「あなたは〈先程〉、ただ私は自分の軽蔑している人とは戦いをするが、一方、もっとずっと力のある人、私が怒らねばならない者には全く攻撃などしない、と言っていた」。それに加えて Pis. 79 も参照。

(54) Suet. Caes. 20, 2 は、二行詩で、「このところ何が起こっても、それはビブルスの年ではなくカエサルの年のことだった。つまりビブルスが執政官のとき、何かあったという記憶は全くないからだ」と述べている。Cass. Dio 38, 8, 2.

(55) Suet. Caes. 9, 2. 49, 2. Cic. Att. 2, 19, 2. 5. 20, 4. 6.

(56) Cic. Att. 2, 18, 1. 19, 3.

(57) Cic. Att. 2, 13, 2. 21, 1.

(58) Cic. Vat. 21-22. キケロが、この他に知られていない事件を想起させるので、ことは全く確かというわけにはいかないというところである。

(59) Cic. Att. 2, 14, 1. 16, 2. 17, 1.

(60) Suet. Caes. 21. Plut. Caes. 14, 7. Pomp. 47, 10. App. b. c. 2, 50. Cass. Dio 38, 9, 1. Cic. Att. 2, 17, 1 (五九年五月はじめ) では、「この突然の姻戚関係」とされる。カエピオは、海賊掃討戦争のとき、またそれ以降もポンペイウスの副司令《レガトゥス》として知られている (Flor. 1, 41, 10. Plut. Pomp. 34, 8. Cass. Dio 37, 3, 3)。このようにして、彼の活動は三頭同盟に味方するものという説明がつく。ポンペイアは、実はファウストゥス・スッラ［大スッラの息子］と結婚したのであるから (Suet. Caes. 27, 1. B. Afr. 95, 3)、カエピオは多分早世していたと思われる。おそらく後のカエサル暗殺者マルクス・ブルトゥスは、この人の遺言状が指示しているように彼の名前をとり、自分をクィントゥス・カエピオ・ブルトゥスと呼んだのであろう。初めてこのように書かれたのは、すでに五九年、Cic. Att. 2, 24, 2 においてであり、次いで碑文では IG. VII 338=Dessau, ILS. 9460, A. 2 に現われる。Gelzer, Neue Jahrb. 45 (1920), 440［=Kl. Schr. I 199f. (Münzer, Adelsparteien. の書評)］. Münzer, RE 2A, 1779.

（61）Suet. Caes. 21.

（62）Cass. Dio 38, 9, 1. Suet. Caes. 21. Plut. Caes. 14, 8. Cat. min. 33, 7. Pomp. 47, 10. App. b. c. 2, 51.

（63）Cic. Att. 2, 15, 1. 16, 1-2. 17, 1. 18, 2. Vell. 2, 44, 4.

（64）Plut. Cat. min. 33, 1-4. Caes. 14, 11-12 は順序が異なっている。

（65）Cic. Att. 2, 16, 1 によれば、カプアの領域は、五〇〇〇人の植民者しか受け入れられなかったという。Suet. Caes. 20, 3. Vell. 2, 44, 2. Cass. Dio 30, 7, 3. Cic. Pis. 25 は、五五年、カプアについて、「すばらしく輝かしい人、きわめて勇敢な人、そしてもっとも優れていて、私にもっとも忠実な市民が溢れている」としている。Phil. 2, 101 は、手短かに「兵士たち」とする。

（66）Cic. Att. 2, 19, 3. Plin. n. h. 7, 176. Cic. Sest. 19. Pis. 24.

（67）Cic. Att. 2, 16, 2 では、ポンペイウスが「私はカエサルの軍隊をもって、あなたたちを抑え込みたいのだ」と言っているとされる。Gelzer, Hermes 63 (1928), 115-117 [=Kl. Schr. II 208].

（68）Caes. b. c. 1, 14, 4.「カプアで初めて、彼らは元気づけられて、落ち着いた気分になり、ユリウス法によってカプアに移住させられていた植民者のなかから兵士の召集をしはじめた」。

（69）四四年に南スペインのウルソの町出土の、植民によってできた町コロニア・ゲネティウァ・ユリアの共同体秩序設定の碑文にいう。Dessau. ILS. 6087 c. 97.「次ノゴトク市参事会の決議ガナサルベク、〈二人委員ハ〉行ナウベキデアル。ユリウス法ニヨリ植民者ニ土地ヲ与エ分配スベキ権利ヲ授ケラレタル人ヲ除キ、マタ自己ノ子供オヨビ子孫トモニ上記ノ植民市ヲ設立シタル人ヲ除キ、イカナル人トイエドモ、上記ノ植民市ノ植民者ノパトロンニナリタリ、アルイハパトロンニ選バレタリセザルヨウニ」。

（70）App. b. c. 3, 5. Ernst Muttelsee, Untersuchungen über die Lex Iulia municipalis (Diss. Freiburg i. B. 1913) 54, 3.

（71）Cic. Q. fr. 2, 1, 1. 5, 1. 6, 2. fam. 1, 9, 8. 8, 10, 4.

（72）Lex Mamilia Roscia Peducaea Alliena Fabia の三つの章は『ローマ測量家集成』(Gromatici veteres ed. Lachmann (1848), I 263-266) にあり、Riccobono, Fontes iuris Romani anteiustiniani, I Nr. 12 に収録されている。日付は Hans Rudolph, Stadt und Staat im römischen Italien (1935), 196 をみよ。正確な解釈は、L. R. Taylor, Studies in Roman Economic History in Honor A. Ch. Johnson, 76ff. H. Schaefer, RE 8A, 2585 を参照。この法が五九年のユリウス農地法を補足したものであることは、第四章が、やはりコロニア・ゲネティウァ・ユリアの規定のなか（一〇四章）に取り入れられていることからも証明される。

（73）Suet. Caes. 41, 3. Cass. Dio 43, 21, 4.

（74）ヘラクレイア碑文 (Riccobono, FIR. I Nr. 13) の一一九行。この碑文に集成された規定は、カエサルの死後、カエサルの職務行為［指令、処置とも訳される］を確認する法 (Cic. Phil. 5, 10. Kornemann, RE 16, 611) に基づきアントニウスによって効力を生じさせられた。その解明は E. Fabricius の弟子である Ernst Muttelsee の a. O. 52ff.

（75）Cic. Att. 2, 17, 1.

（76）Cic. Att. 2, 17, 1.

（77）Cic. prov. cons. 45 に「彼が執政官だったときに提案されたユリウス法もその他の法案も、実は法的有効性をもたなかったのであり［ビブルスの鳥占いによる妨害により］」、また 46 に「彼らは、幾度もガイウス・カエサルに向かい、同じこと［法案］を別のやり方で提出すべきだと言い立てていた。そうすれば自分たちは鳥占いの前兆というしきたりの遵守を要求しただけで、彼の法の内容は認めたことであろう、とした」とある。

（78）Cic. Att. 2, 16, 2.

（79）Cass. Dio 37, 47, 1-48, 2. Cic. prov. cons. 32. Caes. b. G. 1, 6, 2.

（80）Caes. b. G. 1, 31, 9. 35, 4. 6, 12, 5. Cic. divin. 1, 90.

（81）Caes. b. G. 1, 31, 3-11.

（82）Tac. Germ. 28, 2. Ptolem. geogr. 2, 11, 6 には「エルエティオイの荒地」とある。E. Fabricius, Die Besitznahme Badens durch die Römer (1905), 13 によれば、シュヴァーベン地方のユラの北側。Ed. Norden,

Alt-Germanien (1934), 170.

(83) Cic. Att. 1, 19, 2.

(84) Cic. Att. 1, 20, 5. 2, 1, 11.

(85) Cass. Dio 37, 50, 4.

(86) Cic. Att. 2, 5, 2. Cael. 59. Vat. 19. Att. 2, 9, 2.

(87) Cic. Vat. 30. schol. Bob. も参照。Cic. Pis. 58. H. Gundel, RE 21, 2422.

(88) Cic. Vat. 31. Att. 2, 7, 3（五九年四月）.

(89) Suet. Caes. 21. Cic. Vat. 35–36. Sest. 135. prov. cons. 36–37. Cass. Dio 38, 8, 5. Gelzer, Hermes 63 (1928), 124 [=Kl. Schr. II 215f.]. 執政官格の人の属州に関するガイウス・グラックスのセンプロニウス法（Cic. prov. cons. 3. 17）によれば、元老院は、執政官の選挙前に将来の執政官格の属州について取り決めねばならなかった。選挙は通例として七月に行なわれた。ウァティニウス法のなかに、五四年三月一日と書かれていても、それは、五三年の執政官として選ばれる人たちの属州についての審議において初めて、イッリュリクムを含んだガッリア・キテリオル（此方のガッリア）が執政官格属州と定められる旨が公表されるべきことを意味している。今一つの別の可能性は、それを法務官格の属州とすることであったろう。そうすれば、これは三月一日以降ただちに五五年の法務官の一人に割り当てることができた。しかし、キケロが注意しているように（prov. cons. 17. 36. 19）、このような決議に対する拒否権の発動は可能だったのである。一方、センプロニウス法によれば、執政官格の属州についての決議に対する拒否権の発動は許されなかった。したがって、五一年九月二九日の場面でも、五〇年三月一日以降、執政官格の属州について審議されるべきであるとする元老院決議に対しては、拒否権は発動されなかった（Cic. fam. 8, 8, 5）。六一年三月一五日にキケロは、自分の弟クィントゥス――六二年の法務官――が属州アシアを得た、と書いている（Att. 1, 15, 1）。ウァティニウス法についてはP. J. Cuff, Historia 7 (1958), 454ff.

(90) Strab. 7, 298. 303-4.「ブレビスタス」あるいは「ボイレビスタス」。Dittenberger, Syll. 762, 34では、四八年に「ブラベイスタス」、Jordan. 11では「ブルウィスタス」とある。時期はBrandis, RE 4, 1959. E. Swoboda, Carnuntum (1958), 201. カエサルが五八年に最高指揮権を得たとき、ガッリア・キテリオル（此方のガッリア）の三個軍団は、イッリュリクムの国境に接した町アクィレイアのそばで冬の陣を布いていた（b. G. 1, 10, 3）〔國原吉之助訳『ガリア戦記』講談社学術文庫、当該箇所の注を参照〕。

(91) Cic. dom. 131では、五八年に「軍隊不在の恐怖により」とある。Sest. 40では、クロディウスが三頭同盟に「彼らのうちの一人はイタリアで最大の軍隊をもっている……と言い立てた」と訴え、41では「カエサルは……城門のところにいた。命令権を握っていた。彼の兵士はイタリアにいたのである」としている。p. red. in sen. 32では「城門のところにもう一人の人物がいた。この人は、長年延長されてきた命令権を握り、大軍を擁していたのである」とされる。

(92) Suet. Caes. 22, 1では「すぐに彼は元老院決議によってガッリア・コマタ［長髪のガッリア＝アルプスの彼方のガッリア］も与えられたが、それは、たとえ自分たちが拒否しても、民会がやはりこれを与えるであろうと、元老院議員が気遣ったからであった」とされる。Cic. Att. 8, 3, 3には、ポンペイウスによって「彼はアルプスの彼方のガッリアをも付け加えられた」とある。

(93) Cic. prov. cons. 36. fam. 1, 7, 10. Cass. Dio 38, 8, 5［ゲルツァーは3］. App. b. c. 2, 49. Ill. 34. Plut. Caes. 14, 10. Pomp. 48, 4. Cat. min. 33, 5. Vell. 2, 44, 5. Oros. 6, 7, 1. この属州については、元老院はウァティニウス法とは関係なく自由に意のままに処理できた。

(94) Cic. prov. cons. 26–28. 36.

(95) Suet. Caes. 22, 2.「成功の喜びに駆られて、数日後、カエサルは議員で溢れんばかりの元老院の議場で〈立ち上がって〉次のように広言するのを抑えられなかった。反対派の示す不満と悲嘆に抗して、自分の渇望するものを獲得したからには、これからは彼らすべての頭の上にまたがってやるのだ」。この発言は、歴史的にはありえたものとみたい。どれだけ卑猥な調子で、カエサルが絶えず誹謗されていたかを考慮に入れると、これでも、ほどよく表現されているくらいである。Cic. Sest. 42 で、キケロは、五八年に自分を追放に追いやった事情を思い出して、「軍団の軍旗が、君たちの生命と財産を脅かしているように見えた、……それはたしかに間違っていたかもしれないが、そう信じられていたのだ」とする。スエトニウスは、上記の発言に続いて、間に挿まれたある猥雑な叫び声を、カエサルが次の文句でやり返したと報告している。「かつてシュリア［シリア］でも、サメラミスが女王として支配したのだし、昔アシアの大部分を掌握していたのもアマゾン女族だったのだ」と。ビテュニアの王ニコメデス四世との客友《ホスティウム》関係のもつ、うさん臭さは、すでに七七年に、あの告発されたグナエウス・ドラベッラによって言い立てられたものだし（Suet. Caes. 49, 1）、それ以来絶えず繰り返されてきた（Suet. 49, 2-4）。キケロも一通の書簡（現存しない）のなかでそのように述べていたことは、Att. 2, 24, 3（カエサルとセルウィリアとの関係の風刺）から判断してもありえないことではない。とくに、ビブルスもそのアルキロコス風の辛辣な告示（Cic. Att. 2, 20, 6. 21, 4. Brut. 267）のなかで、このように罵っていることを指摘しなければならない（Suet. 49, 2）。つまり「自分の同僚［カエサルのこと］をビテュニアの女王と呼び、それに加えて、かつては王様に夢中だったが、いまは王の国土に夢中である」とするのであった。こうした前後関係からすれば、カエサルの返答は皮肉たっぷりなものと解されよう。自分の兵士たちに向かっても、彼は、四六年の凱旋式で真剣にこれに対して抗議したほどだった（Cass. Dio 43, 20, 4）。

（96）Cic. Att. 2, 18, 1.

（97）Cic. Att. 2, 21, 4.

（98）Cic. Att. 2, 18, 1.

（99）Cic. Att. 2, 19, 3.

（100）Cic. Att. 2, 19, 4. prov. cons. 41 により、正確には「五人委員」。

（101）Cic. Att. 2, 18, 3. 19, 5. prov. cons. 41. Pis. 79.

（102）Cic. Att. 2, 20, 6.

（103）Cic. Att. 2, 21, 3.

（104）Cic. Att. 2, 21, 5.

（105）Cic. Att. 2, 22, 1.［英訳は 2, 21, 1. ただし、いずれもクロディウスに言及しているのは当該両書簡の別の箇所］

（106）Cic. Att. 2, 24, 4. Brut. 219. Plut. 14, 13-15.

（107）Cic. Att. 2, 21, 4.

（108）Cic. Att. 2, 22, 1 (L. R. Taylor, Historia 1, 48, 10 によれば、七月の末).

（109）L. R. Taylor がウェッティウス事件の日付とその意義についてのすこぶる鋭い論文（Historia 1 (1950), 45-51）で明らかにした解釈に、従いたい。私の考えるところでは、書簡 Att. 2, 23 および 24 は、時期的には、書簡集のなかで推定されている順序よりも前におかれるべきことを、テイラー女史が確信をもって証明している。新しい日付は、a. O. 48, 14 にまとめられており、ClQu. 4 (1954), 181 で、その正当性が主張されている。

（110）Att. 2, 24, 2ff. L. R. Taylor, a. O. 47.

（111）Cic. Att. 2, 24, 3 では、「たしかに一晩の時間と寝台の帳《とばり》の奥での取り成しが間に介在したのではないか」とされるが、これはもちろんただ一つの推測にすぎない。Suet. Caes. 50, 2 には、「彼は、だれよりもマルクス・ブルトゥスの母親セルウィリアを愛した。すぐ次の［第一回目の、あるいは第二回目のと読む刊本・翻訳もあるが］執政官職にあったとき、六〇〇万セステルティウスもする真珠を彼女のために買ってやったのである」とある。

（112）Sest. 132. Vat. 24-26.

（113）キケロは Vat. 24 でクリオ父子について、「ガイウス・クリオ、この人はあらゆる無法行為に対する変わらざる敵対者、公の政策の主導者、公共の自由を限りなき率直な気持ちで護ろうとする人物であるが、この人を、その息子、つまり若者中の第一人者［指導者］で、これほどの若さで、期待される以上に国事にも緊密な関係にある人と一緒に、あなたは打ち殺そうと思ったのである」と言う。執政官格の人物クリオは五五年頃、鋭いカエサル誹謗の文章を書いた。それは、作者、その息子、そしてガイウス・ウィビウス・パンサとの間の対話として、五九年に執政官のカエサルによって執り行なわれた元老院の会合のあとに為されたものになっている。このパンフレットに関して、彼がキケロにからかわれる不運な目にあった（Brut. 218-219）のは、五八年から五五年のガッリアにおけるカエサルの職務遂行をも攻撃したからである。詳細はスエトニウスを通してよく分かる（9, 2. 49, 1. 50, 1. 52, 3. Münzer, RE 2A, 867）。John H. Collins, Propaganda, Ethics and Psychological Assumptions in Caesar's Writings（Diss. Frankfurt a. M., 1952）, 23 は、スエトニウスに引かれてあるクリオの演説を右の作品と関係ないとしているが、私はその点でコリンズが正しいとは考えない。

（114）Cic. Att. 2, 24, 2 では、ウェッティウスの最初の証言について次のように描かれる。「彼［ウェッティウス］は語った。クリオを指導者として若者たちが集団を組み、そのなかには当初パウルスがいたが、クィントゥス・カエピオ——つまりブルトゥス——や、それに祭司《フラメン》の息子レントゥルスも入っており、父親もそれは知った上のことだった」と。また Vat. 25 では次のように言う。「ルキウス・レントゥルス……つまりマルスの祭司だが、この人物はちょうどそのとき、あなたの友人のガビニウスの対立候補者〈として執政官職に立った人〉であり、同じこのウェッティウスの密告によってあなたがやはり打ち倒そうとした人物である。あなたの意地悪いやり方のためレントゥルスには許されなかったことだが、もしもレントゥルスがこの唾棄すべきものや災厄（ガビニウス）に打ち勝っていたら、国家《レス・プブリカ》は（五八年に）潰れていなかったであろう」と。まさしくこれでもって、L. R. Taylor, a. O. 48 は、ウェッティウス関連の全スキャンダルでは選挙が問題になっていた、という自分のテーゼの根拠付けを行なった。

（115）Cic. Att. 2, 24, 4. Mommsen, R. Strafr. 504, 2.

（116）Cic. Vat. 26.

（117）Suet. Caes. 20, 5 では、カエサルはこの人物を毒物で殺害したという。Plut. Luc. 42, 8 はいわゆる自殺、ただし絞殺の跡あり、とする。Cass. Dio 38, 9, 4. App. b. c. 2, 44 には、カエサルがことを閥族派の罪に帰したという異文を示す。この点については、Cordula Brutscher, Analysen zur Suetons Divus Julius und der Parallelüberlieferung（Noctes Romanae 8, 1958）, 62-66 をみよ。

（118）日時は L. R. Taylor, Historia 1, 48（Att. 2, 25, 1 による）.

（119）Cic. Flacc. 94-105.

（120）Sall. Cat. 54, 4 には、「彼は大命令権《インペリウム》、軍隊、新たな戦争を希求した。つまり自分の才幹《ウィルトゥス》を輝かしてくれるものを」とある。Cic. Pis. 59（五五年）に「この人物は功名心《グロリア》に駆られている。火が付いているのだ、しかるべき雄大な凱旋式を求める熱情で燃えているのだ」とあるのを参照せよ。ウィルトゥスを〝才能〟と訳したのでは十分といえない。サッルスティウスが何を考えたかは、前後の繋がりが明らかにしてくれよう。まず最初に彼は言う（53, 4）。古代ローマ史における大事業を成し遂げた力は、少数の市民の卓越したウィルトゥスであった、と。さらに続けて言う（53, 6）。彼の時代には〝すばらしいウィルトゥスをもった〟人が二人いた、と。マルクス・カトーとガイウス・カエサルがそれである。彼が、二人の全く異なった同時代人にウィルトゥスを付与したとするならば、やはりカエサルにも貪欲な功名心以上のものを考えていたに違いない。W. Steidle, Sallusts historische Monographien（Historia Einzeschriften 3, 1958）, 27 は、「もちろん、だれもここに言われるカエサルの特徴にポジティヴな評価を許してはならないとか、あるいはそれどころかカエサルのエゴイズムという烙印が捺されるべきであるとかいう風に、この言葉を理解してはならない」と言う。

（121）Caes. b. c. 1, 9, 2 には「自分には常に威信《ディグニタス》が第一位にあり、それは命よりも大事なものだった」とあり、1, 4, 4 には「ポンペイウス自身も、カエサルの政敵に脅かされており、そしてまた彼が威信《ディグニタス》の点、自分に匹敵する人が存在するのを望まなかったので、全くカエサルの友情に背を向け、自分たちの共通の敵と仲直りをしていた」とある。カエサルの威信《ディグニタス》については、Cic. Vat. 13. 15. 39（五六年）をみよ。

（122）Cic. Flacc. 13 の「最近の新しい法によって、証拠集めの委員に許される従者の数が定められた」ということから、この演説の時代までには法は公示されていたと結論したい。Schol. Bob. は次のように考える。「相互に別の審判人団［コンシリウム、すなわちユディケス（審判人）団。法務官が指揮する法廷である］に忌避を申し立てをすることについてのウァティニウス法」（Cic. Vat. 27. Mommsen, Strafr. 216）に関する演説、あるいは審判人裁判法廷においては三身分に分かれて投票すべきであると定めた、法務官のクィントゥス・フフィウス・カレヌスの裁判関係法（Cass. Dio 38, 8, 1. Mommsen, Str. R. 445, 5）に関する演説である、と。しかし、告発者が証人を見つけるために属州に同行できる従者の数についての規定は、不当利得返還法に適合するだけであり、それは Vat. Max. 8, 1, 10 によれば、召喚されるべき証人の最高数をも規定し、一二〇人としている。キケロは、告発者デキムス・ラエリウスが、〝従者の全軍〟をアシアに連れていったといわれているので、新しい法に言及している。訴訟審理には、まだコルネリウス法が適用されていた（Rab. Post. 9）が、キケロは、カエサルの公布した法をすでに知っていた。

(123) この法の一〇〇章以降については Cic. fam. 8, 8, 3 による。Rab. Post. 8 には「古い法よりも法の内容がずっと厳しく、しかもずっと真剣なもの［本来神聖不可侵を意味する語］であり」とある。Sest. 135 には「最善の法」、また Vat. 29 には「もっとも厳しい」、Pis. 37 には「もっとも正しく最善の」とある。Dig. 48, 11 のタイトルは「不当利得返還のユリウス法について」。Cod. Iust. 9, 27 には「不当利得返還のユリウス法に」とある。

(124) このなかでは、Cic. Pis. 50 が「彼は属州を離れ、そこから軍隊を連れ出してきて、戦争を自分の一存で遂行し、ローマ国民や元老院の命令も受けず王国内に侵入した。こういったことは多くの古くからの法に抵触するものだったばかりか、とくに大逆罪についてのコルネリウス法、不当利得返還に関するユリウス法に触れるのは全く明らかだった」とする。prov. cons. 7 では、クロディウスは、「元老院決議に逆らっても、またあなたの婿［カエサル］の法に反しても、負債の件に関しては、自由な国民に向かって判決を下すことがあなたに許されるように」と、彼の法でピソに全権を与えた。同じく dom. 23 では「数多くの元老院決議により、またそれに加えて最近の彼自身の婿［カエサル］の法によって自由が与えられてきた自由な国民」について述べられる。

(125) Cic. Rab. Post. 12 では、「でもこの身分［騎士身分］の者は、彼の法に縛られることはないのだ」とされ、13 では五五年に元老院の多数派が、二、三の厳正な元老院議員の発言、「護民官、隊長連、書記、および政務官の全従者もこの法で縛られるべく」要求した人たちの発言に反対した。以上のすべての箇所は、B. Kübler 版の Caesar, III 2 (1897), 172-175.

(126) Cass. Dio 38, 7, 5.

(127) Ascon. zu Cic. Pis. frg. 9. Plin. n. h. 3, 138.

(128) Cic. off. 3, 47. leg. agr. 1, 13. Cass. Dio 37, 9, 3-5.

(129) Suet. Caes. 28, 3. Plut. Caes. 29, 2. App. b. c. 2, 98. Strab. 5, 213. Catull. 35, 3.

(130) Caes. b. G. 1, 10, 3.

(131) Caes. b. G. 1, 35, 2. 40, 2. 42, 3. 43, 4. 44, 5. Cass. Dio 38, 34, 3. Plut. Caes. 19, 2. App. Celt. 16.

(132) Cic. Q. fr. 1, 2, 15-16. ガイウス・カトーについては Miltner, RE 22, 106 をみよ。

(133) Cass. Dio 38, 13, 1. Cic. Sest. 55. dom. 25. Suet. Caes. 41, 3. Rostovtzeff, RE 7, 175. それでもこの点は Cass. Dio 39, 24, 1 では誤解されている。つまり、たくさんの奴隷が主人から解放され、それで彼らが穀物の扶助を得たことになっている。

(134) Cass. Dio 38, 13, 2. Cic. Pis 9 (Ascon. も参照). Sest. 34, 55. p. red. in sen. 33. Att. 3, 15, 4.

(135) Cic. Pis. 9.

(136) Cass. Dio 38, 12, 3.

(137) Suet. Caes. 41, 3. Cass. Dio 43, 21, 4 (Plut. Caes. 55, 5). App. b. c. 2, 425 は誤解している。

（138）五九年一二月一〇日以前［五八年の護民官就任以前］に、カエサルは、ポンペイウスのように、キケロをクロディウスから護ってやるとキケロに約束していた（Q. fr. 1, 2, 16. vgl. Cass. Dio 38, 16, 1）。

（139）Suet. Caes. 23, 1. Ner. 2, 2. Cic. Sest. 40.

（140）Cic. Vat. 15. カエサルは、「農地法」を支持して、次のことがその法的有効性を認めさせる点だとした。すなわち、カトーをも含めたすべての元老院議員が、誓いを立ててそれを守るのを自己の義務としたということである。この点はすでに、Cic. Sest. 61 からも認められる。

（141）Cic. Vat. 35.

（142）Suet. Caes. 23, 1.

（143）Suet. Caes. 73. Schol. Bob. zu Sest. 40. Vat. 15. 戦争報告書［『ガッリア戦記』、『内乱記』などのこと］の他にこういった演説を読むことができるならば、そのためにどんな犠牲を払ってもよかろう！

（144）Cic. dom. 24. 55. 60. 70. 124. Sest. 24. 53. 55. p. red in sen. 18. Pis. 37. 57. prov. cons. 3–12. Att. 3, 1. Plut. Cic. 30, 2. v. ill. 81, 4.

（145）Cass. Dio 38, 14, 4–7. 16, 4. Cic. Att. 3, 8, 4. 9, 2. 14, 1. 15, 5. 4, 1, 1. Q. fr. 1, 3, 6. fam. 14, 3, 1. Sest. 25–32. dom. 5, 54.

（146）Cic. p. red. in sen. 13. Sest. 33.

（147）Cic. p. red. in sen. 17. Pis. 14. Cass. Dio 38, 16, 6.

（148）Cass. Dio 38, 17, 1–2. Plut. Cic. 30, 3–5. Cic. prov. cons. 41. Pis. 79.

（149）Cic. Pis. 77. Att. 10, 4, 3. Cass. Dio 38, 17, 3.

（150）Cic. Sest. 41. Cass. Dio 38, 17, 3.

（151）Cic. Sest. 39–40.

（152）Cic. Att. 3, 1（三月中旬）. Vell. 2, 45, 1. Plut. Cic. 31, 5–32, 1. Cass. Dio 38, 17, 4–7. Cic. dom. 47. 50. 95. 129. har. resp. 11. その他多くの箇所で、キケロの話は、自分にとってすこぶる悲痛なこの事件に立ち戻る。Gelzer, RE 7A 916–917. Gelzer, Pompeius^{2}, 142/3［邦訳一一四頁以下］.

（153）Caes. b. G. 1, 6, 4.

（154）Cic. dom. 23. har. resp. 58. Pis. 86. Ammian. Marc. 14, 8, 15.

（155）Cic. dom. 20. 52. Sest. 57. 59 mit schol. Bob. Cass. Dio 38, 30, 5.

（156）Plut. Cat. min. 34, 4–5. Strab. 14, 684. Liv. per. 104. Vell. 2, 45, 4. App. b. c. 2, 85（日時的には誤っているが）. Cic. dom. 22. Sest. 60–63.

第4章　執政官代理職

（1）Caes. b. G. 1, 5–6. カエサルは 1, 3–4 において、もっとも強力なヘルウェティイ人オルゲトリクスによって、六一年、移住計画が強く推し進められたことを述べている。しかし、信ずべき筋の言では［史料には、ヘルウェティイ人の信ずるところでは、とある］、この人物は六〇年に自殺して果てたという（1, 4, 4）。Cic. Att. 1, 19, 2 から分かるように、以上のような理由で六〇年三月には、ローマでは「ガッリア戦争の恐怖」が充ち満ちていた。そこで元老院はガッリアに向けて三人の使節を送った。しかしすでに五月には、おそらくオルゲトリクスの死によって危険は去ったように思われたのである（Att. 1, 20, 5. 2, 1, 11）。だからこそ、ヘルウェティイ人が五九年、それにもかかわらず計画を実行したのは、予期しないことだった（Caes. b. G. 1, 5, 1）。六〇年三月に使者に委任されたのは次の点である。「ガッリアの諸国家《キウィタテス》を歴訪して歩かせ、彼らがヘルウェティイ人と結びつかないようにするという仕事が与えられた」と［Cic. Att. 1, 19, 2］。やがて明らかになったように（Caes. b. G. 1, 9, 2）、オルゲトリクスとハエドゥイ族のドゥムノリクスとの結びつき（1, 3, 5. 18, 3–9）は、五九年にもずっと存続していた。そのようなわけで、カエサルの報告は、ガッリアの情況についての誤った見解に対しても向けられる。G. Walser, Caesar und die Germanen (Historia Einzelschriften 1, 1956), 2ff. が、ヘルウェティイ人における事の経過についての明瞭なイメージは、カエサルから得ることができないとするのは正しい。しかしカエサルは、ローマの元老院議員のために書いたのであり、また自分の政敵の広めた噂、すなわちガッリアの遠征事業は不必要な冒険であるという噂に対して書いたのである（Cass. Dio 38, 31, 1）。Mommsen, R. G. III 615/6 はこの著作をすこぶる高く評価している。ただ〝彼は民衆からの委任を受けたのであるが、その民衆に向かっての民主的な将軍の戦争報告〟［邦訳、IV

536〕という定式化を行なうのは不適切である。〝ローマの民衆〟つまり「都市の大衆《プレブス・ウルバナ》」〔首都の一般市民〕は本など読まなかったからである。私は Vom röm. Staat 1, 37〔=Kl. Schr. II 9f.〕およびカエサルの作品抜粋（Heidelberger Texte, Lat. Reihe 1, 1957）の序文（18）で、ヒルティウスがカエサルについて述べた箇所（b. G. 8, 52, 4）を参照するように指示した。「つまり彼は、元老院議員が自由に投票〔判決〕すれば、裁判に容易に勝てるだろうと判断した〔國原訳。元老院議員の採決が自由に行なわれるなら、自分の主義主張は容易に支持票を得られると考えていたの意〕」。カエサル自身は、b. c. 1, 9, 5で「イタリアではすべての人が武器を下に置くべきである。市民全体〔首都〕から恐怖が取り除かれねばならない。自由な選挙が行なわれるべきであり、国事のすべては元老院とローマ国民の手に委ねられるべきである」と言ったとする。John H. Collins, Propaganda, Ethics and Psychological Assumptions in Caesar's Writings (Diss. Frankfurt a. M. 1952) が問題をすべて徹底的に、また近代史・現代史から類推することにより取り扱っている。

　本書のタイトルにふさわしく、戦争の歴史はほんの簡単にしか取り扱わない。戦史のための基礎的な著作は、次の通りである。T. Rice Holmes, Caesar's Conquest of Gaul², 1911. Ancient Britain², 1911. その独訳版は Caesars Feldzüge in Gallien und Britannien², 1913 (W. Schott と F. Rosenberg). The Roman Republic and the Founder of the Empire, II III, 1923. Camille Jullian, Histoire de la Gaule, III, 1920.

（2）Caes. b. G. 1, 29, 3. Julius Beloch, Die Bevölkerung der griechisch-römischen Welt (1886), 229. E. Kirsten, Raum und Bevölkerung in der Weltgeschichte I (1956), 229は「多くの疑問にもかかわらず、またこういった大群の行進および糧食の問題の困難さにもかかわらず、この数は信頼に足るものとみられ、この場所のもつ生産能力〔むしろ、収容能力〕に適合していると考えられる。人口密度は、平方キロあたり一〇人だっただろう」とする。

（3）Caes. b. G. 1, 7, 1-10, 1. Cass. Dio 38, 31, 2-32, 3.

（4）Caes. b. G. 1, 10, 1-2. なお Cass. Dio 38, 32, 3では、カエサルにとって干渉する義務があることは、そうしなければハエドゥイ族やセクアニ族がヘルウェティイ族と結びついたであろうとの所見からも一層正当化される。〝危険な隣人〟という原則は、まず Pol. 1, 10, 6にみられるし、これはファビウス・ピクトルによるものだろう（Gelzer, Hermes 68 (1933), 137. 163〔=Kl. Schr. III 59f. 88f.〕）。さらなる証拠は、Gelzer, Die Anfänge des röm. Weltreichs (1940) = Vom röm. Staat I (1943), 45〔=Kl. Schr. II 16f.〕をみよ。Augustin. civ. dei 4, 15には、「悪しき隣人を戦いで圧伏するよりも、良き隣人と相結んで一つになってやってゆく方が、もちろんずっと幸福なことである」とある。Liv. 42, 52, 15でペルセウスは次のように言う（おそらくポリュビオスによる）。「ローマ人が彼の父と戦争を行なっていたとき、彼らはギリシアの自由というもっともらしい口実を持ち出した。でも今や明らかに、彼らはマケドニアを奴隷にしようと求めたのである。そうすればローマ帝国《インペリウム・ロマヌム》〔ローマの支配圏〕に隣する王なるものは存在しなくなり、戦いに勇名を馳せた民族も武器を取れなくなるからである」と。Plut. Caes. 19, 2.

（5）Caes. b. G. 1, 10, 3. Vgl. 5, 24, 4（おそらく五五年）.

（6）Gelzer, Gnomon 1 (1925), 272〔Täuber, Bellum Helveticum の書評〕. Suet. Caes. 24, 2に、「これに勇気づけられて（ポンペイウスとクラッススを信頼して）彼は、国家から委ねられた正規軍団に、自己負担の軍団を付け加えた」とあり、Cic. Pis. 37には、「あなたはあれほどの大軍をもっていたのだ。あなたに、元老院あるいはローマ国民が与えただけのものでなく、自分が勝手に徴募したものなのだ。あなたは国庫を空にしてしまったのだ。執政官格の属州で、軍隊のもと、命令権をもって、いったいいかほどの事を成し遂げたのか?」とある。

（7）Caes. b. G. 1, 8, 3. 12, 5-7. Collins a. O. 27には賛意を表するわけにはいかない。カエサルが五八年のこの二つの作戦行動を、上に述べた理由からあれほど詳細に根拠付けていることについて、Klotz に対して Collins は異論を唱えるが。しかし Collins が37で、ローマ人が蛮族に対する出兵を〝戦争責任問題〟という視角では考えなかったことを強調するのは正しい。しかし、カエサルに対して準備されていた大逆罪裁判に政敵が持ち出そうと狙っていた係争点を、カエサルがはじめから失効させていることを、Collins は評価しない。こういった訴訟についてカエサルは、ファルサロスの戦場で次のように発言している。「こうなったのも奴らの欲したことなのだ。どんな大事業を成し遂げていても、いかにこのガイウス・カエサルといえども、軍隊の助けが求められなかったならば、空しく有罪判決［死刑宣告］を受けていただろうから」と（Suet. Caes. 30, 4. Plut. Caes. 46, 1）。いかなることが計画されていたかを、Suet. Caes. 24, 3 は示す。「それ以後カエサルは、正当なものでなかろうが、危険であろうが、どんな戦争の機会も逃さず、敵愾心に燃えた野蛮な部族に対してはもちろん、同盟部族に対しても進んで戦いを挑んだ。そのため元老院も一度はガッリアの状況を視察する使節の派遣を決議し、カエサルを敵の手に委ねることを主張する者さえ出たほどだった」と（この最後の文句は、Plut. Caes. 22, 4 によればタヌシウス・ゲミヌスから出たもの。App. Celt. 18, 2. Münzer, RE 4A, 2231）。とくに重要なのは、ガビニウスがコルネリウス大逆罪取締法［スッラの制定した法］とユリウス不当利得返還についての法［執政官カエサルの提案した法］に対する違反で告発されたことである。Cic. Pis. 49–50 には、「彼はエジプトにやってきた。アレクサンドリアの人と一戦交えた。いつ、この身分あるいはこの民族《ポプルス》がこの戦争にあえて乗り出したのか？……私は不問にしたい。彼が属州［すなわち自分の管轄範囲］の外に出、軍隊をそこから連れ出したこと、自分の一存で戦争を遂行し、ローマ国民や元老院の許可［命令］なしで王国内に侵入したことを。このようなことを、多くの古来の法のみか、とくに大逆罪についてのコルネリウス法、不当利得返還のユリウス法が禁じているのは全く明らかだったが」とある。

（8）Caes. b. c. 1, 13, 1 でアウクシムムの長老会は、「自分たちも、他の町の市民たちも、このような大事業を果たして国家のためにすこぶる功績のあった大将軍《インペラトル》ガイウス・カエサルに〈城門を開かず〉自分たちの都市と城壁を閉鎖したままにしておくには、どうしても忍びない」と言う。9, 2 では「常に自分［カエサル］には威信《ディグニタス》が第一にあり、それは生命そのものよりも大事なものだった。自分にローマ国民が与えてくれた特典［格別の恩恵］が政敵たちによって不名誉にももぎ取られるのが、自分の心を悼ましめるものだった」とする。Cic. Pis. 81 には「彼はこれほどの大事業を果たしたのだし、まだ今も日々果たしつつあるので」とある（五五年）。キケロは Brut. 262 で「自分のなした業績の覚え書き」（fam. 5, 12, 10）という彼独自の考えにふさわしく、歴史記述的なカエサルの目論みをあまりにも強調しすぎたのであろう。「彼の狙いは、歴史を書こうとしている人に役に立つ材料を供給してやることだった」。これはもちろん間違ってはいない。そして、彼の著書はのちの時代にもそういった意味での影響を与えた。カエサルは、ポンペイウスのようにテオファネス［ポンペイウスの側近、伝記作家］のごとき人物を必要とはしなかった。しかしそれはなによりも、まず同時代人を対象とした公表物だったのであり、われわれとしては、彼の報告を、当時、元老院、国民［民会］、法廷で行なわれた演説の「物語り＝陳述」というふうに理解しなければならない。もっともそこでは、非党派的な真実などだれも期待してはいない。きっと現代の歴史家は、そのために〝信憑性〟の検証を止めはしないだろうが、M. Rambaud, L'art de la déformation historique dans les Commentaires de César, 1953 のように、歴史的なデフォルメについて弾劾的な調子で語るべきではない。J. H. Collins, Gnomon 26 (1954), 537ff. と J. P. V. D. Balsdon, JRS. 45 (1955), 161ff. をみよ。ヒルティウスによって確認された（b. G. 8, praef. 6）〝無造作に、そして迅速に〟書くことが、そのような精妙に磨きをかける技術を締め出していること、また同時代人が、ガッリアでの事の成り行きを、決してただカエサル自身を通してしか知らなかったのではないということ、この点を私［ゲルツァー］は注意したことがある（Gelzer, HZ 178 (1954), 453［＝kl. Schr. II 290］）。キケロの主張によれば、ピソは元老院に全く報告を送らなかった（Pis. 38–40）。ところがキケロは、それにもかかわらず彼の失敗と罪状を詳細に描くことができたのである（Pis. 83–93）。

（9）Caes. b. G. 1, 10, 5–11, 6. Cass. Dio 38, 32, 2–3 は相違している。カエサルは、今や Cic. r. p. 3, 35 が次のように定式化した原則に従った。「だが、わが国民は、同盟者を守ることによって今や全世界の支配を得たのである」。Gelzer, Vom röm. Staat, I 33–35. 145–147［両箇所が Kl. Schr. II 6–8 に］. 引用箇所にはさらに、Plaut. Cistell. 199/200 に「古いものだろうが、新しいものだろうが、汝の同盟者をしっかりとらえよ。汝らの正しいやり方で補助軍を増やせ」とある。Cass. Dio もこの原則を適用している（38, 36, 5. 39, 3）。六一年の元老院決議は、初めて Caes. b. G. 1, 35, 4 に述べられる。Caes. b. G. 1, 43, 7. 8 では、〈カエサルが〉「ローマ国民はいつも、同盟諸国や友邦が本来もっていたものを何一つ失わないばかりか、尊厳、威信、名声の増大するのを望んでいる。これがローマの伝統なのである」と述べている。

（10）Caes. b. G. 1, 16, 5–18, 10.

（11）Caes. b. G. 1, 12–14.

（12）Caes. b. G. 1, 15–20.

（13）Caes. b. G. 1, 23–26, 5.

（14）Caes. 1, 26, 5–29. Cic. Balb. 32（五六年）では、「というのは一種の同盟が存在していたのであり、それはケノマニ族、インスブレス族、ヘルウェティイ族、そしてイアピュデス族、それからまたガッリアの蛮族のいくつかと結ばれたのであった。この同盟のなかでは、彼らのうちのいかなる人といえども、われわれによりローマ市民団に入れられてはならない、という〈特別な条件付きの例外〉規定があるのだ」とされる。これによれば、カエサルは三世紀の古い条約の取り決めを採用したのである。

（15）これについては Walser, Caesar und die Germanen, 8ff.

（16）Caes. b. G. 1, 30.

（17）Caes. b. G. 1, 31.

（18）Caes. b. G. 1, 36, 7. Walser, a. O. 26, 6 のように、この叙述を虚構として除く根拠は、私としては見出せない。

（19）Caes. b. G. 1, 40, 2.

（20）Caes. b. G. 1, 44, 10 をみよ。

（21）Caes. b. G. 1, 33. Cass. Dio 38, 34, 1–4.

（22）Caes. b. G. 1, 34–37. Cass. Dio 38, 34, 5–6. なお Caes. b. G. 1, 36 で、アリオウィストゥスに言わせた返答は〝非歴史的〟、〝カエサルの創作〟、〝ローマ的な修辞の純粋な産物〟であると Walser, a. O. 27 が書いても、私は彼の見解を誇張とみたい。そこには返答を真実とするあらゆる可能性が含まれているからである。Walser（28）が正当にも真の伝承と認めたディオの異文は、カエサルが彼［アリオウィストゥス］を挑発したことを示している。

（23）Caes. b. G. 1, 38.

（24）Caes. b. G. 1, 39–41, 3. Cass. Dio 38, 35–46. なお Caes. b. G. 1, 39, 2 によれば、恐慌は、「高級将校や援軍の隊長、そして友情《アミキティア》［國原訳の愛顧の方が適訳だが、ローマにおけるアミキティアは独特の意味・内容をもっているので、原表現の想定できる訳にした。以下も同様な含みをもつ訳語を考えてゆく］を頼みに、首都ローマを出てカエサルについてはきたものの、軍事にはたいして経験のない人たち」から起こった。彼らの口実がそれに付いている。Cass. Dio 38, 35, 2 は異文を示す。兵士たちの間では（38, 37, 1）、正しくもないし、元老院や国民［民会］によって取り決められたのでなく（38, 41, 1）、ただカエサルの名誉欲に奉仕するような戦いに自分たちは出陣したくないと思っている、というような声が沸き上がったとする。Caes. b. G. 1, 40, 1 のように、ディオは（38, 35, 3）カエサルが全将校、百人隊長を会議《コンシリウム》［戦術会議］に招集したとしている。しかし、すこぶるトゥキュディデスを模倣して飾り立てられたカエサルの大演説は、将校連中に向かい（38, 37, 3. 46, 2）、彼らがどのようにして兵士たちに戦争のもつ必然性を納得させるべきかを教示するものである。第十軍団へのアピールは、Caes. b. G. 1, 40, 15 と Cass. Dio 38, 46, 3 だけが一致している。Ed. Schwartz, RE 3, 1707 は、カエサルに不利なディオの異文をリウィウスに遡らせている。リウィウスが自分より古い証人に従っているならば、その場合だけ、これは真正の伝承とみなすことができよう。Walser, a.

O. 28, 2 は、アシニウス・ポリオがその証人であると想定している。私の推定が許されるなら、次の通りである。ローマにいるカエサルの政敵が、カエサルの本陣にいた自分たちの親戚や友人から受け取った便りが、そのなかに余韻を残していたとするならば、それは、彼らの〝国法的な〟心配に言及することなく、この連中を臆病者として天下の笑い者にする形で、カエサルがその通信を独特な意地の悪い調子で発送させていたからである。国法上の不安とは、ローマ国民の第一人者たち《プリンキペス・ポプリ・ロマニ》［指導者たち］がアリオウィストゥスと連絡をとっていたという Caes. b. G. 1, 44, 12 の記事に照応するものだが、おそらく、リウィウスも演説を示し、そしてディオがそれから多くを引き出したのであろう。

（25）Kromayer-Veith, Schlachtenatlas zur antiken Kriegsgeschichte (1922), 70. Kartenblatt 15. カエサルの報告はいろいろと推測させる余地を残している。古い推定は、C. Jullian, Hist. de la Gaule, III 231, 4. 最近では R. Schmittlein, La première campagne de César contre les Germains (1956) が戦闘の場をベルフォールに移しているが、私としてはこれは、ただ J. H. Collins の書評 Gnomon 30 (1958), 300ff. から分かったにすぎない。

（26）Caes. b. G. 1, 42-45. Cass. Dio 38, 47, 3-4.

（27）Caes. b. G. 1, 46-47.

（28）Caes. b. G. 1, 48-49. Cass. Dio 38, 48, 1-3 には少々差異あり。

（29）Caes. b. G. 1, 50-53. Cass. Dio 38, 47, 4-50. Frontin. 2, 6, 3 はおそらく、Cass. Dio 38, 50, 4 に報告された車陣［車を積んで防壁とする陣］のまわりの戦闘を暗に引き合いに出しているようである。しかし決して、Walser, a. O. 26, 6 のようにカエサルに矛盾するものとは解されない。Oros. 6, 7, 8-10.

（30）Caes. b. G. 1, 51, 2. 4, 10, 3. Strab. 4, 193. Plin. n. h. 4, 106. Tac. Germ. 28, 5. Ptol. Geogr. 2, 9, 9.

（31）Plut. Caes. 20, 1-3.

（32）Cic. Att. 3, 8, 3. dom. 66. Ascon. in Mil. 37. Cass. Dio 38, 30, 1-3.

（33）Cic. Att. 3, 15, 4-5. Plut. Pomp. 49, 4.

（34）Cic. Att. 3, 18, 1.

（35）Cic. Mil. 37 (Ascon. も参照). Sest. 69. Plut. Pomp. 49, 2-3.

（36）Cic. dom. 40. har. resp. 48.

（37）Cic. Att. 3, 23, 1. p. red in sen. 8.

（38）Cic. Sest. 71.

（39）Cic. Att. 4, 1, 4.

（40）Cic. prov. cons. 43. har. resp. 46. Balb. 59. Pis. 80. fam. 1, 9, 9. Cass. Dio 39, 10, 1. Gelzer, Klio 30 (1937), 7 [=Kl. Schr. II 234f.].

（41）Caes. b. G. 2, 1, 1. Cass. Dio 39, 1, 2.

（42）Caes. b. G. 2, 2, 1.

（43）Suet. Caes. 24, 2.

（44）Caes. b. G. 2, 2, 2-4.

（45）Caes. b. G. 2, 3, 1-5. 1. 6, 12, 7-9. Cass. Dio 39, 2, 3.

（46）Caes. b. G. 2, 5, 2-11, 6. Cass. Dio 39, 1, 3-2, 2. Plut. Caes. 20, 5.

（47）Caes. b. G. 2, 13, 1-15, 2.

（48）Suet. Caes. 25, 1. Caes. b. G. 7, 76, 1.

（49）Caes. b. G. 2, 25, 2. Plut. Caes. 20, 8. Flor. 1, 45, 4. Oros. 6, 7, 16. Val. Max. 3, 2, 19.

（50）Caes. b. G. 2, 15, 3-28, 3. なお 28, 2 によればネルウィイ族の使者は、六〇〇人の長老中わずか三人、武装能力者六万のうちたった五〇〇人しか残っていない、と主張した。5, 38, 4ff. によれば、これは誇張であった。7, 75, 3 によれば、五二年には彼らは六〇〇〇人の兵を出したことになっている。

（51）Caes. b. G. 2, 29, 1-33, 7. アトゥアトゥキ族もまた、五四年には再び戦闘能力があった。Cass. Dio 39, 4.

（52）Caes. b. G. 2, 34-3, 6, 5. Cass. Dio 39, 5, 2-4.

（53）Caes. b. G. 3, 7, 1.

（54）Caes. b. G. 2, 35, 4. Cic. prov. cons. 27. Balb. 61. Pis. 45. 59. Cass. Dio 39, 5, 1. Plut. Caes. 21, 1-2.

（55）Cic. Vat. 15. なお dom. 39-40 も参照。

（56）Cic. p. red. in sen. 19-20. ad Quir. 15. Sest. 84. 90. 92. Cass. Dio 39, 8, 1.

（57）Cic. dom. 25. Vell. 2, 45, 3.

（58）Cic. p. red. ad Quir. 17-18. Sest. 143. Gelzer, RE 7A, 933.

（59）Cic. Att. 4, 1, 6-7. dom. 3. 16-19. Cass. Dio 39, 9, 1-10, 1. J. Béranger, Recherches sur l'aspect idéologique du principat（1953）, 189. 191, 135 は、穀物の配慮《クラ・アンノナエ》［穀物の調達・供給］は共和政的な国法では考えつかないことである、と述べる。配慮《クラティオ》については Cic. dom. 14. leg. agr. 2, 17. August. r. g. 5.

（60）Cass. Dio 39, 25, 1-2.

（61）Cic. Q. fr. 2, 1, 1 には、「ルプスの言葉にはカエサルに突きささる針がずいぶんとあり、ゲッリウスに対する侮辱の言があり、欠席していたポンペイウスには抗議・強要するところがあった」とある。なぜルプスが、八〇歳になんなんとする執政官格の人物ルキウス・ゲッリウス・ポプリコラをひどく取り扱ったか、その理由がわれわれには分からない。Plut. Cic. 26, 4 によれば、ゲッリウスは五九年に、自分の目の黒い間はカンパニアの土地は分割させないぞと言ったという。やはりルプスが、ポンペイウスに反対して持ち出した苦情がどのような種類のものだったかも、はっきりとは解明されない。ポンペイウスが今どういう具合であるのか暴露しようと思った、と考えられよう。というのは、五六年一月一三日、ルプスが元老院で次のような提案を行なったからである。すなわち、王プトレマイオスの連れ戻し［復位］をポンペイウスに委託すべし、と。このことはポンペイウスの友人仲間に歓迎されるところになった（fam. 1, 1, 3. なお Q. fr. 2, 2, 3 も参照）。Justinus Klass, Cicero und Caesar（1939）, 91, 52. 92, 58 は、この点に注意を払わなかった。したがって、キケロの五六年四月五日の提議（fam. 1, 9, 8）についての判断も（a. O. 125ff.）正しくない。ポンペイウスは、自分の本当の望みをごまかす才能の点では達人だったのである。五六年一月一四日、キケロは元老院の会議の後、彼のもとで一緒に食事し、このことについてキリキアの執政官代理＝総督プブリウス・レントゥルス・スピンテルに報告した。スピンテル自身がこのような〈プトレマイオス復位の仕事を〉委任されたいと望んでいたのである。「個人的に彼［ポンペイウス］のことを彼自身に聞いてみますと、貪欲さについての疑念などすべて、彼から全く吹き飛ばしてやりたいくらいです。一方あらゆる身分出身の彼の友人を観察しますと、私によく分かるのは次のことです。今となってはすべての人に明らかなことですが、この一件は全体が、すでに永らく、王自身およびその顧問の長老［王の助言者］に黙認されて、ある一定の人たちにより腐敗・堕落したものになっていたということです」と（fam. 1, 2, 3）。J. P. V. D. Balsdon, Historia 1（1950）, 298.

（62）これと関連のある記述 Cass. Dio 39, 12, 1-16, 3 は、キケロの fam. 1, 1, 2. 4, 5a. 5b. 7, 2-6. Q. fr. 2, 2, 3. 3, 2 の報告により裏書きされる。とりわけその雰囲気全体について目に見えるように述べられているのは、Cael. 23-24. 51-55. Q. fr. 2, 8, 2［流布本 2, 9, 2＝岩波本（以下、『キケロー選集』（岩波書店）をこのように略記）Nr. 12］. Strab. 17, 796. Plut. Cat. min. 35, 4-7. Pomp. 49, 9-14. Fenestella frg. 21（Peter［＝HRR］）. Dio Prus. 32, 70.

（63）Cic. Q. fr. 2, 3, 3-4. 4, 5-6［流布本 2, 5, 4-5＝岩波本 Nr. 9］. Plut. Pomp. 48, 11-12. Cass. Dio 39, 19, 1-2.

（64）Suet. Caes. 23, 2. Plut. Caes. 20, 2. Pomp. 51, 3.

（65）Cic. Balb. 56. 63 には、「今はおそらく彼が、その利益のかなりの分け前にあずかっているのだろう」とある。Att. 7, 7, 6.

（66）この滞在のことがわれわれに分かるのも、サロナの碑文の断片による。それは、つい最近ようやく M. Abramić が、Bulletin d'archéologie et d'histoire dalmate 46（1923）, 3ff.［英訳では D. Rendić-Miočević, Studi Aquileiesi offerti a Giovanni Bursin（Aquileia 1953, 67ff.）］に発表したものである。五六年三月二日、イッリュリクムに属する島嶼の共同体イッサ（ウィス、リッサ）の使者が大将軍《インペラトル》ガイウス・カエサルに向かい自分たちの自由、友情、ローマ国民との同盟について交渉したことが証明される。その際、ローマ市民ガイウス・ガウェニウス（ガビニウス？）が代表発言をしている。第一行目は次の通りである。「グナエウス・レントゥルス・マルケッリヌスとルキウス・フィリップスの執政官のとき、三月二日にイッサで全権大使（神祇官？）ゾピュロスに……」。使者の名前の後、一〇行目には、「アクィレイアで、大将軍《インペラトル》ガイウス・ユリウス・カエサルに向かって、ガイウスの息子ガイウス・ガウェニウスが、ファビウスにイッサの自由と、ローマとイッサの友好関係について話をした」。断片Bの五行目には「友好関係と同盟を……」とある。

イッサについてはFluss, RE Suppl. 5, 349. カエサルは四九年のこととしてb. c. 3, 9, 1で、次のように報告する。ポンペイウスの艦隊司令マルクス・オクタウィウスがサロナに着いた。「その地で彼はダルマティア人およびその他の蛮族を唆し、イッサにカエサルとの友好関係を放棄するようにさせた」と。B. Alex. 47, 4では、ウァティニウスは四七年オクタウィウスに打ち勝ち、イッサに向かう。「ウァティニウスがそこにやってきたとき、町の住民は哀願するかのように彼に降伏してしまった」とある。なおR. Syme, Historia 7 (1958), 178, 3は、碑文ではカエサルに大将軍《インペラトル》の称号が与えられているが、それはカエサルが『ガッリア戦記』で言及する価値があるとはみていないことなのだ、と述べている。キケロは五四年にfam. 7, 5で、彼に向かい、もちろんインペラトルと書いている。

（67）Cic. Vat. 38.
（68）Cic. Vat. 38.
（69）Suet. Caes. 24, 1. Plut. Cat. min. 41, 3. ドミティウス・アヘノバルブスはカトーの義弟［カトーの妹ポルキアを娶る］。
（70）Cic. Vat. 16-18. 23. 35には「ではあなたは実際に祖国の裏切り者なのだろうか？」とある。36. 39.
（71）Cic. Q. fr. 2, 4, 5［流布本2, 5, 3＝岩波本Nr. 9］.
（72）Cic. Q. fr. 2, 5, 1［流布本2, 6, 1＝岩波本Nr. 10］. fam. 1, 9, 8-9.
（73）Cic. fam. 1, 9, 9.
（74）Cic. Q. fr. 2, 5, 3［流布本2, 6, 3＝岩波本Nr. 10］.
（75）Cic. fam. 1, 9, 9. Plut. Crass. 14, 6が、三頭同盟者は証人を列席させずに討議しただろうということを強調しているのは正しい。それに対して、Plut. Caes. 21, 5. Pomp. 51, 4. App. b. c. 2, 62では、やはり他の訪問者の群れのことが知られている。たくさんの総督がいたので、先導吏の数は一二〇人になり、また元老院議員は二〇〇人を越えた、とする。Plut. Caes. 21, 5は、サルディニアの執政官代理＝総督アッピウス・クラウディウス・プルケルとヒスパニア・キテリオル（此方のスペイン）の執政官代理＝総督クィントゥス・メテッルス・ネポス（Cass. Dio 39, 54, 1-2）の名を挙げている。アッピウス・クラウディウスについては、Cic. Q. fr. 2, 4, 6［流布本2, 5, 4＝岩波本Nr. 9］が三月に、「アッピウスはまだカエサルのところから帰っていない」と報告している。いずれにせよ、当時カエサルはまだルカにはいなかった。とすれば、このようにたくさんの元老院議員がルカに一斉にやってきたというのは、ひどい誇張のように思われる。一二〇人の先導吏などとりわけ然りである（Mommsen, RStR. 1 382ff.）。注目すべきは、そもそもCass. Dio 39, 26, 3ではポンペイウスがカエサルと合意したのが見落とされていることであろう。ディオが主張しているのは、ポンペイウスはカエサルに抗してクラッススと結んだということである。
（76）Suet. Caes. 24, 1.
（77）Plut. Pomp. 51, 5. Cass. Dio 39, 31, 2.
（78）Plut. Caes. 21, 6. Pomp. 51, 5. App. b. c. 2, 63.
（79）史料的には必ずしも矛盾なく伝えられているのではないことを、ここに示したように把握し、そのための根拠付けを、一論文Gelzer, Hermes 63 (1928), 125ff［＝Kl. Schr. II 216ff.］で行なってみた。なおGelzer, Pompeius^{2} 152［邦訳一二四頁］をみよ。論争を呼ぶこの問題についての、数多くの学術的な論文の慎重な批判は、J. van Ooteghem, Pompée le Grand, Bâtisseur d'empire (1954), 470ff. の示すところである。最近のものとしては、詳細な論文P. J. Cuff, Historia 7 (1958), 445ff. をみよ。もっとも彼は、なんら根拠となる確かな目新しい点を提示してはいないようである。その四五一頁に対しては私の論文“Das erste C(K)onsulat des Pompeius und die Übertragung der großen Imperien” (Abh. Berlin 1943, 1), 38ff.［＝Kl. Schr. II 184ff.］を参照してほしい。L.

Wickert, RE 22, 2276-2278.

(80) Plut. Cat. min. 41, 2. なお Flor. 2, 13, 11-12. 15 も参照。

(81) Suet. Caes. 24, 1.「彼は自分の統治する属州の都市ルカにクラッススとポンペイウスとを呼び寄せ……」。これについては W. Steidle Suet. und die antike Biographie (1951), 41.

(82) Plut. Pomp. 50, 1.

(83) Cic. Q. fr. 2, 6［流布本 2, 7＝岩波本 Nr. 11］. fam. 1, 9, 9-10.

(84) Cic. fam. 1, 7, 10. prov. cons. 28. Balb. 61. Cass. Dio 39, 25, 1 は、征服した属州の新秩序設定のための元老院の使者として、一〇人の副司令《レガトゥス》＝総督代理について述べている。Balb. 61 の「大将軍《インペラトル》には一〇人の副司令＝総督代理を認めた」とは、応急処置と理解されよう。しかし prov. cons. 28 によれば、むしろ副司令を任命できる全権がカエサルに委ねられたと考えるべきであろう。そうすることで、Cic. Vat. 35 が厳しく非難するような、ウァティニウス法のもつ国制侵害も償いを付けられたのである。

(85) Cic. Balb. 61. Plut. Caes. 21, 7.「カエサルの職務行為［処置］」の問題については、Cic. prov. cons. 43-45. fam. 1, 9, 14 をみよ。

(86) Cic. prov. cons. 36-37.

(87) Suet. Caes. 24, 1. Plut. Cat. min. 41, 3. 彼の祖父は、グナエウス・ドミティウス・アヘノバルブス、すなわち一二一年の執政官代理として、執政官のクィントゥス・ファビウス・マクシムス・アッロブロギクスと一緒に、アッログロゲス人とアルウェルニ人に対して勝利を収めた人物だった。Münzer, RE 5, 1323.

(88) Cic. prov. cons. 17. 36. 39.

(89) Cic. Att. 4, 5, 1. Gelzer, RE 7A, 943.［J. P. V. D. Balsdon, JRS. 52 (1962), 139 に反して（英訳の付加）］

(90) Cic. prov. cons. 29. 32. とくに 33 には、「元老院議員諸氏よ。われわれがこれまでに持っていたのは、ガッリアの単なる小道にすぎなかったのである。残りの地域は、さまざまな部族によって占められていた。その連中たるや、わが支配の敵であったり、不忠実な輩だったり、［あるいはわれわれによく知られていない輩、］またはともかく獰猛で野蛮、好戦的として知られた連中だった。これまでいかなる人といえども、その連中が圧しつぶされたり、従属させられたりするのをみられるとは望めなかった部族なのである」とある。34-35.

(91) Caes. b. G. 3, 9, 10.

(92) Caes. b. G. 3, 9, 1. Cass. Dio 39, 40, 3.

(93) Caes. b. G. 3, 11, 5. Münzer, RE 2A, 1446. Suppl. 5, 370. Röm. Adelsp. 273.

(94) Caes. b. G. 3, 7, 4-16, 4. Cass. Dio 39, 40, 1-43, 5. Cic. Balb. 64. P. Merlet, RE 8A, 742-752. キウィタス〈と呼ばれるもの〉は、帝政期にも存続した (Plin. n. h. 4, 107)。

(95) Caes. b. G. 3, 17, 1-27, 2. Cass. Dio 39, 45, 1-46, 4.

(96) Caes. b. G. 3, 11, 1-2.

(97) Caes. b. G. 3, 28, 1-29, 3.

(98) Caes. b. G. 4, 6, 1. 5, 1, 1.

(99) Cass. Dio 39, 27, 1-30, 4. Plut. Pomp. 51, 6-8. Cic. Att. 4, 5, 2（五六年六月）には、「何の力もないあの連中が、私に情愛を傾けようとしないのだから、私としては何か力を持った人たちから愛顧を得るように努めたいと思う」とあり、fam. 1, 7, 10（五六年七月［キケロからレントゥルス宛］）では「つまり、資力、軍事力、権力において優れた側［三頭政治家側］が、反対勢力側の愚昧さと無定見さのおかげで、今や権威《アウクトリタス》［道義性と訳す人も多い］の点でさえはるかに相手に優っているようにしてしまっている、と思えるのです」とされる。また、har. resp. 55（五六年八月）には「議論する余地もなく力の点で優っている人たちは……」とある。fam. 1, 8, 1（五五年一月）には「少なくともこの件（国家全般の問題）が、たしかにわれわれの友人たちの掌中にあるというのは明らかですし、しかもこのところ、われわれの生きている間に決して変化が起きるようなことはあるまいと思われるほど、彼らの力は強いのです」とあり、Q. fr. 2, 8, 3［流布本 2, 8, 3＝岩波本 Nr. 13］（五五年二月）には「要するに、万事は彼らの意のままであり、それを世の人すべてが認めるのを望んでいるのです」とある。

(100) Cic. Balb. 17.

(101) Cass. Dio 39, 31, 2. このような賜暇を彼は 39, 5, 3 でも報告している。おそらく、Caes. b. G. 3, 2, 3 の「なお多くの者がめいめい必需品を探すために派遣されていた」というのと並んで、同じくこれは独立した史料であろう。Cic. Q. fr. 2, 7, 2［流布本 2, 8, 2＝岩波本 Nr. 13］(五五年二月）では、キケロはプブリウス・クラッススとローマで彼の父［三頭政治家のクラッスス］の家で会っている。「この会話には、君も知っているように、私を熱烈に支持する彼の若い方の息子プブリウス・クラッススも同席していた」(Brut. 281 参照)。

(102) Cass. Dio 39, 31. Plut. Cat. min. 41, 3-42, 1. Pomp. 52, 1-2. Crass. 15, 4-7. App. b. c. 2, 64. Cic. Att. 4, 8a, 2 は、(平民?-) 競技祭への言及から、たしかに五六年一一月のもの［Shackleton Bailey, Cic. Att. II App (1965) 参照］。

(103) Cic. Q. fr. 2, 7, 3［流布本 2, 8, 3＝岩波本 Nr. 13］. Cass. Dio 39, 32. Plut. Cat. min. 42, 2-6. Pomp. 52, 3.

(104) Cass. Dio 39, 33, 2. 34. Plut. Pomp. 52, 4. Cat. min. 43, 1-7. Crass. 35, 3.

(105) Cass. Dio 39, 36, 2. その前の 33, 3-4 でディオは次のように主張している。すなわち、ルカの会談を無視している彼にふさわしく、カエサルの友人たちはトレボニウス法によって突然不愉快な気持ちにさせられた、と。なお同じように間違っているのだが、カエサルの命令権《インペリウム》も三年だけ（！）延長するという約束により、執政官たちが彼らをここでようやく宥めたのであろう、という。ディオはこの話を一人の作家のなかに見出しているが、同時代人の一人が意識的にポンペイウスに有利なように事実を曲げたに違いない。Plut. Pomp. 52, 4. Cat. min. 43, 8. App. b. c. 2, 65. Vell. 2, 46, 2.

(106) Cic. Att. 4, 9, 1 (五五年四月二七日) には、ポンペイウスについて「シリアのことなど軽蔑し、ヒスパニアは放り出している……」とある。

(107) Cass. Dio 39, 39, 1-7. Cic. fam. 7, 5, 1. Caes. b. G. 6, 1, 2 (五三年）には、ポンペイウスについて「なおちょうどそのころ命令権《インペリウム》を握ったまま、国家《レス・プブリカ》のためという理由で［政治的な理由から、として解説を加えるのは國原訳『ガリア戦記』］、ローマ市の近くに滞在していたので」とある。Cic. fam. 1, 9, 20. Att. 4, 13, 2 (五五年一一月). Plut. Cic. 26, 1. Vell. 2, 48, 1.

(108) Caes. b. G. 5, 1, 1. Plut. Cat. min. 44, 1.

(109) Caes. b. G. 4, 6, 1［國原訳『ガリア戦記』当該注参照］.

(110) Caes. b. G. 4, 9, 3. 10, 1. 12, 1. 15, 2 は「モサ河（マース河）とレヌス河（ライン河）の合流点に」とする。16, 2. Holmes, Caesars Feldzüge in Gallien und Britannien (独訳 1913), 84, 1［原本 74f. 691-697］と私は見解を同じくする。少なくとも前の方に示した史料のうち最後の二つにあっては、モーゼル河［モセッラ河］が考えられているのであり、マース河ではないとみる。Flor. 1, 45, 14 が「ここでたしかにカエサルは、〈先手を取って〉モーゼル河に船橋を架けてこれを渡り、ライン河自体およびヘルキュニアの森の敵を目指したのであった」と言うように。ウビイ族を護るためにカエサルはライン河を渡ったのだが、この連中は、下マインの北側に住んでいたのである (L. Schmidt, Die Westgermanen II (1940), 209)。カエサルは b. G. 6, 9, 3 で、第二回目のライン河の架橋について、「前に軍隊を渡した場所から少し上流に」と言う。Cass. Dio 39, 47, 1 はトレウェリ族の土地と述べている。

(111) Caes. b. G. 4, 4-15. Cass. Dio 39, 47, 1-48, 2. Plut. 22, 1-5. App. Celt. 18, 1-4.

(112) Caes. b. G. 4, 16-19. Cass. Dio 39, 48, 3-49, 2. Plut. 22, 6-23, 1. Cic. Pis. 81-82 (五五年九月) では、カエサルについて「彼はこのような大事業を果たしたのだし、まだ今も日々果たしつつありますから、私としても彼には友愛の情を抱かないわけにはいきません［友人《アミクス》という表現が使用される］。私は、カエサルが命令権《インペリウム》をもっているかぎり、よじ登り乗り越えてくるガッリア人を防ぎ止めるものとしてアルプスの壁など必要はないし、また獰猛極まりないゲルマン人部族を食い止めるものとして流れの渦巻くライン河という濠も必要ありません。たとえ山が埋没することがあろうとも、流れが涸れることがあろうとも、自然の防壁ではなく、彼は自分の勝利と業績によってイタリアが確固として守られているように、彼は成し遂げたのです」とされる。ライン河への言及から、すでにその当時ライン渡河あるいはその準備の報告がローマに届いていたということも、ありそうだと思わせるものがある。

（113）Caes. b. G. 5, 12, 3-5. Strab. 4, 199. Vgl. Cic. fam. 7, 7, 1. Suet. Caes. 47 には、「真珠を求めてブリタンニアに侵入し」とある。

（114）Caes. b. G. 4, 20, 1-21, 9. 27, 2-5.

（115）Caes. b. G. 4, 26, 5. 28, 2-3.

（116）Caes. b. G. 4, 22, 3-38, 4. Cass. Dio 39, 51, 1-53, 1. Plut. Caes. 23, 2-3.

（117）Caes. b. G. 4, 38, 5. Cass. Dio 39, 53, 2. キケロは、Att. 4, 13, 1（五五年一一月一五日＝ユリウス暦で一〇月末）によれば、この元老院の会議に出席していなかった。カエサルは、ユリウス暦で九月二一日以前にブリタンニアからの帰途についていたし（Caes. b. G. 4, 36, 2）、したがって彼の遠征の報告もすでに元老院で処理されていたのである。「私［キケロ］は……元老院でひどい論戦があったと聞いているが、私がそこに居合わせなかったのを残念とも思わない。というのは、もしも出席していたならば、〈良心の上で〉支持したくもないことを支持しなければならなかったり、〈支援するのを〉拒めない人を拒まねばならなかったかもしれないからです」とされる［Att. 4, 13, 1］。

（118）Plut. Cat. min. 51, 1-5. Caes. 22, 4 はタヌシウスによってこのことが報告されていると記し、App. Celt. 18, 2 の「ある文書上の記録では」に適合する。タヌシウス・ゲミヌスについては Münzer, RE 4A, 2231. ミュンツァーはこの人物を元老院議員と推定している。Suet. Caes. 24, 3 には「それ以後カエサルは、たとえ正当なものでなかろうと、または危険であろうとも、戦争のためならどんな機会も逃さず、敵対する野蛮な部族に対するのと同じように、同盟部族に向かっても進んで戦いを引き起こした。そのため元老院も、一度はガッリアの状態を視察する使節の派遣を決議し、カエサルを敵の手に委ねることを提案する者が何人か出たほどであった」とある。これに関しては、W. Steidle, Suet. u. d. antike Biographie (1951), 42, 1. また Plut. Caes. 22, 2 と App. Celt. 18, 3 は、両者ともに、カエサルの相矛盾する陳述を、人目を惹くような「カエサルがその日誌［『ガッリア戦記』］のなかで」とか、「カエサルが、毎日の出来事を記した自分の日誌のなかで」という表現で述べていることのなかにも、史料が共通だということを示している。このことは、ある一人のギリシア人の著作家、たとえばトラッレスのアシニウス・ポッリオ（FgrHist. Nr. 193）のような人物を仲介にしているとの推論を成り立たせる。Plut. Cat. や Suet. がタヌシウスだけに遡及するものかどうかについては疑問を提出することもできよう。カトーの友人ムナティウス・ルフス（Plut. Cat. min. 37, 1. Peter, HRF. S. 83）が、カトーのこの攻撃を報告したという具合にも想定できよう。キケロによって「論戦」と述べられていることを、私としては、この経過に関連させてみたいが、この点は、前の注をみよ（Gelzer, RE 7A, 963）。〈反カエサル的な議論の〉カトーの宗教的な根拠付けは、元老院議員たちには尋常でないとは決して言えまい。二カ月前に、キケロはカエサルの舅ルキウス・ピソに反対して、同じような論証を展開したからである（Pis. 84. 85）。マケドニアの執政官代理＝総督として「デンセレタイ（デンテレタイ）族（ストリュモン河の上流に住む）に対して……君は不敬・非道で残忍な戦争をはじめ……君の悪行のため、不死の神がわが軍の兵士たちにその罪を贖わせたのである。彼らは一種の未知の病気に冒されたのであり、その上、一度こんなものに襲われた人は決して回復できなかったのである。その際、だれも疑わないことだが、客友に暴力を加え、使節を殺害し、平和裡に生きている同盟者を無道な戦争で挑発し、神域を冒瀆し、そしてこのような大きな荒廃を引き起こしたのである」とする。

（119）とくに Ed. Norden, Die germanische Urgeschichte in Tacitus Germania (1920), 87ff. が強調したように、カエサルの「覚え書き」［『ガッリア戦記』］は元老院に送られた遠征の報告が基礎になっている。しかし、カエサルが五一年一月にそれを公刊するにあたり、自分に向けられた非難・告発のために、ゲルマン人の陰険な違約への言及度を強めたように思われる。すでにCaes. b. G. 4, 4, 5でライン河左岸のメナピイ族の地への侵入にあたり、「ゲルマン人が……見せ掛けた」と記す。カエサルとの最初の討議交渉にあたり、彼らは自慢して（4, 7, 5）、スエビ族を除き「その他にはわれわれの征服できないものは、この地上には存在しない」と言う。4, 9, 3でカエサルは、彼らが三日間の休戦を願っているのは、口実にすぎず、自分たちの騎兵を呼び戻すためのものだということを認めている。同じく4, 11, 2-4に第二回目の懇願、それにもかかわらず、彼は騎兵隊長に攻撃しないように命じている（11, 6）。12, 1に、「味方は、敵［ゲルマン人］の使節が少し前にカエサルのもとを去ったばかりで、彼らの求めで、その日は休戦日だったので何の心配もしていなかった」のに、ゲルマン人が彼らに襲いかかってきたとし、12, 3-6では、ローマ側の死者七四人［騎兵とある］、そのなかには高貴なアクィタニア人が一人いた、だからカエサルは、もう「和を請いながら、偽りと待ち伏せでもって挑戦してきた連中からの使者による」（4, 13, 1）交渉には聞く耳をもたない。4, 13, 2では、敵がその騎兵で強化されるまで待つのは「愚の骨頂であると判断した」とある。4, 13, 4の「この計画を副司令《レガトゥス》＝総督代理や財務副官《クアエストル》に伝えている」とは、とくに下級指揮官たちが彼と一つになっていると いう証拠として強調され、「あくまでも偽り、欺こうと」たくさんのゲルマン人の使者が戻ってくることについて述べる。13, 5では、「できれば欺いて休戦を引き伸ばしてもらいたかったのだろう」とし、13, 6では、だから「カエサルはこれらの人たちがその身を差し出したのを喜び、それを捕らえておくように命じた」とし、14, 3では「わが軍の兵士たちは、先日の裏切り行為に憤慨し」、カエサルのスガンブリ族に対する要求は、16, 3で「自分とガッリアに挑戦した者を引き渡してもらいたい」というのであった。ちょうど今ようやく平和になったガッリアへのゲルマン人の移住が、ケルト人を反乱へと刺戟したのだろうということについては、5, 1. 6, 1. 8, 2. 13, 3. 特別に考慮に値するのが、次の結びの句にある皮肉であろう（15, 4）。「カエサルは、陣営に捕らえておいた者［ゲルマン人］に立ち去ることを許した。この連中は、自分たちがガッリア人の土地を荒らしたので、〈ガッリア人に〉殺されたり、責め苦を受けたりするのではないかと恐れて、カエサルのもとに留まりたいと言った。カエサルは、彼らに自由を認めた」。

（120）Caes. b. G. 5, 1, 1.

（121）Caes. b. G. 5, 24, 3. 46, 1.

（122）Caes. b. G. 4, 21, 7. 5, 25, 1. 54, 2.

（123）Caes. b. G. 5, 26, 2. 27, 2.

（124）Caes. b. G. 1, 3, 4. 18, 9. 20, 6. 2, 13, 1.

（125）Caes. b. c. 3, 59, 1-2.

（126）Caes. b. G. 6, 12, 7.

（127）Caes. b. G. 7, 76, 1.

（128）Suet. Caes. 57. Plut. Caes. 17, 2-7.

（129）五四年から五二年まで、キケロの弟クィントゥスは副司令《レガトゥス》＝総督代理としてカエサルのもとにいた。このことについてはCic. Q. fr. 2, 10-3, 9［ゲルツァー利用の刊本のまま。流布本では3, 7まで］。以上はすべて五四年の書簡、そして五三年のクィントゥスの手紙（fam. 16, 16）から分かる。それに加えて、書簡集にはfam. 7, 6-18という諸書簡が残っている。それは、キケロが五四年と五三年にその若い友人、後の有名な法律家ガイウス・トレバティウス・テスタに向けて書いたものである。それに先行するものとして、7, 5つまりカエサル宛の個性的な推薦状がある。トレバティウスは軍団将校《トリブヌス・ミリトゥム》ではなかった（7, 8, 1）が、カエサルは彼を、裁判の場合の顧問として意見を求めるために招いたのである（7, 10, 1. 11, 2. 13, 1. Q. fr. 2, 13, 3［流布本2, 14, 3＝岩波本Nr. 18］）。Vgl. Sonnet, RE 6A, 2257. W. Kunkel, Herkunft und soziale Stellung der römischen Juristen（1952）, 28. 法律家の断片はO. Lenel, Palingenesia iuris civilis（1889）, II 343ff.

（130）Cic. Q. fr. 3, 1, 8. 10. 13. 18. Att. 4, 17, 7.

（131）Cic. Balb. 64.

（132）Plin. n. h. 36, 48. Catull. 29. 41. 43. 57. また94. 105. 114. 115も参照

すべきか。Münzer, RE 14, 966.

(133) Catull. 10, 7. 28, 9.

(134) Cic. Att. 7, 7, 6.

(135) Suet. Caes. 73. Catull. 54, 6 には、「あなたは再び、私のイアンブス詩［短長格の詩］、無邪気なイアンブス詩でご立腹なさるでしょう。唯一至上の大将軍《インペラトル》さま」とある。

(136) Cic. Q. fr. 2, 10, 4［流布本 2, 9, 4＝岩波本 Nr. 12］. 3, 1, 9. 12. fam. 7, 5, 2. 6, 1. 9, 1. 18, 3.

(137) Cic. Q. fr. 3, 1, 18.

(138) Cic. fam. 7, 5, 2. 6, 1. 7, 1. 9, 1. Q. fr. 3, 1, 9.

(139) Caes. b. G. 5, 47, 2 では「公文書」。

(140) Iustin. 43, 11-12 には、「最後の巻でトログスは次のように言う。トログスの祖先は、ウォコンティイ（ドーフィネ）族から出ている。彼の祖父トログス・ポンペイウスはセルトリウス戦争でグナエウス・ポンペイウスから市民権を得、伯父はミトラダテス戦争で同じポンペイウスのもと騎兵隊を率いて戦った。また父もガイウス・カエサルのもと、書簡と使節の仕事で軍務を果たした。同時に印章の取り扱いも行なった」とある。ウォコンティイ族についてはO. Hirschfeld, Kl. Schr. 62ff.

(141) Caes. b. G. 8 praef. 6. 四四年のクィントゥス・キケロの手紙（fam. 16, 27, 2）のなかで、ヒルティウスはマルクス・アントニウスの相棒と呼ばれた。アントニウスは、五四年カエサル方に移り（Cic. Phil. 2, 49）、五二年には彼の財務副官《クアエストル》（Caes. b. G. 8, 2, 1. Cic. Att. 6, 6, 4. fam. 2, 15, 4）だった。ヒルティウスはおそらく四八年に護民官になった（Cass. Dio 42, 20, 1. Cic. Phil. 13, 32）。「ヒルティウスの法案」は、一碑文の断片のなかで言及されている（CIL I^2 2, 604）。Broughton, MRR. II 274. Von der Mühll, RE 8, 1957 は、四六年を法務官《プラエトル》職の年としている。

(142) Gelzer, RE 7A, 956.

(143) プブリウス・セスティウス弁護演説（五六年三月はじめ）のなかで（Gelzer, RE 7A, 932-933）。

(144) 予言者［内臓見］の解答［鑑定］についての演説（五六年六月）のなかで（Gelzer, RE 7A, 945-947）。

(145) ローマの属州支配が、常に改めて武器でもって守られ、安全が保たれなければならないことは、一般に認められていた。執政官格の属州についての演説のなかで、キケロ自身も、五六年六月にこの考えを見事に展開させている（Gelzer, RE 7A, 941-943）。またカエサルは、自分がライン河を越えたり、あるいはブリテン島に渡る必要性をたまたま簡単に根拠付けたとき、この見解を前提としたのである（Caes. b. G. 4, 16, 1. 20, 1）。だが、属州帝国が拡がってゆく時代にあっては、年々交替する政務官ではさまざまな要求にもう十分に応えられなくなったことを、閥族派連中は認めようとしなかった。軍事領域では、特定の期間だけのために召集された市民の召集兵を、長期間奉仕する職業軍人の軍隊に置き換えるべきことが、すでに余儀なくされていたのを知っていたにもかかわらず。ポンペイウスとカエサルは暗黙のうちに、この革命的な変化を予期していたのだが、特徴的なのは、私の知るところでは、それは決して政界ジャーナリズムの世界では原則として議論されなかったことである。だれもが軍事独裁の到来を感じていた。しかしこういったイメージは、伝統的な「国　家《レス・プブリカ》」［公共体としての国家］とは一致しないようであり、そこでひとはスッラのことを想起しては、たしかに嫌悪の気持ちで僭主制＝専制君主政《ドミナティオ》のことを語っていたのである。もっとも、だれも国制のこのような変革を公然と推などあえてできなかったのであるが。ここ数年来、独裁官職の不可避性について語られはじめていたのも、精一杯のところだった（Cic. Q. fr. 2, 13, 5［流布本 2, 14, 5＝岩波本 Nr. 18.］. 3, 4, 1. 7, 2［流布本 3, 5, 9＝岩波本 Nr. 25］. 8, 4［流布本 3, 6, 4＝岩波本 Nr. 26.］. Att. 4, 18, 3。こうした背景に対しては de re publ. 1, 63. 6, 12）。すでに事態は由々しいことになっていたが、独裁官職とは、ローマ国制中の一制度だったし、共和政的な捉え方でも、この制度とそれを一時的・過渡的な段階と見る考えと結びつくものだった。それにもかかわらず、本当に問題なのは、一年任期制、同僚制、拒否権発動という原理をもった「公共体としての国家《レス・プブリカ》」が保持されるかどうかというところにあった。

(146) Cic. fam. 1, 9, 11-18 に明示されている。

(147) Cic. Q. fr. 2, 10, 5［流布本 2, 11, 5 = 岩波本 Nr. 15］. Att. 5, 1, 2. 4, 3. 5, 2. 6, 2. 7, 3, 11. 8, 5. Gelzer, RE 7A, 977.

(148) Cic. Q. fr. 2, 11, 1［流布本 2, 12, 1 = 岩波本 Nr. 16］（五四年二月）には「でも君もよく知っているように、私は、ずっと君の友人カエサルを褒めたたえて歌っているのだ。どうか信じてくれたまえ。彼は、私の心底からの友人だし、私としては彼との絆を解く気はない」とあり、3, 1, 18［五四年九月］では、「彼［カエサル］は、君やわれわれの子供たちに次いで、私の心の近くにいる。いや、この人たちとほとんど等しいくらいだ。そのように考えるのも判断力を働かせてのことのように見えよう。そういう判断が必要なときでもあるが、私の愛情は燃え上がってもいるのだ」と書き、fam. 1, 9, 21［五四年一二月。レントゥルス宛］では、「私の弟クィントゥスは、カエサルの副司令 = 総督代理なのです。それからどんなに意味のない私の言葉でも、また私の方からどんなことをしても、カエサルのためになるようならば、何事もすこぶる感謝されて、受け入れられてもらえたのです。そのありさまは、彼が私に本当に義理を感じている、と私に思わせるほどだったのです。このようにして、私は彼の絶大な全影響力《グラティア》を、またご承知のように強大な彼の財力を、あたかも自分のものであるかのように利用しているのです。そこで思うのは、節操のない卑劣漢どもの私に対する陰謀を打ち破る方法としては、私にいつも差し出されてきた保護手段［守備隊］と有力者の愛顧とをここに結びつけること以外にはなかったのです」と記している。なおいっそうの証拠は Gelzer、RE 7A, 956. さらに F. Adami, Hermes 78 (1943), 282ff.

(149) Cic. Att. 4, 19, 2.

(150) Cic. fam. 7, 5, 2［本文中の引用句、さもなければ云々のあと、レプタのもとに回してください、とあるが、レプタなる人物は不明。後のキケロのキリキアでの副官（工兵隊長）か。Broughton, MRR.］.

(151) Cic. Q. fr. 2, 13, 3［流布本 2, 14, 3 = 岩波本 Nr. 18］.

(152) Cic. fam. 7, 8, 1. 16, 3. Q. fr. 2, 13, 3［流布本 2, 14, 3］. 3, 1, 10.

(153) Cic. Q. fr. 3, 1, 17. 25. Att. 4, 18, 5.

(154) Plut. Caes. 17, 4-7. Plin. n. h. 7, 91 には、「書いたり読んだりすることと、また口述したり聴いたりすることを同時にやるのが常だった、とわれわれは聞いている。また実は、重要な問題に関しては、一度に四通の手紙を書記に口述し、もしも他に何もしていなければ、同時に七通も口述するのが習いだった、とも」と記されている。

(155) Suet. Caes. 56, 5. Gell. N. A. 1, 10, 4 では、哲学者ファウォリヌスが注意している。「したがって、どうか古えの慣習にしたがって生きたまえ。しかし今使われている表現でしゃべりたまえ。そしてあのガイウス・カエサルの発言、すなわち精神力の点でも英知の点でも卓越した人物の発言を、常に記憶に止め、心のなかに刻んでおくようにしたまえ。それはこの人が、その著書『類推論』の第一巻に書き付けたことである。暗礁と同じように、使用もされていない言葉、尋常でもない言葉は避けなければならないというのである」と。詳細は 19, 8, 3-10. Macrob. Sat. 1, 5, 2. Caes. frg. (Kübler) 140-145.

(156) Cic. Brut. 253 に、「ところでもしも、自分たちの思想をすばらしく見事に表現できるように、たゆまずに学びかつ実践するのに専心したならば——その点、あなた、つまりほとんど雄弁術《コピア》［修辞的な言辞がたっぷり用いられていること、エロクエンスと同じ］の開拓者・創始者《プリンケプス》とも言うべきあなたは、ローマ国民の名声《ノメン》とその威信《ディグニタス》を高めるのに大いに貢献したとわれわれも評価しなければならないのだが——、そのあなたが簡単な日常の会話を統御するのを、今は無視されてしまってよい領域とわれわれは見なさなければならないのだろうか？」とある。この前のところでキケロは、アッティクスに言わせる。「〝もっとも一生懸命に仕事している途中でも彼はまさしくあなたに書いた〟。アッティクスはわたしに向かって言い続けたのである。〝正しいラテン語表現の原理について彼はきわめて注意深い論文を書き、雄弁の基礎は語句の選択にあることを論述のいちばん最初のところ［第一巻」で表明したのである〃と」とされる。

(157) Cic. Q. fr. 2, 13, 2［流布本 2, 14, 2＝岩波本 Nr. 18］. 15, 4［流布本 2, 16, 4＝岩波本 Nr. 20］. 3, 1, 11. 8, 3［流布本 3, 6, 3＝岩波本 Nr. 26］. 9, 6［流布本 3, 7, 6＝岩波本 Nr. 27］. Büchner, RE 7A, 1256.

(158) Cic. Q. fr. 2, 15, 5［流布本 2, 16, 5＝岩波本 Nr. 20］（五四年八月末）では、「わが弟よ。ところでカエサルは、私の詩についてどう言ったのかね？ というのも、第一巻を読んだと、彼が以前自分で私に書いてよこしたからだ。自分は、はじめの部分については、ギリシア語の作品に関してもやはりこれ以上に良いものは読んだことがありません、と彼は言っている。さらに彼の言った言葉を借りれば、残りの部分はある一定のところまでは、いささか精彩が乏しい、というのだった。私には本当のことを言ってくれたまえ。記述の内容あるいは文体が、彼の気に入らないものなのか？ 君は怖れ憚る必要はないのだ。そうしても君は、私に自尊心を髪の毛ほども揺るがすことはないと思うからだ」と述べられる。Büchner, RE 7A, 1252. fam. 1, 9, 23. カエサルの批判の狙いは決して政治的なものではなく、以前のように詩才に関することだったと推定したい。四五年一二月一九日にも、彼は、キケロの客人として全く政治のことは喋らず、「文学のことをたっぷりと」喋ったのである（Att. 13, 52, 2）。この点について、おそらく Wolfgang Schmid, Rh. M. 95 (1952), 269 に関連して問われるべきことは、カエサルの唯一の現存の詩――そのなかでカエサルはテレンティウスを「半ペラのメナンドロス」と呼んで、彼に「力《ウィス》」が欠如していることをもってその判断の根拠付けをした――が、キケロと活発に友好的な文通の行なわれたこの時期に属するものかどうか、ということであろう。すなわちこの詩句は、スエトニウスの『詩人論』からドナトゥスが借用したプブリウス・テレンティウス・アフルの伝記のなかで、キケロの「リモ（リモン［牧草地］）」からの四行の詩のあとに続くものであり、すべての点で、カエサルがキケロに返事をしたことを証拠立てるものなのである（Büchner, RE 7A, 1258. キケロの詩の日付はその青年時代とすべきだ、という説に異論を唱えているのは正しい、と私には思える）。詩については、C. Suet. Tranquilli reliquiae, ed. Reifferscheid (1860), S. 34. Frg. Poet. Lat. ed. Morel (1927), S. 66. 91. F. Leo, Gesch. der röm. Lit. (1913), 253 をみよ。G. Jachmann はテレンティウスの詩的業績の詳細な評価付けにあたり（RE 5A, 627）、Ed. Norden (Die röm. Lit. (1952), 20) のように、カエサルの判断が全くすばらしいことを発見している。「何となれば、結局はまさしく芸術家的な目のもつ力の欠如、事物を感じ取り摑み取る緊張度の欠如という結果になる。等価という点が全く欠けていること――つまりそれが再生産という彼のやり方をもっとも特徴づけるのであるが」（詳しくは 613ff.）、これとは反対に W. Schmid, a. O. 255ff. はこの詩句を、「喜劇的な力《ウィス・コミカ》」というふうに理解し、「力」と「喜劇」との間にコンマを付けて切る［後方の訳をみよ］のではなく、両語の後にコンマを付ける方を擁護する。私としては、この古くからの論争に裁断を下す資格などないような気がする。カエサルの詩は以下の通り。

なんじ、汝はまた、至高の位置に位すれど、半メナンドロスにすぎず！

まこと、汝は汚れなき言《コト》の葉《ハ》をめずる人、
されど、ただ汝の麗しき詩藻に力のあればこそ［この行の末尾の力［ウィス］と、次行のはじめのコミカが連なると見る説もある］。

されば、汝の喜劇の才のギリシアの詩人《うたびと》と等しき誉れをもてるものを。

かかる才のあればこそ、汝は嘲られず、また無視されず。

さあれ、テレンティウスよ、汝に〈この力という〉資質の欠けたるが、われを傷つけ、悼ましむ。

(159) Cic. Att. 4, 17, 7［流布本 4, 16, 8＝岩波本 Nr. 89］. Suet. Caes. 26, 2. Plin. n. h. 36, 103.

(160) Sall. Cat. 54, 2.

(161) Caes. b. G. 5, 1, 5-9. ピルスタエ（ピルスタイ）人の故郷は、おそらくカッタロ湾近辺に求めるべきであろう（Polaschek, RE 20, 1731）。キウィタスと呼ばれるもののなかに含まれるものとしては、ローマ人も住んでいた都市、リッスス、ナロナ、サロナ、イアデルなども考えなければならない（Caes. b. c. 3, 9, 2. 29, 1. B. Al. 42, 3. 43, 2. Cic. fam. 13, 77, 3. 5, 9, 2. 10b）。Fluss, RE 16, 1749. W. Schmitthenner, Historia 7 (1958), 224.

(162) Caes. b. G. 5, 2, 3. ポルトゥス・イティウスについてはHaverfield, RE 9, 2368.

(163) Caes. b. G. 5, 2, 4-4, 4.

(164) Caes. b. G. 5, 5-7.

(165) Cic. Q. fr. 2, 15, 4. 3, 1, 10. 13. 25. 3, 4. Att. 4, 15, 10. 17, 6［岩波版 4, 16, 7］. 18, 5（九月二五日のクィントゥスの手紙によれば、ガッリアの海岸への帰途）には「ブリタンニアが制圧され、人質を受け入れ、戦利品なしで、だが貢納金は命じて、軍隊は今ブリタンニアから帰還させているところだった」とある。fam. 7, 7, 1. 17, 3. 16, 1. Caes. b. G. 5, 23, 5.

(166) Caes. b. G. 5, 8-23. Cass. Dio 40, 1-4. この 1, 2 は、カエサルがどうあってもブリタンニアを手に入れたがっていたというふうに、カエサルに非友好的な意味で強調されている。Oros. 6, 9, 4-9. Plut. Caes. 23, 4. Suet. Caes. 25, 2. Polyaen. strat. 8, 23, 5. Cic. Q. fr. 3, 1, 10（五四年一〇月一日）. Cic. Att. 4, 17, 6［流布本 4, 16, 7＝岩波本 Nr. 89］では「ブリタンニアでの戦争の成果を人は期待している。というのは、あの島の上陸地は、人も知るように、とりわけ強固な岩の断崖絶壁で守られており、しかもまた、人は今や次のことを確認したからである。つまり、この島には一スクリプルムの銀もなければ、また奴隷［捕虜を奴隷として売り飛ばすこと］以外には他に戦利品に数えられるものもほとんどないことを」とされている。Q. fr. 3, 9, 4［流布本 3, 7, 4＝岩波本 Nr. 27］. クィントゥスは、兄に奴隷を約束している。

(167) Caes. b. G. 5, 24, 1.

(168) Caes. b. G. 5, 25.

(169) Caes. b. G. 5, 24, 8. 53, 3. Cass. Dio 40, 4, 2. 9, 1.

(170) Caes. b. G. 5, 26-52. Cass. Dio 40, 5-10. Plut. Caes. 24. Suet. Caes. 25, 2. Polyaen. 8, 23, 6. Cic. Q. fr. 3, 8, 2［流布本 3, 6, 2＝岩波本 Nr. 26］では、「というのは、あなたの言うネルウィイ人がどこにいるのか。彼らのところまでどれだけ離れているのか、私には分からない」とされる。冬の陣営とはクィントゥスが自分で選び出せるものだった（Att. 4, 19, 2）。Q. fr. 3, 1, 17. Rab. Post. 42 (Gelzer, RE 7A, 965).

(171) Caes. b. G. 5, 53, 1-2.

(172) Caes. b. G. 5, 55, 1-56, 1.

(173) Caes. b. G. 5, 54.

(174) Caes. b. G. 5, 56, 2-58, Cass. Dio 40, 11, 1-2. トレバティウスは、サマロブリウァ［アミアン］の冬の宿営地にあった。Cic. fam. 7, 10, 2 は寒い冬の陣営についてウィットをとばす。「それはそうと、私の聞いているところでは、今あなたはそこで、十分にかつかつと熱くなっているそうですね。この報告であなたのことを本当に心配しているのです」と。7, 11, 2. 12, 1. 16, 3. 18, 4. 13, 2 には、「トレウェリ族にはあなたも近付かない方が良いと私は思います」とある。

(175) Caes. b. G. 5, 54, 1. 4.

(176) Caes. b. G. 6, 1. 32, 5-33, 4. 8, 54, 2. Plut. Caes. 25, 1-2 は、誤ってポンペイウスの二個軍団と言う。Plut. Pomp. 52, 4 も然り。それに対して Cat. min. 45, 6 は、一個とみている。

(177) Caes. b. G. 6, 3, 1-3.

(178) Suet. Caes. 67, 2. Polyaen. 8, 23, 23.

(179) Caes. b. G. 6, 3, 4-6.

(180) Caes. b. G. 6, 4.

(181) Caes. b. G. 6, 7-8. Cass. Dio 40, 31, 2-6.

(182) Caes. b. G. 6, 5-6.

(183) Caes. b. G. 6, 9-10. 29, 1-3. Cass. Dio 40, 32, 1-2 は、カエサルがスエビ族に対する恐怖から退いた、という情誼に欠けた所見を付している。

(184) Caes. b. G. 6, 29, 4-43, 6. 8, 24, 4. Cass. Dio 40, 32, 3-5.

(185) Caes. b. G. 6, 44.

(186) Cic. Q. fr. 2, 13, 3［流布本2, 14, 3＝岩波本Nr. 18］.

(187) Cic. Att. 4, 16, 6. Q. fr. 3, 2, 3. 8, 3［流布本3, 6, 3＝岩波本Nr. 26］. fam. 7, 16, 3. Suet. Caes. 73.

(188)「最初に票をいれるケントゥリア」の影響力については、Chr. Meier, RE Suppl. 8, 593.

(189) Cic. Q. fr. 2, 14, 4［流布本2, 15, 4＝岩波本Nr. 19］. 3, 1, 16. 8, 3［流布本3, 6, 3＝岩波本Nr. 26］. 9, 3［流布本3, 7, 3＝岩波本Nr. 27］. Att. 4, 17, 2-3. Cass. Dio 40, 45, 1. App. b. c. 2, 69-71.

(190) Cic. Q. fr. 3, 9, 3［流布本3, 7, 3＝岩波本Nr. 27］. Att. 4, 19, 2. Cass. Dio 39, 63, 3.

(191) Cic. Q. fr. 3, 8, 4. 6［流布本3, 6, 4. 6＝岩波本Nr. 26］. 9, 3［流布本3, 7, 3＝岩波本Nr. 27］. Att. 4, 18, 3. 19, 1. App. b. c. 2, 72-73. Plut. Pomp. 54, 3-5.

(192) Cic. Q. fr. 2, 15, 3［流布本2, 16, 3＝岩波本Nr. 20］. fam. 1, 9, 4. 19. 5, 9, 1. Gelzer, RE 7A, 958.

(193) Cass. Dio 39, 63, 3-5. Cic. Rab. Post. 19. 32-33. ローマの騎士ガイウス・ラビリウス・ポストゥムスは、五九年、王プトレマイオス十二世［ゲルツァーは十三世］に金を貸したが（Cic. a. O. 25. 38. 39）、それはポンペイウスとカエサルに贈賄して、王として承認してもらうのに必要とした金（ほぼ三六〇〇万デナリウスといわれる。Suet. Caes. 54, 3. 本書六六頁をみよ）であった。これを取り立てるために、彼が五五年にアレクサンドリアに王を連れ戻す［復位させる］べく、執政官代理＝総督のガビニウスの遠征に従い、次いでその地の財務長官（ディオイケテス）のポストを引き受けた（Cic. Rab. Post. 22. 28. fam. 7, 17, 1. Suet. Claud. 16, 2）。ガビニウスが不当利得返還裁判で有罪判決を受け、王からいわゆる約束された買収の金を、ローマの国庫に払い込むよう命じられたのに、金がないので亡命しなければならなかったとき、早くも五四年一二月あるいは五三年一月に、ラビリウスに対する別の不当利得返還の処置が行なわれた。それは、彼がガビニウスの強奪のため富裕になったのであるから、彼にその負債の補塡をさせようという目的をもつものだった。キケロは、この人を弁護し、おそらく成功したことであろう（Rab. Post. 8. 30. 36-37）。その際、彼は、ラビリウスはエジプトで何も得なかったし、また全くカエサルの宏量さを頼りにしていたのだ、と主張した（39. 41-43）。訴訟は要するにただカエサルの威信《ディグニタス》に動揺を与えようとしたものにすぎないとするのであった(43に「ローマの騎士、彼の古くからの友人で、彼に献身的であり、親愛の情を寄せ、忠実だった人物、享楽心によってでもなく、破廉恥なほどの浪費によってでもなく、情欲の虜になったからでもなく、ただその家産を増大するという試みによって、転落しかけている人——この人の手を彼が捉えて、この人を転落させなかったのである。この人を支えて護ったのである。行動により、金銭により、信頼の気持ち《フィデス》により、今日もなおこの人を護っているのである。彼は、転覆の危険のある自分の友人を倒させないであろう」とある)。ここにサッルスティウスの証言（Cat. 54, 2)、「カエサルは、その恩恵と物惜しみのなさによって偉大な人物と思われた」という〈一般的な発〉言に有利な具体例が示されているわけである。しかしもちろん、カエサルの信義《フィデス》といっても、やはりとりわけそれは、王に与えられた貸付金が彼の役に立っていたからだった。F. Von der Mühl, RE 1A, 26. 7, 429. Gelzer, RE 7A, 963-966.

(194) 死去のときはCic. Q. fr. 3, 1, 17. 25. 8, 3［流布本3, 6＝岩波本Nr. 26］（一一月末）から推論できる。「たいへんな悲嘆にもかかわらず、カエサルの示した高潔《ウィルトゥス》さと剛毅《グラウィタス》さについて、あなたが私に書いてくれた手紙を、私はたいそう喜ばしく拝見しました」と。fam. 7, 9, 1. Suet. Caes. 26, 2. 84, 1. Plut. Caes. 23, 5-7. Pomp. 53, 2-7. App. b. c. 2, 68. Cass. Dio 39, 64. 40, 44, 3. Lucan. 1, 111-120. 5, 473f. 9, 1049. Vell. 2, 47, 2. Liv. per. 106. Flor. 2, 13, 13. Sen. dial. 6, 14, 3は「三日の間に彼は大将軍《インペラトル》としての職務に立ち向かい、いつもすべてに打ち勝ったときにそうだったように、速やかに自分の苦悩に打ち勝った」と。Tac. ann. 3, 6, 2のティベリウスは〈布告のなかで〉「神君ユリウス［カエサル］が一人娘を失なったときのように、今や気を取り直して毅然たる姿勢を示すべきではないか」と言う。

(195) Plut. Cat. min. 45, 4-7. いずれにせよカトーの友人ムナティウス・ルフスの書いた伝記が基礎になっていることはたしかである（37, 1）。Cic. Q. fr. 2, 14, 4［流布本 2, 15, 4＝岩波本 Nr. 19］参照。

(196) Plut. Pomp. 54, 4-5. Cat. min. 47, 1. App. b. c. 2, 73. Cass. Dio 40, 46, 1（日付が混乱している）. Cic. Mil. 24-26. fam. 2, 4, 1. 5, 2. 6, 3-5.

(197) Cass. Dio 40, 46, 3.

(198) Mommsen, RStR. I 654ff.

(199) Ascon. in Milon. argum. S. 31 (Clark).

(200) Cic. Mil. 27. Ascon. a. O.

(201) Cic. Mil. 70. Ascon. a. O. 33-35. Cass. Dio 40, 48-50, 1.

(202) Caes. b. G. 7, 1, 1.

(203) Ovid. fast. 6, 465.

(204) Cass. Dio 40, 50, 3. Suet. Caes. 26, 1.

(205) Caes. b. G. 7, 1, 2-8. Plut. Caes. 26, 1-2. 五二年の大蜂起を私はウェルキンゲトリクスの項、Gelzer, RE 8A, 981ff. で取り扱った。

(206) カエサルはその日付の手がかりとして、Caes. b. G. 7, 6, 1 に「首都のことも、グナエウス・ポンペイウスの毅然たる処置でどうやら具合よく落ち着いたことを知ると」という具合に記しているにすぎない。また7, 8, 2 によれば、カエサルはケウェンナ山地を「厳寒期で雪が深いのに」踏み越えたという。前者の記述は、明らかに二月五日（ユリウス暦）にポンペイウスが「同僚なしの執政官」に選ばれたことと関連させることができよう。Jullian, a. O. III 428, 4 では、カエサルはほぼ二月一〇日には、ひどく遅いようだが、彼が 7, 1, 2-5, 6 で報告しているようなガッリアでの事件を聞き知った、と推測する。ケウェンナを越えての進撃を二月末（ユリウス暦）におけば、一二月一八日から、カエサルがイタリアを離れるまで約二カ月の期間がある。G. Ferrero, Grandezza e Decadenza di Roma (1908), II 164, 5 をみよ。Ed. Meyer, Caesars Monarchie (1918), 226, 1. 233, 1 は、Caes. b. G. 7, 9, 4 を読むように指摘する。それによれば、カエサルは新たに召集した騎兵を「何日も前に」ウィエンナに向けて先に送り出してあった。

(207) Suet. Caes. 27, 1 は、ポンペイアを「ファウストゥス・スッラに決まっていた者［婚約者］」と呼んでいる。彼女はすでにこの人と結婚していたのであろう。四七年に、彼女は二人の子供をもうけていた（B. Afr. 95, 3. App. b. c. 2, 416）。

(208) Suet. Caes. 26, 1. Cass. Dio 40, 51, 2. Caes. b. c. 1, 9, 2. 32, 3.

(209) Cic. Att. 7, 1, 4. 3, 4. 6, 2. 8, 3, 3. fam. 6, 6, 5.

(210) Plut. Cat. min. 47, 1-3. Cic. Mil. 61.

(211) Plut. Pomp. 54, 5-8. Cat. min. 47, 3-4. Caes. 28, 7. Cass. Dio 40, 50, 4-5. App. b. c. 2, 84. Vell. 2, 47, 3. Ascon in Mil. S. 36. 38. Cic. Mil. 22.

(212) Sall. ad Caes. 2, 9, 1-3.

(213) Ascon. in Mil. S. 36.

(214) Plut. Pomp. 55, 1-3. 11. Lucan. 3, 23. Cass. Dio 40, 51, 2-3. App. b. c. 2, 95.

(215) Caes. b. c. 1, 32, 3. Cass. Dio 40, 51, 2.

(216) Cass. Dio 40, 46, 2 は、五年のインターバルについて語る。Cic. fam. 8, 8, 8 にある五一年の元老院決議は「五年間」ということに言及していない。したがって、ディオ（あるいはその史料）がこれをアウグストゥスの規定から（53, 14, 2）逆に推論したというのも、ありえることだと私は思う。Gelzer, Hermes 63 (1928), 130［＝Kl. Schr. II. 221］. Gelzer, RE 7A, 971. 別の見方は、Gelzer, Pompeius^2, 179［邦訳一四七頁］. なお Mommsen, RStR. II 248 は、過渡的な取り決めと考えた。

(217) Cass. Dio 40, 30, 1. 56, 1. Caes. b. c. 1, 6, 5（四九年の執政官代理〈として属州を受けるべく〉決められた二人のうちでメテッルス・スキピオは五二年の執政官、ルキウス・ドミティウスは五四年の執政官であった）. I, 85, 9 では、「彼［カエサル］に敵対する処置として政務官の権限が覆された。そこで、法務官職と執政官職の仕事を終えた人が、これまでいつも常に行なわれるようにはすぐに属州に派遣されるのではなく、ほんの少数の人たち［パウキ。少数の領袖（國原訳）］によって役立ち得るとされ、選び出された人が属州に送られることになったのである」とされる。

(218) Suet. Caes. 28, 3. Cic. Att. 8, 3, 3 はポンペイウスについて、「カエサルが自分で居合わさなくても［ローマ不在でも］立候補できるよう――それは彼自身が、ある法で正式に認めた特権だが――考慮する法を、一〇人の護民官が提出するように、彼は圧力をかけた」とする。これに反対して Suet. Caes. 28, 2 では、五一年、執政官のマルクス・マルケッルスが、「選挙の集会に欠席したもののことを考慮してやる必要はない。ポンペイウスは後の〈修正の〉法（O. Hirschfeld, Kl. Schr. 810. 訂正による）であの民会議決を無効とした［＝別の法案を提出している］のだからである」と主張する。Cass. Dio 40, 56, 1-3. Mommsen, RStR, I 504, 2. Gelzer, Pompeius^2, 178［邦訳一四七頁］で指摘したように、私はポンペイウスの奸計とは思わない。別の見解は Syme, Rom. Rev. 40.

(219) Cass. Dio 40, 44, 2. 56, 2. Plut. Pomp. 55, 12. Caes. 28, 8. App. b. c. 2, 92. 民会議決で行なわれたという点、Lange, Röm. Alt. III 376 と同意見である。Gelzer, Pompeius^2, 179, 85［邦訳一四七頁］. ランゲはポンペイウスについてのタキトゥスの判断（ann. 3, 28, 1）を想起する。「彼は自分で定めた法律を自分から破り、武力で護ろうとしたものを武力で失った」。Caes. b. c. 1, 85, 8 では、「これらはすべて、だいぶ前から私［カエサル］をやっつけるために準備されていた。カエサルを攻撃せんものと、前代未聞の命令権《インペリウム》が創られたが、それは、同一の人物が、ローマの城門の前でローマの町の政治を支配するとともに、現地に不在のまま、すこぶる尚武の気風の高い二つの属州をあのように長い間自由に処理できるようにするためのものであった」とされる。

(220) Ascon. zu Cic. Mil. S. 40.

(221) Ascon. zu Cic. Mil. 95 S. 53-54. Vell. 2, 47, 4. Cic. fam. 15, 4, 12.

(222) Cic. Mil. 9-11. 23. 26-29. 30. 37. 41-46.

(223) Ascon. S. 35. 53.

(224) Cic. Mil. 65-71. Ascon. S. 36. 38. Cass. Dio 40, 53, 2-54, 4.

(225) Ascon. 55-56.

(226) Cass. Dio 40, 55. Cic. fam. 7, 2, 2. Phil. 13, 27. Plut. Pomp. 55, 8-11. Cat. min. 48, 8-10. Val. Max. 2, 6, 5.

(227) Sall. ad Caes. 2, 3, 1（五〇年）には、「さてグナエウス・ポンペイウスが、偏屈な心のためか、あるいはそれともあなたを傷つける以外に何も望まなかったからか、敵の手に飛び道具すら手渡すほどに弱り目になってしまったので……」とあり、2には、「まず何よりも第一に、幾人かの元老院議員に、歳入や歳出、それに法廷に対する絶対的な力を与えた」、また3には、「同じ党派の人たちが彼らを支配した。気に入れば何でも与えたり、奪ったりし、罪なき人をだまし、その仲間を高い地位に押し上げ……」、なお6には、「すべての力、全勇猛心を奮い立たせるといっても、口先だけの臆病きわまりない人たちが、偶然そしてまた他の人の無能力さによって（ポンペイウスが考えられる。W. Steidle, Hermes 78 (1944), 82）与えられた専制政治をまことに不遜にも行なっているのである」とされる。4, 1には「ルキウス・スッラ、この人には、戦争の法により、その勝利のときにあらゆる権限が認められたのだが、彼は政敵を厳しく処罰することで自分の党派を安全強固なものにするすべを知っていたけれども、死刑に処したのはほんの少数にすぎず、残りの人は、恐れさすよりもむしろ親切に取り扱うことで掌握しようとしたのだった。それでも、何たることか！ マルクス・カトーやルキウス・ドミティウス、それにこの党派仲間の他の連中は、四〇人の元老院議員、さらにすばらしい将来が約束された数多くの若者さえ、あたかも生贄の犠牲のように殺戮してしまった」とある。この途方もなく誇張された話は、掃討事業に出会った人の憤怒をもっともよく示している。五〇年一二月の護民官マルクス・アントニウスの集会演説《コンティオ》についてのキケロの報告（Att. 7, 8, 5）と比較せよ。「やっと成人の服を付ける頃からはじまったポンペイウスに対する弾劾、有罪判決を下された者についての抗議、戦争の恐怖もあった」。App. b. c. 2, 96. Caes. b. c. 1, 4, 3 はメテッルス・スキピオについて「訴訟を恐れること、自己顕示欲、そして国事および法廷で当時すこぶる影響力をもっていた有力者たちへの阿諛《あゆ》追従」とする。五一年五月、マルクス・カエリウスはキケロへの手紙を書いた（fam. 8, 1, 4-5)。「あなたのプランクスはちょうどラウェンナにいます。カエサルからたっぷり現金［報酬］を贈られたが、それでもこの人は幸運なことととは感じていませんし、またそれを受けとめるだけの立派な準備があるわけでもありません」と。キケロが訴えたのは、五二年の護民官ティトゥス・ムナティウス・プランクス・ブルサである。この人のため、ポンペイウスが味方をしていたのだが、それも無駄に終わったのである（fam. 7, 2, 2)。後に、カエサルのもとに逃げてきた人が内乱で再び姿を現わしたとき、アッティクスは、「冥府の一味＝亡霊ども」［邦訳（岩波版）、当該箇所の注を参照］という風に語っている（Att. 9, 10, 7. 11, 2. 18, 2)。

(228) Caes. b. G. 7, 76, 1-2. 8, 23, 3.

(229) Cass. Dio 40, 41, 1. Gelzer, RE 8A, 982.

(230) Caes. b. G. 7, 3, 1 には、「カエサルの命令で穀物調達の任に当たっていた立派なローマの騎士ガイウス・フフィウス・キタを……」とある。

(231) Caes. b. G. 8, 30, 1.

(232) Caes. b. G. 8, 23, 4-6.

(233) Caes. b. G. 7, 4, 1. Plut. Caes. 25, 5. Gelzer, RE 8A, 982.

(234) Caes. b. G. 7, 4, 2-10. Plut. Caes. 27, 1. Polyaen. 8, 23, 9. Oros. 6, 11, 7.

(235) Caes. b. G. 7, 5, 2-6.

(236) Caes. b. G. 7, 5, 1. 8, 30, 1.

(237) Caes. b. G. 7, 7, 1-8, 1. 9, 1. 65, 1. こういった輩からおそらく後の「第五軍団雲雀《ひばり》」（アラウダ（エ））が創られたのであろう。Suet. Caes. 24, 2 には「さらにその一個軍団は、アルプスの北側のガッリア人から徴集され、ガッリアの言葉で雲雀《ひばり》と呼ばれたのだが、ローマの軍紀と戦術とによって訓練され、ローマの武具で装備されていた。後にこの軍団の全員にローマ市民権まで与えた」とある。Plin n. h. 11, 121 には「またその後ガッリアの言葉［ケルト語］でアラウダエと呼ばれるこの名を、軍団の名として与えた」とある。Cic. Phil. 1, 20. 5, 12. 13, 3, 22. fam. 10, 34, 1 は第五軍団。B. Afr. 1, 5. 28, 2. Ritterling, RE 12, 1564.

(238) Caes. b. G. 7, 8, 2-9, 4.

(239) Caes. b. G. 7, 9, 6. 10, 1.

(240) Caes. b. G. 7, 10, 2-11, 9.

(241) Caes. b. G. 7, 12-13. Gelzer, RE 8A, 985.

(242) Caes. b. G. 7, 14-15.

(243) Caes. b. G. 7, 16-28. Cass. Dio 40, 34. Oros. 6, 11, 1-4.

(244) Caes. b. G. 7, 29-31.

(245) Caes. b. G. 7, 17, 3.

(246) Caes. b. G. 7, 32-34, 1.

(247) Caes. b. G. 7, 34, 2. 55, 1-3. Cass. Dio 40, 38, 2.

(248) Caes. b. G. 7, 36.

(249) Caes. b. G. 7, 37-38. 42. Cass. Dio 40, 37. App. Celt. 21. ［本文、つまり b. G. 7, 42, 6 を踏まえた訳は「包囲された」であり、原表現（史料）に合致する。だが、そのドイツ語は「閉じこめる、牢屋に打ちこむ」という意味にもなる。もっとも 7, 42, 3 には「連れ去って奴隷にする」ともあり、たとえ原文はゲルツァーのように訳さねばならないにしても、実際は包囲されるだけで終わるわけではないからである］

(250) Caes. b. G. 7, 39-41, 1. 43, 1-4.

(251) Caes. b. G. 7, 41, 2-5.

(252) Caes. b. G. 7, 43, 5-51. Suet. Caes. 25, 2 には「ゲルゴウィアの近くで一個軍団が粉砕させられた」とある。Oros. 6, 11, 6 には「カエサルは上の方から敵に突破されて、押し捲られ、兵士たちの大部分が壊滅してしまい、敗北した彼は、潰走しなければならなかった」とある。敗北をこのようにたいそう強調するのは、おそらく原史料（リウィウスか？）にまで遡るのであろう。ここから、同時代人のカエサルに対する敵対感がほのみえる。カエサルは、b. G. 7, 52 では、自分のやり方で、兵士たちに向けた集会での演説を伝えることによって、このように誇張した主張に反駁している。そこでは、カエサルは、軍紀が護られていないことに、この不幸の責任を転嫁している。

(253) Caes. b. G. 7, 54-55. Cass. Dio 40, 38, 1-3.

(254) Caes. b. G. 7, 56-62. Cass. Dio 40, 38, 4.

(255) Caes. b. G. 7, 63, 7. Plut. Caes. 26, 5.

(256) Caes. b. G. 7, 63, 6.［本文の「全ガッリアの会議」とは史料を踏まえたもの。ゲルツァーは、第四版と本書では違ったドイツ語表現を使用している］

(257) Caes. b. G. 7, 64.

(258) Caes. b. G. 7, 65, 1-3. b. c. 3, 59, 1-3.

(259) Jullian, a. O. III 483, 6. Gelzer, RE 8A, 995.

(260) Caes. b. G. 7, 65, 4-5.

(261) Caes. b. G. 7, 69, 5. 71, 7. アレシア（ブルゴーニュ地方の集落アリーズ・サン・レーヌ村とモン・オークソワ）についてはGelzer, RE 8A, 995f. 2418-19. J. Carcopino, Alésia et les ruses de César (1958), 1-184.

(262) ナポレオン三世の見解をとるJullianやHolmesは、このようにみる(Gelzer, RE 8A, 997)。カエサルはb. G. 7, 66, 2では、進軍の目的地としてセクアニ族の土地、すなわちソーヌ河の東方地域を挙げている(b. G. 1, 12, 1. Strab. 4, 186. 192)。Cass. Dio 40, 39, 1は次のように述べる。ウェルキンゲトリクスはアッロブロゲス族に向かって進んだのであり、セクアニ族の土地でカエサルと衝突したのだ、と。彼は、自分の情報源を下手に簡略化している。アッロブロゲス族というのは、結局b. G. 7, 64, 5の「アッロブロゲス族の地に戦争を持ち込むように命じた」という句に遡る。また不正確にも、b. G. 7, 66, 2の「カエサルがリンゴネス族の辺境地帯を通ってセクアニ族の土地に向かって行進していたとき」という文句から、〝ウェルキンゲトリクスはカエサルをセクアニ族のところで捕捉した〟とするのである。Cass. Dio 72, 23, 5［73, 23, 5とする刊本もある。以下同じ］の言うところでは、彼は、ローマの始まりから彼自身の体験している時代までのことについて教示している歴史作品からの抜粋のために一〇年間、またそれに続く芸術的な彫琢のために一二年間を要した。このような仕事のやり方で、以上の間違いを犯したということも理解できよう。Carcopino, a. O. 122のように、ディオをもってカエサルをやり込めることは不可能であろう。古代の歴史記述において他にもよく見られる、この研究法については、Gert Avenarius, Lukians Schrift zur Geschichtsschreibung (1956), 85ff.に詳しい。Plut. Caes. 26, 6は正しい。最近、Luigi Pareti, Storia di Roma e del Mondo Romano, IV (1955) 133は、戦闘の場所を、アレシアの北西、アルマンソンの谷の、モンバール地方と想定している。ディジョンは南東にあたる。それでもそれをやはりもっとアレシアの近く、北西方にこれを求めるのはCarcopino, a. O. 188.

(263) Caes. b. G. 7, 66, 2-67. Plut. Caes. 26, 7-8. Cass. Dio 40, 39, 2-3. Gelzer, RE 8A, 997-999.

(264) Caes. b. G. 7, 68-76. Plut. Caes. 27, 1-4. Cass. Dio 40, 40, 1-4. Gelzer, RE 8A, 999-1001.

(265) Caes. b. G. 7, 77-89, 4. 奇異に思われるほど異なった叙述はPlut. Caes. 27, 1-4. Polyaen. 8, 23, 11. Gelzer, RE 8A, 1005.

(266) Cass. Dio 40, 41. 43, 19, 4. Plut. Caes. 27, 8-10. Oros. 6, 11, 11. Flor. 1, 45, 23-26. Gelzer, RE 8A, 1006. L. Pareti, Stor. di Roma, IV 139は、四八年の一貨幣に刻まれているケルト人の頭をウェルキンゲトリクスとみる（この像は、H. Kähler, Rom und seine Welt, 1958, Taf. 59にもある）。さらにPareti, a. O. 146. 149は、あの捕らえられたケルト人が描かれている貨幣の図像の拡大したものを掲げて、ウェルキンゲトリクスを描いたものとしている。Gelzer, RE 8A, 989を参照。同じく懐疑的なのはK. Christ, Historia 6 (1957), 228.

(267) Caes. b. G. 7, 89, 5-90, 3.

(268) Plin. n. h. 4, 107. 106. Dessau, ILS. 1380. 6997には、「レミ族から成る同盟市」とある。Tac. hist. 4, 67には、リンゴネス族について記されている。O. Hirschfeld, Kl. Schr. 192-193.

(269) Plin. n. h. 4, 109. Vgl. Suet. Caes. 25, 1には、「全ガッリアを……同盟諸邦と彼によく尽くしたいくつかの部族《キウィタス》を除いて、これを属州の形に整えた」とある。

(270) Caes. b. G. 7, 90, 3. カエサルの政敵は、カエサル解任の理由とするために賛成の票を投じたことであろう。Suet. Caes. 28, 2では、五一年四月、執政官のマルクス・マルケッルスが元老院に提案している。というのは、「カエサルの後任は、彼の任務終了前に任命されるべきこと。戦争は終わり、平和が確立したわけだから、勝利を得た軍隊は解散されるべきなのである」と。Cass. Dio 40, 44, 1 を参照せよ。

(271) Hirt. b. G. 8, 39, 3 では、「彼も承知のように、ガッリアの人すべてが、彼の属州統治権《プロウィンキア》はもう一夏しか残っていないことを知っていた」とされるが、ヒルティウスのようなカエサル派の人が、O. Hirschfeld, Kl. Schr. 318. 325 の主張したように、それを五一年の夏と考えていたとは思えない。カエサルが五〇年もガッリアに留まったのは、この人にとっては自明のことである (Hirt. b. G. 48, 10)。カエサル自身は、b. c. 3, 1, 1 で四八年のことを「カエサルの執政官になるのが法律の上でも許された年で、それがこの年だった」という。五〇年ととる P. J. Cuff, Historia 7 (1958), 469, 96 は正しい。五二年に、カエサルはポンペイウスと一緒に執政官職を引き受けることが許される、という提案が姿を現わしたとしても、それは、二人の「第一人者《プリンキペス》」[指導者] の間の了解が成った場合、ポンペイウスと同じようにカエサルも第二次執政官職を引き受ける際の所定の規定を免除されることになるだろう、ということを示している。この点についてはGelzer, Hermes 63, 129 [=Kl. Schr. II 220]. カエサルやポンペイウスの非常大権の期間について、月日の計算ができない点については、同じく 125, 3 をみよ。カエサルの命令権《インペリウム》はすでに五五年に、ポンペイウスの命令権はもう五二年に、それぞれ延長されていた。たとえ元老院が、ウァティニウス法、トレボニウス法によって五四年三月一日、また五〇年三月一日以前には問題の属州について決議することを許さなかったとしても。Cuff, a. O. 464 はこの事実を顧慮していない。

(272) Caes. b. G. 7, 90, 8. Hirt. b. G. 8, 4, 2 には「その地で、彼が訴訟事件を審理していたとき [ius dicere＝裁判をする]」とある。いずれにせよ、ここではとくにローマ市民同士あるいはローマ市民と外人との民事訴訟における政務官裁判が考えられるべきである。カエサル自身は、ただガッリア・キテリオル（此方のガッリア）の巡回裁判《コンウェントゥス》のことしか述べていない (1, 54, 3. 5, 1. 2, 1. 6, 44, 3. 7, 1, 1＝8, 23, 3 は、「カエサルが、ガッリア・キテリオルで裁判を行なっていたとき」とする)。しかしトレバティウスへの手紙のなかで、キケロは、しばしば冬の宿営地サマロブリウァでの裁判のことをほのめかしている。そこには、トレバティウスは「法律顧問」として招かれていたのである (fam. 7, 10, 1. 13, 1. 14, 2. 16, 3)。戦記の第八巻の著者アウルス・ヒルティウスが、カエサルの事務局で行なわれた記録、すなわち本当の意味での「コンメンタリイ」を (F. Bömer, Hermes 81, 1953, 214)、ずっときちんと保持していた一方、大将軍（カエサル）は大所高所に立ってやはり文書を取り扱い、自分に重要でないと思ったものを省いた。こうした点が、現代の歴史家にとって好ましいところなのである。

(273) Hirt. b. G. 8, 1-4, 1. 3, 5 には、「ビトゥリゲス族は、カエサルの寛恕《クレメンティア》が、自分たちに、彼の友情を取り戻す機会をまだ与えてくれると思われたので、そしてまた近隣の部族国家《キウィタス》も、いかなる処罰も課せられないことなく、人質を出して、降伏を認められたのをみたとき、同じように降伏した」とある。Plin. n. h. 4, 109 には、「自由人たるビトゥリゲス族は、クビと呼ばれた」とある。Strab. 4, 190 では、カエサルは全くクビという名を挙げていない (Ihm, RE 3, 548)。「ビトゥリゲス族、またの名はウィウィスキ」(Plin. n. h. 4, 108) は、首邑ブルディガラを持ち、ガロンヌ河下流域に住んでいたのである。

(274) Hirt. b. G. 8, 4, 1. G. R. Watson, Historia 7 (1958), 117 では、当時 (Plin. n. h. 33, 45) 兵士の年俸は、一一二・五デナリウスになった。Suet. Caes. 26, 3 は「彼は正規軍団兵の給料を恒久的に二倍にした」と言う。これが、すでにガッリア戦争のときに妥当したかどうかは、われわれにも分からない。

(275) Hirt. b. G. 8, 4, 2-5.

(276) カエリウスからキケロに向けた手紙 (fam. 8, 1, 4. 五一年五月二四日のすぐ後) には次のようにある。「カエサルに関して言えば、彼についての噂はたくさん入ってきますが、それは決して芳しいものではありません。とにかく、ただひそかに囁くような声がしてくるだけです。

ある人は言っています。彼は騎兵隊を失った、と。私の想像では、たしかにそういうこともあったでしょう［異読もあり］。また別の人は言っています。第七軍団が打ち負かされ、一方、彼自身は残りの軍隊から切断されベッロウァキ族の間で取り囲まれている、というのです。しかし、何事も確実といえるものはなく、これは不確かな〈噂みたいな〉ものにすぎず、一般にはとやかく騒がれているわけではありませんが、あなたがよくご存じの少数者グループの間では公然たる秘密として喋られております。ドミティウスはたしかに喋るとき、口に手をあてています［唇に指を当てて秘密だという格好をすること］」と。カエリウスが確信をもっていそうなこの報告は、ヒルティウスの b. G. 8, 12, 3-7 からも確認される。それによると、レミ族からの救援の騎兵隊は、大変な損害を蒙ったことになっている。第七軍団は、カエサルのもとにあった（8, 8, 2）が、災難についてはヒルティウスは全く報告していない。ただ 8, 16, 4 には、一般的な言い方で「……ローマの糧秣徴発隊に大変な損害を負わせた」とある。カエサルが包囲されたことは〈さほど〉問題になり得ない。カエリウスの機知に富んだ報告が重要なのは、ローマにいるカエサルの政敵も、どれほどガッリアの戦場でのことの経過について間断なく情報を与えられていたか、ということを示しているからである。たしか噂から誤報が出てきたこともあったであろう。それは、カエサルから離れた冬営地をぐるりと回って提供されたからである。五三年四月、キケロはトレバティウスに宛てて書いた（fam. 7, 18, 1）。「ガッリアでの戦局の進展についてあなたが私に報せてくださいますことを望んでおります。と申しますのは、報告くださる方が最も戦士らしくない人であれば、私としても最も信頼できるからです」と。

(277) Hirt. b. G. 8, 6-23, 2. Cass. Dio 40, 42-43, 1. 貢税については Suet. Caes. 25, 1. Cass. Dio 40, 43, 3. ベッロウァキ族との交渉についてのヒルティウスの報告で注目に値することは、「彼［コッレウス］が生きている間、自分の国《キウィタス》では、長老の会議は、いつも無知な大衆がもっていたほどの力をもたなかった」と彼らが主張していた（21, 4）ことである。これに対してカエサルは「いかなる人といえども、ただ大衆の貧弱な支持だけでは、部族の指導者《プリンキペス》たちの意向に反し、長老会に抵抗されて、忠誠善良な人たち［良き人士《ボニ》］すべての反対にあっても、戦いを起こし遂行できるほどの力などなかったのである」と答える（22, 2）。これは、カエサルが b. G. 6, 13, 1-2 に書いている（「一般大衆はほとんど奴隷と同様にみなされている」）のと同じ、その社会層である。しかしヒルティウスは、カエサルが（13, 3）「騎士」という表現で呼んだ上流階層のことを「忠誠善良な人［良き人士］すべて」という表現で言い含めてしまうのを躊躇しない。ちょうどそれは、キケロが「元老院と良き人士すべて」と言っている（p. red. in sen. 17. Sest. 1. 11. 53）のと軌を一にする。これについては H. Strasburger, Concordia ordinum (Diss. Frankfurt a. M. 1931), 60 をみよ。シュトラスブルガーはさらに、dom. 94 の「元老院の権威《アウクトリタス》［良識］と良き人士すべての総意により」という発言（fam. 1, 9, 12. 5, 2, 8）を挙げている。J. Vogt, Hermes 68 (1933), 91. カエサルの戦記ではカエサルは、「良い《ボヌス》」をこういう政治的な意味には使っていないが、四九年四月一六日のキケロ宛の手紙には（Att. 10, 8B, 2）、「善良《ボヌス》で穏《クイエトゥス》やかな人、そして良き《ボヌス》市民にとって、内乱から離れて生きる以上にふさわしいものとして、一体いかなることがあるでしょうか」とある。

(278) Hirt. b. G. 8, 24, 3. 軍事的な理由とは蛮族侵入を防ぐことにあった。

(279) Hirt. b. G. 8, 24, 4-31. 38. 45. グトゥルアトゥスの処刑についてヒルティウスが次のように指摘している（38, 5）。「カエサルは、自分の自然の性向にはそぐわないやり方で、この人の死刑を執行するべく強いられた。この人のまわりに群がってきた兵士たちが、戦争で蒙ったあらゆる災厄と損害はこの人のおかげであると罵り、結局、この人は鞭打たれて殺され、それから斧で首を刎ねられたのである」と。Oros. 6, 11, 15-19.

(280) Hirt. b. G. 8, 30. 32-37. 39-43. Oros. 6, 11, 20-28.

(281) Hirt. b. G. 8, 44. Oros. 6, 11, 29-30. ヒルティウスはこの処罰についても所見を述べている（44, 1）。「カエサルとしては、自分の仁慈《レニタス》はすべての人に知れ渡っており、それで、たとえ一段と厳しい処置をとったとしても、それは生まれながらの残忍さからだとみられる心配はないと考えて……」と。

(282) Hirt. b. G. 8, 47-48.

(283) Hirt. b. G. 8, 46. Caes. b. c. 3, 59, 2.

(284) Suet. Caes. 25, 1 には、「全ガッリアを……属州の形に整え、それに年額四〇〇〇万セステルティウスの貢税を課した」とある

(285) Plut. Caes. 15, 5. App. Celt. 1, 6 も同じ史料に遡及する。しかし、被征服民の総数を、プルタルコスが三〇〇万、三〇〇種族とする代わりに、アッピアノスは、四〇〇万、四〇〇種族としている。四六年のガッリアの凱旋式におけるカエサルの報告（Suet. Caes. 37, 1. Cass. Dio 43, 19, 1）は、Plin. n. h. 7, 92 によれば戦死者一一九万二〇〇〇となっている。これに加えてプリニウスは、「私としても、これを彼の栄誉には数えない。たとえどうにも止むを得ないとはいえ、人類に加えられたものであったとしても、それはひどい危害であった」と言う。内乱で倒れた人の数字を公表しなかったのに、カエサルは自分自身でもこの数字の方は承認していたのであろう、とする。おそらく敵の兵士の数についての報告と同じように、この数も誇張であろう。Gelzer, RE 8A, 999. 1001-1003［ウェルキンゲトリクス］をみよ。三〇〇あるいは四〇〇の種族という数もまた、誇張とみる捉え方が正しいことを証明してくれよう。そうだとすれば、これは部族国家《キウィタス》の郷《パグス》［集落という訳もある］とも考えることができよう。1, 12, 4 によればヘルウェティイ族の部族国家《キウィタス》は四つの部分（郷《パグス》）からなっていた。また 1, 37, 3 と 4, 1, 3 では、スエビ族には一〇〇の郷《パグス》ありと書き添えられている。なお 4, 22, 5 では「カエサルのところに使者をよこさなかったモリニ族の郷《パグス》へ……」と言う。

(286) 貸金でもって。五〇年一二月末、つらいことに彼は、まだこれを返却できる状態ではなかった（Att. 7, 3, 11. 8, 5）。本書一一七頁をみよ。

(287) キケロからトレバティウス宛（fam. 7, 13, 1）。「聞き給え、わがテスタよ。君の誇りを増大させるのはお金ではないのか？ それとも君が、大将軍《インペラトル》から相談を受けているということなのか？ わが命かけて、君の名誉として、カエサルによって富裕になるより、カエサルによって相談されたがっているという風に、私は信じたいのだ」とある。しかしトレバティウスは、あたかも大将軍《インペラトル》にキケロの推薦文ではなく借用証書を持参したかのように、金を得たらすぐ、大層急ぎ再び帰国するつもりでいるのだ、と彼は嘲弄する（fam. 7, 17, 1）。一般には Cass. Dio 40, 60, 3-4. また Cic. Phil. 2, 50 はアントニウスについて記す。

(288) マルクス・カエリウスからキケロ宛（fam. 8, 1, 4）。本章注227と注193をみよ。

(289) Suet. Caes. 26, 2. Plin. n. h. 36, 103. 本書一一九—一二〇頁。

(290) Suet. Caes. 28, 1.

(291) Suet. Caes. 54, 2. 一アウレウスとは、八グラムの重さ、一〇〇セステルティウスにあたる。Becker, RE 19, 1474. Hultsch, RE 5, 209.

(292) Liv. per. 114 には、「カエサルのガッリアでの副司令《レガトゥス》＝総督代理デキムス・ブルトゥスが、叛乱を起こしたベッロウァキ族に対する戦闘で勝った」とある。App. b. c. 2, 465.

(293) Oros. 6, 12, 1. 彼はガッリアの運命について、一つの考察をこれに添えている。そして彼の時代について、この土地すなわちガッリアをして語らせている（12, 7）。「かくしてゴート人に向かって私が立ち上がらないように、ローマ人は私にその気にならせていた」と。ローマ帝政期の判断としては驚くべきほど的確な意見である。Gelzer, Aufstieg und Untergang des alten Rom und des römischen Imperiums［原著の“Aufstieg und Niedergang der Großreiche des Altertums”は当該論文所収の編著名］(1958), 125［=Kl. Schr. I 257］を参照。

(294) Cic. prov. cons. 32-34.［ゲルツァーの本文は、かなり自由な訳を施している］

(295) Cic. Pis. 81-82.

(296) Plut. Cat. min. 49-50. Cass. Dio 40, 58.

(297) Cic. Brut. 250. マルケッルスの書簡は Cic. fam. 4, 11 にある。

(298) Suet. Caes. 30, 3.

(299) Plut. Caes. 29, 1（五一年の執政官を四九年の執政官と混同している）. App. b. c. 2, 97.

(300) Caes. b. c. 1, 4. 4. 9, 2. 22, 5.

(301) Suet. Caes. 29, 1 には、「自分はいま市民のなかの第一人者であるから、第一の地位［序列］から第二の位に落とすのは、第二の地位から最低の位に落とすより難しい……」とあり、カエサルはポンペイウスについて b. c. 1, 4, 4 で「威信《ディグニタス》の点、いかなる人も自分に匹敵させたくなかった」という言葉を使っているが、カエサルは自分のためにそのポンペイウスと同じような優位さを要求したのである。

(302) Caes. b. c. 1, 22, 5.

(303) Hirt. b. G. 8, 52, 4 には、「つまりカエサルは、元老院議員が自由に判決を下すならば、自分の係争問題に容易に勝てるだろうと判断した」［國原訳は「自分の主義主張は容易に支持票を……」とする。b. G. 7, 37, 4］とある。Caes. b. c. 1, 9, 5 を参照。

(304) Caes. b. G. 7, 90, 8.

(305) Cic. Brut. 262 には「つまり歴史叙述においては、作為［虚飾］のない、明らかな簡潔さよりも好ましいものはないから」とある。もちろん、将軍の書いたこういう業績報告は、厳密な意味での歴史記述ではありえなかった。したがって、M. Rambaud, L'art de la déformation historique dans commentaires de César (1953) という本は、全く誤った前提から出発している。これに対しては J. H. Collins, Gnomon 26 (1954), 527ff. J. P. D. Balsdon, JRS. 45 (1955), 161f. たしかに A. N. Sherwin-White, JRS. 48 (1958), 191 が、この当世風になされたカエサル批判を嘲笑したのも当然なことであろう。

(306) キケロは Brut. 218 で、五九年［カエサルの執政官の年］に対話の設定の場所が移された執政官格の人物ガイウス・クリオの対話編を笑いものにしている。そのなかでキケロは、「次の年の、そして引き続いて幾年かの間の、ガッリアでの同じカエサルの統治における処置を非難した」のである［五九年の対話とカエサルの遠征のときは、時代錯誤的］。Suet. Caes. 9, 2. 49, 1. 50, 1. 52, 3 は、そこで暴かれた汚点について、二、三の証拠を挙げている。それによれば、ガッリアでの行動がどう取り扱われたかは想像できよう（Suet. Caes. 24, 3 参照）。別の証拠は、本書一一四頁以下に述べたカトゥッルスの詩である。弟宛およびトレバティウス宛のキケロの書簡から、戦場や冬営地におけることの経過のすべてに関して、在ローマの政治家とカエサルの士官や帷幕《いばく》のなかの者（コントゥベルナレス）とが、活発な手紙のやりとりをしたことについて、われわれとしてもはっきりしたイメージを得ることができる。ティロは、四四年一二月のクィントゥス・キケロの一書簡まで保管しておいてくれた（fam. 16, 27）。そのなかで、クィントゥスは四三年の予定執政官のアウルス・ヒルティウスとガイウス・ウィビウス・パンサについて次のように主張している。彼らは、作戦行動の間も自分たちの贅沢三昧な生活（「私は彼らのことは裏も表も知り尽くしております。こういった連中は、放蕩と怠惰な生活で心魂だらけ切っている人なのです」）を抑制しなかったし、したがってたしかに彼らの仲間、「無頼漢」マルクス・アントニウスと再び一緒になることになったのであろう、とする（「信じられないことだろうが、夏の陣でこの連中がガッリア人の陣営に向かい合っていたとき、一体何をしていたかを私はよく知っています。もっときっぱりした措置がとられなければ、この盗賊（アントニウス）は、その非行の相棒としてこの連中をまるめこむことでしょう」）。カエサルがウェソンティオの恐慌を描く際（本書九四頁以下）、身分高き若者連中について意地の悪い所見を述べることで（b. G. 1, 39, 2「愛顧《アミキティア》を頼みに、ローマの町を出てカエサルについては来たものの、軍事にはたいして経験のない人」）、まさしくその通信先の人の気持ちに一撃加えようと思ったのもありえたことであろう（本章注276をみよ）。年来カエサルについて流布されてきたあの憎悪に満ちた噂を想像できる立場にある人なら、だれでも、どのような絶対至上の力をもってカエサルが遠征事業を〝明快で簡潔な〟筆で描き出しているかを知ると、ますます驚嘆することであろう。

(307) Caes. b. G. 1, 44, 12.

(308) Cic. Phil. 5, 49 には「彼［カエサル］にあってはあふれるばかりの天賦の才のすべてを、気まぐれな民衆の機嫌を取るのに使い果たしてしまった。このようにして元老院とか良き人士《ボヌス》のことを尊重せず、自分の力の拡大のための大道を自分で切り開くことになったのだ。もっともこれは、自由な国民の矜持《ウィルトゥス》が耐えられそうにないものだったが」とある。

(309) これに対して彼は、四六年にマルクス・マルケッルスに向かって書く (fam. 4, 8, 2)。「もしもなんらかの国家《レス・プブリカ》なるものが存在するならば、世評でも、また現実にも、第一人者《プリンキプス》［国家の指導者］であるあなたとしては、時勢の抗しがたい圧迫に身を屈しつつも、その国家のなかで生きてゆかねばならないのです。私がしているのと同じように。あなたもこういった決意をするように勧めたいと思います」と。

(310) Suet. Caes. 28, 2. 日付は Cic. Att. 5, 2, 3 から推論できる。「カエサルが〈自分の件について〉記録にとどめられた元老院の見解《アウクトリタス》［Tusculum 版では〝元老院決議〟とされる］をどうとっているか」という点を、キケロは五一年五月一〇日に問い合わせている。

(311) 自分の記憶によると、と四六年の Cic. fam. 4, 3, 1 にある。カエサルは、四六年九月にマルケッルスを赦してくれるようにとの元老院の願いに動かされたとき、キケロがスルピキウスに書いているように、それを果たした。「他ならぬカエサルが、まずマルケッルスの〝苛酷さ〟（つまりそう言われたのです）に対して抗議し、あなたの公正さと叡知をもっとも敬意を払った言葉で讃めて」(4, 4, 3) と述べられる。

(312) Hirt. b. G. 8, 53, 1 では、「つまり前年（前五一年）、マルクス・マルケッルスがカエサルの威信《ディグニタス》を誹謗したとき、この人によってポンペイウスとクラッススの法に反して、所定の時期（五〇年三月一日）以前に、元老院にカエサルの属州統治権に対する動議が提出されたのである。みんなの見解が出し尽くされた末、マルケッルスによって評決に付されたが、彼は嫉妬心にかられてカエサルから位階声望《ディグニタス》のことごとくを手に入れようとしていたのであった。でも元老院議員の大多数が反対し、この動議を否決してしまった」とされる。Cass. Dio 40, 59, 1は、スルピキウスと一緒に護民官にも言及している。Suet. Caes. 29, 1には「〈カエサルは〉一方では護民官の拒否権で、他方ではもう一人の執政官セルウィウス・スルピキウスの助けで、頑強に抵抗した」とある。Cic. fam. 8, 8, 5-8 に残っている五一年九月二九日の元老院決議からわれわれに分かるのは、四人の護民官の名であり、この人たちがカエサルのために拒否権を発動したのである。その一人が、ガイウス・ウィビウス・パンサ、後の四三年の執政官だった。

(313) Suet. Caes. 28, 3. Cic. Att. 5, 2, 3. Plut. Caes. 29, 2. App. b. c. 2, 98.

(314) Cic. Att. 5, 2, 3 には「噂では、ポー河の彼方の共同体には、四人委員職を設けるように命令されたという」とある。fam. 8, 1, 2. 同じく App. b. c. 2, 97 が次のように報告しているのも正当とは認められない。すなわち、彼カエサルは元老院の拒否の返答を聞くや、「これが、余にそれを与えるであろう」と言って剣をたたいた、と。Plut. Pomp. 58, 3. Caes. 29, 7 によれば百人隊長の発言。

(315) Cic. fam. 3, 3, 1. 8, 5, 1. 10, 2-3. パルティア人についてのキケロの数多くの報告は、Gelzer, RE 7A, 978-981. 985-986.

(316) Cic. Att. 5, 5, 2. 6, 1.

(317) Cic. Att. 5, 7. 5, 11, 3. fam. 2, 8, 2. 3, 8, 10. Cass. Dio 40, 59, 2.

(318) カエリウスからキケロ宛の書簡 fam. 8, 1, 2.

(319) Att. 5, 11, 2. Plut. Caes. 29, 2. App. b. c. 2. 98.

(320) Hirt. b. G. 8, 24, 3.

(321) カエリウスからキケロ宛の書簡 fam. 8, 4, 4.

(322) Cic. fam. 8, 5, 2-3. 9, 5 ［カエリウス書簡］.

(323) Cic. fam. 8, 8, 4. 9 ［カエリウス書簡］.

(324) Cic. fam. 8, 8, 5 ［カエリウス書簡］. ポンペイウスに委ねられた両スペインを差し引くと、残りは次の通り。ガッリア・キサルピナ（イッリュリクムを含む）、ガッリア・トランサルピナ、シリア［シュリア］、キリキア、アシア、ビテュニアとポントス、マケドニア、クレタとキュレネ、アフリカ、シキリア、サルディニア。

(325) Cic. fam. 8, 8, 6 ［カエリウス書簡］.

(326) Cic. fam. 8, 8, 7 ［カエリウス書簡］.

（327）Cic. fam. 8, 8, 8［カエリウス書簡］. これまで執政官格の属州としてはキリキアの名がはっきりと挙げられていたので、執政官格属州のうちではシリアと両ガッリアが残っているだけであった。だがそのなかの一つは、やはり法務官格になるはずだった。

（328）一二三年のセンプロニウス法（Cic. prov. cons. 3. 17. 36）による。P. J. Cuff, Historia 9（1958）, 448. 五〇年、執政官選挙の行なわれる以前に、元老院が、四九年の執政官に選ばれる人のための執政官格属州を定めることを、センプロニウス法は求めていたのであろう。五二年のポンペイウスの法は、この見込みを妄想であるとした［つまり無効のものとした］。五〇年三月一日からは、執政官だった人に、それ以前の年度中にもう属州が与えられること、すなわち五一年に、六三年の執政官キケロにキリキアを、五九年の執政官ビブルスにシリアを与えることが可能になっていたからである。Hirt. b. G. 8, 39, 3（カエサルは五〇年に自分の属州を握っている）において、センプロニウス法が引き続き有効であることが、当然の前提になっている、と Cuff 469, 96 が強調するのは正しい。カエサルその人は、ポンペイウス法のなかに、自分に向けれられた駒の配置をみてとった（Caes. b. c. 1, 85, 9）。「彼［カエサル］に対する処置として政務官の権利が変更された。いつものように、法務官職や執政官職を勤めあげた人がすぐにというのではなく、ほんの少数の人によって認められて選び出された人が属州に派遣されるようになった」と。これに照応するのが、1, 6, 5. 四九年一月には「属州が私人に与えられるよう取り決められた。二つは執政官格、残りが法務官格」という。カエサルは、五二年の一〇人の護民官の法によって、センプロニウス法が存続していることを理由付けた。それは、カエサルに、第二次執政官職立候補のためにローマにやってこなくてもよいとするものだった。すでに四九年一月に後任が任命されていたから、彼は、自分が選ばれる——その公算大である——までの半年間、護民官の法を前提とした命令権《インペリウム》を詐取したのだった（b. c. 1, 9, 2）。「彼［カエサル］をすこぶる苦しめるものがあった。それは、ローマ国民の好意（護民官の法）が、政敵の無礼千万なやり方で彼からもぎ取られることであり、軍指揮権［命令権＝総督職］が半年間も短縮されてしまい、また彼自身はローマに不在でも次の選挙において（四九年）立候補できるように配慮されるべきだと国民が命じていた（五二年）のに、ローマ市に引き戻されるというつらい状態におかれたことである」と。四九年夏、カエサルは四八年の執政官に選ばれることを期待した（b. c. 3, 1, 1）。四九年四月一日、元老院で（b. c. 1, 32, 2）「自分は、法外な名誉《ホノス》を求めているのではなく、執政官職立候補のための合法的なときを待っている［法定の期間の過ぎるのを待っている］のであり、一般市民すべてに許されているところ［権利］で満足するだろう、と言明した。政敵の反対にもかかわらず、一〇人の護民官によって提案されたのである、……不在でも立候補が許されるべきだ、と」と述べられている。後にはスペインで「しかし、他のあらゆる大将軍《インペラトル》にこれまでいつも認められてきたものが、ただ私［カエサル］だけには全く与えられていない。つまり運良く戦争が済まされたのち、なんらかの栄誉を受け、あるいは少なくとも不面目な目に合わずに祖国に帰れて、軍隊を解散できるということなのだが」と言う（b. c. 1, 85, 10）。実際は五一年九月二九日の第三回の元老院決議ほどに大きな「恥辱」など考えられない（Cic. fam. b. c. 8, 8, 7［カエリウス書簡］）。「同ジク、今ガイウス・カエサルノ軍隊ノ中ニイル兵士タチニツキ、元老院デ取リ決メラレルベキコト［法律的な言い回しとしては、元老院ノ意思デ是トサレル。賛成サレル］。ツマリ兵役ヲ満了セシ者、アルイハ除隊ノ事由アル者ニシテ、ソノ事由ヲ提出セザルベカラザル者ハ、ソノ件ヲコノ身分［元老院身分］ニ提出スベキコト。ソノ件ハ、検討サレ［査定サレ］、調査サルベキヨウ。モシナンピトタリト、元老院決議ニ拒否権ヲ行使スル者アラバ、コレニ関スル元老院ノ意思《アウクトリタス》ヲ記録ニトドメ、コトハ最モ早キ時期ニ元老院〈ト国民〉ニ提案サルベキヨウニ、元老院ハ取リ決メルベキコト［是トサレル、賛成サレル］。上記の元老院決議には、護民官のガイウス・カエリウスとガイウス・パンサが拒否権を発動した」と。Cuff, a. O. 468 は、Caes. b. c. 1, 9, 2 については正しい。ただ彼は、たとえば私の著書 Pompeius[2], 198, 137［第

11章注137」をみれば、自分の認識が目新しいものではないということを、知ることができたであろう。そこで述べたように、私は護民官の法が、五八年の護民官の決定（Suet. Caes. 23, 1）が「国事のため彼がローマにいられないという理由」によったこともありえるとした。五一年には護民官は、来たるべき四九年の執政官の属州に関して三月一日に行なわれると指定してある審議に対して、拒否権を発動したのではなかったとしても、センプロニウス法が引き続き効力を有するのを彼らが承認することでもって、カエサルの訓令に従ったと結論することが許されよう。

（329）カエリウスのキケロ宛書簡（fam. 8, 8, 9）。

（330）Cic. Att. 5, 18, 1, 6, 1, 14. カエリウスよりキケロに（fam. 8, 10, 2. 14, 4）。

（331）Suet. Caes. 26, 3. 本章注274。

（332）Cass. Dio 40, 60, 1.

（333）Suet. Caes. 26, 2-3. 27, 1-28, 2. 本章注289。スエトニウスが、親カエサルおよび反カエサル的な同時代の出版物から、あれほど多くのものをわれわれに残してくれたのは、すこぶる貴重である。スエトニウスの個人的業績を価値あると評価するのは、W. Steidles, Sueton und die antike Biographie (1951), 41ff. とCordula Brutscher, Analysen zu Suetons Divus Iulius und der Parallelüberlieferung (1958), 105である。両者の努力からは得るところ大であり、それは同時代の史料を再現している点で、スエトニウスの信憑性を過小評価する風にはならないはずだからである。

（334）Suet. Caes. 29, 1. Plut. Caes. 29, 3. Pomp. 58, 2. App. b. c. 2, 102. Cass. Dio 40, 63, 2. パウルスは、後の三頭同盟者マルクス・レピドゥスの兄弟、七八年の革命的な執政官の息子だった（Vell. 2, 67, 2. Cic. Phil. 13, 8）。

（335）Cic. Phil. 3, 17. Suet. Caes. 27, 1. Nikol. Dam. FgrHist. 90 F 128, 28. Plut. Ant. 31, 2. Hammond, RE 17, 1859.

（336）カエリウスのキケロ宛書簡 fam. 8, 4, 2は、五一年八月一日に望んでいる。「私が期待し望むところでは、また彼［クリオ］自身のやり方からしても、彼は良き人《ボニ》たちや元老院と結ぼうとするでしょう。現在のところ彼は全くそういう気持ちで一杯だからです。こうした気持ちになった起点や理由は次のところにあります。カエサル、つまりどんなに費用がかかろうが、もっとも下賤な身分の人たちを繋ぎ止めて、その友情を維持しようとするのが常のカエサルが、全く並々ならぬやり方で彼をすこぶる侮辱したからなのです」と。またVell. 2, 48, 4には、「彼［クリオ］は、はじめはポンペイウスの党派のために尽くした。つまりそのときの考えによれば、それは国家《レス・プブリカ》のためというのである。次いで、〈そのときどきに〉ポンペイウスに敵対的になったり、カエサルに敵対する、そういうふりをしたが、心のなかではカエサルの味方だったのである。こういった行動が、代償なしで行なわれたのか、あるいは人がそう言うように、一〇〇〇万セステルティウスを受け取ってそうしたのか、われわれには分からないままである」とある。これに先立って性格づけが行なわれ（3）、「名門の人、雄弁で、勇気があり、自分の財産やまた節操も、他人のそれらも乱費する人。あふれる立派な才を曲がったことのために示す人物で、国家に対して致命的で有害な働きをする弁舌をもち、いかなる富も、またいかなる情熱も彼の欲望を満足させることができない」とされる。Val. Max. 9, 1, 6は、負債を一五〇〇万デナリウスと明記している。五三年に死んだ父親のための葬送の競技には「ゲルツァーは本章の注306を挙げるが、訳者には理解できない」、たとえば木造の二重の劇場を建てさせた。その舞台では同時に劇が上演されるが、二つの大きな軸を回転すれば、一つの円形劇場にもなるように組み立てられていた（Plin. n. h. 36, 117）。Suet. Caes. 29, 1. Plut. Ant. 5, 2. Caes. 29, 3. Pomp. 58, 2. App. b. c. 2, 101. Cass. Dio 40, 60, 2-3.

（337）カエリウスのキケロ宛書簡（fam. 8, 10, 3-4. 6, 4-5）。キケロのカエリウス宛書簡（fam. 2, 13, 3）。Cic. Att. 6, 1, 25. 3, 4. Caes. b. c. 2, 25, 4. Lucan. 4, 688-692. App. b. c. 2, 102. Cass. Dio 40, 61, 1-62-2.

（338）Cic. Att. 6, 2, 6（キケロは五〇年三月七日まで「首都ローマの公報」

を使えた）. カエリウスからキケロ宛（fam. 8, 11, 1）。この点は、私［ゲルツァー］はPompeius^2, 276, 55［邦訳第11章注55］に、キケロのキリキアにおける業績のための感謝祭の決定によって、民会を開催する日が自分になくなってしまうのを、クリオは許しはしないのである、と書いた。「パウルスの気の狂ったようなやり方によって獲得された利得が、自分の落ち度のためまた失われたとは思われたくなかったので……」。Cic. Att. 6, 3, 4の「というのは、クリオについて、またパウルスについてはいやな報せが私に届いているから」によれば、クリオとパウルスは、カエサルのために一緒に仕事していた。このことが、当時まだ全く閥族派的だったカエリウスの口からは「パウルスの物狂い」と呼ばれるわけなのである。カエリウスの同じ書簡（fam. 8, 11, 3）に、「それから、われわれの友人——あなたは彼らをよく知っているでしょう——は、ことをぎりぎりまでもってゆくのを躊躇しているのです」とある。カエリウスは五〇年五月（fam. 8, 13, 2）に「あなたが望んでおられた報告です。キケロよ。属州についての、われわれの友人のクリオの拒否権行使は、すばらしくうまくゆきました。というのも、拒否権の問題が審議されることになり——もっともそれは元老院決議によってなされたのですが（元老院決議は、fam. 8, 8, 6）——、マルクス・マルケッルスによって最初の意見が出されたとき、それは護民官と交渉すべきだというのであったが、そのとき元老院は多数決でこれに反対したのです」と記す。このことについてCic. Att. 7, 7, 5（五〇年一二月）は「というのは、もしもクリオとの交渉が始まったなら、クリオはがんばり通せなかった［反対の立場を固持できなかった］でしょう。元老院は提案を撥ね除けていたのです。その結果、後任を送らずにカエサルを残すことになったのです」とする。Hirt. b. G. 8, 52, 4-5によればクリオは票決を求めた。「さて、護民官ガイウス・クリオが、カエサルの主張および威信《ディグニタス》・位階を護る任務を担っており、彼は元老院にしばしば約束していた。もしも〈元老院議員のうちの〉だれかがカエサルの武力を恐れ不安な気持ちになっているのならば、ポンペイウスの独裁も、軍隊の所有も、フォルム［ローマの政界］にきわめて大きな恐怖の念をもたらしているのだから、この際、両者ともに武器を手放し軍隊を解散すべきである、こうした具合にして初めて、国家［ローマ市民］は自由と自主独立性を取り戻すであろう、と言うのだった。そしてこれは単なる約束でなく、クリオは元老院決議の採決を求めようとしはじめた。ところが、両執政官やポンペイウスの友人たちは、それを妨げようと干渉し、ことを引き伸ばすことによって、〈クリオの〉計画を頓挫させてしまった」と。解釈は、Gelzer, Hermes 63 (1928), 132［=Kl. Schr. II 222f.］をみよ。ポンペイウスの独裁政《ドミナティオ》への攻撃はカエリウス（fam. 8, 11, 3）が、「この人物の第二次執政官職の全体がひどく非難された」と記す。ここではたしかに五二年の第三次執政官職のことが考えられている（Gelzer, Pompeius^2, 277, 65［邦訳第11章注65］）。サッルスティウス（ad Caes. 2, 3, 2-3）は、どぎつい色彩でポンペイウスと、そして「少数者《パウキ》」の「独裁政」を描く。注227をみよ。

（339）App. b. c. 2, 103-106. Cass. Dio 40, 62, 3-4.

（340）Caes. b. c. 1, 4, 4には、「ポンペイウスはカエサルの政敵に脅かされて、そしてまただれとも威信《ディグニタス》の点で肩を並べたくなかったので、カエサルの友情に全く背を向け、共通の政敵と和解していた」とある。

（341）Caes. b. c. 1, 9, 2. 32, 3-5. Cic. Att. 7, 3, 4. Sall. ad Caes. 2, 2, 3には「国民の恩恵」とある。Suet. Caes. 29, 2には「国民の〈与えた〉恩恵」とある。

（342）注328をみよ。Dig. 2, 4, 2 (Ulpianus 五巻・告示) には「執政官も、長官も、法務官も、執政官代理も、その他の政務官も、命令権をもつ者は、法廷に召喚され得ず」とある。4, 6, 26, 2には「法務官は言う。その意思に反して法廷に召喚することは許されないし、また弁護もされなかった、と。この規定は、父祖の慣習では、執政官、法務官、その他命令権または権限をもっている人はだれも、罪咎なくして法廷に召喚されず、というのを狙いとするものである」とある。刑事訴訟にもこれが妥当することについては、Mommsen, RStR. I 706, 3をみよ。

（343）Cic. Att. 7, 3, 4（五〇年一二月九日）には、「彼らが、この時期に市民団［国家］を危機に陥れてまで激しく戦っているのは、自分の権勢のためなのである」とあり、fam. 4, 4, 3（四六年セルウィウス・スルピキウス・ルフス宛）では「国法上の問題であるはずのことについての決定が、武器の手に委ねられるようになりはじめて以来」とされる。

（344）Suet. Caes. 29, 2（五〇年末の元老院に対するカエサルの手紙について）では、「伝えられているように、多分ポンペイウスが、新兵を召集するよりも早く、その気になればすぐに、自分の方が古参兵を容易に動員することができる、と彼は確信していた」とされる。とりわけCic. Att. 7, 9, 3（五〇年末）では、「もちろん君ははっきり言うだろう。自分の軍隊を引き渡し、そうすることで執政官になるようにカエサルに説き勧めよ、と。これこそ何よりもの方策なのだ。彼がそこまで下りてくるならば、それに異議はないだろう。でも軍隊を保持したままでは、立候補することの支持が得られないのならば、彼はそうしない［軍隊を放棄しない］というのは私には驚きだ。しかし、ある人たちが考えているように、われわれにはカエサルが執政官であるより恐るべきものはない」と言う。キケロが、五九年のカエサルの第一次執政官職についてアッティクスに想起させているのは［Att. 7, 9, 3には、続いて記される］、「彼が以前に執政官職を握ったのを経験したのだから、また再びその彼が執政官のポストについているのを想像してみたまえ。人は言うだろう。彼は当時まだ力が弱かったとしても、それでも国家《レス・プブリカ》全体よりもずっと強かったのだ、と」ということだった（多分キケロが一二月二五日に喋った相手はポンペイウスだろう。Att. 7, 8, 4. RE 7A, 990)。これに対してカエサル自身は（四九年一月b. c. 1, 9, 5)、「ポンペイウスは自分の属州に赴くべきであり、両者［カエサルとポンペイウス］は軍隊を解散すべきである。イタリアではあらゆる人が武器を下におくべきで、首都《キウィタス》［市民団とするも可か］から恐怖が取り去られ、自由な選挙が行なわれ、国家《レス・プブリカ》の統治は、完全に元老院とローマ国民の手に委ねられるべきである」と言うのであった。

（345）Cic. Att. 7, 5, 4.

（346）Caes. b. c. 1, 22, 5.

（347）Caes. b. c. 1, 9, 2. Sall. ad Caes. 2, 2, 3.

（348）Cic. fam. 8, 11, 3［カエリウス書簡］.

（349）Hirt. b. G. 8, 54, 2. Caes. b. c. 1, 4, 5, 32, 6. Cic. fam. 2, 15, 4. Cass. Dio 40, 65. App. b. c. 2, 114-115. Plut. Caes. 29, 4.

（350）Cic. fam. 8, 11, 2［カエリウス書簡］. Cic. fam. 2, 15, 1. Att. 7, 1, 7.［7, 2, 7も加えるべきか］

（351）Cic. fam. 8, 13, 2［カエリウス書簡］. App. b. c. 2, 107.

（352）注388をみよ。［Cic. Att. 7, 8, 5］

（353）Cic. fam. 3, 10, 1. 11, 4-5. 13, 2. 8, 6, 3. Cass. Dio 40, 63, 1-3.

（354）Plut. Ant. 5, 2. Cic. Att. 6, 8, 2. Caes. b. c. 1, 2, 7.

（355）Hirt. b. G. 8, 50, 4. Cic. Att. 6, 8, 2（五〇年一〇月一日）は、この人（レントゥルス・クルス）がカエサルに与するであろう、と思っている。Caes. b. c. 1, 1, 3. 4, 2. バルブスからキケロに宛てた書簡はCic. Att. 8, 15A, 2. バルブスは彼（レントゥルス・クルス）からコルネリウスという氏族名を得た（R. Syme, R. R. 44, 2. 72, 2)。

（356）Cass. Dio 40, 63, 3-64, 1. キケロが一〇月一五日アテナイから、監察官についての情報をアッティクスに求めていること（Att. 6, 9, 5）によってその時期を確定することができよう。アッピウス・クラウディウス［五〇年の監察官］についての報告を含んだカエリウスの書簡(fam. 8, 14, 4）をO. E. Schmidt, Der Briefwechsel des M. Tullius Cicero (1893), 88は、ほぼ九月二四日においている。クリオと〈クラウディウスと〉の衝突はまだカエリウスには知られていなかったらしい。ディオは、執政官のガイウス・マルケッルスとのいざこざの箇所にこの人をもってきている。争いはようやく一二月のことだったろう。サッルスティウスの護民官職については、Ascon. in Cic. Mil. argum. S. 37 (Clark) とMil. 14. 45. 47. 元老院のリストからその名を抹殺するには、姦通のスキャンダルも加わったことであろう。これをウァッロはその著作『ロギストリクス』［現在は散佚した作品。さまざまな主題についての対話編を集めたもの］の「ピウス［敬虔な（人）。呼称としてもつ著名人は二人］あるいは平和について」で述べている（Gell. N. A.

17, 18)。「アンニウス・ミロによって、姦通の現場で捕まった。そこで彼の言うところでは、ひどく革紐で鞭打たれ、多額の金を払い込むことでやっと解放された」と。この文章の正しい理解の仕方は H. Dahlmann, Varronische Studien I (Abh. Ak. Mainz 1957, 4), 159ff. が明らかにしている。「敬虔《ピウス》」という表現で考えられているのは、メテッルス・ピウス・スキピオ、すなわち五二年の執政官で、ポンペイウスの岳父、四六年に命を絶った人物である。Dahlmann, 166 が、ウァッロが彼の死後すぐに〝ピウス〟を書いたのももっともなことであろう、と推定する。その理由は、〈同じ 17, 18 に〉次の序言的な所見があるからである。「あの真面目で、厳密な調子で散文作品を書いた人ガイウス・サッルスティウス、彼の歴史叙述のなかで本当に監察官的な所見が表明され貫徹されているのを、われわれは見ることができる」と。しかしこれは、ウァッロに由来するのではなく、ゲッリウスからのものである (164)。

(357) Cod. Vat. に伝えられている「大カエサル宛の第二書簡」について、ここに示した日付に関しては (Appendix Sallustiana ed. Alph. Kurfess, fasc. prior^{4}, 1955)、私は Vierteljahrsschrift für Sozial- und Wirtschaftsgesch. 15 (1920), 528 およびもっと詳細には DLZ 1921, 1986-1989 で、その理由付けをした。その後、C. Sallustius Crispus (Heidelberger Texte, Bd. 8, 1953), 9-10 の〝序文〟でも言及している。そこでは (13)、Cic. or. 32 を想起して Ed. Fraenkel, JRS. 41 (1951), 192 の述べた見解、フレンケルによればトゥキュディデスの模倣は、サッルスティウスが作者であることに相反しているという見解が反駁されるべきことを指摘した。キケロが四六年 (or. 30-32) に注目しているのは、トゥキュディデスを範とした人物が雄弁家であり、歴史家ではないことである。彼はすでに Brut. 287-288 と opt. gen or. 15-16 では、この点に反対している。同じく Dionys. Hal. de Thuc. 2, 50. 今はとくに W. Steidle, Sallusts historische Monographien (Historia Einzelschr. Heft 3, 1958), 95ff. を参照するように指示できる。そこにはすばらしい反証がある (96)。サッルスティウスが自分の書簡のために選んだスタイルなるものを認めようとしない文献学者が、帝政期の推測上の語り手に、躊躇することなくサッルスティウス模倣を認めているという点である。彼の少し前にはすでに Günter Dietz, Sallusts Briefe an Caesar (Diss. Freiburg i. B. 1956), 138-179 がこのことを述べている。彼は 43-99 でやはり、なぜこの書簡が後の修辞学者の作品ではありえないかという、その理由についても示している。これに対しては、R. Syme がどう試みても、つまりその尊敬していた文献学上の権威に味方しようとしても (Mus. Helv. 15. 1958, 55. 70)、如何ともしがたいのである。政治家の名前を、もうそれ以上、またその他に挙げていないからといって、彼が作者を非難しても (52)、このことがまさしくサッルスティウスが作者であるためのよい証拠となっているのである。サッルスティウスは、覚え書き『最高の国家《レス・プブリカ》について』(ep. 2, 2, 4) で、カエサルに、あらゆる彼の「政敵」を列挙する必要などなかったのである。さらに彼は 2, 3 で「敵対的な執政官」(ガイウス・マルケッルス) を諷している。彼はこうした人たちを、9, 4 では「もっとも無能な名門貴族」と片付けている。H. Dahlmann, Gnomon 14 (1938), 142 が注意したように、これはマルクス・マルケッルスについてのカエリウスの判断 (fam. 8, 10, 3) を想起させる。それに付け加えられるべきものは、五〇年にクリオに対して彼が無力だったことに関して注248に挙げられた fam. 8, 11, 3 の当該箇所である。Sall. ep. 2, 9, 4 では、ルキウス・ポストゥミウスとマルクス・ファウォニウスのような人物が名門貴族から区別されている (Syme, 53 に異論を呈したい)。R. G. M. Nisbet, JRS. 48 (1958), 30 の小論文は、サッルスティウスに反対する何の根拠にもならない。彼も、リュクルゴスの演説を修辞学の教育により知っていたからである。W. Avenarius, Symbolae Osloens. 33 (1957), 80 を参照。抜刷について筆者のご好意に感謝するが、Egon Maróti, Der zweite Sallustbrief und Cicero (Acta sessionis Ciceronianae diebus 3-5 mensis Decembris a. 1957 Varsoviae habitae, Warschau 1960, 123-141) では、書簡の信憑性についての攻撃が、再びすばらしく反駁されている。

(358) Sall. epist. ad Caes. 2, 13, 5.

(359) Sall. epist. ad Caes. 2, 7, 3.
(360) Sall. epist. ad Caes. 2, 5, 8.
(361) Sall. epist. ad Caes. 2, 7, 11. 8, 1. 11, 5.
(362) サッルスティウスは、自分が〝古きローマ人〟として話すことによって、カエサルに自分を印象付けようと思ったのだ、と私は思う。A. Dihle, Gnomon 29 (1957), 598 のように、カエサルは、自分自身の文体の理想に矛盾していたので、そういった試みを是認しなかったのであろう、という風にとるならば、カエサルの知的偉大さをあまりにも過小評価することになろう。キケロも、カエサル宛の現存の推薦文のなかでは特別な努力を払っていたのである (fam. 7, 5. 13, 15. 16)。
(363) Cic. Brut. 324. Cic. fam. 8, 14, 1 ［カエリウス書簡］. Hirt. b. G. 8, 50, 1. Plut. Ant. 5, 2.
(364) Hirt. b. G. 8, 50-51.
(365) Cic. Att. 6, 9, 5. 7, 1, 1.
(366) Hirt. b. G. 8, 52, 1. 54, 3-5. Caes. b. c. 1, 18, 5.
(367) Hirt. b. G. 8, 55, 2. 本書一四九頁。
(368) Cic. Tusc. 1, 86. Vell. 2, 48, 2. Cass. Dio 41, 6, 3-4. Gelzer, Pompeius², 191 ［邦訳一五八頁］.
(369) App. b. c. 2, 107-110. Cic. fam. 8, 14, 2 ［カエリウス書簡］（五〇年九月）には次のようにある。「〈二人の〉権力保持者がぶつかろうとしていますが、その目下の係争点は次のことです。グナエウス・ポンペイウスは、ガイウス・カエサルが軍隊と属州を引き渡してくれないかぎり、どうあろうとカエサルが執政官に選ばれるのを許さないと心にかたく決めております。ところが一方カエサルは、一度軍隊を手放せば、自分には安全などありえないことをよく承知しているのですが、それでも彼は、両者ともその軍隊を放棄しようという妥協案を提出しております。かくして彼らのあのお互いの愛着とあの厭わしかった結合［かつての三頭同盟］は、単なる隠微な言い争いに終わらず、戦争にと噴き上がってゆくのです」。
(370) Cic. Att. 7, 6, 2.
(371) 注344をみよ。
(372) Plut. Pomp. 57, 7-9. Caes. 29, 5-6. App. b. c. 2, 116-117.
(373) Hirt. b. G. 8, 52, 2-3. ここに言う執政官職としては、ただ四八年のそれが問題になるだけだったらしい。カエサルは、やはり一度はこの人物［ラビエヌス］を同僚にしたかったのだろう。Cass. Dio 41, 4, 4 によれば、彼はカエサルと同列におかれていた。彼はポンペイウスのようにピケヌムの出身であるから、この人物と古くからの結びつきがあったと推論できよう。そのために、ことはカエサルには不愉快な成り行きへと発展したのである。R. Syme, Rom. Rev. 67, 7.
(374) App. b. c. 2, 112.
(375) Cass. Dio 40, 64, 1-4. Plut. Pomp. 58, 6-10. Caes. 30, 1-2. App. b. c. 2, 118-121. 私は Ed. Meyer, Caesars Mon. 269, 2 ［3Aufl. 273, 1］ の言う日付に従う。注356をみよ。
(376) Hirt. b. G. 8, 55, 1. Caes. b. c. 1, 2, 3. 4, 5. 9, 4. 6, 2 は、カエサルの兵士のいわゆる頼りにならない点について。Cass. Dio 60, 64, 4. 66, 1-3. App. b. c. 2, 121-123. Plut. Pomp. 59, 1-2. Oros. 6, 15, 1.
(377) Cic. Att. 7, 4, 2-3.
(378) App. b. c. 2, 123. Cass. Dio 40, 66, 5.
(379) Hirt. b. G. 8, 55, 1. Caes. b. c. 1, 7, 7. 8, 1. 15, 3. 18, 5. 37, 1-2. App. b. c. 2, 124-125. Suet. Caes. 30, 1.
(380) Hirt. b. G. 8, 55, 2.
(381) Caes. b. c. 1, 4, 4.
(382) Cic. fam. 8, 14, 3.
(383) Cic. Att. 7, 3, 5. 7, 7. 11, 1. 12, 2. 注227をみよ。
(384) Suet. Caes. 30, 2.
(385) Cic. Att. 7, 7, 5.
(386) Suet. Caes. 29, 2. Plut. Caes. 31, 1. Vell. 2, 49, 3. App. b. c. 2, 126. こういった交渉にいくらかは関与したヒルティウスが、その作品を、残念なことにちょうどここで断ち切っている。キケロが、四九年一月四日に（fam. 16, 11, 2）ローマの前に到着した後も、ずっと討議は続けられた。キケロは、そこでまだ熱心に、双方が了解点に達するように努めた。このようにして、Plut. Pomp. 59, 5では、実際には初めて彼がカエサルの申し出の仲介をしたかのようになっている。どうすれば平和を保持できるかについては、キケロが五〇年一二月二五日フォルミアエでポンペイウスと語り合っている（Att. 7, 8, 4)。

(387) Plut. Ant. 5, 4.

(388) Cic. Att. 7, 8, 5.

(389) Caes. b. c. 1, 9, 5. 22, 5. Hirtius b. G. 8, 52, 4. 注338も参照。

(390) App. b. c. 2, 127. Cass. Dio 41, 1, 1. Cic. fam. 16, 11, 2.

(391) 残念なことには、カエサル『内乱記』のはじめの部分は、写本では不完全な形でしか伝わっていないし、またヒルティウス『ガッリア戦記第八巻』の終わりの部分も欠けている。Suet. Caes. 29, 2には簡単なその手紙［両作品の最後および冒頭にそれぞれ登場する］の内容報告がある。「民会の付与してくれた恩恵を私から奪わないこと、それが不可能なら他の大将軍《インペラトル》も軍隊の指揮から離れること」と。Cass. Dio 41, 1, 4では、ただポンペイウスと呼ばれているだけである。カエサルがポンペイウスの名を挙げて呼ぶのを避けたかったから、一般的な表現をしたというのは、それが本当の原文に由来するものであることを示すと見たい。Caes. b. c. 1, 9, 3では「すべての人が、軍隊の指揮から離れるべきだ、という手紙を元老院に送ったときでも、彼はどうしてもそれを認めてもらえなかった」と記される。また1, 5, 5で彼は「自分のしごく穏やかな要求」について言う。それに対してCic. fam. 16, 11, 2（四九年一月一二日）では「要するに、われわれの友人のカエサル自身が、元老院にひどい脅迫状を送ったのです。それは、元老院の意に反してでも、自分の軍隊と属州を保有したいというほど不遜なものであり、わが友クリオが彼を唆していたのでした」とされる。App. b. c. 2, 128によれば、彼は拒否された場合に、次のように言明したいというのであった。「速やかにやってきて、祖国と自分のために報復してやろう」と。だが、このように野蛮に脅迫したのではなかろう。それに対してはb. c. 1, 9, 3の考え方「自分にはいつも威信《ディグニタス》が第一であり、それは生命よりも尊い」というのが欠けていたわけではなかろう。注301に引用された定式的な表現がこれに一致する。この点は、キケロの表現の仕方が説明してくれる。

(392) Caes. b. c. 1, 1, 2-2, 7. 2, 6の「カエサルは、定められた期限までに軍隊を解散すべきである」というのは、なんといっても提議の原文を再現したものであろう。実際の期日そのものはまだこれから決められるべきことだった。まず原則として、カエサルは最後の（非公式の）提案に反して、一兵たりとも所持することはならないと決定された。この事実は、Vell. 2, 49, 4に正しく伝えられている。「結局カエサルの要求のことごとくが鼻先であしらわれ、彼らは決議した。ただ属州統治権の名誉ある肩書きは持てても、一個軍団の保持しか許されず、〈カエサルは〉すぐにローマの町に私人として赴き、執政官立候補にあたっては、ローマ国民の投票権に身を委ねるべきである」［ここの読みの問題点については、Woodman, Vell. Pat. 1983, 85f. にくわしい］とされたために、カエサルは戦端を開いた。

Karl Barwick, Caesars Bellum civile (Tendenz, Auffassung und Stil), Berlin-Leipzig 99, 1 (1951), 18, 3は、RE 7A, 991とは異なっていて、私［ゲルツァー］が、今はもはや正しいとはみなさない意見を主張している。Barwickの著書を、心から史料批判の手堅い論文と認めたいが、彼の見解の基礎にある解釈についての私の批判はF. Lossmann, Gnomon 28 (1956), 355ff. のそれと一致する。Barwickは、カエサルは間違っていると決めてかかることから出発する（14）。そこで、カエサルは真実をずっと歪めてきていることを証明しようとする。それに加えて彼は、第一巻、第二巻は四九年末、第三巻は四八年末に公刊された、と信ずる（124）。その際、カエサルに帰せられている意図、つまりイタリアの世論に働き掛けること（129）というのは、適切ならざる仮説と見たい。なんとなれば、Barwickが想像したような読者層(135)〝ローマおよびイタリアの教養人の大群〟なるものは存在しなかったからである。キケロの書簡集が示すように、政治に関心を有する層は、双方からの声明によってはじめからお互いの非難・告発についてはよく知っていたのである。それに加えて、Lossmann, Hermes 85 (1957), 47ff. が明らかにしたのは、Barwick が挙げた (130) Suet. Caes. 56, 4 にあるアシニウス・ポッリオの引用からは、起草の時期について何も引き出せないということである。アフリカの最後の戦闘をまだ目前に控えているとき、カエサルが『内乱記』を四七年のエジプト滞在の間に起草したというのを、もっともありえたこととみなしたい。そのときカエサルは、自分に戦争を押しつけたのは政敵に他ならなかったことを、要約して示したかったのである。第三巻がアレクサンドリア戦役の勃発をもって中断していても、タプススの勝利後もうその必要がなくなったから、作品が未完のまま放っておかれた、と推論したい。ヒルティウスが (B. G. 8. praef. 2) カエサル死後、これを周知のことと述べていることから推測すれば、そのときにはもう作品は公刊されていたのであろう。自ら筆をとる大政治家が、自分の立場を一面的に擁護することなど当たり前の話であり、その点に関しては何も言う必要はないくらいである。あら捜しをするアシニウス・ポッリオが、カエサルは多くのことを「故意にか、忘却のためか」不正確に（「間違って」Lossmann 57, 1 をみよ）書いている、と主張しているのである (Suet. Caes. 56, 4)。

そこで今日の歴史家は、「他方の側も聞かれるべきなり」という原則に基づいて行動することであろう。しかし、真実を歪めている点についてのこまごました証明など、カエサルの本質には無縁な萎縮したものを想定しているから、彼にはふさわしくない。同時代人すべてに優っているという意識から、当然、事物を把握する自分の仕方は正しいとする感情が生まれたのだろう。カエサルが急いで口述する際、ときどき事実をずらしたとしても、その背後に、頭をひねって考え出された捏造を探し求める必要はないであろう。ポッリオも認めているように、ときには個々詳細にわたってはもう正確には覚えていなかったのであろう。自分に都合よく間違えたというのは、いかにも人間的である。しかし、相手方のこともわれわれは十分に知っている。それで大体、事件はカエサルが報告したように起こっていたとみることができよう。詳しくは、Gelzer, War Caesar ein Staatsmann? HZ 178 (1954), 453 [=Kl. Schr. II 289f.]. 内乱記の執筆時期については最近 John H. Collins, AJPh 60 (1959), 113ff. が、とくに 126 で、アレクサンドリア戦役の時期と見るのに賛意を表している。

(393) Caes. b. c. 1, 2, 8. 5, 4. Cass. Dio 41, 3, 4. Plut. Caes. 30, 4.

(394) Cic. fam. 16, 12, 2 (四九年一月二三日). 4, 1, 1 (四九年四月). 6, 21, 1 (四五年四月). キケロは回顧して思う (fam. 6, 6, 5. 四六年一〇月 [邦訳（岩波版）では一二月頃])。「ポンペイウスに忠告を与えようとしたのだが、それにポンペイウスが従っていたならば、カエサルはもちろん平和な市民生活でも輝かしい役割を果たし、第一人者《プリンケプス》[指導者]の地位を保ち続け得ただろうが、今持っているほどの特別な力を握ってはいないでしょう」と。Att. 8, 11D, 7 (四九年二月二七日, ポンペイウス宛) には、「というのも、まず第一に、何よりも平和な生活の方を選ぶ、と私は公言していたからです。それは、彼ら（急進的なカエサルの政敵）が恐れているのと同じように私も恐れていたからではなく、内乱に比べれば平和の方がずっと耐えられやすいと考えていたからです」とある。Att. 9, 11A, 2 (四九年三月一九日, カエサル宛) では、キケロ自身について「でも私は、常にポンペイウスにも、私にできるようになったときには真っ先に元老院にも平和を説き勧めてきたのです。武器が振り上げられたときにも、私は決して戦いには関与しませんでしたし、むしろその戦争ではあなたの方が被害者であり、あなたに敵対的な人やあなたを嫉む人たちが、ローマ国民の好意であなたに与えられた名誉《ホノス》[顕職]を奪おうとしているのだ、と私は考えていたからです」と言う。Plut. Caes. 31, 1-2. Pomp. 59, 5-6. Suet. Caes. 29, 2-30, 1. Vell. 2, 49, 4.

(395) Caes. b. c. 1, 5, 2-5. 7, 2-5. Cic. fam. 16, 11, 2. Att. 10, 8, 8. Deiot. 11. Phil. 2, 51. キケロがポンペイウスとの歓談に関連して、衝突・紛争のさまざまな型を論じている書簡があるが、その五〇年一二月二七日付けの興味深い手紙のなかで (Att. 7, 9, 2)、この（今後生まれてくる万一の）場合のことも考慮されている。カエサルは、一〇人の護民官の法が、等閑に付されるからという理由で、すでに戦争をはじめることができたことであろう、「もっと別の理由により――つまり護民官が、元老院で干渉したこととか、あるいは民衆を扇動した廉により〈監察官に〉譴責されたり、あるいは元老院決議によりその権限を制限されたり、取り上げられ［罷免され］たり、ローマ市から追放されたりするならば、それとも追放されたと言い立ててカエサルのところに逃げてゆくならば、そのような理由で……」とするのである。Cass. Dio 41, 3, 1-3 (Cic. fam. 16, 11, 2 とは矛盾する). App. b. c. 2, 129-133（ドラマティックに）. 同じく Plut. Ant. 5, 8-9. Caes. 30, 4-6. Liv. per. 109.

（396）Caes. b. c. 1, 5, 5. カエサルがアリミヌムを占領したとの報せが届いたので、一月一七日にポンペイウスがローマを離れた、ということから日付は推論できよう（Cic. Att. 7, 10. 9, 10, 2. 8, 11B, 3. fam. 16, 12, 2. Plut. Pomp. 60, 1. O. E. Schmidt, Briefwechsel. 104. 106. 114. T. Rice Holmes, The rom. rep. and the founder of the empire (1928), III 377)。Max Binder, Studien z. Gesch. des zweiten Bürgerkriegs (Diss. Freiburg i. B. 1928), 16. 45 は、ルビコン渡河を、ようやく一月一四日のこととする。

（397）Cic. Att. 8, 11, 2. 9, 9, 2. 9, 10, 3. とくに 9, 10, 6 には、「このようなみっともない考えをわがグナエウス［ポンペイウス］は、二年前から抱いていたのであり、ずっとそれ以前からスッラを真似ようとして、追放《プロスクリプティオ》・財産没収を行なうつもりだったのである」とある。

（398）Caes. b. c. 1, 8, 1. 11, 4. O. E. Schmidt, Briefwechsel. 105, 1. 115. Binder, a. O. 46, 1 のように、カエサルは、彼の言うところでは、アントニウスがアリミヌムから初めてアッレティウムに進軍するように命じていたのではないとするのは、たしかに正しい。

（399）カエサルはルビコン河について述べていない。それだけに一層、この国境の河を越えることの決定的な意義は、Vell. 2, 49, 4. Suet. Caes. 31, 2. Plut. Caes. 32, 5. Pomp. 60, 3. App. b. c. 2, 139 で強調されている。Plut. Caes. 32, 7 が、アシニウス・ポッリオをカエサルの従者のなかに入れて述べているので、あの有名な言葉「サイコロは投げてしまおう」を、結局はポッリオの歴史記述に遡及させることができよう。Plut. Pomp. 60, 4 では、カエサルがギリシア語で引用したと、はっきり述べられている。上記のドイツ語訳は、F. Dornseiff, Die griechischen Wörter im Deutschen (1950), 28 による。詩の全体は、Athen. 13, 559e にある「もう決めてしまったのだ。サイコロは投げてしまおう、と」。一月七日、護民官の逐電後ローマで何が起こったかを、カエサルは b. c. 1, 6 で報告し、b. c. 1, 7, 1 で「このことを知るや、カエサルは兵士たちの前で演説した（ラウェンナで）」と書き続け、1, 8, 1 では、自分はアリミヌムでやっと護民官に会ったと主張しているから、彼は事の経過をたしかに誤って描いたのである（この点の詳細な議論は、Barwick, a. O. 26ff.）。Cass. Dio 41, 4, 1 は、兵士たちへの訓辞をアリミヌムの後に置き換えているし、また Suet. Caes. 31, 1-33. Plut. Caes. 32, 3-9. App. b. c. 2, 137-141 におけるラウェンナ出発の叙述はこれに適合している。App. b. c. 2, 133 によれば、カエサルはすでにあらかじめ護民官を兵士たちの前に連れ出していたという。Suet. 32 は、さらに奇談のおまけまで付けて、あの発言を、「サイコロは投げられたり」と変えた。この点については、E. Hohl, Hermes 80 (1952), 246ff. また Petron. 122, 174-176 を参照。しかし注意すべきは、カエサルは第十三軍団に対する集会《コンティオ》演説の報告においては、護民官に暴力が加えられたことしか述べていないことである。かくして、彼が演説《コンティオ》の話をラウェンナに置き換えたということだけが、真実からの逸脱として残る。その場合、アリミヌムで初めて護民官に出会ったということとの矛盾が生じるからである。この点に関してカエサル自身は、彼の批判者のようには色々と思い悩まなかったことが分かる。彼にとって問題になったのは、自分が兵士たちの同意でアリミヌムに進軍したとの印象を呼び起こすことだったにすぎない。1, 7, 8 には、「そこで、そこにいた第十三軍団の兵士たちは歓声を挙げた。……自分たちは、大将軍《インペラトル》や護民官の蒙った不当な仕打ちに、進んで復讐する用意があると」とあり、1, 8, 1 では、「彼は、兵士たちの意志を確認すると、その軍団を率いてアリミヌムに進撃する」とされる。だが演説全体、およびとくにこの場合、「〃政務官たちよ。心せよ。国家《レス・プブリカ》が危害を蒙らないように〃という元老院決議が行なわれた」(1, 7, 5) のに、その根拠付けがなされていない点に関するすこぶる客観的な説明、この双方が、とりわけ読者に明らかにしているのは、次のことである。それは、カエサルが、自分に加えられた不当な仕打ちに対して、兵士たちにアピールしなければならなかったことである。キケロは「祖国に向かって弓を引くことになる闘いの口実」をカエサルに与えたとしてアントニウスを叱責する(Phil. 2, 53)。そして「というのは彼は、自分の全く気の狂った目的や行動のための理由として、次のことの他にどんな理由を並べたのか? 護民官の拒否権の無視、護民官の権限の蹂躙、そして元老院によってアントニウスの権能が限定されたこと、そういったこと以外に、一体彼は何を述べたのか? こうした口実の誤り、くだらなさなど、私は無視したい。いかなる人でも、自分の祖国に対して武器をとって立ち上がるために、どんな理由があろうと、それは正しい理由ではないからなおさらのことである」と述べられる。カエサルの『内乱記』は、とりわけ自分のやり方についての有罪判決に対して反対しようとしてものされたものであった。カエサルへの書簡(Att. 9, 11A. 注394をみよ)から分かるように、キケロもカエサルの立場に肩を持つことができた。四五年一二月の場合も同じことがいえる(Deiot. 11)。ルカヌスは、アリミヌムでカエサルに演説を(Lucan. 1, 299–351)させている(1, 231)が、カエサルの解任で古参兵に対する給養が危険に曝されているとの指摘(340–345)は、兵士たちの実際に考えているところに合致していたといえよう。Suet. Caes. 33は、ドラマティックな描写をしているが、その信憑性をEd. Meyer, Caesars Monarchie (1918), 291 [3Aufl. 292f. 293, 1] のようには重んじたくない。カエサルは涙を浮かべ、衣服を引き裂き、兵士たちに深い感銘を与えたと言われており、それに加えて彼は、幾度も左手の金の指輪を示して、自分の威信《ディグニタス》を護ってくれる報酬として、兵士にこの指輪を捧げたいと言った。また後ろの方ではこれを目して、彼はこれらの人に騎士資格を約束したのだ、と誤解したほどだった[以上がスエトニウスの描写、そしてマイヤーの解釈となる]。

どの流れをルビコン河とみるかは、論争中である。Philipp, RE 1A, 1165 (Karte 1163) はウソ河。J. van Ooteghem, Pompée le Grand (1954), Abb. 37. S. 514の裏面では、最近はむしろフィウミチノ河がルビコン河とみられているとする。

(400) Caes. b. G. 6, 30, 2. 35, 2. 42, 1. b. c. 3, 10, 6. 同じく1, 21, 2には「重大な結果」[大きな不幸、というより國原訳を採用]とある。

(401) Caes. b. c. 3, 73, 4には、〈カエサルの言として〉「すべてがうまくゆくとは限らないとすれば、自分の力を奮って幸運《フォルトゥナ》の後押しをしなければならない」とある。メナンドロスの引用に関して注目に値するのは、テレンティウスのTerent. Adelph. 739ff. に同じ考えがみられることである。

人生とはちょうどサイコロで遊ぶときのようなものだ。
振っても、いちばん欲するよい目が出なくても、
たまたま出た目を最善のものとするよう、手を尽くすしかない

カエサルが一般人に分かるように喋り、かつ書いたのは(Cic. Brut. 253)、カエサルの本質的な特徴である。彼は哲学者ではなかったのである。したがって運命《フォルトゥナ》についての彼の意見は、深遠に解釈する必要はない。この点、私はC. (Gigon-) Brutscher, Mus. Helv. 15 (1958), 73に賛意を表したい。だが「運命《フォルトゥナ》は勇敢な者を助ける」(Terent. Phorm. 203) ということで彼の大胆さが鼓舞された点が、この発言には指摘されている。これは〝神秘主義〟など想起されるべきではない。同じくデモステネスが、すでに第二回オリュントス演説(22)で言った。「なんとなれば、運命とは、たしかにきわめて大きな重みをもっている〈有り難いものです〉。いや人事の一切においてそれがすべてである、と私は言いたいくらいです」と。カエサルが好んで「幸運《フォルトゥナ》」について喋ったとしても、その際、諺のような言い回し(Enn. Ann. 257. Verg. Aen. 10, 284も)が、彼の心に浮かんでいることをたしかに認めることができよう。他方において、彼は「トゥスクルム荘対談集」の文章(2, 11)をも是認したことであろう。「つまり運命が勇敢なる者を助ける、と古い諺に言うが、それだけでなく、理性の方がもっと

ずっとそれ以上の働きをし、その教訓なるものによって剛毅さの力をずっと強めるのだ」とある。Cic. Att. 7, 11, 1（四九年一月二〇日）には「せいぜい彼に、彼の幸運の女神《フォルトゥナ》がとどまるように！」とある。アシニウス・ポッリオ（Cic. fam. 10, 31, 3）は「カエサル、その運命の絶頂にあって……」と言う。ホラティウス（c. 2, 1, 2）がアシニウスの作品から期待しているのは、彼が「いくさの原因、その過ち、その様相、運命《フォルトゥナ》のいたずら、第一人者たち《プリンキペス》［指導者たち］の重々しい結びつき、それに武器」を取り扱うことだとする。カエサルにおける運命《フォルトゥナ》については、Harry Erkell, Augustus, Felicitas, Fortuna, Lateinische Wortstudien（1952）, 160-162. 彼は（S. 52）、Ammian. 21, 16, 13 に残っているコルネリウス・ネポス宛のキケロの手紙の断片をも取り扱う（frg. 2, 5 ed. Purser）。そこには「というのは、幸福・幸運《フェリキタス》とは高貴な行動における成功以外のなにものでもない。あるいは別の言葉で言えば、幸運《フェリキタス》とはすぐれた計画を助ける運命の女神《フォルトゥナ》である。そしてこういった計画の成果を利用しない人は、どうあっても幸福・幸運《フェリクス》ではありえないだろう。だからカエサルの実行したような堕落した邪悪な計画のなかには幸運・幸福《フェリキタス》というものなどありえなかった。私の判断では、追放中のカミッルスの方が、その同時代のマンリウスよりも幸福であった。たとえマンリウスが――自分の望んだように――彼自身王位に就くのに成功していたとしても」とある。明らかにこれは、off. 1, 26 のようにカエサル暗殺後のキケロの判断であろう。Erkell は、さらに Phil. 2, 64 を参照するよう指示する。「カエサルはアレクサンドリアから帰還したが、自認していたように全く幸運・幸福《フェリクス》だった。しかし私の考えるところ、国家《レス・プブリカ》の敵である人にして幸福《フェリクス》でありえる人はいない」と。実際カエサルは（b. c. 3, 73, 3）、フェリキタス（幸福・幸運）とフォルトゥナ（運命・幸運）とを同義に使っている。それでもその一方では、キケロは四六年に、カエサルも幸運《フェリキタス》だと認めている（Marc. 19）。彼はマルクス・マルケッルスの恩赦によって「賢明な人《サピエンス》」であることが証明されたからである。「というのは、真の名誉の響きはまことに絢爛たるものがあり、寛大な行為と思慮分別の中にある威信《ディグニタス》はまことに高いものなのである」と。そこでも彼は（16. 19）、運命・幸運《フォルトゥナ》を幸福《フェリキタス》［両者同義であるとともに、フェリキタス＝幸福は運命（幸運）＝フォルトゥナ（幸運）の結果という意味も含む］からくっきりと浮かび上がらせている。

第5章　内　乱

（1）本書第4章、注396をみよ。

（2）Caes. b. c. 1, 6, 3. 5. Cic. fam. 16, 11, 3. 12, 3.

（3）Cic. Att. 7, 10. 11, 1. 3. 7, 12, 2. 4. 8, 1, 4. 9, 10, 2. 4. fam. 14, 18, 1. Caes. b. c. 1, 14, 1-3. 33, 2. App. b. c. 2, 148. Plut. Pomp. 61, 6. Caes. 33, 6. Suet. Caes. 75, 1. Cass. Dio 41, 6, 2.

（4）Cic. Att. 7, 8, 5. 9, 2. 8, 11D, 6.

（5）Caes. b. c. 1, 6, 2.

（6）Plut. Pomp. 57, 8-9. 60, 7. Caes. 33, 5.

（7）Caes. b. c. 1, 30, 5. Cic. Att. 7, 11, 3. 13, 2.

（8）Cic. Att. 8, 11, 2. 9, 1, 3. 9, 2. 10, 2. 10, 3-6. Caes. b. c. 1, 38, 1. 39, 1. Cic. fam. 16, 12, 4. Att. 7, 26, 1, 8, 2, 3. 3, 7.

（9）Cic. Att. 7, 12, 5. 13, 1. 13a, 3. 15, 3. 16, 2. fam. 14, 14, 2. 16, 12, 4. Cass. Dio 41, 4, 3. Plut. Caes. 34, 5.

（10）Cic. Att. 7, 13, 1 には、「ところで彼は、元老院もなく、政務官もなしで、何をしようというのか、どういう風にしようというのか。私には分からない。彼はやはりどこか〝国制〟に適っているかのように見せることすらできないであろう」とある。17, 3.

（11）Cic. Att. 7, 11, 4.

（12）Cic. Att. 7, 11, 3. 13, 3. 9, 13, 4. こういったところからルカヌスの誇張となる（Lucan. 1, 394-465）。

（13）彼の発言のなかにある。自分の威信《ディグニタス》の承認は b. c. 1, 4, 4. 7, 7. 9, 2. それに加えてキケロの絶叫（Att. 7, 11, 1）、「見るもみじめな狂人よ！　徳性の影すら見えないとは！　彼は言っているではないか、すべては自分の威信《ディグニタス》を保つためになされているのだ、と。徳性なくして一体威信などありうるのか？」をみよ。カエサルが、内乱を、政敵から自分に押しつけられた個人的な争いだと理解していたことについては、b. c. 1, 22, 5 で次のように言う。「自分はだれかに危害を加えるために自分の属州を去ってきたのではない。政敵による不名誉極まりない取り扱いに対して自分の威信を護るため、非道にも［刊本による読みの差がある］ローマの町から追放された護民官を再び威信を保てる地位に戻してやるため、そしてまた少数者の党派によって押さえ付けられていた自分とローマ国民とに自由を回復してやるためにであった」と。カエサルが、自分というものを護民官と国民の前に置いているのは、いかにも当然のことである！ 拒否権発動の権利を侵害することでもって、政敵が彼に国制的にもっともな理由付けをさせてしまったのである。また彼は、民衆派の一人として国民［民衆］という呼称を挙げたのである。しかし実際は、〝解放〟という表現で彼にとって問題となったのは、何よりも寡頭政グループ（すなわち少数派＝パウキ）が、彼の威信《ディグニタス》にふさわしい様々な可能性の展開を妨げようとしたことである。カエサルに対して次のように言ったとき、そのことをキケロすら承認している（Att. 9, 11A, 2. 第4章注394）。「むしろその戦争においてはあなたの方がひどく傷つけられており、あなたに敵対的な人やあなたを嫉む人たちが、ローマ国民の好意であなたに与えられた名誉《ホノス》［顕職］に反対しようとしているのだ、と私は考えていたからです」と。すでに二月二日（Att. 7, 17, 4）に「つまりイタリア全土が戦争で燃え立つだろうということが分かります。このような大きな災厄には、不忠実な市民たちや、嫉妬深い市民たちによって引き起こされたのです」とある。すでに五〇年一二月、やはり彼は、アッティクスが「良き人たち《ボニ》」と呼んでいた政治グループとは一線を画していた（Att. 7, 7, 5）。「あなたがどんな人たちを〝良き人たち（有識の士、高貴な人物）〟とおっしゃっているのか、私には分かりません。少なくとも、あるオルド［身分・階級。身分に近い意味合いを持つ。厳密にはオルドとは元老院身分と騎士身分のこと］の人のことを求めているならば、私自身もそんなものは知りません。でも実のところ、個々人というのなら良き人たちはいるわけです。それでも、政界の分裂・抗争にあたり、われわれが望んでいるのは、良き人たちという身分の者であり、また良い人という血筋・階層の人［オルドを身分とすると、ゲヌスはこう訳すべきか］なのです」と。それでも彼は知っている。自分のその偉大な政治的な過去によっても、決着は回避できるものではないことを。したがって次のように結論する（7）。「私はグナエウス・ポンペイウスに同意する。これはティトゥス・ポンポニウス［アッティクスのこと］に同意するのと同じでもある」と。

（14）Caes. b. c. 1, 4.

（15）Caes. b. c. 1, 6, 8 には「神の法も、人間の権利も、ことごとく踏み躙られている」とある。カエサルの死後キケロが（off. 1, 26）、エンニウスの言葉を解明しながら（Enn. Scen. 404 Vahlen）彼を同じように非難した。「〝こと王権をめぐっては、いかなる結びつき［同盟］、いかなる信義《フィデス》も神聖ではない〟。その明らかな例をガイウス・カエサルのこの最近の暴挙にみることができる。彼は思い違いをして、自ら自分に擬した第一人者［元首］の位置を獲得するために、あらゆる神と人の法を覆したのであった」と。この第一人者政《プリンキパトゥス》というのは、カエサルが自分の威信《ディグニタス》から導き出した帰結だった。キケロはこれをすでに四九年一月一日（Att. 7, 11, 1）に Eurip. Phoen. 507 でもって僭主政［暴君政］と呼び（7, 20, 2. 8, 2, 4 も同じ）、off. 3, 82 ではカエサルがいつも前記、エウリピデスの詩の 525/26 を口癖にしていた、と主張する。

> 法を破らねばならないとすれば、玉座を求めるためにこそ破らなければならない。しかしその外のことでは神を畏れねばならない。

同じく Suet. Caes. 30, 5. キケロが二度までもエテオクレス［エウリピデスの作品中の人物］の同じ発言を引用しているのは注意すべきであろう。おそらくこれは学校の教材に使われたのだろう（Vgl. Quintil. 10, 1, 67）。したがってカエサルも知っていたと考えられる。それに加えて、カエサルは若い頃、悲劇『オイディプス』を書いた（Suet. 56, 7）。もちろんカエサルは腹心グループのなかでは、折に触れて腹蔵なく自分の考えを述べていた。キケロの報告は、他のそれと同じようにそのように喋ったのを直接聞いた人に由来するものだったといえよう。すでに四九年二月二七日に（Att. 8, 11, 2）キケロはポンペイウスとカエサルについて、「双方が求めているのは絶対至上権の掌握であり、その目標は、市民団の幸福とか名誉にあるのではない」と書いている。ポンペイウスもまた、キケロが『国家論』で求めた「第一人者《プリンケプス》」ではなかった。9, 7, 1. 3-4. 9, 9, 2. 9, 10, 2. 6.

(16) Cic. fam. 16, 11, 2.

(17) Cic. Att. 7, 8, 5.

(18) Cic. Att. 7, 11, 1. 12, 2. 13, 1. 20, 2. 22, 2. 26, 2. 8, 1, 4. 2, 4. 3, 2. 3, 6. 16, 2.［8, 1, 4も含め、以下は英訳では欠落もしくは削除］

(19) Cass. Dio 41, 5, 3. カエサル自身は、たしかにただ一人の使者についてしか語っていない（Caes. b. c. 1, 8, 2）。ありえたことと考えられるのは、やはりディオが史料を正しく再現しなかったことである。Gelzer, Pompeius² 280, 153［第11章注153］.

(20) Cic. Att. 7, 14, 1.

(21) Caes. b. c. 1, 9, 5-6. Cic. fam. 16, 12, 3.

(22) Caes. b. c. 1, 10–11, 3. Cic. Att. 7, 14, 1. 15, 2. 16, 2. 17, 2. 18, 1. なお7, 19では、ガイウス・フルニウス（五〇年の護民官。Kappelmacher, RE 7, 376参照）は、クリオからの手紙をキケロに伝達した、とされる。そのなかで、クリオは「ルキウス・カエサルの使節としての任務を嘲笑している」。ところでクリオは、カエサルの使節なる代物のねらいが真剣なものでない、と主張したのである。これに対して、7, 21, 3には、「カエサル自身が、私に平和工作を説き勧めている」とあり、7, 26, 2では「われわれの友人［ポンペイウス］が二度目の執政官職と凱旋式も提供しようとした人——なんたる甘言か、〝汝の輝かしき業績のために〟というのだ——、その人と敵対関係に入りたいとは思わなかった」とされる。7, 18, 2. 8, 9, 2. 11D, 7（キケロからポンペイウス宛）. 12, 2.

(23) カエサルは占領した町々から撤退するだろうと、キケロは一月二六日に考えており、「彼が執政官に選ばれるならば、たしかに彼の勝利となるわけだ。そのはじめに企てたよりも犯罪性の少ない勝利だ」ということを確認する（Att. 7, 15, 3）。

(24) Caes. b. c. 1, 11, 4. ここで彼は、このことがあたかもアリミヌムで起こったかのように、そしてまた自分がやっとそこでアントニウスをアッレティウムに送り出し、ピサウルム、ファヌム、アンコナを占領したかのように、実際そのように見せ掛けているのである。一方キケロは（Att. 7, 11, 1）、彼がもうアンコナに達していることを、すでに一月二〇日に知っている。誤った噂については、7, 18, 2をみよ。その上、カエサルがアリミヌム、ピサウルム、アンコナ、アッレティウムを占領したのち、元老院議員はローマを去ったと、一月二七日に(fam. 16, 12, 2) キケロさえ書いているが、それは不正確である。しかしキケロ自身がここでもう数日後に間違ったように、カエサルは四七年に、後の読者が彼の不正確さを検証できるとは思わなかったことであろう。

(25) Cic. Att. 7, 16, 2. 21, 2. Caes. b. c. 1, 15, 1.

(26) Caes. b. c. 1, 13, 1.

(27) Caes. b. c. 1, 15, 2.

(28) Caes. b. c. 1, 12, 2. 13, 4. 15, 3.

(29) Cic. Att. 8, 11A（ポンペイウスのキケロ宛書簡）. Caes. b. c. 1. 15, 4-7は、全体でその数を〝約〟三三大隊とする。17, 2.

(30) Caes. b. c. 1, 17, 4. Cic. Att. 8, 12B, 2（ポンペイウスのドミティウス宛書簡）. Cass. Dio 41, 11, 1-2.

(31) Caes. b. c. 1, 23, 5. Cic. Att. 8, 14, 1. 8, 12C, 1（ポンペイウスのドミティウス宛書簡）.

(32) Caes. b. c. 1, 23, 1-2.

(33) Caes. b. c. 1, 19-20.

(34) Caes. b. c. 1, 21. カエサルは自分の政治的な意図を初めて広く明らかにしたが、そのやり方はまことに卓越している。その決定的な意義は、降伏の後に何が起こるかを全軍が息をつめて期待しているのを描くことによって強調されているだけである。21, 5-6には、「この夜、静かに眠っておられるほど無頓着だった者や、だらけた気持ちの者は一人としていなかった。最終的な決着が気に掛かっての緊張はあまりにも大きく、それぞれの考えや志向のままに、あちらに、そしてこちらにとその気持ちがたゆたっていたのであった。コルフィニウムの町の住民にはどういう運命が、ドミティウスには、レントゥルスには、そしてその他の人たちには一体どういう運命が襲いかかるだろうか？　どういう結末が待っているか？」とある。八二年にあのプラエネステ降伏の後、スッラがどのような処置をとったかを、身震いしながらも思い出せる人はまだたくさん生きていた。スッラは、あのとき守備隊の非ローマ人をことごとく、つまり一万二〇〇〇（Plut. Sull. 32, 1）も殺させたのである。プラエネステ人とサムニウム人（App. b. c. 1, 437/8）、それに加えて全将校も（Oros. 5, 21, 10には「マリウス側の軍隊のなかの領袖《プリンキペス》たちはすべて――副司令《レガトゥス》、財務副官、諸隊長《プラエフェクトゥス》、軍団将校など――殺すよう命じた」と）。こうした類いのことは、はじめはキケロ自身も予期していた（Att. 7, 11, 1. 12, 2. 13, 3）。二月一〇日（7, 23, 1）にキケロは、「カエサルはポンペイウスを追跡する？　なぜ？　彼を殺すためか？」と記し、三月一〇日にもさらに（9, 5, 3）「しかし、私がはっきりと認めることのできるのは、〈カエサルによって〉今なされていること、最初からなされてきたことは、他でもないその狙いたるや、ポンペイウスをこの世から抹殺することにあった」とする。三月六日の書簡では（9, 1, 4）、五一年と五〇年の執政官たる両マルケッルスは、「もしも彼らがカエサルの剣を恐れなければ」イタリアに留まったであろう、とされ、「アッピウス（五〇年の監察官）も、同じ理由で恐れ戦いているのであり、また最近の敵対という理由も付け加わっているのである」とされる。

（35）Caes. b. c. 1, 22, 1-5.

（36）Caes. b. c. 1, 23, 3.

（37）Cic. Att. 9, 16, 1. 8, 9, 3［流布本 8, 9a, 1＝岩波本 Nr. 160, 1］には、「一方［カエサル］は政敵たちの救助者とみなされ、今一方［ポンペイウス］は友人たちの裏切り者とみられている」とある。また§4［流布本 8, 9a, 2＝岩波本 Nr. 160, 2］では、小バルブスがキケロに、カエサルはポンペイウスとの和解以外何も望んでいない、と報告している。キケロは「このことを私は信じない。私が恐れているのは、これまでの彼［カエサル］の寛恕《クレメンティア》がすべて、あのキンナのそれのような残虐行為を行なうための準備行動に過ぎないのではないかということだ」とする。

（38）Cic. Att, 8, 13. 9, 13, 4. 15, 3.

（39）Cic. Att. 8, 16, 1-2. 9, 1, 2. 5, 4. 8, 1. 12, 3. キケロはすでに二月一六日に予見している（8, 1, 3）。「私には予見できる。旬日ならずしてローマ市は良き人たち《ボニ》でいっぱいになるだろう。それは品位があり、富裕な人たちのことだ。いやそれどころか、イタリアの地方都市［自治市］が放棄されても（ポンペイウスがイタリアを放棄しても）、そうしたときにもローマ市はすぐに膨れ上がるだろう」と。もっとも意味深長なのは、Att. 8, 16, 1の「地方都市［自治市］は彼を本当に神のように崇めている。ポンペイウスが病んだとき（五〇年）、回復のため祈禱が行なわれたように、それは単なる見せ掛けではない」という言葉である。今はカエサルが彼らの神であり、彼らは危機は去ったと考えているので、五〇年のときのようには信心家ぶってはいない。

（40）Cic. Att. 8, 9, 4. 9, 10, 9では、キケロは三月五日のアッティクス宛書簡から引用する。「でも私は、一言だけ言っておきたい。カエサルが初心を保ちながら、誠実に、中庸さをもって賢明にずっと行動し続けるならばである……」と。三月九日にアッティクスは書いている（10）。セクストゥス・ペドゥカエウス（Münzer, RE 19, 50. ミュンツァーはむしろ父親ととる方が蓋然性が高いと考えたが、Att. 10, 1, 1によれば、それは全くありそうにもない。Corn. Nep. Att. 21, 4）も、キケロがイタリアに留まるのを至当だとしている、と。三月一九日から数日たって（日付はカエサル宛のキケロの書簡 Att. 9, 11A）キケロは、アッティクスおよびもう一人の人物（「こうした立場にある君たち二人のような人物」）が、カエサルに、ローマを去る五マイルの標石のところで出迎えたいと思っている、と書いており、「たしかに自分の立場についてのカエサルの確信はどれだけ横柄なものになるだろうか。あなたとかあなたと同じような人たちがそこに群れを成して集まっているだけでなく、心から悦んで彼を出迎えるのを彼が目にしたら」とあるが (Att. 8, 9, 2)、これは、別のベドゥカエウスだったと思う。この人については、9, 7, 2. 13, 6 にも述べられている。

(41) Cic. Att. 9, 7C. Cass. Dio 41, 10, 2 を参照。それによれば、コルフィニウム攻撃以前にカエサルは、手紙を全イタリアに広めていた。

(42) キケロの書簡からは、いかに第一次内乱の恐怖の思い出が年長世代の人の心を動かしていたかが分かる。カエサルは全くこの両者の比較対照をさせまいとしている。

(43) 同じことは Caes. b. c. 1, 24, 4-6 にも、ポンペイウスと会うのが自分には問題だという点を付加して述べられている。手紙のなかでは、彼は別の「工兵隊長」ルキウス・ウィブッリウス・ルフスのことも述べている (b. c. 1, 34, 1. Cic. Att. 8, 15, 1)。両者［ポンペイウスの二人の工兵隊長マギウスとルフス］に彼（カエサル）が指示したのは（Att. 9, 7C. 2［この箇所名の指摘がゲルツァー原文欠］）「ポンペイウスを説得することだった」が、それは「いつも私や彼のもっとも厳しい政敵だった連中の友人になるよりは、自分の友人になって欲しい。あの連中の策略にこそ国家《レス・プブリカ》を現在のような状態におとしこんだ責任があるのだから」というものだった (Vgl. b. c. 1, 4, 4)。

(44) Cic. Att. 9, 7B, 2 (バルブスのキケロ宛書簡).

(45) Cic. Att. 8, 9, 4. 11, 5. 15A, 2-3 (バルブスからキケロに). 9, 6, 1. 3. Caes. b. c. 1, 25, 2. 3, 4, 1. Plut. Pomp. 62, 3. Caes. 35, 2. App. b. c. 2, 152. Cass. Dio 41, 12, 1.

(46) Cic. Att. 9, 9, 3. 15, 2.

(47) Cic. Att. 9, 13A, 1 (カエサルからオッピウスとバルブスに).

(48) 前記（注47）と同一書簡に「ポンペイウスは私に停戦交渉［和平］のためにヌメリウス・マギウスを送ってきたが、私は適切と思われるような返事をした」とあり、Caes. b. c. 1, 26, 2 では、マギウスが（二度目）送り返されなかったことだけを強調する。Plut. Pomp. 63, 3. Barwick, a. O. 57 の憤激は認められない。

(49) Caes. b. c. 1, 26, 3-6. Att. 9, 15, 6［流布本 9, 15a＝岩波本 Nr. 184］（マティウスとトレバティウスからキケロに）. Cass. Dio 41, 12, 3.

(50) Att. 8, 9, 4［流布本 8, 9a, 2＝岩波本 Nr. 160］に「大バルブスは私に書いている。カエサルは、第一人者《プリンケプス》［国家最高の指導者］ポンペイウスのもと恐怖なく生きること以外何も望んでいない、と」とある。7, 20, 1（二月五日）に「逃走を阻むため」というカエサルの意図が記されている。

(51) Caes. b. c. 1, 29-30, 2. Cic. Att. 7, 26, 1. Att. 8, 2, 3（二月一七日）には「われわれとしてはアフラニウスとペトレイウスに期待することになりましょう」とある。3, 7. 兵糧攻めの計画については Cic. Att. 9, 7, 3-4. 9, 2. 4. 船舶の欠如については Att. 9, 3, 2. カエサルの諸計画についてはマルクス・クルティウス・ポストゥムスが Att. 9, 2a, 3（三月八日）で述べている。このクルティウスは、すでに五四年にカエサルのもとで軍団将校になっており (Münzer, RE 4, 1869 Nr. 26)、「彼［クルティウス］が来た。二言目には艦隊と兵士たちのことを口にしていた。すでにカエサルはヒスパニアを奪取し、アシア、シキリア、アフリカ、サルディニアを掌中にしている。そして躊躇することなくギリシアにポンペイウスを追っている、というのだった」とされる。これは、本営から触れ回らせる習いになっているニュースである。スペイン遠征前にカエサルの言い渡したこと (Suet. 34, 2) も、こうした発言に関連している。「出発に先立ち、カエサルは彼らに言った。〝自分は指揮官を持たない軍隊と戦うために出発し、その地から引き返して軍隊を持たない指揮官に立ち向かうことになるだろう〟と」。この言葉の信憑性に疑いを差し挟む必要はあるまい。ポンペイウスの逃走を阻止しようとするカエサルの舐めた大変な苦労が語られるのみで、それに引き替え自分の甘受せねばならなかった不首尾をあまり気にしていないとしている。まさしくそれだからこそ、彼は自分の仲間の前では確信があるように見せることが必要だったのである。マルクス・カエリウスの言（fam. 8, 16, 3. 四月一六日キケロ宛）はこれに対応するもの。「カエサルの到着でヒスパニアがわれわれのものになることを、今はあなたに請け合いたい。彼ら（ポンペイウスとその仲間）は、ヒスパニアを手離してどんな希望が持てるのか、わたしは知らない」。同じくクリオも（Cic. Att. 10, 4, 8)。それでもキケロはそれを信じなかった（Att. 10, 8, 2. 4)。Cass. Dio 41, 15, 1. Plut. Caes. 35, 3.

(52) カエサルはその目論見をもう三月のはじめにキケロに告げた（Att. 9, 6A)。Att. 9, 8, 2. 15, 6.

(53) Cic. Att. 9, 8, 1. 12, 3. この法務官のなかで、われわれによく知られているのは、マルクス・アエミリウス・レピドゥス（Caes. b. c. 2, 21, 5. App. b. c. 2, 165）とルキウス・ロスキウス・ファバトゥス（b. c. 1, 3, 6. Cic. Att. 8, 12, 2）である。Broughton, MRR. II 257.

(54) Caes. b. c. 1, 3, 6, 6, 5. ルキウス・マルキウス・フィリップスについてはMünzer, RE 14, 1568/9. Cic. Att. 7, 17, 3.

(55) Cic. Att. 9, 15, 4. 10, 4, 10.

(56) Cic. Att. 8, 1, 3. 9. 3. 15, 2.

(57) Cic. Att. 7, 17, 3.

(58) Cic. Att. 7, 21, 3. 23, 3. 8, 2, 1. Caes. b. c. 1, 14, 4-5. Att. 7, 14, 2.

(59) Cic. Att. 8, 2, 1. 9, 3-4［流布本 8, 9a, 1-2＝岩波本 Nr. 160］. 8, 11, 5. 注50を参照。

(60) Cic. Att. 9, 11A, 3. 16, 1.

(61) Cic. Att. 8, 15A.

(62) Cic. Att. 9, 6A. 9, 11, 2. キケロは五一年にキリキアの執政官代理＝総督のとき大将軍《インペラトル》と呼ばれた。Gelzer, RE 7A, 981.

(63) Cic. Att. 9, 7A.

(64) Cic. Att. 9, 11A.

(65) Cic. Att. 9, 16, 2-3.

(66) Münzer, RE 4, 1301.

(67) Cic. Att. 9, 12, 4. 15, 3.

(68) Cic. Att. 9, 17, 1.

(69) Cic. Att. 9, 18. fam. 4, 1, 1.

(70) Cic. Att. 9, 14, 2. 証人としては、この件以外では知られていないバエビウス——彼はクリオからこのことを知った——という人物が挙げられる。とすれば、キケロが認めたようには、この話の信憑性は請け合えない。

(71) ブルトゥス（カエサル暗殺者の父。八三年の護民官）とカルボ（八五、八四、八二年の執政官）。Gelzer, Pompeius², 37. 44［邦訳二四頁、三〇頁］. Sall. ad. Caes. 1, 4, 1.

(72) Rotondi, Leges publicae p. R. (1912), 410. Gelzer, Pompeius², 175［邦訳一四四頁以下］. Att. 7, 11, 1. 10, 4, 8. 8, 2.［この点に関してはAtt. 9, 14, 2も、邦訳（岩波訳）の詳注ともども検討の必要がある］

(73) Cic. Att. 9, 18, 2. 19, 1. 彼らは再び甦ったカティリナ派である（10, 8, 8)。本人も閥族派の恐怖政治の犠牲者であるサッルスティウス（ad Caes. 2, 4, 2）は、四六年にこの子分連中についてはそう良い判断を下さなかった（ad Caes. 1, 2, 5. 4, 2. 6, 1)。それでもカエサルは、この連中を厳しく統御するようにとのサッルスティウスの勧告に反対の意見を表明したという（Suet. Caes. 72)。「自分の威信《ディグニタス》を護るために、追剝ぎや人殺しに助けられていたら、そんな連中にも自分は同じように報いたであろう」と。

(74) Cic. Att. 9, 11, 2. Münzer, RE 14, 2206.

(75) Cic. Att. 9, 18, 3. 19, 2. 10, 1, 1.

(76) Cic. Att. 9, 19, 2. 10, 3a, 2. fam. 4, 1, 1（四九年四月スルピキウス宛。ただ「元老院議員の集会《コンウェントゥス》」とある). Att. 10, 1, 2 には「元老院議員の集まり《コンセッスス》」とある。

(77) Cass. Dio 41, 15, 2. 執政官代理＝総督としてのカエサルは、ローマの町に入ることができなかったから、元老院は市壁《ポメリウム》の外で開催された。集会演説《コンティオ》については16, 1.

(78) Caes. b. c. 1, 32［本文はゲルツァーの整理した文章］. Vell. 2, 50, 1. Cass. Dio 41, 51, 3 は、彼は怯えていた元老院議員たちの心を鎮めようとしたことを強調する。

(79) Cass. Dio 41, 16, 1. App. b. c. 2, 163.

(80) Caes. b. c. 1, 33. また Cic. fam. 4, 1, 1 によれば、セルウィウス・スルピキウス・ルフスは平和を擁護した。Plut. Caes. 35, 4–5.

(81) Caes. b. c. 1, 33, 3. 14, 1. この箇所のカエサルの叙述は Cic. Att. 7, 21, 2 によれば間違っていることが証明される。執政官たちはローマに行かなかったし、「神聖金庫」の扉を開いたままにしておくことはできなかった。カエサルは、このような苦々しい光景を取り除こうとして、この扉を無理に開けさせたほどだった。Barwick, a. O. 37, 1. Cass. Dio 41, 17, 1 によれば、ちょうど以前ポンペイウスにそうしたように（b. c. 1, 6, 3）、元老院は彼に金を認可した。これに対してとくに拒否権を発動したのが、ルキウス・メテッルスなのである（Cass. Dio 41, 17, 2）。

(82) こうして今、ついに彼は市壁《ポメリウム》を越えた！ O. E. Schmidt, Briefwechsel. 167. Plut. Caes. 35, 6–11.

(83) Cic. Att. 10, 4, 8. クリオの話では、カエサルはメテッルスを殺そうと思っていたらしい。Lucan. 3, 143 によれば、メテッルスはコッタという人物の助言に従った。これが作り話でないとしても、執政官格で監察官格の人、カエサルの母の従兄、ルキウス・アウレリウス・コッタのことを考えるべきではなく、この他には知られていない一護民官を指すのだろう（Broughton, MRR. II 258）。Plut. Pomp. 62, 2（年代的には誤り）、App. b. c. 2, 164. これによれば「神聖金庫」は、ただケルト戦争（ガッリア戦争）のために使用されるべく決められていたものだとメテッルスは主張したという。それに対してカエサルは、自分がガッリアを平定したのだ、と答えている。Flor. 2, 13, 21.

(84) Plin. n. h. 33, 56. Oros. 6, 15, 5.

(85) Cic. Att. 10, 4, 8 [populus, plebs, contio など、絶妙な書き方をしている。邦訳（岩波版）には従えない] のクリオの報告による。10, 8, 6.

(86) Cic. Att. 10, 4, 9 には、「だからカエサルは、今は昔以上に元老院をすこぶる憎んでいる。〝すべては私から与えられることになろう〟と言っている」とある（クリオの言）。カエサル自身の筆では（Caes. b. c. 1, 32, 7）、元老院議員が恐怖の念から彼と一緒には「国家《レス・プブリカ》」の仕事に携わりたくなければ、「わたしはもう彼らの厄介になりたくないし、自分の責任で国事を引き受けたい」とした、と言う。クリオは、シキリアへの旅行の途中、プテオリの市民に向かって話しかけた後、クマエのそばの別荘のキケロを訪問した。閥族派に属していたときから、彼は、この執政官格の人物［キケロ］と親交を結んでいたのである。五月二日には、キケロは彼に期待感を抱き、場合によっては再びポンペイウス側に戻ってもよいと思った（Att. 10, 8, 2）。カエサルはクリオを自分に心から服している人物として描くが（b. c. 2, 32, 14. 42, 4）、閥族派の間では、彼は内乱の元凶とみなされた（Vell. 2, 48, 3 では、「溢れる才能をろくでもないことに示す人物で、国家に対して致命的な有害な働きをする弁舌を持った人物」［本書第4章注336参照］とされる。Lucan. 4, 810ff. Petron. 124, 288）。キケロはアッティクスに向かってこの談話について詳しく報告した。また、クリオは率直に意見を述べたと思った（Att. 10, 4, 8）。クリオが第一に志したのは、キケロにカエサルへの恐怖の念を起こさせることであり、カエサルは、その寛恕を真剣には考えてはいないというのであった。したがって、そうすることで民衆の間で何の効果も収められないならば、カエサルはひどく残忍なことをするであろう。つまり「カエサルが残忍さを思い止まったとしても、それは、彼自身その気持ちがなかったからでも天性のせいでもない」と言う。国家《レス・プブリカ》の形がどうなるか、とキケロが尋ねたとき、彼は全く期待などしていなかった（9）。対話はさらに続けられ、クリオは、それでもキケロに反対するカエサルの気持ちについて好意的な報告をした。キケロは悠々と、どこか静かな場所に、いやそれどころかギリシアに引きこもるのも自由だというのである。結局クリオは、誓いを立てて身のほど知らずにも断言したほどだった。カエサルはキケロの最善の友人に違いない、とドラベッラが、これを自分［クリオ］に書いてくれたのだ、と。その死までのカエサルの態度こそ、カエサルの寛恕《クレメンティア》についての皮肉な言葉に対する反証であった。

しかしカエサルがローマ滞在の最後にたいへん怒っていたことは、その後すぐにマルクス・カエリウスも認めたほどである（Att. 10, 9A. fam. 8, 16, 1）。カエリウスはキケロに向けて、「彼［カエサル］はその考えるところも、その考えを述べる際の発言も、荒々しく残忍だとしか言いようありません。元老院に立腹して、ローマを去ったのです。たしかに護民官のこの拒否権発動にすこぶる感情を害しております」と書いている。このような反対の手が、あえて打ち出されたということは、カエサルの究極の勝利を信じる人がいかに少なかったかを示している。われわれが、ルキウス・メテッルスについて耳にしている最後のことは、彼がファルサロスの戦闘後ローマに帰ろうとしたことである。そこでカエサルは、アントニウスに手紙を書き当分の間、イタリアから離れていなければならない、と告げた。そして「自分［カエサル］がその連中の件を検討しないかぎり、だれであろうともイタリアに滞在するのを禁じるとして、手紙はまさしくこの点をたいへん強く指摘していた」とキケロはこの書簡のことを記している（Cic. Att. 11, 7, 2）。キケロの動揺する気持ちについては、四月七日の書簡が特徴的である。これは、アッティクスがローマでカエサルのご機嫌伺いに伺候したのを聞き知った後のことである（Att. 10, 3a, 1）。「宮殿［神祇官長カエサルの公邸］であなたの姿がみかけられたという噂です。でもあなたを咎めたくはありません。私自身同じ非難を免れなかったからです」とされるが、それから四月一四日に再び噂が立つ（Att. 10, 4, 2）。「片方［カエサルの方］では、狂気のごとく、転覆計画の遂行［直訳すれば犯罪行為］に燃えたっており、それは緩まろうとはせず、日一日とひどくなっている。彼［カエサル］が敵［ポンペイウス］をイタリアから追い払うや、一方では彼はこの人を追跡し、また今一方ではこの人から属州を取り上げようと試みている。彼は実際にそうであるように、暴君《テュラニス》と呼ばれることなどもう何とも思わない、いやある意味ではそう呼ばれるのを求めてさえいる」と。

（87）Att. 10, 8B. しかしキケロは、すでに四月七日に一通の手紙を受け取っており（Att. 10, 3a, 2）、それをキケロは、「カエサルは私に手紙をくれて、彼は私が来ない［元老院に出席しないこと］のを赦し、それを完全に了解した、と言っている」と書いている。

（88）Cic. Att. 10, 8, 4. 12a, 3. なお App. b. c. 2, 205 も参照。

（89）Cic. Phil. 13, 26. 28. Cass. Dio 41, 18, 4-6. 43, 2-4. Plut. Pomp. 64, 4. Lucan. 5, 9-14, 22.

（90）Cic. Att. 9, 10, 2. 6. 11, 3. 14, 1. fam. 14, 7, 3. Gelzer, RE 7A, 1001.

（91）Caes. b. c. 1, 30, 2. 31, 1. App. b. c. 2, 165-166. Flor. 2, 13, 22. Cass. Dio 41, 18, 3. Cic. Att. 10, 6, 3. 7, 3.

（92）注51をみよ。

（93）O. E. Schmidt, Briefwechsel. 176 の日付は、Cic. Att. 10, 12a, 3（五月六日）からの推論。

（94）Caes. b. c. 1, 33, 4-36, 3. Cass. Dio 41, 19. Vell. 2, 50, 2. Lucan. 3, 300-452（反カエサル的）. Ilona Opelt, Hermes 85（1957）, 445. Gnomon 30（1958）, 450. Flor. 2, 13, 23.

（95）Caes. b. c. 1, 36, 4-5. Cass. Dio 41, 19, 3. スペイン戦役は b. c. 2, 32, 5 によれば四〇日続いたこと、そして Dessau, ILS. 8744 によれば、イレルダの降伏が八月二日に行なわれたことから、本文のこの日付が算出される。T. Rice Holmes, The rom. rep. III 408.

（96）この人物（ファビウス）が五五年の護民官と同一人物であれば（Broughton, MRR. II 220, 2）、たしかにパトリキ貴族ではない。Münzer, RE 5, 1745 によれば、やはり彼は五八年の法務官であったことになる（Broughton, MRR. II 194）。

（97）Caes. b. c. 1, 37. 38, 1. 4. 39, 2. Cass. Dio 41, 20, 1.

（98）Caes. b. c. 1, 38, 3. Lucan. 4, 5-10.

（99）Caes. b. c. 1, 39, 2. スペインでは、ポンペイウスがマウレタニアからスペインに向かってくる計画を持っているという噂が広まっていた（39, 3. 60, 5）。さらにカエサルは、軍団将校や百人隊長から金を借り、兵士たちに分配した、と述べている（39, 3-4）。これでもって彼は二通りのものを勝ち得たという。百人隊長連を債権者として自分に縛り付け、また金を注ぎ込むことで兵士たちの好意を買収したわけである。

Holmes, Rom. Rep. III 390.

(100) Caes. b. c. 1, 40-52. Lucan. 4, 24-120. Cass. Dio 41, 20, 2-21, 1. App. b. c. 2, 168. Cic. Att. 10, 12a, 3. 13, 3. 14, 2. 18, 2. 戦場の地図は、Holmes, Rom. Rep. III S. 51 の前。Kromayer-Veith, Schlachtenatlas, Röm. Abt. Blatt 19.

(101) Caes. b. c. 1, 53. Cass. Dio 41, 21, 2.

(102) Cass. Dio 41, 43, 2.

(103) Caes. b. c. 1, 54-60. Cass. Dio 41, 21, 2-4.

(104) Caes. b. c. 1, 60, 1. Strab. 3, 161. Plut. Sert. 14, 3. 25, 6.

(105) Caes. b. c. 1, 61, 3. Oros. 5, 23, 14. Val. Max. 7, 6 ext. 3.

(106) Caes. b. c. 2, 17, 2. 18, 6. B. Hisp. 42, 2.

(107) Caes. b. c. 1, 61, 1-3. Lucan. 4, 143-147.

(108) Caes. b. c. 1, 61, 4-70, 3. Lucan. 4, 167.

(109) Caes. b. c. 1, 70, 4-72, 4.

(110) Caes. b. c. 1, 72, 5-77, 2. App. b. c. 2, 168-171. Lucan. 4, 174-262.

(111) Dessau, ILS. 8744. Caes. b. c. 1, 78, 1-84, 1. Lucan. 4, 337-340.

(112) Caes. b. c. 1, 84, 2-85, 12. App. b. c. 2, 172. Lucan. 4, 363.

(113) Caes. b. c. 1, 86.

(114) Caes. b. c. 2, 19, 1.

(115) Caes. b. c. 2, 32, 5.

(116) さらに本書一九三頁をみよ。Caes. b. c. 3, 57, 4.

(117) 書簡 Cic. Att. 8, 11, 1 でキケロは、ポンペイウスがその「国家《レス・プブリカ》の統治者《モデラトル》」の理想に照らして、そうでないのを物足りなく思っている。キケロは、これを次のように定式化した (re. p. 5, 8)。「というのは、舵手の目的が安全な航海にあるごとく、医者のそれは健康、将軍のそれは勝利、したがって国家の統治者の目標は市民のための幸福な生活にあり、市民を物質的に安心させ、富も豊かに、大きな栄誉を与え、徳の誉を与えることにある。つまり人間のなし得る最大・最善の仕事、彼がこれを成し遂げてほしいと思うのである」。これにはカエサルも全く同意したことであろう。しかしキケロが、共同体国家的な思考の枠内で——彼の範プラトンのように (W. Jaeger, Paideia II 329) ——ただ「共和政国家《レス・プブリカ》」[公共体としての国家] の市民しか考えなかったのに、カエサルは全帝国 [＝統治・支配圏] に注目していたのである。つまり「イタリアの静謐、属州の平和、帝国 [＝統治・支配圏] の安寧 [保全]」である。アッピアノスはその抜粋のなかで (b. c. 2, 170) 意地の悪い目を注いでいる。カエサルは、Cic. Att. 10, 4, 8 のクリオのように「全く政敵の機嫌を取るような、いつものやり方をして」とする。アッピアノスは結局はおそらく、アシニウス・ポッリオに遡及するのであろう。ポッリオは、すでに四三年、自分がカエサルに好意を持ったにしても、それはただ共和政的なもの [一人の人間の権力下に置かれる事態に抵抗する] という条件のもとだったにすぎない、と主張している (Cic. fam. 10, 31, 3)。歯に衣を着せぬ正直なセネカ (父親の方) は、正当な憤りをこめて報告している (Sen. Suas. 6, 15)。キケロは、自分がフィリッピカ演説の著作者であることを否認し、演説否認の弁辞を公にする用意があったのだという中傷の言をポッリオは、三頭政治時代に行なわれた演説のなかで拡めたとするのだが、もちろん彼は、このような嘘を、公表した演説のなかにはじめて添えたのである、とセネカは言う。こうした振る舞い一つとってみても、ポッリオの判断をあまり真面目にとるのに警告を与えてくれるものがある。

(118) Caes. b. c. 1, 88, 1-2. ウァッロについては、H. Dahlmann, RE Suppl. 6, 1172ff.

(119) Caes. b. c. 2, 17, 2.

(120) Caes. b. c. 2, 17, 3-18, 6.

(121) Caes. b. c. 2, 18, 7-20, 8. Cass. Dio 41, 23, 2.

(122) Cass. Dio 41, 24, 1. Liv. per. 110.

(123) カエサル自身は (Caes. b. c. 2, 21, 1-3) ただ報酬について述べるのみ。Cass. Dio 41, 24, 1.

(124) Caes. b. c. 2, 21, 4. B. Alex. 48-49. Cass. Dio 41, 24, 2. 42, 15-16.

(125) Cic. Att. 10, 8, 6.

(126) Caes. b. c. 2, 21, 4-5.

(127) Caes. b. c. 2, 22, 5-6. Cass. Dio 41, 25, 3. Flor. 2, 13, 25. Oros. 6, 15, 7.

(128) Cic. Phil. 8, 19. 13, 32. off. 2, 28. Att. 14, 14, 6. Strab. 4, 181. Plin. n. h. 3, 34. O. Hirschfeld, Kl. Schr. 57. Holmes, Rom. Rep. III 420.

(129) Caes. b. c. 2, 21, 5. Liv. 22, 31, 8 (22, 8, 6 によればコエリウス・アンティパテルから). 27, 5, 16. Mommsen, RStR. II 147, 4. Cic. Att. 9, 15, 2. 10, 4, 11. Cass. Dio 41, 36, 1.

(130) Suet. Caes. 69. App. b. c. 2, 191. Cass. Dio 41, 26, 1. Lucan. 5, 246.

(131) Caes. b. c. 1, 64, 3. 68, 3. 71, 2. 72, 4. 82, 2.

(132) App. b. c. 2, 194–195. Cass. Dio 41, 35, 5.

(133) Caes. b. c. 3, 10, 5. 67, 5. なお 3, 8, 4 のあとのところの記事が失われている。Liv. per. 110. Flor. 2, 13, 31–33. Oros. 6, 15, 8–9. App. b. c. 2, 191. Cass. Dio 41, 40. Lucan. 4, 406ff.

(134) Caes. b. c. 1, 30, 5. 2, 23–44. App. b. c. 2, 175–190 Cass. Cio 41, 41–42. Liv. per. 110. Lucan. 4, 581–824.

(135) Caes. b. c. 3, 3–5. App. b. c. 2, 201–204. Vell. 2, 51, 1. Gelzer, Pompeius^2 214［邦訳一七九頁以下］.

(136) Caes. b. c. 3, 2, 1. Plut. 37, 2. App. b. c. 2, 196.

(137) ドラベッラ (Cic. fam. 9, 9, 3)。B. Alex. 68, 1. Cass. Dio 41, 43, 2. Lucan 5, 385–398 は、法的立場を悪意をもって曲げている。

(138) Caes. b. c. 3, 1, 1.

(139) Caes. b. c. 3, 2, 1. Cass. Dio 41, 36, 2–3. Lucan. 5, 400–403. Cass. Dio 41, 14, 4.

(140) Cic. Att. 7, 18, 4. 9, 9, 4. 10, 11, 2.

(141) Caes. b. c. 3, 1, 2 には「決定した」［取り仕切った（國原訳）］とある。20, 1. 2 には「裁定《デクレトゥム》」とある。

(142) Caes. b. c. 3, 1, 2–3. 20, 1. Suet. Caes. 42, 2. Cass. Dio 41, 37, 3. 42, 22, 3. Plut. Caes. 37, 2. App. b. c. 2, 198.

(143) Cass. Dio 41, 38. Tac. ann. 6, 16, 1.

(144) Cic. off. 2, 84（カエサル暗殺後）には、「だが今日の勝者［四九年以降のカエサル］もあのとき［六三年カティリナ派として］は、さすがに敗者だったのだが、彼は、自分が関心あったとき［六三年］に意図したことは、たとえそれがすでに自分の利害に関係がなくなった場合も［四九年］あくまでもそれをやり通した。それほど彼における犯罪への欲情の大きさは、理由の有無を問わず、ただひたすら罪を犯すこと自体に喜びを感じているかと思われるほどだった」とある。この憎悪の爆発は、徴候として評価する値打ちがあるにすぎない。カエサル自身は、負債者は処置の公平さを承認しただろう、と言っている (b. c. 3, 20, 2. 4)。

(145) アテステ（エステ）で発見された法律《レクス・ダタ》［命令権保持者による法＝委任法］の断片のなかで述べられている。CIL. I^2 600＝Riccobono, FIR. I 20, 13 には、「この法、あるいは三月一一日にルキウス・ロスキウスによって民会に提出され〈て通っ〉た民会議決の前では」とある。Cass. Dio 41, 36, 3.

(146) ウェレイア（ピアチェンツァ付近）出土の法律《レクス・ダタ》の断片のなかで述べられている。CIL I^2 592＝Riccobono, FIR. I 19, 29. 39 には、「ルブリウス法、あるいはそれが民会で議決されて」とある。二つの断片が示すのは、ローマの民会議決が、他ならぬこの自治市で特別な役人によって効力を発揮したということである。

(147) Cass. Dio 41, 24, 1.

(148) Cass. Dio 41, 18, 2. 44, 47, 4. Suet. Caes. 41, 2. Plut. Caes. 37, 2. Vell. 2, 28, 4.

(149) Cic. Phil. 2, 56. 98. Att. 10, 8, 3. fam. 11, 22, 1. B. Alex. 42, 4. マルクス・アントニウスは四九年一二月九日まで護民官だった。Caes. b. c. 3, 1, 4. Suet. Caes. 41, 1. Cass. Dio 41, 36, 2. Plut. Caes. 37, 2. App. b. c. 2, 198.

(150) Cass. Dio 41, 42, 7.

(151) Plut. Caes. 37, 1.

(152) App. b. c. 2, 198.

(153) App. b. c. 2, 199. Cass. Dio 41, 39, 1. 同じく 2-4 は、カエサルに幸運な前兆。Lucan 5, 395 は悪意で曲げられている。

(154) Caes. b. c. 3, 2, 2. ［b. c. 当該箇所には、「一二個軍団と騎兵全員の集結を命じていた」とある（マッシリアで戦った三個、スペインに残った六個、新たに徴集された三個とみられる）］

(155) Caes. b. c. 3, 6, 2-3. App. b. c. 2, 214. 221-223. Cass. Dio 41, 44, 2-3. Plut. Caes. 37, 3. Suet. Caes. 58, 2. Vell. 2, 51, 1では、「ガイウス・カエサルは自分の迅速さと幸運をうまく使い」とされる。App. b. c. 2, 227. 彼の挙げるところでは、カエサルは七個軍団を連れていった。b. c. 3, 89, 2ではファルサロスの決戦において二万二〇〇〇の兵を擁する八〇個大隊という数字が挙げられているから、輸送された者を二万と見積もることができよう。Holmes, Rom. Rep. III 434.

(156) Caes. b. c. 3, 11, 2.

(157) Caes. b. c. 3, 11, 3-12, 4. Cass. Dio 41, 45, 1.

(158) Caes. b. c. 3, 10, 3.

(159) Caes. b. c. 3, 13, 2-4. App. b. c. 2, 230はこれを和らげている。Cic. Att. 11, 1は、O. E. Schmidt, Briefwechsel. 184によれば四八年一月はじめとする。

(160) FgrHist. Nr. 188［Theophanes］.

(161) Caes. b. c. 3, 18, 3-5. Plut. Pomp. 65, 5. Gelzer, Pompeius[2], 220［邦訳一八四頁］. 水泡に帰した和平交渉の総括的な考察は、Cass. Dio 41, 53, 2-54, 3.

(162) Caes. b. c. 3, 8, 3-4. Cass. Dio 41, 44, 4.

(163) Caes. b. c. 3, 25, 1. Plin. n. h. 2, 122. 18, 239. 二月八日は春のはじめとみなされた。これによるのがDrumann-Groebe, III 741. O. E. Schmidt, Briefwechsel. 190. Suet. Caes. 35, 1. Holmes, Rom. Rep. III 478.

(164) Caes. b. c. 3, 13, 5-6. App. b. c. 2, 231-232. Cass. Dio 41, 47, 1-2.

(165) Caes. b. c. 3, 16, 1.

(166) Caes. b. c. 3, 15, 8.

(167) 彼はポンペイウスの息子の弟の方、セクストゥスの岳父だった。Münzer, RE 2A, 881 Nr. 20.

(168) Caes. b. c. 3, 16, 3-17, 6.

(169) Caes. b. c. 3, 19, 4. Münzer, RE 5A, 705 Nr. 91. その娘はマエケナスと結婚した。

(170) Caes. b. c. 3, 19. Cass. Dio 41, 47, 2-3は、ポンペイウスの攻撃が失敗に終わったことまで報告し、App. b. c. 2, 241は、ポンペイウスがそのとき、勝利の最大のチャンスを逸したことを指摘する。Gelzer, Pompeius[2], 284, 54［邦訳第12章注54］. ディオの基礎にある閥族派的な叙述も、カエサルの報告を前提にしているようである。

(171) Caes. b. c. 3, 18, 1. Cass. Dio 41, 48, 1. Oros. 6, 15, 10.

(172) Caes. b. c. 3, 23-24. Cass. Dio 41, 48, 2-8.

(173) Caes. b. c. 3, 25, 1. 4. Cass. Dio 41, 46, 1. それ以上の、明らかに正確な伝え（アシニウス・ポッリオ?-）に基づくものは、App. b. c. 2, 238-240にある。Münzer, RE 22, 896が、ここ239. 240. 242に挙げられるポストミウスは、有名なガイウス・ラビリウス・ポストゥムス以外の人物ではありえないと想定するのは鋭い。本書第4章注193。

(174) 彼をガイウス・オクタウィウスやルキウス・ピナリウスのごとき甥姪の息子［孫息子］とみなすSuet. Caes. 83, 2に対して、このようにとる。Münzer, RE 19, 38.

(175) Caes. b. c. 3, 20-22. Cass. Dio 42, 22-25. ここ23, 1では兵士の使用について、23, 2では「国家《レス・プブリカ》護持のための元老院決議」についてはっきりと述べているが、Caes. b. c. 3, 21, 3ではカエサルはただ次のように言う。「このことに関して執政官のセルウィリウスは元老院に報告を提出し、元老院は、カエリウスが国事から遠ざけられるべき［公職追放］旨を決議した」と。Vell. 2, 68, 1-2. Plin. n. h. 2, 147. Oros. 6, 15, 10.

マルクス・カエリウスはキケロの若い友人で、天賦の才豊かな人物だった。Cic. fam. 8［カエリウスのキケロ宛書簡の巻］という興味深い諸書簡が残っているのはこの人物のおかげであり、また内乱では強い党派の力を選ばねばならないという皮肉な原則を五〇年にたてたのは彼である（第4章注382。今（ほぼ四八年一月末。O. E. Schmidt, Briefwechsel. 196）彼は、キケロに宛てて次のように書いた。自分はクリオによって誤った道に引き入れられた、しかしカエサルの子分たちにはもう我慢できない、と（「しかし私の言うことを信じていただきたい。こんな連中の顔を見ているよりは首をくくった方がましだということを」。fam. 8, 17, 1）。また、ポンペイウス派の残忍さの恐れだけが、ローマにおける激変を阻止しているにすぎないという（「……もうずっと前にローマから追い出されていたことでしょう。ここローマには、今は、二、三の金貸し連中を除き、個人も身分もポンペイウス派にあらざる者は全くいないからです」(8, 17, 2)）。彼は今、民衆の気持ちを変えて正気づかそうとしている。ポンペイウス派の人たちは眠っていて、知らないのだ、カエサルの弱点がどこにあるかを（「あなた方は眠りこけているのです。われわれが守りに回ればどこに、攻めに出ればどこに弱点があるのか、全くお分かりになっていないように私には思えるのです」）。しかし今は、彼の調子は以前とは違っている。「私がこんなことをしようというのも、なんらかの報酬を期待してのことではありません。いつものように、なにものよりも強く私に働きかけているもの、つまり心痛と憤りからなのです」。しかし結局は、イッリュリクムの局面については、カエサルは良い兵士を持っているとやはり再び告白している。「あなた方の戦力に関しては何も知りません。われわれの方は、強く決戦を挑んだり、寒気に耐え、飢えもものともしない、という点は全くお手のものとなっています」と（8, 17, 2）。すでに四九年三月、カエリウスはカエサルの古参兵に感銘を受けて書いている（fam. 8, 15, 1）。「この世で最もひどい、骨も凍る地で、最も厳しい冬の間、自分の足で動き回ることで戦争を遂行したわが軍の兵士たちが、エペイロスのりんご［ぜいたくな食後の果物］を食べていたなど、本当にそうお思いになるのですか？」と。この性急に描かれたくだりがどのような証言価値を持っているかといえば、筆者すなわち功名心溢れるかつての閥族派の人物の心の状態を知るのに非常に貴重なのである。彼はカエサル側に移ったものの、その不在の間、古いカエサル派の連中と仲違い状態にあり、何ら憚ることない民衆扇動的なやり方で自分の名誉を回復しようとしたが、それでもポンペイウスの勝利を信じていなかったからである。しかし他方、これらはカエサルの困難な立場を知るのにも貴重だといえよう。勝利の際のカエサルの節度は、彼が戦争をただ軍事的に勝ったにすぎないという事実を、全く変えるものではなかったのである。

債務弁済法は、本当の大政治家としての行動とみなしても正しいといえよう。それに対して、一法務官が負債者に保護を約束したのが、彼を忿懣の念でいっぱいにした（Caes. b. c. 3, 20, 3）。「というのも、貧乏を口実にしたり、自分の不幸や時運の非なることを訴えたり、競売の難しさを説明するのは、心の小さな人間でも可能なことだろう。財産を損なわないままで所有しながら、それでも負債があるのを告白せねばならないなら、一体どれだけ勇気が要るのか、あるいはむしろどれだけ恥知らずの気持ちがそこにあるのか！」とされる。

(176) Plut. Caes. 38, 5. App. b. c. 2, 236. また Cass. Dio 41, 46, 4 には「勇気を出せ、おまえはカエサルを乗せているのだから」とある。Flor. 2, 13, 37 には「おまえはカエサルを乗せているのだ」とある。また Lucan. 5, 585 もみよ。プルタルコスやアッピアノスの元となる証人［資料提供者］はアシニウス・ポッリオだろう。この人物は、キケロ宛書簡でカエサルの「運命の絶頂」と述べている（fam. 10, 31, 3）。「たしかにカエサルは、彼が自分の運命の絶頂に達してようやく、私のお近付きになってくれたのですが（ポッリオが五〇年末に彼と結んだとき）、私を最も古くからの知己の一人のように扱ってくれましたので、深甚なる親愛の情《ピエタス》と信頼の念《フィデス》を込めて彼に敬意を払っていたのです」とされるのである。第4章注401をみよ。ポッリオはアフリカでクリオの破局から脱したのち（App. b. c. 2, 186）、カエサルのところに戻った（App. 2, 346. Plut. Caes. 46, 2. Pomp. 72, 4. Suet. Caes. 30, 4）。ギリシア人の述べていることが、直接あるいは間接に、修辞学者トラッレスのアシニウス・ポッリオのギリシア語で書かれた作品（FgrHist. Nr. 193）に遡及するというのも、まことにありえることであると思わせるのは、Plut. Caes. 46, 2.

(177) Caes. b. c. 2, 25, 3. もちろん彼は、失敗に終わった自分の試みを報告する理由などなかった。このことを述べた話はアシニウス・ポッリオに遡るようである。Suet. Caes. 58, 2. App. b. c. 2, 234-240. 注173をみよ。Plut. Caes. 38. Cass. Dio 41, 46, 2-4. Lucan. 5, 476-702. Flor. 2, 13, 37. W. H. Friedrich, Thesaurismata, Festschrift für Ida Kapp (1954), 23 のようにこの話をポンペイウス派的な色合いの濃い創作と見るのは、私には理解できない。

(178) Caes. b. c. 3, 26-29. App. b. c. 2, 243-245. Cass. Dio 41, 48, 4.

(179) Caes. b. c. 3, 30. Gelzer, Pompeius^2, 222-223［邦訳一八六頁以下］.

(180) Caes. b. c. 3, 29, 2. アントニウスは三個の古参兵軍団、一個の召集兵軍団、八〇〇の騎兵を引き連れてきた。Holmes, Rom. Rep. III 434.

(181) Dittenberger, Syll^3. 761A. 3. B. 4. 8.

(182) Caes. b. c. 3, 33, 2-38, 4. 56. Cass. Dio 41, 51, 2-3.

(183) Caes. b. c. 3, 41-43. Cass. Dio 41, 49-50, 1. App. b. c. 2, 246. Gelzer, Pompeius^2, 223-226［邦訳一八八頁以下］. 戦場の地図は RE 5, 1882. Kromayer-Veith, Schlachtenatlas, Blatt 20. Holmes, Rom. Rep. III135. Van Ooteghem, Pompée. 594. 607. 610.

(184) Caes. b. c. 3, 43, 2-4.

(185) Caes. b. c. 3, 44, 3. 63, 4.

(186) Caes. b. c. 3, 47, 6.

(187) Caes. b. c. 3, 47, 6-48, 2. Suet. Caes. 68, 2. App. b. c. 2, 252. Plut. Caes. 39, 2-3. Plin. n. h. 19, 144. Lucan. 6, 106-117.

(188) Caes. b. c. 3, 49. 58, 1-2. 61, 2. 日付はキケロ書簡 Att. 11, 3（六月一三日）と 11, 4a（数日後）. 両書簡は Gelzer, Pompeius^2, 226-227［邦訳一八九頁以下］.

(189) Caes. b. c. 3, 57, 1. 90, 1 に言及されていることから分かるのみ。

(190) Caes. b. c. 3, 57, 2-5. C. Cichorius (Röm. Studien (1922), 228ff.) のありえそうにない推定に対して H. Dahlmann (Varronische Studien I. Abh. Akad. Mainz (1957) Nr. 4, 159ff.) が認めたように、Gell. N. A. 17, 18 で言及されているウァッロの〈散佚した〉作品［ロギストリクス＝様々な主題についての対話編、人物評論］のなかの『ピウス［メテッルスを指す］あるいは平和について』が、こういった和平交渉と関係する。H. Fuchs (Augustin und der antike Friedensgedanke, Neue philol. Unters. 3, 1926, 151ff.) は、Augustin. civ. dei 19, 12-17 が古代平和思想についての自分の説明を引き出すもとになる哲学論文が、まさしくウァッロのこの文章だったとする。しかし Dahlmann の示す疑問（168）がもっともだとは思えない。ウァッロの作が、水泡に帰したカエサルの討議交渉の試みから生まれてきたものであるにしても、『ピウス』はカエサルの死後ようやく起草されたものであろう。私の考えでは、カエサルは『内乱記』の未完の草稿を自分では公刊しなかったのである（第4章注392）。ウァッロは、このなかで——カエサルに対する論陣を張って——真の平和の前提とその本質を示した。App. b. c. 4, 202-203 によれば、彼は〝君主政の敵〟としてアントニウスから法律保護停止を言い渡されたが、フフィウス・カレヌスに救われたのである。Dahlmann (a. O. 166) が『ピウス』をすでに四六年のものとするならば、スキピオがアフリカでの戦争指揮を通して、カエサル派およびカエサルにいかに嫌われたか (B. Afr. 44, 3-46, 4. 48, 2) を、彼は見落としている。H. Fuchs の仮説が正しければ、平和の目標をカエサルが定式化したのがどのようにふさわしい意義をもつのか、われわれはウァッロの文章のなかに、その点についてのすこぶる重要な証拠を見出すことになろう。第4章注356参照。

(191) 第5章注117をみよ。H. Strasburger は、H. Z. 175 (1953), 256［論文名は Caesar im Urteil seiner Zeitgenossen で、増補第二版は 1968］で、この定式化をプログラムとして発表したものとみなしてはならないとし、〝ばらばらでアクセントもない表現〟と呼んだ。これに対して私が H. Z. 178 (1954), 464［論文名は War Caesa ein Staatsmann ?］で注意したことに付け加えたいのは、カエサルにとっては『内乱記』の作成にあたっての主テーマは、軍事的業績以外のこととしては、次の点にあったということである (3, 90, 1)。つまり、「いかに一心に平和を求めて努力してきたか」である。カエサルは、メテッルス・スキピオについては特別に憤激して侮蔑的に語っている (1, 1, 4. 4, 3. 3, 31-33. 37, 4.

83, 1)。カエサルはこの箇所では、スキピオが平和のアピールを拒絶してどのようなチャンスを逸することになったか、読者の注意を引くようにそれを浮かび上がらせている。それゆえ、彼の含蓄ある言葉の選択がきわめて意味深いように思われる。カエサルは、ローマについても、また「国家《レス・プブリカ》［公共体としての国家］」についても語っていない。現実の課題を語っているのである。同じことを、サッルスティウスも四六年の覚え書きで述べている。彼は、「永続するというより以上に、ずっと厳しい残酷な支配［恐怖政治］」に対して、「可能なかぎり正しく、長続きする平和」を生み出すという課題を論じている (ad Caes. 1, 3, 1)。カエサルについて彼が言うのは (1, 7, 1)、「海陸を問わず全てを、あなたが同時に秩序づけねばならない」ということである。サッルスティウスは、ローマ市民団の道徳的高揚について語ったのち (7, 2-8, 3)、話を続ける (8, 4)。「これに加えてあなたがあらかじめ配慮しなければならないのは、どうやってイタリアと諸属州がより安全なものとなるようにするかという点です」と。これがカエサル派なのである。次に述べるキケロのあの同時代の論述を考察してみれば、カエサルと意見の一致していることがますます明らかになる。キケロは、マルクス・マルケッルスの恩赦のための感謝演説で、まだカエサルによって果たされるべきはずの大政治家としての課題をも引き合いに出している (Marc. 23-29)。ここでは、「国家《レス・プブリカ》」について語るだけであり、29では明らかに彼の行動の決定的な舞台としての「この都《ウルブス》［ローマ市］」といわれている。注308も参照。

(192) Vell. 2, 51, 2. 四三年に、小バルブスはヒスパニア・ウルテリオルの財務官《クアエストル》であり、その当時故郷ガデス市で行なわれた演劇の催しで悲劇『執政官代理のルキウス・レントゥルスを説得するためのわが旅について』を上演させた。その際、彼は感動のあまり涙したといわれている（アシニウス・ポッリオからキケロに。fam. 10, 32, 3)。レントゥルスについてはCaes. b. c. 1, 4, 2. 3, 96, 1をみよ。

(193) fam. 9, 9. ドラベッラが、器用にしかも愛想よいやり方でその課題を果たしたので、カエサルその人を想起させるほどであった。カエサルは明らかにこの人に喜んでそうしたかったので、四七年に彼が帰還したとき、この年の護民官としてカエリウスの扇動的で奔放な行動を復活させたにせよ、この人を非常に寛大に取り扱った。クリオ、アントニウス、カエリウスにドラベッラが優っているのは、彼がカエサルその人のようにパトリキ貴族の出身だったことである。彼についてはO. Seel, Cicero (1953), 299ff. 本書一七二頁。

(194) Cic. fam. 9, 9, 3.「カエサルがどんなに人間味《フマニタス》溢れているかを……」。

(195) Holmes, Rom. Rep. III 480.

(196) Cass. Dio 41, 50, 3-4. App. b. c. 2, 250. カエサルにあっては (Caes. b. c. 3, 50, 2)、この六箇所で同時に行なわれた戦闘 (3, 52, 1. 53, 1) の始まりが脱落している。

(197) Caes. b. c. 3, 54, 2.

(198) Caes. b. c. 3, 53, 1-5. Suet. Caes. 68, 3-4. App. b. c. 2, 249は、その軽率な引用では百人隊長カッシウス・スカエウァを副司令《レガトゥス》ルキウス・ミヌキウス・バシルス (Münzer, RE 15, 1948) と取り違えている。Lucan. 6, 126はミヌキウス、140-262はスカエウァという。Gelzer, Pompeius[2], 229-230［邦訳一九二頁以下］.

(199) Caes. b. c. 3, 58, 6-65, 3. ガッリア戦争以来カエサルにすこぶる目をかけられていたアッロブロゲス族の首長［國原訳］の息子二人の謀叛によって、ポンペイウスが突破箇所の状態について教えられていたことを、カエサルは59-61で詳しく述べる。彼らは「洗練された教育を受けて」(61, 1) おり、そのことが、多分ラテン語に習熟していたことの理由である。ところが、「ばかげた野蛮な自惚れ」(59, 3) が、彼らを邪道に誘った。それに反して彼らの従者たちは、ドミティウス・カルウィヌスにポンペイウスの進軍を報せた (79, 6)。

(200) Caes. b. c. 3, 66-70. Cass. Dio 41, 50, 4-51, 1. App. b. c. 2, 256-260. Lucan. 6, 263-313. Oros. 6, 15, 19-21. カエサルは、旗手を摑まえて立ち止まらそうとしても、恐慌に対して何の役にも立たなかった、と言う (3, 69, 4)。Plut. Caes. 39, 7は、カエサルが押し止めた逃亡者は、彼に剣を振り上げたので、護衛の士が剣を持ったこの男の腕を切り落とさなければ、カエサルも倒れたであろう、と付け加える。この話は App. b. c. 258-259 のなかにあり、おそらく信頼に足る伝承から出てきたものであろう。それによれば、旗手は旗棹の下方の部分をカエサルに振り上げたが、護衛兵に斬り倒されたという。カエサルはこの謀叛のケースを無視する一方、息も絶えんばかりの第九軍団の「鷲旗の旗手」が、鷲旗を救ったのを称揚している（3, 64, 3-4）。これは App. b. c. 2, 256 にも出てくる（ただしもちろん違った風に）。護衛については A. Alföldi, Hasta-Summa Imperii. AJArch. 63 (1959), 7. 同じく 12ff. には、ローマ軍の「しるし」は命令権《インペリウム》の印としての槍であると記されている。

(201) Caes. b. c. 71, 1-2. Oros. 6, 15, 21 によれば、四〇〇〇の兵が倒れたという。Plut. Pomp. 65, 8 によると二〇〇〇。しかし Caes. 71, 1 では一〇〇〇にすぎなかったとされる。

(202) Caes. b. c. 3, 72, 4. 79, 4. 80, 2. 81, 1. App. b. c. 2, 261. Plut. Pomp. 66, 1. 3. 74, 2. 82, 1. Dittenberger, Syll^3. 762, 33ff. なお Cass. Dio 41, 52 ではポンペイウスに有利なように和らげられている。

(203) Suet. Caes. 36. App. b. c. 2, 260. Plut. Caes. 39, 8. Pomp. 65, 9. カエサルは、敗北のすざましい危険性について黙ってはいない（Caes. b. c. 3, 70, 1）。「このように惨敗のどん底に落とされたのに、全軍壊滅から救われたのは、次のような事情があったからである。ポンペイウスは伏兵を恐れていたと、私は信じるのだが……かなり長い間、あえて堡塁に近寄ろうとはしなかった〈からである〉」とする。

(204) Caes. b. c. 3, 73. カエサルがどのようにして恐慌を克服したかを説明する代わりに、Plut. Caes. 39, 9-10 では、ただ眠れない夜について語るだけである。

(205) Caes. b. c. 3, 68. 前章（第4章）注401を参照せよ。ポンペイウスの勝報に向けた批判のなかでも、カエサルは、「結局彼らは、いかなる戦争においても、敵味方を問わず襲う不慮の災厄など反省しようとしなかった。いかにしばしば、些細な原因により、つまり誤った憶測により、突然の恐慌により、あるいは湧き出る宗教的な躊躇の思い［縁起担ぎ］により、ひどい損失が生じたか、を。それどころか将軍の失策によって、あるいは将校の責任によって、いかにしばしば軍隊が損害を受けたかを反省しようとはしなかったのである」と、このことを強調する（3, 72, 4）。そのために彼は、ポンペイウスの勝利が勇敢さ《ウィルトゥス》によって勝ち取られたということに異論を唱える。やはり「些細なこと」がカエサルのためにうまく働いた、とみなすのは 3, 70, 2.

(206) Caes. b. c. 3, 74. App. b. c. 2, 261-266 は、カエサルの兵士たちが自分の方に移ってくるだろうとポンペイウスは期待した、と主張する。しかし、兵士が自分たちの失敗を恥じるようにさせたのは神様であったし、またカエサルは彼らをただ穏やかに叱っただけで赦したので、彼ら自身が十分の一刑を要求し、カエサルがこれを斥けたときには、彼らが旗手の処罰を求めた――もっともカエサルはこれもまた拒否した――ほどにまでムードは変わったのである、という。神を関係させたのには、この解釈では、カエサルの為したことなどたいしたことなかったとみるべきだということを明らかにするものがあった。同様に259では、神がラビエヌスを迷わせたので、この人はポンペイウスに逃走者を追跡するように忠告し、そのために勝利の完成を阻止してしまったという。カエサルは b. c. 3, 71, 4 で、ラビエヌス自身がポンペイウスに捕虜を〈引き渡してくれるように〉請い求め、この連中に戦友と呼び掛け、次いで逃げるのは古参兵の慣習なのかどうかと口をきわめて罵り問いただし、そしてこの連中を衆人環視のなかで処刑した、と報告する。

(207) Caes. b. c. 3, 78, 2-4.

(208) Caes. b. c. 3, 75-79.

(209) Caes. b. c. 3, 80-81. Plut. Caes. 41, 6-8. App. b. c. 2, 267-269. Cass. Dio 41, 51, 4-5.

(210) 決戦場の位置が、エニペウス河の北か南か、ポンペイウスはカエサルの西方にいたのか東方なのか、については論争がある。種々の見解は、最近では van Ooteghem, Pompée. 624（地図付）と M. Rambaud, Historia 3 (1955), 346ff. に示されている。カエサル自身は、全く場所を示していない。それでもB. Al. 48, 1には、「パラエ（古）ファルサルスで勝利を博した」とか、42, 3には「ファルサルスの戦闘」とある。Strab. 17, 796もパラエファルサルスとする。Frontin. 2, 3, 22. Eutrop. 6, 20, 4. Oros. 6, 15, 27. ファルサルスとするのはSuet. Caes. 35, 1で「ファルサルスの戦闘」とある。Lucan. 6, 313. 7, 61. 175. 204. 407. Plut. Caes. 52, 1. Pomp. 68, 1. Cat. min. 55, 4. 56, 7. Brut. 6, 1. Cic. 39, 1. Ant. 8, 3. 62, 4. パライファルサロスというのが正確であろうが、その場所は確かではない。アッピアノスの挙げる（2, 313）ファルサロスとエニペウス河の間の地帯、すなわちエニペウス河の南というのは、誤りのようである。おそらくすでに彼が利用した史料でそうなっていたのだろう。私は、Holmes, Rom. Rep. III 452-467. 569の調べたところに与したい。私にとって決定的と思えるのは、進軍の目標である。スコトゥッサ、エニペウスの谷の北、戦場の東方がそれである（Plut. Caes. 43, 7）。Plut. Pomp. 68, 5の記事は、カエサルによって命令された出発（b. c. 3, 85, 2）に適合する。

（211）Caes. b. c. 3, 84, 4. 88, 3-5. 89, 2. Plut. Caes. 42, 3-4. また Oros. 6, 15, 23およびEutrop. 6, 20, 4のなかの、元はリウィウスに遡る親ポンペイウス的な伝えでは、ポンペイウスに四万の歩兵、一一〇〇の騎兵、カエサルには概数三万の歩兵、一〇〇〇の騎兵が示されている。Cass. Dio 41, 55, 2-4ではカエサルの方がより優れた軍隊を擁し、ポンペイウスは数の点で大きく優っていた。App. b. c. 2, 289-290では、種々の陳述が並んで置かれており、同盟国や服属者の補助部隊が、イタリア人に対して際立たされている（291-295）。290によれば、戦闘参加者の最高数は四〇万、Flor. 2, 13, 44では三〇万以上。

（212）Plut. Caes. 41, 2. Pomp. 67, 5. App. b. c. 2, 278.

（213）Plut. Caes. 41, 5. Pomp. 67. App. b. c. 2, 275. 281. Lucan. 7, 45ff. キケロの証言（fam. 7, 3, 2. 四六年八月）によれば、ポンペイウスは結局気が変わり、自信をもつようになった。Caes. b. c. 3, 86, 1.

（214）Caes. b. c. 3, 82, 2-83, 4. 96, 1. Plut. Caes. 42, 2. Pomp. 67, 9. App. b. c. 2, 285. カエサルは、勝利後、相手側における出来事についての報告を受けたことを、色々と（3, 18, 5. 57, 5. 60, 4. 86, 1）記録している。Plut. Brut. 6, 3, 5は、信頼に足る史料によって、カエサル自身戦闘後すぐに心から迎え入れたブルトゥスと、ポンペイウスの意図について語り合ったと報告している。キケロは戦闘には関与しないで、ウァッロと一緒にデュッラキオンのカトーのもとに留まっていたが（fam. 9, 18, 2. divin. 1, 68. 2, 114. Plut. Cic. 39, 1）、彼が以前本営で体験したことは、カエサルの報告がすこぶる正しいことを裏書きしてくれる（Att. 11, 4, 1. 6, 2. 6. fam. 4, 14, 2. 6, 6. 7, 3, 2. 9, 6, 3. Marc. 18）。ポンペイウスに戦闘を要求する演説をキケロが行なったというのは（Lucan. 7, 62-84）、真実に反する。すでに四九年三月、キケロは、閥族派の勝利はスッラ流の恐怖政治の再現を意味するだろうと予見していた（Att. 9, 7, 5. 9, 2. 10, 6）。そこでマルクス・マルケッルス宛の手紙では懐古的な調子で同じような諦めの気持ちを述べている（fam. 4, 9, 2-3. 四六年九月）。§3に「あなたは私と一緒にご覧にならなかったのでしょうか、あの勝利がいかに残酷なものになるようになっていたかを？」とある。Cass. Dio 41, 54, 1. 55, 1. 57, 2. 59, 4では、ポンペイウスもカエサルも古い自由を再び回復しようとは思わなかったことが、おそらくディオが使用した史料が間に入っているにしても、全くキケロの言う意味で的確に述べられている。Plut. Pomp. 70, 1も同様。

（215）Cic. Att. 11, 6, 6ではキケロは、「ファンニウス（RE 6, 1991 Nr. 9）のことについてあなたをお慰めするべきでしょうか？　彼はいつも、あなたがイタリアに留まっていることについて意地の悪い発言をしていましたし、たしかルキウス・レントゥルス（四九年の執政官）といえば、ホルテンシウスの邸宅、カエサルの庭園やバイアエのカエサルの土地を自分の取り分として決めていたのです」と述べている。

（216）Plut. Caes. 41, 4-5による。Pomp. 67, 6では、アフラニウスはカエサルから買収されていたという噂だった。

（217）Cic. Marc. 18には、「武装した連中に対してのみならず、ときには静かに構えていた人に対してさえも、脅迫した人が幾人かおり、そして各人がどういう意見を述べたかということではなく、どこにいたかというのが考慮されるべきことなのだ、と言っていたのです」とあり、Att. 11, 6, 2. 6 では、「というのは、イタリアに留まっていた人はことごとく敵に数えられていたのです」とされている。

(218) CIL I 1 S. 244 のアミテルヌムの暦には「祝祭日、この日にガイウスの息子、ガイウス・カエサルがファルサルスで赫々たる勝利を収めたため」とある。S. 248 のアンティウムの暦には「神君ユリウス、ファルサルスで勝てり」とある。

(219) Caes. b. c. 3, 86, 1-87, 7. Plut. Pomp. 68, 1.

(220) Caes. b. c. 3, 86, 3-4. 88, 5.

(221) Caes. b. c. 3, 89, 4.

(222) Caes. b. c. 3, 90. 同じく 1, 72, 3（スペインにて）には、「〈ローマ〉市民たちに対する同情の念からも、彼［カエサル］は決心するよう動かされた。彼の見たところでは、彼らはどうしても殺されるに違いなかったからである。彼としても、彼らの命が救われ、傷付けられずに、目的の達成される方が望ましかった」とある。本書一八〇頁を見よ。

(223) Caes. b. c. 3, 91-98. Plut. Caes. 46, 4 は、カエサルが捕虜の大多数を自分の軍隊に繰り入れたことを付け加える。Cass. Dio 41, 62, 1 も同じ。カエサル自身の言は 3, 107, 1.

(224) Caes. b. c. 3, 99, 4. Oros. 6, 15, 27.

(225) アシニウス・ポッリオはこのように言う（Plut. Pomp. 72, 4）。Plut. Caes. 46, 3. App. b. c. 2, 345-346. カエサルは「弓兵と投石兵」(3, 88, 6) が殲滅したことを述べている (3, 93, 7)。

(226) Caes. b. c. 3, 99, 5. Plut. Caes. 44, 4. Pomp. 69, 1. App. b. c. 2, 316. 346. Cic. Brut. 267. Phil. 2, 71. Tac. ann. 4, 44, 2. Suet. Nero 2, 3. Lucan. 7, 600.

(227) Caes. b. c. 3, 99, 1. なお App. b. c. 2, 345 は、カエサルに敵対的な異文（一二〇〇名）を付加。

(228) Suet. Caes. 30, 4 に「こうなることは、彼らが望んだことなのである。いかに私、ガイウス・カエサルであろうと、あれだけの大事業を果たし終えていても、軍隊に援助を求めていなかったら、有罪判決の宣告を下されていただろう」とある。「あれだけの大事業を果たし終えていても」という言葉は、b. c. 1, 13, 1 を想起させる。そこでは「アウクシムムの市参事会［長老会］員たちは……主張した。……自分たちも他の町の市民諸君も、大将軍《インペラトル》ガイウス・カエサルは、国家のためにすこぶる功績をあげたのだから、その彼があれだけの大事業を果たした後、自分たちの町や城壁から彼を締め出してしまうのは忍びないことだ」とされる。本章注26参照。Suet. Caes. 30, 4 は、この発言をアシニウス・ポッリオの証言に基づくものとする。Plut. Caes. 46, 2 は、トラッレスのアシニウス・ポッリオのギリシア語の作品（FgrHist. Nr. 193）によるものとしている。この人は、ティマゲネスの修辞学校を継承した人物であり、ローマ人の解放奴隷だったと思われる。カエサルが、この機会にラテン語で喋ったことは、ルビコン渡河の際 Plut. Pomp. 60, 4 によれば（多分ガイウス・アシニウス・ポッリオが伝えたもの）彼はメナンドロスの句をギリシア語で引用したのであるから、それだけにとりわけくっきりと浮き彫りにされたことであろう。Jacoby, Komm. S. 622. しかし W. Aly, Strabon von Amaseia, Untersuchungen über Text, Aufbau und Quellen der Geographika (1957), 289 とは違うように私は思う。このトラッレスの人は、自分のパトロンの作品の単なる翻訳以上のものを提供したと考えられるからである。Suet. Caes. 30, 3 の「彼が帰還して私人になったら、ミロの例に倣い、武装した人に取り囲まれて審判人の前で自分のことを弁明しなければならない」というのは、政敵の脅迫を想起させるものである。Lucan. 7, 303 は、カエサルをして戦闘前の演説で次のように言わせている。

　今日この日、わが前にあるのは、戦いの報酬か、はたまたその罰か。
　カエサルを待ち構える十字架のことを思え、鎖のことを思え。
　またわが頭《こうべ》は演台の上にあり、わが手足は投げ出されたまま（カエサルを脅かしていた懲罰）、
　サエプタでの犯罪を思い、またまわりを囲まれたマルスの原での殺戮を思え（国民の権利の抑圧）［サエプタはマルスの原にある投票場。そこでスッラが助命を約束した六〇〇〇人を虐殺した］。

この内乱のわれらの相手の将軍はスッラの教え子なれば。

(229) Caes. b. c. 3, 91. 99, 1-2. Plut. Caes. 44, 9-12. Pomp. 71, 1-4. App. b. c. 2, 347-348. Flor. 2, 13, 46. Lucan. 7, 470-474 は憎悪の念を抱いて記している。

(230) Case. b. c. 3, 96, 1-2 には、陣営では饗宴によって勝利を祝おうと準備万端整っていたとして、カエサルは、とりわけルキウス・レントゥルス・クルスのきらびやかな天幕のことについて、それにひどい補足の言を加えて述べている。「しかし彼らは、全く惨めな有様で困苦欠乏に苦しんでいるカエサルの将兵たちを、贅沢だと非難していた。わが兵の方は、どうやってもいつも、必需品すら欠けていたのに」とカエサルは記すのである。

(231) App. b. c. 2, 297 では、ポンペイウスが艦隊を使用しなかったから、と非難されている。

(232) Caes. b. c. 3, 100.

(233) Caes. b. c. 3, 101.

(234) Cic. Att. 11, 7, 3. 10, 2. 12, 3. 14, 1. 15, 1.

(235) B. Alex. 51, 1. [Broughton, MRR. によれば、クィントゥス・カッシウス・ロンギヌスは法務官代理＝総督。副司令＝総督代理としては、他にガイウス・カッシウス（四四年の法務官）がいる]

(236) B. Alex. 53, 4-5. Cic. Att. 11, 10, 2. 12, 3. 16, 1.

(237) B. Alex. 57, 5-63, 2. Cass. Dio 42, 15, 3-16, 1.

(238) Caes. b. c. 3, 102, 1. 106, 3.

(239) そのためにしばしば繰り返された交渉の試みについては、四六年九月、カエサルの「心の大きさ」(fam. 4, 4, 4) に感銘を受けて、キケロも衷心より確信した (Marc. 15)。そこでは「というわけで戦争でカエサルが何を望んでいたかを疑ってかかるほどに、事態を不当に評価する人などいないだろう。彼は、和平の主唱者たちの恩赦を表明しなければならないとすぐに判断したのであり（そのなかにキケロも入る）、一方、残りの連中に対する憤りもますます昂じてきたからである。さらにまたこのことは、戦いの成り行きも不確かで、戦いの命運も定まらないままだったので、おそらく人をあまり驚かさなかっただろう。しかし勝利の暁、和平の主唱者を尊重する人は、勝利を収めるよりも戦わない方を自分はとっただろうに、とはっきり表明するだろう」とされる。

(240) Cic. fam. 4, 8, 2（四六年八月、マルクス・マルケッルス宛）には、「……全権を掌握しているこの人でも、有能な人を大切に取り扱っているのです。周囲の情況と自分の立場が許すかぎり、名門の人、位階・声望高き人［ディグニタスとある］を心から歓迎しているのです」とある。

(241) Cic. fam. 15, 15, 3（四七年八月、ガイウス・カッシウス宛）には、「卓越した人物を多数赦して」とある。そのなかにガイウス・カッシウスも入っていた (Att. 11, 13, 1. 15, 2)。戦闘の後、降伏した軍勢について Caes. b. c. 3, 98, 2 では、「そこで彼は、彼らの恐怖心を鎮めようと、彼らの前で自分の寛大《レニタス》さについて簡潔にしゃべり、全員の命を救ってやり、自分の部下には、責任をもってだれにも危害を加えないように、まただれからもものを奪ってはならない、と説き勧めた」と言う。App. b. c. 2, 309. 336. 340. カエサルは神々に祈念している (Lucan. 7, 312)。「彼を勝たしめよ。倒れし者に対し容赦なく剣を浴びせねばならぬ気のない彼を。彼に対して闘うことで、市民仲間が罪を犯した、となど信じない彼を」と。また 319 では「逃亡する者も〈諸君たちには、みんな同じ〉市民なのだ」とも述べている。Flor. 2, 13, 50 では、カエサルは戦闘の間に、一度は「兵士よ、敵の顔を突け」と叫び、もう一度は「市民仲間なんだ。赦してやれ」と叫んでいる。Oros. 6, 15, 26 が、「市民仲間を赦してやれ」という言を、ポンペイウスの言としているのは誤り。Vell. 2, 52, 3. Polyaen. 8, 23, 27 も示しているように。Plut. Caes. 45, 2. Pomp. 71, 7. App. b. c. 2, 318. Polyaen. 8, 23, 25. Frontin. 4, 7, 32 では「敵の顔を突け」の語は、敵騎兵の攻撃を受け止めるために第四戦列に対して下した指示になっている。

(242) Cass. Dio 41, 63, 5.

(243) Cass. Dio 41, 62, 2-3. これに加えて彼が記すのは、カエサルの友人が、すでにかつて一度赦されていた元老院身分あるいは騎士をも、一人ずつ釈放してもらえるよう頼むのを、この人たちにカエサルが許してやったことである。さらにその上、ポンペイウスの友人が自分に対して非道なことをしたのではなかった、という意見を表明したとする。

（244）Plut. Brut. 6, 1-4. Caes. 46, 4. 62, 3. App. b. c. 2, 464. Cass. Dio 41, 63, 6. Vell. 2, 52, 5.

（245）Caes. b. c. 3, 102, 1. 4. 105, 1. Cass. Dio 42, 6, 1-3. Suet. Caes. 63. App. b. c. 2, 370-372 は、スエトニウスのように一〇隻ではなく七〇隻の三段橈船が、カッシウスの手にあったとしているが、この人をガイウス・カッシウスと混同している（464 もまた）。ここに登場するルキウス・カッシウス（Münzer, RE 3, 1680 Nr. 14）は、このこと以外知られていない。ガイウスの兄弟ルキウス・カッシウス・ロンギヌスは、カエサルの副司令＝総督代理だった（Münzer, RE 3, 1784 Nr. 65）。

（246）Dittenberger, Or. Gr.［OGIS］440. ファルサロスの戦闘前、マルスとウェヌス・ウィクトリクスに対してカエサルがなした夜の犠牲を述べるのは App. b. c. 2, 281. 一方、Plut. Caes. 43, 2 ではおそらくもっと正確に、戦闘の二日前に犠牲を、とされている。

（247）Strab. 13, 593. 594-595. なお Lucan. 9, 964-966 も参照。

（248）Caes. b. c. 3, 105, 2-5.

（249）Dittenberger, Syll. 760. F. Taeger, Charisma II（1960）, 56.

（250）Caes. b. c. 3, 106, 1 には「ほんの数日間アシアに滞在し」とある。

（251）C. Koch, Hermes 83（1955）, 43-47 が想起させるのは、ファルサロスの決戦におけるカエサルの合い言葉が「勝利のウェヌス」だったこと（App. b. c. 2, 281. 319）と、彼がこの神に神殿の奉献を誓約し、四六年には「氏神のウェヌス」の神殿を奉献したことである（Cass. Dio 43, 22, 2. Fasti Pinciani, CIL I, 1^2 S. 219［Inscr. It. 13, 2］では九月二六日。Koch, RE 8A, 865）。このことは察するに王朝的なものを志向するものと Koch は解釈している。

（252）カエサルはスキピオをこの上なく皮肉たっぷりに取り扱う（b. c. 3, 31-33）。Joseph. ant. Iud. に残っている文書集のなかには、四九年のポンペイウス派の政務官の布告［デクレタなら裁決］で、ユダヤ人のためになされたものもたくさん保存されている（14, 228-232. 234-240）が、それは兵役免除と彼らの祭祀の実施に関するものだった。カエサルの描き出すところでは（3, 32, 4）、こういったものは、ただでは交付されなかったことだろう。共同体ペルガモンは、四九年大将軍《インペラトル》クィントゥス・メテッルス・ピウス・スキピオを自分たちの「救済者で恩人」として崇め、またその娘コルネリア、すなわち執政官代理＝総督のグナエウス・ポンペイウス・マグヌスの妻をも崇めた（Dittenberger, Syll. 757/8）。ところで四八年にはこの町は、カエサル、すなわち大将軍、神祇官長、二度目の執政官、パトロンで恩人、全ギリシア人の救済者・恩人に、敬虔さと正義のため敬意を表している（IGRR. IV 305）。同じような顕彰文があるが（a. O. 306. 307）、日付は不詳。303 は内乱前のものであろう。四八年には、キオスもパトロンとしての彼に敬意を表した（IGRR. IV 928）。〈東方との〉昔の関係については Suet. Caes. 28, 1 の「その他、アシアおよびギリシアのもっとも権勢を誇った諸都市を壮麗な建築物で飾った」という表現が想起されるべきであろう。四八年アシアが与った「寛恕《クレメンティア》」については、キケロがカッシウス宛書簡で述べている（fam. 15, 15, 2）。

（253）Caes. b. c. 3, 105, 1.

（254）Cass. Dio 42, 6, 3. App. b. c. 5, 19. Plut. Caes. 48, 1.

（255）Plut. Caes. 48, 1. App. b. c. 2, 368. Strab. 14, 656. Dittenberger, Syll. 761C（注付き）FgrHist. Nr 21［Theopompos］. のちに彼は、テオポンポスにローマ市民権まで与えた。

（256）Caes. b. c. 3, 106, 1-3. B. Alex. 34, 1. Liv. per. 112. ポンペイウス死去の日は、九月二八日である（Vell. 2, 53, 4）。

（257）Caes. b. c. 3, 106, 4. Plut. Caes. 48, 2-4. Pomp. 80, 6-7. Cass. Dio 42, 8, 1-3（憎悪に満ちた所見付き）. Val. Max. 5, 1, 10. Eutrop. 6, 21, 3. Oros. 6, 15, 29. Lucan. 9, 1010-1108.

（258）Caes. b. c. 3, 104, 1.

（259）Caes. b. c. 3, 106, 4-5. 112, 8. Cass. Dio 42, 34, 6. Lucan. 10, 55.

（260）Caes. b. c. 3, 111, 3.

（261）Cass. Dio 42, 9, 1. 34, 1. カエサルはもちろんこれについては沈黙している。彼がb. c. 3, 106, 1で言うように、ポンペイウスが、この地で作戦根拠地を見つけられるという希望を抱いて、エジプトに向きを変えたことは、カエサルには明らかだった（「王家との親しい関係のため、またこの土地の提供するその他の利便のため、ポンペイウスはエジプトに向かっている、と彼は想像し……」）。このようにして彼は3, 104, 1で「ポンペイウスがアレクサンドリアやエジプトを占領するかもしれないと恐れて」と、こういう具合にして王の大臣たちに暗殺の理由付けをさせ、それとの二者択一のこととして付け加えるのが、「それとも、かつての友人が敵になるのは、大抵の場合非運な状態にあるときだが、そのような、その運命の非なるのをみくびってか、……」である。したがって、これほどの小部隊でもってアレクサンドリアに上陸したカエサルの無鉄砲さを、次の文章で説明する（3, 106, 2）。「しかしカエサルは、その成し遂げた業績による名声を確信して、劣勢の兵力《アウクシリウム》［援軍、助力者］でも進撃を躊躇しなかった。彼の見解では、いたるところすべてが自分には同じように安全なはずだったのである」と。ポンペイウス派の人から作られた二個軍団を送るようにとのグナエウス・ドミティウス・カルウィヌスへの命令（3, 107, 1. B. Alex. 34, 3）は、彼がエジプトをどうやって確保しようと目論んだかを示している（B. Alex. 3, 4）。彼自身、それほど長くここに滞留しようとは思わなかったことは、次の文章が物語っている（3, 107, 1）。「彼自身は北西の季節風のため無理遣り留められていた。それはアレクサンドリアを出帆する船には全くの逆風なのである」と。これは七月から九月まで吹く北風であり（G. Schmidt, RE 8A, 2212）、ユリウス暦の日付に合致している。

（262）Plut. 48, 8. Suet. Caes. 54, 3 参照。

（263）第4章注193。

（264）Plut. Caes. 48, 8.

（265）Plut. Caes. 48, 7. Oros. 6, 15, 29.

（266）Caes. b. c. 3, 103, 2. Plut. Caes. 48, 5. Strab. 17, 796. Pomp. Trog. prol. 40. クレオパトラ七世フィロパトルについては、F. Stähelin, RE 11, 750ff. H. Volkmann, Kleopatra, Politik und Propaganda (1953), 55ff.

（267）Caes. b. c. 3, 107, 2.

（268）Cass. Dio 42, 34, 2-35, 1. 51, 5, 4. Plut. Caes. 48, 9-49, 3. Flor. 2, 13, 56. v. ill. 86, 1. Lucan. 10, 53-106. Fronto, fer. Ais. 3, 5 (Haines II 10) には、「ガイウス・カエサル、つまりクレオパトラのもっとも熱烈な客人で、後の姦夫については、私は何も言わない」とある。Plut. Ant. 25, 4では、彼女は四九年にグナエウス・ポンペイウス（息子）をもう魅了していたという。情夫をものする彼女の手管は、G. Ferrero, Grandezza e decadenza di Roma (1908), II 430が、巧妙な筆致で鮮やかに描き出したといえよう。ソーントン・ワイルダーの作品『三月一五日』における、この日についての〝空想力〟も、これと関連して想起すべきであろう。Ludwig Curtiusは、雑誌Merkur 4 (1950), 676-690でこの小説に熱狂的な書評を寄せたが、そのなかでクレオパトラについての光彩陸離たる箇所が再現されている（682-685）。著者は、これを私に一九五〇年七月六日付けで贈呈して下さった。

（269）Cass. Dio 42, 35. Plut. Caes. 49, 3. Flor. 2, 13, 58. カエサルが〈自分の作品では〉このたいへん苦々しい事件について沈黙を守り無視したこと、またそれがなぜかは、説明の必要はないだろう。彼は、王の姉妹の召喚しか述べず（Caes. b. c. 3, 107, 2）、また彼らの父王プトレマイオス十二世［ゲルツァーは十三世］ネオス・ディオニュソス（アウレテス）の遺書（3, 108, 4）に触れているが、仲裁裁定には触れていない。そうすることでクレオパトラの登場を上品に回避している。108, 2によれば、ポティノスは召喚後さっそくアキッラスを呼び寄せている。この軍勢、すなわち五五年ガビニウスによってアウレテスが連れ戻され復位したのち、あとに残された兵士が、その中核を形成していたのであるが（110, 2）、彼らは、カエサルが遺言状によって調停を開始しようとしている間に、近付いてきたのである（109, 1）。ディオとプルタルコスに残っている伝えは、アシニウス・ポッリオに遡るものであろう。

(270) このように記すのは、Liv. per. 112. Cass. Dio 42, 35, 5. カエサル自身は、執政官を自称している（Caes. b. c. 3, 107, 2)。Cass. Dio 42, 18, 3. 20, 3によれば、ポンペイウスの印章の指輪がローマに届いた後、カエサルは一年間の独裁官に任命された。Plut. Caes. 51, 1によれば、四七年一〇月に独裁官としての一年は終わりになったようである。

(271) Caes. b. c. 3, 107, 1. B. Alex. 9, 3. 34, 3.

(272) Plut. Caes. 49, 4. App. b. c. 2, 376. Lucan. 10, 107ff. 332. Suet. Caes. 52, 1.

(273) Caes. b. c. 3, 108, 2. 109, 1. Cass. Dio 42, 36, 1-2. Plut. Caes. 49, 4. Lucan. 10, 333ff. 361. プルタルコスに報告されている暗殺計画は、ルカヌスによって長々と描出されている。

(274) Caes. b. c. 3, 109, 2-6. Cass. Dio 42, 36, 4-37, 2.

(275) Caes. b. c. 3, 111, 6は、ただ王の艦隊に火を点けるのに成功したと報告するのみ。B. Alex. 12, 3. 図書館の焼失についてはPlut. Caes. 49, 6. Cass. Dio 42, 38, 2. Oros. 6, 15, 31は書物の数四〇万という。Sen. dial. 9, 9, 5も同じ数とし、その証拠にリウィウスを示している。Gell. N. A. 7, 17, 3は七〇万巻という。おそらくAmm. Marc. 22, 16, 13はこれによるのであろう。本がどこにあったかという問題についてはDziatzko, RE 3, 411. Holmes, Rom. Rep. III 487ff. Plut. Ant. 58, 9の報告、アントニウスがクレオパトラに——明らかに代償として——ペルガモンの図書館の書物、二〇万巻を贈ったというのは、信頼してもよかろう。

(276) Caes. b. c. 3, 112, 6. B. Alex. 1, 1. 26, 1. Cass. Dio 42, 37, 3. Rostovtzeff, Soc. and econ. hist. of the Hell. World, III 1528がこの人をCic. Flacc. 17, 41に出てくる人物と同一視するのはきっと正しいであろう。Strab. 13, 625. Geyer, RE 15, 2205 Nr. 15.

(277) Caes. b. c. 3, 112, 1-8.

(278) Cass. Dio 42, 39, 3-4.

(279) Caes. b. c. 3, 112, 9-11. B. Alex. 4. Cass. Dio 42, 39, 1. 40, 1.

(280) B. Alex. 9, 3-4. 11, 6.

(281) B. Alex. 13-16. Cass. Dio 42, 40, 2は、かなり圧縮されている。しかもカエサルの不利になるように。

(282) B. Alex. 17-21. Cass. Dio 42, 40, 3-5. Plut. Caes. 49, 7-8. Suet. Caes. 64はマントを失わないようにと抵抗している。App. b. c. 2, 377. Flor. 2, 13, 59. Oros. 6, 15, 34. O. E. Schmidt, Briefwechsel. 221の日付はCic. Att. 11, 11, 1から推論されたもの。

(283) B. Alex. 22-25. Cass. Dio 42, 42. 『アレクサンドリア戦記』の筆者は、王の釈放を、カエサルの熟考した末の行動だと正当化しようと努めている。カエサルはもちろん、アレクサンドリア人の狡猾なやり方をよく知っていたが、王が約束を守るか、あるいはそれとも〈王が離反すれば〉ただ賤民に対して闘うよりは王に向かって闘う〈ことになり、その方がずっと名誉〈になるだろうが、そうなるかどちらか〉だと自分で言ったという。王は涙を流して、そのもとに留まらせてくれと頼んでおり、そのためにカエサル自身が感動させられてしまった。カエサルの将校も兵士も、カエサルのあまりにもスケールの大きな無邪気さが、ずるい若造にこのように騙されたので、かえって嬉しがったことであろう。「あたかも本当にカエサルがただ親切さからそうしていたのであり、熟慮を重ねた計画に基づいてそうしていたのではないかのように」と描いている（24, 6)。Cass. Dio 42, 42, 3-4では、カエサルは、敵が実際戦争に倦んでいるというのもありそうなことだと考え、どうあっても平和を妨げるものを作らないようにしようとした。彼らが戦い続けねばならないとしたら、若い王など、彼らの力の強化には無意味だった。したがって、カエサルが勝利後、クレオパトラにエジプトを引き渡すことも、それだけに一層正当化できたというのである。この第二の説明がより真実に近いものかどうかは、私にも分からない。

　とくにA. Klotz, Caesarstudien (1910), 180-204は、アウルス・ヒルティウスがB. Alex.を書いたという見解を支持する。彼に従うのはHolmes, Rom. Rep. III 483とO. Seel, Gnomon 9 (1933), 596ff. しかしSuet. Caes. 56, 1が、「アレクサンドリア、アフリカ、ヒスパニアの戦

争の著者は分からない」と言っているから、全く確実にヒルティウスだと言えるわけでもない。そういうわけで、著者の名前として確認できるものはなかったのである。ヒルティウスはb. G. praef. 2ではもちろん、『ガッリア戦記』第八巻以外に「最新の、ただし未完の（つまりコンメンタリイの）ものを、アレクサンドリアでの戦争のことから最後まで……カエサルの生涯の終わりまで書き終えて完成した」と言っている。また8では「アレクサンドリア戦役にもアフリカ戦役にも自分で参加できる幸運には、もはや恵まれませんでした。それでもこれらの戦争のことは部分的にはカエサルの談話から私は知ったのです。しかし、他の人からも新奇性の点でわれわれを魅了するような話も聞いておりますし、また別の人からは証拠をあげて述べたいことも聞いております」と言う。B. Afr. とB. Hisp. 両作品とも、文体上の理由でヒルティウス説が否定されるべきであるので、ルキウス・コルネリウス・バルブスへの献辞中の「完成した」とは、カエサルの作品をその死まで続ける意図を言い表わしたにすぎない。それはちょうどトゥキュディデスが、自分は作品をペロポネソス戦争の終わりまで書き記したと言っているものの（5, 26, 1）、事実はすでに四一一年で突然打ち切っているのとも軌を一にする（H. Pötter, Untersuchungen zum Bell. Al. u. B. Afr. Diss. Münster 1932, 6）。これに対して古典文献学者の判断では、ヒルティウスがB. Alex. をも書いたことは、『ガッリア戦記』第八巻と比較した上で、ありえることとされている。ヒルティウスは四三年四月二一日に執政官としてアントニウスに対する戦いに倒れたこと、四四年夏以降久しく病気だったことから（Cic. Phil. 1, 37. 7, 12. fam. 12, 22, 2）、計画した戦史を完成できなかったことは明らかである。『ガッリア戦記』第八巻は、彼が本営の記録を自由にできたことを示し、また前からすでにカエサルがその「コンメンタリイ」を書く際、彼がカエサルを援助したことを容易に想定させるものである。Cic. Att. 11, 14, 3. 20, 1から分かるのは、彼が四七年にシリアでカエサルに会ったこと、しかもそれが、明らかに当時ローマでの出来事について報告した人たちの一人としてだったことである（B. Alex. 65, 1）。次いで彼は、ファルナケスに対する戦役に参加したことであろう。このようにして、彼がB. Alex. の最後の部分（65-78）を自分の目で見て書いたというのもすこぶる蓋然性が高い。彼がB. G. 8. prae. 8でアレクサンドリアでの戦争についてのカエサルの口頭の報告を語っているのも、このように一緒にいた間の談話と考えることができよう。他の戦場については、彼は、カエサルに送られてきた報告を持っている。Att. 11, 20, 1によれば、ガイウス・トレボニウスの解放奴隷からキケロは、ヒルティウスのアンティオケイア滞在を聞いた（O. E. Schmidt, Briefwechsel. 231はこのようにとる）。トレボニウスは、ヒスパニア・ウルテリオルではクィントゥス・カッシウスの後任だった（B. Alex. 64, 2）。そこで解放奴隷が、その地の混乱が終わったことについての報告をもたらしたのであろう。B. Alex. 48-64の全叙述がこれに遡るという可能性もある。もちろんトレボニウスは、目撃証人の通知を採用したことであろう。

私にもそうでありそうに思えるのであるが、ヒルティウスをB. Alex. の筆者とるにしても、彼が他の戦争参加者を使ってカエサルの話を補わせたということを示すのは、23-24の章である。なお彼が忠実なカエサル派であることを示すのは、クレオパトラとの関係を黙して語らない点である。

(284) Joseph. b. Iud. 1, 187-192. Ant. Iud. 14, 127-136.

(285) B. Alex. 26-32. Cass. Dio 42, 41. 43. Plut. Caes. 49, 9. App. b. c. 2, 378. 戦闘の日付はFasti Caeret. CIL. I 1, S. 212 [Inscr. It. 13, 2, 66]. 三月二七日、すなわち「祝祭日、この日ガイウス・カエサル、アレクサンドリアの人に対する勝利のため」。Fasti Maff. CIL. I 1, S. 223 [Inscr. It. 74]. アレクサンドリア戦役の地図はKromayer-Veith, Schlachtenatlas Röm. Abt. Blatt 21.

(286) Cic. Att. 11, 17a, 3.

(287) Cic. Att. 11, 7, 3. Plut. Cat. min. 55-57. App. b. c. 2, 364-367. Cass. Dio 42, 13, 2-4. 57, 1-3. Lucan. 9, 19-949. B. Afr. 1, 4. 3, 2. 20, 2. 48, 1. 5.

(288) Cic. Att. 11, 10, 2（四七年一月一九日）. 14, 1. 15, 1. 17a, 3. 18, 1.

（289）Cass. Dio 42, 56, 3-5.

（290）B. Alex. 64. Vgl. B. Afr. 23, 3. Cass. Dio 42, 16, 2. 43, 29, 1-3.

（291）O. E. Schmidt, Briefwechsel. 211. Broughton, MRR. II 272. H. Andersen, Cass. Dio und Begründung des Principats (1938), 24. 本章注270参照。

（292）Cass. Dio 42, 21, 1. Cic. Phil. 2, 59.

（293）Cic. Att. 11, 7, 2. Phil. 2, 62. Cass. Dio 42, 27, 2. Plut. Ant. 8, 5.

（294）Cass. Dio 42, 20, 1. これがCic. Phil. 13, 32. CIL I² 604に言及されているヒルティウス法かどうかは論争がある。ヒルティウスは四八年に護民官だったに違いない（Broughton, MRR. II 285, 3）。法についてはCic. Att. 11, 9, 1（四七年一月三日）が言及している。O. E. Schmidt, Briefwechsel. 210は、これを四八年一二月一〇日に就任した護民官に帰したいようである。

（295）Cass. Dio 42, 20, 3. H. Andersen, a. O. 25-27. 彼は、ディオが決議のこのリストを年代記作家から取り出したのではなく、もとは元老院の記録に遡る特別な編纂物から取り出したのであるとするが、彼のテーゼ（16-23）が実証されるとは思えない（vgl. H. U. Instinsky, Gnomon 15, 583）。これに対しE. Hohl, Klio 32 (1939), 63, 71が、護民官の栄誉権についてのディオの全記述を認めようとしないのは正しくないように思う。

（296）Cass. Dio 42, 20.

（297）Cic. Phil. 2, 62-63. Cass. Dio 42, 27, 3-28, 4. 45, 28, 1-2. Plut. Ant. 9, 5-9. Plin. n. h. 8, 55.

（298）Cass. Dio 42, 29, 1-30, 2. Plut. Ant. 9, 1-4. B. Alex. 65, 1-2. Cic. Att. 11, 10, 2（四七年一月一九日）は、「それに加わるのが、ヒスパニアのこと、イタリアの〈人の〉離反、〈カエサルの〉軍団の力の弱さと同時にその古来の忠誠心のなさ、首都の収拾のつかない状態である」とする。12, 4. 14, 2. 15, 3. 23, 3. Phil. 6, 11. 10, 22. 11, 14. ドラベッラは自分で自分の負債が免除されるのを望んだ。護民官職を引き受けるためには、以前のクロディウスのように平民《プレブス》にならねばならなかった（Cass. Dio 42, 29, 1）。リウィアという女性の相続人として、その名前を採る［名前を変える］はずだったが、彼がそれを使用したかどうか（Cic. Att. 7, 8, 3）〈には疑問がある〉。Schmitthenner, Octavian und das Testament Caesars (1952), 47に反して、このことは「遺言による養子」の真なることを証明するものであろう。もちろんGai. inst. 1, 104によれば「女性はいかなる方法によっても養子を迎えること能わず」であった。Jörs-Kunkel, Röm. Privatr. 186, 3, 2. Dig. 1, 7, 38では「法によらずしてなされた養子縁組」に言及される。

（299）B. Alex. 42-47. なおCass. Dio 42, 11, 4-5は悪しき簡略化。

（300）B. Alex. 34-41. Cass. Dio 42, 9, 2-3. 45-46. App. Mithr. 591. Strab. 12, 547.

（301）App. b. c. 2, 378は、エジプト滞在を九カ月とする。Cic. Att. 11, 18, 1（六月一九日、ブルンディシウム）には「彼［カエサル］がアレクサンドリアを出たという噂はまだ全くない。逆に彼はまことのっぴきならない状態にあると思われている」とあり、25, 2（四七年七月五日）では「あまりはっきりしないが、彼［カエサル］がアレクサンドリアを発ったという噂があるが、それはまずスルピキウスの手紙から出ており、これはその後の報告のことごとくによって確認されているところです」とされる。大法律家セルウィウス・スルピキウス・ルフスは、Cic. Brut. 156によれば当時サモスに滞在していた。またAtt. 11, 20, 1によれば、トレボニウスの解放奴隷は、セレウケイア（セレウキア。アンティオケイア（アンティオキア）の外港）からブルンディシウムまで船旅で二八日かかった。これに従えば、カエサルは六月初旬に、シリアの港町の一つに上陸したことであろう（B. Alex. 66, 1. Jos. b. Iud. 1, 194）。O. E. Schmidt, Briefwechsel. 224. Holmes, Rom. Rep. III 509. カエサルをすでに四月一〇日頃アレクサンドリアから出帆させているのはH. Volkmann, Kleopatra, 70. ただしこれはキケロの陳述と一致しない。

（302）Suet. Caes. 52, 1. App. b. c. 2, 379. エジプトの凱旋式における兵士たちの風刺詩はCass. Dio 43, 20, 2.

（303）帝国［＝支配圏］内の不愉快極まりない事件については、カエサルが不十分にしか知らされていないことを、われわれは思い浮かべてみなければならない。B. Alex. 65, 1 によれば、彼はようやくシリアでローマの騒擾についての詳しい報告を受けたのである。四八年一〇月、戦争はまもなく終わるだろうという希望をもってブルンディシウムにきていたキケロ（Gelzer, RE 7A, 1004）は、四七年六月三日、全く絶望的な気持ちで書いている（Att. 11, 16, 1）。「というのはこれまでだれも、彼［カエサル］がこちらに来るとは思ってもいないし、アシアからやって来る人たちは、和平のことなど一言も聞いていないと言っている。しかしこの誤った道に私を導いたのは、和平の希望であった。とりわけアシアで見舞われた一撃、イッリュリクムでの一件、カッシウス事件［スペイン］、アレクサンドリアそのもの、首都（ウルプス）、イタリアでのことなど今となっては、私をしてこの希望をもっともなりと信じさせるものは、何もとくに見出せない。私としては、たとえ彼が〈イタリアに〉帰ってくるにしても――彼はまだ〈アレクサンドリアで〉戦争を継続していると言われているのだが――その帰還前に、仕事（アフリカからイタリアへの閥族派の上陸）は済んでしまうだろうと思う」と。六月一九日（Att. 11, 18, 1）には、キケロは「イタリアで戦争が行なわれるようになろうと、あるいは艦隊が用いられようと、とにかく私がここ（ブルンディシウム）にいるのはまことに具合が悪い。おそらくそのどちらも起こるだろう、というところか。いや、片方はきっと起こる」と記す。アッティクスはアントニウスに問い合わせねばならない。八月六日（Att. 11, 24, 5）にキケロはアッティクスに尋ねる。「〈この前の〉手紙ではアフリカでの仕事は片付けられると考えていると、あなたは書いておられるが、何故あなたがそう思われるか、知らせてくださることを望みます。というのは、いかなる理由でそれを可能と見てよいか、私にはとんと合点がいかないからです」と。アッティクスは、ローマにおけるカエサル派の楽観的な情報を根拠に、きっとキケロを慰めたかったのであろう。

八月一二日キケロは、アレクサンドリアで書かれたカエサルの手紙を受け取った（Lig. 7 では「昔の私と同じままであるように」というのだった。また fam. 14, 23［キケロの妻宛の手紙］には、「〈カエサルの手紙は〉全く礼儀正しい手紙であり、彼自身の見通しでは、人の予想しているより早くやってくるだろう、という話である」とされる）。O. E. Schmidt, Briefwechsel. 227 のまことに正確な推論では、これは、五月二八日にロドスに到着したキケロの［厳密には妻テレンティアの？］解放奴隷フィロティムスが携えてきた手紙であり（Att. 11, 23, 2）、またカエサルは五月二〇日頃それを書いた、と想定する（228）。八月一一日（fam. 14, 24）にキケロはさらに〈妻に宛てて〉報告した。「カエサルの到着についても、あるいはフィロティムスがその手に持っているという手紙についても、何ら確かな知らせは今のところ得ていない」と。

われわれがとくにキケロから受け取る印象は、アフリカの閥族派が、ファルサロス以来流れ去った年月の間（fam. 15, 15, 2. 八月にはガイウス・カッシウスに宛てて「内乱の間に挿入された一年。……アレクサンドリアの戦争のあの長いぐずつき」と書いている）にいかに強力になったかということである。事態がそうだったとすれば、カエサルにとって、エジプトをその手でしっかりと掌握した（Caes. b. c. 3, 106, 1）のは重要である。そればかりか、彼がどのような戦力を自由にできるか、いかにすればそれがもっとも有効に配置されるか、そのような点についても彼ははっきり分かったに違いなかった。アレクサンドリアでの人騒がせな戦いの後、彼の兵士には休養させて一息つかせる必要があった。カエサル自身はきっとナイルの遊行に休息を見つけたことであろう。彼にとってクレオパトラが何を意味したのだろうかという点を、O. Seel, Cicero (1953), 244-248 はうまく描き出すことができた。しかし政治上の文書のやりとりは、以前よりも活発だったに違いない――われわれにはキケロ宛書簡から分かるだけだが。そして、もしすべてが全く見当外れというわけではないとすれば、カエサルが『内乱記』を執筆したのはこの頃だった。それは、アフリカの閥族派に向かい、不幸な流血事件に関する責任は彼らにあると証拠を挙げているのである。本書第4章注392。

（304）B. Alex. 33, 1-2. Suet. Caes. 35, 1. Cass. Dio 42, 44, 1-4. 43, 19, 2. 51, 15, 4. App. b. c. 2, 378. Porphyr. FgrHist. 260, F 2, 16. Strab. 17, 796. Oros. 6, 16, 2. Hieron. Chron. z. J. 47 には、「カエサルはエジプトでは淫猥なる情愛のためにクレオパトラの王権を固めている」とある。同じく Eutrop. 6, 22, 3. v. ill. 86, 1.

（305）B. Alex. 33, 3-5. Suet. Caes. 76, 3. App. b. c. 3, 318. 4, 256. 263 によれば、四三年にエジプトには四個軍団がいたという。Holmes, Rom. Rep. III 503.

（306）Plut. Caes. 49, 10. Ant. 54, 6. 若いプトレマイオス除去後（Porph. FgrHist. 260. F 2, 16. Joseph. ant. 15, 89. c. Ap. 2, 58)、クレオパトラは四四年に彼を共同統治者にした（Cass. Dio 47, 31, 5)。四三年のテーバイの神官の決議の序言のなかには（Or. Gr. 194, 1)、そのような地位にある者として「プトレマイオス・カイサル・テオス・フィロパトル・フィロメトル」の名を挙げている。デモティック（民衆文字）の墓碑銘によれば、彼の誕生日は四七年六月二三日（Stähelin, RE 11, 754)。L. Ross Taylor, The divinity of the Roman Emperor (1931), 103-4. Volkmann, RE 23, 1760. カエサル（アウグストゥス）は、この人を三〇年に殺させた（Suet. Aug. 17, 5. Plut. Ant. 82, 1. Cass. Dio 51, 15, 5)。Volkmann, Kleopatra, 71. Gnomon 31 (1959), 178 が、次のことを強調するのは正しい。それは、Suet. Caes. 52, 2 によれば、アントニウスが元老院で、カエサルはその子を本当に自分の子であると認めたということである。そしてガイウス・マティウスやガイウス・オッピウス、その他のカエサルの友人たちもこれは知っている、とアントニウスは言ったことになっている。このことは、四四年にオクタウィアヌスとの論争の際に起こったに違いない。スエトニウスが付け加えるのは、オッピウスが一文を公表し、「クレオパトラが申し立てるのはカエサルの息子ではない」としたことである。四四年以降、オッピウスについて何の消息も聞かれないから、Münzer, RE 18, 734 は、オッピウスがちょうどそのとき、即座に、オクタウィアヌスのためにアントニウスの主張を否認したのかどうか、と考えている。しかし実は、このことはやはりようやく三二年に起こったことであろう。オクタウィアヌスが、Cic. Att. 14, 20, 2 も述べている私生児の存在（四四年五月一一日の「女王（クレオパトラ）について、それからあのカエサル［カエサリオンのこと］についてもそうであればと思う」という記述、おそらく〈上記の〉元老院でのアントニウスの報告の風刺）を、たいへん憎んだのは明らかである。また歴史記述において、カエサルが父親であるとされていることについての疑念のことごとくが、彼（オクタウィアヌス）に遡ることも明らかである。根拠付けがいかに難しいかは、ダマスコスのニコラオス（FgrHist. 90, F 130, 68）が、子供のないことを言明しているカエサルの遺書（30）を参照するよう命じていることからも分かるといえよう。W. Schmitthenner, Oktavian und das Testament Caesars (1952), 26［現在は増補・第二版（1973）がある］は、遺書のなかに、たまたま「父の死後産まれる子」(Gai. inst. 2, 130) のことが述べられているのを、苦心の末引き出した。ローマの遺言状では合法的な相続人としては（自権相続人。Gai. 3, 2. Jörs-Kunkel, Röm. Privatrecht. §196）正嫡の子孫しか考えられなかった（Schmitthenner, a. O. 16, 2. 63)。Schmitthenner (15) が〝現代の研究〟に対して異議を唱えている点も私には分からない。J. P. V. D. Baldson, Historia 7 (1958), 87 は、カエサルはユリアが生まれたのち生殖能力を失った、と考える。それでもリンゴネス族の人ユリウス・サビヌスは、後七〇年、曾祖母を通してカエサルの血を引いていることを自慢した（Tac. hist. 4, 55. 67. Cass. Dio 66, 3, 1. 16, 1)。ガッリアの凱旋式で兵士たちは歌った。「ローマの町のお方よ、奥方にご注意あれ。不貞の禿げ殿をお連れ申した」と（Suet. Caes. 51)。プトレマイオス・カイサルについては、Volkmann, RE 23, 1760. Suet. Caes. 52, 2 に、「何人かのギリシア人の書いたものによれば、事実この子は外見も動作もカエサルそっくりだった」とある。Holmes, Rom. Rep. III 506.

（307）Cic. Lig. 7. Deiot. 38.

（308）B. Alex. 65, 4 には、「彼は、ほとんどすべての重要な都市に滞在し、報酬を受けるべき値打ちのある人々や共同体のそれぞれに報酬を与え、古くからの係争事を調べさせて、裁定を下した。一方、王や専制君主や諸侯、つまり属州の隣人（属州の内部の主権者と属州の外の同盟者の区別をしているのは訂正する必要ない）が、ことごとく彼のもとに集まってきたが、彼はこれらを保護《イン・フィデム》下に入れた。それは彼らが、属州の安全・防衛を引き受けるという条件のもとに行なわれた。それから彼らを、自分およびローマ国民の忠実な友人として自由にした」とある。ヒルティウスは（注283をみよ）カエサルの「顧問会議」の一員だった（Joseph. ant. 14, 192）ために、カエサルのとる根本方針についての注解はことに重要である。65, 1には、「カエサルがもっとも重要と考えたのは、自分がやってきた属州や地方を立ち去る際、その地をきちんとした状態にして立ち去ることであった。そこで彼らも内紛に煩わされなくなり、法的な秩序［法律（具体的な法）と裁判手続き（法・権利・規範の展開にかかわるもの）］を受け入れ、外敵の恐怖を除くことができた」とあり、78, 1ではガラティア（ガッログラエキア）、ビテュニア、アシアで「これら全属州の係争事を調査させて、裁定を下した。そして領主（四分王）、王、都市にしかるべき特権を与えた」とある。カエサルが、メテッルス・スキピオ宛の手紙において（b. c. 3, 57, 4）「属州の平和、帝国の安寧」という言葉で言い表わしたこと（注191）を、ここで実現したのである。もちろん以前のポンペイウスのように、彼は、これまでのローマの政策の枠内に身を持していた。しかし彼の決定の迅速さと的確さは、閥族派的共和政の繁文縟礼《はんぶんじょくれい》ではもう何事も駄目だということを示した。

（309）Joseph. b. Iud. 1, 194-200. Ant. 14, 137. 143-144. 190-195には、布告［厳密にはデクレタ＝裁決］でもってヒュルカノスを承認することについて共同体シドンにあてたカエサルの書簡（192に顧問会議の見解＝議決で認めた）がある。202-206のカエサルの決定は――202には「法的に取り決めた（Caes. b. c. 3, 1, 2）」あるいは「取り仕切った」とあり、「調べさせて調停［決定］した（B. Alex. 65, 4）」とある。Cic. Att. 16, 16C, 11［流布本16, 16C, 2＝岩波版407C. には、調べさせ（審査し）……決定し、布告し、実行した（岩波版訳）］とある――、王家の収入に関するもの、ローマの政務官の干渉に対する安全保障とヨッペ（ヨッパ）人の所有するものに関するものである。Mommsen, R. G. V 501, 1は、ヒュルカノスがポンペイウスの課した貢税（Jos. ant. 14, 74）から自由になったとまで、このあまりきちんとは伝わっていないテクストを解釈しようとする。Otto, RE Suppl. 2, 55を参照。ローマの政務官の追加の要求の免除は、六八年の大テルメッソスのための民会議決のなかに見られるのと同じようなもの（Dessau, ILS. 38. II 7-18）。Jos. ant. 14, 196-198. 207-210の裁可し追加した元老院決議は、四六年のものであろう。城壁建設の布告［デクレタ＝裁決］（200-201）は、伝来の日付では四四年となっているが、144. 156によればすでに四七年に認可されている。

（310）Cass. Dio 42, 49, 4.

（311）Plin. n. h. 33, 134. Gelzer, RE. 13, 300.

（312）B. Alex. 66, 2.

（313）Cic. fam. 15, 15, 3. Phil. 2, 26では、［ガイウス・］カッシウスがすでに当時暗殺計画を立案していたというわれわれには理解しがたい陳述とともに。O. E. Schmidt, Briefwechsel. 225. 227.

（314）B. Alex. 67-69. 78, 3. Cic. Deiot. 13-14. 17-21. 24. Plut. Brut. 56, 4.

（315）B. Alex. 69, 2-71, 2. 70, 2「でもいつものような穏やかな口調で使節に注意した」。71, 2「この人の狡猾さを見抜き、他の場合でも当然そうするのが習いだったやり方を、どうしても当時の情勢上とるようにさせられた。すなわちいかなる人が予期しているよりも速やかに戦いをはじめたのである」。Cass. Dio 42, 47, 2-4.

（316）B. Alex. 72-76. Cass. Dio 42, 47, 5. Suet. Caes. 35, 2. App. b. c. 2, 381-383. Cass. Dio 42, 48, 1. 日付は八月二日（Fasti Am. CIL. I^2 S. 244）［Inscr. It. 13, 2, 190-1］。Holmes, Rom. Rep. III 511ff.

（317）Plut. Caes. 50, 3. C. Cichorius, Römische Studien (1922), 248は、マティウスの名前を復元した。ポントスの凱旋式では、勝利は、巧妙に作られた語句「来た、見た、勝った」で特色づけられた（Suet. Caes. 37, 2）。App. b. c. 2, 384. Suet. Caes. 35, 2.

（318）B. Alex. 77, 2–78, 3. Cass. Dio 42, 48, 3-4. ゼラでは六七年に、ルクッルスの副司令《レガトゥス》＝総督代理ガイウス・ウァレリウス・トリアリウスがひどい敗北を喫した（B. Alex. 72, 2）。Cass. Dio 42, 48, 2 が報告するように、カエサルがミトラダテスの戦勝記念碑を破壊させなかったのは、それが戦争の神に捧げられたものだったからであり、もっと大きな彼の記念碑によってその重要性の乏しいものにした（Strab. 12, 547. 13, 625）。App. Mithr. 596.

（319）デヨタロスに対する審理にはガラティアの他の四分王も告発者として登場して、デヨタロスは、法に反して自分たち四分王の土地を横領し、さらに元老院から小アルメニアの王と認められるまでになっている、と主張した（B. Alex. 67, 1. 78, 3. Cic. div. 1, 27. 2, 79. Strab. 12, 568）。以前からデヨタロスとは忠誠関係にあったので（B. Alex. 68, 1）［誤認を招きやすい表現、忠誠関係にあったとするのは五九年、カエサル執政官時代のことで（第3章注32）、その後の、このときまでの両者の関係は全く変わっている。もちろん、忠誠関係は持続するべきものとみなせば、「以前から」でよいが］、カエサルは彼に立腹した（Cic. Phil. 2, 94）。それでもブルトゥスがカエサルをずっと好意的な気持ちにさせるのに成功した。カエサルは後にブルトゥスについて言った。「彼が何を欲しているかはたいへんな問題なのだ。自分の欲することなら何でも、彼は強く欲するのだ」と。Cic. Att. 14, 1, 2. Brut. 11. 21. 156. 250. 330. Deiot. 14. Plut. Brut. 6, 7. Sen. dial. 12, 9, 4-6. Cass. Dio 42, 48, 3-4. アシアでは、カエサルはペルガモンに対して寛大な姿勢を示し（IGRR. IV 304. 306）、ビテュニアでは、財務官格のティトゥス・アンティスティウスにローマ帰還を認めてやった（Cic. fam. 13, 29, 4）。

（320）Cic. Att. 11, 20, 2. 21, 2. Plut. Cic. 39, 4. 日付は O. E. Schmidt, Briefwechsel. 226 が算定したもの。

（321）Plut. Cic. 39, 4-5. Gelzer, RE 7A, 1007/8.

（322）Cass. Dio 42, 30, 3-33, 1. Liv. per. 113.

（323）Cic. Phil. 2, 71. Plut. Ant. 10, 2. Caes. 51, 3.

（324）Cass. Dio 42, 33, 2-3. 51, 1-2. Suet. Caes. 38, 2. Cic. fam. 9, 18, 4. off. 2, 84.

（325）Cass. Dio 42, 50, 2-5. Corn. Nep. Att. 7, 3. B. Afr. 64, 2. Suet. Caes. 51 には「あなたはここローマで借りたお金を、ガッリアで蕩尽してしまった」とある。

（326）Cic. Phil. 2, 64-69. 71-73. 13, 10-11. Plut. Ant. 10, 3. Cass. Dio 45, 28, 3-4. 48, 38, 2. Suet. Caes. 50, 2. Macr. Sat. 2, 2, 5.

（327）Cic. Att. 11, 20, 2. 21, 2. 22, 2（四七年八月）. B. Afr. 19, 3. 28, 2. 54. App. b. c. 2, 386-387. Cass. Dio 42, 52, 1-2.

（328）App. b. c. 2, 388-396. Cass. Dio 42, 52, 1-55, 3. Plut. Caes. 51, 2. Suet. Caes. 38, 1. 70. Polyaen. 8, 23, 15. 謀反人に対してカエサルは容赦なかった（Suet. Caes. 67, 1）。「脱走兵と扇動分子は厳しく糾弾して処罰し、他の犯行には目をつぶっていた」とある。Cass. Dio 42, 55, 3. B. Afr. 28, 2. 46, 4. 54.

（329）Cass. Dio 42, 51, 3-5. 55, 4. 43, 1, 1-3. B. Afr. 28, 2 では、「ティティウスという名の〈二人の〉若いヒスパニア人、第五軍団の軍団将校。その父親をカエサルは元老院議員にしていたのだが」とする。

（330）Plut. Caes. 51, 1. 独裁官職については、U. Wilcken, Zur Entwicklung der röm. Diktatur, Abh. Berlin 1940, 1, 16–19. Broughton, MRR. II 284, 1. 本章注296をみよ。

（331）B. Afr. 1, 1. 5, 2. 1, 3. 10, 1. 34, 4. 53. 77, 3. Holmes, Rom. Rep. III 534.

（332）B. Afr. 1, 1. 3, 4-5. Plut. Caes. 52, 2.

（333）B. Afr. 3, 1. 戦場の地図は Holmes, Rom. Rep. 237. Kromayer-Veith, Schlachtenatlas Röm. Abt. Bl. 22.

（334）Suet. Caes. 59. Cass. Dio 42, 58. Plut. Caes. 52, 4-5. Plin. n. h. 7, 54. これに対してカエサルは、内臓を見て予言する人の警告を気にしないでアフリカに旅立った。こうした占いなど無視されるべきことを証明する例のなかで、キケロがこれを引用している（Cic. divin. 2, 52）。

（335）B. Afr. 3-18. App. b. c. 2, 398-400 は、カエサルが救われたのを彼の「幸運《フォルトゥナ》」に帰している。Cass. Dio 43, 2, 3-4 も同じ。Plut. Caes. 52, 6-9 は、アシニウス・ポッリオがカエサルのもとにいたこと、またこのような言い回しのどこが彼の歴史作品と推論できるか、を述べている。熱狂的なカエサル派に属するB. Afr. の作者は、10, 3-4 において、カエサルの確信が怯えた兵士たち（大抵が新召集兵）にどれだけの働きを示したかをありありと描き出す。「彼らは現在自分たちのおかれた状態になんの慰めも見出せなかったし、戦友と一緒に熟考してみても助けになることは考えられなかった。大将軍《インペラトル》自身の顔色、行動力、すばらしい快活さの他になんの助けもなかった。つまり彼は、全く高邁な精神を持ち、自信ありげな様子だったのである。彼のことを考えると兵士たちは再び心が落ち着き、彼らすべてが、彼の能力と見識のおかげでなにごとも容易にできるだろう、と希望をもてた」と。Val. Max. 3, 2, 19.

(336) B. Afr. 19-36.

(337) Liv. per. 114. Cass. Dio 47, 26, 3-27, 1. App. b. c. 3, 315. Joseph. b. Iud. 1, 216. ant. 14, 268. Cic. fam. 12, 18, 1. Deiot. 23. 25. Broughton, MRR. II 297 はクィントゥス・コルニフィキウス。Strab. 16, 753. カエキリウス・バッススは四三年までそのポストを維持した（Münzer, RE 3, 1199）。［第6章注163参照］

(338) Cass. Dio 41, 42, 7. 43, 3, 1-5. B. Afr. 25, 2-5. 36, 4. Sall. Cat. 21, 3. App. b. c. 4, 231-232.

(339) B. Afr. 8, 5. 57, 2-6.

(340) Cass. Dio 43, 5, 1-3.

(341) B. Afr. 26.

(342) B. Afr. 20, 4. 24, 3-4. 26, 5-6.

(343) B. Afr. 31, 2-6. 32, 3-4. 33, 1. 35, 2-6. 36, 2. 43. 51, 3. 52, 5. 56, 3. Cass. Dio 43, 4, 2.

(344) Cass. Dio 43, 5, 3-4. B. Afr. 44, 3 ではスキピオは、捕虜になったカエサル派の人たちに呼び掛ける。「彼は言った。私ははっきり知っている。おまえたちが決して自由意志ではなく、おまえたちのあの罪深い大将軍《インペラトル》に唆され、またその命令によって、同じ市民仲間とすべての真の良きやから［オプティムス、つまりボヌス（良き人士）の最上級。真の愛国者、と訳す人もいる］をこのような邪悪なやり方で追跡するように強要されていることを。今こそ、運命《フォルトゥナ》がおまえたちをわれわれの掌中のものにしてにくれたのだから、おまえたちがただその義務を果たし、あらゆる真に良きやから［真の愛国者］と一緒に国家《レス・プブリカ》を守るつもりならば、きっとおまえたちの命は助けてやるし、金銭の報酬を与えよう。だからこのことについてどう考えるか、今それを言ってくれたまえ」と。捕虜は、第二次輸送隊の二隻の船から出たものであり、船が嵐で押し流され、敵艦隊に拿捕されたのである。彼らを代表して第十四軍団の一人の百人隊長（五七年来ガッリアの軍隊にあった）が返答して、スキピオが戦争の法によって自分たちの生命を保証してくれているのに感謝した。しかしそれに続けて言う（45, 3）。「わが大将軍カエサル、私がそのもとで一隊を指揮したことのあるこの人に対して、また私がその栄誉《ディグニタス》と勝利のため三六年以上［異読。三十回以上］も戦ってきたその軍隊に、この私が敵対して武器を執って立ち向かわねばならないというのか？」と。そこでスキピオが、どのような軍勢と関わり合いを持たねばならぬかが分かるようにと、この百人隊長は自分および自分の一〇人の戦友に対して、〈スキピオの〉一個大隊全部を戦わせるよう懇願した。「そうすればわれわれの勇敢さによって、あなたは、自分の軍隊には一体どんなことを期待できるか、それがはっきりと分かるでしょう」と。スキピオは激怒し、古参兵をことごとく斬殺させ、新召集兵を自分の軍団に分配した。

(345) B. Afr. 8, 3. 34, 1-3. 37-47. Cass. Dio 43, 4-5.

(346) B. Afr. 48, 1-2. 53. Cass. Dio 43, 4, 6. App. b. c. 2, 401. ユバの軍隊の接近のためカエサル軍の間に生じた重苦しい気持ちについての報告（B. Afr. 48, 3）は、Suet. Caes. 66 で補足されている。カエサルは集会《コンティオ》で表明したといわれる。たしかに王はまもなく一〇個軍団、三万の騎兵、一〇万の〈援軍〉軽装兵、三〇〇頭の象を率いて到着するだろう、と。「だからそれ以上のことを詮索したり、憶測するのは止め、余の言葉を信用するが良い。余ははっきりと知っているのだから。さもなければ、余は信じない者をきっと一番のボロ船に乗せて、風のままに世界の果てにでも運ばれてゆけと命じてしまおうか」とした。そのようなわけでB. Afr. の作者は54で、二人の軍団将校と二人の百人隊長が一隻の船に乗せられて連れ去られたことを報告している。(vgl. 46, 4)。シキリアからの輸送・補給を頼りにしていたカエサルは、二年前のデュッラキオンにおけると同じような危険な状態にあったのである。というのは、敵は数の点で優った軍勢を握っていたのに加えて、精力的で戦争経験も豊かな軍指揮官ラビエヌス、アフラニウス、ペトレイウスまで擁していたからである。ローマでは（誤った）噂が流れていた。カエサルの副司令《レガトゥス》＝総督代理ルキウス・スタティウス・ムルクス (Dessau, ILS. 885) が航海の途中溺死し、アシニウス・ポッリオは捕虜になった (Cic. Att. 12, 2, 1)、と。小アジアでは、グナエウス・ドミティウス・カルウィヌス (B. Afr. 86, 3. 93, 1) も難破して沈んでしまった、といわれていた (Cic. Deiot. 25)。

(347) B. Afr. 49-78. Cass. Dio 43, 6.

(348) B. Afr. 79, 1. 彼はすでに以前、一回の輸送により四〇〇〇の正規軍団兵（これまで賜暇中または病気の連中）、四〇〇の騎兵、一〇〇〇の投石兵と弓兵を受け取っていた (77, 3)。

(349) B. Afr. 80-85. Cass. Dio 43, 7-9, 1. Plut. Caes. 53 はいささか疑わしい変わった書き方をしており、カエサルは癲癇性の発作のため戦闘の間中、櫓のなかに入っていなければならなかったという (§6)。Plut. Caes. 17, 2 は、他にもこうしたことが四九年にもコルドゥバで、60, 7 は、四四年にはローマで起こったと報告する。この最後の例は口実に使われたという。したがってこのようにして、兵士たちの度を越した乱暴狼藉ぶりにも説明が付けられるであろう。B. Afr. 85, 9 には、「かくしてスキピオ側の全兵士は、カエサルの保護《フィデス》を求めても、カエサル自身の面前で、またカエサルがこの人たちの助命を自分の兵士たちに懇願したにもかかわらず、一兵残らず皆殺しにされた」とあり、Suet. Caes. 45, 1 は、戦闘中二度の発作があったと述べる。戦死者は一万 (B. Afr. 86, 1)。五万説は Plut. Caes. 53, 4. 日付は Fasti Praen. CIL. I² S. 235 [Inscr. It. 13, 2, 126-7] では四月六日。Ovid. fast. 4, 379-383.

(350) B. Afr. 86, 3.

(351) B. Afr. 87-88. Cass. Dio 43, 10-11. Plut. Cat. min. 58, 13-72, 32. カトーの意見は 66, 2. Caes. 54, 1-2. Cic. Att. 12, 4, 2（四六年六月一三日）ではカトーは称賛されるべきだとし、「現在の状態をあらかじめ見通せたこと、そしてそうならないように努力したこと、もしそうなったらそれを見ないで済むようにむしろ自分の命を棄てたこと」が述べられる。注目に値する点は、B. Afr. の作者もカトーをただ尊敬の念で述べているだけだということであろう。22, 1-23, 1. 36, 1. 88, 5 に「ウティカの人たちは、党派的な理由から彼を憎みはしたけれども、彼独自の私利私欲のなさのため、そしてそのように他の軍指揮官とは全く異なっていたので、……彼らは〈葬儀を行なって〉この人を墓地にきちんと埋葬した」とある。App. b. c. 2, 406-412.

(352) B. Afr. 94-96. Cass. Dio 43, 12, 2. 29, 2. 30, 4. App. b. c. 2, 417. スキピオの自殺は Liv. per. 114. Val. Max. 3, 2, 13.

(353) B. Afr. 89 は、一二例の名前をあげ、§5ではそれに付け加えて、「彼［カエサル］の天性にふさわしく、主義主張にふさわしく」とする。後には「彼の習慣により」と。また 86, 2 では、カエサル自身が、「自分の寛大さ《レニタス》と情け深い処置《クレメンティア》（＝寛恕）を思い出させた」とする。また 88, 6 には「カエサルの寛恕」、92, 4 には「彼の寛大さ《レニタス》と情け深さ《クレメンティア》（＝寛恕「赦すこと」）について」とある。寛恕を期待できないのは、すでに一度許されたのに、再び敵方に奔った人だけだった。64, 1 には「この人が誓いを破り裏切ったので、カエサルは処刑するよう命じた」とある。Suet. Caes. 75, 3. Cass. Dio 43, 12, 2. この 43, 13, 2 と Plin. n. h. 7, 94 は、カエサルが、分捕ったメテッルス・スキピオの書簡を読まずに焼却させた、と報告している（かつてポンペイウスがセルトリウスの手紙をそうさせたように。Plut. Pomp. 20, 8)。さらに 13, 3 で言う。自分たちの方から願い出て、カエサルが赦してやった人はたくさんいたが、それは別として、やはり再びファルサロスの後のように (41, 62, 2. Suet. Caes. 75, 2)、彼の戦友や幕僚が、それぞれ一人ずつ——明らかに恩赦を望めない人について——赦免を頼むのを認めてやった、と。

(354) B. Afr. 89, 4-5 は恩赦しか述べていない。Cass. Dio 43, 12, 3 はもっと詳しく、カエサルは、この人の全く敵対的な姿勢のため法的な審理手続きを意図していたが、自分では死刑判決を言い渡さないで済むようにするために、すぐにそれを延期してしまい、結局この人をこっそりと殺させたとする。Suet. Caes. 75, 3 によれば、これはカエサルの同意で行なわれたのではなかった。しかしここでは、上述のような残忍さを口実に、明らかに殺人の弁解がなされているという。戦闘後のことの成り行き (B. Afr. 85, 7-9) からすれば、このことがカエサルの意思に反して起こったというのもありえることだったと思わせるものがある。というのも、この人の父親のルキウス・カエサルは五二年以降わがカエサルの副司令《レガトゥス》＝総督代理であり、四八年にはその甥、独裁官副官騎兵隊長《マギステル・エクイトゥム》マルクス・アントニウスによって一時的に「都市［首都］長官《プラエフェクトゥス・ウルビ》」に任命されたことがあるからである (Cass. Dio 42, 30, 1-2。独裁官 (カエサル) 暗殺後、この人は「国葬」に反対意見を表明したという (Lactan. inst. div. 1, 15, 30)。Münzer, RE 10, 474. キケロは、この話を五月末に聞いた (fam. 9, 7, 1. ウァッロ宛)。カエサル派の人たちに疑惑の念を起こさせないため、キケロは、戦争中はローマを離れようとはしなかった (Att. 12, 2, 2. fam. 9, 3, 1)。しかし、閥族派が勝ってもなんら良いことはもたらされないだろうという、鬱いだ気持ちだった (fam. 5, 21, 3. かつての彼の財務官メスキニウス宛)。「戦っている人たちの間では戦う理由にはたいへんな差があるかもしれないが、どちらが勝っても勝利という結末には、それほど大きな差があるとは思えない」と述べている。タプススの勝利後、キケロはウァッロに書いた (fam. 9, 2, 2)。「というのは、勝利に酔い痴れている人たちには、われわれが全く敗北者のように見えるでしょう。しかしわれわれの仲間 (閥族派) の敗北に心を痛めている人たちには、われわれがまだ生き残っているのに憤りを感じているのです」と。自分のよく知っているルキウス・カエサルの死が彼にはショックだったのである。キケロは辛辣に皮肉を飛ばしている (fam. 9, 7, 2)。「このように、今支配権を握っている人たちのところで一緒に食事するのを私はやめないでおります (Att. 12, 2, 2 によればとくにヒルティウスとバルブス)。私のなすべきことは一体どういうことなのでしょう？　ひとは時流に順応しなければならないのですから」と。もっとも本当のところは、ことは洒落の材料どころの話ではなかろう。

四八年にウァッロとデュッラキオンで一緒になったことのあるキケロ (Cic. divin. 2, 114. fam. 9, 6, 3) が、ローマから彼との通信連絡が再びとれたとき (fam. 9, 1)、ウァッロは自分の田舎の所領で悠々文筆の仕事に携わっていた。四九年にスペインで降伏したにもかかわらず (Caes. b. c. 2, 20, 8) その後再び東方に赴いた人、すなわちポンペイウスのかつての副司令《レガトゥス》＝総督代理としてのウァッロは、もちろんキケロよりも罪が重かった。そこでアントニウスは、彼の所領の一つをすでにわがものとしていた。しかしカエサルは、アレクサンドリアから手紙を出して、それを戻してやるよう彼に命じた (Cic. Phil. 2, 103-104)。H. Dahlmann, RE Suppl. 6, 1187. 1234 は、ウァッロが当時、彼の『神事に関する故事大全』をカエサルに奉呈したこと (Lact. inst. 1, 6, 7) を認めている。もちろんこれがすでに四七年に起こったとみる必要はない。ロギストリクス『ピウスあるいは平和について』に関しては、本章注190参照。

(355) B. Afr. 87, 3. 88, 5. 90. Plut. Cat. min. 58, 1.

(356) B. Afr. 97, 1. Cass. Dio 43, 9, 2-4. App. b. c. 2, 415. Ps. Cic. in Sall. 19. Suet. gramm. 15. Lactant. inst. 2, 12, 12. Symm. ep. 5, 68, 2. Macr. Sat. 3, 13, 9 には、「サッルスティウス、他の人の贅沢さをもっとも厳しく非難する者、監察官」とある。

(357) B. Afr. 97, 2-4.

(358) Cass. Dio 43, 14, 1. Dessau, ILS 1945. 5320.

(359) B. Afr. 98. Cic. fam. 9, 6, 1. 7, 2. O. E. Schmidt, Briefwechsel. 234.

第6章　勝利と破局

(1) このような才能がカエサルの作戦・用兵を特徴づけたばかりでない。すでに四九年末のほんのしばらくのローマ滞在が、その点を証明しているし、次いでシリア、小アジア、アフリカでそのために自分に与えられたわずか数週間の間に見せた数多くの裁決が、このことを証明する。さまざまな困難について、キケロは四六年九月にセルウィウス・スルピキウス・ルフスに宛てて言う（Cic. fam. 4, 4, 2）。「世の中はこんなにもひどく無秩序であり、混乱していますし、醜悪極まりないこの戦争によってすべてはこのようにひどく引っ繰り返されて、打ち崩されておりますし……」と。fam. 9, 17, 3も同様である。本書二二八頁以下も参照。用兵の迅速さは、Cic. Att. 7, 22, 1（四九年二月）では「信じられないほどの速さ！」とされ、また8, 9, 4［流布本8, 9a, 2＝岩波本Nr. 160］（四九年二月）では「この怪物は本当に恐るべきものだ。油断のない点、迅速な点、慎重な点で」、さらに8, 14, 1（四九年三月）では「しかしカエサルはそれ相当の速さで進軍したが、日当を上げることによって兵士たちの速度を速めるようにしているので、望んだ以上に早くブルンディシウムに到着するのではないかと私は心配している」、そして9, 18, 2（四九年三月）では「彼は全く油断なく、しかも大胆である」とされる。fam. 15, 15, 2（四七年八月）においては、キケロがファルサルスの後に想像したのは、「あたかも特別な運命によって決せられたかのようなあの大決戦の後には、勝利者は国家全体の安寧を、敗者は自分自身の安全を考えたかったことであろう。しかし、双方いずれの側にしても、それは勝利者［カエサル］のみせた迅速さにかかっているのだ、と私は思っていた」ということである。カエリウスのキケロ宛書簡（fam. 8, 15, 1. 四九年三月）では「一方、君は行動においてわれらのカエサルよりも熱烈な人のことを、あるいは勝利にあたり彼よりも節度ある人のことを、読んだり聞いたりしたことがありますか？」とされ、Att. 16, 10, 1（四四年一一月）ではアントニウスについて、「というのは、彼の移動のスピードはカエサル流の速さという噂である」とされる。精神力についてはHirtius, b. G. 8, praef. 6が、カエサルの『覚え書き（ガッリア戦記）』について「つまり世の人は知っています。いかにすばらしく、いかに完璧にそれを完成したかを。そして私も知っております。いかに無造作に、いかに迅速に成し遂げたかを」としている。Vell. 2, 41, 1には、「顔形はどのようなローマ市民をも抜きん出てすばらしく、人間としての内的な力の点でもすこぶる鋭く……戦争をするときの迅速さ、危難にあっての強靭な点、かのアレクサンドロス大王に匹敵している。もっとも素面《しらふ》で、自制心のあるときの大王に」とあり、2, 51, 1は、エペイロスへの渡航について「ガイウス・カエサルは、その迅速さと運命を利用して」とする。Plin. n. h. 7, 91には「人間としての内的な力［精神力］のもっとも顕著な例を、私は独裁官カエサルにみる。それでも私が今考えているのは、男らしさとか志操堅固さではなく、また天空のすべてを包摂する雄大さでもなく、生来の活力とあたかも炎のような翼を持つ迅速さである。彼は書いたり読んだりすること、そして口述したり聞いたりするのを同時にやるのが常だったとわれわれは聞いている。また実は重要な問題に関しては一度に四通もの手紙を書記に口述し、もしも他に何もしていなければ同時に七通も口述するのが習いだったという」とある。Fr. Münzer（Festschr. z. 49. Vers. deutsch. Phil. u. Schulm. Basel 1907, 256）は、ウエッレイウスは数多くの伝記的な諸節のために作品『偉人伝』を利用した、と想定している。同じことはプリニウスにも当てはまることであろう。史料として問題になる作家、すなわちその第一巻において言及される原作家のうちでは、ウァッロ、コルネリウス・ネポス、ポンポニウス・アッティクスなどがその例としてあらわれる。

（2）本書第5章注116と注191参照。

（3）このような結論は、Nik. Dam.（FgrHist. 90）では、カエサルが長い間ローマを留守にしたことから導き出される（F 130, 67）。カエサルは、政敵によって鼓舞された途方もない栄誉決議によって欺かれていた。「性格はあけっぴろげであり、外国への遠征によって政治上のテクニックには習熟していなかったから」とある。ヤコービの注釈（S. 264）によれば、『カエサル伝』はとりわけアウグストゥスの自伝（HRF. S. 252『自叙伝』。Suet. Aug. 85, 1によれば前二五年まで及ぶ）が基礎になっており、ニコラオスはそれをすでに前二〇年代に公表しえたのであろう。私に疑わしく思われるのは、シリアの著述家がラテン語の作品を直接取り扱えたかどうかという点である。そこで語学に通じた書記――そう推定せざるを得ない存在――が、やはりまだ他の点でも寄与できたと考えたい。カエサルの無邪気さ、政治的な経験のなさという判断を、このようなナイーヴなやり方でアウグストゥスからまとめ上げるのは困難なようである。しかしヒルティウスも（b. Alex. 24, 6)、心から献身的なカエサルの将校や兵士は彼の「あまりにもスケールの大きな人のよさに」驚いた、と証言している（本書第5章注283）。また彼が戦いに勝って以来、通常の都市ローマ的な政策をもう真剣には考えなかったという第二の観察は、核心を突いた点を含んでいる。

（4）カエサルの親友《ファミリアレス》「腹心とまで訳し切るべきか」として、Cic. fam. 6, 12, 2（四六年一一月）においてキケロに数え上げられている人たち。クルティウス・ポストゥムスは、おそらくラビリウスと同じ（F. Von der Mühll, RE 1A, 27. Münzer, RE 22, 896. 本書第5章注173）。Cic. Att. 10, 8, 6（四九年五月）には、「今彼はどのような仲間や部下を使ってやってゆかねばならないのか？ その誰一人として、二カ月間、父祖からの財産さえ管理できなかったというのに、彼らは属州を、いや彼らは国家《レス・プブリカ》を統治できるのか」とある。

（5）ファベリウスについてはApp. b. c. 3, 16. Vitruv. 7, 9, 2. Münzer, RE 6, 1736. Cic. fam. 13, 36, 1.

（6）Suet. Caes. 77では、法務官格の人ティトゥス・アンピウス・バルブスの書いたものから「国家《レス・プブリカ》なるものはない。それはただ名のみで、実体も外形もないのだ」とされる。キケロの書簡によれば（Cic. fam. 6, 12, 3)、カエサルは（とりわけパンサの取り成しで）おそらく四六年一一月に（O. E. Schmidt, Briefwechsel. 258）この人にローマ帰還を認めた。彼を「内乱のトランペット」「ゲルツァーはラッパでなくこの訳語をあてる。本書二三五頁」と呼んだカエサル派の他の人たちは、これに反対した。クリオ（Att. 10, 4, 9）やカエリウス（fam. 8, 16, 1）の言から分かるのは、いかにカエサルが腹心仲間の間ではその不機嫌さを、折に触れ、隠さないで口に出したか、またこのような発言がいかに広まったか、ということである。四九年三月二八日のキケロとの対話（Att. 9, 18, 3）も、「もしあなたの助言がもらえないならば、その場合には、私に可能な助言に従い、ひるまずにどこまでもやっていきたい」という〈カエサルの〉脅迫の言で終わった。右の「国家《レス・プブリカ》」についての言葉は、これを再建せよとの勧告を聞いて不機嫌になったからということができよう。

（7）Cic. re pub. 1, 70.

（8）本書第5章注161を参照。

（9）Caes. b. c. 1, 32, 7には、「あなたたちが恐怖の念でそれを回避しようとするのなら、私「カエサル」はもうあなたたちの厄介にならず、自分で国家《レス・プブリカ》の統治にあたりましょう」とある。

（10）Cic. re pub. 1, 31. 6, 12.

（11）Cic. Brut. 2. 4. 6-9. 12. 16. 21. 22. 157. 266. 324. 330-332. カエサルについては248-262. Gelzer, RE 7A, 1008f.

（12）Cic. fam. 4, 13, 2「ニギディウス・フィグルス宛書簡」には、「たしかに私個人はといえば、特別な不正な目にあったことなどありませんでしたし、この現在のような時勢にあっては、カエサルの方が自発的には私に与えてくれなかったことを望んだりもしなかったのです」とあり、その後に次のように言う。「なるほど私はカエサルその人の私に対する親切さを存分に享受し続けております。しかしそれとて、現状や時勢の万般のもつ、力とかその変転に打ち勝つといったほどのものではありません」と。さらに5では「まず第一にははっきり読み取れるように思えますのは、この件についてもっとも発言力のある人物、その人が完全にあなた「フィグルス」の救済「復権」を認める気になっているということです」とされる。カエサルは、自分が赦そうと欲しない場合もあるから、躊躇しているにすぎないという。6では、これまでキケロは、自分が「もっとも親しい友人」と良好な関係にあるとし、そこで「これまで私としては、恥ずかしくて、彼自身との交誼関係に入るのを避けてきたのですが、この関係に入れるかをそっと探ってみることにしましょう。そしてとにかくどんな道でもとってみましょう。そうすれば、われわれの望んでいるその目的地に私も到達できると思われるからです」と主張する。Hieron. chron. z. J. 45 には、「ニギディウス・フィグルス、ピュタゴラス派の人、魔術師は、追放中死す」とある。カエサルの「親友《ファミリアレス》」との好ましい関係については fam. 9, 16, 2（四六年七月）. 9, 16, 4 では、彼らはキケロの意見についてカエサルに報告している。「この日に起こった他の出来事［日報とまで訳す人もいるが］と一緒に報告された」と。9, 18, 1. 20, 3.

（13）Sall. epist. ad Caes. 1, 3, 1. 5, 1 には、「このように善と悪とを分かったのちは、あなたは真実への広々した大道を進み続けることになりましょう」［注35参照］とあるが、「善と悪」という言い方は Cic. Att. 10, 1, 4［流布本 10, 1a＝岩波本 Nr. 191］では、「というのは、悪人のなかで（カエサル側で）自由に政治家として活動するか、それとも、どうしても危険を承知で忠誠・善良《ボニ》な人と一緒に（ポンペイウス側で）行動するかだったのである」と述べられている。次の文章のなかでは、この人は「悪—悪人」の代わりに、彼［カエサル］にはずっとよく知られた「劣悪（不逞の輩《インプロビ》）」という語を使用する。［四八年末という日付は E. Wistrand, Eranos 60 (1962), 160–173 の意見である。かつてはタプススの勝利後の四六年の覚え書きととられていた。Wistrand は、とりわけ、ただポンペイウスがカエサルの敵と記されている点を、自分の説の根拠としている（ad Caes. 2, 7, 4, 1）。カエサルの支持者の堕落と貪欲さの性格付けについては、四九年春に、キケロがこの人たちを描いているのと一致しているという点が、これに付け加えられるべきであろう（Att. 9, 18, 2. 19, 1）。2, 5–7 では、法務官マルクス・カエリウス・ルフスのカエサルに対する四八年の蜂起に言及されていることが分かるであろう］（［ ］は英訳者の補遺）。

（14）Sall. ad Caes. 1, 2, 5–7. 4, 3–4. 彼らが信頼できないことは同じくカエリウスの書簡（違った評価付けをしている）をみよ（fam. 8, 17, 2）。

（15）Sall. ad Caes. 1, 7, 2–8. 3, 8, 6.

（16）Sall. ad Caes. 1, 6, 3.

（17）Sall. ad Caes. 1, 4, 3.

（18）本書二〇二頁以下を参照。L. R. Taylor, The Divinity of the Roman Emperor (1931) 60 は、若きカエサルの小アジア滞在を想起させ、彼がクレオパトラとのナイル旅行で、エジプト的な君主礼拝から受けたと思われる感銘を、鮮やかに描き出す（61/2）。

（19）Cass. Dio 43, 14. ディオ（43, 14, 4）は「彼らは彼を三年の〝風紀取り締まり役（Suet. Caes. 76, 1）〟と一〇年間の独裁官に選んだ」と言う。「風紀取り締まりのための長官」とするのは、Cic. fam. 9, 15, 5。これは民会での選挙を意味する（Lange, Röm. Alt. III 445 を参照）。したがってカエサルは、四六年には「第三次独裁官、第四次予定独裁官」だった（B. Hisp. 2, 1）。四四年に「終身独裁官」または「終身」（Cic. Phil. 2, 87 によれば四四年二月一五日）の称号を受けるまでは、自分では「第四次独裁官」と称していた。A. Alföldi, Studien über Caesars Monarchie, Bulletin de la Société Royale des Lettres de Lund 1953, 6, 16 は、ほぼ三月一日までとみるが、Taf. 2, 5 および 6 に描かれた貨幣が、王の印を付けたカエサルを示していることは、R. A. G. Carson, Gnomon 28 (1956), 182 によって否定されている。再びそれに対する反論が Alföldi, The Portrait of Caesar on the denarii of 44 B. C. (Centennial vol. of the American Numismatic Society 1958), 39–41. K. Kraft, Der goldene Kranz Caesars, Jahrbuch für Numismatik u. Geldgeschichte der Bayer. Numism. Ges. 3/4. Jahrgang 1952/3, 8. 66 は慎重である。

世界支配の象徴としての地球については Alföldi, Rh. M. 50 (1935), 37, 117ff. なお L. R. Taylor, The Divinity of the Roman Emperor, 64, 12 は、アテナイのプロスケニオン、〈舞台〉の〈壁の〉、地球の上のデメトリオス・ポリオルケテスを描いた絵に関して、デュリス（FgrHist. 76, 14）［＝Ath. 12, 50. p. 535E–536A］を想起している。65［原著は誤記か］, 13 ではテイラー女史は Serv. Dan. Verg. ecl. 9, 47 を根拠に、碑文がギリシア語で書かれたこと、カエサルがこのような表示に満足しなかったから、これを消させたことなどを推定する。Balsdon, Historia 7 (1958), 84 によれば、これはおそらく「聖なる」という表現。F. Taeger, Charisma II (1960), 60 は「おそらくギリシア語だろう」とする。

(20) ディオは、前の 42, 19, 4 で記したように、カエサルの受け取った栄誉だけしか自分は述べていないという (43, 14, 7)。

(21) Cass. Dio 43, 15, 2-18, 5 の演説には、常套句と並んで、たしかにカエサルの『内乱記』が示すような、同時代史料に基づく考えもいくらかは含まれている。内乱は神の定めた運命とみなされるべきであるというのは (43, 17, 4)、Cic. Lig. 17 にもある。「なにか運命的な災厄なるものが生じて、それがたまたま襲いかかれば何も見通せない人間の心など捉えてしまうように思われる。したがって、人間の意図など、神々の示す必然性によって打ち倒されても、だれも驚くにあたらないほどなのである」と。すでに 42, 49, 3-5 でも説明されているように、古参兵を満足させ、兵士に給料を支払うために多額の金が必要である (43, 18, 1-5) という声明も、伝統的なものとみなすことができよう。Plut. Caes. 55, 1 によれば、カエサルは、アフリカの現物税で穀物と油の供給が確実なものになったことを民衆の前で示している。

(22) Cic. fam. 6, 6, 10. セルウィウス・スルピキウスについては fam. 4, 3 をみよ。これは四六年はじめのものである (Münzer, RE 4A, 855)。それに加えて、彼宛の推薦状は fam. 13, 17-28a、ブルトゥス宛の推薦状は fam. 13, 10-14. Brut. 171. orat. 34. Plut. Brut. 6, 10. App. b. c. 2, 465.

(23) Cic. fam. 9, 16, 2. 4. 7. 18, 1. キケロがアフリカ戦役の間「共通の不幸［災難］」についても訴えた (fam. 4, 15, 1. 14, 1) としても、彼はそれでもカエサルの勝利によって、押さえ付けられるような圧力から解放されたと感じた。というのは、ポンペイウス派から期待できるのは、悪いものでしかなかったからである (fam. 9, 6, 3)。キケロは四九年一月のはじめの数日、妥協の助言をしたとき、すべてを正しく予見していたことに満悦だった (4, 14, 2)。ポンペイウスがキケロに嫉妬していなかったら、「彼［ポンペイウス］自身しごく結構な状態にあるばかりか、善良《ボニ》な連中もすべて安泰だったろう」(fam. 5, 21, 2)。またキケロは、ウァッロに対して書き、戦争の責任を閥族派に帰するまでになっている (fam. 9, 6, 2)。ウァッロに宛てて、「でも私は見てとっていたのです――もちろん、あなたはそのときローマにはおいでにならなかった［内乱勃発時はスペインにいた］が――、われわれの友人たちが戦争を望んでいることを。それなのに、カエサルはそれを望んでいたというよりも、むしろ恐れていなかったということを。したがって、ことはすべて自由に決められることであり、そうすれば、あとは何が起こるかは必然的なことだったのです。だから、こちらかあちらか、そのいずれか一方が勝つというのもまた、不可避なことだったのです」とする。古い友人マルクス・マリウスに〈キケロは〉「実際に起こったのはすべて、私の予言していたことです」(fam. 7, 3, 3) と言う。さらに「私の考えていることを洗い浚いあなたには知っておいてほしかったのです。まず第一に、国家全体《レス・プブリカ》よりも一個人が力を持つことなど、私が決して望んだことはないのを理解してもらいたいのです。またある人［ポンペイウス］の犯した過ちによって、一人の人［カエサル］が、だれも抗しえないような強大な力を握ったあとでも、私がいかに平和を望んだかを分かってほしい」(5) とされる。

　同じくキケロは、四六年八月（マルケッルスの恩赦前に）、アフリカでカエサルが命を助けてやった (B. Afr. 89, 2) クィントゥス・リガリウスに、なかなか好意的に帰還の見込みを描いてやった (fam. 6, 13, 2)。「カエサルはあなたにこれ以上厳しくは当たらないでしょう。なぜなら周囲の状況、時というもの、世論、それに私の見るところでは、彼本来の性向、これらすべてが日一日と彼の心を和らげつつあるからです」と。このようなことを「最も親しい友人」から聞いている。それ以上に信頼に足るのは、アウルス・カエキナ宛書簡（マルケッルス恩赦のすぐ後。fam. 6, 6, 5）であり、キケロは、カエサルともポンペイウスとも親しかった。ポンペイウスがキケロの忠告に従っていたならば、「もちろん彼［カエサル］は平和な市民生活でも輝かしい役割を果たし、第一人者《プリンケプス》［指導者］であり続けただろうが、今もっているほどの強大な権力はもっていないであろう」とある。かくしてカエサルが、このような法外な権力を獲得するまでになったのも、ただひとえにポンペイウスに責任があるということになる。四三年三月二〇日ですら、キケロはアントニウスの脅迫に直面して次のことを認めた

(Phil. 13, 2)。「もしポンペイウスがその極度の厳格さをわずかでも緩めたならば、またカエサルがたくさんある欲望を抑えたならば、安定した平和とある種の国家《レス・プブリカ》なるものをわれわれがもつのを許されたであろうに」と。また第二フィリッピカ演説（24）［四四年一一月末、未公刊］でキケロは主張する。ポンペイウスが——キケロの忠告したように——五五年にカエサルの「命令権《インペリウム》」を延長させず、五二年に執政官立候補の法を許さなかったならば、「われわれがこんな惨めな情況になってしまうことなどなかったであろうに」、そしてそれどころか、その後も「国家《レス・プブリカ》はなお存在しただろうに」と。キケロが書簡のなかでこの二つの助言について沈黙を守るのは、カエサルに対する忘恩の徒と思われたくなかったからである。「というのは、私には大恩のあるその人［カエサル］には、ポンペイウスがこれに従っていたならば……というような忠告を私がポンペイウスに与えた、とは思ってもらいたくはないのです……」(fam. 6, 6, 5［カエキナ宛］）と。カエサルの性格については、ただ善が期待されるべきである（8)。彼は「性穏やかで慈悲深い《クレメンス》」、また「あなたの才能と同じような彼の卓越した能力に、彼はすばらしい喜びを覚えている」と言う。カエサルの寛恕政策は真面目なものである（10)。「こういう点で私はカエサルの謹厳さ、厳正さ、叡知をいつも讃美しなければならない」と。Suet. Caes. 75, 5によれば、カエキナはカエサルに対して「非難・中傷の極みたる書物」を書いた。それでもキケロの判断に関しては、どのような気持ちで、またどのような政治的意図でそういう判断を下したのか、常に注意しなければならない。Phil. 2, 116で「寛恕《クレメンティア》の見せ掛けで敵を自分に縛り付けた」と言っても、「寛恕」が単なる〝見せ掛け〟ではないことを、キケロは実際には知っていたのである。それでも四四年五月四日［邦訳（岩波版）は五月三日］には、その口から次のような告白が漏れた（Att. 14, 17, 6)。「どういうわけかは分からないが、彼はいつも私に全く格別な思いやりをかけてくれた［辛抱強かった、とも訳される］のである」と。またPhil. 13, 18では、アントニウスと比較して「カエサルが天下を取っていたときでも、たとえ自由人としてではなくとも、私たちは少なくとも命の心配はなく元老院にやってくることができたのである」とキケロは言う。

（24）Cic. fam. 4, 7, 5.

（25）Cic. fam. 9, 10, 3. 15, 17, 2. 19, 3. 13, 8, 2. off. 2, 27. 29. 83. Phil. 2, 64. 103. 104. 8, 9.

（26）fam. 4, 8, 2では、「しかし私を信じてください。すべてを掌握しているこの人でも有能な人たちを大切に取り扱っているのですし、たしか周囲の事情や彼自身の立場の許すかぎり、高貴な生まれの人《ノビリタス》や威信ある高位《ディグニタテス》の人を彼は心から歓迎しているのです」［第5章注240参照］。キケロはすでにBrutus（250）でマルケッルスは、多方面の教養ある弁論家の理想とするに足る同時代人である、と言明していた。そして、その他では今は亡き人についてだけしかその特色を描き出さなかったが、この人の場合は、ちょうど自分自身やカエサルと同じような例外としていたわけである。だからこそ、社会的な地位、知的・道徳的姿勢の点で傑出したこの〝閥族派の人物〟を、自分の政治上の戦列に入れるというのが、とりわけ肝心なことだった。そのために、彼は勝者の「寛大さ《リベラリタス》」を軽蔑することができない（4, 9, 4)。キケロがカエサル擁護のためのきわめて理解のある言葉を認めているのは、注目に値するといえよう（4, 9, 2)。「なんとなればたしかにすべては、一人の人間の掌中に委ねられております。この人は、自分の仲間［友人、親しい人］の忠告さえ聞き入れないで、自分自身の声にしか耳を傾けないのです」とされるのである。このことはポンペイウスが勝っても変わりなかっただろう、否、それどころかもっと悪くなっただろう、彼は、戦争の最中でもいつも全くことに通じない助言者の言を聞いていたし、勝者としてもマルケッルスやキケロを呼び寄せようとしなかったであろう、と。fam. 4, 9, 3には「内乱では何事もすべてが惨めなものです。わが祖先はこんな経験なんか一度もしなかったのに。わが世代の者は、もう幾度もこんなことは経験しているのです。しかし、勝利そのものほど無残なものはありません。というのも、勝利がより優れた人たちの手に帰しても、この人たち自体を以前よりずっと横柄なもの、ずっと自制心の乏しい者にしてしまうからです。彼らが天性そうでないのに、必然的にそうなるようにさせられてしまうように。というのは、勝利者は、自分の意志に反しても、その勝利を助けてくれた人の意に沿うようにと、なにかと沢山のことをしなければならないからです」とある。カエサルはまさしくこういった影響力が入る余地を与えない一方、この言は再びポンペイウスを指すことになっている。もちろん数週間後に、キケロは手紙を書いている。九月二六日、氏神のウェヌスの神殿の奉献のお祝い（Fasti Pinc. CIL. I² S. 219. Cass. Dio 43, 22, 3. Wissowa, Rel. u. Kult. d. Röm. 292）のための催し物に感銘を受けて、クィントゥス・コルニフィキウス、すなわち当時たしかキリキアの法務官格の副官《クアエストル》（Broughton, MRR. II 297）だった人に書いたものである（fam. 12, 18, 2）。ローマの平和はこのようなものだ、と。そして「今あなたがここにおいでであるにしても、気に入らないことがたくさんおありになることでしょう。たしかにカエサルその人をすら不愉快にさせるものがあるのです。それは、内乱の結末などいつもこんなものであり、勝者の望むことが起こらないばかりか、勝利のため彼を助けた人たちの意に沿うようにしなければならないからです」と記す。Plut. Caes. 51, 4 を参照。またたしかにこれはサッルスティウスの覚え書きのテーマの一部でもある。

（27）五一年に彼と一緒に執政官だったセルウィウス・スルピキウス（本書一四六頁）宛書簡に描かれている（Cic. fam. 4, 4）。ここでは「この私［キケロ］の意図は、カエサルの心の広さ、元老院の義務感で打ち壊された」（4）としているし、キケロは、実際カエサルの驚くべき決定に全く圧倒されてしまった。もう一度、五一年のあの苦々しい出来事を想起し、次いで「突然、〈カエサルは〉予期に反して発言した。どんな悪い予兆があるにしても、自分としてはマルケッルスの件について元老院の要請を拒みたくない」（3）としている。〝悪しき予兆〟という限定付きの注意書きによって、明らかに、マルケッルスが赦されないまだという点に合点がゆく、と考えたのである。そういうわけでマルケッルスはキケロにも自分はただ友人としての好意に感謝している、と書いた（fam. 4, 11, 2）。「その他のことなど、時勢が時勢ですので、私としては容易に、平静に耐え忍ぶことができたのです」。そこでマルケッルスはやはり帰国を急がなかったのだが、その後、四五年五月二五日、旅の途中、アテナイで殺されてしまった（fam. 4, 12. セルウィウス・スルピキウスの報告。Att. 13, 10, 1. 3. 22, 2）。

（28）Cic. Marc. 7. 8. 12.

（29）Cic. Marc. 21-25 には、「天命の点でも、名声の点でも、私は十分すぎるほど長く生きた」とある。

（30）Cic. Marc. 26.

（31）Cic. Marc. 23 には、「法廷が整備され、信義が回復され、悪しき情欲が押さえ付けられ、子孫が増大・繁栄するようにされ、崩壊・消失してしまったものがすべて厳格な法で新たに一つに結び合わされねばならない」とあり、また 24 では、「この戦争の被害は、今こそことごとくあなたが癒すべきである。いやあなた以外のだれも回復できないのだ」、さらに 27 では、「というわけでこの部分がまだあなたに残っている。この仕事がまだ果たされていない。このことにあなたは力を尽くさなければならない。すなわち国家《レス・プブリカ》を秩序づけることである」とあり、そして 29 では、「この首都が、あなたの施策、あなたの処置をもってしてもしっかりしたものにならないならば……祖国《ウルブス》を安全なものにすることによって、あなたが内乱の火を消せないならば……」とされる。

（32）Suet. Caes. 86, 2 には、「何かがわが身に襲いかかったら、国家《レス・プブリカ》は平穏たり得ないだろう。いや、かつてない悪い状態になり内乱になってしまうだろう」とある。

（33）Suet. Caes. 77 には、「独裁官職を退いたスッラは、目に一丁字もない人物だったというべきだ」とある。注 6 参照。

（34）Cic. Marc. 21. Phil. 2, 74.

（35）キケロは亡き人に対してもその類いまれな天賦の才を認めた（Phil. 2, 116）。「彼のうちには、天賦の才、理性、記憶力、学問的教養、気配り、判断力、勤勉さがあった。たとえ国家《レス・プブリカ》には災厄しかもたらさないにしても、それでも彼は戦争で、偉大なことを成し遂げた。長年にわたり王たらんと大いに力を尽くし、大いなる危険を冒して、その考えていたことを成就した」とするのである。Phil. 5, 49 で、彼は「その天賦の才の力、それがカエサルにあっては最高のものであった」と言う。もちろん彼が考えたのは、カエサルは、親民衆的な政策のためにその天賦の才を消耗し、したがってもう元老院や「良き人々《ボニ》」と良好な関係を築きえず、そのために「自由な国民の矜持には耐えられないような自分の権力の増大を目指して、自分でその自分の道を切り開いたのである」ということである。それでもサッルスティウスは、ep. 1, 5, 1 で〈カエサルに〉勧告したとき、もっと深くことを見抜いていた。「このように善と悪を分かった後は、あなたは真実への広々した大道を進み続けることになりましょう」とするのであった。また『歴史』（1, 12）では彼は、党派の戦いのスローガンの仮面を剝いでいる。「善良な市民とか悪しき市民という呼称、それは国家《レス・プブリカ》に対する奉仕とはなんの関係もなく、すべて同じく腐敗堕落したものである。いちばん富裕であり、しかも無法さの点でも優っている人が、現存の秩序護持の立場にあったため、良き人《ボニ》とみなされたのであろう」と。

（36） App. b. c. 2, 395 によれば、カエサルは四七年に意見を表明した。自分は古参兵の植民には、「国有地」、さらに自分の土地を用立てるであろう、それで十分でなければ、土地を買い足すことにしよう、と。これに反して 2, 586 では、ブルトゥスの演説のなかで次のように主張される。カエサルはスッラのように損害賠償金を支払わなかった、と。また 591 では、カエサル暗殺者がこれを埋め合わせるだろう、とされる。古参兵の多くが当時生活の配慮を受けていなかったし、カエサルの死後の混乱にあたり、覇権をめぐる闘争において、一体だれが古参兵を獲得するかが焦眉の問題だったのである。すでに〈四四年〉三月一七日［カエサル暗殺の二日後］に元老院は、カエサルの職務行為の合法性を承認し、したがって古参兵への土地割り当ても認められた（Phil. 1, 6. 2, 100）。それに続く元老院決議は、カエサルがようやく計画しただけの規定に効力を生じさせることについては、執政官の裁量に委ねる、というのであった。六月三日、それは法によって承認された（Cic. Att. 16, 16c, 11［流布本 16, 16c, 2＝岩波本 407. なお 15, 31C, 11 とする刊本もある］）。すでに四月末、アントニウスはカンパニアに赴いた。この地方でカエサルがはじめた古参兵への土地割り当てを続けるためだった。H. Rudolph, Staat und Stadt im römischen Italien (1935), 200 は、カエリウスの言（Cic. fam. 8, 10, 4）を根拠に、カエサルが五九年にはじめた「カンパニアの土地」の分配が、五一年末にもまだ終わっていなかったことに注目し、そこで四六年には、たくさんの古参兵がそこで土地を得た、という意見を述べる（Nikol. Dam. F 130, 132. 138 によれば第七・第八軍団の古参兵。Suet. Caes. 81, 1）。キケロは、Phil. 2, 102 でカエサルの古参兵植民市としてカシリヌムに言及する（Att. 16, 8, 1. さらに App. b. c. 3, 165）。Nikol. Dam. F 130, 136 は同じくカラティアに言及する。それに加えてキケロは（Phil. 2, 102）、アントニウスがもっとたくさんの入植者でカシリヌムに新植民市を建設した、と主張する。六月には両執政官が一つの法で植民市建設の全権を委ねられた（Cic. Phil. 5, 10. Att. 15, 19, 2）。それにもかかわらず、四四年一〇月には、この古参兵の三〇〇〇が、ただちに若きカエサル（オクタウィアヌス）に従ってしまい（Att. 16, 8, 2. App. b. c. 3, 240）、結局それは一万になったという（App. b. c. 3, 165）。

四三年、アントニウスの法が無効と表明されたとき、古参兵の所有地は新しい法で承認された（Phil. 13, 31）。キケロはすでに一月一日、小カエサル（オクタウィアヌス）の命令で古参兵および軍団兵に報酬を与える提案をしているが（Phil. 5, 53）、そのなかで、古参兵については、「執政官のガイウス・パンサとアウルス・ヒルティウスは、彼らの意に適えば、その一人または両者は、古参兵が入植させられた植民市については、いかなる土地がユリウス法［大カエサルの五九年の法］に反して所有されているかを調査すべきである。そしてその土地を古参兵の間で分配すること。カンパニアの土地に関しては、別個の調査を行ない、その際、古参兵の利益が増すよう考慮すべきである」としている。このことから読み取れるのは、独裁官カエサルが五九年の法を基礎に、古参兵の配慮を行なったことである。今や「ユリウス法に反して」アントニウスによって植民市に入れられた古参兵たちは、その所有地を持ち続けねばならなかった。カエサルが「カンパニアの土地」（狭義の）に移住させた古参兵は、明らかにもっと優遇されたアントニウスの植民者と対等にさせられなければならなかった。軍団兵には、「つまり執政官のガイウス・パンサとアウルス・ヒルティウスは、彼らの意に適えば、その一人もしくは両名が、私有地に被害を加えないで分配できる土地を算定すべきである……」と約束されるのであった。

Cic. fam. 9, 17, 2（四六年八月）によれば、カエサルは「ウェイイの土地」や「カペナの土地」をも移民の目的で測量させた。liber coloniarum（Röm. Feldmesser. I 220）には、ウェイイについて「ユリウス法でその兵士たちに分与された土地」とある。同じくカペナについても「兵士が分配地を持ったところ」（216）とある。四五年には、エトルリアでクィントゥス・ウァレリウス・オルカが法務官格の副司令《レガトゥス・プロ・プラエトレ》［Broughton, MRR. は pro pr. agri. assig. とする］としての職務を果たしたが、キケロは、共同体ウォラテッラエに土地割譲を免ずるよう、この人に頼んでいる（fam. 13, 4）。すでに五九年にカエサルが、その土地所有権を侵害しなかったからというのであった。どうあっても、決定をカエサルその人に委ねたいのである。fam. 13, 5, 2では、キケロは、とくにその地の土地所有者ガイウス・クルティウスのため〈同じくオルカに〉頼んでいる。カエサルは、クルティウスを元老院議員にしていたからである。この人は財産がそのように土地分割の犠牲にされてしまえば、その後は元老院議員に留まっておれない。「カエサルの恩恵《ベネフィキウム》で元老院議員になっている人が、カエサルの命令で、分配されている土地から立ち退かねばならないとは、なんと矛盾したことでしょうか」とするのであった。同じ頃、キケロはガイウス・クルウィウス［ガッリア・キテリオルの土地分配の担当者］に向かい、ガッリア・キテリオルにあるカンパニアの都市アテッラの所有地のために訴えている（fam. 13, 7）が、レギオンの町が同じ場合〈土地収用を〉免除されていることを引き合いに出している。この場合も、カエサルその人が決断しなければならないのである。fam. 13, 8, 2では、キケロはマルクス・ルティリウスという人に、ガイウス・アルビニウスなる人物の土地を斟酌するように勧めているが、この人［アルビニウス］は、この土地をマルクス・ラベリウスという人物から現金支払いの代わりに引き取らねばならなかったのである。ラベリウスは政敵の財産の競売でこれを勝ち得ていたからである。これに加えてキケロは詳しく述べる。カエサルが、スッラの没収にあった財産に対する所有権を認めていたから、「カエサルその人が売却したその土地が分配されることになるならば」、それは不合理なことであろう、と。カエサルが私有地をその補償の支払いなしで古参兵に与えたことなど、ありえないように思われる。ファルサロスの後も、内乱を戦い続けていた政敵の財産でもって、法外な土地がカエサルの掌中に入ったことは確かであり、その多くは、私人に競売された。しかし、彼がこうした土地でもって、移民のために土地を譲らねばならなかった私有地の所有者にも、その償いをつけたというのも、たしかにありえることである（一一一年の農地法（Riccobono, FIR. 8, 21）で意図されていたように）。しかしこういった土地交換があまり好まれなかったのももちろんであった。本章注197参照。その上カエサルは、泥湿地の干拓によっても新しい農耕地を得ようと試み、それはキケロですら認めさせられたほどだった（Phil. 5, 7）。「カエサルは湿地を干拓しようと思ったのである（Cass. Dio 44, 5, 1）。ところが彼（マルクス・アントニウス）は、中庸の人ルキウス・アントニウス［弟］に、イタリアの全土での分配を委ねた」とある。Ed. Meyer, Caesars Mon. 407ff.［3Aufl. 413ff.］Fr. Vittinghoff, Röm. Kolonisation（Abh. Mainz 1951, 14）, 53.

（37）CIL. I^2 S, 322. 本章注26参照。

（38）Plin. n. h. 7, 92.

（39）Cass. Dio 43, 19, 4.

（40）Cic. Verr. II 5, 77では、「凱旋式を挙行する人は、そのため敵の首領を長く生かしておかなければならない。その人物［敵軍の将］を凱旋式の行列に引き出すことによって、ローマ国民がすばらしい見せ物と勝利の成果を味わえるからである。しかし〈凱旋式用の〉車が中央広場《フォルム》からカピトルの丘に向きを転じようとするとき、捕虜になった敵将が獄に入れられるよう命令される。勝利者の命令権《インペリウム》の終わるその同じ日に、敗者の生命にも終止符が打たれるのである」とされる。Gelzer, RE 8A, 1007. おそらく貨幣に刻まれたウェルキンゲトリクスの像は Sydenham, CRR. Nr. 952. 同じケルト人を拡大したのは、H. Kähler, Rom und seine Welt, T. 59. 本書第4章注266を見よ。

（41）App. b. c. 2, 420.

（42）Cic. Phil. 14, 23.

（43）B. Afr. 57, 2-6. 凱旋式は Suet. Caes. 37. Plut. Caes. 55, 2. App. b. c. 2, 418-419. Cass. Dio 43, 19.

（44）Cass. Dio 43, 20. Suet. Caes. 49, 3-4. 51. 80, 2. Plin. n. h. 19, 144. Hor. epist. 1, 1, 59. Isid. Etym. 9, 3, 4.

（45）Suet. Caes. 38, 1. App. b. c. 2, 422. Cass. Dio 43, 21, 3.

（46）Suet. Caes. 38, 1. 41, 3. Plut. Caes. 55, 5. Cass. Dio 43, 21, 3.

（47）Suet. Caes. 26, 2. 38, 2. 39, 1. Cass. Dio 43, 22, 3. 23, 4. Plut. Caes. 55, 4.

（48）App. b. c. 2, 423. Cass. Dio 43, 23, 3-4. 24, 1.

（49）Cass. Dio 43, 23, 5 は明らかに Suet. Caes. 39, 1 より詳しい。

（50）Cic. fam. 12, 18, 2. Macrob. Sat. 2, 7, 2-9. Suet. Caes. 39, 2. Sen. contr. 7, 3, 9.

（51）とくにパエトゥス宛書簡（fam. 9, 15, 3）。かつては国家の舵を取っていたキケロが、今は船底の水垢まみれになっている、とある。9, 26, 1. 3. 13, 77, 1. orat. 34-35. fam. 6, 7, 4.

（52）Cass. Dio 43, 24, 3-4. その前の 24, 1-2 に金銭の乱費に対する一般的な批判がある。18, 2 でディオ（伝承史料に基づいている）はカエサルに言わせている。兵士を満足させるため、また自分のこれまでの出費と負債を埋め合わせるのに、巨額の金がどうしても必要なのである、と。「神祇官長《ポンティフェクス・マクシムス》」というタイトルについては A. Alföldi, Stud. über Caesars Mon. 9. 35, 3. Taf. 9. 同じく「柄の曲がった杖＝卜鳥官の印《リトゥウス》」（Latte, RE 13, 805）を描いたのは、Taf. 2. 5 と Alföldi, The Portrait of Caesar, Taf. 1.

（53）Cass. Dio 43, 21, 1-2. なお、Cass. Dio 60, 23, 1 によればクラウディウスがそれを繰り返しても、Ed. Meyer, Caesars Mon. 383, 1［3Aufl. 388, 2］のように、ただ全く〝古来の慣習〟が問題だったとは思わない。むしろ一種の「儀式《スップリカティオ》」［宗教的な儀式または凱旋式の前の儀式、感謝祭、祈願祭］と考えたい（Wissowa, Rel. u. Kult. d. Röm. 424）。凱旋式における、禍を避けるための通常の慣習については Ehlers, RE 7A, 496. 507.

（54）Suet. Caes. 77. Cic. div. 2, 52. App. b. c. 2, 488. Polyaen. 8, 23, 32. 33.

（55）Cass. Dio 43, 22, 2. App. b. c. 2, 424. 日付は CIL. I^2 Fast. Arv. S. 215. Fast. Pinc. S. 219. 323. 330. C. Koch, RE 8A, 865.

（56）すでにカエサルはクレオパトラを再び故郷に戻していた、と Suet. Caes. 52, 1 が見なすのは正しくない。Cic. Att. 14, 8, 1. 20, 2. 15, 1, 5. 4, 4. 15, 2. 17, 2 によれば、彼女はまだ四四年四月までローマに滞在したからである。Cass. Dio 43, 27, 3 では、王と女王は、ローマ国民の〝友人で同盟者〟と認められた。51, 22, 3. App. b. c. 2, 424. Hieron. chron. z. J. 46. ディオは、その滞在が人の感情を害したことを述べる。それは G. Ferrero, Grandezza e Decad. di Roma II 470 が延々と描いている。キケロは、カエサルの死後に初めて女王のことに言及している。彼の憎悪は、個人的に会見したことからきているらしい。Att. 15, 15, 2 には、「ティベリス河の向こうの別邸にいたときの女王その人の傲慢さについては、大いなる憤りの気持ちなしには想起することはできない」とある。彼女がカエサルに宿命的な影響力を及ぼしたことは、J. H. Collins, Historia 4 (1955), 462ff. の推定するところ。

（57）Cic. Phil. 2, 116 には、「見せ物、記念建築物、施与、饗宴などにより、無知なる大衆を懐柔した。そして自分の仲間を報酬で、政敵を見せ掛けの寛大《クレメンティア》さで、自分に結びつけた」とある。13, 3 は、古参兵への「恩恵《ベネフィキア》」について。

（58）Suet. Caes. 41, 3. Plut. Caes. 55, 5-6. Liv. per. 115. App. b. c. 2, 425. Cass. Dio 43, 21, 4. 25, 2. vgl. Cic. Marc. 23では、「子孫が増大・繁栄するようにされ」という［注31参照］。

（59）Suet. Caes. 42, 3. Jos. ann. 14, 215では、ユダヤ人共同体の集会の権利が明文をもって承認されている。Vgl. Philon, leg. ad Gai. 312.

（60）Suet. Caes. 42, 1. F. Vittinghoff, Römische Kolonisation und Bürgerrechtspolitik, 1951 56.

（61）Suet. Caes. 42, 1. 四六年秋、キケロからパエトゥスに。古ローマ的な機知についての理解が消え失せてゆく、とある（Cic. fam. 9, 15, 2）。「わが首都《ウルブス》に外人の世界のものが滔々として流れ込んだのちは、――今ではもうアルプスの彼方の半ズボンをはいた民族［アルプスの彼方のガッリア人］によってそうなったので、もう古来の魅力など一かけらも見られなくなっているようだ」とされる。Cic. fam. 13, 36, 1.

（62）Suet. Caes. 42, 1.

（63）Suet. Caes. 42, 1.

（64）Suet. Caes. 43, 1-2. Cass. Dio 43, 25, 2. Cic. fam. 9, 15, 5. 26, 3. Att. 12, 13, 2. 35, 2. 36, 1. 13, 6, 1. 7, 1（四五年六月）にカエサルは、「自分がいない間に、自分の法も、ちょうどあの贅沢禁止令のように無視されてしまってはならない……」と書いている。Vgl. Marc. 23には、「情欲が押さえ付けられ……」とある。

（65）Suet. Caes. 41, 2. 42, 3. Cass. Dio 43, 25, 1. Cic. Marc. 23. Phil. 1, 19. 24. 5, 12-16. 13, 3.

（66）Cass. Dio 43, 25, 3. Cic. Phil. 1, 19. 24. 3, 38. 5, 7. 8, 28.

（67）Censor. de die nat. 20, 8-12. 21, 7. Macrob. Sat. 1, 14, 2-3. Plin. n. h. 18, 211. Solin. 1, 45. Suet. Caes. 40. Cass. Dio 43, 26. Plut. Caes. 59, 5-6. App. b. c. 2, 648. W. Sontheimer, RE 16, 61. ソシゲネスについてはA. Rehm, RE 3A, 1154. 18 (4), 1357. なおKlotz, RE 10, 266が、カエサルの作とされている『星辰論』を彼は自分で書いた、というのを疑っているのはたしかに正しい。B. Kübler の版（III 2 S. 150-168）のカエサル著作集に収められた証明と断片をみよ。プルタルコスは、カエサルの最善の改革にも不平を言う不満たっぷりの閥族派の、常軌を逸した様を示す特徴的なものとして、キケロの洒落を報告している。キケロは、明日は琴座の星が昇るだろう、という知人の注意に対して、答えて「そうさ。布告によってね」と言ったというのである［Plut. Caes. 59, 6］。

（68）Cic. Phil. 1, 18には、もし人がカエサルに尋ねるようなことがあっても、「彼が首都《ウルブス》ローマで一市民としてどう行動したか、その問いには、彼はたくさんのすばらしい法案を提出したと答えるであろう」とあり、1, 19には「兵員会で国民に提案したもの」、24には「法の提案ですこぶる誇らしく感じたが、それは、それによって国家の安寧が保たれると思った法、つまり属州に関するもの、法廷に関するものなのである」、2, 109には「カエサルの法、つまりすばらしいものを」とある。

（69）このなかにはすこぶる不完全な形で伝わっている史料があるが、それはユダヤの大祭司ヒュルカノスに関する記録である（Jos. ant. 14, 196ff.）。そのなかで確かなように思えるのは、14, 196-198. 207-210が元老院決議に属するもの、211-212は四四年二月九日のカエサルの提議に基づく元老院決議であること（221）、そしてその法的な有効性は四四年四月一一日に承認されたこと（219）などである。その内容は、カエサルの四七年の裁決（本書第5章注309）を確認したものである。ヨセフォスが引き起こした混乱を明白にしようとするEugen Täubler, Imperium Romanum（1913), 159-176の試みはうまくゆかなかった。とりわけトイブラーは、元老院決議（145-148）が一三四年のものだということ（Broughton, MRR. I 491. Bickermann, Gnomon 6, 360）が分からなかったのである（160）。

（70）注36で述べたように、四四年三月一七日のすぐ後に元老院決議が発せられたが、それは、カエサルの計画した処置が効力を発揮するよう両執政官の裁量に任せるものであった。そして六月三日には「カエサルの職務行為を確認するアントニウス法」が通った（Cic. Phil. 5, 10. Att. 16, 16A. 6. 16c, 11. App. b. c. 3, 81. Cass. Dio 44, 53, 2. 45, 23, 5)。執政官のドラベッラとアントニウスの提議に基づいて表明された四四年四月一一日の元老院決議が、これに属するものである（Jos. ant. 14,

219–222)。

(71) CIL. I^2 593. Dessau, ILS. 6085. Bruns, FIR.^{7} Nr. 18. Riccobono, FIR.^{2} Nr. 13. 南イタリアの共同体ヘラクレイア（ヘラクレア）出土のもので、青銅板の表面には四世紀のギリシア語碑文が刻まれているが、その背面にこの碑文がある。したがってこれは、タブラ・ヘラクレーンシスと呼ばれる。以前は誤って「自治市に関するユリウス法」というタイトルが付けられていた（ILS. 5406 と Dig. 50, 1〈表題〉にこの法が言及されているのを根拠に。Frg. Vat. 237. 243)。Cic. fam. 6, 18, 1. 13, 11, 3によれば、自治市の制度の根本原則を定めるカエサルの法は、四六年に取り決められている（Lange, Röm. Alt. III 449)。H. Rudolph, Stadt und Staat im römschen Italien (1935), 113–120. 217. なお tabula Heracleensis の正しい解明は A. v. Premerstein, Ztschr. Sav. 43 (1922), 45ff. それによるのは Kornemann, RE 16, 611ff.

(72) CIL. I 594. ILS. 6087. Bruns, FIR. Nr. 28. Riccobono, FIR. Nr. 21. Kornemann, RE 16, 613.

(73) Fritz Schulz, History of Roman Legal Science (1946), 12. 87–88. 96–97 は、私の知るところでは、ローマの政治家は、自分たちの提案した法律の条文を自分で作成するのではなく、自分たちの「書記《スクリバエ》」の熟練さにそれを委ねたということを初めて強調した。このことから説明がつくのが、現存の法にみられるペダンチックともいうべき古風なスタイルである。四四年六月三日の法でも次のように言われた。「カエサルが決定し、布告し（=裁決し）、決着を付けた（=実行した）これらの件」と（Cic. Att. 16, 16c, 11［流布本 16, 16C, 2=岩波本 Nr. 407C］)。Phil. 1, 18. 2, 109 には「自筆のメモ」、2, 35 には「覚え書きと自筆のメモ」、3, 30. 5, 11 には「覚え書き」とある。8, 26.

(74) Cic. fam. 9, 15, 3–4. 13, 77, 1. Cass. Dio 43, 27, 1.

(75) Cass. Dio 43, 47, 3. Cic. div. 2, 23. カエサルは「元老院、つまりその〈構成員の〉大部分が彼の選んだ〈人である〉元老院で」暗殺された、とある。off. 2, 29. fam. 6, 18, 1. Phil. 11, 4. 12. Macrob. Sat. 2, 3, 11. Gell. N. A. 15, 4, 3. Suet. Caes. 76, 3 には、「市民権を与えられた人、そのなかには半野蛮人のガッリア人もいたが、それが元老院に入るのを許した［以上が通常の訳だが、カエサルの行動半径を考えると、國原訳（ガッリア人に市民権を与えて……）の方が良いかもしれない］」80, 2.

(76) Suet. Caes. 72.

(77) Cass. Dio 43, 47, 4–6. サッルスティウスについては 43, 9, 3. Ps. Cic. in Sall. 19.

(78) Tab. Heracl. 94. 104. 113. 123. Cic. fam. 6, 18, 1.

(79) Cic. Phil. 5, 49.

(80) Cic. fam. 9, 15. 9, 26（二通ともにパエトゥス宛）. 6, 1（アウルス・マンリウス・トルクァトゥス（七〇年の法務官）宛）.

(81) Cic. fam. 6, 12, 3.

(82) Cic. fam. 6, 13. 14. Plut. Cic. 39, 6 によれば、キケロが登場したとき、カエサルは、「悪者でしかも政敵としてのリガリウスについての判定はもう決まっているのだから、もう一度キケロの喋るのを聞いてはいけないということもあるまい」と言ったという。キケロの前にガイウス・ウィビウス・パンサがこの人のために喋っている（Lig. 1. 7)。個人的な敵対関係（Caes. b. c. 1, 31, 3. Quintil. 11, 1, 80）から、恩赦を後方に押しやろうとしたクィントゥス・アエリウス・トゥベロ自身も、恩赦を受けた人に入っていた（Lig. 2. 8–10. 29)。キケロは、カエサルの寛恕《クレメンティア》(6. 10. 15. 19. 29. 30)、情け深さ《ミセルコルディア》(1. 15. 29. 37)、寛大さ《レニタス》(15)、人情味=人間性《フマニタス》(16. 29)、誠意=善行の心《ボニタス》(37) をすこぶる印象的に描き、次の言葉で締め括った (38)。「人間は、人間の生命を救うこと以上に他のいかなるものによっても神に接近することはできない。できるだけたくさんの人を救おうとする力ほど、あなたの運命を守るのにすばらしいものはなく、またそうしようという意志ほどあなたの天性を優れたものにするものはない」と。この場合、当然の前提とされているのは、カエサルが、自分の「運命《フォルトゥナ》」と「天性《ナトゥラ》」に言及されるのを喜んで聞いたことである。このようにして演説はやはり成功を収めた（Plut. Cic. 39, 7. Brut. 11, 1)。内乱に関しては、カエサルがただ「侮辱《コントゥメリア》」から身を護るために武器を執ったにすぎないことを、キケロは是認した。「あなたの無敵の軍隊は、自分の権利とあなたの威信《ディグニタス》を護るため以外のどんな目的をもっていただろうか？」と(Lig. 18)。しかし、キケロはあえて次のようにも言っている（19）。「指導者たち《プリンキペス》［第一人者たち］の威信《ディグニタス》はほとんど同じだったが、これに従ってきた連中の威信は多分同じとは言えないようであった」と。したがって彼は、率直にポンペイウス派の人たちのためもっと大きな「威信」を要求したのである。このようにして内乱は「宿命的な災厄みたいなもの」であり、ただ「人間の意図は神的な必然性によって」打ち負かされたのである（17）。だから今「やはり神が助力を加えた」方をなによりも優れた方とみなすべきであるし、「たしかにあなたの寛恕《クレメンティア》ぶりが広く知られているからには、戦った人以外に〈勝利の代償に〉倒れるはずのなかったその勝利を正しいと認めない者は一体だれなのか？」（19）。カエサルの意見が示しているように、彼は、こういった「寛恕の懇願」の持つ修辞（Quintil. 5, 13, 5）を正しく評価できたのである。しかし中央広場《フォルム》の公衆の前で喋られれば（Lig. 37）、それもやはり願ったりのことのように思えたのであろう。

（83）Cass. Dio 43, 29, 2.

（84）Cass. Dio 43, 14, 2. 日付はB. Afr. 98, 2.

（85）Cass. Dio 43, 29, 3-30, 5. B. Hisp. 7, 4. 四五年はじめ、キケロはカエサルの報告、すなわちポンペイウスが一一個軍団を掌握していることを知っていた（fam. 6, 18, 2）。

（86）Cass. Dio 43, 31, 3.

（87）B. Hisp. 2, 2. Cass. Dio 43, 28, 1. 31, 1. Strab. 3, 160. W. Aly, Strabon v. Apameia (1957), 119.

（88）カエサルは四五年一月一日からはいかなる存在であったか。Plut. Caes. 56, 1では、四度目の予定執政官、App. b. c. 2, 426では四度目の執政官とある。B. Hisp. 2, 1は「三度目の独裁官、四度目の予定独裁官」（注19参照）。四六年以降、年々の独裁官職の任期が四月から次の四月までであったとの推定は、たぶん正しいであろう。Broughton, MRR. II 305. スペインに行きたいというキケロの息子の望み（Att. 12, 7, 1）は、O. E. Schmidt, Briefwechsel. 262によれば、カエサルが四六年には出発していたことを意味する。

（89）B. Hisp. 23, 3. 30, 7. 31, 4. B. Afr. 1, 5. Suet. Caes. 24, 2. Plin. n. h. 11, 121. Cic. Phil. 1, 20. Holmes, Rom. Rep. III 542.

（90）Suet. Caes. 76, 2.

（91）Cass. Dio 43, 33, 1. Fast. Cap. z. J. 45. CIL. I^2, 1 S. 20［Inscr. It. 13, 1, 56-7. 45年］.

（92）Suet. Caes. 76, 2には、「彼らが、カエサルの不在の間、首都の行政を担当した」とある。Cass. Dio 43, 28, 2. 48, 1-2. Lange, Röm. Alt. III 459は、Cass. Dio 43, 14, 5により、彼に与えられた全権を、このような特別な政務官を任命できる権利と解釈した。つまり非プレブス系の政務官を任命するという、あのもうすでに四八年に授けられた権利をはるかに越えるものだったのである（Cass. Dio 42, 20, 4）。

（93）Fast. Cap.［注91。同僚なしの単独執政官」。Fast. Amer. S. 63. Colot. S. 64. Cass. Dio 43, 33, 1. Eutrop. 6, 24の「自分を執政官にした」は不正確だろう。Att. 12, 8でキケロは問う。カエサルが四五年の立候補者に関してどうしようとしたがっているかについて、〝茴香《ういきょう》の原〟それともマルスの原でその任命を目論んでいるのかどうかについて、アッティクスの親戚クィントゥス・ピリウス・ケレル（Münzer, RE 20, 1326）が、なにか知っているかどうか、と。〝茴香《ういきょう》の原〟とは、Strab. 3, 160によれば、ヒスパニア・キテリオルのエンポリアエの背後にあった。これについては、Aly, a. O. 121. この書簡の日付をAtt. 12, 7より数日後とするO. E. Schmidt, Briefwechsel. 262-263はおそらく正しいと思う。このことから推論できるのは、八人の「都市（首都）長官《プラエフェクティ・ウルビ》」もまた、カエサルの出立後ようやく任命されたということであろう。

（94）Cic. fam. 6, 8, 1. 18, 1. Tac. ann. 12, 60, 4.

（95）Oros. 6, 16, 6. Strab. 3, 160. App. b. c. 2, 429. Aly, o. A. 119は、ローマからオブルコまでの距離は大雑把に計算して二四〇〇キロ、したがって毎日約九〇キロ進んだ、と述べている。Cass. Dio 43, 32, 1.

(96) Suet. Caes. 56, 5.
(97) B. Alex. 61, 2. 63, 1. B. Hisp. 3, 3.
(98) Cass. Dio 43, 32, 2-7. B. Hisp. 3, 1-6, 1. 戦場の地図は Kromayer-Veith, Schlachtenatlas Röm. Abt. Bl. 23. Holmes, Rom. Rep. III (p. 299 の前面).
(99) Cass. Dio 43, 33, 2-35, 2. B. Hisp. 6-19. Frontin. 3, 14, 1. Val. Max. 9, 2, 4.
(100) B. Hisp. 23-27, 2. 分捕られた、共同体ウルソ宛のグナエウス・ポンペイウスの手紙については 26, 3-6 をみよ。ソリカリアおよびその他の場所については Holmes, Rom. Rep. III 543.
(101) B. Hisp. 28, 1. 31, 8.
(102) B. Hisp. 7, 5. 30, 1.
(103) Plut. Caes. 56, 2. 4. Vell. 2, 55, 3. App. b. c. 2, 432-433. Suet. Caes. 36. Flor. 2, 13, 82-83. Polyaen. 8, 23, 16. Cass. Dio 43, 37, 4-5 にはカエサルの言葉はない。Frontin. 2, 8, 13. Eutrop. 6, 24.
(104) 戦闘の最終の局面の叙述は不十分である。B. Hisp. 30, 7. 31, 5 により、騎兵の攻撃はカエサルの左翼から始まった、と私はとりたい。Cass. Dio 43, 38, 2-3 と Flor. 2, 13, 83 は同じ史料（たぶんリウィウス）に遡るようであるが、さまざまな修辞上の切り詰めがある。Holmes, Rom. Rep. III 551. Veith, a. O. 地図の説明は 4. S. 115.
(105) B. Hisp. 31, 9. Plut. Caes. 56, 3. Oros. 6, 16, 8.
(106) B. Hisp. 32, 1-4. 34, 6. 41. Cass. Dio 43, 39, 4. Flor. 2, 13, 85. Oros. 6, 16, 9 (誤って).
(107) B. Hisp. 32, 4-39, 3. Cass. Dio 43, 39, 1-4. App. b. c. 2, 434-439. Plut. Caes. 56, 6. Flor. 2, 13, 86.
(108) これについては Fr. Vittinghoff, Röm. Kol. 72-73 をみよ。スペインからの正規軍団兵は Caes. b. c. 1, 85, 6. 86, 3. 2, 19. 3. 20, 4. B. Alex. 53, 5. 56, 4. B. Hisp. 3, 4. 7, 4. 10, 3 をみよ。
(109) Plin. n. h. 3, 11. Isid. Etym. 15, 1, 71. Strab. 3, 141. ILS. 6920. Vittinghoff, a. O. 74, 4-6.
(110) Plin. n. h. 3, 12.
(111) Plin. n. h. 3, 10. Vittinghoff, a. O. 75, 1.
(112) Plin. n. h. 3, 12. ILS 5972. Vittinghoff, a. O. 75, 2.
(113) Plin. n. h. 3, 12. Vittinghoff, a. O. 74, 8.
(114) Plin. n. h. 3, 11. Vittinghoff, a. O. 74, 7.
(115) Plin. n. h. 3, 11. ILS. 6920. Hübner, RE 2, 1579 によればむしろ自治市。Vittinghoff, a. O. 76, 7.
(116) 「古ラテン市の特権を持つ町の住民カストゥロネンセス［カストゥロの人たち］はカエサリイ・ユウェナレスとも呼ばれた」(Plin. n. h. 3, 25)。Hübner, RE 3, 1779.
(117) Hübner, RE 3, 1625. Vittinghoff, a. O. 79, 4.
(118) ILS. 1952. 6956. Schulten, RE 4A, 2399. Vittinghoff, a. O. 79, 10.
(119) Liv. 34, 9, 3. Vittinghoff, a. O. 80, 2.
(120) Plin. n. h. 4, 117. Schulten, RE 17, 2482. Vittinghoff, a. O. 78, 2.
(121) Plin. n. h. 4, 117. Vittinghoff, a. O. 77.
(122) ILS. 6087 c. 104. 106. 125.
(123) c. 71.
(124) c. 105.
(125) ILS. 5320. 1945.
(126) ILS. 1945.
(127) Strab. 8, 381. Krinogoras, Anthol. Gr. 9, 284. Vittinghoff, a. O. 86.
(128) c. 98. 103. このようにして前四年にアウグストゥスが建てた植民市ベリュトゥスは、シリアの総督ウァルスに一五〇〇人を提供した (Jos. b. Iud. 2, 67. ant. 17, 287)
(129) Cass. Dio 43, 39, 4-5. 42, 49, 2.
(130) Suet. Tib. 4, 1. Plin. n. h. 3, 32. 36. ILS. 6965. Gössler, RE Suppl. 7, 530. Vittinghoff, a. O. 66, 4.
(131) Cic. fam. 10, 15, 3. 17, 1. Plin. n. h. 3, 35.
(132) Plin. n. h. 3, 36-37. Strab. 4, 187. カエサルが授けた特権の数は不確か。O. Hirschfeld, Kl. Schr. 53. Vittinghoff, a. O. 65, 1.

(133) Plin. n. h. 3, 34. 37. Strab. 4, 181. 203. Hirschfeld, Kl. Schr. 55. 66.
(134) Cic. Phil. 2, 34. Plut. Ant. 11, 2. 13, 2.
(135) 注34参照。
(136) キケロは、四三年一月一日 (Phil. 5, 49) に「でもガイウス・カエサル――私の言うのは父親の方だが――も、若い頃、元老院とか貴顕の士《オプティミ》［ボヌス（善良な、良き輩、誠実・良識の士、高貴な人）の最上級からきた表現。もっとも良き輩、貴族中の貴族］のだれとも本当に親愛になっていたならばよかったのに！ だが彼はそのとき、そうしようとするのを怠ったために、彼としてはたっぷりと持ち合わせていた天賦の才のことごとくを、民衆の揺れ動くご機嫌を取るのに使い果たしてしまった。このようにして、元老院や良き人士《ボニ》を尊重することができず、自由な国民の衿持《ウィルトゥス》［剛毅さ、優れた倫理性］には耐えられそうにもないようにまで自分の力の増大を目指して自分で自分の道を切り開いたのである」と言う。fam. 4, 6, 2. 5, 15, 4. 6, 1, 1. 3, 4. 4, 4. 21, 3. 9, 16, 3. Att. 12, 23, 1. 28, 2. orat. 35 には、「ご時勢が美徳《ウィルトゥス》［尚武の美徳、優れた倫理性］をかくも敵視している」とある。
(137) Cic. fam. 4, 5, 2-3. 6.［本文はかなり自由なゲルツァー訳］
(138) Cic. fam. 6, 21, 1.
(139) Cic. fam. 5, 13, 3. 14, 1. 6, 1, 2. 6. 2, 2. 4, 1-2.
(140) fam. 15, 19, 4. なお fam. 6, 4, 1［キケロからアウルス・トルクァトゥス宛］を参照せよ。そこには、「片方の人については、われわれはたしかにすでに今は経験によってある程度知ることができています。しかしもう一方の人物に関しては、武器をとっている勝者としての立腹がいかに恐ろしいものになるかを、考えてみないような人はいないのです」とある。キケロは、すでに四八年にケルキュラ（コルキュラ）で、ポンペイウス［大ポンペイウスの長男］から殺すぞという脅迫を受けた。それは、戦争から身を避けていたためであった (Plut. Cic. 39, 2. Cat. min. 55, 6)。
(141) Cic. orat. 35.
(142) Cic. off. 1, 112. Plut. Cat. min. 66, 2.
(143) Cic. Phil. 13, 30 には、「徳性の点で全民族中最高の者《プリンケプス》」とある。Macrob. Sat. 6, 2, 33.
(144) Cic. re p. 2, 51 では僭主＝専制君主に対立するのが、「正直《ボヌス》で賢明、市民の実際の利害と尊厳《ディグニタス》さを護ることを心得ている人、言うなれば国家《レス・プブリカ》［公共体としての国家］の守り手で保護者である。つまり、これは市民団＝国家の指揮者、舵手たる人に与えられるにふさわしい呼び名なのである。あなたたちはこのような人を見分けられるようにしてほしい。その人こそ思慮と努力によって国家を守ることができる人なのである」とされる。Gelzer, RE 7A, 974-975 参照。
(145) Suet. Caes. 56, 5. H. Drexler, Hermes 70 (1935), 203.
(146) Cic. Att. 12, 40, 1. 41, 4. 44, 1. 45, 2. 48.
(147) Plut. Caes. 3, 4. Cic. 39, 5. Drexler, a. O. 203. App. b. c. 2, 414. Cass. Dio 43, 13, 4.
(148) Cic. top. 94 には、「カエサルは、わがカトーに対して、あまりにも慎しみなく……」とある。
(149) Plut. Cat. min. 11, 7. 36, 4-5. 52, 5-7 (それに対する返答として Lucan. 2, 326-391). 54, 1-2. Gell. N. A. 4, 16, 8. Plin. ep. 3, 12, 2-3. その他の証拠は ed. Kübler, III145-148.
(150) すでに B. Afr. の著者は、カトーを「きわめて威厳のある人物」(23, 1) と呼び、政治的にカエサルに与しているウティカの市民たちが、葬儀の形で彼に敬意を表したことを報告する (88, 5)。「彼独自の私心のなさのために、また彼が他の将軍とは全く異なっていたので」と。次いで Sall. Cat. 53, 6ff. は、カエサルとの有名な比較のなかで、この人を「美徳《ウィルトゥス》」の代表者とした。54, 1f. には、「気宇の広大さでは匹敵し、名声《グロリア》はその種類を異にするものの、またあい同じ、カエサルは恩恵と物惜しみしない寛大さで、カトーはその生活の清廉潔白さで偉大であると見られた」とある。Liv. frg. 55 (ed. Weissenborn-Müller, Hieron. prol. libri II in Hoseam から［Loeb ed. 45］) は、キケロおよびカエサルのカトー論について「彼［カトー］の名声は、人が称賛することによって助けられているのではなく、また人が非難することによって傷つけられるというような代物ではなかった。両者［キケロとカエサル］が最高の天賦の才を付与されている人であっても」とし、Hor. c. 1, 12, 35は「カトーの高貴なる死」、2, 1, 23は「カトーの峻厳なる精神を除き、全世界は征服された」、Vell. 2, 35, 2は「この人は徳性の似姿そのものであり、その天稟はあらゆる点で人間よりも神に等しかった」、Val. Max. 2, 10, 8は「しかし徳性はあらゆる点で完成していた。たしかにだれか神々しく優れた市民を示さねばならないようにさせられたら、カトーの名前を挙げてそう断言することになろう」とする。ルカヌスでは、彼は常に「徳性」と結びつけられている（2, 243, 258. 263. 287. 9, 371. 445）。Petron. sat. 119, 41には、「国民［むしろ民会の訳語を当てたいが］も売りものとなり、元老院の建物も売りに出される」、したがってカトーは、執政官に選ばれない。48には、「ひとりの人間が追い出されたのではない。彼一身のうちでローマの栄光と権力は失墜したのである」、Cic. lig. 19には、「今は、神が助力を加えただけ、あちらの方がますます優れているという判決が下されるに違いない」、またLucan. 1, 128には、「勝つ事件は神の嘉するところなれど、負ける事件はカトーの悦ぶところ」（田中秀央訳）という。カトーは民間信仰［原表現（ローマ人の）のポプルス（国民＝民衆）に戻って、国民の信仰と訳したい思いが残る］の対象である神々に優っており、9, 556では呼び掛けられている。「たしかにあなたはずっと神の法《のり》にしたがって生活を律してきた。あなたは神の後を追う者だ」と。彼はストイシズムの世界神と一致している（9, 578）。「地上、海、空気、天空、そして徳性の他に神の住まいがあるのか。なぜわれわれはそれなのに天上の神々を求め続けるのか？　汝がいかなるものを目にしようが、汝がいかなる動きをしようが、そこにいるのはユッピテル神なのである」とされる。

(151) このようにしてキケロは、カエサルの暗殺後、夢中になって誹謗の言を放った（Cic. off. 2, 84）。「彼の場合、犯罪への欲情が大きいことは、その理由の有無などは別で、罪を犯すこと自体を喜びにしているようだった」と。

(152) Cic. Att. 13, 20, 1. キケロはカエサルに宛ててスペインに二通の推薦状を送った（fam. 13, 15. 16）が、とりわけそのうちの最初の方がギリシアの詩人を数多く引用し、自分の政治的な幻滅を皮肉っぽく洒落て、カエサルを楽しませる狙いを持っていた。

(153) Cic. Att. 13, 46, 2［邦訳（岩波訳）をはじめ、このゲルツァー訳とは異なった読みも多い。拙訳は岩波版を拝借］.

(154) Cic. Att. 14, 20, 3.

(155) Plut. Brut. 6, 10. App. b. c. 2, 465. Cic. Brut. 171. fam. 6, 6, 10.

(156) Cic. Att. 12, 27, 3. 13, 44, 1.

(157) Plut. Brut. 6, 6–7. Caes. 57, 5. 62, 4. Cic. fam. 12, 2, 2. Phil. 8, 27. Vell. 2, 56, 3.

(158) Plut. Brut. 13, 3. Vell. 2, 56, 3. Cic. Att. 13, 10, 3. 11, 1. 17, 1. Gelzer, RE 10, 986. それでも「ポルキア頌」［死者追悼の賞賛の詞］（Att. 13, 37, 3. 48, 2）は、その頃亡くなったカトーの姉妹、ルキウス・アヘノバルブス・アヘノバルブスの未亡人を引き合いに出していた。

(159) Cic. Att. 13, 40, 1.

(160) Cic. Att. 13, 26, 2. 12, 51, 2. 52, 2. これに関する書簡の正しい日付の順序はO. E. Schmidt, Briefwechsel. 285ff. が推論している。

(161) Cic. Att. 13, 27, 1. 31, 3.

(162) Caes. b. c. 3, 82, 4. Cass. Dio 41, 55, 4. 42, 2, 5. Münzer, RE 10, 477. Broughton, MRR. II 289. B. Alex. 66, 1. Cass. Dio 47, 26, 3. Jos. ant. 14, 160. 170. App. b. c. 3, 312＝4, 250は、彼にただ一個軍団を与えるのみ（本書一一七頁参照）。

(163) Cass. Dio 47, 26, 3–7. Liv. per. 114. App. b. c. 3, 315. その前の312＝4, 250は、〈史料的価値は〉ずっと落ちるヴァージョン。Jos. b. Iud. 1, 216. ant. 14, 268. キケロは、ローマでこのことを四六年九月に聞いている（fam. 12, 17, 1. O. E. Schmidt, a. O. 254）。

(164) B. Alex. 42, 2. 47, 5. Cic. fam. 12, 19, 1–2.

(165) Cic. Att. 14, 9, 3. Deiot. 23. Cass. Dio 47, 27, 2–5. Strab. 16, 752–753.

(166) したがってApp. b. c. 2, 459に、この遠征が四四年二月一五日以降、即興のように現われているのは、全くばかげたことである。同じ作家の3, 312. 4, 250 において、カエサルがすでに四七年にパルティア戦争に注目していたことが読み取れるからである。Cass. Dio 43, 51 の示すところでは、戦争は俗受けするものだった。

(167) Cic. Att. 13, 31, 3. 7, 1. ここに言うテオポンポスとはクニドス出の人で、高く評価されていた客友（本書第5章注255参照。Cic. Phil. 13, 33）である。

(168) Cic. Att. 13, 27, 1. 31, 3. 当時キケロは、ウァッロに手紙を書き (fam. 9, 8, 2)、「このわれわれの学問研究が、静かな時代に、そして国の状態がたとえ十全なものでなくとも、ともかく少なくとも安定している国勢のもとで、切磋琢磨しながら進めて行けたらと思うのですが」としている。

(169) Cic. Att. 13, 50, 1. 51, 1. 37, 2. fam. 11, 27, 8.

(170) Vell. 2, 56, 3.

(171) Suet. Caes. 83, 1-2. Münzer, Hermes 71 (1936), 228. RE 19, 39 は、ペディウスの年齢を根拠に、彼がカエサルの甥であるとする。共同相続者については、あまり確実ではないが、Liv. per. 116. Nikol. Dam. F 128. 30. 130, 48. App. b. c. 3. 82. 89. Plin. n. h. 35, 21.

(172) Nikol. Dam. F 127, 9. Vell. 2, 59, 3. Cic. Phil. 5, 46. 53. ILS. 75. Suet. Aug. 8, 1. Nikol. Dam. F 127, 24. Cass. Dio 43, 41, 3.

(173) Walter Schmitthenner, Oktavian und das Testament Caesars (Zetemata 4, 1952), 18. 32［この著書には増補改訂の第二版（一九七三年）が出ており、下記 Volkmann 説にも言及される］が、スエトニウスの表現を、「蠟板の一番下のものに」とする（以前の私のとり方〝蠟板の一番下方に〟に対するもの）のは正しい。ここに言う蠟板は蠟板本として何枚も組み合わされ、遺言状を含んでいたからである。元老院決議を編纂したものに言及している Dittenberger. Syll³. 747, 58 の「元老院で決議されたことを含む第一冊目、第一四番目の蠟板に……」の「板」とは同じく蠟板本が考えられているように思える。また同様に、Suet. Ner. 17 に遺言状における「最初の二枚」という表現がある。これに対して Schmitthenner (39ff.) は、法的な制度としての遺言による養子縁組に異論を唱えることになり、次の主張となる。Dig. 36, 1, 65, 10 の言及する〈遺言者の〉「名前を保持するという条件」が問題である、と。H. Volkmann, Gnomon 26 (1954), 43 がこれを斥けたのは正しい。L. Wickert, RE 22, 2189. H. Nesselhauf, Hermes 83 (1955), 484, 1. Vell. 2, 59, 1 には「次いでカエサルの遺言状が開かれた。そこでは彼は、彼の姉妹ユリアの孫ガイウス・オクタウィウスを養子にしていた」とある。

(174) Cass. Dio 43, 42, 3.

(175) Cass. Dio 43, 42, 2-3. 43, 1. 44, 1-45, 2. Suet. Caes. 45, 2. App. b. c. 2, 440-443 は簡略。Suet. Caes. 76, 1 は「インペラトルという個人名」とする。Dio 44, 2-5 は、後の皇帝の個人名を考えている。しかし、カエサルは決してこの個人名を使わなかった（Wickert, RE 22, 2279）。四四年二月にようやく「カエサル・インペラトル」と刻んだ貨幣が現われている（A. Alföldi, Stud. über Caesars Mon. 29-34. 86 と Taf. 6-9. Sydenham, CRR. S. 176-178. Nr. 1055. 1056. 1060. 1070. Konrad Kraft, Der Goldene Kranz Caesars 66). Syme, Historia 7 (1958), 179 とは異なり、私としては Alföldi に与したい。つまりカエサルはこうして自分に与えられた権利を使い、このタイトルで自分の永続的な命令権を表現した、というのである。Cic. Att. 12, 45, 2 により、カエサル邸がクィリナリスの丘の上にあったと推定したい。カエサルは、このためにアッティクスの「隣人」になった。アッティクスの家は、12, 48 によれば、高貴な近隣関係＝環境のために値が上がった。これは Wissowa, Rel. u. Kult. d. Röm. 155, 7 がとるように、クィリヌス神殿の彫像 (Cass. Dio 43, 45, 3) を指すだけではないようである。

(176) Cass. Dio 43, 45, 2-4. この日付は Cic. Att. 12, 45, 2. L. R. Taylor, Divinity of the Roman Emperor (1931), 65. App. b. c. 2, 476. F. Taeger, Charisma. II 50ff.

(177) Cic. Att. 13, 44, 1. Deiot. 33［キケロがカエサルの面前で行なった演説」では、ガラティア王デヨタロスの使節の長がガラティアに向かって報告したといわれている。「王にはいつも次のように書き送るのを習いとしていた。あなた［カエサル］はあまり評判がよくない。あなたは暴君と見られている。あなたの彫像を諸王の間に並べることで、人々の気持ちをひどく傷つけており、彼らは、それでもうあなたに喝采して挨拶しようとはしない」と。34でキケロはそれに注解を加えて次のように言う。「たしかにわれわれには、その人の戦勝記念碑を不快に思わなくとも、その彫像をすこぶる不快に思うのには正当な理由がある。もし不快感を起こさせるのが彫像のある場所だとするならば、演壇よりすばらしい場所は彫像にとって存在しないからだ。一方、拍手喝采については、私はなんと答えるべきか？　こんなことはあなた［カエサル］の切望するところではなかったろう。そこで、ときには感嘆の気持ちそのもののため、人々がこわばった気持ちになって口がきけなくなってしまったこともあろうし、おそらく普通ありきたりな手法などあなたにはふさわしくないだろうから、省かれてしまったということでもあろう」と。カエサルは、もちろんキケロが本当はどう考えていたかを知っていた。しかし、Helmut Rahn, Cicero und die Rhetorik (Rivista Ciceroniana I 1959), 13が見事に論証したように、〈キケロの〉修辞学上の達人の技は次のような言葉で明らかにされている。「個性的な人物は、おそらく個性自体［中身］を表現しようとするのではなく、〝あるなにか〟、つまりどこかうまく合ったこと、主題と状況上正しいことを表現しようとする」と。カエサルにはキケロの弁護演説はこのように響いた。同じことは、リガリウス演説にも妥当する。本書二三六頁。

(178) Vell. 2, 56, 3. Quintil. 6, 3, 61. Plut. Caes. 56, 7-9. 57, 8. Suet. Caes. 37, 1. 38, 2. 78, 2. Acta triumph. CIL. I^2 S. 50［Inscr. It. 13, 1, 86-7］. Cass. Dio 43, 42, 1.

(179) Cass. Dio 43, 46, 2. CIL. I^2 S. 28［Inscr. It. 13, 1, 56-7］.

(180) Acta triumph.［注178］［史料的にもまたBroughton, MRR. にもクィントゥス・ペディウスは、カエサルのもと副司令《レガトゥス》＝総督代理であるともに、執政官代理《プロコンスル》＝総督ともある。カエサルの退任、ペディウスの凱旋式の日時を考えると、実際には総督代理ではなく、執政官代理すなわち総督とみなされていた、ともいえよう。ファビウスについても、呼称の点で問題が残るといえよう］

(181) Cass. Dio 43, 47, 2. 49, 1. Plut. Caes. 57, 5. Brut. 7, 1-5.

(182) Cic. Phil. 2, 79. Vell. 2, 58, 2. Plut. Ant. 11, 3. Cass. Dio 43, 51, 8. App. b. c. 2, 511. 539では、ドラベッラはようやく二五歳に達したことになっている（おそらく誇張であろうが）。そうならば、妻トゥッリアより十歳若かったことになろう。それは、Groebe, RE 7A, 1331が明らかに信じているところである。

(183) Cass. Dio 43, 47, 1.

(184) Cic. Phil. 7, 16. Suet. Caes. 41, 2. Cass. Dio 43, 51, 3. Nikol. Dam. FgrHist. 90, 130, 67.

(185) Cass. Dio 43, 51, 1-2.

(186) Nikol. Dam. F 130, 77. Cic. Phil. 3, 37. 39. 12, 20. 13, 26. 5, 36. fam. 10, 8. 11, 4ff. ad Brut. 1, 1, 1. Vell. 2, 58, 1. Cass. Dio 43, 51, 3. 6.

(187) Cass. Dio 43, 51, 7. App. b. c. 3, 30. Fast. Cap. z. J. 44 CIL. I^2 S. 28［Inscr. It. 13, 1, 56-7］. vgl. Plin. n. h. 7, 147.

(188) Cass. Dio 43, 47, 3. 48, 22, 3. Suet. Caes. 41, 1. 76, 3. 80, 2. Cic. fam. 6, 18, 1. Phil. 11, 12. 13, 27. すでに二三五頁で注意したように、カエサルは金権政治的な社会秩序の除去を考えていなかった。R. Syme, Rom. Rev. 78-96すなわち〝カエサルの新元老院議員〟という題を付けたすばらしい章のなかでサイムが示しているのは、大部分が同盟市戦争以降ローマ市民権を持った家に属するイタリア人たちである。彼は、その数を約四〇〇と見積もる(90)。まだ残っている年取った元老院議員たちが、このような「新人《ホミネス・ノウィ》」の氾濫を苦々しく眺めていたということも、理解できよう。また四八―四四年の執政官の任命が〝決して革命的なものではない〟とサイムが述べているのは正しい(94)。五人が名門貴族《ノビリタス》出身、すなわちプブリウス・セルウィリウス・イサウリクス、マルクス・アエミリウス・レピドゥス、クィントゥス・ファビウス・マクシムス、マルクス・アントニウス、プブリウス・コルネリウス・ドラベッラ（うち三人がパトリキ貴族）、四人が「新人」、すなわちクィントゥス・フフィウス・カレヌス、プブリウス・ウァティニウス、ガイウス・トレボニウス、ガイウス・カニニウス・レビルスたちはずっと低い官職を歴任してきたのであり、副司令《レガトゥス》＝総督代理として功績があった。ただし名門貴族支配の幻想はもう過去のものになっていたのである！

（189）Suet. Caes. 76, 3. Cass. Dio 43, 47, 3. Plut. Caes. 58, 1.

（190）Tac. ann. 11, 25, 2（クラウディウスの演説）. Cass. Dio 43, 47, 3. Suet. Caes. 41, 1. Broughton, MRR. II 324では、ルキウス・カッシウスはカエサル暗殺者の兄弟（Cic. Att. 14, 2, 1. fam. 12, 2, 2)。Suet. Aug. 2, 1. Nikol. Dam. F 128, 35. Cass. Dio 45, 2, 7.

（191）本書二二三頁。

（192）L. R. Taylor, Party Politics in the Age of Caesar（1949）. とくに62ff.

（193）Suet. Caes. 80, 2.

（194）Cic. fam. 7, 30, 1-2. CIL. I^2 S. 28. 64［Inscr. It. 13, 1, 56-7. 133］. Cass. Dio 43, 46, 2-4. Plut. Caes. 58, 2-3. Plin. n. h. 7, 181. Macrob. Sat. 2, 3, 6. Suet. Caes. 76, 2.

（195）Cass. Dio 43, 50, 3-5. Plut. Caes. 57, 8. Diod. 32, 27, 3. Strab. 8, 381. 17, 833. Paus. 2, 1, 2. App. Lib. 646. Kornemann, RE 4, 530. 532. Vittinghoff, Röm. Kol. 81. 82, 5が述べるのは、アフリカにあって、おそらくカエサルが創設したとみなすべきその他の植民市。Vittinghoff, Röm. Kol. 86.

（196）Plin. n. h. 5, 149. App. b. c. 5, 570. Plin. ep. 10, 47, 1. Strab. 12, 542. 546. Vittinghoff, Röm. Kol. 88. Rostovtzeff, The Social and Economic History of the Hellenistic World, 1577, 102の見解は、カエサルとしてはここにパルティア遠征の基地をつくろうと思ったとする。999も参照。

（197）Cic. Att. 16, 16A, 4-5において、「ブトロトゥム（ブトロトン）の土地を切望していたこの植民者たち」というのは、イタリアでの植民運動のために土地を譲渡しなければならなかった人たちだったのであろう。Vittinghoff, Röm. Kol. 86.

（198）注36をみよ。

（199）Cic. Att. 14, 12, 1. Vittinghoff, Röm. Kol. 71, 4.

（200）都市ローマの人口の構成についてはL. Friedländer, Darstellungen aus der Sittengeschichte Roms^9, I 233ff. 新しい研究における批判的吟味はF. G. Maier, Historia 2（1954）, 328ff. とくに336ff. 344ff.［本文当該箇所、とくに全世界＝地球については、本書二一七頁および本章注19を見よ］

（201）これについてはVittinghoff, Röm. Kol. 91ff. をみよ。

（202）Cic. Att. 13, 52.

（203）Plin. n. h. 4, 10. Suet. Caes. 44, 1-3. Cass. Dio 43, 49, 2. 50, 1. 44, 5, 1. Plut. Caes. 58, 8-10. Suet. Claud. 20, 1. Cic. Phil. 5, 7. Att. 13, 33a, 1.

（204）Suet. Caes. 44, 2-3. Isid. Etym. 5, 1, 5. 6, 5, 1. F. Schulz, History of Roman Legal Science（1946）, 61.

（205）Cass. Dio 43, 50, 1-2. Suet. Caes. 75, 4. App. b. c. 2, 448. Nikol. Dam. F 130, 59.

（206）Suet. Caes. 75, 4. Cass. Dio 43, 49, 1. Plut. Caes. 57, 6. Cic. 40, 5. Polyaen. 8, 23, 31.

（207）Cass. Dio 44, 4, 2-5. 5, 2-3. Suet. Caes. 76, 1. App. b. c. 2, 440-443. Liv. per. 116. Cass. Dio 44, 4, 4が言及している「国父」という銘のある貨幣についてはA. Alföldi, Stud. über Caesars Mon. 20. 44. 86. Taf. 14. 15をみよ。なおSydenham, CRR. Nr. 1069によれば、この貨幣は四四年四月に初めてあらわれる。その頃、市民大衆《プレブス》の手で建てられた柱に刻まれた「国父のために」（Suet. Caes. 85）という碑文についてはAlföldi, 70. 散佚した碑文ILS. 71の「ガイウス・ユリウス・カエサル。神祇官長・国父に」の信憑性は疑わしい。Dio 44, 5, 3の「神聖不可侵」も、カエサルが後の皇帝のような「護民官職権」を所有したのだろう、ということを意味するものではない。この点、私としてはE. Hohl, Klio 32（1939）, 71に同意したい。しかし彼（72）と異なった風に考えるのは、カエサルがただ気楽な気持ちから催し物の際にはむしろ凱旋将軍の飾りなしで観覧席につくのを好んだという点である。Hohlは、すこぶる興味深い箇所（Suet. Aug. 45, 1）を想起させる。それによれば、カエサルはその際、書類を片付けていたので観衆の怒りを買った。「アウグストゥスは、父のカエサルが公衆の非難の的になったのを思い出した。彼は、観覧しているあいだ、その時間を手紙や嘆願書を読んだり、返事を書くのにあてたからである」と。

(208) Cass. Dio 44, 6, 1-4. L. R. Taylor, The Divinity of the Roman Emperor, 67. ディオの表現を〝英雄の一人のように〟と訳すのは不確かである。おそらく「神［神のごとき存在］」とすべきだろう。L. R. Taylor は、Cic. Phil. 2, 110 がアントニウスを「神君ユリウスの祭司《フラメン》」［フラメンとは本来特定の神に仕える神官、祭司］と言っていることに注意する (69)。同じように H. Dessau, Gesch. d. Röm. Kaiserz. I354, 2 は、このことからカエサルが生前そう呼ばれたと推論した。Taylor, Divinity, 268ff. は、おそらくカエサル暗殺前の決議に言及している碑文 ILS. 73. 73a. 72. 6343 の文面を証拠とする。Broughton, MRR. II 360 は、73 および 73a に述べられている「ルフレヌス法」の作者を四二年の護民官ととる。6343 はノラに「神カエサルの加護で市参事会員」によって建てられている。Carm. epigr. 964, 2 では、カエサルの妻カルプルニアの解放奴隷が、彼女のことを「いとも尊き神君カエサルのお妃《きさき》」と述べている。ルペルカリアまたはルペルキについては Marbach, RE 13, 1816ff. 1834ff. 金メッキを施された「高官の椅子」(Suet. Caes. 76, 1 は「黄金の椅子」) とある。Cic. Phil. 2, 85 には「黄金の椅子に」とある。Att. 15, 3, 2 の「カエサルの椅子について」に関しては、A. Alföldi, Caesars Mon. 22. 貨幣は R. M. 50. Taf. 14, 10 に示されている。また古ローマの王の飾りのなかには金の冠もあり (Cass. Dio 44, 6, 1)、かつてはエトルリア系の王もこれをつけ、四四年の貨幣にはこれをつけたカエサルが描かれている。これは、K. Kraft. Der goldene Kranz Caesars und der Kampf um die Entlarvung des "Tyrannen" (Jahrb. f. Numism. der Bayer. Numism. Ges. 1953), 20. 35. 73 のすばらしい発見である。それがもっともよく認められるのは、A. Alföldi, The Portrait of Caesar, Centennial vol. of the Am. Numism. Society (1958), Taf. 1-6 にある拡大された貨幣像。Sydenham, CRR. Nr. 1057. 1063. 1089. 1129A. これは Cass. Dio 43, 43, 1. Suet. Caes. 45, 2 の言う月桂樹の冠ではない (Kraft, 13ff.)。これに対しては、Cass. Dio 43, 43, 2 の述べているところをとるべきであろう。カエサルは四五年の凱旋式の後 (U. Wilcken, Z. Entwicklung d. röm. Dictatur, Abh. Berlin 1940, 20 のようにすでに四六年というわけではないが)、時折、アルバの王の赤い長靴をはいていたという。アエネアスの息子ユルスの子孫としての彼にふさわしいという理由からだった、といわれる。

(209) Cass. Dio 44, 8, 2.

(210) Cass. Dio 44, 6, 3-7, 1. Nikol. Dam. F 130, 78 は、故意に格別な意図でもって日付を四四年二月一五日の後にずらした。E. Hohl, Klio 34 (1941), 113. また Cass. Dio 45, 6, 5. App. b. c. 3, 105. Nikol. Dam. F 130, 108 によれば、金張りの「椅子」と金の冠についての決議が意味したのは、カエサルが自ら出席していなかったときにもいつも、この椅子がやはりおかれるべきものとされたということである。Alföldi, Stud. über Caesars Mon. 76. L. R. Taylor, The Divinity of the Roman Emperor, 87. Kraft, a. O. 32. なぜ Alföldi と Kraft がこの決議をようやく二月一五日後と見るのか、私には理解できない。やはり「クッション付き椅子(台)」［神の座 (神もしくは神的栄誉を受けた人の座)］(Cic. Phil. 2, 110. Suet. Caes. 76, 1) は普通の「椅子」と同一視することはできない。「神々の饗宴〈の座〉」という表現は女神にしか使われない (Klotz, RE 2A, 1322)。四四年の貨幣 (カエサル死後) でクレメンティアの神殿のついたものは Alföldi, Caesars Mon. 46, Taf. 15, 5-6. L. R. Taylor, Divinity. 69. Syndenham, CRR. Nr. 1076.

(211) Cass. Dio 44, 7, 1. 8, 1.

(212) Plut. Caes. 60, 4. App. b. c. 2, 445 は、これを四五年とする。それに対して Nikol. Dam. F130, 78 は両執政官をアントニウスに置き換えている。一方、プルタルコス、アッピアノスという前の二人はユリウスの広場《フォルム》の代わりに演壇と記している。

(213) Cass. Dio 44, 8, 1-4. Liv. per. 116. Eutrop. 6, 25. Suet. Caes. 78, 1. Plut. Caes. 60. 4-8. App. b. c. 2, 445-446. 個々の細かい点は異なる。全く弁明的なのが Nikol. Dam. F 130, 78-79. また Plut. Caes. 60, 4-6 によれば、人は栄誉を増やすより制限すべきである、とカエサルは答えたという。

これは、その場にいた人々を怒らせただけで、彼らは悄然として退去したという。このことに度を失って、カエサルはトガを引きおろして自分の首を友人の前に裸にして差し出し、叫んだ。自分は、刺し殺されてもよいという覚悟だ、と。

(214) App. b. c. 2, 444. Cass. Dio 44, 9, 2. Nikol. Dam. F 130, 80 はおそらくアッピアノスが伝えるところと関係ない。

(215) Cass. Dio 44, 7, 4. App. b. c. 2, 444. 455. 498. Suet. Caes. 86, 1. Nikol. Dam. F 130, 80. Vell. 2, 57, 1. Vgl. Cic. Phil. 2, 108 はカエサルとアントニウスを比較して、「多分そのときそこに剣もあったのであろう。だが隠されていたし、数もそう多くなかった」とする。5, 17. 13, 18 には、「カエサルが天下をとっていたときでも、たとえ自由人としてでなくとも、私たちは少なくとも命の心配はなく元老院にやって来ることができたのである。この海賊の頭領のもと――というのは、私は彼をもうタイラントと呼んで済ましておれようか――、ここの椅子は、イトゥラエア人たち［Phil. 2, 112 参照］に占領されてしまっていたのである」とある。

(216) 注208参照。Mommsen, R. St. R. III 888ff.

(217) Marbach, RE 13, 1818.［ルペルキ・ユリイは、すぐに（四三年四月以前に）消えている］

(218) Cass. Dio 44, 9, 1 は、そういったものは政敵の側から発されたものだ、と報告している。この場合、Nikol. Dam. F 130, 67 が次のように言うのは、はるかに肯綮に当たっているといえよう。元老院の大多数は途方もない栄誉で彼に好意を示そうと思ったのであり、ただほんの少数の人が、彼を人から憎まれるようにするという目論みでそうしたにすぎなかったのだろう、と。Jakoby, Komm. S. 265 が強調するように、Nikolaos にはアウグストゥスの自伝が基礎にある。アントニウスは、キケロが策謀を抱いてカエサルを誑《たぶら》かしたとして、四三年四月にこの人に罪ありとした（Phil. 13, 40. 41）。これに対してマルクス・ブルトゥスは、しばらくたって元老院とキケロに対して「その弱腰」と「絶望の姿勢」を非難した。こういったものが「カエサルをして王政を熱望するように駆り立てたのだ」と（Cic. ad Brut. 1, 16, 3［この書簡に関する問題は、岩波版の当該箇所に詳しい］）。キケロがアントニウスの非難を斥けたのは、たしかに正当なことだった（Gelzer, RE 7A, 1024）。Ed. Meyer, Caesars Mon. 510 ［3Aufl. 517 ?］. 注214に引用されたアッピアノスの当該箇所は、それ自体決して無条件に信用できる証拠ではない。カエサルがこうして王のタイトルを拒絶しても、カエサルはすでに完全なる古ローマ的な王の衣装を採用していたのだから、その行為は全く本気というわけでないと、熱心な支持者は考えることができた。私も以前は違った見解だった（Von Römischen Staat 1943, I 126［„Caesar", das neue Bild der Antike (Herausg. Berve) 1942 II 188ff.］）が、その後、〝カエサル側からの王の印の飾りと王のタイトルを摑み取ろうとする試みは、明白な政治的な妄想だったであろう〟という K. Kraft の犀利な説明（Der goldene Kranz, 45）が、私を納得させた。この思慮深さは、アッピアノスが伝えてくれる史料の内的蓋然性を示すものである。Vgl. Mommsen, R. G. III 486［邦訳 IV 423 頁］. L. Pareti, Stor. di Roma IV (1955), 344.

(219) Sydenham, CRR. 713B はヌマとアンクス・マルキウス。1032 はヌマ。Kraft. Taf. 3. 6-8. 15. それに対して Taf. 3, 7 は金の冠をつけたヌマが宝石《ゲンマ》［英訳はカメオ］の上に。これについては S. 38.

(220) Cass. Dio 44, 9, 1-3. App. b. c. 2, 449. 時期的には Suet. Caes. 79, 1 では一月二六日に延ばされている。Plut. Caes. 61, 8. ディオによれば、カエサルは護民官たちに腹を立てたが、何も言わなかった。Nikol. Dam. F 130, 69 は異なっている。

(221) Act. triumph. CIL. I^2 S. 50 ［Inscr. It. 13, 1, 86-7］.「ガイウスの息子、ガイウスの孫、ガイウス・ユリウス・カエサル、第四次独裁官……アルバヌス山より……小凱旋式を祝う。一月二六日」。

(222) Cass. Dio 44, 10, 1. Suet. Caes. 79, 2. App. b. c. 2, 450. なお Ed. Meyer, Caesars Mon. 519 ［3Aufl. 526］が考えたように、当意即妙の返答は決して〝拙い洒落〟ではない。

(223) Vell. 2, 68, 3.［4f. か］

（224）Cic. Phil. 13, 31. Cass. Dio 44, 10, 3.

（225）Plut. Brut. 20, 8.「詩人」というのを取り消す根拠はない。F. von der Mühll, RE 8, 226. Broughton, MRR. II 324. R. Syme, Rom. Rev. 79.

（226）Cass. Dio 44, 10, 3. Vell. 2, 68, 3. Suet. Caes. 79, 1. Nikol. Dam. F 130, 69. Plut. Caes. 61, 10. App. b. c. 2, 452. 575. Liv. per. 116. Obseq. 70.

（227）Val. Max. 5, 7, 2.

（228）Suet. Caes. 80, 3. Cass. Dio 44, 11, 4. Nikol. Dam. F 130, 77.

（229）四四年四月一一日、執政官のマルクス・アントニウスとプブリウス・ドラベッラの提議で、大祭司ヒュルカノスに関する元老院決議（Jos. ant. 14, 211-212）が承認された。カエサルはこれをもう二月九日には提出していたのである（Jos. ant. 14, 219-222）。すでに Lange, Röm. Alt. III 481 がこれを認めている。Hohl, Klio 34, 117. Alföldi, Caesars Mon. 16. カエサルの〈政務官としての〉職権は前文のなかで述べられている（Jos. ant. 14, 211）。四月のあの有効性確認の元老院決議の最後に、はじめて二月九日という日付が言及されている（Jos. ant. 14, 222）。注69参照。Fast. Cap. CIL. I² S. 28 z. J. 44［Inscr. It. 13, 1, 56-7］には「ガイウスの息子、ガイウスの孫、ガイウス・ユリウス・カエサル、四度目の独裁官辞任」、Fas. Amit. CIL. I² S. 61 には「ガイウス・カエサル、終身の独裁官」とある。

（230）Cic. Phil. 2, 87. 本章注19に引用したように、Alföldi は四四年の四人の造幣官の序列を根拠に、日付を三月一日に繰り下げねばならないと考えている。Alföldi が王の印を認めている四四年の一貨幣の実例の解釈がどのようになっても大して変わりなく、私はキケロの証言を無視できない。Alföldi, a. O. 83 の「第四次独裁官」と刻まれたこの貨幣の像は、Taf. 2, 5. 6 でたいそう拡大されている。Sydenham, CRR. に「第四次独裁官」と「終身独裁官」あるいは「終身の」と刻された貨幣については、S. 177-178. Abb. Taf. 28, Nr. 1057. 1063.

（231）Cic. Phil. 1, 3 では、四四年四月にアントニウスについて（Gelzer, RE 7A, 1033）、「すでに王権のような力を持っていた独裁官職を、彼は全く国家《レス・プブリカ》から取り除いた」とする。4には「終身の独裁官職の記憶の生々しさのため……」とある。32, 2, 91. App. b. c. 2, 463.

（232）Suet. Caes. 77. Cass. Dio 44, 8, 4 は、カエサルが終身の独裁官職を拒否しなかったことが、いかに宿命的だったかを強調する。同じく Flor. 2, 13, 91. 不思議にも Mommsen, R. G. III 479［邦訳 IV 417］は、この独裁官職のもつ重要性を評価しなかった。カエサルは〝王政の実質をインペラトルのタイトルのもとに〟獲得しようと望んだ、とモムゼンは考える（486［邦訳 IV 423］）。たとえ彼が王の印（Cic. Phil. 3, 12）を斥けたとしても、Cic. Phil. 2, 86 ではキケロは、〈カエサルを〉「終身の独裁官」、「正当にも殺された」と言っている。マルクス・ブルトゥスは四四年八月、マルクス・アントニウスに（Cic. fam. 11, 3, 4）、カエサルが王だったのがいかに短かったかを考えるべきであるとして、「彼の王としての統治がいかに短かったか、よく想起してみるがよい」と注意している。

（233）Cass. Dio 46, 5, 2.

（234）キケロは、おそらく自分が目撃者として立ち会った出来事を、このように描く（Gelzer, RE 7A, 1029）。Phil. 2, 85-87. 87 には、「彼は、祭事暦のルペルカリアのお祭りに関するところに次のように記載するよう命じた（アントニウスについて言われたこと）。終身独裁官ガイウス・カエサルに、執政官のマルクス・アントニウスが、国民の命令によって王権の印を差し出したが、カエサルは受け取ろうとはしなかった、と」とある。Phil. 3, 12. 5, 38. 10, 7. 13, 17. 31. 41. カエサルの発言は、Cass. Dio 44, 11, 3. ディオの記事（11, 1-3）は他の点でもキケロと一致する。Val. Max. 1, 6, 13 がとくに強調するのは、カエサルが王の礼装を着けたのは、それを与えてくれた元老院の気持ちを傷つけないためだったということである。Suet. Caes. 79, 2. Liv. per. 116 の「自分の頭の上に戴せられた王の印を椅子においた」というのが、E. Hohl, Klio 34, 104 によって「ユッピテルの神殿においた」と読み直されたのは、一応首肯させられるものがある。Cic. divin. 1, 119 には、「その日に、はじめて彼は黄金の椅子に座り、はじめて紫色の衣裳で〈公衆の面前に〉現われた」とある。その他の記述（Plut. Caes. 61, 4-7.

Ant. 12, 1–6. App. b. c. 2, 456–458. Flor. 2, 13, 91. Vell. 2, 56, 4）はあまり精密ではない。この出来事を〝悲劇的な〟歴史叙述というスタイルで描き出し、とりわけ後の暗殺者ガイウス・カッシウスとプブリウス・カスカを協力させている Nikol. Dam. F 130, 71–75 は全く偏っている。これについては Hohl, Klio 34, 95ff.

(235) Cic. Phil. 13, 41 には、「では、カエサルは私にだまされたと、あなたはどうしてもそうおっしゃろうというのですか？　あなた！　そのあなたがルペルカリアの祭りで彼を殺したのだ、と私は言いたいのです」とある。これに対してディオ（46, 17, 5. 7. 19, 1. 4–7）は、クィントゥス・フフィウス・カレヌスに答えさせている。カエサルは王の衣装についての元老院決議によってあの不幸な欲望を抱くようにさせられたのであるが、アントニウスが以上のようにしてこの欲望の実現を思い止まらせたのだ、と。K. Kraft, a. O. 55ff. をみよ。

(236) Plut. 61, 6. Cass. Dio 44, 11, 3. Nikol. Dam. F 130, 73.

(237) 注165。さらにデキムス・ブルトゥスの書簡（四四年四月［書簡の日時は岩波版の注参照］、Cic. fam. 11, 1, 4）も参照。

(238) App. b. c. 2, 460.

(239) App. b. c. 3, 92. Nikol. Dam. F 130, 41. Suet. Aug. 8, 2.

(240) App. b. c. 2, 462. 476.

(241) App. b. c. 2, 459. 3, 93. Suet. Caes. 44, 3.

(242) Jordan. 11. Pomp. Trog. prol. 32. Strab. 7, 298. 304. 16, 762. Dittenberger, Syll. 762, 21–36. Suet. Caes. 44, 2.

(243) Plut. Caes. 58, 6–7. たとえ Nikol. Dam. F 130, 95 がインド人をパルティア人と並べて、その名を挙げても、ちょうど Hor. c. 1, 12, 56 がセレス（支那人＝中国人）とインド人の征服を歌っているのと同じように、それほど本気にとるべきではなかろう。4, 14, 42 を参照。また、Verg. Aen. 6, 794 には「ガラマンテス［北アフリカの一部族］の棲む国とインドの向こうまで」とある。Ed. Meyer, Caesars Mon. 466 [3Aufl. 472] が、「カエサルの君主政は、理念上は、アレクサンドロスの世界帝国の再生、そしてその完全な実現である。語のもっとも完全な意味での世界支配は、その前提であり、その正当化である」と書いても、それは間違いであるとみたい。ポンペイウスはもちろん、新しいアレクサンドロスとみなされたかった（私［ゲルツァー］の Pompeius^{2}, 124ff.［邦訳九八頁以下］）が、「終身の独裁官」（カエサル）は王の飾り＝冠を必要としなかったのである。カエサルについて、たしかに次のように言うことができよう。これまでのローマの歴史が創り出したもの、つまりローマの「全世界《オルビス・テッラルム》」〈の支配〉を彼は完成しようと思ったのだ、と。Vgl. J. Vogt, Vom Reichsgedanken der Römer (1942), 65. 178ff. 彼がどれほどにパルティア人を押し戻そうと思ったかは、私には分からない。おそらく後のトラヤヌスやセプティミウス・セウェルス程度だろうか。彼がパルティア王国を占領する意図を持たなかったことは、退陣の計画が示してくれる。彼は一度もこの種の考え［王国の占領］を述べたことがなかったという Strasburger, H. Z. 175, 255 は、もちろんこの点で正しい。私が注意したように（Vom röm. Staat I 37［＝Kl. Schr. II 10］）、彼はガッリア征服の地政学的な意義の評価をキケロに委ねた。またたしかに、明らかにそのような一つのプログラムを抱いて執政官代理職＝総督職を引き受けたのではなかった。彼の見るところでは、一体そのときどきの局面がどういうことを求めているのか、状況に応じて行動するのが、彼のやり方だったのである。もっともローマの伝統に対する間違いようのない感覚でもって、それは行なわれた。またそうすることで指し示された方向、つまりこれまでに果たされたものの完成を目指す方向に適合するような成果をあげつつ行なわれたのである。

(244) Cic. divin. 2, 110 はコッタについて、「ある噂があったが、誤りだということになった。つまり元老院である人物が次のように言おうとしたというのである。われわれが安寧を望むなら、実際にわれわれが王として戴いていた人がやはり王と呼ばれるべきだ、と」と言う。これについて正しくは Holmes, Rom. Rep. III 336, 4 (Ed. Meyer, Caesars Mon. 522, 1 [3Aufl. 529, 1] に対して)。さらに K. Kraft, a. O. 56. Cass. Dio 44, 15, 3. Suet. Caes. 79, 4. Plut. Caes. 60, 2. 64, 3. App. b. c. 2, 461

は、カエサルがこのことを謝絶したという語を付け加える。

（245）Suet. Caes. 79, 4. Nikol. Dam. F 130, 68.

（246）注56参照。

（247）Suet. Caes. 52, 3. 85. Cass. Dio 44, 7, 3. Plut. Caes. 68, 3-6. Brut. 20, 8-11. App. b. c. 2, 613. Cass. Dio 44, 50, 4. 46, 49, 2. Val. Max. 9, 9, 1. シェイクスピアは〝詩人キンナ〟の悲惨な死を、その『ジュリアス・シーザー』ですばらしく見事に劇化している（III 9）。

（248）Cic. Att. 13, 52.

（249）Cic. Att. 14, 1, 2. 2, 3.

（250）Liv. 1, 16, 4. Dionys. Hal. 2, 56. Plut. Rom. 27, 6. Val. Max. 5, 3, 1. App. b. c. 2, 476.

（251）Cic. re p. 1, 62. 2, 45-47. Liv. 2, 1, 9. Dionys. Hal. 4, 73. 5, 1. 11, 41. App. b. c. 2, 499. 4, 382. カエサル暗殺者の数は Eutrop. 6, 25 をみよ。Oros. 6, 17, 2 は、リウィウスによるものであろう。名前の知られているのは、一六人（Groebe, RE 10, 255）。Gérard Walter（独訳 1955）の小説カエサル伝（555）のなかでは、一奴隷の計画した毒殺が、この時期にもってこられているので、Suet. Caes. 74, 1 の伝えるこの話は因果関係上はるかに初期――おそらく六三年、六二年、五九年のような――のものだろうということを注意しておきたい。カエサル暗殺についての最新の論文 John H. Collins, Caesar and the Corruption of Power, Historia 4 (1955), 455ff. J. P. V. Balsdon, The Ides of March, Historia 7 (1958), 80ff. は、驚くべきほど多くの現代の研究文献についての二つのすばらしい報告である。「人間の数だけ意見もある」[Ter. Ph. 454. Cic. fin. 1, 15]。私の「意見」を私はこの本で発表するわけである。

（252）Cic. Phil. 2, 26-27. Nikol. Dam. F 130, 66. Cass. Dio 44, 14, 3-4.

（253）Plut. Brut. 12, 8. App. b. c. 2, 475.

（254）Cass. Dio 44, 15, 4 は報告する。三月一五日を選んだのは、シビュッラの託宣について決議しなければならないという噂のためだった、と。実際には、ドラベッラが独裁官カエサルに代わって四四年の執政官に選ばれることになっていたとき、卜鳥官としてのアントニウスが異議を申し立てたので、その件をカエサルは討議しようと欲したのである（Cic. Phil. 2, 83. 88）。Suet. Caes. 80, 4. Nikol. Dam. F 130, 81. ブルトゥスがアントニウスの命を救ったことは、キケロから再三再四非難されていた（ad Brut. 2, 5, 1. 1, 4, 2）。とくに Att. 14, 21, 3（四四年五月一一日）では、「というのは、あのこと［カエサルの暗殺］は男らしい勇敢さをもって成し遂げられたのだが、分別の点は小児のようなものだった。つまり王位の相続人を残してしまったと、だれも見抜けなかったのだろうか？」とされる。また 15, 4, 2（五月二四日）には、「というのは、われわれの示した勇気は男のものだが、しかし残念に思うのはいかにも分別が小児のものだった。つまり樹は切り倒されたのだが、根こそぎではなかった。だからこのように新芽が出てくるのを見ているのだ」とある。11, 2. Plut. Brut. 18, 4. もっと詳しくは Gelzer, RE 10, 990. 7A, 1032.

（255）Plut. Caes. 63, 1-6. Suet. Caes. 81, 1-2. Cass. Dio 44, 17, 1. 18, 4. App. b. c. 2, 619. Val. Max. 1, 6, 13. 8, 11, 2. Vell. 2, 57, 1. Obseq. 67.

（256）Vell. 2, 57, 1. Suet. Caes. 86, 2. 87. App. b. c. 2, 455.

（257）Suet. Caes. 87. Plut. Caes. 63, 7 が注目しているのは、カエサルはその習慣に従って食事用臥床にあっても手紙の〝署名〟をしていた（すなわち「ごきげんよう」＝敬具というような自筆の一定の挨拶で署名していたのである）が、質問が発せられたときには、全く素早く自分の意見を吐いた、ということである。App. b. c. 2, 479 の叙述は異なっている。

（258）一番最初にこのような失神に言及しているのは、Plut. Caes. 17, 3（四九年コルドゥバにおいて）。次いで 53, 6 ではタプスの戦闘の間とされる（本書第5章注349）。Suet. Caes. 45, 1 の確認するところでは、「執務［遠征とする説もあるが］中に二度も癲癇の発作が起こったことがある」。この記述の前に、カエサルは「晩年には突然人事不省になったり、また同じく悪夢にうなされて眠りが破られることもしばしばあったが、その他は健康に恵まれていた」とされる。86, 1. Cass. Dio 43, 32, 7 は、四五年のスペイン戦役中の病気を報告する。その他の言

カエサル像（トリノ博物館蔵）

及はNikol. Dam. F 130, 83. App. b. c. 2, 459. とくに専門的な学識を持った医学者がカエサルの病気に徹底的に取り組んで達した結論は、二〇〇〇年も経った後でも診断を下せるかどうかは疑わしいということだった。Lange, Röm. Alt. III 466 が推論したように、病気がカエサルの生命力を侵害しただろう、ということに関しても、史料は何も教えてくれない。G. Ferrero, Grandezza e Decadenza di Roma, II 468 は、これを「精神的な［インテリ層特有の］頽廃」とまで強調する。反論はEd. Meyer, Caesars Mon. 459ff [3Aufl. 465ff]. Collins, Historia 4, 461.

(259) A. Alföldi が高く評価する、六個の引き伸ばされた最良の像（Antike Kunst 2 (1959), 27ff）をみよ。それに加えて、左に示したカエサルの頭部像が現われる。これはトリノ博物館蔵、一八二五年トゥスクルム出土で、一九四三年にようやくM. Bordaにより再発見されたもの。この点についてはErika Simon, Archäologischer Anzeiger 1952, 125ff. Abb. S. 126. 127. 彼女は、S. 134で、これは（貨幣を除き）同時代の唯一の肖像である、という見解をとる。S. 138ff. では、彼女はトルロニア博物館の肖像（Abb. S. 134）の価値を論ずる。その苦悩の表情は、三月一五日のすぐ後にできたものだということを示してくれる、とするのである。

(260) Suet. Caes. 45, 2. Cass. Dio 43, 43, 1.

(261) カエサル暗殺の結果に落胆して、キケロは、四四年五月二四日に手紙を書いた（Att. 15, 4, 3）。「三月一五日のことは私を喜ばすものではない。カエサルは〈暗殺などなくとも〉（パルティア戦争から）二度と帰ってこなかったかもしれないからだ」と。

(262) Suet. Caes. 77. App. b. c. 2, 488. Cic. divin. 1, 119. 2, 37. Plut. Caes. 63, 3. Plin. n. h. 11, 186.

(263) 第4章注401、第5章注205をみよ。

(264) Caes. b. c. 3, 73, 4-6.

(265) Cic. Lig. 38には、「できるかぎりたくさんの人を救おうとする力ほど、あなたの運命を守るのにすばらしいものはなく、またそうしようという意志ほどあなたの天性を優れたものにするものもない」とある［この箇所の現代訳に関しては、二つの流れがある。その一つ、邦訳＝岩波版訳では「あなたの力を超えた偉大なものを幸運によって手に入れられるわけではない。できるだけ多くの人々を救いたいと願うあなたの本性ほどに立派なものはないのである」とされている］。Deiot. 19では告発者に「いつもあなたとともにある運命の神が、あなたを救ったのである」と言わせている。本章注177。

(266) Suet. Caes. 86, 2には、「自分が無事生きてきたのは、自分のためというよりも国家《レス・プブリカ》のためなのである。自分はずいぶん前から権力も名誉も十分すぎるほどわがものとしている。しかしもし自分になにかが襲ったら、国家《レス・プブリカ》はとうてい平和を維持できない、いや、状況は前よりもずっと悪くなって内乱が勃発するであろう」と言っていた、とある。

(267) 本章注261において言及した手紙（Att. 15, 4, 3）では、彼はカエサルの暗殺を余分なこととみなしたが、その名を呪って叫んでいる！「私はあれほど彼の愛顧を受けていた——死せる彼に呪いあれ［直訳すれば、神々が彼を滅ぼさんことを］!!——ので、われわれが今、君主の殺害後も自由にならないという事実からすれば、私ほどの歳の人でも、彼のような君主を我慢しておられたといえよう」と。この箇所のように、キケロはすでに五月四日に書簡で、「タイラントが死んだ後よりも生きているときの方が、この極悪非道な党派に反対して喋っても、あまり危険を伴わずに話せただろう、と私は思う。どういうわけかは分からないが、彼はいつも私に全く格別な思いやりをかけてくれたのである」と告白している（Att. 14, 17, 6）［本章注23参照］。

(268) Cic. Att. 14, 14, 4. divin. 2, 23. Phil. 2, 88-89. Suet. Caes. 81, 4-82, 3. Plut. Caes. 66. Nikol. Dam. F 130, 82-90. Cass. Dio 44, 16-19. App. b. c. 490-498.

(269) Cic. Att. 14, 1, 1.

(270) Caes. b. c. 3, 57, 4.

(271) Cic. off. 1, 26 は、「迷妄のせいで、自ら自分で心に描いた元首の地位を……」とする。もっと痛烈に述べるのは 3, 82. これを理解するためには、fam. 6, 6, 5（四六年［キケロのカエキナ宛書簡］）を想起すべきであろう。そこには、ポンペイウスが内乱を避けたならば、「カエサルは平和な市民生活でも輝かしい役割を果たして、第一人者《プリンケプス》［指導者］であり続けていたであろうが、現在持っているほどの強大な権力は持っていないであろう」とある［本章注23参照］。

(272) この点について見事なのは H. Strasburger, HZ 175, 225.

(273) カエサルの寛恕政策について、四九年のカエサルの発言は第5章注41。キケロは本章注265に引用した Lig. 38 のなかでそれを彼の天性に還元しているが、これは修辞だろう。しかし注267において言及した手紙で、彼は三月一五日の後もこれを渋々認めていた。Cassius Dio（クシフィリノスの抜粋）が、直接見聞きした証人の言葉として報告する（75, 8, 1［別の刊本では 76, 8, 1］）のは、セプティミウス・セウェルスが、一九七年に元老院で演説し、スッラ、マリウス、アウグストゥスの例から、残忍さのもつ有利さを述べ、また一方で、ポンペイウスとカエサルは情け深さのため失敗した、ということである。アウグストゥス時代から発して現在まで輝く光があるが、それに照らして、セプティミウス・セウェルスが追放政策を遂行した人アウグストゥスを自分の範としたことは注目に値するだろう。Fr. Vittinghoff, Kaiser Augustus（1959）, 44 を参照。タイラントたるカエサルについて有罪宣告を下したという点でのキケロの影響に関しては、J. Béranger, Hermes 87（1959）, 110. 117 が優れている。

(274) Plut. Caes. 11, 3-4.

(275) Cic. off. 3, 84.

(276) Suet. Caes. 77.

訳者あとがき

本書は、Matthias Gelzer, Caesar, 6Aufl. 1960 の日本語訳である。その最終版の刊行順から言えば、『ポンペイウス』『カエサル』『キケロ』と連なるゲルツァーの伝記作品を、「ローマ政治家伝」という総タイトルを付して、その第一巻として読書人に提供するものである。

私自身は当初、邦訳も三著の最終版——もちろん著者の手の入った最終版——の刊行順に提供すべきと思い、その順で訳出したのであるが、このような刊行順序となった。それは、一つのシリーズとするには、第一に、巻頭あるいは序章部分の叙述が『カエサル』をいちばん最初に据えるのがふさわしいこと、第二に、『ポンペイウス』の叙述がやや簡潔で、一般読者にはそれなりの予備知識を求めているのに、『カエサル』の本文が三著のなかでももっとも古いもので、しかも広い読者層を想定したものであること（そのため『ポンペイウス』への導入ともなること）、それゆえ『カエサル』から読んでもらいたいとしたのである。何よりも、『カエサル』の冒頭の文章は、「真の政治家」（Staatsmann）とは、という叙述で始まっており、そして『キケロ』の最後の章が「レス・プブリカ（国家）のための最後の戦い」となっていて、最終センテンスでレス・プブリカの運命と「真の政治家」に言及されている点も『キケロ』を最終巻にすえた理由である。ローマ人の言うところでは「政治家」とはレス・プブリカ（国事）に携わる人物に他ならないからである。

原著『カエサル』の初版は一九二一年すなわち第一次世界大戦直後に遡るが、ここに訳出した第六版は、第二次世界大戦末期に執筆された『ポンペイウス』に次ぐものになっている。そこで史学史的に厳密さを期そうとすれば、初版とそれ以降の各版を比較検討した上での「あとがき」にしなければならないが、ここではその点は簡単に触れるに止めたい。著者自身が、最終版の「はしがき」で、それまでの版に「注を書き入れることで叙述を学問的に基礎付け、立証する」と明言し、あらためて「全体として自分の捉え方の正しさを確認した」と述べているからである。すでに戦前の版においても『カエサル』は、バランスのとれた、冷静で目配りのきいた叙述という高い評価を得ていたが、この最終版（これ以後の版には、何版という数字は付けられていない。ただ新版とするのみである）にいたって、それ以降半世紀にわたり、現在まで、カエサル研究者が第一に取り上げねばならない基礎的な——わたしは指針的なと言いたい——著述になっている。なお、「はしがき」に言うように、元々は「偉大な政治家（政治の達人）」という叢書の一冊をなしたものであり、副題が「Der Politiker und Staatsmann」と付けられたカエサルの伝記である。

「これはいい本だ」というサイム（イギリスのローマ史学界をリードしてきた人物）の言に、この著書を受けとめた人の思いが尽くされているといえよう。それは『カエサル』（一九四一年版）に対して一九四四年に発表された、一〇頁以上に及ぶ詳細な書評の冒頭に近いところで発せられた一句である。それに本文に匹敵する量の注が加わったのである。いかなる人も——、この専門家はもちろん、広くカエサルに関心を持つ人まで——、この『カエサル』を踏まえた上でなければ、カエサルに関して発言できないことになってきた。さればこそ、著者没後、一九八三年に新しい版、さらに二〇〇八年にはバルトルシュ（Ernst Baltrusch）による「手引き」という呼称の解説、「マティアス・ゲルツァーとその〝カエサル〟」および文献表をつけた新たな版が出ている。ちなみに、一九六八年に英訳（P. Needham）と邦訳（拙訳）も行なわれているが、この度の日本語訳はわたしの新訳である。実は、『カエサル』を精読するのはこれで三度目であるが、第一回目は一九五二年、いわゆる大学の卒業論文作成のときで、この第六版ではなく、注のついていない版であり、当時のわたしにとってはまだ「いい本だ」どころではなかった。ただ書いているところを読み取るだけで精一杯であった。しかし、今回はやはり「いい本だ」と実感している。わたしの旧訳は、形としては、当時としては最新刊書の翻訳であった（ゲルツァー教授も生きておられ、質疑応答も可能だった）が、今回は古典としての『カエサル』に対面することになった。何よりも間違いも多かった旧版とは違った——不敏の性、旧版を越えているとは言えないかもしれないが——新しい訳を示すことで、今は亡きゲルツァー教授とあらためて対話が出来たのは嬉しいことであった。

著者のゲルツァー教授は、一八八六年一二月一九日、スイスのバーゼルラントのリースタールに生を享け、一九一二年の『ローマ共和政期の名門貴族』（Die Nobilität der römischen Republik）をもって新しいローマ史研究の方向付けをして以来、半世紀以上にわたり学界をリードし続け、一九七四年七月二四日にフランクフルト・アム・マインで亡くなった。一九一五年にグライフスヴァルト大学の古代史の正教授、一九一八年にシュトラスブルク大学、次いでフランクフルト・アム・マイン大学（ヨハン・ヴォルフガンク・ゲーテ大学）に転じてから、一九五五年に定年で職を退くまで、フランクフルト大学の正教授の地位にあり、定年後もずっと同大学で教壇に立っていた。

ローマ史研究における古典中の古典であるが、本来広い読者層を対象としたモムゼンの『ローマの歴史』（原著は Römische Geschichte, I— III, 1854-1856. 邦訳は第九版（1902-1904）による）

を読書人に提供した訳者としては、モムゼン以降のローマ史、ローマ人像の研究の発展を跡付ける仕事が残っていた。それが、モムゼンに対して、あるいはそれを踏まえて新しい道を開き、前世紀半ばすぎまで学界をリードし続けたこのゲルツァー教授の業績の紹介である。ゲルツァーには通史の叙述はないが、今回訳出することになった三作品、『カエサル』、『ポンペイウス』、『キケロ』は、「古代ローマの政治がどのように運営されているかという点について、読者にできるだけ完全な像を提供する」と明言されているとおり（『ポンペイウス』の「はしがき」にある文章だが、三著に通ずるものといえよう）、力点を個人史に据えた通史の役割をも担っているのである。しかもこの三著作は、二十世紀半ばのローマ史学の到達点を広い読者層に示したものでもあり、モムゼンの時代から、知識人の心を捉えてきた「ローマ人」像を、確実な根拠の上に今一度考え直す役割をも果たしている作品だからである。

ゲルツァーのカエサル像の成立は一九一四―一五年の数年後のこととされ、したがってそこには第一次世界大戦が色濃く影を落としているといわれている。『カエサル』の執筆時期も一九一八年春から一九二〇年春までと、ゲルツァーの弟子シュトラスブルガーによって明らかにされている。そして、それ以降ゲルツァーのカエサル像は動いていないのである。シュトラスブルガーの文章（一九七七年）は、ゲルツァーの人間形成の歴史を『カエサル』成立史を軸に述べたもので、学問の世界でも、また人間的にも教授のもっとも近くにいた人物の目で描かれており、いかにして「歴史的な偉大さ、偉大な人物」を見る目、すなわちゲルツァーのカエサル像が形成されてきたかを論じて、まことに貴重な考察になっている。それによれば、『カエサル』各版において、とりわけ人物評価にかかわるデリケートな変化は見せるものの、基本的な点では変化がなかったとされている（各版における、研究の進展による個別的な問題の位置付けの変化は、ゲルツァー自身によって整理されてきたのも当然のことであろう）。この時代にどのようなカエサル研究が出版されたかを振り返ってみれば（K. Christ, Caesar 1994〔拙訳、モムゼン『ローマの歴史』においても一言触れてある〕）、これはたいへん貴重な発言である。ちなみに、カエサルをコンパクトに論じたゲルツァーの二論文（“Caesars Weltgeschichtliche Leistung” (1941) と “Caesar” (1942)）が第二次世界大戦中のものとしてあり、時論的な色合いもこめた（静かにナチ体制批判をにじませたもの）この二点とも、一九四三年刊行の論文集 Vom römischen Staat に収録されている（ただし両編とも、三巻からなるその『小論集』（一九六二―六四年）には収められていない）。

ゲルツァーの学問的な基本姿勢は、彼の言を敷衍して言えば、自分の目による徹底的な史料批判であり、その目は現実に生起する事象に対応することによって生まれるものだという。そのゲルツァーの仕事の一貫性については三著の翻訳の最後にまとめて記さねばならないが、具体的な表現に即して簡単に示しておこう。画期的な教授資格論文『ローマ共和政期の名門貴族』（一九一二年）にはじまるゲルツァー教授の仕事には、(1)

政治人としてのローマ人の有り様と、(2)社会の仕組みについての捉え方の一貫性がみられる。それはノビリタス（名門貴族）、クリエンテラなど、いくつかの要素を回転軸として社会・政治をとらえ、「共同体国家と帝国（＝支配圏）国家」（一九二四年、ローマ史研究に指針的な役割を果たしてきた論文という評価が下されている）という枠のなかでそれらを考えることである。詳しくは続く訳業のなかで述べることになるが、いずれも常識的にだれにも考えられることを、史料を深く読み込み、押さえるところを押さえ、最後の飛躍（史料から事実への）を最小限禁欲的なものにとどめ、大きな、あるいは違った型の飛躍を他の研究者に委ねている点も大きい（ゲルツァーの後継者は続出し、そしてみなすばらしい業績を上げている）。そういう意味で教授の仕事はすべてが指針的なものとなっているといえよう。

本書の副題は Der Politiker und Staatsmann とあり、とりわけ Staatsmann（本来、フランス語からの造語である）は本書の冒頭で定義付けられている。この表現は、日本語には適切な訳がないし、通常はただ「政治家」と訳されているが、「国家人」とまで訳した政治学者もいたことを思い出す。まことにその通りだが、この訳は市民権を得てこなかったような気がする。わたしとしては「大政治家」と訳してきたし、今回もそうせざるを得なかったが、あるいはときには「真の政治家」とも訳した。とくに Politiker すなわち政治家と並べられると、なんらかの評価、価値観をともなう語になってしまうのである。カエサルは、Staatsmann といえるかどうか、具体的にどういうところを取り出して、そのようにいえるか？　それが、この本の底を流れるトーンの一つともいえよう（元々が「偉大な政治家」シリーズの一冊をなしていた著述だからでもあろうか）。まず、この点に考えを巡らせなければならない。三著を連ねるものとして、「政治家」という課題が与えられたとすれば、本書で考えられている、いや問われている政治家とは Staatsmann に他ならないからでもある。

実は、わたしの世代までの人間にとっては、政治家、あるいは真の政治家、大政治家という場合、その要諦として、すぐに「修身、斉家、治国、平天下」あるいは「経世・済民」という文句が思い浮かぶが、現在の読書人にはどうであろうか。そもそも偉人論、大人物論というと現代人は鼻白む思いがするかもしれないし（わたしが、初めて小学二年生のとき与えられた児童書が、偉人論だったことをはっきり覚えており、その後の戦争の時代から現代の日本のさまざまな政治家に対面しているのだが）、「天下、国家」を唱えてかえって失笑を買う政治家も出ているからである。

ところで Staatsmann も Politiker も、ラテン語では、つまりローマ人の世界では「国事（レス・プブリカ）に携わる人」である（独ラ辞典をみよ）が、ゲルツァーはその国事（レス・プブリカ）に携わる人にとってもっとも大事な資質を本文冒頭に掲げており、その上で本論では、カエサルに関して「イタリアの静謐、属州の平和、帝国の安寧（保全）［ゲルツァーも、二種類の表現をあてている］」を問題にした大政治家（Staatsmann）であると主張することになる（第五版（一九四三年）［第四版、一九四〇年の改訂版、二五二頁］でも。あるいは一九四二年の論文「カエサル」においても変わりない主張である）。

これは見方を変えれば一種の大人物論でもある。「大」云々は、少なくとも歴史的な人間をとらえる、その方法の一つの流れだったのではないだろうか。ブルクハルトさえも然りであったし、モムゼンも、ある意味ではゲルツァーにもその気配がある（一例だけ挙げれば、一九一八年の論文の末尾、その他枚挙に暇ない）。もちろんその場合、同時代人の評価とわれわれ後世の人のそれとに差はあろう。当然である。そこですぐに思い出すのは、〝大〟を冠せられたポンペイウスが必ずしも現在はいわゆる大政治家のなかには入れられていないことである。それに比べるとカエサルは生前には、同時代人にとって通常の政治家を抜きん出た存在ではなかったようでもある（この点を明らかにしたのがシュトラスブルガーだった。それに対する批判もある）。大人物論、偉人論は、われわれの判断と、同時代人のそれとを分けて考えねばならない。ただ、〝大きい〟云々の問題は、ゲルツァーの本書の〝カエサルの大きさ〟については、それを正面から取り扱った大論文（Otto Seel, Zur Problematik der "Grosse", Caesarstudien（1977), 43-92）があることを指摘しておかねばなるまい。また、ゲルツァーのカエサル像を批判したシュトラスブルガーの最晩年、というよりも最後の論文が、ブルクハルトの名に寄せた、カエサルの偉大さにかかわるものであったこともよく知られている（Strasburger, "Der Größte der Sterblichen": J. Burckhardts Urteil ber Caesar, 1987)。

実は「イタリアの安寧……」という句を軸に据えたゲルツァーのカエサル像自体にシュトラスブルガーの批判があるにしても、ゲルツァーのこのスローガン的な表現にはレス・プブリカ［通常国家という訳語があてられるし、ローマ人にとっての国家である］なる語はないこと、それを越える世界に注ぐ目という意味でカエサルを凡百の政治家を越える大政治家としていることを思い、一方Staatsmannは、辞書ではレス・プブリカあるいはキウィタス（いずれも日本語では国家と訳されている）にかかわる存在とせざるを得ないことを考えると、ここのところをどう埋めるかが求められよう。そこで、問題の出発点、レス・プブリカに携わる人＝政治家の、そのレス・プブリカ＝国家についてのローマ人の基礎知識にまで戻ることになる。試みに国家に関して独ラ辞典にあたってみるがよい。レス（もの、こと）の他には、レス・プブリカ、キウィタス（市民団）、レグヌム（王政、王国）、インペリウム等、ある政体、特定の型の国家にあたるものしか挙げられていない。国家一般についてのラテン語を持たないローマ人にとっては、「国家」はレス・プブリカなのである。しかし国家をレス・プブリカと呼んでも、ローマ人としては東方諸国家に関してはレス・プブリカという表現は使えないし、ほとんど使っていない（一例、あるいは二例しかない）。大体王国にはあてられない表現だからである。王国、王政は、ローマ人にとっては「自分たちの国」ではありえないのである。さればこそ、カエサルが王位を狙うものとして抹殺されることになるのは周知のところであろう。そこでレス・プブリカを旗印としてかかげる暗殺者を非難するのは、ギリシアからの借り物であるレス・プブリカだともされる（本シリーズの『キケロ』でこの問題は明らかにされるであろう）。レス・プブリカの問題は、ことカエサルに限定してもここまで広がってゆく。なによりも、われわれが国家と呼ぶもののラテン語が存在しないローマ人にとっては、われわれが国家と称しているもの（国民、国土、それにいまひとつの要素、すなわち主権あるいは統合するものを擁したもの）は存在しないのであり、その上でのレス・プブリカだというのが原点であり、そういう意味をこめて、レス・プブリカなる表現を本書でもルビをつけた訳を施した。本書では、Staat（国家）とレス・プブリカと分けて書かれている。もちろんドイツ語のレプブリーク（Republik）も同様である。ストレートにレス・プブリカを国家と訳すことができる場合も、できない場合もある。しかもローマ人にとっては、レス・プブリカ＝国家＝ポプルス・ローマヌス、すなわちポプルスであるとすれば、政治家にとってローマ国民こそが、政治家たるものの常に中心に据えて考え、行動せねばならぬ対象であること、そしてローマにおいては、政治家は軍人でもあることを忘れてはなるまい。

　また本文冒頭の「政治家、真の政治家の資質あるいは定義」に戻ると、ゲルツァーは現状を見抜き、対応できる才能と政治的な創造力＝革新性を要諦にあげている。カエサルに関しては、名門貴族体制の機能不全を打破（時代を見抜き、対応する）し、軍事独裁政の樹立（政治的な創造力＝革新）を志向したとゲルツァーはみるのであるが、前者は一応そのままにしておいて革新性については一言必要であろう。いわゆる保守派政治家は「真の政治家＝大政治家」に入れてもらえないのか、という疑問が出てくるからである。ローマで言えば、スッラ、ある意味ではポンペイウス、あるいはキケロも、という思いが頭をよぎるであろう。そういえば、モムゼンは、セルトリウス、クリオ、カエサルを大政治家としている。どうしてクリオ（馴染みのない名前かもしれないが、人名索引からでもイメージを描いてほしい）を、と思ったことがある。そこでローマにおける革新性とわれわれの思い描く革新性が異なっているところに思い至った（拙訳モムゼン『ローマの歴史』で触れてあるが、ローマ的な感覚では復古も革新に入る）。さらに今は消えかかっている〝修身〟、人格的な、あるいは道義性を問題にした捉え方が、欧米世界やローマ世界ではどうなっているのかということがある。たしかにゲルツァーもこの点に関しては、カエサルの悲劇の原因の一つに「道義性」への意識の欠落を挙げているのは当然であろう。

　次に叙述の具体例として、開巻第一頁に、カエサルの生まれた日付が出てくることを挙げてみよう。前一〇〇年七月一三日である。だれもそのものとして読み過ごすだろうが、この年月日でさえ問題があったのである。とくにカエサルの生まれた年について、私個人には思い出がある。敗戦間もない頃だったが、カエサルについて小文をものしたとき、カエサルの生年を一〇〇年と書いたところ、編集者が、一〇二年と訂正して原稿を返してきた。編集者曰く、手元の百科事典には一〇二年とあります、というのであった。その頃（一九五〇―六〇年代）は、ドイツ語圏では、一〇二年、またフランス語圏では一〇一年説も結構流布していた（手許にある独仏の百科事典はすべてといってもよい。岩波の西洋人名事典も一〇二年になっている）。実はドイツ語圏の一〇二年説は、近代ローマ史学の樹立者とも言うべき巨匠モムゼンの打ち出したものなのである（拙訳『ローマの歴史』第四巻、一四―一五頁）。それは、学問の世界では必ずしも定説になったわけではないが、ドイツ語圏では、モムゼンの名前とともにかなり広く流布していた。それがわが国にも伝わってきて、カエサルの生年とされていたのである。ちなみにフランス語圏というのは、フランスのローマ史学界の大御所だったカルコピノの説である（ある段階において彼はこの説を撤回したが）。一九八〇年代の日本の高校教科書にも「一〇一年？」となっていたほどである。実は、このような問題も本書の第一番目の注で整理されている。ただし、ここにはフランスの学者の一〇一年説については言及されていない（ここには〝注の完璧さは容赦願いたい〟というゲルツァーの思いがあること、あるいは一歩進んで一つの見解があることは確かであろう）。このように注一つが、研究の起点がどこにあるか、あるいはどのような膨らみを持つ問題であるかを示してくれる。またゲルツァーがいたるところで主張しているように、史料を徹底的に自分の目で見直し（このゲルツァーの言には、「先行研究を自分の目で見直し」ということも含まれる）、何よりも正確な像を描く基本姿勢に支えられたものであることを指摘しておきたい。ローマ史家たるもの、可能なかぎりの操作をしてカエサルの生年月日を示さねばならない、というもっとも素朴な問題に応えている。そしてその注が、ローマ史研究者にも、一般読書人にもさまざまなイマジネーションを呼び起こし（構想力を働かせて、というべきか）、発展させるものになっているのである。本書の注は、それぞれが優に一個の論文に当たるものも多い。

そこで想起したいのは、まさに「人間の数だけ意見あり」として他のカエサル像をもそのものとして許容しているところである。テレンティウス、キケロのこの発言は、ゲルツァーも引くところであり（本書第6章注251）、ただ意見の底に根拠あり、であるとともに、そう言わせるのは、可能なかぎりの史料批判を施す、鍛え上げられ、透徹した目をもった存在なのである。ここでは、歴史家的なイマジネーションを、また一般読書人も、それなりにイマジネーションを働かせて本文、注のそれぞれに対することが求められていると解したい。ゲルツァーの作品はぎりぎりまで論を進め、飛躍は読者の自由に任せているところも多いからである。

以下、訳語に関連することで、ローマ史、いや三人の政治家にかかわるいささか重要な問題をいくつか述べておこう。

まず、基本的な主張の一つの軸になる、共同体国家と帝国（支配圏）国家（Gemeindestaat und Reichsstaat）について触れておかねばなるまい。これは、ゲルツァーが国家ローマをどうとらえるべきかをもっともはっきり示す表現であるが、わたしはこれまで長年にわたり都市国家と領域（あるいは領土）国家としてきたし、本書の英訳でもGemeindestaatは都市国家（communeとするところもあるが、主にcity）とされている。ただしゲルツァー自身が、自分の言う共同体国家（Gemeindestaat）は都市国家ではない、と論文（一九二四年）のなかで言っているのを考えると、ふたたび翻訳の難しさ——近い言語同士の間でも、ましていわんや全く異質の言語の間でも——を感じた。ただし「共同体国家」なる表現も、歴史学の世界でも今はある程度市民権を得てきたようなので、本訳書では直訳ともいうべき共同体国家とした。ドイツ語のゲマインデを共同体と訳してよいか、共同体とは何か、という問題にまで踏み込まずに、形としては、直訳体である共同体国家としたのである。今一つの帝国国家も問題であろう。括弧にいれてまで「支配圏」という表現にこだわったのは、ことローマに関して通常帝国と訳してきたReichを帝国と訳し切れるかどうかという問題があるからである。しかし帝国という語を残したのも、厳密な定義付けを踏まえたものではなく、緩やかなもの、在来の約束に基づく表現だからに他ならない。ただ帝国には、ゲルツァーも文字通り〝Kaiserreich〟としているので、ことローマに関しては帝国という表現は避けるべきかもしれないが、語調から残したところもある。それでもReichとは本来「諸領域を統合する上位の統治体としての国」そして「領域・領土」であるとすれば、たとえ帝国という意味もあるにしても、Reichのもとになる表現すなわちインペリウム、その邦訳としての支配圏を使うことになったのだが、日本語らしくないことは自覚している。ただHerrschaft＝支配という訳語が現存するし、支配圏支配というおかしな訳語をあてるわけにもいかず、そこで［ ］つきで帝国［＝支配圏］あるいは［＝統治圏］としたのである。読者には帝国と支配圏、あるいは統治圏を行き来しながら考えていただきたい。

次に当邦訳に際して、訳語の選択を中心に凡例的なこと、あるいは整理して示さねばならないことを列記する（これは本シリーズの三著に当てはまることである）。

A　一般読者の読み物であるとともに、専門家の作業の出発点にするという二重の意味をもつ本書であるとすれば、本邦の専門家の間でも問題視されている日本語表現（とくに一般に適用されているもの）に関しても二、三述べておかねばなるまい。

(1) 政務官と公職者など。官という表現は、厳密に考えれば、確かにローマ世界にはふさわしくないかもしれないし、これまで政務官とされていた存在は、現在では公職者とする人が多いが、在来訳の政務官、執政官、法務官などは残した。「官」にこだわると、絶妙な邦訳たる護民官に関しても新しい邦訳を見つけなければならず、そこは緩やかな捉え方、在来の約束に基づく訳、定訳とされてきたものを採用している。

(2)陪審員など。現在は日本語表現では審判人と訳されているものは、ゲルツァー（ドイツ語圏では然り）が陪審員、裁き手としているのをそのままにしてあるが、裁き手としたのは裁判官とは言い切れないからである（いわゆる審判人を核とし、裁判指揮者である政務官も含めた表現である、とみなしたのである）。

(3)閥族派と民衆派。本訳書では両表現を使用したが、党派や政党的なものではないことは、ゲルツァーも随所で述べているとおりである。それにしても「派」というのが、いや何よりも「民衆」がひっかかるが、一応「定訳」を使用している。

(4)これまで属州長官、地方長官という語を使ってきたが、ここでは総督という現在一般に使われている表現に変えた。もともと総督とは、テクニカル・タームの訳ではなかったし、称号としては、proconsul, propraetor など「代理」的な意味をともなった表現であったこと、さらに近代語で Statthalter, Governor とされていることも念頭において、総督よりも属州長官、知事という日本語を当ててきたが、今回は通常の広く使われる訳にしたがった。

(5)レガトゥスには、基本的には、使節および副司令という訳語で通したが、レガトゥスが本来的にはローマの外との関係にかかわる役職の呼称であること、使節であろうと、軍指揮官であろうと、いわゆる属州の副総督であろうと、その点はかかわりない。第三のケースの場合、現在は、ストレートに総督代理と訳されているが、呼称と役割の点を踏まえて、レガトゥスの訳語としての副司令は残し、それにルビを振って「副司令《レガトゥス》＝総督代理」とし、総督代理にレガトゥスというルビを振ることはしなかった。ただし、執政官代理という訳語との関連から代理の言葉は避け、「副」としたい気持ちは残る。似たようなことだが、総督も、称号・役職名としては一般に執政官代理（法務官代理も）とされているので（ゲルツァーももちろん、執政官代理としている、レガトゥスも然り）、「執政官代理＝総督」とした。これは、可能なかぎり原語を残す、あるいは原語が想定できる訳語にしたかったからでもある。

(6)国民と民衆、そして人民。いずれも、populus の日本語訳にあたるもの。欧米語では、ポプルスは、この三表現を内包した表現になっている（Volk あるいは people など）が、日本語では、国民、民衆、人民などいずれかを適用しなければならない。ところが、どれかに訳し切ってしまうとなんらかの違和感が残る。欧米語や日本語の国家ではなくレス・プブリカ、すなわちローマ人の言う国家の「民」すなわち国民という意味で、国民を使うようにしたいが、やはりどうしても近代国家における国民のイメージが拭えないであろう。やはり読者には、民衆と国民、双方に思いを動かしながら読んでいただきたい。(3)の民衆派も populus から来る表現であるし、(1)の「官」も「民」との関わりも問題となることを承知のうえである。いずれもこのどれかを与えても、底の底ではしっくりこないものを感じていた。もちろん、それは日本語だけの問題ではない。ドイツ語も然りであろう。

(7) コンティオも日本語になりにくい表現である。本書（三書とも）でも、原表現をそのまま使ったり、集会、国民＝市民集会とされたりする。私も単なる集会としたり、民会という便利な表現を使って民会、広い意味での民会、略式民会とした。

(8) ゲルツァーが dignitas（ディグニタス）など原表現を示しているところ（ディグニタスの解説は本書七九頁にある）は、ルビの形で残した。さらにもう一歩すすめて、ドイツ語で示されていたとしても、明らかにギリシア語、あるいはラテン語のドイツ語表現＝訳である場合、それを原表現に戻して、日本語にした。したがって Prestig, Würde など、史料的にディグニタスであることが明らかである場合は（史料の引用であることが、〃〃印で示されている場合などは明らかに）、原表現に戻して訳した。Prestig, Würde を、そのまま日本語に訳すのと、両者をゲルツァーが dignitas のドイツ語訳として使っているのを踏まえるのとでは、当然日本語表現も変わってくるからである。原著者が、ラテン語でそのまま記しているところは、原著者が原語でしか言い表わせないものとしているとともに、ローマ人の有り様の独自性を示すものである。ディグニタスには、日本語では威信の訳語が当てられることが多いが、位階とされることもあるようにそれ自体の邦訳はいずれもそれなりに正しいとはいえ、原語は双方の意味を含んだ、あるいは包摂したものだからである。ローマ人の使っていた表現、言葉でも、ローマ人の心性や生き方、あるいはその社会などの独自性を示す表現で、ドイツ語にできないものと解しているからといえよう（ドイツ語にも dignitas にあたる語は Dignität という語として存在し、その邦訳には威信・位階などが挙げられているが）。

ラテン語表現の邦訳は、必ずしも統一を計らなかった。具体例を挙げれば、独裁官職を退いたスッラは、「目に一丁字もない人物だった」（もともとは國原吉之助氏の訳の借用）としたり「イロハのイも知らない……」など。ゲルツァーも同一史料に関して、文脈に即していささか異なった訳を用いているからである。既訳を参照した場合は注にその旨を明記した。

(9) 基本的には原本に忠実な訳であることを心掛けたが、あえていささか手を加えたところもある。明らかな誤記、誤植は適宜訂正したが、一種の古典として、他の点には原則として手を加えなかった。ただできるだけ史料に語らせるという著者の姿勢を考えると、細かい表現でもその原史料が分かる場合は、原史料まで遡って訳した。残念ながら全箇所には目が行き届かなかったし、その必要のない箇所は訳者なりに判断した。たとえば、(6) の populus（国民、民衆）に関して言えば、群衆にあたる volgus のドイツ語訳としての Volk であることが明らかな場合は、当然群衆とした。(7) の dignitas に関しても、同じようなことが言える。本文でラテン語のままの表現は数個にすぎないので、どうか読者もその程度のラテン語は一応心得ていただければありがたい。注にはラテン語文章が頻出するが、少なくとも本文にも出てくる単語は、分かるように手を加えてある。

(10) 原文がラテン語、あるいはギリシア語の場合、それが分かるような印（たとえば「」）、訳語を使ったが、読みやすさと抵触する場合、単語表現ではどちらかを優先させねばならないことも多く、読みやすさを犠牲にして原表現の方を優先させた。通常の訳書とは異なっていることをお詫びしたい。

B　形式（とくに注）にかかわること。

(1)原著で字下げされていない引用も、長文の場合は字下げした。また原著には小見出しはないが、欄外見出しを小見出しにした。

(2)原著では、『カエサル』『キケロ』の注は、本文と同一頁に、『ポンペイウス』の注は巻末にあり、そのために叙述に差がある。本シリーズでは、注をすべて巻末にもっていった。

(3)原著の注は三著とも、基本的には「指摘」、つまり史料名に加えて、史料の当該箇所（原文のまま）の指摘、そして議論へと展開する。『カエサル』は議論、すなわち叙述の占める部分が大きい。そのため叙述形式に近付けるための語を補った。厳密に言うと原文とは異なるといえよう。一般読者にも注の箇所を読んでいただきたいからである。

(4)三著の注の付け方、史料の略記の仕方が異なっている――同一書のなかでも――が、原著の記述を尊重しつつ、できるだけ統一を図った。明らかな誤植、誤記は適宜訂正したが、一種の古典として、他の点には手を加えていない。

とくに史料や文献の略記は、原文を生かすが、あまりにも簡略化したところは、数箇所、手直しをした。たとえば著者が自分の論文に関して示した略記は、原論文名その他を加えた。

(5)注の略号一覧では暦表や法律関係の略記・略号の指摘まで及ばなかったが、当該碑文集の略号その他から見当をつけていただきたい。

(6)著者の利用した刊本が、最終版のものでない（現在ではなく、著者の執筆時に最新の版がある）場合、たとえばEd. Meyer, Caesars Monarchie und das Principat des Pompeius は第一版(1918)、もしくは第二版（1919）の頁数が挙げられている場合、現行流布本の第三版（1922）の頁数も［ ］で加えた。

(7)キケロの書簡は、ゲルツァーが引用した版と現行諸版、とりわけ岩波版（『キケロー選集』岩波書店）との差を記した。

(8)注、とりわけ史料の検討は、訳者の手元にある史料でしか果たせなかったことをお詫びしたい。現実問題としては不可能だったとはいえ、最後まで気掛かりなところである。

三著ともに、家人の検討を煩わした。半世紀前、ゲルツァー先生とお会いするたびに、家人に向かって、笑いながら「亭主を叱咤激励して、たくさん仕事（produziern あるいは schaffen と言われた）させよ」と言っておられたゲルツァー先生のことだ。お許しくださることであろう。

最後に名古屋大学出版会編集部の橘宗吾氏および三原大地氏のお力添えに心からお礼申しあげたい。

二〇一三年六月一〇日

訳　者

年譜

年（西暦前）	カエサルに関する事項
一〇〇	七月一三日、ガイウス・ユリウス・カエサル生まれる。父はガイウス・カエサル、母はアウレリア
八七	（一三歳）マリウスとキンナの勝利後、ユピテル神官に擬せられる
八四	（一六歳）キンナの娘コルネリアと結婚する
八一	（一九歳）スッラの勝利後、迫害を受け、コルネリアとの離婚を促されるが、拒否。娘ユリア生まれる（七六年か）
八〇	（二〇歳）属州アシアで初めての軍務。ミュティレネ占領にあたり、市民冠を得る
七八	（二二歳）キリキアでセルウィリウス・イサウリクスのもと軍務に服する。スッラの死後、ローマに帰還
七七	（二三歳）執政官格の人グナエウス・コルネリウス・ドラベッラを告発
七五	（二五歳）雄弁術を学ぶためロドス島に。ミレトス南方ファルマクサ島付近で海賊に捕らえられる
七四	（二六歳）ミトラダテス戦争において属州アシアで戦う
七三	（二七歳）神官職に就任（～四四）（六三年以降は神祇官長）

年（西暦前）	参考事項
一〇七	マリウス、第一回目の執政官に
一〇六	キケロ生まれる（一月三日）
九一	同盟市戦争（～八八）
八八	マリウス・スッラの抗争激化
八七	キンナ執政官に（～八四）
八六	マリウス死去
八四	キンナ殺される
八三	第二次ミトラダテス戦争
八二	スッラ独裁官に
八〇	セルトリウス、スペインで勢力を伸ばしはじめる（セルトリウス戦争）
七八	スッラの死
七六	セルトリウス戦争本格化（～七二）
七四	ルクッルス執政官に。第三次ミトラダテス戦争（～六三）。キュレネ、ローマの属州となる
七三	スパルタクスの乱（～七一）

七一	（二九歳）軍団づき高級将校に
六九	（三一歳）財務官（スペインの総督の副官）。伯母ユリア（マリウスの妻）と妻コルネリア死亡、二人の追悼演説。その後スペインに赴く
六八	（三二歳）アルプスの此方のガッリア州の住民を扇動
六七	（三三歳）スッラの孫娘ポンペイアと結婚。ガビニウス法（ポンペイウスに海賊掃討の大権を与える法）を支持。アッピウス街道管理官に
六六	（三四歳）マニリウス法（ポンペイウスにミトラダテス戦争の命令権を与える法）を支持
六五	（三五歳）按察官に（同僚はマルクス・カルプルニウス・ビブルス）。マリウスの勝利のトロフィの再建。エジプト併合に関するクラッスス案を支持。剣闘士競技を華々しく行なうなど、人心収攬策を展開する
六三	（三七歳）神祇官長に。一二月五日、カティリナ陰謀事件で積極的な発言
六二	（三八歳）法務官に。ユピテル神殿再建でカトゥルスを弾劾。護民官カエキリウス・メテッルス・ネポスの親ポンペイウス的な諸法案を支持。一二月、クロディウス事件
六一	（三九歳）執政官代理＝彼方のスペインの総督。ルシタニ族を討つ
六〇	（四〇歳）六月、スペインから帰還、翌年の執政官に立候補。一二月、ポンペイウス、クラッススの私的密約（第一回三頭政治）なる
五九	（四一歳）執政官（同僚はビブルス）。農地法案（第一回、第二回）、徴税請負法、不当利得返還法、アレクサンドリアの王に関する法、元老院議事公開法等を可決。カルプルニアを娶る（三回目の結婚）。ヴァティニウス法でカエサルの任地（アルプスの彼方と此方の両ガッリア州）が決められる
五八	（四二歳）執政官代理＝アルプスの彼方と此方のガッリアおよびイッリュリクムの総督（～四九）。ガッリア戦争（～五一）。ヘルウェティイ族およびアリオウィストゥスを討つ
五七	（四三歳）執政官代理＝ガッリア総督。ガッリア北部のベルガエ人を討つ
五六	（四四歳）執政官代理＝ガッリア総督。四月、ルカの会談。三頭同盟の更新。ブルターニュ、ノルマンジー地方の部族を討ち、アクィタニアに遠征

七二	セルトリウスの死
七一	クラッスス、スパルタクスの乱を平定。ポンペイウス、スペインより凱旋
七〇	ポンペイウスとクラッスス、執政官に
六七	ポンペイウス、地中海の海賊を掃討
六六	ポンペイウス、ミトラダテス戦争の命令権を獲得
六四	ポンペイウス、シリアを押さえる
六三	キケロ執政官に。ミトラダテス死去。カティリナの陰謀発覚
六二	ポンペイウス、イタリアに帰還（一二月）。ビテュニア、キリキア、シリアが属州となる
六一	二月、ポンペイウスがローマに帰還。九月に凱旋式
六〇	第一回三頭政治結成
五九	四月、ポンペイウス、カエサルの娘ユリアと結婚
五八	カエサルの岳父ピソ、執政官に。護民官クロディウスの法通過。キケロの追放。小カトーはキュプロスに
五七	キケロ、ローマに帰還。ポンペイウス、五年の穀物供給の命令権獲得。エジプト問題再燃
五六	クロディウス按察官に。カトー、キュプロスから帰還

五五	（四五歳）執政官代理＝ガッリア総督。執政官代理職の五年延長が決定。ゲルマン人（ウシペテス、テンクテリ族）を討つ。ライン河を渡り、ゲルマニアに侵入。その後、ブリタンニアに渡る	ポンペイウスとクラッスス、第二回目の執政官に
五四	（四六歳）執政官代理＝ガッリア総督。七月、ブリタンニアに再渡海。八月、娘ユリア死去。秋、ガッリアで大叛乱が起こる。カエサルのバシリカ建設	ポンペイウス、任地スペインを副司令に統治させる（以後も任地に赴任せず）
五三	（四七歳）執政官代理＝ガッリア総督。北ガッリアの諸部族を討つ。とくにトレウェリ族とエブロネス族を撃破。第二回目のライン渡河	ローマの混乱、七月まで執政官就任できず。クラッスス敗死（六月）
五二	（四八歳）執政官代理＝ガッリア総督。一〇人の護民官の法案でローマ不在のまま、四八年度の執政官への立候補が認められる。ガッリア中央部の諸部族が、ウェルキンゲトリクスの指揮下で大叛乱を起こす。アウァリクムの攻囲。ゲルゴウィアの陣。アレシアの決戦でガッリアの大蜂起に止めを刺す	ローマの無政府状態つづく。クロディウス暗殺される（一月一八日）。ポンペイウスの単独執政官。ミロの処刑（四月）。年末、ポンペイウスの同僚執政官に岳父スキピオ選任
五一	（四九歳）執政官代理＝ガッリア総督。ベッロウァキ族を討ち、ウクセロドゥヌムの攻囲後、ガッリア征服事業を完成。一方、ローマではカエサル召喚問題が激化。『ガッリア戦記』公表	パルティア軍、シリアに侵入。ビブルス、シリアの総督に。キケロ、キリキアの総督に（〜五〇）
五〇	（五〇歳）執政官代理＝ガッリアの総督。任期、執政官立候補をめぐる問題がローマで激化	ポンペイウス、カエサル召喚を提議、国家保護の大権を与えられる
四九	（五一歳）内乱始まる。一月七日、元老院最終決議。一月一〇日（諸説あり）ルビコン渡河。二月一四日コルフィニウム封鎖（〜二一日）。三月、ブルンディシウム攻囲、一七日、ポンペイウス、東方に向けて出帆。四月からマッシリア包囲。五月、クリオ、シキリア占領。六月、スペインに入り、八月二日、イレルダの戦いでペトレイウスとアフラニウスの率いるポンペイウス軍を撃破。一二月、第一回目の独裁官に	内乱始まる。両執政官、ポンペイウスとともにイタリアを放棄、東方に拠ってカエサル（軍）に対峙。エジプトでクレオパトラとプトレマイオスが争う
四八	（五二歳）第二回目の執政官に。東方に渡る（一月四—五日）。四月デュラッキオンの陣地戦（〜七月）。八月九日、ファルサロスの決戦でポンペイウス軍を撃破。九月、第二回目の独裁官（一年）に。一〇月二日、アレクサンドリア上陸。アレクサンドリア戦役始まる（〜翌年三月）	ポンペイウス暗殺される（九月二八日）。法務官カエリウス・ルフス、ミロと結んで反乱を企て、暗殺される
四七	（五三歳）三月二七日、アレクサンドリア戦役終わる。クレオパトラを再び王位に。六月はじめ、エジプトを去る。クレオパトラとの間にカエサリオンを設ける。八月一日（二日説もある）、ゼラの合戦でファルナケス王	護民官ドラベッラ、デマゴーグとして活躍。カエサルの軍団の蜂起

	を破る。一〇月はじめローマ帰還。一二月二八日、アフリカ北岸に上陸（アフリカ戦役）
四六	（五四歳）第三回目の執政官。四月六日、タプソスの戦いでスキピオらを破る（アフリカ戦役終了）。七月二五日、ローマ帰還。第三回目の独裁官（十年）。風紀監察官に任ぜられる。八月、四度の凱旋式（ガッリア、エジプト、ポントス、アフリカの戦い）。九月、ウェヌス・ゲネトリクス神殿奉献。一一月、スペインに向かう（スペイン戦役）。一二月、スペインに入る
四五	（五五歳）第四回目の執政官。四月まで引き続き第四回独裁官（翌年二月、終身の独裁官に）。暦法改正で一月一日よりユリウス暦採用。三月一七日、ムンダの決戦に勝つ（スペイン戦役終了）。『反カトー論』を著す。夏、スペインで都市拡張法・都市法の実施。一〇月、ローマに帰還、凱旋式。元老院議員数、政務官数を増やし、パトリキ貴族を新設、市壁を拡張し、関税その他の改革を行なう
四四	（五六歳）第五回目の執政官。一月二六日すぎに終身の独裁官。二月一五日、公式に終身の独裁官の称号を使用。二月一五日、ルペルカリアの祭りでアントニウス、王冠を奉呈しようとする。三月一五日、暗殺される。三月一八日、元老院カエサルの国葬を決議。三月二〇日、国葬

四六	スキピオ、小カトーの死
四五	ムンダの決戦でグナエウス・ポンペイウス（大ポンペイウスの長男）敗死。カニニウス・レビルス、一日だけの執政官に
四四	アントニウス、カエサルとともに執政官に。ブルトゥス、カッシウスは法務官に
四三	第二回三頭政治成立。キケロ暗殺される
四二	カエサルの神格化、元老院で決議される

＊年譜の年号は現在の通説に従った。

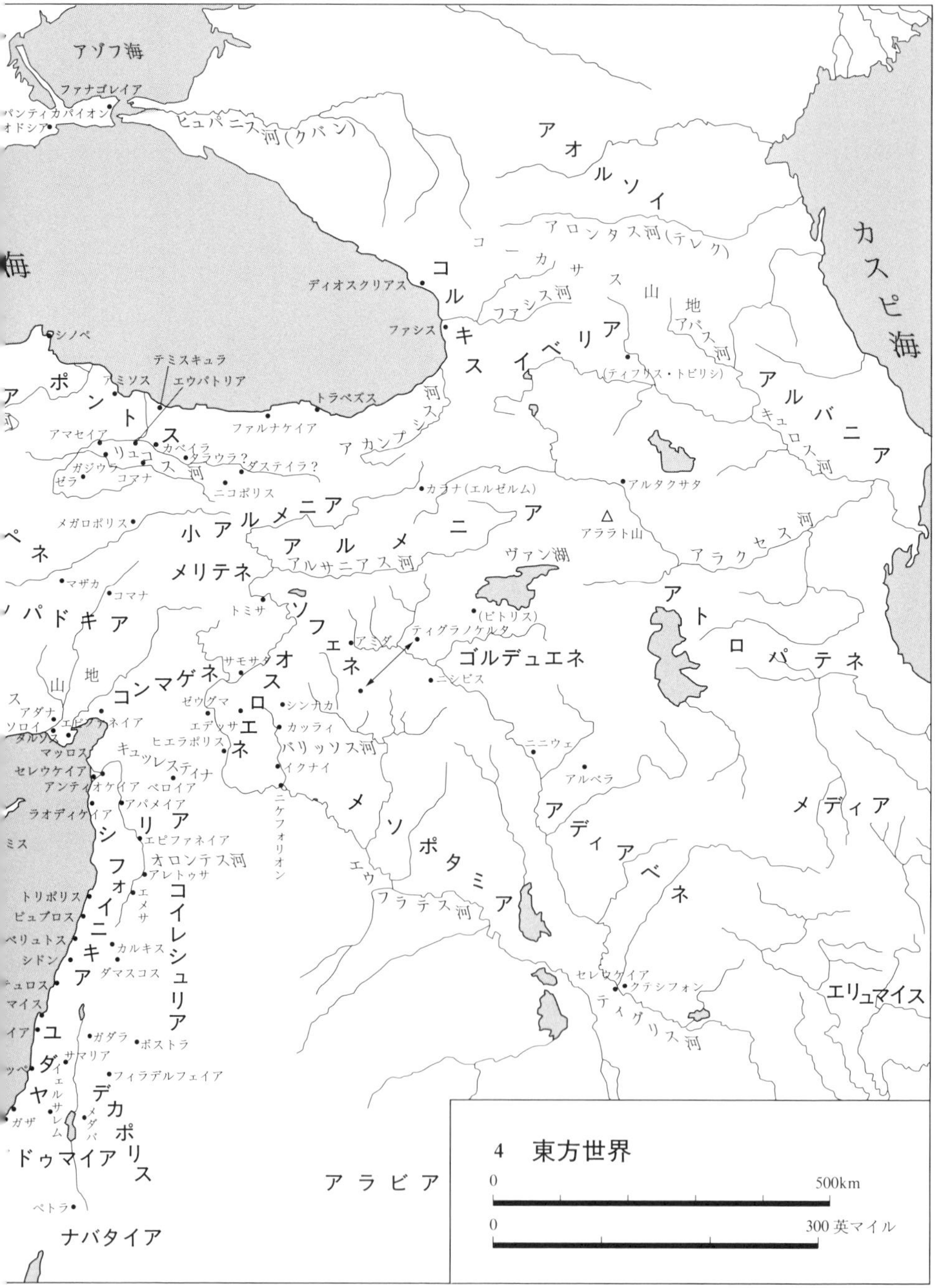
アゾフ海
ファナゴレイア
パンティカパイオン
テオドシア
ヒュパニス河(クバン)
アオルソイ
アロンタス河(テレク)
コーカサス山地
カスピ海
海
ディオスクリアス
コルキス
ファシス河
ファシス
イベリア
アバス河
(ティフリス・トビリシ)
アルバニア
キュロス河
シノペ
テミスキュラ
エウパトリア
アミソス
ポントス
トラペズス
ファルナケイア
アカンプシス河
アマセイア
リュコス河
カベイラ
ダラウラ?
ダステイラ?
ガジウラ
ゼラ
コマナ
ニコポリス
カラナ(エルゼルム)
アルタクサタ
メガロポリス
小アルメニア
アルメニア
アララト山
アラクセス河
アルサニアス河
ヴァン湖
メリテネ
マザカ
コマナ
カッパドキア
トミサ
ソフェネ
(ビトリス)
アトロパテネ
アミダ
ティグラノケルタ
ゴルデュエネ
サモサタ
オスロエネ
ニシビス
山地
コンマゲネ
アダナ
ソロイ
タルソス
エピファネイア
ゼウグマ
シンガラ
エデッサ
カッラィ
ヒエラポリス
バリッソス河
マッロス
キュッレスティナ
イクナイ
セレウケイア
アンティオケイア
ベロイア
ニケフォリオン
ニニウェ
アルベラ
アパメイア
メソポタミア
アディアベネ
メディア
ラオディケイア
シリア
エピファネイア
オロンテス河
アレトゥサ
エウフラテス河
エメサ
フォイニキア
コイレシュリア
トリポリス
ビュブロス
ベリュトス
カルキス
シドン
ダマスコス
テュロス
セレウケイア
クテシフォン
エリュマイス
ティグリス河
ガダラ
ボストラ
ユダヤ
サマリア
フィラデルフェイア
イェルサレム
デカポリス
ガザ
メダバ
イドゥマイア
アラビア
ペトラ
ナバタイア
0
500km
0
300 英マイル

4　東方世界

(The Cambridge Ancient History. Vol. IX. 2ed. 1994 所収の地図をもとに作成)

バスタルナイ
ダルダニア
ダヌビウス河
イストロス
トモイ
ケルソネソス
黒
エペイロス
リッソス
デュッラキオン
アスパラギオン
アプソス河
アポッロニア
オリコン
アクロケラウニア
ケルキュラ
(コルキュラ)
ブトロトン
アオオス河
パイオネス
アクシオス河
ヘラクレイア
エグナティウス街道
マケドニア
ベロイア
ハリアクモン河
ペネイオス河
ラリッサ
テッサリア
ファルサロス
アイトリア
ストリュモン河
ネストス河
ヘブロス河
アンフィポリス
テッサロニケ
タソス
デメトリアス
レムノス
テネドス
レスボス
エウボイア
カイロネイア
デュメ
パトライ
アカイア
コリントス
アテナイ
カリュストス
スパルタ
ザキュントス
キオス
サモス
デロス
ボスポロス海峡
ビュザンティオン
カルケドン
ニコメデイア
ニカイア
マルモラ海
プリアポス
ランプサコス
キュジコス
ブルサ
ミレトポリス
ダルダノス
トロイア
ミュシア
ビテュニア
ミュティレネ
ペルガモン
クラゾメナイ
エフェソス
トラッレイス
プリエネ
ミレトス
アラバンダ
アフロディシアス
アシア
マイアンドロス河
アパメイア
カリア
コス
クニドス
ハリカルナッソス
ロドス
テルメッソス
リュキア
ミュラ
ファセリス
アッタレイア
オリュンポス
シデ
ピシディア
パンフュリア
イサウリア
リュカオニア
イコニオン
キュビストラ
イサウラ
パッパ
フィロメリオン
ペッシヌス
ガラティア
アマストリス
ティオス
ヘラクレイア
パフラゴニア
サンガリオス河
ハリュス河
キリキア
コラケシオン
キュプロス
パフォス
アマトス
キュドニア
クノッソス
イタノス
クレタ
ラッパ
ゴルテュン
エレウテルナ
地中海
アレクサンドレイア
マレオティス湖
ペルシオン
ラフィア
ヘリオポリス
メンフィス
エジプト
デュッラキオン包囲戦の布陣
デュッラキオン
デュッラキオン橋
ペトラ
カエサルの陣営
カエサル軍の堡塁
ポンペイウスの陣営
ポンペイウス軍の堡塁
現在の海岸線
マルケッリヌスの陣営
0 5km
0 2英マイル
パラムソス
(レスニキア)河
カエサルの古い陣営
ポンペイウスの新陣営
至アポッロニア

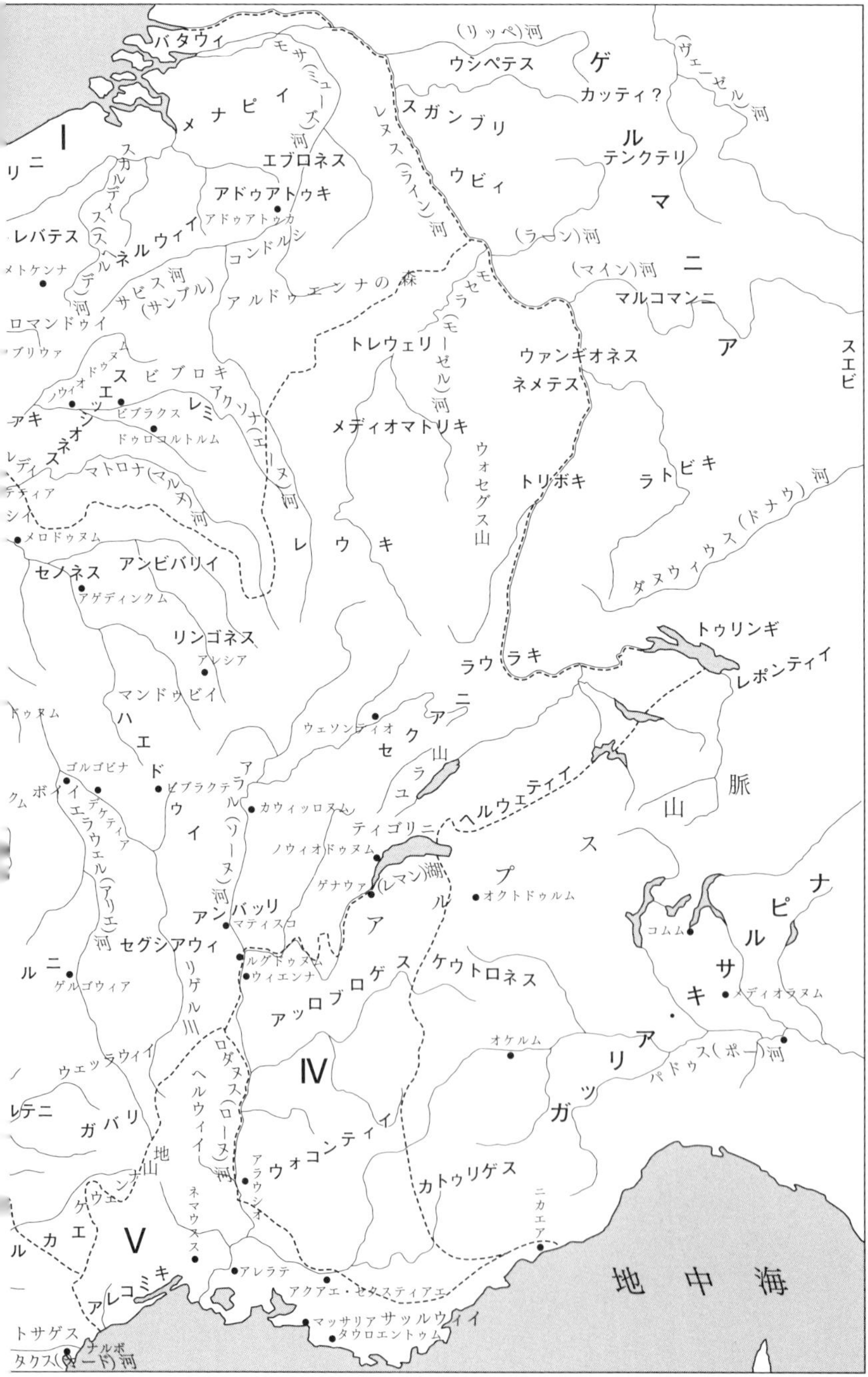

Aufl. Bayerisher Schulbuch-Verlag. 1954. S.33c 図および國原吉之助『ガリア戦記』1994 年所収図をもとに作成)

タメシス（テムズ）河
トリノウァンテス
ロンディニウム
カンティウム
ブリタンニア
セゴンティアキ
ビブロキ
イティウス港
（コーンウォール）
（シリー諸島）
北海
（イギリス海峡）
アンビアニ
（ノルマンディー半島）
カレテス
ブラトゥスパンティウム
ウェリオカッセス
セクアナ（セーヌ）河
ウェネッリ
レクソウィイ
大西洋
オシスミイ
アレモリカエ
アウレルキ
カルヌテス
ウェネティ
レドネス
（ブルターニュ半島）
ケナブム
アンデス
II
ナムネテス
トゥロニ
リゲル（ロワール）河
ピクトネス
レモヌム
ビトゥリゲス
サントニ
レモウィケス
ビトゥリゲス（ウィウィスキ）
ペトロコリイ
ドゥラニウス河（ドルドーニュ）
ブルディガラ（ボルドー）
ウクセッロドゥヌム
カドゥルキ
オルティス河（ロート）
ガルンナ（ガロンヌ）河
ニティオブロゲス
タルサテス
III
トロサ
タルベッリ
ビゲッリオネス
IV
カルカソ
I　ベルギカ
II　ケルティカ
III　アクィタニア
IV　属州ガッリア・ナルボネンシス
V　マッサリアの領域（前 76–49 年）
0　50　100　150 km
0　50　100 英マイル

3　カエサル時代のガッリア

（Grosse Historische Weltatlas. I.

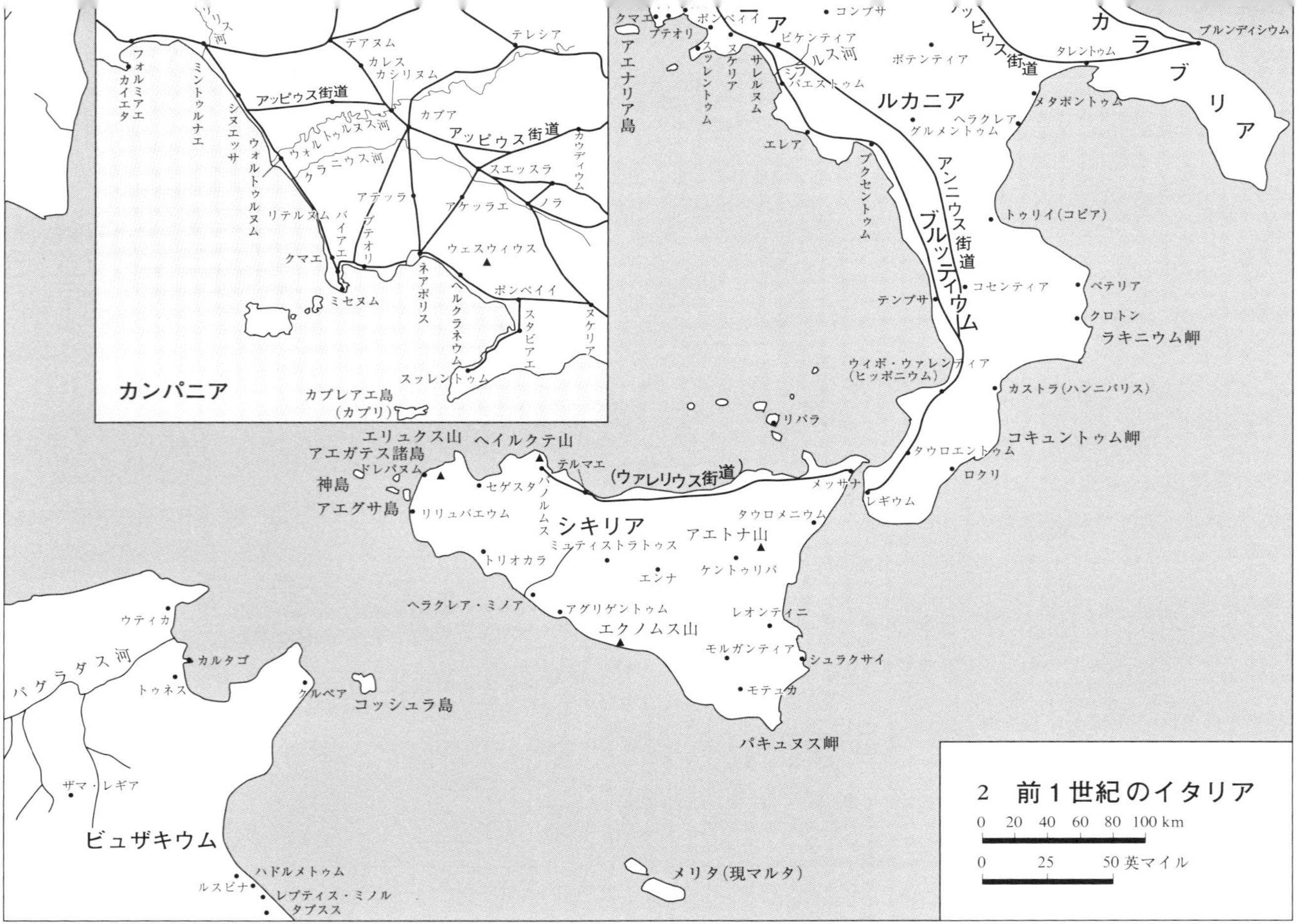

*北イタリアの諸部族，とりわけケルト人部族名は残した。街道は完成時のもの。

カルニ
スコルディスキ
イッリュリクム
イアピュデス
ダルマティア
イストリア
アドリア海
テュッレニア海
コルシカ
サルディニア
インスブレス
ケノマニ
ウェネティ
アナマレス
ボイイ
リンゴネス
セノネス
ウンブリア
エトルリア
アプアニ
ピケヌム
ウェスティニ
パエリグニ
マッルキニ
マルシ
サムニウム
ラティウム
カンパニア
アプリア
ダウニア
ポストゥミウス街道
アエミリウス街道
アエミリウス・スカウルス街道
アウレリウス街道
カッシウス街道
フラミニウス街道
塩街道
アッピウス街道
ラティウム街道
トリデントゥム
コムム
メディオラヌム
アッドゥア河
ブリクシア
ウェロナ
オピテルギウム
アクィレイア
テルゲステ
パタウィウム
アテシス河
マントゥア
アケッラエ
クレモナ
プラケンティア
ハトリア
パドゥス河
レビア河
フィデンティア
パルマ
タンネトゥム
ムティナ
ボノニア
ラウェンナ
ルナ
ピストリア
ファウェンティア
ルビコン河
アリミヌム
ピサウルム
ファヌム
メタウルス河
アエシス河
セナ
アンコナ
アウクシムム
ピサエ
ルカ
ファエスラエ
サルシナ
アルヌス河
アッレティウム
イグウィウム
キングルム
ウォラテッラエ
コルトナ
カメリヌム
ファレリオ
フィルムム
ポプロニア
ペルシア
トラシメヌス湖
クルシウム
イルウァ
ティベリス河
アスクルム
スポレティウム
ウンブロ河
テラモン
ウォルシニイ
コサ
フェレンティヌム
レアテ
アレリア
ファレリイ
コルフィニウム（イタリア）
アルバ
スルモ
フキヌス湖
ローマ
プラエネステ
オスティア
ラウィニウム
アルデア
アンティウム
セティア
ミントゥルナエ
リリス河
テアヌム
オルビア
キルケイイ
タッラキナ
シヌエッサ
カレス
カプア
ウォルトゥルヌス河
カロル河
ベネウェントゥム
アエクラヌム
ウィビヌム
アウスクルム
アエカエ
ルケリア
アルピ
ラリヌム
ガルガヌス山（半島）
シポントゥム（シプス）
サラピア
アウフィドゥス河
カンナエ
カヌシウム
シスキア
クリクタ（島）
イアデラ
プロモナ
トラギュリオン
サロナ
デルミニウム
ナロ河
タウリス（島）
ナロナ
ファロス
イッサ
黒コルキュラ
エピダウロス
スコドラ

（ゲルツァー『カエサル』1968 年および Ch. Meier, Caesar. 1982 所収の地図をもとに作成）

人名索引

ローマ人の名前に関しては，共和政末期には，ローマ人が原則として三つの名前，すなわち個人名（プラエノメン），氏族名（ゲンス名＝ノメン・ゲンティレ），それに家名（コグノメン）をもっていたことに注意するべきであろう。家名としたコグノメンは，本来，同一氏族名の構成員を区別する名であり，ポンペイウスやアントニウスのようにこれをもたないものも存在する。またコグノメンは添え名，あだ名にもあたり，それが時代とともに家名のごときものになる場合もある。

個人名は，次のように省略する。Ap.＝Appius，A.＝Aulus，C.＝Gaius，Cn.＝Gnaeus，D.＝Decimus，L.＝Lucius，Mam.＝Mamercus，M'＝Manius，M.＝Marcus，N.＝Numerius，P.＝Publius，Q.＝Quintus，Ser.＝Servius，Sex.＝Sextus，Ti.＝Tiberius，T.＝Titus。

女性は個人名をもたない。必要に応じて，大，小や，テルティア（3番目）のような順番を付す。基本的に，元老院議員に関しては，その到達した最高位のポスト名を示した。執政官格の人物は国家の指導者（市民団中の第一人者）の層を形成し，その子孫は名門貴族に数えられる［ゲルツァー説］。

ア 行

アウグストゥス（Augustus） →ユリウス
P. アウトロニウス・パエトゥス（P. Autronius Paetus　65年予定執政官） 34
アウレリア（Aurelia　カエサルの母） 18, 22
アウレリウス・コッタ（Aurelius Cotta　49年護民官） 339
C. アウレリウス・コッタ（C. Aurelius Cotta　75年執政官） 18, 20-3, 26, 278
L. アウレリウス・コッタ（L. Aurelius Cotta　65年執政官） 34-6, 169, 259, 279, 285, 339, 385
M. アウレリウス・コッタ（M. Aulerius Cotta　74年執政官） 27
アエネアス（Aeneas） 202, 227, 381
M. アエミリウス・スカウルス（M. Aemilius Scaurus　56年法務官） 124
L. アエミリウス・パウルス（L. Aemilius Paullus　50年執政官） 150, 152, 156, 296, 324-5
M. アエミリウス・レピドゥス（M. Aemilius Lepidus　78年執政官） 20, 26-8, 280, 284
M. アエミリウス・レピドゥス（M. Aemilius Lepidus　46年執政官） 176, 182, 200, 215, 237, 249, 252, 261, 324, 338, 379
M'. アエミリウス・レピドゥス（M'. Aemilius Lepidus　66年執政官） 169
Mam. アエミリウス・レピドゥス・リウィアヌス（Mam. Aemilius Lepidus Livianus　77年執政官） 20, 22, 280
Q. アエリウス・トゥベロ（Q. Aelius Tubero　法律家） 373
アキッラス（Achillas　エジプトの将軍） 205-6, 352
M'. アキリウス・グラブリオ（M'. Acilius Glabrio　122年護民官） 13
アクシウス（Q. Axius　元老院議員） 283
アクティウス・ルフス（Acutius Rufus） 197
アクトリウス・ナソ（Actorius Naso） 283
アサンドロス（Asandros　ボスポロス人） 209
C. アシニウス・ポッリオ（C. Asinius Pollio　40年執政官） 289, 302, 330-1, 333, 341, 343-4, 346, 349, 352, 359, 361
アシニウス・ポッリオ（Asinius Pollio, Tralles　修辞学者） 307, 344-6, 349
アッコ（Acco　セノネス族の首領） 123, 127
アッタロス3世（Attalos III　ペルガモン王） 9
P. アッティウス・ウァルス（P. Attius Varus　53年頃，法務官格） 166, 207, 220, 236, 238, 375
アッティクス（Atticus） →ポンポニウス
L. アップレイウス・サトゥルニヌス（L. Appleius Saturninus　103，100年護民官） 14-5, 40, 65, 86, 278
アッポロニオス（Appolonios） →モロン
アッリウス（Q. Arrius　65年頃法務官） 76
アティア（Atia　カエサルの姪） 169
C. アテイウス・カピト（C. Ateius Capito　55年護民官） 290
M. アティウス・バルブス（M. Atius Balbus　カエサルの義兄弟） 65
L. アフラニウス（L. Afranius　75-72年［おそら

く 77-72］副司令（スペイン），60 年執政官） 58, 65, 74, 177-9, 197, 201, 207, 219-20, 236, 289, 337, 348, 361
L. アフラニウス（L. Afranius　上記の息子） 179
アヘノバルブス（Ahenobarbus） →ドミティウス
アリオウィストゥス（Ariovistus　スエビ族の首領） 73, 82, 92-6, 145, 301-2
アリオバルザネス 1 世（Aribarzanes I　カッパドキア王） 209, 213
アルキロコス（Archilochos） 295
アルシノエ（Arsinoe　プトレマイオス 13 世の娘） 205-6, 210, 230
C. アルビニウス（C. Albinius） 370
アルフィウス・フラウス（C. Alfius Flavus　59 年護民官） 61
アレクサンドロス（大王）（Alexandros） 202, 210, 256, 363, 384
アンクス（Ancus） →マルキウス
アンティオコス 3 世（Antiochos III ［大］セレウコス朝） 8
L. アンティスティウス（L. Antistius　58 年護民官） 85
T. アンティスティウス（T. Antistius　50 年財務官） 359
C. アンティスティウス・ウェトゥス（C. Antistius Vetus　30 年執政官） 246, 258
アンティパトロス（Antipatros　ヘロデス大王の父） 206, 211
C. アントニウス（C. Antonius Hibrida　63 年執政官） 21, 36, 39, 41, 66-7, 279-80, 288
C. アントニウス（C. Antonius　三頭政治家の兄弟，44 年法務官） 176, 183
L. アントニウス（L. Antonius　三頭政治家の弟，44 年護民官，41 年執政官） 249, 370
M. アントニウス（M. Antonius Creticus　三頭政治家の父，74 年法務官） 22, 27, 29, 280
M. アントニウス（M. Antonius　44 年執政官） 140, 152-4, 159, 164, 169, 173, 176, 178, 189-91, 200, 208, 213-5, 229, 233, 241, 249, 252, 255, 258, 264, 280, 293, 309, 315, 320-1, 331-2, 335, 340, 342, 345-6, 353-4, 356-7, 366-7, 369-70, 373, 379, 381-5
M. アントニウス・グニッポ（M. Antonius Gnippo　弁論術教師，カエサルの師） 21
アンドロステネス（Androsthenes　テッサリア同盟の将軍） 196
T. アンニウス・ミロ（T. Annius Milo　55 年法務官） 101, 126-7, 129-30, 152, 173, 189, 327, 349
T. アンピウス・バルブス（T. Ampius Balbus　63 年護民官，59 年法務官） 40, 203, 235, 257, 364
アンビオリクス（Ambiorix　エブロネス族の王） 122-3, 140
イサウリクス（Isauricus） →セルウィリウス
インドゥティオマルス（Industiomarus　トレウェリ族の指導者） 120, 122-3
ウァッロ（Varro） →テレンティウス
ウァティア（Vatia） →セルウィリウス
P. ウァティニウス（P. Vatinius　47 年執政官） 60-1, 64-6, 69, 72-6, 78, 81, 83, 87, 103-4, 106-7, 110, 125, 188-9, 200, 209, 215-6, 291-2, 294, 297, 304-5, 318, 380
ウァルス（Varus） →アッティウス
Q. ウァレリウス・オルカ（Q. Valerius Orca　57 年法務官） 176, 370
C. ウァレリウス・カトゥッルス（C. Varelius Catullus　詩人） 114-5, 257, 321
C. ウァレリウス・トリアリウス（C. Valerius Triarius　78 年法務官） 359
L. ウァレリウス・フラックス（L. Valerius Flaccus　86 年執政官） 17
L. ウァレリウス・フラックス（L. Valerius Flaccus　63 年法務官） 79
M. ウァレリウス・メッサラ・ニゲル（M. Valerius Messala Niger　61 年執政官） 53, 290
M. ウァレリウス・メッサラ・ルフス（M. Varelius Messala Rufus　53 年執政官） 125
C. ウィビウス・パンサ（C. Vibius Pansa　43 年執政官） 200, 223, 245, 249, 261, 295, 321-2, 369-70, 373
L. ウィブッリウス・ルフス（L. Vibullius Rufus　49 年ポンペイウスの副官） 106, 115, 186-8, 224, 337
ウィリドマルス（Viridomarus　ハエドゥイ族の指導者） 135-6, 138
L. ウェッティウス（L. Vettius） 51, 77-9, 287, 295-6
C. ウェッレス（C. Verres　74 年法務官，73 71 年シキリアの法務官代理＝総督） 18
ウェトゥス（Vetus） →アンティスティウス
ウェルカッシウェッラヌス（Vercassivellaunus　アルウェルニ族の指導者） 138
ウェルキンゲトリクス（Vercingetorix　アルウェルニ族の指導者，52 年のガッリアの蜂起の首謀者） 128, 131-8, 145, 166, 230, 314, 317, 320, 371
L. ウォルカキウス・トウッルス（L. Volcacius Tullus　66 年執政官） 169, 173

M. ウルピウス・トラヤヌス（M. Ulpius Traianus　ローマ皇帝） 384
エウァンドロス（Evandros　ルペルキ団，エウアンデル） 256
エウリピデス（Euripides） 334
L. エグナトゥレイウス（L. Egnatuleius　44年財務官） 277
エテオクレス（Eteokles） 334
C. エピディウス（C. Epidius Marullus　44年護民官） 256
エポレドリクス（Eporedorix　ハエドゥイ族の指導者） 135-6, 138
エンニウス（Ennius） 334
オクタウィア（Octavia　カエサルの姪の子，C. Marcellus［50年の執政官］の妻） 128-9, 150, 169
オクタウィウス（Octavius）＝オクタウィアヌス（Octavianus） →ユリウス
Cn. オクタウィウス（Cn. Octavius　87年執政官） 16
M. オクタウィウス（M. Octavius　133年護民官） 12
M. オクタウィウス（M. Octavius　50年按察官） 209, 304
C. オッピウス（C. Oppius　カエサルの腹心） 114, 118-9, 167, 171, 223, 237, 245-6, 337, 357
オルカ（Orca） →ウァレリウス
オルゲトリクス（Orgetrix　ヘルウェティイ族の名門の人物） 298
オロデス（Orodes　パルティア王） 245

カ　行

カイサリオン（Kaisarion, Ptolemaios Kaisar　カエサルの息子） 210, 357
A. カエキナ（A. Caecina　キケロの友人） 366-7, 387
Q. カエキリウス・バッスス（Q. Caecilius Bassus　ローマの騎士） 217, 246, 258, 360
L. カエキリウス・メテッルス（L. Caecilius Metellus　49年護民官） 174, 339-40
Q. カエキリウス・メテッルス・クレティクス（Q. Caecilius Metellus Creticus　69年執政官） 58
Q. カエキリウス・メテッルス・ケレル（Q. Caecilius Metellus Celer　60年執政官） 40, 49, 58-9, 65, 67, 74, 286, 290-1
Q. カエキリウス・メテッルス・ネポス（Q. Caecilius Metellus Nepos　97年［Broughton, MRR. では98年］執政官） 289
Q. カエキリウス・メテッルス・ネポス（Q. Caecilius Metellus Nepos　57年執政官） 48-50, 106, 286-7, 304
Q. カエキリウス・メテッルス・ピウス（Q. Caecilius Metellus Pius　80年執政官） 23-4, 27, 30, 41, 55, 64, 126, 178, 281-2
Q. カエキリウス・メテッルス・ピウス・スキピオ（Q. Caecilius Metellus Pius Scipio　上記の養子，52年執政官） 126-7, 129, 131, 147, 156, 159, 164, 183, 191-2, 196-8, 203, 207, 217-20, 222, 230, 246, 314-5, 327, 345-6, 351, 358, 360-1
L. カエセティウス・フラウス（L. Caesetius Fravus　44年護民官） 256-7
カエソニウス（Caesonius） →カルプルニウス・ピソ
カエピオ（Caepio） →①ユニウス・ブルトゥス ②セルウィリウス
C. カエリウス（C. Caelius　51年護民官） 323
M. カエリウス・ルフス（M. Caelius Rufus　48年法務官） 128, 157, 160, 174, 189-90, 208-9, 291, 316, 318-20, 322-7, 337, 340, 343-4, 346, 363-5, 369
カスカ（Casca） →セルウィリウス
カッシウェラウヌス（Cassivellaunus　ブリトン人） 121
L. カッシウス（L. Cassius　艦隊司令） 201, 351
M. カッシウス・スカエウァ（M. Cassius Scaeva　カエサル派百人隊長） 194, 346
C. カッシウス・ロンギヌス（C. Cassius Longinus　44年法務官） 199, 212, 227, 243, 249, 255, 261, 264, 350-1, 356, 358, 384
L. カッシウス・ロンギヌス（L. Cassius Longinus　上記の兄弟，44年護民官） 191, 199, 249, 351, 380
Q. カッシウス・ロンギヌス（Q. Cassius Longinus　49年護民官） 152, 159, 169, 173, 180-2, 200, 208, 236, 350, 354-6
カッリストス（Kallistos　クニドスの人） 191
カティリナ（Catilina） →セルギウス
カトー（Cato） →ポルキウス
カトゥッルス（Catullus） →ウァレリウス
カトゥルス（Catulus） →ルタティウス
T. カニニウス・レビルス（T. Caninius Rebilus　45年執政官） 168, 250, 380
ガニュメデス（Ganymedes　エジプト，アルシノエの侍女） 206
A. ガビニウス（A. Gabinius　58年執政官） 29-30, 66, 69, 76-7, 82, 84-5, 97, 125, 185, 191, 200, 209, 291, 296, 300, 303-4, 313, 352
カミッルス（Camillus） →フリウス

C. カルウィシウス・サビヌス（C. Calvisius Sabinus　39 年執政官）　191
カルウィヌス（Calvinus）→ドミティウス
ガルバ（Galba）→スルプキウス
カルプルニア（Calpurnia　カルプルニウス・ピソの娘，カエサルの妻）　69, 89, 128, 264, 381
C. カルプルニウス・ピソ（C. Calpurnius Piso　67 年執政官）　39, 43, 53, 78, 84, 86–7, 292, 300
C. カルプルニウス・ピソ・カエソニヌス（L. Calpurnius Piso Caesoninus　58 年執政官）　69–70, 75–7, 82, 85, 152, 169, 185, 228, 297, 300, 307
M. カルプルニウス・ビブルス（M. Calpurnius Bibulus　59 年執政官）　33, 35, 56–7, 62, 64–5, 67–9, 76–9, 129, 146, 187–9, 245, 292–3, 295, 323
カルボ（Carbo）→パピリウス
カレヌス（Calenus）→フフィウス
キケロ（Cicero）→トゥッリウス
キンゲトリクス（Cingetrix　トレウェリ族の指導者）　120, 122–3
キンナ（Cinna）→①コルネリウス ②ヘルウィウス
クッレオ（Culleo）→テレンティウス
グトルアトゥス（Gutruatus　カルヌテス族の指導者）　319
クラウディウス（Claudius　皇帝）　371, 380
Ti. クラウディウス・ネロ（Ti. Claudius Nero　法務官格）　46
Ap. クラウディウス・プルケル（Ap. Claudius Pulcher　クロディウスの父）　291
Ap. クラウディウス・プルケル（Ap. Claudius Pulcher　クロディウスの兄，54 年執政官）　106, 110, 124, 152, 155, 304, 326, 336
Ap. クラウディウス・プルケル（Ap. Claudius Pulcher　上記の甥）　155
C. クラウディウス・マルケッルス（C. Claudius Marcellus　50 年執政官）　128, 149–50, 155–6, 228, 336
C. クラウディウス・マルケッルス（C. Claudius Marcellus　49 年執政官）　152, 160, 326–7
M. クラウディウス・マルケッルス（M. Claudius Marcellus　51 年執政官）　143, 145–7, 152, 213, 228, 231, 315, 318, 322, 325, 327, 333, 336, 346, 348, 350, 366–8
M. クラウディウス・マルケッルス・アエセルニヌス（M. Claudius Marcellus Aeserninus　48 年財務官）　200
グラックス（Gracchus）→センプロニウス
クラッスス（Crassus）→リキニウス
グラブリオ（Glabrio）→アキリウス
Q. クリウス（Q. Curius　カティリナ陰謀事件）　51
クリオ（Curio）→スクリボニウス
C. クルウィウス（C. Cluvius）　370
クルス（Curus）→コルネリウス・レントゥルス
C. クルティウス（C. Curtius）　370
M. クルティウス・ポストゥムス（M. Curtius Postumus）→ラビリウス・ポストゥムス　223, 337, 364
クレオパトラ 7 世（Cleopatra VII　プトレマイオス朝）　204–5, 209–10, 230–1, 259–60, 352–4, 356–7, 365, 371
クロディア（Clodia　クラウディウス［79 年の執政官］の娘，ルクッルスの妻，クロディウスの姉）　52, 291
A. クロディウス（A. Clodius　カエサルの子分）　192–3
P. クロディウス・プルケル（P. Clodius Pulcher　58 年護民官）　52–3, 58, 61, 67, 76–7, 82–7, 97, 101–2, 106, 116–7, 126–7, 130–1, 172, 230, 291, 294–5, 297–8, 355
L. ゲッリウス・ポプリコラ（L. Gellius Poplicola　72 年執政官）　303
ケルティッルス（Celtillus　ウェルキンゲトリクスの父）　131
ケレル（Celer）→①カエキリウス・メテッルス ②ピリウス
コエリウス・アンティパテル（Coelius Antipater）　342
コッタ（Cotta）→アウレリウス
コッレウス（Correus　ベルガエ人（ベッロウァキ族）の指導者）　139–40, 319
Q. コルニフィキウス（Q. Cornificius　45 年法務官）　209, 246, 360, 368
コルネリア（Cornelia　グラックスの母）　12, 18
コルネリア（Cornelia　キンナの娘，カエサルの妻）　19, 20, 28
コルネリア（Cornelia　メテッルス・スキピオの娘，ポンペイウスの 5 番目の妻）　129, 144, 351
C. コルネリウス（C. Cornelius　67 年護民官）　282
L. コルネリウス・キンナ（L. Cornelius Cinna　87–84 年執政官）　16–9, 86, 158, 164, 227, 278, 336
L. コルネリウス・キンナ（L. Cornelius Cinna　前者の息子，44 年法務官）　26, 260
L. コルネリウス・スキピオ・アエミリアヌス・アフリカヌス（L. Cornelius Scipio Aemilianus

Africanus　小スキピオ） 12, 71
L. コルネリウス・スキピオ・アシアゲヌス（L. Cornelius Scipio Asiagenus　83 年執政官） 17
P. コルネリウス・スキピオ・アフリカヌス（P. Cornelius Scipio Africanus　大スキピオ） 5, 7, 12
コルネリウス・スキピオ・サルウィット（Cornelius Scipio Salvitto） 217
P. コルネリウス・スキピオ・ナシカ・セラピオ（P. Cornelius Scipio Nasica Serapio　138 年執政官） 12
F. コルネリウス・スッラ（Faustus Cornelius Sulla　後者の子） 38, 69, 220, 292, 314
L. コルネリウス・スッラ（L. Cornelius Sulla　88 年，80 年執政官，82 年独裁官） 15-21, 24-5, 27-32, 34-8, 40-2, 49, 64, 71-2, 105, 129, 158, 163-4, 167, 173, 176, 185, 191, 215, 222, 227-9, 254, 257, 262, 266-7, 277-9, 282, 284, 292, 297, 300, 309, 315, 331, 336, 348-50, 368-70, 387
P. コルネリウス・スッラ（P. Cornelius Sulla　前者の甥） 200, 214, 287
Cn. コルネリウス・ドラベッラ（Cn. Cornelius Dolabella　81 年執政官） 21, 23, 295
P. コルネリウス・ドラベッラ（P. Cornelius Dolabella　キケロの女婿，44 年執政官） 172, 176, 183, 193, 200, 208-9, 213-4, 227, 233, 249, 252, 339, 342, 346, 355, 373, 379, 383, 385
コルネリウス・ネポス（Cornelius Nepos） 333
L. コルネリウス・バルブス（L. Cornelius Balbus　40 年執政官） 55, 59, 87, 103, 109, 114-5, 118, 151, 156, 167-8, 170-1, 223, 237, 244-6, 253, 326, 337, 354, 362
L. コルネリウス・バルブス（L. Cornelius Balbus　上記の甥，44 年法務官） 168, 170, 189, 193, 336, 346
L. コルネリウス・メルラ（L. Cornelius Merula　87 年執政官） 18-9, 278
L. コルネリウス・レントゥルス・クルス（L. Cornelius Lentulus Curus　49 年執政官） 152, 159-60, 163, 168, 170, 193, 204, 326, 346, 348, 350
P. コルネリウス・レントゥルス・スピンテル（P. Cornelius Lentulus Spinther　57 年執政官） 60, 166, 170-1, 197-8, 303, 305, 310, 336
L. コルネリウス・レントゥルス・ニゲル（L. Cornelius Lentulus Niger　61 年頃法務官） 78, 296
Cn. コルネリウス・レントゥルス・マルケッリヌス（Cn. Cornelius Lentulus Marcellinus　56 年執政官） 104, 109, 303
コンウィクタトリタウィス（Convictolitavis　ハエドゥイ族） 134-5
C. コンシディウス（C. Considius　法務官格） 217, 220
Q. コンシディウス（Q. Considius　元老院議員） 77
M. コンシディウス・ノニアヌス（M. Considius Nonianus　52 年法務官） 162
コンミウス（Commius　アトレバテス族の王） 112, 114, 131, 138-140

サ　行

C. サッルスティウス・クリスプス（C. Sallustius Crispus　歴史家，52 年護民官） 44, 79, 120, 152-3, 200, 214-5, 218, 221, 224-6, 229, 234, 285-6, 296, 313, 325-9, 338, 346, 362, 368-9, 373
サトゥルニヌス（Saturninus） →アップレイウス
サメラミス（Sameramis　シリア女王） 295
P. シッティウス（P. Sittius） 217, 220
シュルス（Syrus） →プブリリウス
シラヌス（Silanus） →ユニウス
スカウルス（Scaurus） →アエミリウス
スカエウォラ（Scaevola） →ムキウス
スキピオ（Scipio） →①カエキリウス・メテッルス ②コルネリウス
C. スクリボニウス・クリオ（C. Scribonius Curio　76 年執政官） 31, 34, 77, 289, 295-6, 321
C. スクリボニウス・クリオ（C. Scribonius Curio　前者の息子，50 年護民官） 69, 76-9, 149-52, 154-7, 159-60, 164, 173-4, 176, 183, 295, 324-7, 329, 335, 338-9, 341, 343-4, 346, 364
L. スクリボニウス・リボ（L. Scribonius Libo　49-48 年副司令，34 年執政官） 168, 187-9
L. スタティウス・ムルクス（L. Statius Murcus　副司令，45 年法務官） 361
スッラ（Sulla） →コルネリウス
スパルタクス（Spartacus　奴隷反乱） 26, 34-5, 94
スピンテル（Spinther） →コルネリウス・レントゥルス
Ser. スルプキウス・ガルバ（Ser. Sulpicius Galba　54 年法務官） 100, 152
P. スルピキウス・ルフス（P. Sulpicius Rufus　88 年護民官） 16, 19, 86, 278
P. スルピキウス・ルフス（P. Sulpicius Rufus　48 年法務官） 179
Ser. スルピキウス・ルフス（Ser. Sulpicius Rufus　51 年執政官） 146, 169, 173, 213, 227, 242,

322, 326, 338–9, 355, 363, 366, 368
P. セスティウス（P. Sestius　57 年護民官，55 年法務官）　97, 101, 286, 309
セネカ（大）（L. Annaeus Seneca）　341
L. セプティミウス・セウェルス（L. Septimius Severus　皇帝）　384, 387
セルウィリア（Servilia　ブルトゥスの母）　27, 78, 201, 214, 280, 286, 295
P. セルウィリウス・ウァティア・イサウリクス（P. Servilius Vatia Isauricus　79 年執政官, 78–76 年執政官代理＝総督）　20–3, 25, 31, 40–1
P. セルウィリウス・（ウァティア・）イサウリクス（P. Servilius (Vatia) Isauricus　上記の子, 48 年執政官）　184–5, 189, 200, 208, 343, 380
Q. セルウィリウス・カエピオ（Q. Servilius Caepio　ポンペイウス艦隊の司令）　69, 292
P. セルウィリウス・カスカ・ロングス（P. Servilius Casca Longus　43 年護民官）　384
P. セルウィリウス・ルッルス（P. Servilius Rullus　63 年護民官）　37, 39, 41, 47, 63, 72, 284
L. セルギウス・カティリナ（L. Sergius Catilina　陰謀事件）　34, 36–7, 41–4, 46, 48–53, 62, 67, 73, 79, 83–5, 177, 217, 262, 268, 280, 283, 285–6, 338, 342
Q. セルトリウス（Q. Sertorius　スペインで蜂起）　18, 21–3, 26–7, 30, 36, 55, 64, 108, 178, 238, 361
センプロニア（Sempronia　デキムス・ブルトゥスの母）　108
C. センプロニウス・グラックス（C. Sempronius Gracchus　弟，123–122 年護民官）　13–4, 18, 44–5, 73, 75, 80, 83, 86, 105, 107–8, 143, 233, 283, 288, 294, 323–4
Ti. センプロニウス・グラックス（Ti. Sempronius Gracchus　兄，133 年護民官）　12–3, 18, 71, 80, 86–7, 233, 283
ソシゲネス（Sosigenes　暦法学者）　233, 372
ゾピュロス（Zopyros）　304

タ　行

タキトゥス（Tacitus）　315
タスゲティウス（Tasgetius　カルヌテス族の王）　121
タヌシウス・ゲミヌス（Tanusius Geminus）　283, 300, 307
タルクィニウス・スペルブス（Tarquinius Superbus）　260
ディウィキアクス（Diviciacus　ハエドゥイ族の首領）　73, 88, 90–2, 99
ディウィコ（Divico　ヘルウィティイ族の使者）　90–1
ティグラネス（Tigranes　アルメニア王）　67
ディディウス（Didius　カエサルの艦隊司令）　236
ティティウス（Titius　ヒスパニア人）　259
Q. ティトゥリウス・サビヌス（Q. Titurius Sabinus）　108
ティベリウス（Tiberius　皇帝）　279, 314
ティマゲネス（Timagenes　アレクサンドリアの人）　349
ティロ（Tiro）　→トゥッリウス
テオトマトゥス（Theotomatus　ニティオブリゲス族の首領［王］）　134
テオファネス（ミテュレネの）（Thephanes, Mytilene　ポンペイウスの側近）　→ポンペイウス
テオポンポス（Theopompos　クニドスの人）　203, 351, 378
デカイネオス（Dekaineos［Deceneus］　ブレビスタに対する予言者）　259
テミストクレス（Themistokles）　175
デメトリオス・ポリオルケテス（Demetrios Poliorketes　画家）　365
デモステネス（Demosthenes）　332
デヨタロス（Deiotaros　ガラティア王）　209, 212–3, 291, 359, 378
テラメネス（Theramenes　アテナイの政治家）　244
テレンティア（Terentia　キケロの妻）　356
P. テレンティウス・アフェル（P. Terentius Afer　詩人）　311, 332
M. テレンティウス・ウァッロ（M. Terentius Varro　著述家，ポンペイウスのもとスペインの副司令＝総督代理）　65, 70, 181, 221, 253, 326–7, 341, 345, 348, 362–3, 366, 378
A. テレンティウス・ウァッロ・ムレナ（A. Terentius Murena）　188
Q. テレンティウス・クッレオ（Q. Terentius Culleo　58 年護民官）　97
M. テレンティウス・ルクッルス（M. Terentius Lucullus）　→リキニウス・ルクッルス
トゥキュディデス（Thukydides）　301, 327, 354
トゥッリア（Tullia　キケロの娘）　78, 172, 379
M. トゥッリウス・キケロ（M. Tullius Cicero　63 年執政官）　18, 31–2, 35–7, 39–49, 51–3, 58–9, 62, 65–70, 72, 76–9, 84–5, 97–8, 100–2, 104, 106–7, 114–20, 122, 125, 128, 141–8, 152–3, 155–6, 158–60, 164, 167, 169–76, 182, 193–4, 198–9, 207, 211, 213, 221, 224–5, 227–8, 231, 242–8, 250–4, 257–8, 260, 263, 265, 268, 277,

279, 281-92, 294-5, 297-301, 303-4, 307-13, 315-6, 318-46, 348, 350-9, 362-74, 376-87
Q. トゥッリウス・キケロ（Q. Tullius Cicero　上記の弟，62 年法務官） 46, 104, 106, 115, 117-8, 122, 280, 294, 308-12, 321
M. トゥッリウス・ティロ（M. Tullius Tiro　キケロの秘書） 281, 321
トゥッルス（Tullus） →ウォルカキウス
トゥベロ（Tubero） →アエリウス
ドゥムノリクス（Dumnorix　ハエドゥイ族の首領） 88, 90-1, 120-1, 135, 298
Cn. ドミティウス・アヘノバルブス（Cn. Domitius Ahenobarbus　122 年執政官） 305
L. ドミティウス・アヘノバルブス（L. Domitius Ahenobarbus　54 年執政官） 78, 82-3, 97, 103-4, 107, 109-10, 124-5, 129, 131, 139, 153, 162, 166, 171, 176-7, 197-9, 247, 304, 314-5, 319, 335-6, 377
Cn. ドミティウス・カルウィヌス（Cn. Domitius Calvinus　53 年執政官） 103, 124, 169, 191, 196, 200, 203, 205-6, 209, 212, 249, 346, 352, 361
ドラッペス（Drappes　セノネス族の指導者） 131, 140
ドラベッラ（Dolabella） →コルネリウス
トラヤヌス（Traianus） →ウルピウス
トリアリウス（Triarius） →ウァレリウス
トルクァトゥス（Torquatus） →マンリウス
ドルスス（Drusus） →リウィウス
C. トレバティウス・テスタ（C. Trebatius Testa　法律家） 118, 170, 308, 312, 318-21, 337
L. トレベッリウス（L. Trebellius　47 年護民官） 208, 213
C. トレボニウス（C. Trebonius　50 年護民官，45 年執政官） 110, 177, 189, 200, 208, 236, 241, 249, 261, 264, 306, 318, 354-5, 380
トログス（Trogus　ポンペイウス・トログスの祖父） 309
トログス（Trogus） →ポンペイウス

ナ　行

ナシカ（Nasica） →①カエキリウス・メテッルス ②コルネリウス・スキピオ
P. ニギディウス・フィグルス（P. Nigidius Figulus　58 年法務官） 225, 364-5
ニゲル（Niger） →①コルネリウス・レントゥルス ②ウァレリウス・メッサラ
ニコメデス 4 世（Nicomedes IV　ビテュニア王） 20, 22, 26, 230, 278, 281, 295
ニコラオス（ダマスコス）（Nikolaos（Damaskos）　歴史家・伝記作家） 357, 363-4, 382
ニュサ（Nysa　ニコメデス 4 世の娘） 281
ニンニウス・クアドラトゥス（L. Ninius Quadratus　58 年護民官） 84
ヌマ・ポンピリウス（Numa Pompilius　古代ローマ，2 代目の王） 382
ヌメリウス・マギウス（Numerius Magius） →マギウス
ネポス（Nepos） →①カエキリウス ②コルネリウス
ネロ（Nero） →クラウディウス
ノウィウス・ニゲル（Novius Niger） 51
ノニアヌス（Nonianus） →コンシディウス

ハ　行

パウ(ッ)ルス（Paullus） →アエミリウス
パエトゥス（Paetus） →アウトロニウス
バエビウス（Baebius　アッティクスの隣人） 338
パコロス（Pacoros　パルティア王オロデスの子） 246, 258
バッスス（Bassus） →カエキリウス
C. パピウス（C. Papius　65 年護民官，非市民追放令） 81
Cn. パピリウス・カルボ（Cn. Papirius Carbo　85, 84, 82 年の執政官） 17, 173, 278, 338
L. パピリウス・パエトゥス（L. Papirius Paetus　キケロの友人） 371-3
バルブス（Balbus） →①コルネリウス ②アンピウス
パンサ（Pansa） →ウィビウス
ハンニバル（Hannibal） 7-8, 11, 87, 277
ピウス（Pius） →カエキリウス・メテッルス
ヒエンプサル（Hiempsal　ヌミディア王） 39
ピソ（Piso） →①カルプルニウス ②プピウス
ヒッルス（Hirrus） →ルキリウス
L. ピナリウス（L. Pinarius　カエサルの遺産相続人の一人） 247, 343
ビブルス（Bibulus） →カルプルニウス
ヒュルカノス 2 世（Hyrcanos II　ユダヤ，ハスモン家の王） 206, 211, 358, 372, 383
Q. ピリウス・ケレル（Q. Pilius Celer） 374
A. ヒルティウス（A. Hirtius　43 年執政官） 116, 145, 156, 159, 223, 227, 244, 249, 261, 299, 300, 309, 318-9, 321, 328-30, 353-5, 358, 362, 364, 369-70
M. ファウォニウス（M. Favonius　49 年法務官） 193, 327
ファウォリヌス（Favorinus　哲学・修辞学者） 310

ファバトゥス（Fabatus） →ロスキウス
C. ファビウス（C. Fabius　55 年護民官） 177, 340
Q. ファビウス・ピクトル（Q. Fabius Pictor　歴史家） 299
Q. ファビウス・マクシムス（Q. Fabius Maximus　45 年執政官） 236, 238, 248–50, 379
Q. ファビウス・マクシムス・アッロブロギクス（Q. Fabius Maximus Allobrogicus　121 年執政官） 305
ファベリウス（Faberius　書記） 223, 364
ファルナケス（Pharnaces　ボスポロス王） 209, 211–3, 230, 354
ファンニウス（Fannius） 348
フィグルス（Figulus） →ニギディウス
フィリップス（Philippus） →マルキウス
フィリッポス 5 世（Philippos V　マケドニア王） 7–8
フィロティムス（Philotimus　解放奴隷） 356
P. フォンテイウス（P. Fonteius　クロディウスを養子に） 67
プトレマイオス（Ptolemaios） →カイサリオン
プトレマイオス 11 世（Ptolemaios XI Alexandros II） 35, 66
プトレマイオス 12 世（Ptolemaios XII Neos Dyonysos（Auretes）　エジプト王，ゲルツァーは 13 世（以下の王もこれに従う）） 66, 102, 283, 291, 303, 313, 352
プトレマイオス 13 世（Ptolemaios XIII　12 世の長子，エジプト王） 204
プトレマイオス 14 世（Ptolemaios XIV　12 世の子，エジプト王） 205, 210, 357
プトレマイオス 15 世（Ptolemaios XV） →カイサリオン
プトレマイオス（Ptolemaios　キュプロス王） 85
M. プピウス・ピソ（M. Pupius Piso　61 年執政官） 278
Q. フフィウス・カレヌス（Q. Fufius Calenus　47 年執政官） 61, 76, 87, 190–1, 200, 207, 215, 297, 345, 380, 384
C. フフィウス・キタ（C. Fufius Cita　ローマの騎士） 316
P. プブリリウス・シュルス（P. Publilius Syrus　解放奴隷） 221
M. プピウス・ピソ（M. Pupius Piso　61 年執政官） 278
L. フラウィウス（L. Flavius　60 年護民官，58 年法務官） 58, 63, 74, 281
フラウス（Flavus） →カエセティウス
プラウティウス（Plautius　70 年護民官） 26, 281, 284, 289–90
フラックス（Flaccus） →ウァレリウス
プラトン（Platon） 341
プランクス（Plancus） →ムナティウス
M. フリウス・カミッルス（M. Furius Camillus　389 年執政官） 333
プリニウス（C. Plinius Secundus　大プリニウス） 320, 350
プルケル（Pulcher） →①クラウディウス ②クロディウス
ブルサ（Bursa） →ムナティウス
プルタルコス（Plutarchos） 268, 279, 281, 286, 320, 344, 352–3, 372, 381
ブルトゥス（Brutus） →ユニウス
C. フルニウス（C. Furnius　42 年法務官） 170, 335
ブレビスタ（Brebista　ダキア王） 75, 259, 294
L. ベッリエヌス（L. Bellienus） 37
Q. ペディウス（Q. Pedius　43 年執政官） 189, 191, 236, 247–8, 378–9
Sex. ペドゥカエウス（Sex. Peducaeus） 336–7
M. ペトレイウス（M. Petreius　63 年以前に法務官，63–62 年，55–49 年，49–47 年，46 年副司令＝総督代理） 63, 177–9, 181, 201, 207, 217, 220–1, 230, 337, 361
ペリクレス（Perikles） 244
C. ヘルウィウス・キンナ（C. Helvius Cinna　44 年護民官） 257, 259–60, 385
ペルセウス（Perseus　マケドニア王） 299
ヘロデス（Herodes　ユダヤ） 211
ボグド（Bogud　マウレタニアの王） 185
L. ポストゥミウス（L. Postumius　50 年財務官） 327
ポストゥムス（Postumus） →ラビリウス
ボックス（Bocchus［Bocchos］　マウレタニアの王） 185, 217
ポッリオ（Pollio） →アシニウス
ポティノス（Poth(e)inos　プトレマイオス 13 世の大臣） 204–6, 352
ポプリコラ（poplicola） →ゲッリウス
ホラティウス（Horatius） 333
ポルキア（Porcia　小カトーの娘） 245
ポルキア（Porcia　小カトーの妹） 109, 304, 377
C. ポルキウス・カトー（C. Porcius Cato　56 年護民官） 82, 109, 297
M. ポルキウス・カトー（M. Porcius Cato　小カトー，54 年法務官） 36–7, 46–7, 50, 56–8, 62–3, 65, 68, 70, 75, 85–6, 109–10, 112, 116, 126, 129–31, 143, 152, 159–60, 164, 193, 201, 207, 219, 229–30, 243–6, 263, 267–8, 282, 286–

7, 291-2, 296, 298, 304, 307, 314-5, 348, 361, 376-7
M. ポルキウス・カトー（M. Porcius Cato　大カトー）　36
Q. ホルテンシウス・ホルタルス（Q. Hortensius Hortalus　大弁論家，69 年執政官）　21, 31, 40, 53, 153, 244, 279, 348
Q. ホルテンシウス・ホルタルス（Q. Hortennsius Hortalus　前者の息子，45 年法務官）　176
L. ポンティウス・アクイラ（L. Pontius Aquila　45 年護民官）　248
C. ポンプティヌス（C. Pomptinus　63 年法務官）　73-4
ポンペイア（Pompeia　スッラの孫娘，カエサルの妻）　29, 52
ポンペイア（Pompeia　大ポンペイウスの娘）　69, 292, 314
Cn. ポンペイウス（マグヌス）（Cn. Pompeius Magnus　大ポンペイウス）　17, 19, 24, 26-31, 35-42, 48-50, 53-60, 以下略
Cn. ポンペイウス（Cn. Pompeius　大ポンペイウスの長子）　220, 236-9, 243, 352, 375-6
Sex. ポンペイウス（Sex. Pompeius　大ポンペイウスの次子）　168, 207, 220, 236-9, 343
Cn. ポンペイウス・ストラボ（Cn. Pompeius Strabo　大ポンペイウスの父）　17, 29, 81
Cn. ポンペイウス・テオファネス（Cn. Pompeius Theophanes　ポンペイウスの側近，歴史家）　187, 300
P. ポンペイウス・トログス（Cn. Pompeius Trogus　歴史家）　115, 309
Q. ポンペイウス・ルフス（Q. Popeius Rufus　88 年執政官）　29
T. ポンポニウス・アッティクス（T. Pomponius Atticus　キケロの友人）　48, 68, 77-8, 156, 158, 167, 244-5, 251-3, 280, 310, 316, 326, 334, 336, 339-40, 356, 363, 374, 378

マ　行

C. マエケナス（C. Maecenas　アウグストゥスの友人）　343
N. マギウス（N. Magius　ポンペイウスの副官）　168, 337
マクシムス（Maximus）　→ファビウス
マグヌス（Magnus）　→ポンペイウス
マケル（Macer）　→リキニウス
マシンタ（Masintha　ヌミディア人）　284
マスリウス・サビヌス（S. Massurius Sabinus　法律家）　279
C. マティウス（C. Matius　カエサルの腹心）　173, 213, 223, 260, 264, 337, 357-8
C. マニリウス（C. Manilius　66 年護民官）　30
マムッラ（Mamurra　カエサルの従者）　114-5, 253
C. マリウス（C. Marius　107, 104-100, 86 年執政官）　9, 14-20, 28, 34, 40, 142, 218, 227, 277-8, 283-4, 387
C. マリウス（C. Marius　前者の子，82 年執政官）　19, 28
M. マリウス（M. Marius）　366
マルキア（Marcia　カエサルの祖父の妻）　18
マルキウス（アンクス）（Ancus Marcius　古代ローマの王）　28, 382
L. マルキウス・フィリップス（L. Marcius Philippus　56 年執政官）　169, 253, 303, 338
Q. マルキウス・レクス（Q. Marcius Rex　68 年執政官）　281
マルケッリヌス（Marcellinus）　→コルネリウス・レントゥルス
マルケッルス（Marcellus）　→クラウディウス
M. マンリウス・カピトリヌス（M. Manlius Capitolinus　392 年執政官）　333
A. マンリウス・トルクァトゥス（A. Manlius Torquatus　70 年法務官？）　243, 373, 376
L. マンリウス・トルクァトゥス（L. Manlius Torquatus　65 年執政官）　34
L. マンリウス・トルクァトゥス（L. Manlius Torquatus　49 年法務官）　287
ミトラダテス（Mithradates　ペルガモン王）　206-7, 210-1, 213
ミトラダテス 6 世（Mithradates VI　ポントス大王）　5, 16, 20-2, 27, 30, 32, 35, 38, 57, 209, 259, 309, 359
M. ミヌキウス・テルムス（M. Minucius Thermus　81 年法務官）　20, 279
Q. ミヌキウス・テルムス（Q. Minucius Thermus　62 年護民官，58 年法務官）　50
L. ミヌキウス・バシルス（L. Minucius Basilus　45 年法務官）　346
ミロ（Milo）　→アンニウス
ムキア（Mucia, Tertia　下記の娘，大ポンペイウスの 3 番目の妻）　58, 289
Q. ムキウス・スカエウォラ（Q. Mucius Scaevola　95 年執政官）　289
L. ムナティウス・プランクス（L. Munatius Plancus　42 年執政官）　141, 217, 249
T. ムナティウス・プランクス・ブルサ（T. Munatius Plancus Bursa　52 年護民官）　316
M. ムナティウス・ルフス（M. Munatius Rufus　カトーの友人）　286, 307, 314

ムレナ（Murena）→①リキニウス ②テレンティウス・ウァッロ
L. メスキニウス・ルフス（L. Mescinius Rufus　51 年財務官） 362
メッサラ（Messala）→ウァレリウス
メテッラ（[Caecillia] Metella　クロディウスの母） 291
メテッルス（Metellus）→カエキリウス
メナンドロス（Menandros　ギリシア新喜劇詩人） 160-1, 311, 332, 349
メルラ（Merula）→コルネリウス
C. メンミウス（C. Memmius　58 年法務官） 82-3, 114, 124
モロン（Appolonios Molon　ロドスの弁論術教師） 21, 279

ヤ　行

ユグルタ（Jugurtha　ヌミディア王） 9, 11
D. ユニウス・シラヌス（D. Junius Silanus　62 年執政官） 42, 44-6, 286
L. ユニウス・ブルトゥス（L. Junius Brutus　509 年執政官） 248, 280
M. ユニウス・ブルトゥス（M. Junius Brutus　83 年護民官） 17, 173, 338
M. ユニウス・ブルトゥス（M. Junius Brutus = Q. Caepio Brutus　前者の子，44 年法務官，カエサル暗殺者） 27, 78, 201, 212-3, 227, 243, 245, 247, 260, 263-4, 280, 292, 295-6, 348, 359, 366, 369, 382-3, 385
D. ユニウス・ブルトゥス・アルビヌス（D. Junius Brutus Albinus　45 年法務官） 108, 178, 200, 241, 248-9, 260-1, 264, 320, 384
M. ユニウス・ユンクス（M. Junius Juncus　76 年法務官） 22, 26, 280
ユバ 1 世（Juba I　ヌミディア王，ヒエンプサルの息子） 39, 183, 185, 207-8, 216-21, 230, 285, 360
ユバ 2 世（Juba II　ヌミディア王，1 世の子） 230
ユリア（Julia　マリウスの妻） 15, 19, 28, 220
ユリア（Julia　カエサルの姉妹） 378
ユリア（Julia　カエサルの娘，大ポンペイウスの 4 番目の妻） 20, 69, 125, 128, 144, 220, 278, 357
C. ユリウス・カエサル（C. Julius Caesar　カエサルの父，92 年法務官） 18
L. ユリウス・カエサル（L. Julius Caesar　89 年監察官） 202
L. ユリウス・カエサル（L. Julius Caesar　64 年執政官） 169, 362
L. ユリウス・カエサル（L. Julius Caesar　前者の子） 220, 335, 362
Sex. ユリウス・カエサル（Sex. Julius Caesar　91 年執政官） 18, 278
Sex. ユリウス・カエサル（Sex. Julius Caesar　48 年財務官） 217, 246-7
C. ユリウス・カエサル・オクタウィアヌス（C. Julius Caesar Octavianus　アウグストゥス） 65, 128, 169, 210, 222, 241, 247, 249-50, 253, 278, 280, 286, 314, 343, 357, 364, 369, 375, 378, 380, 382, 387
ユリウス・サビヌス（Julius Sabinus　リンゴネス族） 357
ユルス（Julus） 381
ユンクス（Juncus）→ユニウス
ヨセフォス（Josephos　ユダヤ） 372

ラ　行

D. ラエリウス（D. Laelius　54 年護民官） 199, 297
T. ラビエヌス（T. Labienus　カエサルの副司令＝総督代理，のちポンペイウス側に） 39-41, 89, 97, 109, 115, 122-3, 131, 134, 136, 155, 163, 166, 189, 198, 207, 217, 220, 236-8, 285, 328, 347, 361
C. ラビリウス（C. Rabirius　元老院議員，サトゥルニヌス殺害事件） 40, 44
C. ラビリウス・ポストゥムス（C. Rabirius Postumus＝ M. Curtius Postumus　上記の養子） 66, 204, 223, 284-5, 313, 337, 343, 364
D. ラベリウス（D. Laberius　狂言作家） 230
M. ラベリウス（M. Laberius　ローマの騎士） 370
リウィア（Livia　ドラベッラに絡む） 355
リウィアヌス（Livianus）→アエミリウス・レピドゥス
M. リウィウス・ドルスス（M. Livius Drusus　91 年護民官） 86
Q. リガリウス（Q. Ligarius） 235, 366, 373, 379
M. リキニウス・クラッスス（M. Licinius Crassus　三頭同盟者，70 年，55 年執政官） 26-7, 34-7, 39-43, 45, 48-9, 52, 54, 58-60, 64-6, 69, 77, 81, 85, 87, 102-6, 108-10, 113, 127, 146, 211, 246, 283-5, 289, 299, 304-6, 322
M. リキニウス・クラッスス（M. Licinius Crassus　前者の子） 113, 176
P. リキニウス・クラッスス（P. Licinius Crassus　前者の弟） 100, 108-9, 306
L. リキニウス・マケル（L. Licinius Macer　68 年法務官） 26, 280

L. リキニウス・ムレナ（L. Licinius Murena　62 年執政官）　42, 50

L. リキニウス・ルクッルス（L. Licinius Lucullus　74 年執政官）　27, 30, 52–3, 55, 58, 65, 78, 291, 359

M. リキニウス・ルクッルス（M. Licinius Lucullus　前者の兄弟＝テレンティウス・ウァッロ・ルクッルス　73 年執政官）　22, 24, 70, 279

リスクス（Liscus　ハエドゥイ族の指導者）　90

リタウィクッス（Litaviccus　ハエドゥイ族の歩兵指揮官）　135–6

リボ（Libo）　→スクリボニウス

リュクルゴス（Lykurgos）　327

C. ルキリウス・ヒッルス（C. Lucilius Hirrus　53 年護民官）　197

ルクッルス（Lucullus）　→①テレンティウス　②リキニウス

ルクテリウス（Lucterius　ガッリア連合軍の指揮官）　132, 140

L. ルスキウス（L. Luscius　元百人隊長）　37

Q. ルタティウス・カトゥルス（Q. Lutatius Catulus　78 年執政官）　22, 29, 31, 34–6, 41, 43, 46, 48–9, 227, 280, 282–3, 286

L. ルッケイウス（L. Lucceius　67 年法務官）　37, 56, 187, 243

ルッルス（Rullus）　→セルウィリウス

M. ルティリウス（M. Rutilius）　370

P. ルティリウス・ルプス（P. Rutilius Lupus　49 年法務官）　102, 303

ルフィオ（Rufio　解放奴隷の息子）　210

ルフス（Rufus）　→①アクティウス ②ウァレリウス・メッサラ ③ウィブッリウス ④カエリウス ⑤スルピキウス ⑥ポンペイウス ⑦ムナティウス ⑧メスキニウス

ルプス（Lupus）　→ルティリウス

ルブリウス（Rubrius　49 年護民官）　185, 342

ルフレヌス（Rufrenus　42 年護民官）　381

レクス（Rex）　→マルキウス

レピドゥス（Lepidus）　→アエミリウス

レビルス（Rebilus）　→カニニウス

レプタ（Q. Lepta）　310

レントゥルス（Lentulus）　→コルネリウス

L. ロスキウス・ファバトゥス（L. Roscius Fabatus　49 年法務官）　185, 338, 342

ロムルス（Romulus）　248, 256, 260–1

ロンギヌス（Longinus）　→カッシウス

1　カエサル時代のローマの支配領域

＊属州の境界は確認できるところまで点線で示す。

《訳者略歴》

長《は》谷《せ》川《がわ》博《ひろ》隆《たか》

1927年　東京都に生まれる
1953年　東京大学文学部西洋史学科卒業
名古屋大学文学部教授などを歴任（2017 年逝去）
著訳書　『古代ローマの政治と社会』（名古屋大学出版会，2001）
『古代ローマの自由と隷属』（名古屋大学出版会，2001）
『シーザー』（旺文社，1967，『カエサル』として講談社学術文庫，1994）
『ハンニバル』（清水書院，1973，講談社学術文庫，2005）
『ローマ人の世界』（筑摩書房，1985）
『古代ローマの若者』（三省堂，1987）
『カルタゴ人の世界』（筑摩書房，1991，講談社学術文庫，2000）
『ヨーロッパ』（編，名古屋大学出版会，1985）
『権力・知・日常』（編，名古屋大学出版会，1991）
『古典古代とパトロネジ』（編，名古屋大学出版会，1992）
モムゼン『ローマの歴史』（全 4 巻，名古屋大学出版会，2005-07）
ゲルツァー『ローマ政治家伝Ⅱ　ポンペイウス』（名古屋大学出版会，2013）
ゲルツァー『ローマ政治家伝Ⅲ　キケロ』（名古屋大学出版会，2014）
ボールスドン編『ローマ人　歴史・文化・社会』（岩波書店，1971）
ハビヒト『政治家キケロ』（岩波書店，1997）他

ローマ政治家伝Ⅰ　カエサル

2013 年 8 月 10 日　初版第 1 刷発行
2020 年 10 月 20 日　初版第 2 刷発行

定価はカバーに
表示しています

訳　者　長谷川　博　隆

発行者　西　澤　泰　彦

発行所　一般財団法人　名古屋大学出版会
〒 464-0814　名古屋市千種区不老町 1 名古屋大学構内
電話(052)781-5027 / FAX(052)781-0697

© Hirotaka HASEGAWA, 2013　Printed in Japan

印刷・製本 ㈱クイックス　ISBN978-4-8158-0735-1
乱丁・落丁はお取替えいたします。

JCOPY 〈出版者著作権管理機構 委託出版物〉
本書の全部または一部を無断で複製（コピーを含む）することは，著作権法上での例外を除き，禁じられています。本書からの複製を希望される場合は，そのつど事前に出版者著作権管理機構（Tel：03-5244-5088，FAX：03-5244-5089，e-mail：info@jcopy.or.jp）の許諾を受けてください。

マティアス・ゲルツァー著　長谷川博隆訳
ローマ政治家伝 II　ポンペイウス
A5・294 頁
本体4,600円

マティアス・ゲルツァー著　長谷川博隆訳
ローマ政治家伝 III　キケロ
A5・528 頁
本体5,500円

長谷川博隆訳
モムゼン　ローマの歴史 I
—ローマの成立—
A5・490 頁
本体6,000円

長谷川博隆訳
モムゼン　ローマの歴史 II
—地中海世界の覇者へ—
A5・438 頁
本体6,000円

長谷川博隆訳
モムゼン　ローマの歴史 III
—革新と復古—
A5・454 頁
本体6,000円

長谷川博隆訳
モムゼン　ローマの歴史 IV
—カエサルの時代—
A5・664 頁
本体7,000円

長谷川博隆著
古代ローマの政治と社会
A5・708 頁
本体15,000円

長谷川博隆著
古代ローマの自由と隷属
A5・686 頁
本体15,000円